面向21世纪课程教材

 普通高等教育"九五"国家级重点教材

 普通高等教育"十五"国家级规划教材

 普通高等教育"十一五"国家级规划教材

面向 21 世纪课程教材
Textbook Series for 21st Century

全国高等学校法学专业核心课程教材

中国法律史

（第五版）

The Legal History of China
(Fifth Edition)

主　编　曾宪义　赵晓耕

撰稿人（以撰写章节先后为序）

　　　曾宪义　赵晓耕　王　捷
　　　朱　腾　蒲　坚　郭成伟
　　　霍存福　张田田　李交发
　　　范忠信　聂　鑫　张希坡
　　　刘盈辛

北京大学出版社
PEKING UNIVERSITY PRESS

图书在版编目(CIP)数据

中国法律史/曾宪义,赵晓耕主编. —5 版. —北京:北京大学出版社,2024.5
面向 21 世纪课程教材
ISBN 978 - 7 - 301 - 34725 - 6

Ⅰ.①中… Ⅱ.①曾… ②赵… Ⅲ.①法制史—中国—高等学校—教材 Ⅳ.①D929

中国国家版本馆 CIP 数据核字(2024)第 004702 号

书　　　名	中国法律史(第五版) ZHONGGUO FALÜSHI(DI-WU BAN)
著作责任者	曾宪义　赵晓耕　主编
责 任 编 辑	张　宁
标 准 书 号	ISBN 978 - 7 - 301 - 34725 - 6
出 版 发 行	北京大学出版社
地　　　址	北京市海淀区成府路 205 号　100871
网　　　址	http://www.pup.cn
新 浪 微 博	@北京大学出版社　@北大出版社法律图书
电 子 邮 箱	编辑部 law@ pup.cn　总编室 zpup@ pup.cn
电　　　话	邮购部 010 - 62752015　发行部 010 - 62750672　编辑部 010 - 62752027
印 刷 者	河北滦县鑫华书刊印刷厂
经 销 者	新华书店
	730 毫米×980 毫米　16 开本　29 印张　568 千字 2000 年 7 月第 1 版　2009 年 7 月第 2 版 2013 年 11 月第 3 版　2018 年 6 月第 4 版 2024 年 5 月第 5 版　2024 年 5 月第 1 次印刷
定　　　价	79.00 元

未经许可,不得以任何方式复制或抄袭本书之部分或全部内容。
版权所有,侵权必究
举报电话:010 - 62752024　电子邮箱:fd@ pup.cn
图书如有印装质量问题,请与出版部联系,电话:010 - 62756370

内 容 简 介

本书是面向 21 世纪课程教材,是普通高等教育"十一五"国家级规划教材,也是全国高等学校法学专业核心课程教材。本书系统论述了中国近五千年的法律发展历史,全面阐述了法律史学科的基本理论和主要内容。本书在编写过程中,注重吸收国内外法律史学研究的新成果,注重开阔学生的法律文化视野,培养学生的理论分析能力。本书从整体上反映了目前中国法律史学研究与教材编写的最新水平。

本书既可作为高等学校法学、历史学、社会学等专业和相关学科学生学习中国法律史的教材,也可作为国家司法机关及其他政府部门人员从事法律实务与理论研究的参考用书。

BRIEF INTRODUCTION TO THE CONTENTS

This book is the textbook series for 21st century for university law courses, which is also one of the keystone teaching materials at the state level in the "Eleven-Five" general higher education plan. The book systemically dissertates the basic theory and the main contents of the 5000 years long history of the Chinese law. During the compiling, compilers try to absorb the latest research achievement of the law history study from home and abroad, and pay special attention to widening the student's field of vision of legal literature and improving the student's academic analyzing ability. The book reflects the latest development of the present study in Chinese law history study and the teaching material compilation.

The book can be used both as a teaching material for students of law, history, and sociology etc in higher education, and the consulting book for judicial and governmental staff engaging in law practice and academic research.

作 者 简 介

(按撰写章节先后为序)

曾宪义 (1936—2011)中国人民大学法学院名誉院长,教授,博士生导师。兼任国务院学位委员会学科评议组成员,教育部全国高等学校法学学科教学指导委员会名誉主任,中国法学会法学教育研究会会长,全国法律硕士学位专业教育指导委员会第一副主任委员,全国博士后管委会法学与教育学专家组召集人,最高人民检察院专家咨询委员等。在《中国法学》等刊发表论文数十篇;主要著作有:《新编中国法制史》(主编)、《中国法律制度史研究通览》(合著)、《中国法律思想史研究通览》(合著)、《检察制度史略》(主编)、《中国传统法律文化研究》(十卷本总主编)等。

赵晓耕 中国人民大学法学院教授,法学博士,博士生导师。"马克思主义理论研究和建设工程重点教材"《中国法制史》首席专家,中国人民大学刑事法律科学研究中心刑事法律史学研究所所长,法律文化研究中心副主任。社会主要学术兼职有:中国法律史学会常务理事、执行会长(第八、九届),道家法家与法律文化研究会会长、中国儒学与法律文化研究会常务理事;中国法学会法治文化研究会副会长,董必武法学思想研究会常务理事;中国司法学会理事;中国监狱史学专业委员会理事等。主要从事中国法律史学和法律文化的科研与教学工作。在《法学研究》等学术刊物上发表论文数十篇;主要著作有:《中国法制史》(主编)、《韩非子》、《宋代法制研究》、《中国古代土地法制述略》(主编)、《传统司法的智慧:历代名案解析》、《台湾地区法律概论》(合著)等。

王 捷 华东政法大学教授,法学博士,法律古籍整理研究所副所长,法律史教研室主任。社会主要兼职有:中国法律史学会常务理事,儒学与法律文化研究会常务理事;上海市法理法史研究会副会长。主要从事先秦秦汉法律史、简牍法律文献整理研究。合著与点校法律古籍文献等近十部,参编教材多部。主持、参与多项国家社科基金项目。在《法学研究》《政法论坛》《环球法律评论》等学术刊物上发表论文二十余篇,主要论文有:《"直诉"源流通说辨正》《论先秦的诉讼担保——以出土司法文书为主》《何为"汉承楚制"——从司法资料出发的新认识》;主要著作有《包山楚司法简考论》等。

朱 腾 中国人民大学法学院教授,法学博士,博士生导师。兼任老庄与法律文化研究会秘书长,中国法律史学会理事等。主要从事中国法律史的教学与科研工作。在《中国法学》《法学家》《法学评论》等学术期刊上发表论文二十余篇;主要著作有:《渗入皇帝政治的经典之学:汉代儒家法思想的形态与实践》《国家形态·思想·制度——先秦秦汉法律史的若干问题研究》(合著)等。

蒲 坚 (1927—2023)北京大学法学院教授。主要著作有:《中国法制史简编》(主要执笔)、《中国古代行政立法》、《中国法制史大辞典》、《中国古代法制丛钞》(编著)、《中国大百科全书·法学卷》(主要撰稿)、《中国法制史》(主编)、《北京大学法学百科全书》(中国法制史学科主编)等。

郭成伟 (1946—2023)中国政法大学教授,博士生导师,曾任科研处处长。兼任中国法律史学会常务理事,中国法制史专业委员会副会长。主要论文有《中国古代官箴文化论纲》等;主要著作有:《社会犯罪与综合治理》、《清代官箴理念对州县司法的影响》(合著)、《中国证据制度的传统与近代化》、《唐律与唐代吏治》(合著)、《中国法制史》(参编)、《中国监狱史》(参编)、《中国法律史》(主编);文献整理有:《龙筋凤髓判》(校注)、《明清公牍秘本》(点校整理)、《大清律例根原》(主编)等。

霍存福 沈阳师范大学法学院教授,法学博士,博士生导师。中国法律史学会常务理事。主要论文有:《宋代"鞫谳分司":"听""断"合一与分立的体制机制考察》《论元代不动产买卖程序》《元代借贷法律简论》等;主要著作有:《权力场》、《中国法制通史 第六卷 元》(合著)、《复仇·报复刑·报应说:中国人法律观念的文化解说》。

张田田 沈阳师范大学法学院副教授,法学博士。主要研究领域有:以律典律学为中心的传统中国立法史,以案例故事为中心的法文化研究。发表学术论文、译文及学术随笔二十余篇,主要论文有:《宋人如何论"法意"——以〈宋会要辑稿〉为中心》、《元代律学探析——以王元亮"纂例"图表为中心》等;主要著作有:《〈大清律例〉例目研究》《案例故事中的清代刑法史初探》《清代刑部的驳案经验》《法律与书商:商业出版与清代法律知识的传播》(译著)等。

李交发 湘潭大学法学院教授,博士生导师。发表论文数十篇;主要著作有:《治赌史鉴》、《法治建设论》(合著)、《中国诉讼法史》、《法律文化散论》、《中国传统家族司法研究》(合著)等。

范忠信 杭州师范大学法学院教授,法学博士,博士生导师。获"国务院政府特殊津贴"、"全国杰出中青年法学家"提名奖、教育部"全国优秀教师"称号和金质奖章;入选"教育部新世纪优秀人才支持计划""当代中国法学名家"。部分专著、论文被翻译在国外传播。著作两次获"全国高校人文社科奖",并获首届"钱端升法学研究成果奖"一等奖。在《中国社会科学》等刊物上发表学术论文数十篇;主要著作有:《情理法与中国人——中国传统法文化探微》(合著)、《中国法律传统的基本精神》、《一国两法与中国的完全统一》、《中西法文化的暗合与差异》等。

聂　鑫　清华大学法学院教授,法学博士,博士生导师。主要研究领域为法律史、宪法学、比较法学、法学教育与两岸关系。国家万人计划青年拔尖人才(2015),教育部青年长江学者(2018),第九届全国杰出青年法学家(2020),国家留基委公派哈佛大学法学院联合培养博士生(2007—2008)。在《中国社会科学》《中国法学》《法学研究》《历史研究》等中英文刊物上发表学术论文四十余篇;主要著作有:《代议制的尝试与改良:中国近代国会制度的探索》《近代中国的司法》《中华民国(南京)宪法研究》《中国近代国会制度的变迁:以国会权限为中心》《中西之间:历史与比较法视野下的法律现代化问题》《中国法制史讲义》《别了,孟德斯鸠:新分权的理论与实践》(译著)。

张希坡　中国人民大学法学院教授,历任法律系法制史教研室主任、系副主任。曾先后兼任中国法律史学会副会长、常务理事;中国法学会理事,董必武法学思想研究会理事;北京市法学会理事;陕西省陕甘宁边区史研究会特邀研究员;中国人民大学法学院"革命根据地法制研究所"所长。重点研究中国近现代史、革命根据地法制史。获第二届"全国杰出资深法学家"荣誉称号。主要著作有:《革命根据地法律文献选辑》(编著)、《马锡五审判方式》、《革命根据地的工运纲领和劳动立法史》、《革命根据地经济立法史》、《中华人民共和国刑法史》(编)、《中国革命法制史》(主编)、《中华民国开国法制史——辛亥革命法律制度研究》(合著)、《中国婚姻立法史》等。

刘盈辛　中共山西省委党校(山西行政学院)政治与法律教研部讲师,法学博士。主要从事传统法律文化及革命根据地法制史的研究,先后参与多项国家及省部级社科项目。主要论文有《俗训与世范:南宋袁采治家与治世的"民法"规训》(合著)、《再议"六法全书"及旧法体系的废除》(合著)、《清末刺马案:清代刑事司法实践的合理性指向》《中国传统御史监察制度的反思》(合著)等。

第五版修订说明

本书自2000年7月首次出版后受到广大读者的欢迎,至今已经四次再版。根据教育部高等学校法学学科教学指导委员会2018年审核法学专业核心课程的意见,"中国法制史"专业课程名称改为"中国法律史"。课程名称的变更对教材内容及体例提出了新要求,这也是推动本书修订的重要原因。

在新的课程名称的指导下,结合出版社以及专家和读者的建议,我们在第四版教材体例的基础上主要进行了两项调整:第一,每章分别增加了相对应的法律思想史内容;第二,增加了中华人民共和国法律史内容。此外,我们对本书中的某些内容和观点进行了修正、增补,对某些表述和用词加以修订,并对引文和注释予以进一步核实,以使读者能更加准确地理解教材的内容。

全书各章多数仍由初版教材撰稿人负责修订,重新撰写了第1章、第2章、第3章和第11章的内容;原第12章"中华民国法律制度(下)"改为"中华人民共和国法律思想与制度(上)",由陈蔼婧博士协助张希坡教授修订完成;新增第13章"中华人民共和国法律思想与制度(下)",由刘盈辛博士撰写。本次修订由主编赵晓耕教授负责统稿和审订;中国人民大学法律史专业博士研究生阮致远协助完成了相关具体编辑事项。

由于水平所限,疏误之处在所难免。敬请广大读者在使用教材的同时,继续给予我们批评指正,为本书质量的不断提高提供帮助,以使本书不负广大读者的厚爱。

附各章撰稿人(以撰写章节先后为序):

曾宪义 /赵晓耕(中国人民大学)	导论
王 捷(华东政法大学)	第1、2、3章
朱 腾(中国人民大学)	第4章
蒲 坚(北京大学)	第5章
赵晓耕(中国人民大学)	第6章、第10章第2节
郭成伟(中国政法大学)	第7章
霍存福/张田田(沈阳师范大学)	第8章
李交发(湘潭大学)	第9章

范忠信(杭州师范大学)	第 10 章第 1 节
聂 鑫(清华大学)	第 11 章
张希坡(中国人民大学)	第 12 章
刘盈辛(中共山西省委党校)	第 13 章

编　者

2023 年 11 月

目　录

导　论 …………………………………………………………………（1）
第一章　夏商法律思想与制度 …………………………………………（17）
　　第一节　中国法律的起源 …………………………………………（17）
　　第二节　夏商法律思想与法制概况 ………………………………（19）
第二章　西周法律思想与制度 …………………………………………（23）
　　第一节　西周的法律思想与立法概况 ……………………………（23）
　　第二节　西周的礼及"礼与刑"关系 ……………………………（29）
　　第三节　西周的刑事法律制度 ……………………………………（32）
　　第四节　西周的民事法律制度 ……………………………………（38）
　　第五节　西周的司法制度 …………………………………………（43）
第三章　春秋战国法律思想与制度 ……………………………………（47）
　　第一节　春秋法律思想与制度的变化 ……………………………（47）
　　第二节　战国的法律思想与法制发展 ……………………………（51）
第四章　秦代法律思想与制度 …………………………………………（58）
　　第一节　统一后的法律思想与立法状况 …………………………（58）
　　第二节　法律制度的主要内容 ……………………………………（62）
　　第三节　司法制度的主要内容 ……………………………………（75）
第五章　汉代法律思想与制度 …………………………………………（81）
　　第一节　汉代法制指导思想的变化 ………………………………（81）
　　第二节　汉代立法概况与法律形式 ………………………………（83）
　　第三节　汉代法律制度的主要内容 ………………………………（86）
　　第四节　汉代司法制度 ……………………………………………（111）
第六章　三国两晋南北朝法律思想与制度 ……………………………（118）
　　第一节　法律思想与立法概况 ……………………………………（118）
　　第二节　主要法律内容的发展与变化 ……………………………（124）
　　第三节　司法制度的主要内容 ……………………………………（136）
第七章　隋唐法律思想与制度 …………………………………………（141）
　　第一节　隋代法律思想与法制概况 ………………………………（142）
　　第二节　唐代法律思想与立法概况 ………………………………（145）

第三节　唐代法律的主要内容 ………………………………（153）
　　第四节　唐律的基本精神与历史地位 …………………………（169）
　　第五节　唐代的司法制度 ………………………………………（172）
第八章　宋辽金元法律思想与制度 …………………………………（177）
　　第一节　宋代法律思想与制度 …………………………………（177）
　　第二节　辽金两代法律思想与制度 ……………………………（195）
　　第三节　元代法律思想与制度 …………………………………（198）
第九章　明代法律思想与制度 ………………………………………（208）
　　第一节　立法思想的转向与立法概况 …………………………（209）
　　第二节　法律制度的主要内容及其特点 ………………………（213）
　　第三节　司法制度 ………………………………………………（237）
第十章　清代法律思想与制度 ………………………………………（246）
　　第一节　清代前期的法律思想与制度 …………………………（246）
　　第二节　清末法律思想与制度 …………………………………（276）
第十一章　中华民国法律思想与制度 ………………………………（306）
　　第一节　主要法律思想及其特点 ………………………………（307）
　　第二节　南京临时政府法律制度 ………………………………（314）
　　第三节　北京政府法律制度 ……………………………………（328）
　　第四节　南京国民政府法律制度 ………………………………（346）
第十二章　中华人民共和国法律思想与制度（上）…………………（356）
　　第一节　革命根据地新民主主义政权的法律思想与立法概况 …（356）
　　第二节　革命根据地新民主主义政权的主要法律内容及其特点 …（360）
　　第三节　革命根据地新民主主义政权的司法制度主要内容 ………（376）
第十三章　中华人民共和国法律思想与制度（下）…………………（388）
　　第一节　共和国的法律思想与立法概况 ………………………（388）
　　第二节　改革开放前(1949—1976)的主要法律内容及其特点 …（398）
　　第三节　改革开放后(1977—2023)的主要法律内容及其特点 …（406）
　　第四节　共和国的司法制度 ……………………………………（437）

导　　论

中国有文字记载的历史已经有五千年了,传统法律的历史也与此相近。从初时的只言片语,到以后的皇皇长篇巨典,其间的来龙去脉,所承载的思想与制度,都是很值得我们深刻体味与思考的。现实生活中的种种表现,都不免受到传统文化的影响,其中,尤以传统法律文化对今日法制的影响最为明显。从法观念到法律制度,从法典的制定到具体法律条文的司法运用,这当中的政治取舍、利害权衡,均无时无刻不在影响着我们的法制建设。

看一看中国历史上的法律思想与法律制度的变化,也许对一个关注现实中国法制的人来说是不无裨益的。当我们奢谈当今法制建设应当如何的时候,我们是否已清楚自己的国家能够承受什么样的法律文化?当我们不厌其详地解说别人成功的法律制度的时候,我们是否已了解其成功背后的社会结构与文化传统?"他山之石,可以攻玉",但首先你是一个识玉之人吗?中国近代以来"玉石俱焚"的故事实在是太多了。每一个关心自己民族命运的人,每一个关注国家法制建设的人,都应该了解一下自己民族的法律文化的历史。

法律制度作为各种人类文化成果中的一种,往往以一种最普遍、统一的体系,体现着自身的价值观念与诉求。法律制度作为一国现实社会关系的基本制度,以国家的强制力为后盾,集中反映着一个民族、一个社会的基本价值观念,反映着当时人们对于自然、社会和人与人关系的价值判断与行为方式。在这些具体的法律制度、法律条文中,蕴含着复杂的各种社会思想因素。所以,法律制度是一个国家、一个社会在一定时期内对当时社会生活的综合体现。在人类历史上,随着国家的形成,不同时代、地域、民族在自身的存续和发展过程中,将各自的民族精神、价值观念融入具体的法律制度之中,从而形成了历史上丰富灿烂、各具特色的法律文化体系。这些风采各异的法律文化体系,成为后人以史为鉴、吸收继承前人法律智慧的重要载体。

中国是世界上最具影响的文明古国之一。中华文明可以追溯到史籍中记述的夏代。20世纪的考古学、历史学资料已经充分证明,距今4000多年的夏代已经正式形成了最初的国家。20世纪80年代中期在辽宁西部发现的牛河梁红山文化遗址进一步证明,在距今6000多年前,已经出现了国家文明的雏形,法律制度文化也开始孕育。

从世界历史上看,与人类历史上的古巴比伦、古埃及和古印度文明相比较,中国传统文化不仅历史悠久、博大精深,而且一直没有中断其发展演变。在东亚大陆中华大地上孕育成长的中华文化，数千年来薪火相传，连绵不绝。从史籍中记载的唐尧、虞舜时代，到已经为考古学证实的夏、商、周、秦、汉、隋、唐、宋、元、明、清，在几千年的发展递嬗过程中，中国传统文化一直保持着自身的连续性和主体的纯洁性，这一特征在传统法律文化中的表现尤为明显。中华法系成为与西方法律文化并存于世的东方法律文化的代表。

在中国古代法律制度的发展历程中，从夏、商、西周三代习惯法居于主导地位，到春秋中叶，公开、成文的制定法渐成主流，具有成文法系基本特征的中国传统法律制度开始形成。经过此后两千多年的积淀，中国古代传统法律制度，从以《法经》为代表的相对粗略的法条体例，发展成明清时期体系完备、内容全面、风格独具、义理精深的庞大的法律体系，奠定了中国传统法律文化的基本制度体系特征。

自秦汉至明清两千多年间，历朝历代建立之初，几乎无一例外地都要制定一部以"律"为核心内容的基本法典，以为王朝法制的基础，作为垂范后世的"祖宗成宪"。与此同时，随着法制自身的变化发展，历史上还先后出现了与"律"相辅为用的令、科、比、故事、格、式、典、敕、例、指挥、事类等名目繁多的法律形式与法典编纂形式，作为成文律典的补充。应该说，就立法规模之宏大、立法内容之丰富、法律形式之多样而言，中国古代法制在世界古代史上是屈指可数的。

在中国古代长期司法实践中逐渐形成和发展起来的司法体制也极富特色。古代传统诉讼体制、审判制度也逐渐完善。从秦代以至明清，一套从中央到地方的完整司法体制，以及包括会审制度、调解制度、原情断罪等一系列极具中国古代特色的诉讼方式在内的各种审判制度逐渐建立并不断丰富、发展。从整体上观察，在中国古代传统帝制时期，中国的传统立法技术、司法体制，以及运用法律的手段和艺术，在整体水平上都达到了相当高的程度。特别应该指出的是，在传统法制长期发展演变过程中，由于先秦以降儒家、法家等诸子学说的影响，加之官方的强有力的引导等诸多因素的交互作用，一系列带有东方古代社会特点的独特价值观念和伦理道德规范被渐次融入法律制度之中，由此形成了中国古代法律的"伦理法"特征。在公元1840年以后，由于中国内外环境的变化，中国古代法律制度所依附的社会基础逐渐瓦解，中国的传统法律制度开始向近现代法律文明艰难转型。

自夏商以后四千多年的中国传统法律制度不能用朝代的更替、政权的变更来简单地解释。由充满浓郁古代特色的早期法制，发展成为富有哲理的鸿章巨典，中国历史上法律制度的每一次变迁和转折，都代表和反映着我们这个民族对社会、人生以及人与人的关系等根本性问题所作出的思考和选择。而研究中国法制的历史变迁，从法律的角度去理解、阐释我们祖先留下的精神财富，正是法律史学科的基本任务。

一、中国法律史的概念与研究范围①

（一）概念与研究范围

定名为"法律史"还是"法制史",曾是本学科的一个重要议题。自晚清实施近代法学教育以来,法政科的课程中就有中国历代刑律和古今法制等内容。民国时期的法科课程中,亦列有"法制史"等科目。此后,"法制史"成为学界一种惯用的说法。就名称而言,"法制史"的表达易被理解为仅以"法律制度"为研究对象的制度史,虽然传统的"法制史"教材中不乏对传统法律思想的叙述,但并不能很好地兼容"法律思想"的内容。法律制度与法律思想的研究对象虽各有侧重,但二者却是紧密相连的两个部分。"法律史"的名称能够较为全面地涵盖"法制史"和"法律思想史"两个分支学科,更有助于从整体上理解特定时期的法律特征。故本教材采用"中国法律史"的名称,既能体现学科间融贯发展的趋势,亦反映出教材编写的方式与特色。

所谓"中国法律史",一般有两层含义:一是作为历史概念使用,一是作为学科概念使用。作为历史概念,"中国法律史"指的是中国法律发展的历史本身,是一种历史存在。在这个意义上,"中国法律史"与"中国政治史""中国经济史""中国科技史"一样,指的是在过去时空中存在的东西。作为学科概念,"中国法律史"则是指研究中国历史上的法律制度、法律文化,以及传播法律史知识的现代专门学科,即"中国法律史学"。一般地讲,中国法律史是一门以法律制度的发展演变为主线,综合研究中国历史上各主要政权的法律制度、法律思想及法律文化的学科。

中国法律史学科的研究范围非常广泛。从时间和地域的角度看,中国法律史研究所及,至少应该包括自中国国家和法形成至研究者所处的年代期间,在中国地域内出现的各种类型的法律制度、中国历史上各重要思想家的法律思想及特定时期所形成的法律文化。除中国历史上各个时期全国性政权的法律以外,一些在局部地区实施较长时间统治的政治集团所建立的有一定影响和价值的法律制度、法律思想,也应是中国法律史研究的范畴。从内容上看,中国法律史的研究对象应该包括以下几个方面:

第一,中国各个历史时期的立法活动、立法成果,包括立法体制、立法过程及其社会背景、立法根据、立法技术以及由立法而产生的各种形式的法律规范。除

---

① 以下的"一""二"两部分,在第一版中由赵晓耕教授拟具初稿,郑定教授提出部分修改意见,交曾宪义教授审改,对个别文字作了修改后,以曾宪义教授名义编辑出版。第二版修订时,郑定教授已因病去世,此部分内容由赵晓耕教授作了修改,交曾宪义教授审定后,以曾宪义教授名义编辑出版。由于曾宪义教授亦因病去世,第三版、第四版和第五版修订时,由赵晓耕教授对此部分进行修改,出于文责自负,以赵晓耕教授名义编辑出版。

此之外,一些非经国家机关正式制定,而在司法实践中起规范与调节作用的习惯、判例,以及调节家族内部关系、乡里关系的所谓"家法族规"、乡规民约等特殊形式的一般社会规范,也应该为中国法律史的研究所关注。上述各种静态的规范,是研究中国历史上法律制度发展演变的基本依据。通过这种研究,可以了解和描述某一时期、某个政权的最基本的法制状况,从而为更深入的研究提供基础。

第二,中国各个历史时期的司法状况,包括各种类型政权的司法机关、司法体制、诉讼制度、诉讼原则、狱政管理、具体的司法活动,以及与司法密切相关的司法设施,如职官、公堂、监狱等。历史上司法活动中所产生的司法档案以及有典型意义和重要影响的案例,也应是研究中国法律史的重要资料。此种研究有助于更深入地了解某一时期的法律执行情况和实际法制状况。

第三,中国各个时期内各种类型政权的宏观法制状况,包括宏观立法情况、立法与司法的联系、法律的执行情况、法制的整体社会效益等。此种研究有助于对特定时期或特定政权的法制总体情况作出评价。

第四,中国各个历史时期对法律制度产生过重要影响的哲学思想、政治法律思想和学说。法律制度无法脱离法律思想而单独存在,特别是一些与具体法律制度的形成、发展、演变密切相关的思想因素,应是中国法律史着重研究探讨的问题。只有结合特定时期的政治、经济及思想、文化各方面的因素进行综合研究,才能真正了解法律制度产生、演变的动因,对法律制度的内涵作出深入透彻的分析,从而达到法律史研究的目的。

第五,中国各个历史时期内社会各个阶层的价值观念、风俗习惯以及宗教等文化传统。这些内容是全面、深入地研究和了解历史上法律所不能回避的问题。

(二) 中国法制发展概述

中国法制历史发展脉络、渊源承继关系清晰。从宏观上观察,大致可以分为先秦法制、帝制时期的古代法制和近现代法制三个阶段。

1. 先秦法制

这一阶段的法制发展可以细分为以下两个时期:

(1) 夏、商、西周时期的法制。在时间上为自公元前21世纪到约公元前771年这一历史阶段。在中国早期法制中,夏、商是奠基时期。自公元前21世纪夏启建立夏代开始,夏王朝前后存在约500年。在此期间,中国早期的刑罚制度、监狱制度都有了一定的发展。商取代夏以后也维持了500多年。在继承夏代法制经验的基础上,商代在罪名、刑罚以及司法诉讼制度等方面取得了长足进展。20世纪初出土的甲骨文资料证明,商代的刑法及诉讼体制已经比较完备。

中国早期法制的鼎盛时期是在西周。在中国历史上,"商周革命"之后的西周是一个十分重要的历史阶段。在西周政权存续的两个多世纪里,中国传统的统治方式、治国策略以及一些基本的政治制度已经初步形成,作为传统文化基石的哲学思想、伦理道德观念等思想文化因素也都在此时发端。从法律上看,西周法制的形式和内容都达到了早期法制的顶峰。在西周时期形成的"以德配天,明德慎罚"的法制指导思想,"老幼犯罪减免刑罚""区分故意和过失"等法律原则,以及"刑罚世轻世重"的刑事政策,这些都是具有当时世界最高水平的法律制度,对中国后世的法制也产生了重要的影响。所以,西周法律制度是中国法律史学习的重点之一。

(2)春秋战国时期的古代法制(封建法制)。在时间上指自约公元前770年到公元前221年秦统一中原建立帝制前这一历史阶段。春秋时期处于中国历史上一次大动荡、大变革的前期,此时社会变革的重心在于"破",即西周所建立的家国一体的宗法制度,包括政治、经济、思想文化等各个层面都受到否定和挑战。在法制方面,以反对"罪刑擅断"、要求"法布于众"为内容的公布成文法渐成趋势。郑国子产"铸刑书"、邓析制"竹刑"及晋国"铸刑鼎"等,都是这一法制变革运动的代表性成果。

从春秋后期至战国,古代法制开始过渡到以成文法为主体的状态。中国先秦诸子的许多思想文化精华都出自这一时期。与春秋时期相比较,战国时期社会变革的重心在于"立"。在法制方面,"立"主要表现为以成文法为主体的新的法律体制开始在更大的范围内、以更成熟的形式建立起来。其中,战国初年魏国李悝制定的《法经》,就是此时期法制变革的标志性成果。另外,在整个中国古代社会中,影响最大的两大学术流派儒家和法家的主要政治法律思想,也都在这一时期内先后形成,并对当时的各个诸侯国的政治法律产生广泛的影响。

2. 帝制时期的古代法制

在时间上指自公元前221年至公元1840年这两千余年的法制历史。在从秦代到清代后期这两千多年中,无论是法律理论、立法技术、法制规模,还是法律内容、司法体制等各个方面,都有了根本性的变化。我们通常所说的"传统法律文化""传统法律制度",其主体就是在这一时期形成、发展和成熟的。根据法制发展状况以及在整个法制传承中所起的作用,我们可以把这一漫长的历史时期划分为以下几个发展阶段:

(1)秦汉时期。指自公元前221年至公元220年这段历史时期,这是中国古代成文法法律体系全面确立的时期。公元前221年,秦始皇统一中国,建立了中国历史上第一个以中央集权为特征的统一的专制帝制王朝,确立了以后两千年的中国传统政治格局和政治模式。在指导思想上,秦代奉行的是法家学派的"法治""重刑"等理论,而且在实践上贯彻得比较彻底,秦代的法律制度带有明显的法家色彩。在中国历史上,战国时期和秦代是法家学派最活跃的时期,但法家理论得到完整的实践,仅仅是在秦代。所以,从整个中国法律史上看,秦代的法制特色是极为鲜明的。自云梦睡虎地秦墓竹简出土,以及之后其他简牍的发掘整理与研究,许多以前鲜为人知的秦代法律得以重现于世。从这些珍贵文物资料中可以看出,秦代的法治观念极深,法律制度也很严密。

在两汉(西汉、东汉)时期,中国古代法制在秦代法制的基础上进一步发展。从总体上看,汉代的法律制度呈现出阶段性的特点。也就是说,汉代的法制,从风格上可以分为前、后两个时期。前期是指在汉武帝"罢黜百家,独尊儒术"以前,主要是"汉承秦制",就是在秦代留下的法律框架内进行局部改造,形成了一套与秦代法制并无根本差别的法律体制;后期则是指在汉武帝"罢黜百家,独尊儒术"以后,在指导思想上接受儒家的理论,使儒学成为官方的、正统的政治理论,从此,汉代的法律制度在理论、制度上开始"儒家化"。经过"儒家化"的法律制度,在许多方面不同于秦代及汉初的法家化的法律。所以,汉代法制在中国法律史上也具有重要地位。

(2)三国两晋南北朝时期。这是中国传统法制与法律思想蓬勃发展的阶段。三国两晋南北朝时期是中国历史上又一次大变革的时代,在时间上指自公元220年曹魏立国到公元581年隋文帝结束南北分裂、重新统一中原前这段历史时期。在这段时间里,虽然各个帝制朝廷更迭不断,但法律制度仍然在动荡的年代里得到了巨大的发展。首先,随着传统律学的发展,立法技术不断提高,法律理论也有明显发展。其次,儒家经义被具体化为一些重要的法律制度:如"八议""官当""重罪十条"等已经成为成熟的制度,继续着自两汉以来"经""律"相互融合的过程。这一时期法制的发展与进步,为隋唐之际中国古代法制走向成熟奠定了重要基础。

(3)隋唐时期。这是中国传统法制的成熟、定型阶段。在时间上指从公元581年隋代建立到公元960年宋代建立以前。隋唐之际是中国古代社会的鼎盛时期。从夏代以后,经过近3000年的积累,中国古代社会的各个组成部分都已经成熟,各种社会体制也进入了比较和谐的阶段。所以唐代的政治、经济、文化各个方面都达到了中国古代的顶峰。这一时期的法律制度也是如此。由于有几千年的立法、司法经验作基础,隋唐的立法技术得以进一步提高,以《唐律疏议》为代表的优秀法典相继问世。在法律内容上,从汉代中期开始的法律儒家化过程,持续了八百余年,到隋唐时期终于结出了丰硕的果实,以《唐律疏议》的制定完成为标志,中国古代道德与法律的融合过程基本完成,儒家学派的一些基本主张被精巧地纳入成文法典之中,中国传统社会的"法律道德化""道德法律化"的特征,在隋唐法律中得到了充分的体现。同时,经过几千年的实践探索,中国古代的司法体制、诉讼制度也在此时达到了很高的水平。

应该特别提出的是,以《唐律疏议》为代表的唐代法制,达到了中国古代法制的最高水平。《唐律疏议》成为中国古代法制、中华法系的代表,在中国法律史和世界法律史上具有重要地位。所以,唐代法制、《唐律疏议》自然成为学习中国法律史的重点。

(4) 宋元明清时期。这是中国古代法制走向极致的时期。在时间上包括自公元960年北宋建立到约公元19世纪40年代以前这段历史时期。宋代以降,中国的传统社会结构包括法律制度,在隋唐时期所确立的基本框架内仍继续发展。宋、明、清时期,基本法典仍是国家法制的基础。国家法律的基本精神、主体框架,仍然由《宋刑统》《大明律》《大清律》等基本法典确定,但是敕、条例等法律形式,在司法实践中却发挥着实际而具体的调节作用。在帝制社会后期,"律"规定着大原则,而"敕""例"则从各方面进行补充和小幅度的修正。作为大原则的"律"相对稳定,较少修改;而起实际作用的附属立法,则因时因地频繁修订。此所谓"律垂邦法为不易之常经,例准民情在制宜以善用"①。这种立法上的变化说明在经过了几千年的积累以后,到中国帝制社会后期,统治者已经能够更加娴熟地运用各种法律手段来调节社会关系。同时,唐代后期以降,中国传统帝制开始由盛而衰,一些帝制社会体制所固有的矛盾不断激化,导致整个社会体制开始扭曲。随着皇权不断强化,中国传统法制的重心也开始向维护皇权、加强专制的方向倾斜。宋代的编敕、明代的廷杖和特务统治、明清之际盛行的"文字狱"等,都是这方面的具体反映。此外,元、清两代的民族歧视性的和适用于民族地区的法律,也是这一时期法律制度的一个特点。

3. 近现代法制

从1840年的鸦片战争以后,中国社会开始遭受西方列强的不断侵略和欺凌。在内忧外患之中,传统社会开始艰难地转变。从法律上看,这种转变的突出特征是:存在了数千年的中国传统法律体制、法律观念开始瓦解,而近现代意义上的法律制度开始在中国艰难地生长。一般来说,中国近现代的法制变迁,大致可分为以下几个阶段:

(1) 清末变法修律。在中国,习惯上把1840年以降至1912年清帝逊位这段时间称为"清末"。鸦片战争以后,特别是太平天国运动以后,虽然清廷表面上继续维持着对中国大部分地域的统治,但在一些沿海地区、通商口岸,实际上丧失了国家领土主权(如在香港),或是行政司法管辖权(如在华领事裁判权)。同时,在1840年以后,特别是在清廷存在的最后十年,即1901年至1911年间,清廷进行了范围广泛的法律改革,大量引进西方近现代法律学说与法律制度,对清代原有法律进行了根本性的改造。从此中国的法制踏上了所谓"近代化"之路。

清末法制变革是中国法制发展史上的重大转折点,从此,中国由古代传统法律体制向现代法律体制过渡。所以,清末变法修律这一部分应该是学习、研究中

---

① [清]祝松庵:《刑案汇览·序》,图书集成局仿袖珍版。

国法律史的重点之一。

（2）南京临时政府时期。1911年10月，中国爆发辛亥革命；1912年1月1日，中华民国南京临时政府宣告成立。中国成为东亚第一个共和国。在以孙中山为核心的革命党人的领导下，南京临时政府在几个月的时间内进行了一系列立法活动，初步奠定了民国时期法制的基础。

（3）北京政府时期。1912年3月，袁世凯篡夺了民国政权，在北京建立了由北洋军阀控制的北京政府，人们亦称之为"北洋政府"。北京政府是军阀政权。为应对各种需要，北京政府也曾进行了一些表面上的立法活动。这些立法，在客观上为以后南京国民政府的法制建设提供了一定的有利条件。

（4）南京国民政府时期。1927年到1949年，是国民党建立的南京国民政府统治时期。南京国民政府建立以后，也曾进行了广泛的立法，颁布了大量的法律、法令以及判例、解释例，形成了"六法体系"。但国民党政权的法律制度带有明显的双重性特点，即在立法文本上比较完善，但在司法实践上，由于党国一体的制度以及政治上的一党专政，对法治理念多有背离。

在通常的中国法律史体系中，1921年以后中国共产党在各个革命根据地所创建的法律制度，以及中华人民共和国成立以后的法制发展，也是重要的组成部分。其中，中国共产党在新民主主义革命时期在各个革命根据地创造性地进行了一系列立法建制的活动，取得了丰硕的法制成果，同时也留下了很多深刻的经验与教训。

二、中国法律史学科的发展与研究状况及学习法律史的意义

（一）中国法律史学科的发展与研究状况

1. 前学科的法制史[①]研究

在中国，我们一直有尊崇历史、研究历史的好传统。从历史中总结、领悟治乱兴衰之道，进而体会社会和人生，是中国古代最尊崇的学问。所以，历史学在中国古代是一种包含政治理论、人际伦理和学术思想等许多内容的指导性学科。研究前代法制，总结前代政治、法制的得与失，也是每个王朝建立以后的一项重要工作。所以，研究法制在中国也是有着悠久的历史和渊源。孔子曾说："殷因于夏礼，所损益可知也。"[②]可见，在中国国家和法形成的初期，研究、吸收前代的礼乐刑罚制度就已成为一项重要的工作。西周穆王时"作吕刑"，战国李悝著

[①] 2018年，教育部发布《普通高等学校本科专业法学类教学质量国家标准》，该文件将"中国法制史"的名称改为"中国法律史"，列为法学专业核心课程。为尊重历史，对于2018年以前的内容，本教材仍用"法制史"指称本学科，2018年之后改称"法律史"。

[②]《论语·为政》。

《法经》，汉代萧何"次律令"，都是在总结前人法制经验的基础上完成的。东汉班固修《汉书》，首次专设"刑法志"，集中总结一代法制的沿革变迁。此后，二十四史等大多数官修正史中，都有专门的"刑法（罚）志"部分，成为官修史书中保存前代法制史料最为集中者。隋唐以后，各朝均设有国史馆或翰林院，组成官方的史学研究、编写机构，系统地研究前代的典章制度，并记述本朝的政治、法制活动。唐、宋、明、清几部重要的官修类书，如《艺文类聚》《太平御览》《册府元龟》《古今图书集成》等鸿篇巨制中，都有刑法或刑罚制度一目。历代官方正史中积累了中国法制发展的正面史料。除官方组织的研究活动以外，清代以前士大夫个人将研究的兴趣一度集中在前人法制之上的，也是大有人在。从滔滔雄辩的先秦诸子，到"务在深文"的汉代刀笔吏，从以诗赋见长的白居易、范仲淹，到南宋理学大师朱熹，都留下了不少对法律、法制的评价和见解。至于邓析以降，像汉代郑玄、马融、郭氏家族，魏晋时期的张斐、杜预等个人或家族从事律学研究的，更是代有其人。从宏观上，如果说在明代以前，法制史的研究仍属于历史学的附庸的话，那么从清代开始，专门有意识地从事法制史的研究者已经出现。清人薛允升的《唐明律合编》、郝懿行的《补宋书刑法志》等著作说明，在清代以后对于历史上法律制度的研究已有专业化的趋向。特别是在清代末年，修律大臣沈家本，第一次全面而系统地对中国自传说中的唐虞时代直至明代几千年间的立法、司法各个方面进行了研究和总结。沈氏对中国法制史全面系统的研究，是近代学科形成以前对中国法制史研究的最后总结。所以，在中国法制史科学发展史上，沈家本毫无疑问是一个承前启后的重要先驱者。

从整体上看，在清末沈家本以前，法制史的研究作为传统历史学的一个组成部分，在几千年中伴随着古代法制的发展而不断积累，为后人留下了极为丰富的历史资料，其功绩和作用十分明显。但是作为一种非学科性的研究，其缺陷也是显而易见的。其一，缺乏科学的理论和体系。在一些具体时代和具体制度、具体问题上，研究可能是充实的，但从整个中国法制史沿革发展上看，这些研究是支离破碎的。其二，大部分研究工作仅是一些史料的堆砌，很少能有理论性的综合分析。同时，随着社会的发展和时间的推移，绝大部分研究成果不可避免地成了后来的研究对象。

2. 近代中国法制史学科的初步形成与发展

20世纪20年代是中国社会变革的重要历史时期。中国传统的学术理论、结构和研究方法都在社会变革的潮流中悄然发生着变化。特别是1919年的"五四运动"，一方面在"民主"的旗帜下对中国传统的政治制度和社会观念予以否定，另一方面则在"科学"的旗号下对中国数千年相传的学术体系、学术思想进行了清算。以此为契机，西方社会的学科分类方法、科学研究体系和研究方法不断传入中国，促使中国开始了教育和文化的现代适应过程。包括中国法制史在内的一些现代社会科学,正是在这种文化变革的背景中形成、产生的。

1904年,梁启超撰写《论中国成文法编制之沿革得失》一文,采用西方法律的学说和分类对中国历代的成文法制的内容、渊源、发展、特点等内容予以介绍,开启了近代中国法制史研究的新视角。1906年前后,"中国法制史"作为一种含义广泛的学科名称逐渐为中国学者所接受。到20世纪20年代,中国的法学教育工作逐渐形成体系,全国性的法律专科高等院校渐渐建立起来,中国法制史作为法学领域的一门基本课程的地位也随之确立。随着法制史教学的开展、普及,关于中国法制史的学术研究也逐渐趋于深化。如果说20世纪20年代初中国法制史学尚处于形成阶段的话,那么从1925年至1945年间的二十年,是中国法制史研究成果较为丰富、学科发展较为迅速的时期。在此期间,一些优秀的法制史学者,如程树德、杨鸿烈、陈顾远、徐朝阳、丘汉平等先后撰写了一大批重要的法制史著作和论文。到1945年,中国法制史学科的体系已基本形成,整个学科的学术研究也已经达到相当的水准。

在中国法制史的学科发展史上,1900年至1945年间近半个世纪中,中国法制史研究的成绩和贡献是很突出的。首先,这个时期法制史学者们初步建立了比较完整的学科体系,大致形成了中国法制史的研究范围,确定了主要的研究对象。其次,对本学科的一些重要理论问题进行了比较深入的探讨,比如说关于中国古代法律的特征,中国古代文化与古代法律的关系,中华法系的形成、特征及其将来,中国法制的起源等理论性问题,在当时的学术研究中都有涉及。最后,积累、整理了大量的法制史研究资料。这一时期的法制史研究成果,普遍以史料丰富见长,有的著作甚至是专门的史料汇辑。应该说,程树德、丘汉平等前辈学者对中国法制史资料的搜集、整理、鉴别和运用,对于今天的法制史研究仍发挥着重要的启迪与借鉴作用。

在学科发展的初期,1949年以前半个世纪的中国法制史研究,有如下一些弱点。第一,从研究的辐射面来看,这个阶段研究所及,重点在法制通史,而在法制通史中,汉、唐、明等重要朝代较为详备,其他时期则相对较为薄弱。第二,从研究方法上看,虽以史料丰富见长,但理论性的分析尚嫌欠缺。第三,从当时的一些有代表性的论著上看,传统的"国粹主义"等思想观念不同程度地存在于研究者的头脑中。另外,在当时的政治环境下,学术研究中或可见很深的政治影响痕迹。

3. 中华人民共和国法制史学的曲折与发展

1949年取得全面胜利的中国革命,是中国历史上最深刻的社会变革。这次社会巨变不仅导致了政权性质、社会结构、社会组织以及意识形态等政治方面的根本改变,也导致了社会文化领域各个层次的深刻革命。在学术思想领域,随着马克思列宁主义理论成为国家上层建筑中的指导思想,一种全新的学术体系在革命胜利以后百废待兴的几年里迅速建立。1952年政府进行院校调整,新中国的法学教育和法学研究工作次第展开。当时中国人民大学法律系、北京大学法律系等法学教育机构相继开设了以介绍中国历史上法律制度为主要内容的法制史课程,以新的理论、方法分析中国历史上法律制度的学术研究活动也开始活跃起来。从此,以马克思主义为指导的新型中国法制史学科开始成为我国社会科学领域中的一个重要的科学部门。

在中华人民共和国成立以后的近半个世纪中,中国法律学科曾随着中国国运兴旺、昌盛而繁荣发展,也曾在国家的动荡中衰颓和凋零,经历了一个轨迹十分明显的曲折发展的过程。大体说来,中国法制史学在中华人民共和国成立后的发展,可以分为1966年以前、1966年至1977年和改革开放以后三个明显的阶段。

从中华人民共和国成立到1966年以前的17年,是中国国家生活基本正常的时期。在此期间,以马列主义为指导的中国法制史教学和科学研究从无到有,并逐渐走向深入。经过十多年的努力,基本上搭建起了一种全新的学科体系和框架,并在学科名称、体系以及研究范围等一些基本问题上进行了有价值的探索。不过,客观地说,这一时期的中国法制史教学和研究,也存在一些明显的缺陷:首先,由于教条主义和苏联模式的影响,这个时期将国家制度与法律制度杂糅在一起,学科的名称一度定为"中国国家和法权通史"。在教材和实际研究中,对于国家制度的论述比重往往大于对法律制度的论述。因此,整个学科似乎更像国家通史或国家政治制度史,缺少法律科学的味道。其次,由于对马克思主义丰富的科学理论的片面理解,这个时期研究焦点主要集中在历史上各个政权的性质、各种法律制度的阶级本质等政治性问题上,而关于具体法律制度的论述介绍相对要少;运用历史事实论证经典著作理论观点的内容多,研究、说明具体法律制度的成果少。最后,受"左"倾思潮的影响,这个时期对剥削阶级法律制度的研究,理论批判的成分多,实事求是的评价少,特别是从法律的角度作出的评价少。同时,一些研究成果缺少坚实的史料作基础,政治气氛浓于学术气氛。

在1966年至1977年期间,法律虚无主义等观念又盛行一时。全国一些重要的政法院校被撤销,正规的法学教育被迫中断。随后,一批批知识分子被迫停止学术研究,中华人民共和国成立以后一度兴旺起来的中国法制史研究随之日渐寥落。在所谓"评法批儒"的政治运动中,对于历史上儒法两家学说及相应法律制度的简单、拙劣的评价,明显脱离了历史实际。

1978年底召开的中国共产党第十一届三中全会,是中国社会又一次深刻巨变的契机。从那时起,从动荡中清醒过来的中国人开始以冷静和理性的头脑思考国家和社会的问题。随着社会环境的改变,"文革"中被荒废的学术研究迅速复苏。在新的环境下,中国法制史教学与科研也得以恢复,并迅速发展,进入了本学科历史上发展最快、研究最为深入、成果最为辉煌的时期。

在过去的40多年中,中国法律史学科所取得的成就是多方面的。从宏观上看,主要可以归纳为几个方面:

第一,改革开放初期,在"解放思想,实事求是"精神的指导下,中国法律史学科,很快排除了"左"倾思想的干扰,恢复和发扬了严谨、求实和科学的学风,保持了学术研究的纯洁性和相对独立性,这就为学科持续、深入地发展奠定了非常良好的思想基础。

第二,在总结和吸收前人学术成果的基础上,进一步完善了法律史学科的体系和结构。在70年代末和80年代初,法律史学界就中国法制史学科的名称、研究范围、研究对象等基本问题进行了实事求是的讨论,基本上消除了苏联模式的影响,确定了中国法律史学术研究的中国特色。经过一段时间的努力,中国法律史的学科体系、整体布局已经趋于成熟和合理,成为一门体系完整、结构严谨的现代科学。

第三,法律史研究在深度和广度上都取得了空前的进展。由于有良好的社会环境作保障,在过去40多年中,全国法律史研究者在这一领域中辛勤耕耘,潜心研究,取得了丰硕的研究成果。研究的触角,涉及中国历史上各个时期、各个方面的法律制度及相关的各种文化现象、思想因素。就研究的广度、深度、质量、水平而言,改革开放的40多年,是中国法律史学科历史上最好的时期。特别是在近十年中,逐渐形成了一支稳定的、高素质的法律史研究和教学队伍,为学科的进一步发展提供了重要的保障。

随着学科学术研究进一步向纵深发展,进入21世纪以后,中国法律史研究的触角不断扩展,许多前人尚未涉及的领域和问题,均受到研究者的关注。而近年来,法律史研究的焦点逐渐集中到以下几个方面:

(1)对传统法律文化及比较法律文化的综合研究;
(2)对传统律例典章、法律论著、诉讼档案等珍稀法律史料的挖掘与整理;
(3)对传统法制专门制度史专题进行更深入、细致的研究;
(4)对历代王朝中后期法制状况、某一法制情况的研究;
(5)对历史上,特别是近代以降少数民族政权、民族地区法制状况的研究;
(6)对传统司法的运作模式和纠纷解决方式的研究;
(7)对中国法律史学科研究目的与方法问题的研究。

(二)学习中国法律史的意义

中国法律史是历史学与法学的一个交叉学科,既是历史学的一个分支,又是法学学科里面的一门重要基础课程。按照教育部制定的学科分类,中国法律史是法学二级学科。1997年教育部即确定中国法制史为全国法学学科本科学生14门必修的核心课程之一。2018年,教育部发布《普通高等学校本科专业法学类教学质量国家标准》,将中国法律史列为法学专业学生必须完成的10门专业必修课程之一。就中国法律史的学习而言,主要有三个方面的意义:

第一,有利于继承和发扬中国优秀的法律文化。中国立国已有四千多年,几千年来各个时期的统治者立官行法,经世治民,积累了极为丰富的法律经验。中国文化的博大精深,是举世公认的。中国古代的法律文化,是中华文化遗产的重要组成部分,其中也有很多的宝贵财富。比如说,中国现在刑法中的死缓制度、诉讼法中的调解制度,都是受普遍称赞的"良法美制",实际上是在古代就有的,在现代稍加改造,仍能对现代法律的完善发挥积极作用。学习传统法律制度、法律思想和法律文化,有助于从整体上把握中国传统法律的内涵,加深对中国传统文化的理解。

第二,有利于为现代法律制度的发展提供镜鉴。一方面,虽然传统法制是特定政治、经济及社会环境下的产物,至今已失去实际效力,但传统法制对某些问题的处理,对于现代社会还是很有借鉴价值的。另一方面,在中国传统文化熏陶下所形成的法律观念,在一定程度上仍影响着当今社会,学习中国法律史,对于进一步完善现代法律制度,形成中国独特的法律文化,无疑是有重要意义的。

第三,有利于充实学生的专业知识,完善学生的知识结构。历史的发展是一个不间断的链条。今天的文化、今天的法律,无不是从昨天发展过来的。要学好今天的法律,就必须寻根溯源,了解历史上的法制情况。在中国,我们习惯于成文法,所以只有对于某一法律的源流、变迁有清楚的了解,才有可能深刻地理解这一法律的真实含义。

学习中国法律史,需要坚持正确的研究方向。正是因为中国法律史学是一门带有历史学与法学双重特点的交叉学科,这决定了法律史学的学习与研究有着双重的难度和要求。但在研究方向上,应当强调法律史学科的法学属性。作为法学的基础理论学科,在研究的过程中,既要重视史料的挖掘和利用,尊重史实,又不应当过多陷入史料的细枝末节之中,应更多关注法学的理论与司法实践问题,从历史的维度,对现实的法律制度、司法实践予以评判。此外,在学习与研究中国法律史过程中,坚持一般研究与比较研究相结合的方法,通史研究与专史、专题研究相结合的方法尤为重要;同时,应善于运用新的科技手段,达成法律史学科科学研究的目的。

(三) 学习和研究中国法律史应注意的几个问题

按照马克思主义的基本原理,法律制度是一定社会文化条件下的产物。在具体的法律规范、法律条文背后,有着深刻的社会思想因素。中国历史上的法律制度,是在中国几千年文化背景下形成和发展的,所以无疑明显地带有时代和民族的烙印。学习和研究中国法律史,不仅要研究历史上法律制度的具体形态,更重要的是了解和领会这些具体法律形态背后的社会思想,理解这种法律体系产生和发展的原因。唯其如此，才能真正认识法律，认识社会。所以，在学习和研究中国法律史时，应着重注意以下几方面的问题：

第一，在研究方法上，要坚持以科学理论为指导。马克思在著名的《政治经济学批判》序言中对历史唯物主义基本原理作了精辟的论述："这些生产关系的总和构成社会的经济结构，即有法律的和政治的上层建筑竖立其上并有一定的社会意识形式与之相适应的现实基础。物质生活的生产方式制约着整个社会生活、政治生活和精神生活的过程。不是人们的意识决定人们的存在，相反，是人们的社会存在决定人们的意识。"[①]1949 年以来中国法律史学者将马克思主义的基本原理运用到法律史研究中，实现了学科发展史上的革命性变革。在中国法律史学科发展史上，在如何运用马克思主义基本原理来分析历史问题上也曾出现过偏差。历史唯物主义是建立在对人类社会、人类历史深刻认识的基础之上的，具有非常广博、非常丰富的内容。人类漫长而丰富的历史并不能仅用"阶级斗争"等简单术语圆满解释。研究历史上的法律制度，应按照辩证唯物主义和历史唯物主义所提供的科学原理和科学方法，本着实事求是的精神，以严谨科学的态度去挖掘、整理、分析、解读，从而揭示历史上存在过的法律制度的本来面目，进而认识其产生、发展、演变的历史根源和规律。

第二，认识中国传统法制发展的历史阶段性。中国古代的法律制度代代相因，其相互间的渊源继承关系清晰明了。因而就总体而言，中国传统的法律制度，包括先秦时期的法律制度和帝制时代的法律制度，存在诸多的共性。比如说传统法律皆以刑法为重，而刑法、刑罚的重心又在维护皇权与宗法伦理等。但是，历朝历代所具有的诸多差异，使得传统法律制度也在宏观上呈现出阶段性的特征。如西周时期的"刑不可知，则威不可测"的法律观念，随着春秋以降公开的制定法的大量出现，有了根本的改观。自《法经》开始，中国古代的成文法精神、规范以及立法技术开始形成。秦代法制的重刑、尚法特色与"法密如凝脂"的弊端成为后世的经验教训。汉代中期至魏晋南北朝时期，法律的儒家化与儒家经义的法律化，伴随着传统律学的发展，同时在立法技术、法典编纂体例、注释法学等方面取得了突出的成绩。这些法律上的进步，直接促成以隋唐法制为基础的中华法系的形成。此后的宋、元、明、清各代的法制，在隋唐所确立的基本框架内，仍在鞫谳分司、翻异别勘、审转、会审等诸多专门司法制度方面有较大的发展。帝制后期，法制的重心也进一步向巩固中央集权、强化君主专制、加强刑事镇压方面倾斜，有所谓"重其所重，轻其所轻"之论。

第三，对中国传统法律文化体现的伦理价值应有"中道"的评价。重家族、重血缘、重伦理，这是中国文化的固有特征，在中国传统法律中有明显的表现。

---

① 《马克思恩格斯选集》（第 2 卷），人民出版社 1995 年版，第 32 页。

中国几千年的传统社会,孕育了传统法律"依伦理而轻重其刑"的性格特征:在中国古代,确定罪的有无、决定刑的轻重,主要是依据伦理关系。在中国传统社会中,君臣、父子、兄弟、夫妇、长幼、尊卑、贵贱、上下,存在着明确的社会差别。在法律上,同样一种行为,由不同主体实施,或是施加于不同的对象,其法律后果是截然不同的。比如说,在唐律中常人相殴,各笞四十。但若是发生在亲属之间,就要复杂得多。差别最大的是父母子孙之间,按唐律的规定,子孙殴打父母和祖父母,属于"十恶"重罪中的"恶逆",不问已伤未伤,一律处以最高刑——斩刑。相反,父母、祖父母殴打子孙,一般是不用负法律责任的。此类被称为"伦理法"的制度,在中国古代法中比比皆是。所以,在学习过程中,应该予以充分的注意。

在关注中国传统法律文化伦理特性的同时,还应充分认识中国传统法律制度的专制特性。中国传统法律制度与古代传统帝制专制社会相辅相成。因此,中国传统法律无疑带有极为突出的专制特性。这种特性,不仅表现在政治层面,也表现在社会生活的其他层面。大体上说,在中国古代社会中,在君臣、父子、兄弟、夫妇、长幼、贵贱等对应关系中,君、父、兄、夫、长、贵者都处于"尊"的地位,臣、子、弟、妇、幼、贱者则处于"卑"的地位。相对于"尊"者而言,传统法律伦理强调"卑"者对"尊"者的服从。所以,在传统法律中,着墨最多的是对尊者地位、尊严、利益的维护,少有对于个人权利的认同。这种专制特性,在学习过程中也是不能忽视的。

第四,应该注意中国传统法律文化所体现出的哲学、思想特征。法律制度在一些看似简单、枯燥的法律条文背后,隐藏着深刻的社会思想因素,体现着当时占主导地位的哲学思想、伦理道德观念。自夏商以降,中国古代法律一直受中国所特有的"天道"观念所支配。夏、商两代的"天讨""天罚",西周时期的"以德配天",汉儒所鼓吹的"天人感应""天人合一",乃至宋明理学中的"理""气""心"等范畴,都是中国传统的"天道"观念在不同时期的反映。这种"天道"观念,对于古代法律的深层理论、古代法典的组织结构以及历代的宏观法制政策都有重大的影响。

在中国历史上,对法律制度影响最深的思想理论是儒家学派。儒家学派曾是春秋战国时期诸子百家中的一个影响较大的学派。在以后数千年的文化传承中儒家学派凭借自身的优势,不断吸收其他学术思想的精华,将儒学发展成为一个庞大的思想体系,包括"天道"观念在内的许多中国传统哲学理论均为儒家学派吸收、继承和改造。在汉代"罢黜百家,独尊儒术"以后,儒家学说被奉为官方的、唯一能够传播的思想,所以就演变成中国古代社会的主流思想。儒家学说像血液一样存在于中国传统社会的肌体之中,儒家的观念、主张渗透到社会生活的各个层面,对整个中国社会发挥着极大的影响作用。在传统法律的历史进程中,法家思想在战国至秦代一度主导了当时的法制,西汉中期以降的历朝历代法律制度,大体上均与吸收了法家理论的儒家学说不无关系。儒家学说与传统社会的释、道思想文化,共同构成了正确理解古代法律制度的思想基础。

第五,应该注意分析传统法律制度与本土社会的关系。法律制度的产生、发展,法律制度特色的形成,都与当时的政治、经济、文化、风俗传统等社会条件密切相关。所以说不同的文明文化造就了不同的法律制度。在中国古代传统社会中,以自耕农生产方式为主的一家一户、自给自足的小农经济社会结构,与中央集权的帝制专制政治制度和独特的客观自然地理条件,共同构成了中国传统法律文化的本土特征。这些因素共同造就了中国传统法律制度的基本特性。所以,了解中国古代社会的政治、经济、文化的发展和演变,是更好地了解中国传统法律制度的基础。同时,系统地分析研究法律制度与其他文化现象之间的关系,总结历史的经验,进而完善今天的法律和社会,正是中国法律史学的终极目的。

第一章　夏商法律思想与制度

距今五六千年以前,中国进入父系氏族部落社会,即万邦时代。汉字开始出现,城邑渐次建立。至公元前21世纪左右,夏王朝建立,法律逐渐发展,公元前16世纪,商代夏,法律进一步发展。由于上古史料匮乏,且多有神话传说掺杂其中,是以现在尚未对中国法起源及夏商法的具体情形形成清晰的认知,只能从零星的史料记载与考古资料获知当时法律发展的碎片认识,如法律起源与部落征伐密切相关,法律思想源于神权法观念,刑罚与礼制在上古中国法规范中具有重要地位,早期五刑制度萌发的情况等。

【问题引导】

1. 中国法起源诸说。
2. 夏商时期天命思想的演变。
3. 早期五刑制的内容。

【关键词】

天讨　天罚　刑起于兵　礼源于祀　《禹刑》《甘誓》《汤刑》《汤誓》五刑　圜土

第一节　中国法律的起源

一、中国法律起源诸说

中国法律的起源与中国国家起源有直接关系,早期中国国家源于部落征伐,所谓"国之大事,在祀与戎"①。中国法律的起源与战争和祭祀有密切关系,而战争与刑罚、祭祀与礼制更是互为表里。中国法律的起源,往往掺杂着神话与传说,当然也有理性思考。

(一)"刑起于兵,礼源于祀说"

刑与礼是中国早期法规范的主要形式,"刑起于兵,礼源于祀"是中国古代关于法起源的主流观念之一。

---

① 《左传·成公十三年》。

《尚书·甘誓》载:"用命,赏于祖;弗用命,戮于社。"兵刑关系密切,可见一斑。西周的《尚书·吕刑》则载:"苗民弗用灵,制以刑。惟作五虐之刑,曰'法'。"《吕刑》在先秦诸子书中多有引用,近年出土楚简也有《吕刑》的残篇,与今本基本一致,都说明《吕刑》或非战国时人托古之作,而是来源更早。可见关于因苗民作乱而制刑罚,在先秦时期就是一种颇有影响的说法,其源久矣。《国语·鲁语》载:"大刑用甲兵,其次用斧钺;中刑用刀锯,其次用钻凿;薄刑用鞭扑,以威民也。故大者陈之原野,小者致之市朝。"此即"刑起于兵",表明是战争与军律的需要催生了刑法。关于"礼源于祀",《礼记·礼运》载:"夫礼之初,始诸饮食,其燔黍捭豚,污尊而抔饮,蒉桴而土鼓,犹若可以致其敬于鬼神。"此段文字生动地描述了"礼"的起源,其与上古时期祭祀鬼神是息息相关的。

(二)"皋陶造法说"

皋陶造法说是中国上古传说之一,与仓颉造字之类的传说类同,均是认为某物或某事起源于具体的传说人物。在上古传说人物中,皋陶与法联系最为密切。传说中皋陶在舜时为士(即司法之官),如《孟子·尽心上》载:"舜为天子,皋陶为士。"再如《竹书纪年》载:"(帝舜)三年,命咎陶作刑。"皋陶造法的传说影响深远,西汉刘向所撰《说苑·君道》篇载:"当尧之时,……皋陶为大理。"《急就篇》亦云:"皋陶造狱,法律存也。"在皋陶的传说中,不能不提到的是其神话色彩,即皋陶有神兽獬豸相助审案。如东汉王充的《论衡·是应》载:"觟䚦者,一角之羊也,性知有罪。皋陶治狱,其罪疑者,令羊触之,有罪则触,无罪则不触。"觟䚦即獬豸。类似的说法,在许慎的《说文解字》释古文"法"字(即"灋")时也有:"灋,刑也。平之如水。从水,廌所以触不直者去之,从去,会意"。廌即獬豸。当然,"灋"字本义为"废",原与法律无关,至战国秦汉时期"灋"字才开始有"法"的意涵,但也说明皋陶与獬豸的神判传说在当时非常流行。

(三)"定分止争说"

《管子·七臣七主》载:"法者,所以兴功惧暴也;律者,所以定分止争也。"这里的"分",既包括私法上的所有权名分,也包括公法上的权力名分。此说也见于《商君书》《韩非子》等子书之中,如《商君书·定分》载:"一兔走,百人逐之,非以兔为可分以为百,由名之未定也。夫卖兔者满市,而盗不敢取,由名分已定也。故名分未定,尧、舜、禹、汤且皆如鹜焉而逐之;名分已定,贪盗不取。"可见当时此种说法颇为流行,反映了战国时人已经可以从法的功能等实践层面来思考总结法的起源问题,已经开始摆脱中国法起源的神话色彩。

(四)"圣人应天命制礼刑说"

此种说法多见于先秦诸子书,更多地是一种哲学上的拟制,并非史实。其主要目的是对法的权威性和正当性进行阐释。如《荀子·性恶》云:"故圣人化性而起伪,伪起而生礼义,礼义生而制法度;然则礼义法度者,是圣人之所生也。"

至东汉班固在《汉书·刑法志》总结认为礼刑规范是"圣人因天秩而制五礼,因天讨而作五刑"。即上古时期礼刑等法规范均是由圣人因应天命而定。

二、中国法律起源的特点

从上述中国法起源诸说中可见中国法律起源的特点,概括而言,有如下两点:

第一,法律起源与战争及祭祀的关系极为密切。中国的国家是因部族之间战争而产生,记载上古三代的史籍中,最多的就是对祭祀与战争的记录。所谓国之大事即"祀"(祭祀)与"戎"(战争),此二者对国家和法律的形成具有决定性的作用。由战争而生"刑",由祭祀而生"礼"。可以说,中国法起源时期的祭祀与战争因素,决定了中国传统法的形成与发展,乃至与西方的重要区别。

第二,天命与宗法合一。天命思想在夏商时期形成神权法的体系,以至于在司法审判中神判色彩浓郁。宗法在天命的基础上构建了极有中国特色的国家结构,即家国一体。由此,"刑"与"礼"在中国法律的起源时期即紧密联系,后世更是发展为"德礼为本,刑罚为用"指导思想,使得中国法呈现出道德与法律融为一体的特点。

第二节 夏商法律思想与法制概况

一、夏商时期法律思想

(一)"天命""天罚"思想

按照后世文献记载,夏商时期的统治合法性源自"天命",如《尚书·召诰》云:"有夏服天命。"《礼记·表记》亦云:"夏道尊命,事鬼敬神而远之。"故立法上都是以"天命"作为其依据。在实施法律时则是"恭行天之罚",即天罚。如《尚书·甘誓》载:"有扈氏威侮五行,怠弃三正,天用剿绝其命。今予惟恭行天之罚。"即对有扈氏违犯天命、懈怠敬神的行为,代天"剿绝其命",实行"天之罚"。同样,商汤在征伐夏桀时发布《汤誓》说:"有夏多罪,天命殛之","尔尚辅予一人,致天之罚"。[①] 这些内容都表明夏商统治者为证明其罚罪与征伐活动的合理性,通常把自己的行径说成是"天讨"与"天罚"。

(二)神权法观念

从传世文献的记载看,夏商时期法律深受神权法观念影响。神权法观念源自中国先民时期的自然界神灵崇拜,在夏商时期此种神权法观念仍继续存在。

---

① 《尚书·汤誓》。

商人重鬼神,尤为看重神权观念,并将其与王权紧密结合。《礼记·表记》云:"殷人尊神,率民以事神,先鬼而后礼,先罚而后赏,尊而不亲。"当代考古发现的大量商代祭祀遗址与出土的甲骨文献,就是商代神权观念为当时社会主流意识形态的历史遗留。

值得注意的是,至商时期,神权法观念与王权的结合更为紧密,这就体现为"帝祖合一"的观念——强调先王先祖在上天依旧控制着现实的人世间,有不尊王命者,祖先在上天自会降下刑罚。如《尚书·盘庚》所载商王盘庚诰令云:"先后丕降与汝罪疾,曰:'曷不暨朕幼孙有比?'故有爽德,自上其罚汝,汝罔能迪。""乃祖乃父丕乃告我高后曰:'作丕刑于朕孙!'迪高后丕乃崇降弗祥。"由此,天命与王命合一,商人的宗法制度逐渐规范,并为后来的周人所继承且发扬光大。

二、夏商时期法律概况

夏商时期的史料极为匮乏,孔子就说:"夏礼,吾能言之,杞不足征也;殷礼,吾能言之,宋不足征也。文献不足故也,足则吾能征之矣。"①因此,历来夏商法律史研究主要依据出土与传世文献的片段记载。

(一)上古五刑

从后世的追述看,夏商时期刑罚繁多,后人将其归纳为五刑。如《尚书·吕刑》记载"五刑"源于传说时代的蚩尤作乱。汉代对上古五刑有所总结,即墨、劓、刖、宫、大辟。② 上古五刑均是残害肉体乃至生命,故又被称为"肉刑"。以下分述之:

其一,墨刑,先秦时期多称黥刑,以刀锥刻划于罪犯脸部,并以墨(黑土)填涂伤部,由此形成印记。

其二,劓刑,即割鼻之刑。商代甲骨文中有𠛬字,即以刀割鼻之状。

其三,刖刑,又称剕刑、膑刑。即以刀锯砍去罪犯腿脚的刑罚。商代甲骨文中有𠛬字,即以刀锯断人腿足之状。传世文献中多有记载"刖者守门",出土青铜器也常有此种造型。

其四,宫刑,又称椓刑,是破坏罪犯生殖器官的刑罚。商代甲骨文中有𠛬字,即以刀去除男子之势。被施行宫刑的人常会充当阉人,在宫中服役。

其五,大辟,即死刑。夏商时期死刑的执行方式多样且残酷。如醢,即将罪人剁为肉酱;如商纣王时期的"炮烙刑";等等。

从商代甲骨卜辞来看,墨、劓、刖、宫等均有见,但还不属于制度化的刑罚,作

---

① 《论语·八佾》。
② 《白虎通德论·五刑》云:"五刑之属三千,……劓、墨何,其下刑者也。腓者其膑。宫者,女子淫,执置宫中,不得出也;丈夫淫,割去其势也。大辟者,谓死也。"

为刑罚的五刑,从《尚书·吕刑》和青铜器铭文看,西周时方确立。

此外,春秋时期晋国的叔向曾说,《夏书》记载,所谓"昏、墨、贼、杀,皋陶之刑也"[①]。其说尚无其他文献可印证,或可备考。

当时的刑法执行情况,在现今河南二里头夏代遗址中有明显反映。在这些夏代墓穴遗址中,既有生前被碎尸而后被下葬的,又有死前被砍下头颅而后埋葬的,这显然是惩办严重刑事犯罪而执行大辟刑的反映。另外,在夏代墓穴遗址中,还有被砍去四肢的尸体,这是夏代执行刖刑的反映。应当说明,在夏代墓穴遗址中还有整个躯体作跪伏状,头向西、面向下被埋葬的;也有头向西,双手举过头,手腕相交,躯体弯曲,下肢蜷曲而被埋葬的。这些正反映了在罪犯生前执行酷刑而后又活埋的行刑状况。

(二) 上古刑书

夏商时期的法律,后世文献记载有很多,但多是汉代以后的想象,尚不能直接认为是夏商时期的史实。目前来看,对夏商时期的法律以刑书、令书、礼书等"某书"称呼,是较为可信的。尤其是"刑书",因为可以得到传世与出土文献的相互印证,是较为可靠的。当然,夏商周时期的"刑",是"法规范"的泛称,不仅仅是刑法。

《左传·昭公六年》载,晋国叔向在写给郑国子产的信中强烈反对子产为郑国立法,并提及"夏有乱政,而作《禹刑》;商有乱政,而作《汤刑》;周有乱政,而作《九刑》"。可见当时的人认为夏代的法律叫作《禹刑》,商代的法律叫作《汤刑》,周代的法律叫作《九刑》。《竹书纪年》也说:"祖甲二十四年,重作《汤刑》。"近年出土的清华大学藏战国楚简《子产》篇有提及"三邦之刑","三邦"即夏、商、周。不过《禹刑》《汤刑》的内容究竟是什么,现在仍不得而知。

另外,《尚书·伊训》云:"制官刑,儆于有位",说明商代时候也有所谓的"官刑",但内容同样不知其详。

三、夏商时期的司法制度

(一) 司法机关

关于夏商时期的司法机关,从史料来看,可信的并不多。在后世的文献记载中,夏代的中央司法机关被称为"大理",在君王以下,掌管国家司法大权。商代把中央最高审判机关改称为"大司寇",与中央其他五个机关并称"六卿"。地方司法官员,夏称"士"和"理",基层则称"蒙士",他们分别掌管夏代地方乃至基层的司法审判工作。夏代实行军政官兼理狱讼的制度,"士"和"理"既掌握军权,又掌管狱讼。商代由于分封诸侯,地方分为畿内与畿外,畿内称"士",基层称"蒙

---

① 《左传·昭公十四年》。

士";畿外则由诸侯掌管,他们有独立的审判权,负责统治地区的刑事、民事案件。以上的后世追述,主要是汉代以后的记载,其可靠性不足,略备一家之说而已。

(二) 审判制度

夏商时期的审判制度,目前较为可靠的史料较少,只能推测当时审判中很多时候是通过卜祷形式来判定的,充满了神鬼色彩,如甲骨卜辞载:"贞:王闻惟辟?贞:王闻不惟辟?"从传世文献看,判决往往要有天命的依据,如盘庚为顺利地迁都,把自己宣布的处罚均称为"天罚"。所谓"陈于兹,高后丕乃崇降罪疾","作丕刑于朕孙"[①],即说耽搁不搬者,天神与祖宗神将给予最严厉的处罚。

(三) 监狱制度

传世文献中记载的夏商时期监狱被称为"圜土"。《竹书纪年》载:"夏帝芬三十六年作圜土。""圜土"即为夏代囚禁罪犯的监狱,"圜者,圆也","圜土"是监狱的形象称呼,即在地下挖成圆形的土牢,或是在地上用土构筑成圆形的土墙,以关押罪犯。有关史料记载,夏在都城阳翟(今河南禹州市)"均台"设有中央直辖的监狱,相传夏桀曾把商汤"囚之夏台"。"夏台"也叫"均台",因此,在后世,多以"夏台""均台"为夏代监狱的代称。尽管当时的监狱还相当简陋,但毕竟为商代监狱的发展奠定了基础。

《墨子·尚贤下篇》载:"昔者傅说,居北海之州,圜土之上。"傅说为武丁时人,可见商代时仍有可能设"圜土"。此外,商代又有专门关押要犯的狱,被称为"囹圄",《说文解字》说:"囹圄,所以拘罪人。"《史记·殷本纪》中说文王被囚"羑里"。

此外,河南省安阳市小屯村曾有带械具的陶俑出土。男俑拲在身后,女俑拲在身前。《周礼·秋官·掌囚》说:"上罪梏拲而桎。"其中的"梏拲",则是头戴项枷、手带拲的囚犯的形象反映。

推荐阅读文献

1. 蒲坚编著:《中国古代法制丛钞》(第1卷),光明日报出版社2001年版。
该丛钞有关夏商法律制度的部分,内容广泛,史料充分翔实,为必读文献。
2. 杨宽:《先秦史十讲》,复旦大学出版社2006年版。
该书第一讲为中国上古的神话和传说,对了解中国法起源的历史背景具有帮助。
3. 李学勤:《中国古代文明十讲》,复旦大学出版社2003年版。
该书尤其注重从考古资料阐述中国古代文明的发源,对甲骨、金文、简帛等出土文献有深入浅出的简介,是了解中国法起源与夏商法律的考古与史料依据的重要入门著作。

---

① 《尚书·盘庚中》。

第二章 西周法律思想与制度

西周时期的礼乐刑法、典章制度,对古代中国的政治结构、法律制度都有着深刻的影响。在法律思想方面,西周统治者在继承夏、商两代"天讨""天罚"的神权法思想基础上,提出了"以德配天""明德慎罚"的政治法律主张,这种主张是汉以后主流法律思想"德主刑辅"的直接渊源。在法律形式上,西周时期"礼""刑"并用,对中国汉代以后的"礼法结合"、道德与法律相为表里有着重要的影响。在刑事法方面,无论是"刑罚世轻世重"的刑事政策,还是老幼犯罪减免刑罚等刑法原则,影响都及于20世纪初期的中国社会。此外,西周时期形成的婚姻制度、婚姻礼仪,以及富有特色的司法诉讼制度,至今仍然可以在中国社会找到踪影。故而,在中国古代法制的发展和传承之中,西周法制占有重要的地位。

【问题引导】

1. 西周时期礼治体系是如何发展与完善的?
2. 西周时期"明德慎罚"的思想内容是什么?

【关键词】

以德配天　明德慎罚　周礼　五礼　《吕刑》　九刑　质剂　傅别　六礼　嫡长子继承制　七出　三不去　狱讼　五听　三赦　三宥

第一节　西周的法律思想与立法概况

一、西周的法律思想

周初统治者利用夏商的神权法思想以及新提出的"德"观念顺理成章地解释了"小邦周"兴起和"大邦殷"灭亡的原因。西周时期,在立法、司法领域里起指导作用的,是在夏商两代"天讨""天罚"神权法思想基础上发展起来的"以德配天""明德慎罚"的理论。

(一) 以德配天——对夏商神权法思想的修正和补充

1. 周人的兴起

周人在取代了商人的统治后,仍然宣扬王权来源于"天命",神权是王权的后盾。借天命实行统治是当时社会发展的总体水平所决定的。所以与夏商统治者一样,周统治者也宣扬上天的权威至上,而周人正是秉承了上天的旨意来统治人间的。《尚书·大诰》载:"天休于宁王,兴我小邦周;宁王惟卜用,克绥受兹命。今天其相民,矧亦惟卜用。呜呼!天明畏,弼我丕丕基。"意为:天赏识周文王,使我小邦周兴盛。文王通过占卜而知天意,行事敬天,于是得天之命。天公正威严,助我小邦周扩大基业。因此,小邦周取代大邦殷是"天命"所致,而周人对商的讨伐与取代也正是恭行天罚的结果。

2. 商人的灭亡

对周统治者来说,解释商的灭亡比解释周的兴起要困难得多。因为商人自称为上天之子,而商人对鬼神更是不敢有丝毫的怠慢,上天怎么会抛弃如此孝顺的子孙,而将"天命"别移呢?为了解答这一问题,周人对夏商时的神权法思想进行了修正和补充。这就是"以德配天"说。

"以德配天"的主要内容如下:

首先,周人认为"天"是公正的,其与任何人都没有血缘关系,所以"天命"是可以转移的。"天"是天下人的保护者,为天下人所共有。因此,"天命"不会专属于某一族或某一人,而是会发生变化、转移的,这就是"天命靡常"①或"惟命不于常"②。

其次,"天命"的转移是有条件的,这个条件就是"德"。有德之人有"天命",所谓"皇天无亲,惟德是辅"③。商人的祖先有"德",因而"天"命其作"天之元子"(即"天"的长子),掌管天下,成了天下的统治者。但商人的子孙"不敬其德","天"便会夺其命,其失去了"天之元子"的地位,"皇天上帝"抛弃了失德的商人,"改厥元子兹大国殷之命"④。而周文王却因有德,上天"大命文王",使周人的统帅周文王成为"天之元子"⑤,周人因而得了天下。因此,在周人看来,王权来源于上天,也来源于人自身之"德",只敬天地鬼神还不足以"受天命",只有敬天地鬼神的同时又敬"德"才能"受天命"。

最后,"德"的中心内容是"保民"。因为民心的向背是有德与否的标尺。民心直接反映了天意。所以周公言:"人无于水鉴,当于民鉴。"⑥"敬天保民"由此成为周人为政的理念。周初统治者的"保民"措施体现在体恤民的艰难,"知小

---

① 《诗经·大雅·文王》。
② 《尚书·康诰》。
③ 《左传·僖公五年》引《周书》。
④ 《尚书·召诰》。
⑤ 《尚书·康诰》。
⑥ 《尚书·酒诰》。

民之依"①。依意为隐,即难言之隐情,也就是民生的艰难。这种体恤要求统治者一方面克制贪欲,不要妄用民力,使民能安居乐业;另一方面要求统治者能谨慎用刑。"敬天保民"在统治者与民众之间搭建起紧密的联系,以民为本也成为法律的出发点和目标。

(二) 明德慎罚——西周法律思想的重要发展

在"以德配天"的基本政治理论指导下,西周统治者还进一步提出了"明德慎罚"的法律主张,并以此作为国家立法、司法的指导理论。

所谓"明德",就是崇尚德治,提倡德教,也就是说,统治者治理国家首先要用"德教"的办法,通过道德教化,用道德的力量去教育、感化民众,使天下臣服;所谓"慎罚",就是主张在适用法律、实施刑罚时应该审慎、宽缓,而不应"乱罚无罪,杀无辜",一味用严刑峻法来迫使民众服从。"明德慎罚"的具体要求可以归纳为"实施德教,用刑宽缓",实际上就是强调将教化与刑罚相结合。

在"以德配天,明德慎罚"的理论体系中,"实施德教"是前提,是第一位的。关于"德教"的具体内容,西周统治者将其归纳成内涵广博的"礼治",即要求君臣上下父子兄弟都按照"礼"的秩序去生活。而"礼"的核心,在于"亲亲"和"尊尊"。所谓"亲亲",是要求在亲族范围内,人人都应亲爱自己的亲属,按照自己的身份行事,做到"父慈子孝,兄爱弟敬,夫和妻柔,姑慈妇听"②。"亲亲父为首",即在家庭、家族关系中,应该承认并维护父家长的地位和权威,以父家长为家庭和家族的中心。所谓"尊尊",是要求在社会范围内,人人都要恪守自己的名分,君臣、上下、贵贱有明确的等级秩序。"尊尊君为首",即整个天下的中心在于得到天命的君主。"亲亲"的核心是孝,"尊尊"的核心是忠。"亲亲"原则所维护的是以父权为中心的家庭、家族伦理关系;"尊尊"所维护的是以君权为中心的社会秩序。

(三) "以德配天,明德慎罚"思想的影响

"以德配天,明德慎罚"的主张代表了西周初期统治阶层的基本政治观点,并作为治国的基本方针在西周政治、立法和司法实践中发挥着指导作用。这种主张的提出,不仅解释了为什么商汤可以伐桀、姬周可以代商的理论问题,而且为西周社会的发展确定了基本的方向。在"以德配天,明德慎罚"思想的指导下,西周各代统治者把道德教化与刑罚镇压相结合,创造了一种特殊的"礼治"社会,形成了中国早期的"礼""刑"合治。

西周时期"以德配天,明德慎罚"的法律思想是在夏商两代"天讨""天罚"的神权法思想基础上发展起来的。这种法律思想的形成,从一个侧面说明当时

---

① 《尚书·无逸》。
② 《左传·昭公二十六年》。

的统治阶层在政治上已经趋于成熟。"以德配天,明德慎罚"的法律思想的影响也是极为深远的。它不仅在西周各种具体法律制度以及宏观法制特色的形成、发展过程中发挥了直接的指导作用,而且深深扎根于中国传统政治理论之中,被后世各朝统治阶层奉为政治法律制度的理想原则和正统标本。在西汉中期,"以德配天,明德慎罚"的主张被儒家学派发展成"德主刑辅,礼刑并用"的法律思想和法制方针,成为中国古代最具影响力的法律思想。

二、西周的宗法制度

宗法制是"礼治"的基础,其核心内容有二:一是以血缘为纽带确定尊卑贵贱的等级。以天子为核心,血缘与王室愈近者在国家与社会中的地位就愈高、身份也就愈尊贵。二是以嫡长子为核心。即天子、诸侯、大夫、士等,身份皆传与嫡长子。在宗族中,嫡子尊,庶子卑;在嫡子中又以嫡长子的地位最尊。

宗法制度渊源于氏族社会父系家长制,经过夏商两代的发展,到西周时,达到了成熟的程度。西周初年,周武王发动反商战争,建立西周政权以后,为保证姬周家天下的稳固,开始"封邦建国",推行政治上的分封制度。以这种"裂土封王"的分封制度为基础,逐渐形成了一种完备的宗法社会制度,即从理论上说,天下的一切土地和臣民,都为周天子所有。但是,周天子实行的并不是一种自上而下的彻底的中央集权制度,而是把天下的土地、人民除留一部分作王畿以外,全部分封给自己的儿孙、兄弟、亲族、功臣等诸侯王,建立若干个诸侯国。在各自的封国中,诸侯王享有行政、司法、军事等广泛的权力。同时,各诸侯王又把自己的领地封国中的土地、人民再分封给自己的儿孙、兄弟、功臣、亲族,即"大夫"。"大夫"再把自己的领地"采邑"分封给更低一层的领主"士"。"士"的领地称为"禄田"。这样层层分封,就形成了周天子、各级诸侯王、大夫、士等相互间的支配和依赖关系,形成了层层相依的等级结构。由于这种分封主要是以血缘关系为依据,因而也就形成了以周天子为中心的家天下的宗法制度。

为维系这种以血缘关系为纽带的组织形式,西周统治者在政治实践中逐渐形成了三个方面的原则与制度。

其一,从周天子到诸侯王、大夫、士,都实行嫡长子继承制。也就是说,从天子、诸侯王到大夫、士,每一代、每一级君主、领主的领地、身份以及相应权力、利益等,都只能由宗主的嫡妻所生长子即嫡长子来继承。在各自的管辖范围内,嫡长子为"大宗",其他兄弟、领主相对于嫡长子则为"小宗"。

其二,小宗服从大宗,诸弟服从长兄。周天子相对于其他一切领主来说是天下的大宗,其他领主则是小宗。同样,在诸侯国中,诸侯王是大宗。在各个相对应的关系中,小宗应该服从大宗,其负有向上纳贡、跟随出兵征伐等政治、经济或礼仪上的义务和责任。大宗则可以向小宗提供政治庇护,并有责任调解小宗之间的纠纷。在理论上,大宗有权力剥夺小宗的身份,降低其爵位,剥夺或缩小其领地。

其三,各级诸侯王、大夫、士,既是一种家族组织,又各自构成一级国家政权,共同向最高宗子——周天子负责。这种宗法统治的特征在于宗族统治。周王即周天子,既是君王、天下的最高主宰,又是整个姬周宗族的族长。

在这种政治、血缘双重关系的统治模式中,国家官吏与各级行政结构的选拔和设立,完全采用"任人唯亲"的原则,依照血缘关系的亲疏及与上一级领主的关系等因素来确定。因此,宗法制度的实质在于保证夺取政权的整个家族对于全社会实行家长制的统治。

从宏观上看,宗法制度构成了西周社会的基本结构。在宗法统治之下,家族组织与国家制度合而为一,家族观念、家庭及家族间的伦理道德与国家的法律规范结合在一起,互为表里。由此也形成了西周法律制度的一些明显特征,比如说,保证国王家长式统治的权威,家族伦理与国家法律相融合,礼义教化与刑事镇压相辅相成等。西周时期"礼"所发挥的广泛调解作用,也与当时的宗法体制有密切的关系。

三、西周的法律形式

西周时期的法律形式,呈现出多样化的特点。从文献古籍及出土文物资料的有关记载分析,在西周时期,除传统的"命""诰""誓"等王命仍在社会生活中发挥着广泛的调节作用外,以"礼"为表现形式的各种习惯法,也是重要的法律形式。

(一)"周公制礼"

周公制礼是指西周初期,周公整理礼制的活动。"礼"最早源于氏族时代的祭祀风俗。周公在摄政期间,将夏商两代的礼制加以折中损益,加上周族自己原有的礼制,使礼的内容更加丰富、系统,并赋予礼以道德、法律的多种属性,制定了一套通行全国的系统的礼制。经过周公制礼,周礼调整着西周社会各方面的关系,成为西周法律规范的重要组成部分,周公制礼也成为周初最重要的立法活动。

(二)《吕刑》

《尚书·吕刑》载,西周中期周穆王命吕侯制定的刑书,称为《吕刑》。因吕国又名甫国,是以《吕刑》又称《甫刑》。作为刑书的《吕刑》已佚,目前保留在《尚书》中的《吕刑》不是刑书本体,而是诰令类公文书,其记载的内容更类似于所谓"刑书"的序言,是以开篇以"吕命穆王训夏赎刑,作《吕刑》",交代《吕刑》

的制定来由,并以"王曰"等记言形式,对《吕刑》文本里的内容进行引述。① 由此看来,《吕刑》的具体内容虽无全面记载,但其要点已经可以窥之一斑。以下简述之:

第一,以五刑为中心。上古三代时期的刑名多是"以刑统罪",即先列刑罚名称(五刑),后述相应的罪行。《吕刑》即是如此,称之为"五刑之属三千"。不过三千罪名是虚数,非实际有如此多的犯罪行为,所以只是很笼统地记载:"墨罚之属千;劓罚之属千;荆罚之属五百;宫罚之属三百;大辟之罚,其属二百。"②

第二,以明德慎罚为立法原则。主要体现为对处五刑(墨、劓、荆、宫、大辟)的囚犯,如果所犯情状尚未达到适用五刑之标准,就改为五罚论处,五罚指交付罚金。如果是过失导致触犯当判五刑或五罚之罪,那就以五过论处,五过是可以赦免的。所有判决都应该经过严格的审核,断狱文书要上报,要让当事人信服。慎罚是明德的体现,正如《尚书·吕刑》中说,"惟敬五刑,以成三德"。

第三,以赎刑为重点。《尚书·吕刑》记载了五刑的源流与主要内容后,重点阐述了赎刑,这是《吕刑》的重点,立法者认为在适用五刑而有疑之时,当事人可用不同数量的铜赎之,即:"墨辟疑赦,其罚百锾,阅实其罪。劓辟疑赦,其罪惟倍,阅实其罪。荆辟疑赦,其罚倍差,阅实其罪。宫辟疑赦,其罚六百锾,阅实其罪。大辟疑赦,其罚千锾,阅实其罪。"以此达到慎刑的目的,使五刑成为"祥刑",得到天下人的信从。

(三)"九刑"

《左传·昭公六年》载:"周有乱政,而作九刑。"③《左传·文公十八年》亦云:"毁则为贼,掩贼为藏,窃贿为盗,盗器为奸。主藏之名,赖奸之用,为大凶德,有常无赦。在《九刑》不忘。"《逸周书·尝麦解》则载:"王命大正正刑书,太史策《刑书》九篇以升受大正。"由此可见,"九刑"应是西周时期的代表性立法,其出现的时期最早是在周初,而后一直沿用至东周时期,"九刑"或因有九篇得名,其中有惩罚贼、藏、盗、奸之类犯罪行为的刑法规定。

(四)"遗训"及"殷彝"

所谓"遗训",是指前代、先王留下的规则、习惯。"殷彝"则是指商代的某些法规或习惯。周公在告诫康叔时说:"乃其速由文王作罚,刑兹无赦。"④就是说要立即依照文王时定的规矩,严惩那些不可饶恕的人。周公要求,在管理殷商遗

---

① 传世《尚书·吕刑》篇并非《吕刑》这一刑书的原本形态,应该是颁布《吕刑》时的诰令文书经过编辑后选取的部分内容。参见王捷:《清华简〈子产〉篇与"刑书"新析》,载《上海师范大学学报(哲学社会科学版)》2017年第4期。

② 《尚书·吕刑》。

③ 《左传·昭公六年》。

④ 《尚书·康诰》。

民时,可以"罚蔽殷彝,用其义刑义杀"①。也就是说,在统治那些被征服的殷商遗民时,可以适用那些适合时宜、对现实统治无害的殷商时代的法规。

(五)"誓""诰""命"

誓,"用之于军旅"。周武王伐殷纣,在孟津渡河时作《泰誓》,战于牧野时作《牧誓》,周公伯禽征伐徐淮的东夷时作《费誓》。在这些军事命令中,宣布的被讨伐者的罪状常常成了刑法的罪名,所宣布的处分方法,也常常成了刑罚的种类和手段。

诰是关于施政的训令。《尚书》中的《大诰》是周公辅佐成王平定管、蔡伙同武庚叛乱时的政治布告。《康诰》是康叔被封于殷地时,周公代表成王作的如何管理殷民地区的政治指示。《酒诰》是禁止"群饮"的法令。诰是重要的法律形式,诰文中禁止的、谴责的内容就是法禁范围。

命即王命,是周王对某一具体事务临时发布的命令,西周青铜器铭文中的惯用语"勿废朕命"即是。

第二节 西周的礼及"礼与刑"关系

所谓"礼",是中国古代社会长期存在的、旨在维护宗法血缘关系和宗法等级制度的一系列精神原则和言行规范的总称。在中国文化史上,"礼"是一个内涵极为广泛,也最为复杂的范畴。从宏观上看,"礼"的精神贯穿于整个中国古代文化之中。其中,西周时期礼制的发展,是中国古代社会"礼治"文化发展过程中的一个最为重要的阶段。周礼的性质及其在当时社会生活中所发挥的特殊作用,也是中国早期法律史中的一个重要内容。

一、"礼"的源流与核心原则

作为一种言行规范,"礼"最早源于氏族时代的祭祀风俗。在甲骨文中,已经有了"礼"字的最早形态。甲骨文中的"礼"作"豐",像"二玉在器之形",就是说在一个祭祀的皿里放两块美玉,贡献给"帝"或"祖"。由此可知,在商代,"礼"字表达祭祀的意思已经非常明显了。《说文解字》云:"礼,履也,所以事神致福也。"这些都说明,"礼"与早期先民的祭祀活动有着密切的关系。史籍记载,在夏商时期,作为言行规范的"礼"就已经存在。孔子就曾说:"殷因于夏礼,所损益,可知也;周因于殷礼,所损益,可知也。"②这说明在夏、商、西周的礼制之间,存在着密切的渊源关系。

---

① 《尚书·康诰》。
② 《论语·为政》。

不过，在西周初年，经过"周公制礼"以后，周礼成了一个庞大的"礼制"体系，在国家政治生活和社会生活各个方面都发挥着广泛的调节作用。西周的礼已不单独是原本意义上的祭祀中的器皿或是祭祀的仪式，它已经发展成为维护等级制度、调整统治阶级内部关系和加强统治的重要工具，是治理国家最基础也是最重要的制度。

西周"礼"的核心原则可以归纳为"亲亲"和"尊尊"。"亲亲"即亲其所亲，亲爱自己的亲属，它与疏相对，着眼于调整家族内部的关系。至亲莫如父，要求父慈、子孝、兄友、弟恭，核心为"孝"。"尊尊"即尊其所尊，尊爱自己的尊长，它与卑相对，不仅调节父子、夫妻之间的尊卑关系，更主要的是调整君臣之间、贵族之间、贵族与平民之间的社会性尊卑关系，核心为"忠"。

二、西周礼的基本内容与性质

"礼"通常有"五礼""六礼"和"九礼"之说。"五礼"指吉、嘉、宾、军、凶五个方面的礼仪。其中吉礼居五礼之首，是指祭礼方面的礼节仪式，嘉礼是指宴饮婚冠、吉庆活动的礼节仪式，宾礼是指天子款待来朝会的四方诸侯和诸侯派遣使臣向周王问安的礼节仪式，军礼是指军事活动的礼节仪式，凶礼是指针对不幸事件进行悼念、慰问的礼节仪式。"六礼"一般是指冠、婚、丧、祭、乡饮酒、相见六个方面的礼仪。"冠"是指成年之礼，"乡饮酒"是指序长幼、睦邻里之礼。"九礼"则包括冠、婚、朝、聘、丧、祭、宾主、乡饮酒、军旅等礼仪。其中"朝"是指诸侯朝觐之礼，"聘"是诸侯之间聘享之礼。"亲亲""尊尊"等一系列礼的精神原则，正是寓于这些具体的礼仪形式之中。仪式有助于增强规则的神圣性，令人心生敬畏，进而心悦诚服，西周宗法秩序正由此而建立。

西周时期，在分封制、宗法制的社会体制之下，整个社会都被纳入一种独特的组织结构之中。这种组织结构，通常被称为"礼治社会"或"礼治秩序"。也就是说，在西周时期，维系整个社会的核心、保证国家机器和社会秩序正常运行的主要规范，是"礼"的精神、"礼"的规范。因此，在西周时期，周礼在实际上对全社会起着一种法律的调节作用，完全具备法的性质。

总之，在西周时期，周礼以一种特殊的方式，对西周社会生活的各个方面起着积极而广泛的调节作用。从周礼的表现形式、在实际生活中所发挥的作用以及周礼本身的内容和性质等方面观察，周礼是西周社会不成文法律体系的一个重要组成部分，完全具有法的性质。

三、西周"礼"与"刑"的关系

在先秦史籍中，"礼"与"刑"是两个经常并列出现的重要范畴。"刑"原作"荆"，在先秦时代，"刑"有三个层次上的意义：

其一,专指砍头的刑罚。这是"刑"字的原始含义。《说文》云:"刑,剄也",剄是用刀割头之意。

其二,所有刑罚的通称。随着社会的发展和刑罚的广泛运用,"刑"字也从狭义的砍头刑罚逐渐演变成抽象的概念,泛指所有的刑罚。《说文解字》段玉裁注云:"刑者,五刑也。凡刑罚、典刑、仪刑皆用之。"另一部重要辞书《玉海》亦云:"刑,罚之总名也。"

其三,泛指与刑罚密切相关的法律规范。在先秦时期,动用刑罚处罚是国家最主要、最经常的一种调整手段,任何违背统治者意志、违背国家既定秩序的行为,都会招致刑罚处罚,几乎所有的法律都与刑罚有关。所以用"刑"字来指代法律也是一件很自然的事。由于在先秦时期"礼"与"刑"常被并列使用,因此也常容易使人在观念上把二者当作相互对立的两个范畴。

从宏观上看,西周时期的"礼"与"刑"都是当时维护社会秩序、调整社会关系的重要社会规则。二者相辅相成,互为表里,共同构成了西周社会完整的法律体系。所谓"礼者禁于将然之前,而法者禁于已然之后"①。"礼"是积极、主动的规范,是"禁恶于未然"的预防;"刑"是消极的处罚,是"惩恶于已然"的制裁手段。也就是说,"礼"总是从正面主动地提出要求,对人们的言行作出正面的"指导",明确地要求人们应该做什么,不应该做什么,可以做什么,不可以做什么。"礼"的功能重在"教化"。"刑"则相对处于被动状态,对于违背"礼"的行为进行刑罚处罚。"礼"所禁止的行为,亦可能为"刑"所不容,即所谓"礼之所去,刑之所取","出礼则入刑"②。"刑"的功能,重在制裁。

由于"礼"的范围非常广,"经礼三百,曲礼三千"③,大到国家政治、经济、军事、文化制度,小到个人言谈举止,无所不包,所以"礼"也构成了当时不成文法律体系的一个重要组成部分。西周时期对于各种罪行、恶行也主要是依据"礼"的精神原则和具体的礼仪规范断定的。比如说"不孝不友"④,"寇攘奸宄,杀越人于货"⑤,"群饮","湎于酒"⑥,以及"男女不以义交","触易君命,革舆服制度","非事而事之,出入不以道义,而诵不祥之辞"⑦等罪名,很明显都应该是依照"礼"的规范和原则来确定的,所以说,在西周时期,"礼"与"刑"二者之间存在着不可分割的密切关系。需要注意的是,"礼"与"刑"密切相关,却并不完全

---

① 《汉书·贾谊传》。
② 《后汉书·陈宠传》。
③ 《礼记·礼器》。
④ 《尚书·康诰》。
⑤ 同上。
⑥ 《尚书·酒诰》。
⑦ 《周礼·秋官·司刑》郑玄注。

重合。违反那些细小的礼仪规范(曲礼),大多只会受到道德谴责,而无涉国法严刑。

四、"礼不下庶人,刑不上大夫"

"礼不下庶人,刑不上大夫"是中国古代社会中长期存在的一项法律原则。各朝统治者经常以这项原则作为为官僚、贵族提供法律特权的根据。这里所说的"大夫",泛指大夫以上的贵族、官僚;"庶人"则是指贵族、官僚和各级领主以外的平民。作为一项法律原则,"礼不下庶人,刑不上大夫"的重心在于强调平民百姓与官僚贵族之间的不平等,强调对于官僚贵族等统治阶层特权的维护,说明西周实行的是一种公开不平等的特权法。

实际上,"礼不下庶人"并不是说礼对庶人没有约束力,而是强调"礼"是有等级、有差别的。天子有天子的礼,诸侯有诸侯的礼,大夫有大夫的礼,士有士之礼,庶人有庶人的礼。不同等级之间,不能僭越。比如说,天子观看"八佾"(八行八列,六十四人)之舞,诸侯则只能观看"六佾"(六行六列,三十六人)之舞,大夫观看"四佾"(四行四列,十六人)之舞,下级不能逾越制度观看上级才有资格观看的舞蹈,否则就是以下凌上,僭越礼制。诸如宫室之礼、车马之礼、朝觐之礼等,不仅王室、贵族之间有严格的等级区别,而且庶人是无权享用这些"礼"的。任何悖礼、僭越的行为,都会受到惩处。"刑不上大夫"也并不是说对大夫以上的贵族绝对不适用刑罚。实际上,大夫以上的贵族,如果犯有谋反、篡逆等严重的政治犯罪,同样会招致法律的严厉处罚。不过在一些非政治性领域,贵族官僚犯罪往往会享有许多减免的特权。例如,在一般情况下,贵族犯罪"轻重不在刑书"①,就是说,贵族官僚触犯普通罪名时,是否给予处罚,给予什么样的处罚,并不是严格按照法律的规定,而是由上层贵族或周王根据不同的情况作出裁判。在大多数情况下,是减轻或免除其处罚。另外,贵族、官僚在诉讼程序、刑罚处罚方法等方面也有一系列特权。比如说,"命夫命妇不躬坐狱讼"②,"公族无宫刑,不翦其类也"③,等等。

第三节 西周的刑事法律制度

在中国古代社会,刑事法律历来都是各个王朝法律体系中重要的组成部分。在西周时期,经过夏商两代的积累,西周的刑法制度,包括罪名、刑罚体系、刑法

---

① 《周礼·秋官·司刑》郑玄注。
② 《周礼·秋官·司寇》。
③ 《礼记·文王世子》。

原则以及宏观的刑事政策等各个方面,都得到了很大的发展。西周时期形成的"刑罚世轻世重"的刑事政策,矜老恤幼等体现"明德慎罚""仁政"思想的刑法原则,都曾对后世各朝刑法的制定和适用产生过重要的影响。

一、西周的主要罪名

（一）不孝不友

孝指对父母长辈的孝顺,友指对同族兄弟的友爱。在以血缘关系为基础的宗法制度之下,孝道是宗法伦理的最基本的要求,也是宗法体制中最核心的内容。因此,对于"不孝"及其相关行为的处罚,很自然地成为西周时期刑事打击的一个重点。在先秦史籍有关西周的历史记载中,"不孝""不友""不悌""不睦"等违背宗法伦常的罪名随处可见。其中,"不孝"罪被认为是最为严重的犯罪。根据《尚书》的记载,周公就曾告诫康叔说:"元恶大憝,矧为不孝不友。"对于这种行为,要"刑兹无赦"①。类似表述在西周金文资料中也多有体现。约周康王时期的青铜器历鼎说:"历肇对元德,孝友唯井"②,即将孝友作为处世的法则。在宗法体制之下,"不孝""不友"的行为,所危害的不仅是家庭伦理和亲情关系,而且危害到整个宗法社会的政治体制和社会秩序,所以被视为"元恶大憝",作为最严重的犯罪接受处罚。

（二）犯王命

在西周时期宗法社会体制之下,周王处于权力金字塔的顶峰。周王的意志,通过各种形式发布的王命,具有最高的法律效力,要求全体臣民绝对地遵行。因此,触犯王命、违抗王命的行为,也是最严重的犯罪行为。正如《尚书》中周王说:"乃有不用我降尔命,我乃其大罚殛之"③；《国语》中说"犯王命必诛"④。这些记载都说明当时对违犯王命的行为的处罚是极重的。

（三）弑君

在宗法体制之下,君、父一体。对于处于君父位置的"尊长"来说,其优越地位有政治的和血缘、家族的双重保障,而对于处于臣、子位置的卑幼、下属来说,他们对尊长有政治的和伦理的双重义务。所以,臣、子放逐或逆弑自己的君、父,被看成是"逆天理"的恶行。对于此类罪行,无一例外要处以最为严酷的刑罚。《周礼》记载,"放弑其君则残之","杀王之亲者,辜之"⑤。"残之""辜之",都是

---

① 《尚书·康诰》。
② 井通刑、型,是型范、法则的意思。中国社会科学院考古研究所编:《殷周金文集成》(修订增补本第2册),中华书局2007年版,第1322页。
③ 《尚书·多方》。
④ 《国语·周语》。
⑤ 《周礼·夏官·司马》。

指要将罪人千刀万剐、肢解。在多数情况下，对于实施了此种犯罪行为的人，还要株连其家属。《礼记·檀弓》云："凡弑君者杀其人，坏其室，污其宫而汙焉。"《大戴礼·本命》也说："逆天者，罪及五世。"

（四）杀越人于货

除"犯王命""放弑其君"等严重政治性犯罪以外，西周时期对于"寇攘奸宄，杀越人于货"①等抢掠财物、劫杀人命的刑事犯罪，也规定了较重的刑罚予以打击。据《周礼》的记载，对于"杀越人于货"，即抢劫杀人者，要"踣诸市，肆之三日"。② 对于其他侵犯他人财物的犯罪，也有相应的处罚。

（五）酗酒群饮

西周初年，西周统治者在总结殷商灭亡的经验教训时认识到，殷商统治阶层酗酒废事，是导致政治腐败、社会混乱的一个重要诱因。《尚书·酒诰》说："文王诰教小子有正有事：无彝酒；越庶国，饮惟祀，德将无醉"，即文王命令大小官员不能酗酒，只有在祭祀等特定场合才能饮酒。周王朝尤其禁止群饮，《尚书·酒诰》说："'群饮。'汝勿佚。尽执拘以归于周，予其杀"，即对于群饮之周人要押回王朝处以死刑。但对于殷商遗民的此类行为，则采用另一种策略："乃湎于酒，勿庸杀之，姑惟教之"③，即要先教育引导，不听劝诫再行严惩。从西周早期的青铜器大盂鼎到西周晚期的青铜器毛公鼎，其铭文中都有禁酒的内容，说明西周禁酒令实施力度大、时间久。

（六）违背盟誓

在先秦时代，"盟誓"是一种特殊的、但也具有很强约束力的规范形式。在当时的社会条件下，国王与各级封建领主之间，以及各级封建领主相互之间的政治隶属关系，相互之间的权利义务，大多是通过"盟誓"的形式来确定的。而不能违背盟誓，则是一种有极高强制性的习惯法规则。违背盟誓，也就是违背自己的庄严承诺，违背自己应该履行的义务。所以，违背盟誓也被看成是一项严重的罪行。对于此类行为，大多数情况下是"告而诛之"，即将其背誓的行为公告于天下，再行诛灭。

（七）失农时

自始祖后稷时代起，周人即以农耕为主要生产生活方式。因此，西周也是一个典型的农耕社会，农业生产在国家经济中占有主导地位。为保证农业生产的正常进行，西周统治者颇为强调重视农时，规定失农时者治以罪。《礼记》就有关于

---

① 《尚书·康诰》。
② 《周礼·秋官·掌戮》。
③ 《尚书·酒诰》。

此类规定的记载:"仲秋之月,乃劝种麦,毋或失时。其有失时者,刑罪无赦。"①

二、西周的主要刑罚

(一) 五刑

西周时期,其主体刑罚体系,依然是夏商以来代代相传的"五刑":墨、劓、刖、宫、大辟。按《周礼》的说法,西周时期有"墨罪五百,劓罪五百,宫罪五百,刖罪五百,杀罪五百"②。《尚书·吕刑》则说西周时"墨罚之属千,劓罚之属千,刖罚之属五百,宫罚之属三百,大辟之罚二百",按《尚书·吕刑》记载,共计"五刑之属三千"。姑且不论"三千"之数到底是什么含义,这些资料从一个侧面说明西周时期的主体刑罚,依然是墨、劓、刖、宫、大辟等五刑。这五种刑罚的实施,在西周青铜器金文资料中,也能找到相关的印证。沈家本《历代刑法考》以《逸周书·尝麦解》为依据,认为《九刑》是以"刑名"为篇名的刑书,即在墨、劓、刖、宫、辟五刑外,加鞭、扑、流、赎之刑,合为九篇。但"九刑"之"九"非实指刑罚九种,而是刑书九篇之意。

(二) 流刑

流刑即流放,在中国也有悠久的历史。据《尚书·尧典》的记载,在尧帝时,就曾"放驩兜于崇山"。夏商时期,也都有流刑的记载。流刑也是西周刑罚体系中的重要组成部分。据史籍记载,西周初年,商遗民首领武庚唆使管叔、蔡叔发动叛乱。周公东征平叛,"伐诛武庚,管叔、蔡叔放"。"放"即是流放。《尚书·尧典》有"流宥五刑"之谓,是说用流放来替代五刑,以之显示宽大处理。不过,在先秦时期,流放大多数时候仅适用于少数上层的贵族。从金文资料来看,西周流刑的名称并不固定,有"播""出弃"等多种称谓。

(三) 鞭扑刑

鞭刑是鞭打犯罪人的刑罚。金文资料中数见鞭刑,其鞭打数目巨大,甚至可多达一千。《尚书·尧典》有"鞭做官刑"之谓,是说鞭刑适用于官僚贵族。扑刑是用杖扑责犯罪人的刑罚。《尚书·尧典》有"扑做教刑"之谓,是说扑刑用于惩戒轻微犯罪,主要目的在于教化。

(四) 赎刑

赎刑是一种用一定数量的财货来折抵刑罚的刑罚执行方法。《尚书·舜典》云:"金作赎刑。""金"是指青铜,上古时期青铜是非常贵重的金属,多数时候作为货币而广泛应用于流通领域。有关资料记载,早在夏代时,中国就已经有了这种以贵重金属来抵赎刑罚的赎刑制度。《尚书·吕刑》中,就有关于西周穆王

---

① 《礼记·月令》。
② 《周礼·秋官·司刑》郑玄注。

"训夏赎刑"的记载。在周穆王时,吕侯奉命推行法律改革,其中一项重要内容就是总结历史的经验,改革西周的赎刑制度。根据《尚书·吕刑》及其他历史资料的记载,西周时期的赎刑制度已经比较完备。在西周时期,赎刑一般适用于疑案,或是针对少数上层贵族使用。

三、西周的主要刑法原则与刑事政策

在总结夏商以来近千年的用刑经验的基础上,西周时期逐渐形成了一系列刑法原则和刑事政策。这些刑法原则和刑事政策,集中反映了西周时期的宏观法制指导思想,也从一个侧面反映了当时整体的法制水平。

（一）主要刑法原则

1. 矜老恤幼

史籍记载,西周时期有"三赦之法",《周礼·秋官·司刺》载:"一曰幼弱,二曰老耄,三曰蠢愚。"对于这三种人,如果触犯法律,应该减轻、赦免其刑罚。《礼记》也载:"八十、九十曰耄,七十曰悼。悼与耄,虽有罪不加刑焉。"①这一原则正是西周时期"明德慎罚"的法律思想以及"亲亲"礼治原则在刑法定罪量刑方面的具体体现。矜老恤幼原则被后世所继承,在汉唐以至于明清的法律中都有体现。

2. 区分故意与过失、惯犯与偶犯

西周时期,在观念上和制度上已经开始对故意犯罪与过失犯罪、惯犯与偶犯进行明确的区分,给予不同的处罚。据《周礼》记载,西周时期除"三赦之法"外,还有"三宥之法",即对于三种情况下的犯罪要宽宥、原谅:"一曰过失,二曰弗知,三曰遗忘"。这种制度说明当时对于过失犯罪及犯罪在主观恶性上的差别,已经有比较清楚和深刻的认识。在先秦典籍中,还有许多关于区分故意与过失、惯犯与偶犯的记载。例如,《尚书·康诰》中记载说,周公曾教导即将统治殷商遗民的康叔说:"人有小罪,非眚,乃惟终,……有厥罪小,乃不可不杀。乃有大罪,非终,乃惟眚灾,……时乃不可杀。"其中,"眚"是指过失之意,"非眚"即是故意。"惟终"是指惯犯,"非终"则是指偶犯。从这些资料中可以看出,西周时期对故意犯罪、惯犯从重处罚,对过失犯罪和偶犯从轻处断,这已经是很清楚的原则了。这一原则也说明,西周时期根据主观恶性确定刑事责任等刑法理论,已经达到了相当高的水平。这一原则,也是"明德慎罚"原则在刑法中的具体体现。

3. 罪疑从轻,罪疑从赦

"罪疑从轻"②,"与其杀不辜,宁失不经"③,是中国上古时期、夏代以前关于

---

① 《礼记·曲礼上》。
② 《尚书·大禹谟》。
③ 《左传·襄公二十六年》。

疑罪从轻的记载。这说明在中国历史上，审慎适用刑罚有极为悠久的传统。西周时期，为保证适用刑罚的谨慎，继承和发扬了这一传统，在司法实践中贯彻和推行"罪疑从轻""罪疑从赦"的原则，对于疑案难案，采取从轻处断或加以赦免的办法。《尚书·吕刑》云："五刑之疑有赦，五罚之疑有赦。"指对适用五刑、五罚的案件如有疑问，则赦免。同时，周代有与众共审疑狱的传统，大家都对案情有疑问，亦赦免，如《礼记·王制》说："疑狱，泛与众共之；众疑，赦之。"据《周礼》记载，西周时期还有"三刺之法"，凡是重大或是疑难案件，要经过三道特殊程序来决定："一曰讯群臣，二曰讯群吏，三曰讯万民。"[①]说明西周时期对于司法审判，特别是重大疑难案件的慎重。"罪疑从轻""罪疑从赦"原则的推行，也是西周"明德慎罚"思想的具体体现。

4. 宽严适中

基于"明德慎罚"的思想主张，西周时期在定罪量刑上强调"中道""中罚""中正"，要求宽严适中，不偏不倚。《尚书》中说："用中罚"[②]，"爰制百姓于刑之中"[③]，正是这方面的要求。关于"中"的含义，唐人孔颖达解释说："中之为言，不轻不重之谓也。"强调在定罪量刑时做到不轻不重、不偏不倚，这是一种很高的司法要求。这一原则的提出，也从一个侧面说明西周统治者在政治上的成熟。

5. 罪不相及

罪不相及是说刑罚止于犯罪者自身，而不相互株连。《左传·昭公二十年》引《尚书·康诰》佚文说："父子兄弟，罪不相及"，体现的就是这一原则。上古时期原有"孥戮""罪人以族"的传统，周人提出"罪不相及"，符合"明德慎罚"的法律思想，极具进步性。罪不相及原则在战国以后就不再被坚持，株连之刑广泛复活，并为后代王朝所沿用。

（二）"刑罚世轻世重"的刑事政策

自夏商以来，历代统治者一直注重运用刑罚手段来镇压一切反抗，维护既定社会秩序，保障国家机器的正常运转，逐渐积累了丰富的用刑经验。至西周初年，以周公为代表的西周统治者在总结前代政治经验和用刑经验基础上，提出了著名的"刑罚世轻世重"理论，并以此作为国家的基本刑事政策来指导法律实践。《尚书·吕刑》说："轻重诸罚有权，刑罚世轻世重。""权"是权衡、度量。主张"刑罚世轻世重"，就是说要根据时势的变化、根据国家的具体政治情况、社会环境等因素来决定用刑的宽与严、轻与重。具体的轻重宽严标准则是《周礼》确

---

① 《周礼·秋官·司寇》郑玄注。
② 《尚书·立政》。
③ 《尚书·吕刑》。

定的:"一曰刑新国用轻典;二曰刑平国用中典;三曰刑乱国用重典。"①"典"是指刑法、刑罚。"刑新国用轻典,刑平国用中典,刑乱国用重典",就是主张在刚刚夺取政权、建立新国家时,或是在刚刚征服的新的疆域里,用刑应该偏于轻缓,以稳定人心。当国家安定、政局平稳时,或是在政治稳定的邦国,用刑则应该平和适中,不偏轻也不过重。当国家出现动荡不安时,或是在出现骚乱的地域,就要"重典治乱世",用严刑峻法来镇压暴乱,恢复安定的社会秩序。应该说,这种"刑罚世轻世重"的理论,是长期的政治统治和用刑经验的结晶。这种理论和政策的提出,说明以周公为代表的西周统治阶层已经是深谙统治之术的统治者了。"刑新国用轻典,刑平国用中典,刑乱国用重典"的理论和做法,后来被融入中国传统政治理论之中,成为中国传统政治智慧的一部分,对后世统治者用法用刑有很大的影响。特别是"重典治乱世",多次被帝王用作实施严刑峻法的理论依据。在公元前11世纪就能够总结出这样的法律理论,也说明西周的社会文明已经达到了相当高的程度。

第四节　西周的民事法律制度

西周的民事活动比以前更为活跃,调整民事活动的法律规范也更为丰富,以习惯法为主。关于西周时期的民事法律规范,除先秦文献典籍中有丰富资料外,大量西周青铜器铭文也可提供印证。综合文献典籍和出土文物资料分析,我们可以发现,西周时期的民事规范涉及所有权、债、契约、商品交换规则、婚姻继承等多个领域。在西周习惯法规范中,礼的地位崇高、内容庞杂。东周以后,儒家学者系统整理修订礼书,这些礼书在后世成为统治者奉行的经典,礼书中处理民事关系的原则与规范则渗透到社会生活之诸方面,对中国法律文化影响深远。

一、所有权

"溥天之下,莫非王土。率土之滨,莫非王臣。"②从理论上说,周天子被认为是"上天之子",代表上天来统治人间。天下的所有一切,包括土地、人民,最终都归周天子所有。在西周时期,政治上实行分封制。这种逐级分封、层层占有的政治体制,实际上造成了西周时期所有权制度的分割。周天子除将京城附近的地区(称作王畿)留作自己直接管辖统治之外,通过"授民授疆土"的形式,将天下的土地和臣民封赐给各诸侯,由各诸侯实际占有、使用,享受收益。诸侯可以进行再次封赐,形成各级更小的封建领主。在陆续出土的西周青铜器铭文中,就

---

① 《周礼·秋官·司寇》郑玄注。
② 《诗经·北山》。

有大量关于封赠、赏赐的记载。

在西周中期以后,随着地方经济的发展,原有宗法制度和宗法观念逐渐松弛,以各诸侯国为代表的地方势力逐渐强大,而西周初年那种"天子独尊"的政治格局面临强大挑战。在这种"诸侯强于王室""陪臣执国命"的情况下,原来那种由周王"授民授疆土"的分封方式,逐渐成为聊备一格的形式。原来那种"溥天之下,莫非王土"的说法,已经只能在理论上存在了。西周中期以后的多篇青铜器铭文显示,贵族之间可以自由交易土地,土地交易时要履行一整套礼仪程序,包括双方协议、踏勘地界、起封作帜、书于契券、宴请送礼等各个环节,有时执政大臣或王朝官员还会参与这些程序,这既体现了周王对田土交易的认可,也表明了西周贵族对土地享有处分权。

二、债和契约

债权关系是同财产私有制度密切相关的。在西周时期,随着私田的出现和商品经济的进一步发展,相对成熟和稳定的债权逐渐形成。与这种形式相适应,调整这种债权债务关系的法律规则,也开始丰富起来。史籍记载,"债"的称谓在西周时期已经出现,称为"责"。《周礼》中说:"凡有责者,有判书以治则听。"①这里的"判",通"半"。即是说,如果债权人有双方各执一半的债务契约,官府即可受理这一债务纠纷。从文献资料和金文资料所反映的情况看,西周时期的债权债务关系大致有两类:一是因契约而产生的债,二是因侵权和损害赔偿而产生的债。其中,前者是主要的表现形式。从西周青铜器铭文《曶鼎》《禹攸从鼎》中,就可以看出因买卖、租赁而产生的债权债务关系。在《散氏盘》铭文中,还记载了一个因损害赔偿而产生的债权关系实例。该铭文记载说,一个名叫"矢"的贵族侵扰了另一贵族散氏的地盘,已经造成损害。有关官员根据受害者提出的赔偿要求,判决"矢"负赔偿责任②。

与债权债务关系的发展紧密联系在一起的,是民事契约关系的发展。据史料的记载,西周时期的契约关系也比以前有了较大的进步。在当时,比较普遍的契约形式有两种:一种称为"质剂",一种称为"傅别"。《周礼》上说"听买卖以质剂",说明"质剂"是使用于买卖关系中的契约形式。其中,"大市以质,小市以剂"。"大市谓人民、牛马之属,用长券;小市为兵器、珍异之物,用短券。"③"傅别"则是使用于借贷关系中的契约形式,《周礼》中说,"听讼责以傅别"。郑玄解

---

① 《周礼·秋官·朝士》,郑玄注。
② 参见胡留元、冯卓慧:《长安文物与古代法制》,法律出版社1989年版,第9—10页。
③ 《周礼·天官·小宰》,郑玄注。

释说:"傅,傅着约束于文书;别,别为两,两家各得一也。"① 据史料的记载,"傅别"是在一契券的正面、反面都书一"大"字,然后一分为二,借贷双方各执其一,以为凭证。在西周青铜器铭文中,有大量关于买卖、借贷和租赁关系的记载。②

三、婚姻继承制度

在西周,由于宗法制是一种内涵广泛的政治制度,代表着一整套生活方式,所以婚姻、继承制度在西周时期往往带有婚姻继承以外的政治含义。《礼记·昏义》云:"昏礼者,将合二姓之好,上以事宗庙,而下以继后世也,故君子重之。"《礼记·昏义》指出了婚姻的两个目的,其一是联合异姓宗族;其二是延续血统、祭祀祖先。

(一) 婚姻制度的基本原则

在西周时期,婚姻的基本制度可以说是"一夫一妻多妾"制。按照宗法制度的要求,从天子到诸侯到平民百姓,一个男子只能有一个"妻子",即正妻。除正妻以外,男子还可以合法地拥有数量不等的侧室,即"妾"。按照《礼记》的说法,"天子有后、有夫人、有世妇、有嫔、有妻、有妾"③。从文献资料所反映的情况看,各级诸侯、封建领主,甚至"匹夫"也有数目不等的妾媵。但是,按照宗法制度的要求,正妻只能有一个。正妻所生,是为"嫡系",其他妾媵所生,是为"庶出"。正妻及其子女,在家庭中有着明显不同的地位。这种嫡、庶之分是为了保证家族延续以及维持正常家庭关系,其对于维护和延续宗法制度有着重要的意义。

除遵循"一夫一妻多妾制"以外,西周时期的婚姻制度还有两个重要的原则:其一,"同姓不婚"。即禁止同一姓氏的家族成员之间的通婚行为。在中国历史上,"同姓为婚"是一项古老的禁忌。此项禁忌主要基于两个方面的考虑:首先,长期的生活经验证明,"男女同姓,其生不蕃"④。即是说,同姓结婚,会生下不强健的下一代,整个下一代的素质会下降,从而会影响整个家族、民族的发展。所以在西周时期,同姓为婚受到严格的禁止,凡同姓,不问远近亲疏,均不得通婚。所以《礼记》言:"娶妻不取同姓。故买妾不知其姓,则卜之。"⑤另外,禁止同姓为婚,多与异姓结婚,有利于"附远厚别",即通过联姻的方式,在政治上更多地与外姓结盟,以便更好地维护既定的统治秩序。除此之外,禁止结婚的规定还包括居父母丧不婚,即为父母服丧期间不能结婚。其二,"父母之命,媒妁

---

① 《周礼·天官·小宰》,郑玄注。
② 参见胡留元、冯卓慧:《长安文物与古代法制》,法律出版社1989年版,第11页。
③ 《礼记·曲礼》。
④ 《左传·僖公二十三年》。
⑤ 《礼记·曲礼》。

之言"。《诗经》说:"娶妻如之何,必告父母。""娶妻如之何,匪媒不得。"①在宗法制度之下,婚姻的终极目的,除繁衍后代、承嗣家族以外,就是"合二姓之好",绝非男女当事人个人之事。因此,婚姻的成立,基本前提就是"父母之命"。未经父母、家长同意而行婚姻之事,谓之"淫奔",是不为礼法所容的。另外,婚姻的缔结,还须经过媒氏的中介。所谓"男女无媒不交"②。据《周礼》的记载,西周时期在地官司徒之下,还设有"媒氏"一职,专门负责婚姻事宜③。

"一夫一妻""同姓不婚"及"父母之命,媒妁之言",是西周时期婚姻成立的三项实质要件。除必须符合这些实质要件以外,在西周时期,婚姻的缔结还必须合乎一定的礼仪,这就是"婚姻六礼"。具体包括:

(1) 纳采,即男方请媒氏携礼物到女方家提亲;

(2) 问名,即在女方家长答应议婚后,男家请媒氏问明女子的生辰、身份;

(3) 纳吉,即男家将女方生辰、身份在祖庙中告知祖先,并占卜吉凶,在卜得吉兆以后,男家携礼物至女家确定缔结婚姻;

(4) 纳征,也称纳币,即男家送财礼至女家,正式缔结婚姻;

(5) 请期,即男家携礼物至女家,确定婚期;

(6) 亲迎,即在确定之日,新郎至女家迎娶,至此婚礼始告完成,婚姻也最终成立。

以上婚姻成立的条件为原则性规定,在实践中也有例外。《周礼·地官·媒氏》中说:"中春之月,令会男女,于是时也,奔者不禁",即在特定的时间段不由媒人、不备六礼而自由成婚是被允许的。西周时期的"婚姻六礼",对以后各朝婚姻成立的形式要件产生了重要的影响。直至中国近代乃至现代,在一些乡村地区,缔结婚姻的形式仍然可以看到"婚姻六礼"的明显痕迹。

(二) 解除婚姻的条件与限制

同婚姻的缔结必须遵守"父母之命"一样,在西周时期,婚姻解除的决定权也完全操纵在男方家长手里。史籍记载,西周时期在解除婚姻方面有一套完整的制度,称为"七出三不去"。其中,"七出"又称"七去",是西周时期男子可以休妻的七项条件。具体是指:"不顺父母(公婆),去;无子,去;淫,去;妒,去;有恶疾,去;口多言,去;窃盗,去。"④"不顺公婆,去"是因为"逆德"。"无子,去"是因为绝嗣不孝。"淫,去"是因为乱族。"妒,去"是因为乱家。"有恶疾,去"是因为"不可共粢盛",即因女方的疾病而不能共同生活。"口多言,去"是因为"间

---

① 《诗经·南山》。
② 《礼记·坊记》。
③ 《周礼·地官·媒氏》。
④ 《大戴礼·本命》。

亲"。"盗窃,去"是因为"反义"。女子若有上述七种情形之一,丈夫即可有正当的理由合法地休妻。但是"七出"之规定出自礼书,实践中如何认定执行,却有不少困难。如婚后多久未生育才算"无子",就很难有明确界定,后世法律对此多有补充完善。如《唐律疏议·户婚》云:"问曰:妻无子听出,未知几年无子即合出之?答曰:律云,妻年五十以上无子,听立庶以长。即是四十九以下无子未合出之。"这样就从法律上规定女性至五十岁未生育,方可认定为"七出"中的无子。

按照西周时期的礼制,女子若有"三不去"理由之一者,夫家即不能休妻。"三不去"具体是指:有所娶而无所归,不去;与更三年丧,不去;前贫贱后富贵,不去。其中,"有所取而无所归",是指女子出嫁时尚有娘家可回,但休弃时已无本家亲人可依。此时休妻将置女子于无家可归的境地,故不能休妻。"与更三年丧",是指女子嫁入夫家以后,曾与丈夫一起为公婆守孝三年,如此则该女子已经对公婆尽子女之道,故不能休妻。"前贫贱后富贵",则是指娶妻时尚贫贱,但以后变得富贵。按照礼制的要求,"妻者,齐也",夫妻应为一体。贫贱时娶之,富贵时休之,义不可取,故不能休妻。

"七出三不去"制度是宗法制度下父权和夫权专制的典型反映。作为西周时期婚姻制度的重要内容,其影响也极为深远。汉唐乃至明清,各朝法律中关于解除婚姻的条件和限制的相关规定,大体上都没有超出"七出、三不去"的范围。

(三) 继承制度

在西周时期,由于宗法制度的要求,占主导地位的继承制度是宗祧继承,亦即身份、地位的继承、财产继承是附属于宗祧继承的。据史籍的记载,在周成王以后,嫡长子继承制度就已经正式确立,所谓"立嫡以长不以贤"[1],宗法因此得以系统化、制度化。也就是说,周天子、诸侯、各级领主乃至庶人,王位、爵位等政治身份以及在家族中作为大家长的身份地位,都只能由正妻所生的长子来继承。如果正妻无子,则在诸妾所生男子中选择最贵者作为继承人。作为法定继承人,嫡长子所继承的是对整个家族的统治,包括对家族成员的领导权、对家族财产的支配权。这样的继承制度,能够保证家族一代一代地按照原有的秩序延续。因此,嫡长子继承制是西周宗法制度的一个重要支柱。

除嫡长子继承制外,还有其他继承方式存在,如兄终弟及制直到春秋时期还很普遍。《史记·鲁世家》说"一继一及,鲁之常也",即表明"继"(父死子继)与"及"(兄终弟及)都是鲁之常制。鲁为周之同宗所建,其常制尚且如此,其他异姓国族的情况就可想而知了。

---

[1] 《春秋公羊传·隐公元年》。

第五节 西周的司法制度

西周以前的夏商两代的国家制度相对来说仍然比较简陋,作为国家制度重要内容之一的司法诉讼体制也显得比较粗略。进入西周以后,中国上古文明的发展出现巨大的飞跃,各项国家制度迅速完善起来。所以孔子曾赞叹说:"周监于二代,郁郁乎文哉,吾从周。"[①]西周建立以后,包括司法机关、诉讼制度在内的整个司法体制也进一步成熟起来。

一、司法机关

据《周礼·秋官·司寇》的记载,西周有从中央到地方的非常完备的司法机关,司法机关的长官为大司寇,属官有小司寇、士师、乡士、遂士、县士、方士等。不过更多的资料表明,这只是战国后期到西汉时期的学者们设想出来的制度,其中包含了某些上古遗制,但并非西周司法制度的真实写照。综合各种资料来看,西周时期的司寇之职地位并不高,与司法职能的关联也不密切,专门的司法机关尚未出现,而享有司法职能的机关较为多元。

(一)王室

在西周宗法制度的体制之下,周天子是天下的最高主宰,因而西周的最高审判权掌握在周天子手中。西周王室非常重视审判。作为国家的最高统治者和统治家族中的大家长,周天子对于诸侯间的争讼以及一些重大案件拥有不可争辩的最后裁决权。根据《诗经》《史记》等的记载,周文王时诸侯遇有纠纷都来请文王裁决,文王因而享有盛誉,这种盛誉到解决虞、芮二国之狱讼时达到顶峰,诸侯皆称文王为"受命之君"[②],即文王获得天命,由此奠定了文王取代殷商统治的理论基础。因事关政权合法性之所在,周王室非常重视审判工作。金文资料中可见天子介入诸侯国之司法(渊卣铭文)[③]、贵族向东宫(即太子)提起诉讼(曶鼎铭文)等,都是王室享有最高审判权的表现。当然,在西周中期以后,随着西周王室的衰微,周天子所代表的中央政府对各诸侯国和地方政权的实际控制力逐渐减弱,周天子也逐渐丧失了实际上的司法控制权。

(二)司法机关与司法官

各行政机关、宗族首领享有相应的审判权。

在周王之下,中央主要司法官员是大司寇,辅佐周王处理全国的法律、司法

---

① 《论语·八佾》。
② 《史记·周本纪》。
③ 渊卣又称肃卣,参见董珊:《山西绛县横水 M2 出土肃卣铭文初探》,载《文物》2014 年第 1 期。

事务。大司寇作为中央"六卿"之一,是西周中央政府的重要官员。按照《周礼·秋官》的记载,大司寇"掌建邦之三典以佐王刑邦国,诘四方"。同时,大司寇还具体负责"以五刑纠万民""以两造禁民讼,以两剂禁民狱""以圜土聚教罢民""以嘉石平罢民""以肺石达穷民"等一系列的司法工作。在大司寇之下,设小司寇,作为大司寇的属官。小司寇的主要职责是"以五刑听万民之狱讼",即负责具体案件,特别是王畿范围内发生的案件。除小司寇外,西周时期中央政府还设有士师、司刑、司圜、掌囚、掌戮等众多的司法属吏,分别负责管理监狱、执行刑罚等具体的司法工作。

在西周青铜器铭文中的册命文书中可看到,周王任命某贵族担任诸种行政职务,在列举其具体职责时,常出现"讯讼"一词,其含义便是在其职务范围内可以审理案件。宗族内部遇有纠纷时,通常由宗君等宗族首领审理解决。

二、主要诉讼制度

从传世文献与出土资料看,西周时期对于案件的分类、控诉、审理、判决、执行等诉讼程序都有相应的规定。其中有些制度带有比较明显的早期国家的特色。

(一) 告诉与审理

从西周青铜器铭文中所反映的情况看,西周诉讼都是以当事人或受害人自诉为主。轻微的案件可以以口头的形式向官府提出控诉,重大的案件则须提出书面文状。传世文献中还记载了所谓契约文书,如刑事案件的书面文状是"剂",民事诉讼的文状则是"傅别",应该是引起争议的原始契约。在官府受理诉讼以后,双方当事人都应该交纳"钧金"(适用于刑事案件)或"束矢"(适用于民事诉讼),作为诉讼担保。否则,就会被认定是"不直自服"[①],其诉讼请求也就得不到应有的保护。西周时期对于告诉权也有一定的限制。比如说,父子不得相讼。因为按照宗法观念,"父子将狱,是无上下也"[②]。另外,在各级贵族之间,下级对上级的控诉也受到严格的禁止甚至处罚。1975年在陕西岐山董家村出土的西周晚期青铜器"㝬匜"的铭文中,详细记载了事主,一位下级贵族牧牛因五名奴隶而与上司"㝬"发生争讼的案例。此案中牧牛因"㝬"侵占了自己的五名奴隶,向裁判官伯扬父提出控告。伯扬父却没有考虑案件本来的是非曲直,而是以控告上司的罪名将牧牛处以鞭笞一千的刑罚。这一案件也说明,早在西周时期,对于一些涉及伦理关系的纠纷,即使是纯粹的民事纠纷,最终还是作为违反伦常关系的刑事案件来处理,用刑罚手段来调节。

---

① 《周礼·秋官·大司寇》郑玄注。
② 《国语·周语》。

按照《周礼·秋官》的记载，在当事人交纳了"钧金"或"束矢"作为诉讼担保后，过三日，案件就进行审理。审理案件时，双方当事人均应到庭，即"两造俱备，师听五辞"。按照《尚书·吕刑》的记载，审判官审理案件，不可偏听偏信，而应"听狱之两辞"，而且要"察辞于差"，即仔细观察、分析双方的诉讼理由。

（二）"五听"

《周礼》中还详细记载了"五听"制度，虽然不能据此说西周时期已经有此制度，但也应是源自当时司法审判经验的总结。所谓"五听"，是审判官用五种观察当事人的方法来辨析供词是否真实可信。具体是指：

其一，辞听。按照郑玄的解释，"辞听"，是"观其出言，不直则烦"。就是观察当事人陈述时的语言表达，如果语无伦次，说明所言非实。

其二，色听。"色听"是"观其颜色，不直则赧然"。就是观察当事人陈述时的面色，如果面红耳赤，就说明所述非实。

其三，气听。"气听"是"观其气息，不直则喘"。即观察当事人陈述时的喘息，如果所言非实，就会气喘吁吁。

其四，耳听。"耳听"是"观其听聆，不直则惑"。即观察当事人的听觉，如果所言非实，就会听觉迟钝。

其五，目听。"目听"，是"观其眸子，不直则眊然"。即观察当事人陈述时的目光，如果所言非实，就会两目无光。①

（三）证据制度

除"五听"制度以外，西周时期在审判案件时也很重视证据的使用。《尚书·吕刑》曾说："有旨无简不听"。就是说，在能证明其有作案动机，但客观上无真实凭据的情况下，不能仅根据动机定案。据史籍的记载，西周时期审判案件，不仅要有当事人的陈述或口供作为依据，而且还要有相关的物证、书证来印证。比如说，有关土地争议的"地讼"，应"以图证之"。② 有关债务纠纷，则"有判书以治"，"正之以傅别、约剂"。③ 同时，由于宗法制度的影响，在西周时期，当事人之间的盟誓也常常被作为重要的证据使用。《周礼》曾记载："有狱者，则使之盟诅。"④《曶鼎》《𣪘匜》等西周青铜器铭文中，都有关于引用盟誓来判决的记载⑤。

（四）司法官的法律责任

在"以德配天""明德慎罚"思想指导下，西周统治者比较强调司法的审慎、

---

① 《周礼·秋官·司寇》郑玄注。
② 《周礼·地官·小司徒》。
③ 《周礼·秋官·朝士》。
④ 《周礼·秋官·司盟》。
⑤ 参见胡留元、冯卓慧：《长安文物与古代法制》，法律出版社1989年版，第13页。

宽缓。为达到这一目标,西周统治者对于司法官审理案件的法律责任也作出了一些要求和规定。《尚书·吕刑》就记载了关于司法官法律责任的"五过"制度:"五罚不服,正于五过。五过之疵,惟官、惟反、惟内、惟货、惟来。"其中,"惟官"是指秉承上司旨意,官官相护;"惟反"是指利用职权私报仇嫌;"惟内"是指内亲用事,为亲徇私;"惟货"是指贪赃受财,敲诈勒索;"惟来"是指接受请托,枉法徇私。凡是司法官员有此"五过"之一,即要受到法律的惩处,惩罚的原则是"其罪惟均",即以所涉之案应处的刑罚罚之。

三、西周的监狱

西周时期,监狱仍称为"圜土",又称"囹圄"。《尔雅·释名·释宫室》解释:"狱又谓圜土,言筑土表墙,其形圜也。"

推荐阅读文献

1. 李峰:《西周的政体:中国早期的官僚制度与国家》,吴敏娜等译,生活·读书·新知三联书店2010年版。

该书是近20年来西周史研究的重要成果,尤其是作者从考古资料出发,翔实可信地阐述了西周时期的制度。

2. 丁凌华:《五服制度与传统法律》,商务印书馆2013年版。

西周时期成熟并影响后世的宗法制度核心是五服制度,该书对此阐述完备,是从法律视角理解宗法制度的必备参考书。

第三章　春秋战国法律思想与制度

春秋战国是我国社会大变革时期。这时,随着社会经济的发展,旧的生产关系开始瓦解,新的生产关系逐渐产生和确立,周天子失去天下共主的地位,各诸侯国彼此争霸称雄,代表各阶级、阶层利益的思想家纷纷发展学说,试图以一己之说匡正天下,得到时君的赏识,出现了所谓"百家争鸣"的局面。《汉书·艺文志》概括列举了儒、墨、道、名、法、阴阳、纵横等诸家,其中对当世和后世的法制影响最大的是法家和儒家。春秋时期的社会大变革中,代表新兴阶级利益的当政者纷纷颁布新法,在晋国赵鞅公布"范宣子所为刑书"时[①],孔子表示反对,一直到战国时期儒家学说皆不为当政者赏识。反之,法家学说由于符合时代需要,颇受当政者青睐,法家代表人物之中有的被聘为上卿,得到国君的重用,如李悝、商鞅等人,相关国君以其学说作为指导进行立法,而收到富国强兵之效。

【问题引导】

1. 郑、晋两国公布成文法为什么引起论争?
2. 李悝撰《法经》评述。
3. 商鞅变法的主要内容与历史意义。

【关键词】

铸刑书　刑鼎　法经　商鞅变法　社会转型期

第一节　春秋法律思想与制度的变化

一、春秋时期的转型

春秋时期是中国史上第一个大的转型时期,以周王为天下共主、诸侯并立、宗族血缘纽带牢固的宗法封建体制和传统封建社会开始瓦解,而以君主集权为特征的新体制尚未完全建立,社会动荡、冲突激烈,尤其表现于以下三个方面:

---

① 《左传·昭公二十九年》。

(一) 诸侯更迭战乱频繁

作为名义上的天下共主,周天子的权威在春秋初期尚可勉强维持,但很快就一落千丈。公元前707年的周郑繻葛之战,周桓王被郑国的祝聃射中肩膀,"王命"的神圣性不复存在。此后王室接连变乱,王畿萎缩,地位与诸侯国相差无几。各诸侯国也上演着同样的故事,诸侯、卿大夫、士等统治阶层均不能保有其位,权力逐层坍塌,新贵族逐步控制各国政权。如鲁国公族势力强大,可以随意驱逐国君;晋国异姓世族占据主导地位,但相互之间争斗兼并,最后赵、魏、韩三家分晋;宋、卫等国先后被卿大夫夺取了政权;齐国政权则被外来的田氏所取代。

(二) 世卿世禄体系崩溃

西周时期职官以世袭为主。世家大族世享其官、世受其禄,被称为"世卿世禄"。春秋时期延续了此传统,但同时也出现了"择能而使之"的任官制,这种趋势在贵族家臣的选任上尤其普遍。如鲁国的阳虎为鲁国孟孙氏之后,却做了季孙氏的宰,后来又做了晋国赵氏的家臣。此类家臣与主人没有宗族上的关系,领取俸禄、去留自由,是种新型的任官制度。春秋末年到战国初期,一些新贵族取得政权当上国君后,这些家臣就转变为国家的官吏。任官制适用于集权政治,其出现与国家结构的转变密切相关,至战国后,任官制取代了世卿世禄,成为官僚制度的主流。

(三) 宗族统治模式衰落

西周时期以井田制为社会生产的基本制度,最基层的社会组织是以血缘关系为纽带结合起来,以宗族共同劳作的方式于井田之上进行耕种,这就是《逸周书·大聚》中所说的"合旅同亲,以敬为长,饮食相约,兴弹相庸,耦耕俱耘"。贵族以宗族公社为单位对人民进行统治。到了春秋时期,农民开始从集体生产转向个体生产,此种生产体制开始瓦解。齐、晋、鲁等国家更是采取了将田地直接赏赐给国人,按照田亩收税,换取民众积极服兵役以效力国家的举措。旧生产体制的农村公社的瓦解使社会结构发生了重大变革,逐层分封、间接管理的统治模式被国家直接管理每个社会成员的新模式所取代。

以上社会变化使传统社会秩序难以为继。周王室统治力的削弱使周礼规范不再被视为金科玉律,僭越礼制、摒弃旧俗的现象层出不穷,是谓"礼崩乐坏"。社会秩序亟须重建,所以各国陆续颁布了新的法律。到了春秋晚期,成文法的公布成为社会常态,也由此引发了不少争议。

二、法律思想的发展

春秋时期的社会变革,是传统中国第一次大的变革。以子产、邓析为代表的一批改革家顺应时代要求,利用法律手段推动改革完成,为正在形成中的法律思想增添了新的内容,并促进了刑名家的出现。简述如下:

（一）子产的立法救世与宽猛相济思想

子产作为春秋时期改革者的代表提出了"立法救世"与"宽猛相济"的观点，并实施之。子产执掌郑国国政后在内政方面进行改革，主要是"作封洫"和"作丘赋"。作封洫，即承认土地所有权。作丘赋，即以"丘"为单位，向土地所有者征收军赋。在此基础上，子产为了巩固改革的成果，使全国上下有章可循，"铸刑书以为国之常法"。子产铸刑书一定程度上改变了立法的传统，在各诸侯国引起了很大的震动，遭到激烈批评与反对。可惜子产铸的刑书早已失传，我们无法了解这一重大改革的全部内容，只能在《左传》的简略记载里得知此事。子产的立法"救世"的思想，比之夏、商时期依靠"天命"来救世以及西周时期仰仗"德治"来救世的思想，无疑是一个进步。

子产还提出了"宽猛相济"的思想，比如面对郑国"国小而逼，族大宠多"[①]的形势，子产实施了一系列改革措施，以控制和打击专横跋扈的贵族，削弱他们的势力，加强君主集权，从而改变郑国以往政令不一、君令难行的局面。子产运用宽猛相济的手段，厉行改革，有效控制了旧贵族的土地兼并之风和政出多门之嫌。在"作封洫"的改革中，子产对忠于职守、奉公节俭的官吏贵族予以奖励，对淫逸不法之徒予以惩罚，很好地运用了宽猛相济的手段整顿秩序。

（二）早期刑名家的法律思想

春秋时期还出现了以邓析等为代表的早期刑名主义者。从现有的资料来看，邓析属于当时最为激进的革新派人物。邓析和子产一样，都主张建立新的制度，但在如何对待周礼的问题上，两个人所持的态度存在着很大的差异。对子产所作的改革，邓析多持批评的意见，《吕氏春秋·离谓》说："子产治郑，邓析务难之。""令无穷，则邓析应之亦无穷。"他对子产所铸刑书的内容感到不满，甚至"作竹刑"。

邓析具有早期刑名家的特点，即如荀子所云："不法先王，不是礼义，而好治怪说、玩琦辞。甚察而不惠，辩而无用，多事而寡功，不可以为治纲纪。然而其持之有故，其言之成理，足以欺惑愚众。是惠施邓析也。"[②]

（三）管子学派的法律思想

管子学派始于管仲，是先秦时期最有影响的改革派。管仲的法律思想有如下要点：

1. 兼重礼法思想

管仲重视礼义道德的作用，其云："国有四维，一维绝则倾，二维绝则危，三

---

① 《左传·襄公三十年》。
② 《荀子·非十二子》。

维绝则覆,四维绝则灭。……何谓四维? 一曰礼,二曰义,三曰廉,四曰耻。"① 同时,管仲认为治国固然应该以礼义为根本,但还必须用法律来约束人民。《管子·权修》中着重强调了以法治民的道理:"凡牧民者,欲民之可御也;欲民之可御,则法不可不审。法者,将立朝廷者也;将立朝廷,则爵服不可不贵也。……法者,将用民力者也;将用民力者,则禄赏不可不重也。……法者,将用民能者也;将用民能者,则授官不可不审也。……法者,将用民之死命者也;用民之死命者,则刑罚不可不审。"

2. 国家军政化思想。

管仲在改革过程中针对当时的战争形势,主张以法理政、以法统军、以法治民,并将三者在制度上结合起来,达到富国强兵、攻战制胜的目的。例如,他提出了"四民分居定业"的设想,主张严格划定士、农、工、商之间的界限,规定按照职业世代相袭,反对混合杂居和随意迁徙。为了做到这一点,他又提出了"三国五鄙"的制度,以划定士、农、工、商不同的居住区域。他还改革了军制,主张寓兵于农,兵农合一,把军事组织和行政组织统一起来。

3. 经济与法律关系

《管子·牧民》中有一个著名的论断——"仓廪实则知礼节,衣食足则知荣辱",一直为历代重民思想家反复援引。如汉代贾谊的《论积贮疏》中说:"筦子曰:仓廪实而知礼节。民不足而可治者,自古及今,未之尝闻。"管仲是中国历史上第一个注意到经济与法律的关系,且正面讨论社会经济与统治秩序及国家稳定之间的关系,将发展经济看成是法令施行与国家大治基础的思想家。

三、主要立法:铸刑书与刑鼎

(一) 郑国铸刑书

春秋后期,郑国的执政子产于公元前536年制定了刑书,并将其内容铸于金属器皿之上,称之为"铸刑书"。《左传·昭公六年》记载,"三月,郑人铸刑书",后世学者或认为子产的刑书是铸造在鼎上面的,但这并无确切证据。《左传·昭公六年》记录了反对子产铸刑书的声音,晋国的贵族叔向写信给子产,预测铸刑书的行为会导致"乱狱滋丰、贿赂并行",并指出"国将亡、必多制",子产不为所动,回信道"侨不才,不能及子孙,吾以救世也"。

不过时人对子产的立法行为并非一概批评。清华大学藏战国楚简《子产》篇同样记载了子产立法的事迹,指出此次立法效果非常好:"为民刑程,上下维辑"②,即其立法使郑国上下团结而和谐。

---

① 《管子·牧民》。
② 李学勤主编:《清华大学藏战国竹简》(六),中西书局2016年版,第138页。

子产所铸刑书的具体内容是什么,已不得而知。清华大学藏战国楚简《子产》篇说子产立法包含"郑令""野令""郑刑""野刑"四部分。所谓郑、野,即国、野。国、野在古文献中也被称为都、鄙:国都及其近郊为都,郊外为鄙。《左传·襄公三十年》说:"子产使都鄙有章,上下有服。"所谓"都鄙有章",应即国(郑)、野分治的体现。所谓令、刑之别,当指其立法分为令与刑两类,令、刑的具体区别,还有待进一步研究。

(二) 晋国铸刑鼎

子产铸刑书后的第 23 年,也就是公元前 513 年,晋国发生了铸刑鼎事件。这年晋国的贵族赵鞅、荀寅将已去世多年的执政范宣子制定的刑书铸造在一件铁鼎上,而范宣子制定的这部刑书又本于 108 年前(前 621)的执政赵宣子(赵盾)订立的刑书。赵宣子的专政地位是在"夷之蒐"后,即夷地举办的大蒐礼后确立的,这次大蒐礼十分混乱,赵宣子通过各种手段登上执政地位,随后颁布了刑书。由此晋国的铸刑鼎事件遭到了孔子的批判。孔子说晋国原本就有很好的法律,比如开国君主唐叔的法律、霸主晋文公制定的"被庐之法",为什么都弃而不用,反倒要使用赵宣子在"夷之蒐"后制定的那部乱制呢?晋国的蔡史墨同样认为这次铸刑鼎事件中荀寅是"擅作刑器,以为国法,是法奸也"。

郑国铸刑书、晋国铸刑鼎都引发了不少争议,这是春秋时期新立法大量出现后的正常反应。新立法是基于旧秩序轰然崩坏、新秩序急需构建而大量涌现的,此刻新旧政法观念交锋非常激烈,所以立法论争也同样激烈。

春秋时期立法频繁,郑国甚至出现了"竹刑"。"竹刑"是郑国大夫邓析自己私造的刑书,因写在竹简之上而得名。《列子·力命》说:"邓析操两可之说,设无穷之辞,当子产执政,作竹刑,郑国用之,数难子产之治。"郑国因之大乱,而邓析被杀。《左传·定公九年》又说:"郑驷歂杀邓析而用其竹刑",说明"竹刑"还是有其可取之处的,但私自立法则为政权所不允许。新法大量制定、公布的风潮到战国时期更为高涨,最终出现了秦律这样庞大的法律体系。

第二节 战国的法律思想与法制发展

一、战国时期的法律思想

(一) 战国时期"变法"的转型背景

战国时期"变法"潮流风涌,预此时代潮流者,汉人归为"法家"。战国法家思想有大部源自春秋时期子产、管仲等改革家的思想与实践,法家思想的兴起,与春秋以降的封建宗法崩溃、世袭贵族陵夷、官学衰私学兴等时代背景息息相关。战国时期的法家人物多以变法者身份参与各国变法,法家思想与实践对当时以及后世的中国法律史发展产生了深远影响。

战国初期,三晋引领"变法"潮流,尤以魏国为盛,出现了早期的法家流派。魏国在魏文侯时期由李悝变法,首先取得成效,使魏最先强大起来。公仲连在赵国推行改革。楚国用吴起实行变法,但因楚悼王去世,楚国变法并不彻底,形成了封君与郡县的二元体制。齐国用邹忌主持改革,齐国成为与魏并立的强国。韩国则有早期的法家代表人物申不害进行改革,申不害以"术"治国,韩国得以维持不衰。秦国是大国中最晚变法的,但秦孝公重用商鞅,先后两次变法,较为彻底地改变了国家制度,使秦国强大起来,由此奠定了秦国在一百多年后完成统一六国的基础。

战国时期各国变法的实践渊源,系从春秋末期晋国六卿按田亩征税的制度改革兴发,从此"井田"制度瓦解,而战国时期魏国李悝变法,秦国商鞅变法,均为其后续发展。以后田亩租税就成为各国的主要财源,从出土的简牍文献看,秦、魏在战国后期均已普遍推行按户授田制,由此小农经济替代封建经济成为各国立国之基础。简言之,各国变法多始于田制,而后一变百变,官制、军制乃至法制等等也随之而变,最终都体现为"新法"体系替代"旧礼"体系。可见,"变法"实质是国家与社会的整体转型。

战国时期的"变法"转型,奠定了秦汉以降国家制度的发展方向,从历史的长时段看,战国时期是变革夏商周的礼制为中心的规范体系、开创秦汉以后律令法体系的重要发源期。战国时期各国关于社会规则与社会秩序变革的思想与实践,已确立了后世传统中国律令法体系的诸多本质要素,并在很大程度上规制了其发展趋向。王夫之称战国时期是"古今一大变革之会"[①],确实如此。

(二)战国时期法家思想特点

从地域看,法家以三晋法家、秦法家、齐法家为代表;从变法的侧重点看,有重法者如商鞅,有重势者如慎到,有重术者如申不害。总而言之,战国法家思想特点可以归纳为以下三点:

1. 以法治国

战国时期的法家主张"以法治国",这是法家最为鲜明的特点。记载齐法家思想的《管子》一书即主张君王必须以法治国,《管子·明法》云:"是故先王之治国也,不淫意于法之外,不为惠于法之内也。"《管子·任法》云:"君臣上下贵贱皆从法,此谓为大治。"秦法家也有"法任而国治矣"的观点,《商君书·慎法》明确提出:"故有明主、忠臣产于今世,而散领其国者,不可以须臾忘于法。破胜党任,节去言谈,任法而治矣。"三晋法家的代表人物申不害亦重"术",但主张以法治国是前提,他认为:"尧之治也,盖明法审令而已。圣君任法而不任智,任数而

---

① [明]王夫之:《读通鉴论·叙论四》。

不任说。黄帝之治天下,置法而不变,使民安乐其法也。"①,赵国慎到重"势"亦尚法,他认为:"法者,所以齐天下之动,至公大定之制也。"②

2. 轻罪重刑

具有法家理念的战国变革家们无一例外地重视"重刑治国"。《管子·法法》云:"上赦小过,则民多重罪。"《商君书·赏刑》云:"故禁奸止过,莫若重刑。"《商君书·说民》中论证了"轻罪重刑"的内在逻辑,其云:"故行刑,重其轻者;轻者不生,则重者无从至矣。此谓治之于其治也。"即所谓的"以刑去刑"③。韩非子则指出了实行轻罪重刑的理论依据:"今轻刑罚,民必易之。犯而不诛,是驱国而弃之也;犯而诛之,是为民设陷也。"④

3. 刑无等级

战国时期的法家倡导刑无等级,虽与近代以来的"法律面前人人平等"尚有区别,但在当时仍具有进步意义。《商君书·赏刑》云:"圣人之为国也:壹赏,壹刑,壹教。"此处的"壹刑"即含有刑无等级之意,"所谓壹刑者,刑无等级。自卿相、将军以至大夫、庶人,有不从王令,犯国禁,乱上制者,罪死不赦。有功于前,有败于后,不为损刑;有善于前,有过于后,不为亏法"⑤。需要注意的是,刑无等级是对原有"刑不上大夫"的旧传统进行改革而提出的。

二、战国时期的法制成就

(一)李悝变法与《法经》

中国传统成文法典的起源时代、编撰者等问题,限于史料匮乏,至今仍无定谳。唐初以后,多依《晋书·刑法志》所述,认为战国时期李悝撰《法经》是中国成文法典起源时期的标志性事件,现略述如下:

战国时期,七国中最早进行变法的是魏国。魏文侯在位期间(前445—前396)礼贤下士,因为获人望而邀誉于各诸侯国,其所为开战国时期各国养士、变法强国之风的先河,先有"子夏居西河教授,为魏文侯师"⑥,又有段干木、田子方、魏成子诸贤士襄助,为一时之盛。李悝(约前455—前395)亦为魏文侯师,继又拜为相,主持魏国变法,是战国初魏国称雄于诸侯的重要人物。⑦ 李悝的变

---

① 《太平御览·刑法部四》引《申子》。
② 参见许富宏撰:《慎子集校集注》,中华书局2013年版,第108页。
③ 《商君书·画策》。
④ 《韩非子·六反》。
⑤ 《商君书·赏刑》。
⑥ 《史记·仲尼弟子列传》。
⑦ 李悝抑或名李克,其事迹考辨可参见钱穆:《先秦诸子系年》,载钱宾四先生全集编委会整理:《钱宾四先生全集》,联经出版事业公司1998年版,第149—155页。又参见劳幹:《古代中国的历史与文化》(上),中华书局2006年版,第45页。

法是全方位的。在经济制度方面，李悝推行"尽地力""善平籴"政策①，提高农业生产效率，稳定物价；在政治制度方面，李悝推行"食有劳而禄有功、使有能而赏必行"的政策②，改革原有的世卿世禄体制，向君主专制制度迈进；在军事制度方面，他采取"中试则复其户，利其田宅"的政策，以图达到练兵强国的目标③。通过李悝的变法，魏国成为战国初期的诸强之一，李悝变法的诸多政策主张也为后来的法家人物进行改革时采纳并改进，可谓战国法家改革之先驱者。据房玄龄等主持编修的《晋书·刑法志》，李悝曾撰辑《法经》，不过《法经》至当时早已佚失而不得见。④《史记》《汉书》等记载李悝相关史事时从未提及李悝撰有《法经》一书。将近一千年后，《晋书·刑法志》才见记载：

> 悝撰次诸国法，著《法经》。以为王者之政，莫急于盗贼，故其律始于《盗》《贼》。盗贼须劾捕，故著《网》《捕》二篇。其轻狡、越城、博戏、借假不廉、淫侈逾制以为《杂律》一篇，又以《具律》具其加减。是故所著六篇而已，然皆罪名之制也。

依上引文，李悝撰《法经》一书，是参考当时的各诸侯国法，编成具有内在逻辑关系的律书，《法经》六篇俱称为"律"，皆为"罪名之制"，各篇之间亦有其内在逻辑关系，《盗律》《贼律》《杂律》类于现代的刑法分则，《网律》《捕律》二篇则类于现代的刑事诉讼法，《具律》则是现代的刑罚适用原则。从睡虎地秦墓出土的秦简所载魏律残文看，《法经》所载六律或亦是当时实际行用的律。

但是，对于李悝是否著有《法经》一书，《法经》是否为当时魏国的律典，学界一直有争议。明代董说所撰《七国考》有载，董氏自称引用《桓谭新书》所见，查其所谓《法经》"原文"实为唐律改编而来。20世纪30年代，日本学者如仁井田陞⑤、贝冢茂树等均提出李悝所著《法经》可能系伪书。⑥

除《晋书·刑法志》外，唐代的《唐律疏议·名例律》篇名疏议、《唐六典·尚书刑部》注文等则沿袭其说，其文相似，试举《唐六典·尚书刑部》注文如下：

> 律，法也。魏文侯师李悝集诸国刑书，造《法经》六篇：一、盗法，二、贼法，三、囚法，四、捕法，五、杂法，六、具法。商鞅传之，改法为律，以相秦，增相坐之法，造参夷之诛……

---

① 《汉书·食货志》。
② 《说苑·政理》。
③ 《荀子·强兵》。
④ 《法经》或即《汉书·艺文志》儒家所列"李克七篇"，或法家所列"李子三十二篇"，今均已佚无考。
⑤ 〔日〕仁井田陞：《唐令拾遗》，栗劲等编译，长春出版社1989年版，第802页。
⑥ 〔日〕小川茂树：《李悝法经考》，载《東方學報》（京都）第4册，1933年。

上述记载又改称"律"为"法",并添商鞅携《法经》入秦"改法为律"之说,但此说不见于《商君书》《韩非子》《战国策》等早期古书,乃至汉代《史记》《汉书》等均无见记载。商鞅携《法经》入秦一事,最早或见于北齐魏收撰《魏书·刑罚志》的类似记载:

  逮于战国,竞任威刑,以相吞噬。商君以《法经》六篇,入说于秦,议参夷之诛,连相坐之法。

可见,商鞅携《法经》入秦一事当在魏晋以后才见载于史籍,其源自何处已经不可核查,《晋书》成书在《魏书》之后,其记载有可能就是源自《魏书》。

另外,陈伟指出,以往通说认为的《法经》篇目或有误,如《晋志》所载《法经》六篇之一的"网"原书作"網"。① 中华书局本校勘云:"《唐六典》注'李悝《法经》六篇,一曰囚法,四曰捕法'。《御览》六三八引《唐书》作'故著《囚》《捕》二篇'。此'網'字疑'囚'之误。"② 由此,后人往往径作"囚律"。然而睡虎地秦律未见囚律踪迹。岳麓书院藏秦简亦然。恐怕在秦国、秦代,"囚律"尚未问世。"網",《说文》作"网",说解云:"庖牺所结绳以渔。从冂,下象网交文。……罔,网或从亡。網,网或从糸。""網"从"亡"得声,二字可通假。亡律是有关逃亡的法律,亦与《晋志》所谓"盗贼须劾捕"的网律立意相关。因而《晋志》中的网律很可能是亡律之误。③

（二）商鞅变法与秦律

商鞅为卫国公族之后,也称公孙鞅。"少好刑名之学",曾为魏相叔痤家臣。后入秦,因变法成功,被封为商君,故后世以商鞅称之。按《史记·秦本纪》载,公元前361年秦孝公颁布求贤令,商鞅此时入秦。越二年,秦国朝廷经过论争,商鞅的变法主张占了上风,遂开始准备变法。变法共进行了两次。

第一次是公元前356年秦孝公任命商鞅为左庶长主持变法。主要内容是:

（1）定连坐法,鼓励告奸。连坐法,即令民为什伍,建立相互监督与有罪连坐制度。告发"奸人"的可以如同斩得敌人首级一样得赏,不告发的要腰斩。如果一家藏"奸",与投敌的人受同样处罚;其余九家倘不检举告发,要一起办罪。旅客住客舍要有官府凭证,客舍收留没有凭证的旅客住宿,主人与"奸人"同罪。为了贯彻新法,还实行轻罪重刑之策。商鞅的连坐法在秦国取得了很好的成效,所谓"道不拾遗,民不妄取,兵革大强"④。

（2）奖励耕织,抑制商业。商鞅颁布的法令规定:"僇力本业,耕织致粟帛

---

① ［唐］房玄龄等撰:《晋书》,中华书局1974年版,第943页。
② 陈伟:《秦汉简牍所见的律典体系》,载《中国社会科学》2021年第1期。
③ 同上。
④ 《战国策·秦策一》。

多者,复其身;事末利及,举以为收孥。"①在《商君书·垦令篇》中,甚至列举了二十条鼓励垦荒与抑商的政策措施。例如规定提高市场上酒肉买卖的税额,让税额达到成本的十倍等。

(3) 奖励军功,禁止私斗。颁布按军功赏赐的二十等爵制度。规定军功以斩敌首数量为标准计算,斩得敌首一赏爵一级。公族无军功不得属籍,即所谓"有功者显荣,无功者虽富无所芬华"②。

由于第一次变法的成效卓著,商鞅因功由大庶长升为大良造。公元前350年商鞅开始第二次变法,此次变法的广度与深度要超过第一次,其目的是进一步谋求富国强兵。主要有下列五点:

(1) 取消分封,推行县制。集乡、邑、聚(村落)为县,建置了31个县③,县设有令、丞、尉等官吏④。令为一县之长,丞掌民政,尉掌军事。后在县廷又设"有秩史"⑤,县级行政机关由此确立。县制有助于秦国的国君集权体制,并有助于发展经济,如《商君书·垦令篇》所云:"民不劳","民不敖","农多日,征不烦,业不败,则草必垦矣"。

(2) 废井田开阡陌封疆,改革田制。史载:"为田开阡陌封疆,而赋税平。"⑥"阡陌""封疆"即分指亩、顷(100亩田)的田界,合称为"封"。"开阡陌封疆",即废井田制,破除"封疆",改采240步为亩的大亩制,用以授田。授田制有利于促进小农经济的发展,增加国家税收。

(3) 统一度量衡制。统一度量衡制对征收赋税、俸禄和发展手工业、商业均有促进作用。现存的商鞅方升(藏上海博物馆),就是当时颁布的度量衡标准器之一。

(4) 征收户赋,公元前348年秦"初为赋",开始按户、口征赋,睡虎地秦简中称为"户赋","匿户"者严惩。为了保证充分征赋,强制"令民父子兄弟同室内息者为禁"。⑦

(5) 革除戎狄风俗,禁止父子兄弟同室居住。秦国长期地处西疆,国人多有戎狄风俗。商鞅为加强统治,以中原风俗替代秦国残留戎狄风俗。

商鞅变法成功后获封为商君,以此得氏称为商鞅,但因其变法损害了秦国旧贵族利益,尤其是变法过程中曾刑太子傅公子虔等,在秦孝公去世后,秦惠王继

---

① 《史记·商君列传》。
② 同上。
③ 《史记·秦本纪》。
④ 《史记·商君列传》《商君书·境内》。
⑤ 《史记·六国年表》。
⑥ 《史记·商君列传》。
⑦ 同上。

位,公子虔等人告发商鞅"欲反",商鞅最终被处车裂之刑。商鞅在秦变法,是吸收了前辈李悝、吴起等在魏、楚等国实行变法的经验教训并结合秦国国情而进行的,变法成效在当时列国中最为显著,秦国由此富强并奠定了以后秦统一天下之基础。汉代人即称赞"商鞅相孝公,为秦开帝业"。[①] 商鞅变法也形成了较为完备的秦法律体系,当代出土的秦法律简牍(如睡虎地秦简、岳麓秦简等)所载秦律令等均是在商鞅变法的基础上修订、补充、累积而成。

推荐阅读文献

蒲坚编著:《中国古代法制丛钞》(第1卷),光明日报出版社2001年版。

该书对春秋和战国时期的法律制度的资料进行了搜集整理,按各部门法学体系加以编排,便于读者阅读、学习相关原始资料。

---

① 《论衡·书解》。

第四章 秦代法律思想与制度

战国中期,商鞅变法后的秦国迅速壮大,成为关东六国关注的焦点。面对这种局势,秦国以远交近攻的策略分化瓦解关东六国,逐一削弱其力量。至公元前238年秦王嬴政亲政时,秦国的国力已远超其他诸侯国。此后,嬴政一方面推崇商、韩之学,严厉打击嫪毐、吕不韦集团以加强王权,另一方面重用客卿,对东方诸国发起强大攻势。从公元前230年起,嬴政陆续消灭韩、赵、魏、楚、燕、齐六国,并于公元前221年建立了中国历史上第一个统一的帝国,而他本人也成为中国历史上第一个皇帝。秦朝建立后,始皇在政治、经济、文化等方面采取了一系列措施以加强中央集权,但此类措施也激化了关中与关东这两个不同文化地域的矛盾,所以在始皇之强势的背后实际上已隐伏着王朝统治的危机。在始皇末期的政乱中即位的秦二世耽于逸乐,"督责益严",以至于"刑者相半于道,而死人日成积于市"。① 结果,王朝统治的危机彻底爆发,秦朝遂因割据势力纷起而灭亡。尽管如此,秦朝的法律对汉以后的中国法律史产生了深远影响,可谓中国法律史上必须予以重视的一页。

【问题引导】

1. 秦的刑罚体系如何?
2. 秦的法制是如何体现法家思想的?

【关键词】

法家 皇帝 睡虎地秦墓竹简 秦律

第一节 统一后的法律思想与立法状况

一、法家思想与秦王朝的统治

在先秦各学派中,法家对法律的重视程度可谓最高,其主要原因有二。第一,在人性上,法家认为,好利恶害,即"饥而求食,劳而求佚,苦则索乐,辱则求荣"②是

---

① 《史记·李斯列传》。
② 《商君书·算地》。

人的本性，因此与礼相比，法的行为引导功能显然更强。韩非就指出："凡治天下，必因人情。人情者，有好恶，故赏罚可用；赏罚可用则禁令可立而治道具矣。"①第二，在历史观上，法家主张，各个时代有不同的时代精神，也需要不同的治理手段，所以在实力较量日益成为周秦之际的历史趋势的情况下，见效迅速的"法治"自然比"为邦百年，亦可以胜残去杀"②的德礼教化更符合时代的要求，所谓"法与时转则治，治与世宜则有功"③。

基于此，法家设想了一套自成体系的"法治"理论。首先，推行"法治"意味着对礼治传统的挑战，必然会遭到既得利益集团和民众的抵触，因此法家意识到，"势"或者说强有力的君权实为"法治"成功的首要前提，遂大力提倡尊君。"君尊则令行"④，"权者，君之所独制也"⑤，"凡明主之治国也，任其势"⑥等语句所说的无非都是这一点。其次，君主无法凭借一人之力实施统治，官僚体系则为君主贯彻"法治"的必要媒介，但官僚群体亦有其私利，所以治官成了君主的重要任务，韩非子就明言"明主治吏不治民"⑦。对此，法家学者构想了所谓的"术"论，这既包括"因任而授官，循名而责实，操杀生之柄，课群臣之能"⑧的官僚任免及考课手段，也指"藏于胸中，以偶众端而潜御群臣"⑨的阴谋权术。最后，即使已具备强大的君权和严整的官僚队伍，如法自身缺乏各种特质，"法治"仍将困难重重。由此，法家强调"刑无等级"，如《商君书·赏刑》指出："自卿相将军以至大夫庶人，有不从王令、犯国禁、乱上制者，罪死不赦"；强调法律应当公开、明确，如《韩非子·难三》云："法者，编著之图籍，设之于官府，而布之于百姓者也"。以这三方面的结合为基础，法家试图用法律调整社会生活的方方面面，并借此构建一个富有战斗力的"法治"国。

法家的这套理论为秦国统治者所推崇，并极其有效地推动了秦国统一大业的实现，自然也成了秦灭六国之后的基本政略，这一点因秦王嬴政称"皇帝"一事而得到了生动的说明。在先秦时代，虽然"皇"和"帝"二字频繁地出现于各类文献中，但如"三皇五帝"这一词语所示，此二字基本上是分开来使用并指称上古圣王的，现实政治世界中的君主则通过称"王"来显示其尊贵地位。然而，在

---

① 《韩非子·八经》。
② 《论语·子路》。
③ 《韩非子·心度》。
④ 《商君书·君臣》。
⑤ 《商君书·扬权》。
⑥ 《韩非子·难势》。
⑦ 《韩非子·外储说右下》。
⑧ 《韩非子·定法》。
⑨ 《韩非子·难三》。

公元前221年"六王咸服其辜,天下大定"①的情况下,嬴政认为,"王"这一曾为众多诸侯所使用的名号已无法与其独一无二的君主身份相适应,遂令群臣商议新名号以显示他对天下的完全掌控。群臣上奏曰:"昔者五帝地方千里,其外侯服夷服,诸侯或朝或否,天子不能制。今陛下兴义兵,诛残贼,平定天下,海内为郡县,法令由一统,自上古以来未尝有,五帝所不及。臣等谨与博士议曰:'古有天皇,有地皇,有泰皇,泰皇最贵。'臣等昧死上尊号,王为'泰皇'。"②在群臣看来,秦王统一天下并在辽阔的疆域内推行郡县制和"法治",这使他的功业超过了五帝,所以应以表示至尊地位的"泰皇"名号自居。嬴政显然认同群臣所说的功业,但又认为"泰皇"仍不足以显示其尊贵,遂将"皇"与"帝"二字连在一起以宣扬自己为超越三皇五帝的第一帝,中国古代的皇帝制度则由此产生。这是一个由律令、朝觐礼仪、宗庙陵寝等要素构成的制度体系;在此体系的控制之下,任何侵犯皇帝尊严的行为、思想言论都将受到严厉的惩治。不过,在嬴政称"始皇帝"的场合,值得注意的是"法令由一统"被强调的事实。也就是说,秦朝的皇权要以法令为媒介来展示其存在,因此"法治"自然而然地成为秦朝的重要国策。公元前219年,秦始皇在封禅泰山时所立的"泰山刻石"以极为明确的语句再次强调了法律在国家制度中的基础地位:"治道运行,诸产得宜,皆有法式。"③由此可见,在秦朝时期,皇帝权威与法律是密不可分地联系在一起的,这是秦长期遵循法家思想的必然,也是秦律条文繁密的极重要原因。

二、秦代的主要法律形式

有关秦代法制的具体状况,以前由于史料缺乏,学界一直无从探知其详情,前人的最大努力也不过是从传世文献中辑佚秦代法制的只鳞片爪。1975年12月,考古工作者在湖北省云梦县睡虎地发掘了十二座战国末至秦统一时期的墓葬,其中的第十一号墓出土了1155支竹简及无法缀合的残简80片。这些竹简所载文字的大部分内容是法律,其中既有秦律的条文,也有对律文的解释及治狱的文书程式。十一号墓的墓主人名喜,生于战国后期秦昭王四十五年(前262),卒于秦朝建立后的第五年即秦始皇三十年(前217),生前曾任安陆御史、安陆令史、鄢令史及鄢狱吏等与司法有关的职务,这大概就是其墓随葬大量记载法律之竹简的原因。秦简所抄写的法律虽然只不过是喜根据其为政所需而摘录的秦律的一部分,但无疑是秦的法律制度的真实反映;并且,秦简所反映的年代正是从秦国到秦朝的这一历史阶段,这表明秦国的法制已随着秦军的征服脚步扩展到

---

① 《史记·秦始皇本纪》。
② 同上。
③ 同上。

全国且在秦朝时期仍然被适用,所以这批竹简对于从整体上研究秦国和秦朝的法律制度无疑具有极高的学术价值,也开启了学界研究秦律的新历程。如今,结合云梦睡虎地秦简(以下简称"秦简")、其他出土文献及传世文献,可以看到秦代的主要法律形式包括如下几种:

(一)律

"律"是朝廷就某一专门事类正式颁布的法律。自商鞅改"法"为"律","律"便成为秦的主要法律形式。至秦统一六国后,秦律的数量更加繁多,仅秦简所载就有《田律》《仓律》《金布律》《除吏律》《戍律》等共 29 种①,它们构成了秦代法制的主体。"律"在后世成为中国古代法的代表形式,其地位即由此奠定。但秦的"律"尚很分散,远未达到法典化的程度。

(二)令

"令"是君主或皇帝针对一时之事而以命令形式发布的法律文件,它与"律"一样也是秦时经常使用的一种主要法律形式,但其效力高于律。在嬴政与群臣"议帝号"时,群臣曾提议"命为'制',令为'诏',天子自称曰'朕'"②并得到了嬴政的认可。由此开始,"制"与"诏"成为皇帝命令的专称,从而不仅与其他人发布的命令区别开来,更被赋予了最高威严,具有最高法律效力。自此以后,皇帝的诏令成为中国古代最基本的和效力最高的法律形式,充分显示出了古代中国皇权的至高无上。

(三)式

"式"是朝廷统一颁布的官吏审理案件的准则以及书写审讯笔录、现场勘查笔录、查封笔录等法律文书程式的法律规定;"式"在文字上有"准则""标准""范例""模式"或"格式"之意。秦简所载属于"式"一类的法律文献有《封诊式》二十五节③,从中可以看到秦代关于"治狱""讯狱"的要求和"爰书"(案件记录)的书写格式等。

(四)法律答问

"法律答问"是朝廷和地方主管法律的官员对律令所作的权威性解释,它们与法律条文一样具有普遍的约束力。秦简《法律答问》共有 187 条④,多采用问答形式,对秦律的某些条文、术语以及律文的意图作出了明确解释,是对秦代律令条文的重要补充。

(五)法律文告

"法律文告"是秦代各级官吏在其职权范围内发布的具有法律效力的文告,

---

① 详见睡虎地秦墓竹简整理小组编:《睡虎地秦墓竹简》,文物出版社 1978 年版,第 244—279 页。
② 《史记·秦始皇本纪》。
③ 详见睡虎地秦墓竹简整理小组编:《睡虎地秦墓竹简》,文物出版社 1978 年版,第 244—279 页。
④ 同上书,第 149—243 页。

其效力通常仅限于发布者职权所辖的特定地区和范围之内。秦简所载《语书》即属此种法律形式，它是秦王政二十年(前227)四月初二日南郡的郡守腾颁发给本郡各县、道的一篇法律文告。①

(六) 程、课、廷行事

从秦简来看，秦代还有"程""课""廷行事"等多种法律形式。秦简载有《工人程》三条②，是朝廷颁布的用来规定主管人员考核官营手工业生产者劳动数量与质量的法律，由其内容分析，"程"与"式"一样含有"标准"之意。秦简中还载有《牛羊课》一条③，其内容涉及牛羊畜。此外，秦简《法律答问》中有十余条直接将"廷行事"作为依据④，其所谓"廷行事"即判案成例。由此可见，在秦代，各级司法官吏先前审判案件的某些成例也是法律的补充形式，这大约可视为汉代"比"或"决事比"的渊源。

总之，秦代的法律形式多种多样，内容亦十分丰富、详尽，虽远不如后世汉代"律""令""科"⑤"比"和唐代"律""令""格""式"那么整齐、简明，却已具备了它们的雏形，从而反映出秦代立法的高度发展，也体现了秦代统治者对法家之"法治"理念的落实。但是，秦代法制条目繁杂，内容细碎，不仅"律"远未法典化，且各律令条文彼此重复甚至矛盾者颇多，从而体现出法制初创时期系统化程度低、逻辑严密性不强的特征。⑥

第二节 法律制度的主要内容

从商鞅变法开始，秦国的历代统治者都厉行"以法治国"，秦朝建立后始皇又任用著名法家人物李斯为丞相来主持立法，因此秦代法律制度不仅在形式上条目繁多，法网严密，在内容上也相当广泛和具体，诸如农业、手工业、商业、财政货币、徭戍赋税、军爵赏赐、官吏任免及什伍组织等社会生活的各个领

---

① 详见睡虎地秦墓竹简整理小组编：《睡虎地秦墓竹简》，文物出版社1978年版，第14—22页。
② 同上书，第73—75页。
③ 同上书，第142—143页。
④ 同上书，第214—220页。
⑤ 有关把"科"视作汉代的一种法律形式的问题，国内外学者已提出疑问，值得注意。详见〔日〕滋贺秀三：《汉唐間の法典についての二三考証》，载《東方学》十七辑(后收入滋贺秀三：《中国法制史論集 法典と刑罰》，日本創文社2003年版，第411—435页)；张建国：《"科"的变迁及其历史作用》，载《北京大学学报(哲学社会科学版)》1987年第3期(后收入张建国：《帝制时代的中国法》，法律出版社1999年版，第71—88页)。
⑥ 秦简提供给我们的资料仅仅是到秦始皇三十年(前217)为止的秦初法制状况，这些律文又是在100余年间陆续增加、补充起来的，因此它存在上述种种缺陷自然是可以理解的。从有关史籍记载来看，秦代法制的真正系统化工作乃是秦始皇三十四年(前213)丞相李斯主持的修律，但李斯修律的详情和成果却只能期盼未来发掘的史料来揭示一二。

域都有所涉及。可见,史籍对秦"事皆决于法"①的评价在很大程度上可谓有所本。

一、刑事法律制度

刑事法律制度是秦代法制的主体部分,后世中国古代法亦莫不如此,以下将从罪名、刑罚及定罪量刑原则三个方面略加介绍。

(一) 罪名

秦代法律所规定的罪名繁多,且尚无系统分类,更未形成较为科学的罪名体系。但大致而言,秦代的罪名不外乎以下五类:危害皇权罪、侵犯财产和人身罪、渎职罪、妨害社会管理秩序罪和破坏婚姻家庭秩序罪。

1. 危害皇权罪

维护皇权是秦代法制的首要任务,对危害皇帝及其集权统治的行为,秦律都处以严厉的刑罚。属于这一类的罪名很多,主要有谋反,操国事不道,泄露皇帝行踪、住所、言语机密,偶语诗书、以古非今,诽谤、妖言、诅咒、妄言、非所宜言,投书及投寄匿名信,不行君令。

2. 侵犯财产和人身罪

秦代侵犯财产方面的罪名主要是"盗",盗窃在当时被列为重罪,按盗窃数额量刑。除了一般意义上的盗,秦律还区分了共盗与群盗,前者指二人以上共同盗窃,后者则指聚众反抗政治统治,属于危害皇权的重大政治犯罪。侵犯人身方面的罪名主要是贼杀人、贼伤人,此处的"贼"与今义不同,而是故意或"杀人不忌"之意。此外,斗杀、斗伤在秦代亦属侵犯人身罪。

3. 渎职罪

秦代的渎职罪主要有三类:一是官吏失职造成经济损失的犯罪,如秦简所载《厩苑律》《牛羊课》等规定;二是军职罪;三是有关司法官吏渎职的犯罪,包括"不直"(指罪应重而故意轻判,或应轻而故意重判)②、"纵囚"(指应当论罪而故意不论罪,以及设法减轻案情,故意使案犯达不到定罪标准,从而判其无罪)③、"失刑"(指因过失而量刑不当)④等。

4. 妨害社会管理秩序罪

按秦简,这方面的罪名主要有三个:一是《田律》所规定的违令卖酒罪;二是

---

① 《史记·秦始皇本纪》。
② 详见睡虎地秦墓竹简整理小组编:《睡虎地秦墓竹简》,文物出版社1978年版,第191页。
③ 同上。
④ 同上书,第165—166页。

《法律答问》及《徭律》所说的逃避徭役罪;三是《傅律》所载逃避赋税罪。

5. 破坏婚姻家庭秩序罪

秦代有关破坏婚姻家庭秩序的罪名有两类:一类是关于婚姻关系的,包括夫殴妻、夫通奸、妻私逃等;另一类是关于家庭秩序的,包括擅杀子、子不孝、子女控告父母、卑幼殴尊长、乱伦等。

(二) 刑罚

秦代的刑罚种类颇多,大致而言,主要包括以下八大类:笞刑、劳役刑、流放刑、肉刑、死刑、耻辱刑、经济刑、株连刑。不过,从目前的史料来看,此类刑罚尚未形成完整的体系,呈现出过渡时期的特征。

1. 笞刑

笞刑是以竹、木板责打犯人背部的轻刑,是秦代经常使用的一种刑罚方法,秦简中有"笞十""笞五十""笞一百"等多种等级,大多针对轻微犯罪而设,也有的是作为减刑后的刑罚。

2. 劳役刑

劳役刑即剥夺罪犯人身自由、强制其服劳役的刑罚,在秦代主要包括以下几种:城旦舂,男犯筑城、女犯舂米,但实际从事的劳役并不限于筑城舂米;鬼薪、白粲,男犯为祠祀鬼神伐薪、女犯为祠祀择米,但实际劳役也绝不止于为宗庙取薪择米;隶臣妾,即将罪犯及其家属罚为官奴婢,男为隶臣、女为隶妾,其刑轻于鬼薪、白粲;司寇,即伺寇,意为伺察寇盗,其刑轻于隶臣妾;候,即发往边地充当斥候,是秦代劳役刑的最轻等级。[①] 一般认为,秦代的劳役刑没有刑期。

3. 流放刑

包括迁刑和谪刑,都是将犯人迁往边远地区的刑罚,其中谪刑适用于犯罪的官吏,但两者都比后世的流刑要轻。

4. 肉刑

即黥(或墨)、劓、刖(或斩趾)、宫等四种残害肢体的刑罚。从秦简来看,秦的肉刑大多与城旦舂等较重的劳役刑结合使用[②]。

---

① 有关秦汉时代的城旦舂等劳役刑的性质,近年来,我国台湾学者及日本东洋史学界已指出此类刑罚内含身份性。详见邢义田:《地不爱宝:汉代的简牍》,中华书局2011年版,第144—199页;〔日〕宫宅潔:《中国古代刑制史の研究》,京都大学学术出版会2011年版,第77—138页;〔日〕陶安あんど:《秦漢刑罰体系の研究》,东京外国语大学アジア・アフリカ言语文化研究所2009年版,第54—80页;〔日〕鹰取祐司:《秦漢時代の刑罰と爵制の身分序列》,载《立命馆文学》第608号等。

② 有关肉刑与劳役刑配合使用的问题,日本学者冨谷至先生认为,在秦简中,真正配合劳役刑使用的只有黥刑;刖和劓则只是黥的附加刑,不能单独配合劳役刑来使用。详见〔日〕冨谷至:《秦汉刑罚制度研究》,柴生芳、朱恒晔译,广西师范大学出版社2006年版,第20—22页。

5. 死刑

秦代的死刑执行方法很多①,主要有:弃市,即杀之于市,与众弃之;戮,即先对犯人使用痛苦难堪的耻辱刑,然后斩杀;磔,即裂其肢体而杀之;腰斩;车裂;阬,又作坑,即活埋;定杀,即将患疾疫的罪人抛入水中或生埋处死;枭首,即处死后悬其首级于木上;族刑,通常称为夷三族或灭三族,关于三族,有的认为是指父母、兄弟、妻子,有的认为是指父族、母族、妻族;具五刑,即"当夷三族者,皆先黥、劓、斩左右趾,笞杀之,枭其首,菹其骨肉于市。其诽谤詈詛者,又先断舌,故谓之具五刑"②。此外,秦代还实行过凿颠、抽肋、镬烹、囊扑等死刑执行方法。

6. 耻辱刑

秦时经常使用"髡""耐""完"耻辱刑作为徒刑的附加刑。③"髡"是指剃光犯人的头发和胡须、鬓毛;"耐"与"完"是一刑二称,指仅剔去胡须和鬓毛,而保留犯人的头发。

7. 经济刑

秦代的经济处罚刑主要是"赀",同时,赎刑也可归入这一范畴。"赀"是秦代用经济制裁来惩治官吏的一般失职和民人的一般违法行为的独立刑种,它包括三种:一是纯粹罚金性质的"赀甲""赀盾";二是"赀戍",即发往边地作戍卒;三是"赀徭",即罚服劳役。赎刑不是独立刑种,而是一种允许已被判刑的犯人缴纳一定金钱或服一定劳役来赎免刑罚的办法。据秦简,秦代赎刑的适用范围非常广泛,从"赎耐""赎黥""赎迁"直至"赎宫""赎死"。

8. 株连刑

主要是族刑(见"死刑"条)和"收"。收,亦称收孥、籍家,就是在对犯人判处某种刑罚时,还将其妻子、儿女等家属籍没为官奴婢。

(三)定罪量刑原则

1. 以身高为确定刑事责任年龄的标准

秦律规定,凡未成年人犯罪,不负刑事责任或减轻刑事责任。但据秦简,在

---

① 有关秦的死刑种类之繁多,日本学者冨谷至先生曾提出异议,并认为秦律中的死刑可分成两类,一类是以行刑方法命名的腰斩、弃市和斩首等,另一类是根据尸体处理办法命名的枭首和磔等。仅从把犯人装上槛车游街后押往刑场,然后在众人面前砍头或者斩腰,并在长时间内不收尸这一死刑执行过程来说,秦律中的死刑完全可以归为腰斩和弃市两种。详见〔日〕冨谷至:《秦汉刑罚制度研究》,柴生芳、朱恒晔译,广西师范大学出版社2006年版,第43—49页。其观点也得到了另一位日本学者水间大辅的大致认可,详见〔日〕水间大辅:《秦漢刑法研究》,日本知泉书馆2007年版,第17—18页。

② 《汉书·刑法志》。

③ 有关肉刑、耻辱刑与劳役刑的关系,一直以来,国内外学界都认为前者为后者的附加刑,但近年来日本学者濑川敬也先生提出了不同的看法,他认为秦的刑罚制度以身体标志为主、以劳役为从。详见〔日〕濑川敬也:《秦代刑罰の再検討—いわゆる劳役刑を中心に—》,载《鷹陵史学》第24号;《秦漢時代の身體刑と労役刑—文帝刑制改革をはさんで—》,载《中国出土文字资料研究》第7号。

判断是否成年时,秦律以身高为标准。男子以六尺五寸、女子以六尺二寸以上为成年人,须负完全刑事责任(详见下文"民事权利主体");不足六尺者为未成年人,不负刑事责任①。

2. 确认主观意识状态,区分故意与过失(秦简称为"端"与"不端")

秦律十分重视人的主观意识状态,一方面注重区别有无犯罪意识,另一方面则明确区分故意与过失。在前一方面,秦律将有无犯罪意识作为判定被告人的某些行为是否构成犯罪的重要依据;在后一方面,秦律对被告人所实施的某些行为,虽不论故意还是过失均要追究刑事责任,但在定罪量刑上加以区别,故意和过失所构成的罪名不同,在量刑上也是故意从重,过失从轻。另外,司法官吏用刑不当,过失为"失刑"罪,处理从轻;故意则为"不直"罪,处理从重。

3. 教唆同罪,教唆未成年人犯罪加重处罚

在前者,如秦简记载,甲教唆乙盗窃,乙尚未既遂,就已被捕,则甲乙皆当"赎黥"。② 在后者,如秦简提到,甲教唆身高不满六尺的未成年人乙"盗杀人",则甲当被处以磔刑。③

4. 诬告反坐

按秦律,对诬告他人者,当以所告之罪罪之。在一般情况下,只有故意陷害他人才构成诬告罪,若是出于过失则不算诬告;但若诬告他人杀人,即使是出于过失,也要以诬告论处。

5. 累犯及共同犯罪和集团犯罪加重

秦简《法律答问》指出,"耐为隶臣"者以应处司寇刑之罪诬告他人,其所受之刑并非司寇而是城旦④,这显然是累犯加重的一个事例。又,据秦简,凡五人以上的集团犯罪,即使仅盗窃一钱,也要比不足五人盗窃六百六十钱的处刑重;而同样的盗窃犯,二人以上、五人以下的共同犯罪又比单人犯罪处刑重⑤,这些自然说明对共同犯罪和集团犯罪应当加重处刑。

6. 自首及消除犯罪后果减免刑罚

关于自首减刑,如秦简《法律答问》载,携带所借官家物品逃亡,如自首,只以逃亡罪论处,免其盗窃罪⑥。关于消除犯罪后果减刑,如秦简规定,监领人犯而人犯逃亡,能自行捕获以及亲友代为捕获,可以免罪⑦。

---

① 揆诸《周礼》贾公彦疏所说"七尺谓年二十,六尺谓年十五",不足十五岁的人犯罪不负刑事责任。
② 详见睡虎地秦墓竹简整理小组编:《睡虎地秦墓竹简》,文物出版社1978年版,第152页。
③ 同上书,第180页。
④ 同上书,第202页。
⑤ 同上书,第150页。
⑥ 同上书,第207页。
⑦ 同上书,第205页。

7. 实行连坐

连坐就是一人犯罪,全家、邻里和其他有关的人连同受罚。按其适用范围区分,秦代的连坐主要有全家连坐、什伍(即邻里)连坐、军队中士卒连坐、官吏间连坐四种,在秦简中尤以什伍连坐的律文最多。

二、"民事"法律制度

现代民法以调整平等主体之间的人身关系与财产关系为要务。从这一点上说,秦代当然没有现代意义上的民法,甚至没有专门的单行民事法规,但从社会生活本身而言,秦人也理所当然地要面对家庭、婚姻、财产转移、契约等事宜,统治者甚至试图通过法律对此类事宜施加影响。这些"民事"法规大都混杂在刑法和其他单行法规中,或作为惯例反映在《法律答问》中,以下将从四个方面稍作介绍。

(一) 社会身份与"民事"权利主体

毋庸置疑,秦代社会是注重身份的,不同身份者拥有不同的"民事"权利:

1. 国家——皇帝

这是最完全的"民事"权利主体,大量的国家财产和土地、山林等社会的基本生产资料实质上都是皇帝的私产。国家经营农牧业,也垄断采矿、冶铁、铸钱等手工业,官府还经常与百姓发生买卖关系。

2. 有爵者、士伍或百姓

这是具有完全权利能力的"民事"权利主体。他们有完全的人身权利、财产权利和婚姻权利,还有单独立户的权利。

3. 作务、商贾、赘婿、后父

这是有限制权利能力的"民事"权利主体。他们没有完全的人身权,常与被剥夺了人身自由权的罪犯一样被发往边地;他们仅有受限制的财产权,作务和商贾有完全的立户权,但在衣着、车乘方面受到严格限制;赘婿和后父则因入赘女家而丧失单独立户之权。

4. 隶臣妾

这也是有限制权利能力的"民事"主体。他们有一定的人身权,由于有服兵役的义务,因而有可能立功拜爵成为"有爵者";他们有一定的由法律确认的财产权;也有完全的婚姻权和自立门户的权利。

5. 人奴妾和官奴婢

这是完全不具有权利能力的人。作为私人或官府的奴婢,他们只是被买卖的客体,完全没有人身自由权利,也没有任何私有财产权和单独立户权,他们只具有不完全的婚姻权,因而不能作为"民事"权利主体。

关于"民事"权利主体的行为能力,从现有史料来看,由于秦代一般按身高来确定成年与否,因而也以身高作为评判具有行为能力的标准。但是,中国古代有行冠礼的风俗习惯,因此"民事"主体只有在冠礼以后才具有完全的行为能力。秦简《仓律》规定:"隶臣、城旦高不盈六尺五寸,隶妾、舂不盈六尺二寸,皆为小。"① 显然,男子身高六尺五寸(约 150 厘米)以上,女子身高六尺二寸(约 140 厘米)以上,是成年应傅(指到官府登记)的标准,也是成年冠礼的标准,更是"民事"主体(也是刑事责任主体)具有完全行为能力的标志。

(二) 所有权

1. 所有权的分类

从现有史料来看,秦代存在两种所有权,即国家所有权与家户所有权。前者的客体极为广泛,其实质是皇帝所有权。后者则包括土地、牲畜等生产资料的私人所有权和房屋、衣被、家具等一切生活资料的所有权。不过,需要注意的是,此种所有权并非个人所有权,而是户和家族的所有权。

2. 所有权的取得和消灭

关于所有权的取得,秦律承认并保护先占取得、孳息取得、时效取得以及因赏赐、买卖和继承而取得财产所有权;关于所有权的消灭,秦律承认原所有权因所有物的灭失、转让以及所有权人的自愿放弃和依法籍没而归于消灭。

3. 所有权的保护

在所有权遭到不法侵害时,秦律主要是利用刑罚手段加以保护,但也时常根据情况采取某些"民法"措施,主要包括确认所有权、返还原物、赔偿损失、排除妨害等几种。

(三) 债

1. 债的发生

债权是所有权转移的一种形式。从现有史料看,秦律中债的发生大致有四种情形:因契约所生之债、因非法侵害所生之债、因损失公物所生之债(主要针对官吏的失职行为)、因行政措施所生之债。

2. 债的担保

据秦简,秦代的债务关系也有担保人,相关的记载主要集中于《工律》和《金布律》之中。其情形主要有三种,即官方经手人担保、民间经手人担保和共同担保。

3. 债的变更、履行和消灭

秦律承认在债的关系继续存在的条件下,债权人与债务人双方都有发生变更的可能。在秦律中就有债务难以正常履行时付诸各种"民事"强制的规定。依秦律,债务可由双方当事人协议解除,也可由债权人单方面宣布免除;在某些

---

① 睡虎地秦墓竹简整理小组编:《睡虎地秦墓竹简》,文物出版社 1978 年版,第 49 页。

条件下,亦可因债务人死亡而归于消灭。

(四) 婚姻与继承

秦律对婚姻的成立条件、婚姻的形式、夫妻双方的权利义务及婚姻的解除等方面都作了具体的规定。有关婚姻的成立和解除,秦律规定结婚只有到官府登记才有效,未经登记的婚姻是不受法律保护的;丈夫休妻也同样必须报官登记。有关夫妻间的权利义务关系,秦律虽然也维护男尊女卑和夫权,但因受儒家文化影响较小,因而能对夫权有所限制,对妻子人身权利的保护也超过汉以后的历代王朝。比如,秦律一方面要求妻子忠于丈夫,另一方面也规定丈夫通奸有罪,"夫为寄豭,杀之无罪"①;又如,秦简《法律答问》指出,"妻悍",丈夫也不能随意殴打,否则将被处刑。②

在继承方面,秦代的继承范围很广,除最常见的财产继承之外,还有爵位继承及其他身份继承。秦律对继承人的确认则有法定继承和指定继承两种,同时对于继承的方法也有比较明确的规定。如,秦简《法律答问》就提到,爵位继承到官府登记、经官方认可方才有效③。

三、经济法律制度

秦代调节经济生活的法规种类繁多,内容庞杂。就秦简来看,它们主要表现为《田律》《仓律》《厩苑律》《牛羊课》《金布律》《工律》《工人程》《均工律》《司空律》《关市》《效律》等法律条文。这些法律规范表明,秦代对国家经济生活的各个领域均以确定各专职官吏职责的形式作出了详细的规定。

(一) 土地与赋税

秦实行普遍的土地王有制,但从汉初的《二年律令》的规定来看,政府会根据臣民身份地位的高低授予数量不等的田地,此谓"名田宅制"④。汉承秦制,秦时应当也曾实行过这种土地授予制度,而在秦简中确实有专门用来指称政府授田行为的词汇,即"行田"⑤。由此,政府获得了向民众征收赋税的理由。

秦的赋税主要分为三种。第一,口赋,即人头税。《淮南子·泛论训》云:"秦之时……头会箕赋,输于少府。"这就是说,秦时官吏征收口赋,赋钱都输送至少府。第二,户赋。据《史记·商君列传》,"民有二男以上不分异者,倍其赋"。这说明,秦时曾以户为单位征收赋税。正因为此,"匿户"就成了一种犯

---

① 《史记·秦始皇本纪》。
② 睡虎地秦墓竹简整理小组编:《睡虎地秦墓竹简》,文物出版社 1978 年版,第 185 页。
③ 参见同上书,第 182 页。
④ 参见杨振红:《出土简牍与秦汉社会》,广西师范大学出版社 2009 年版,第 126—146 页。
⑤ 如龙岗秦简的简文就提到,"廿四年正月甲寅以来,吏行田赢律……"。中国文物研究所、湖北省文物考古研究所编:《龙岗秦简》,中华书局 2001 年版,第 109 页。

罪,如秦简《法律答问》所云,"可(何)谓'匿户'……弗令出户赋之谓殹(也)"①。第三,田赋。秦简《田律》规定:"入顷刍稾,以其受田之数,无垦(垦)不垦(垦),顷入刍三石、稾二石。"②此外,其他律文中还可见"入禾""入禾稼"云云。也就是说,秦时田赋是按田亩之数征收的,其内容包括刍稾和禾。所以,为了确保田赋征收准确,秦律规定,官吏还须计算土地应缴纳的田租份额,此谓"程田"③;如未将民田登记入册却征收了田租,则构成"匿田"之罪④。

(二) 农牧业管理与资源保护

农业是中国古代社会的立国之本,历朝历代都极为重视。秦代在中央和地方设置了"大田""都田啬夫""啬夫"等各级专司农事之职的官吏,并要求各专职官吏及时掌握农时,关注农业生产,以保证国家正常的农业收益。如,秦简《田律》就要求掌管农事之官书面报告受雨、抽穗的顷数和已开垦而没有耕种的田地顷数。为了保障农业生产,秦律还对农业劳动力的分配、劳动时间的安排以及农作物种子的选择、供应、播种量等方面提出了具体要求。如,秦简《司空律》就说,在外以劳役抵偿债务之人农时应当归田,播种与管理禾苗时节各二十天。

秦代对畜牧业同样十分重视,专设有厩啬夫和牛长等官职,分别负责牛马的饲养和管理,而法律对畜牧业的管理也作了详细规定。如,秦简《厩苑律》和《牛羊课》就严格设定了牲畜管理人员和饲养人员的责任及其奖惩。

此外,秦代还注意用法律来保护农田水利、山林、河鱼等自然资源。如,秦律《田律》就说,春天二月,不准到山林中砍伐树木,不准堵塞水道,不准采割刚刚发芽的植物或捕捉幼兽、掏取鸟卵,等等。上述禁令须到七月才解除。

(三) 手工业管理

在中国古代,对于富国强兵而言,手工业几乎与农业同等重要,因而也受到历代统治者的高度重视。为此,秦代设置了官啬夫、工师、工室丞、曹长等官职负责官府手工业作坊的管理事宜。秦简中的《工律》《工人程》《均工》和《效律》等法律对手工业产品的规格、质量、生产定额以及劳动力的调配、劳动量的计算等方面都作了较为系统的规定。如,在产品规格上,《工律》要求,产品的大小、长短、宽厚都必须完全相同,不得参差不齐;在产品质量上,秦代对官营手工业产品要进行年度评比考查,如考查时被评为下等,罚工师一甲,罚丞、曹长各二甲;若

---

① 睡虎地秦墓竹简整理小组编:《睡虎地秦墓竹简》,文物出版社1978年版,第222页。
② 同上书,第27—28页。
③ 参见杨振红:《出土简牍与秦汉社会》,广西师范大学出版社2009年版,第179页。
④ 秦简《法律答问》就提道:"部佐匿者(诸)民田,者(诸)民弗智(知),当论不当?部佐为匿田,且可(何)为?已租者(诸)民,弗言,为匿田;未租,不论□□为匿田。"睡虎地秦墓竹简整理小组编:《睡虎地秦墓竹简》,文物出版社1978年版,第218页。

连续三年被评为下等,则要加倍惩罚。在劳动定额和工作量的核算上,秦律根据季节、年龄、体力、性别、简单劳动和复杂劳动的差异而区别对待。

(四) 商业贸易

秦代虽然重农抑商,但也注意运用法律手段来调节商业贸易。据秦简,秦代已有专门调整商业市场的法律规范,《关市律》即为其中之一。现存史料表明,秦律对商业贸易的调节包括两方面:一是禁止和打击非法商业和非法经营,二是保护和规范合法商业。在前者,如秦简《田律》就禁止农村售酒;又如《秦律杂抄》则禁止官吏利用为其配备的马匹或差役经商牟利。在后者,秦简《金布律》规定,除了不值一钱的小商品之外,市场上买卖的货物均须明码标价。

(五) 财政货币管理

为了实现经济上的大一统,增强国力,秦统一六国后立即采取了统一货币等重要措施。秦简中的《金布律》等法规便是这一政策的具体落实。

为统一货币,秦律规定,在全国范围内只允许使用国家所确定的货币,制币权由国家绝对垄断,民间私铸钱币属犯罪行为。秦代统一货币也包含统一货币的规格和比价之意,并用法律确保货币的流通。按秦简,秦时以金、钱、布为流通货币。《金布律》一方面对"布"的规格作了具体要求,不合规格者不得流通;另一方面又确定了货币的比价,即十一钱折合一布。同时,《金布律》还规定,在货币流通过程中,好坏钱应一起使用,百姓在交易中不得挑拣选择;市肆中的商贾及官家府库的吏亦不准对钱布有所选择。

从秦简来看,秦代有关财政审计方面的法律规定也相当丰富和详备,《效律》即是秦时财政审计的主要法律规范之一。《效律》规定实行定期或不定期的账目检查;在检查账目时,要同时清查库存物资,做到账物相符。此外,还有许多关于度量衡标准、称量物资的方法和程序的详细规定。

四、行政法律制度

秦代虽然没有成文的行政法典,却有一些单行的行政法规,诸如《置吏律》《除吏律》《除弟子律》《尉杂》《内史杂》《傅律》《徭律》《司空律》《军爵律》《屯表律》《戍律》《行书》《游士律》《属邦》《公车司马猎律》《中劳律》等。这些行政法规内容相当全面,几乎涉及当时行政活动的所有领域;并且,这些法规大多类型完整,结构严密,确定性程度高,从而为各个行政机关提供了行为准则,充分体现出秦代"事皆决于法"的特征。

(一) 机构设置

1. 中央机关

秦代朝廷的机构设置是三公九卿。"三公"指丞相、太尉、御史大夫三个最高职官,丞相总管全国行政事务,是皇帝之下的最高执政官;太尉是最高专职武官,执掌军政①;御史大夫是丞相之副,掌管群臣奏章和下达皇帝诏令,兼理监察。三公率属吏组成丞相府、太尉府和御史府(台),构成对全国发号施令的总枢纽。三公以下是"九卿",即奉常(掌宗庙礼仪)、郎中令(掌皇帝侍从警卫)、卫尉(掌宫廷警卫)、太仆(掌宫廷御马和国家马政)、廷尉(掌司法)、典客(掌外交和民族事务)、宗正(掌皇族事务)、治粟内史(掌租税钱谷和财政收支)、少府(掌专供皇室需用的"山海池泽之税")。九卿构成中央各重要的行政职官和机关。

2. 地方机关和基层组织

秦代地方实行郡县制。郡以郡守为最高行政长官,郡守执掌一郡全部政务,由朝廷任命、节制;郡守之下设郡尉,郡尉主管一郡军政事务。县以县令为行政长官(但不满万户的县不称"令"而称"长"),县令主管一县政务并兼理司法,由朝廷任免;丞和县尉在县令之下,协助县令工作。县之下有乡、里、亭等基层行政组织。乡以"有秩"为主管官吏,其下设乡老、啬夫、游徼等职;里以"里正"或"里典"为主管官吏;里以下按什伍组织编制民户。此外,十里为一亭,设亭长。亭长负责亭内侦查、拘捕人犯等警察事务。

(二) 官吏任用

秦简《为吏之道》云:"审民能,以任吏,非以官禄,夬助治。"②即对民人要严格考察其德、才,方可任用为官吏,为的是不能让其白白享受官禄,而要使他能够助理政事。据此,秦统治者对官吏必须具备的基本条件作了较为明确的规定。揆诸《为吏之道》,这些条件大体包括:忠君敬上;廉洁奉公,以身作则;宽厚平和,严肃认真,果断坚决;讲求工作效益③。秦简《置吏律》《除吏律》还对任用官吏的时间、原则,特别是违法任用官吏的责任作了规定。

(三) 官吏职责

秦律要求各级官吏严格执行职务。实际上,秦的各类经济法规和行政法规大多是以各专职官吏之职责的形式出现的,秦简中的《田律》《厩苑律》《仓律》《工律》《徭律》《效律》《内史杂》和《封诊式》中的《治狱》《讯狱》等各篇,对各类专职

---

① 有关"太尉"一职,据秦汉史学家林剑鸣先生考证,在秦时,"太尉"一职虽然存在,却从未委任于任何人。换句话说,"太尉"一职处于虚有其位而实无其人的状态,秦的"三公"实际上只有其二,这体现了秦始皇分相权而独揽军权的设想。详见林剑鸣:《秦汉史》,上海人民出版社2003年版,第93—96页。

② 睡虎地秦墓竹简整理小组编:《睡虎地秦墓竹简》,文物出版社1978年版,第291页。

③ 一般认为,《为吏之道》实为十一号墓墓主人喜对自己的为官要求,其普遍性仍有待考证。但是,在新出简牍《岳麓书院藏秦简》中,也有些被总括为《为吏治官及黔首》的简文,它们在对官吏之为政素养的要求上与《为吏之道》颇为类似。这说明,《为吏之道》在供职于关东地区的秦的官吏群体中或许是有一定的代表性的。有关《为吏治官及黔首》的简文,详见朱汉民、陈松长主编:《岳麓书院藏秦简》(一),上海辞书出版社2010年版,第108—149页。

官吏的职责都作了明确规定。这表明秦代行政立法已达到相当成熟的水平。

秦代还要求官吏必须通晓法律,并严格执行法律。《语书》就说:"凡良吏明法律令……恶吏不明法律令。"①所以,《内史杂》要求,各县各级官员须抄写所需遵用的法律。秦律还规定各级官吏严格执法,如果官吏"废令"或"犯令",即使已被免职或已调任,仍要追究其法律责任。

(四) 官吏奖惩

秦代依据法家重赏重罚、罚重于赏的思想,非常重视对官吏的考核和奖惩。这方面律文在秦简中可谓俯拾皆是,尤以《田律》《仓律》《厩苑律》《效律》《除吏律》《牛羊课》等最为集中。从这些律文来看,秦代的考核、奖惩制度绝大多数是与职务规则制定在一起的,这说明秦代统治者在通过督责官吏整顿吏治时,高度强调严明吏责,严格考核,诱以"厚赏",威以"重罚"。

五、秦代法制的特点

秦国是唯一一个明确以法家学说为政治指导思想的诸侯国,借此而完成统一大业的秦朝则是中国历史上第一个中央集权的帝国。这种独一无二的身份更兼周秦转变结束之初期阶段的历史背景,使得秦代法制表现出了若干值得注意的特点。

(一) 坚持"法治",重法轻儒

先秦法家从周秦转变时期政治、军事的实际状况出发强调,法是治理国家的唯一有效手段,而法自身作为一种固定、划一的行为准则必然排斥以差别化为要素的德礼之教,因此法家以所谓的"心治"来概括儒家之学并予以鄙弃。从商鞅变法开始至秦朝建立,秦提倡法家之学足有一百三十余年,秦代法制自然也体现出了浓厚的法家色彩并淡化了宗法、血缘对法律的影响。比如,在秦朝建立之后发生的"焚书"事件中,李斯就强调"法令出一""以吏为师",这显然是对《韩非子·五蠹》所说"以法为教""以吏为师"的重申;又如,在秦律中,夫权、父权均受到了一定程度的限制,这与汉以后的法律截然不同,其原因大概可归结为秦律受儒家影响较轻。

当然,这并不意味着秦律对儒家之说抱以完全忽视的态度。事实上,秦律也严惩"不孝"罪,而且还提出了"议爵""议官""议真"等刑罚适用原则,这些都表明秦律也试图维护家族伦理以及社会等级。但是,与汉以后的法律相比,其程度可谓较轻,所以说重法轻儒是秦律的一个特点,这恐怕是不过分的。

(二) 法网繁密与行政主义风格

法家既重视法的功能,就试图把法渗入社会生活的各个角落,因此贯彻法

---

① 睡虎地秦墓竹简整理小组编:《睡虎地秦墓竹简》,文物出版社1978年版,第19页。

政略的秦人在各类事项上都设定了严格的法律规范。依秦简来看,所谓"田律""仓律""厩苑律""工律"等名称就指向了这种依事设律的立法倾向,《晋书·刑法志》所说"汉承秦制,萧何定律……益事律兴、厩、户三篇"云云大概也是指汉初从秦传承而来的一事一律的立法风格。更兼社会关系的复杂性以及秦国扩张带来的各类新问题,秦律的体系形成也可以说是顺理成章的,因此汉人以"繁于秋荼,而网密于凝脂"①来描述秦律确实是有所本的。不过,另一个与此相关的问题是对秦律之"严苛"的评价。在这一点上,必须注意的是此种评价基本上都出于汉代学者的宣扬,其中多少带有为新王朝立言而否定旧王朝以及对本朝之刑治和吏治表达不满并期盼改革的政治意图。试想,如果汉代学者口中或笔下的抨击真实可信,身处关中的秦人竟能长达一百数十年地安居于故地,那也是不太合理的。毋宁说,对秦人而言,倡导"以刑去刑"的秦律已成为其生活的一部分,本无所谓轻重,而汉代学者所说的恰恰代表着关东六国民众对秦律的抵触并夸大了此种情绪。当然,这并不是为秦律的重刑思想辩护,而是说对一种特定的历史现象应以当时当地的眼光予以同情的理解和过程性的剖析,不可随意地指责古人并形成思维定式。

以"法网繁密"为前提,还有一个问题也值得注意,即以《田律》等秦简所提及的律名论,秦律的很多内容似乎都涉及官吏的日常行政行为,亦试图对官吏的职责权限予以明确化。这鲜明地体现了秦律的内在理念之一是以社会治理为目的的行政主义,也以实际的条文解释了法家提出的"明主治吏不治民"和对官吏予以"循名责实"的思想。

(三) 过渡性色彩

秦律是在周秦转变之际逐渐形成的,自然会有先秦的残存,也是后世法制之继续演进的起点,此即所谓过渡性色彩之意旨。在这一点上,最明显的无过于肉刑和劳役刑的问题。对前者,肉刑无疑是上古刑罚的主要内容,秦律中的肉刑当然也可被视为上古刑罚的遗迹,但秦律中的肉刑多与劳役刑相配合使用,这又可谓汉代以后以劳役刑为中心的刑罚体系之建立的先声。对后者,在秦律中,各种劳役刑的刑名自然体现了这些刑罚在最初被创设时的含义,但在实际运行中,刑徒所服的劳役经常性地与其被判处的刑名不符,此类刑名自身所能发挥的标识劳役轻重的功能也逐渐趋于淡化,这正是汉朝刑罚改革时确定刑期的重要背景。

当然,除了这二者之外,秦律中体现过渡色彩的内容还有一些。比如,在秦律中,赎刑经常以"甲"或"盾"等为计量单位,这当然指示着该刑名的初始意图,也反映了周秦之际战争成为时代主题的事实。但是,在新出简牍《岳麓书院藏

---

① 《盐铁论·刑德》。

秦简》中,"甲""盾"等都被折合成了金钱①,所以不能认为秦律中的赀甲、赀盾确实以"甲""盾"为外在表现,毋宁说应赀者为以甲、盾来显示的金钱数,这大概正是汉代罚金刑出现的原因之一。

综上所述,秦代法制是在吸收了三代以来尤其是战国时期各诸侯国法制建设之经验的基础上产生的,也折射出了周秦之际历史变革的特有韵味。尽管秦代法制有其时代的局限性,但其继往开来的地位却是不容抹杀的,中华法系所包含的法家因素的创设在很大程度上也要归功于秦代法制,因此立足于中国古代法的演进对秦代法制予以客观的评价仍然是中国法律史学者的重要任务。

第三节 司法制度的主要内容

一、司法机关

秦代是中国历史上第一个中央集权的专制王朝,皇帝总揽一切大权,最高司法权自然也操纵在皇帝手中。皇帝一方面有权直接审判案件,另一方面又通过一整套处于其控制之下的司法机关来判决案件。

（一）中央司法机关

秦代的中央司法机关主要是丞相、御史大夫和廷尉。丞相是最高行政长官,由于中国古代司法与行政并无严格的区分,因而丞相也时常负责审理皇帝交办的案件。御史大夫是丞相之副,除执掌群臣章奏和下达皇帝诏令之外,还负责监察和亲理诏狱。廷尉属九卿之一,专理司法,是秦代的中央最高审判机关和最高司法官,其职责是审理皇帝交办的案件和地方不能审理的重大案件,以及审核平决各郡的疑难案件。

（二）地方司法机关

秦代地方司法机关分郡、县两级,司法机关与行政机关合二为一,主管一郡的郡守与主管一县的县令（长）也同时掌管郡、县的司法审判。县另设县丞,除负责文书、仓库事务外,还负责协助县令（长）办理狱讼案件。在基层则设有乡官,由有秩或啬夫负责乡的诉讼和赋税事务。

狱讼案件若乡里不能决,则报县,由县令（长）、县丞审理;县不能决,则报郡,由郡守审理;郡不能决,则上报中央廷尉。

---

① 如《岳麓书院藏秦简》中的《数》简所载"赀、马甲类"曰:"赀一甲直（值）千三百卌四,直（值）金二两一垂,一盾直（值）金二垂。"朱汉民、陈松长主编:《岳麓书院藏秦简》（二）,上海辞书出版社2011年版,第78页。

二、审判制度

(一) 诉讼的提起

从现有史料来看,秦代的诉讼案件一般采取以下两种方式向司法机关告诉:

1. "劾"(官诉)

劾,即官吏纠举,指官吏非因个人被侵害,而是按其职责要求向司法机关对犯罪人提起的诉讼,类似于近现代的公诉。秦简《封诊式》所载"盗马""群盗""贼死""经死"即属此类。

2. "告"(举发)

告,即为维护自己的利益而向司法机关提出诉讼,类似于近现代的自诉。秦简《封诊式》中的"争牛""告臣""黥妾"等均可归于此类。

(二) 告诉的限制

秦律一方面运用奖惩手段利诱和强迫人们"告奸",另一方面又对告诉设定了种种限制。

第一,秦律限制自告父母以及奴隶告主人。秦代将自诉案件分为"公室告"与"非公室告"。所谓"公室告"是指对他人的杀伤和盗窃行为的控告;所谓"非公室告"是指父母控告子女盗窃自己的财产,以及子女控告父母、奴妾控告主人肆意对自己施加私刑的行为。对于这两类告诉,只有"公室告"才予以受理。至于"非公室告",不仅官府不予受理,而且若当事人坚持告发,则告者有罪;即便是他人代替告发,亦不在受理之列。

第二,秦律还禁止诬告和轻罪重告,在通常情况下,也不受理对已死亡被告的控告。对诬告,秦律实行反坐原则,同时对轻罪重告也予以处罚。

(三) 案件的审理[①]

在秦代,当司法机关决定受理案件时,对案件的审理就已开始,从秦简看,这一阶段主要包括原被告双方到庭、讯问、调查、审讯记录等主要内容。

1. 原被告双方到庭

秦代与西周一样,在案件审讯时要求"两造具备"。在秦简《封诊式》所收录的 23 个治狱案件中,有 20 个案例均提到了原告与被告。

2. 讯问

在案件审理过程中,讯问是必经程序,也是最重要的环节,它包括讯问告发

[①] 有关秦代的审判制度,日本学者籾山明及宫宅洁二位先生提出了若干与我国学者不同的观点,值得注意。详见〔日〕籾山明:《秦代审判制度的复原》,徐世虹译,载刘俊文主编:《日本中青年学者论中国史(上古秦汉卷)》,上海古籍出版社 1995 年版;〔日〕宫宅洁:《秦汉时期的审判制度——张家山汉简〈奏谳书〉所见》,〔日〕籾山明主编:《中国法制史考证》(丙编 第 1 卷),徐世虹译,中国社会科学出版社 2003 年版。

人、被告人和证人,其中尤以讯问被告人以获得口供最为关键。为此,秦律允许司法官吏实行有条件的刑讯。

3. 调查

在秦代,所谓"调查"包括三方面内容:一是指为了解决案件的局部不清问题而专门进行的单项或几项调查工作,如秦简《封诊式》中的"覆";二是现场勘验,如《封诊式》中的"穴盗""经死"等案的笔录即对此有所记载;三是法医检查或鉴定,这只在伤亡案件中才有必要,如《封诊式》所载"经死""贼死"两案的笔录即提到了此类工作。

4. 审讯记录

秦律明确规定,在案件审讯时,须将审讯经过、在场人员、被告人的口供等一一记录下来。这类审讯记录和在此基础上整理出来的案情报告在《封诊式》中均被称为"爰书"。"爰书"的内容大致如下:被审讯者的姓名、身份、籍贯、现居住地址,以及因何被控告;原告的诉词,被告的供述,司法官吏追问时他们的辩解词;被告人是否有前科;证人在讯问过程中提供的证词;有哪些证据;审讯过程中是否进行拷打。

(四)判决与再审

在审讯结束后,司法官吏将作出判决,并"读鞫",亦即宣读判决书。宣读后,当事人如服罪,则照判决书执行;如不服,可以要求再审,秦律称之为"乞鞫"。据秦简《法律答问》,乞鞫可由当事人提出,亦可由第三人提出。

(五)证据制度

秦律在证据方面也有不少规定,主要包括:

(1)以被告人口供作为主要定案依据;

(2)官吏举告与民人告奸皆须举证;

(3)广泛收集证据;

(4)各种证据须详载于笔录等。

这些证据制度在秦简《封诊式》所载各案件中均有所反映。

(六)诉讼原则

在现有史籍和秦简中,虽未发现作为专门诉讼法规的《囚律》和《捕律》,但从秦简特别是《法律答问》和《封诊式》所记载的大量诉讼资料中,我们不但能够了解秦代诉讼的基本程序和若干细节,还可以窥见贯彻其中的基本诉讼原则,这主要包括:有罪推定、依法律和事实判决、有条件的刑讯。

1. 有罪推定原则

秦代诉讼最基本的原则是"有罪推定",即刑事被告人一经被告发,在未经司法机关判决之前,就被推定为有罪,并以罪犯对待。从秦简的记载来看,在诉讼过程中,司法官吏不仅常常对未判决的刑事被告人采取人身强制,而且可以对任何刑事被告人的私有财产随时采取法律强制措施;同时,刑事被告人对诉讼负有举证责任,而司法官吏则有权刑讯刑事被告人,这实际上都是在将刑事被告人当作罪犯对待。

2. 依法律和事实判决原则

虽然实行"有罪推定",但在诉讼过程中,秦律还是严格要求司法官吏认真查验证据,依事实适用法律,依据法律和事实对案件进行判决。从现存史料来看,秦代法律条文的一个重要特点,是对功过是非和犯罪行为的界限以及奖励和惩罚规定得比较明确、具体。这些规定乍看起来过于死板,但贯穿的基本精神却是要求司法官吏严格依法办事。同时,秦简《法律答问》一方面就法律的概念、原则和规范进行解释,另一方面对各种违法犯罪依法应给予何种法律处置作出了具体解答,均充分体现出依法律和事实判决的原则。而秦律针对法官责任所规定的失刑罪、不直罪和纵囚罪则是对这一原则的保障。

3. 有条件的刑讯原则

以刑讯即肉体摧残或精神折磨的方法逼取当事人的口供,是古代中国盛行的诉讼原则,秦代也不例外。秦简《封诊式》所载《治狱》《讯狱》则是现存最早的关于中国古代刑讯问题的法律规定。从这两则史料来看,秦代在一般情况下不提倡刑讯,认为"能以书从迹其言,毋笞掠而得人情为上;笞掠为下"[①]。但当司法官吏认为当事人回答问题不实、狡辩时,则允许刑讯,这说明秦律实行的是有条件的刑讯原则,其条件是,"诘之极而数(音佗,意为欺骗),更言不服,其律当笞掠者,乃笞掠"[②]。即反复诘问到犯人词穷,多次欺骗、不断改变口供、拒不服罪、依法应当拷打的,就施行拷打。秦律同时要求对刑讯的详情作出"爰书"加以记录。

作为中国古代第一个中央集权的专制王朝,秦代在中国历史上具有承上启下的重要地位。其诉讼制度也同样如此,如皇帝严格控制司法权、行政与司法不分、严格限制子女和奴婢的诉讼权利、在审判过程中有条件地实行刑讯逼供、注重证据的使用、重视现场勘验和法医检验、明确司法官吏的责任以及"乞鞫"上诉等制度,均长久地为后世所沿用,可见其影响是极为深远的。

三、监狱制度

由于"繁刑严诛,吏治刻深"[③],秦代的刑徒和监狱很多。除了立即处死的囚犯之外,秦代把大部分刑徒当作劳动力加以使用,因而在各种工程建设和官营手

[①] 睡虎地秦墓竹简整理小组编:《睡虎地秦墓竹简》,文物出版社1978年版,第245—246页。
[②] 同上书,第246页。
[③] 《史记·秦始皇本纪》。

工业及农、牧场所均有大量刑徒。秦简中的许多律条都有监狱管理的规定,比如有关工程建设管理的《司空律》,其内容就主要是管理刑徒的各种法律规范;其他如《工人程》《均工》《工律》《厩苑律》《行书律》《仓律》《金布律》也都有管理刑徒的内容。

从秦简所载律文来看,秦代已形成一套较为严密的监狱管理制度。当时法律对囚犯饮食、衣着的供应标准和服劳役的办法,对是否加戴刑具以及加戴什么种类、什么规格的刑具,对不同等级、身份、年龄和不同犯罪性质的囚徒所应享受的不同待遇,都作了相当具体的规定。同时,由于刑徒众多,秦代还形成了一种利用轻罪刑徒来监领重罪刑徒的管理办法。按秦简《司空律》,秦代通常是由罪行较轻的"城旦司寇"来监领城旦和其他应被监领的刑徒;若城旦司寇人数不够,则可用隶臣妾监领;一名城旦司寇或隶臣妾可以监领20名其他刑徒。秦律还规定,若刑徒不服管理,要加重刑罚;狱吏若管理不力或违反规定,也要给予法律制裁。

四、监察制度

从史籍记载来看,秦代已创立御史监察之制,在中央以御史府(台)为官署,以御史大夫为官长,对地方则派遣监御史。

秦代的御史制度源于西周、春秋和战国时期的史官制度。在古语中,史是掌管文书之官的通称,御史就是在君主左右掌管文书档案记录等事的官吏。至秦代时,随着中央集权的君主专制制度的确立,原先在君主左右"掌赞书而授法令"[①]的御史遂发展为兼司纠察之任的监察官吏。

御史大夫属"三公"之一,是秦代的最高监察官,众御史之长。御史大夫率属吏组成御史府(台),构成秦代的中央监察机关。关于秦代御史府(台)的具体建制和活动方式,现有史料均未记载,但根据官制发展"汉承秦制"的公认定论,秦代御史府(台)的建置大略应是:御史大夫一人为官长,全面掌管群臣章奏和下达皇帝诏令,并监察文武百官;御史大夫之下设御史中丞二人,协助御史大夫问事,掌管朝廷的图籍秘书,并处理直达皇帝的一切奏章,在殿中察举违法官吏;御史中丞之下设御史(亦称侍御史)若干,主管地方送达中央的文件,并具体从事纠举办案。

秦代在各郡还设有监御史。《汉书·百官公卿表上》云:"监御史,秦官,掌监郡。"这是由朝廷派往地方执行监察任务的官吏,其主要职责是对所在郡的官吏实行纠察,并参与治理刑狱。但监御史并不是地方官职,也不专驻地方,而是隶属于御史府(台),受御史大夫和御史中丞直接指挥和节制。

---

① [唐]杜佑撰:《通典》,王文锦等点校,中华书局1988年版,第658页。

从上述内容可以看出,秦代的御史监察之制尚处于初创阶段,其御史大夫、御史中丞及其他御史虽领有纠察之责,辅佐皇帝监察百官,但仍负有其他各种行政事务,还不是专职的监察官员。不过,秦代开创的监察制度不仅为后世历代王朝所继承,以御史监察百官还构成了中国古代政治制度和司法制度的一大特色,其历史影响是极为深远的。

推荐阅读文献

1. 栗劲:《秦律通论》,山东人民出版社 1985 年版。

该书是我国法律史学者结合秦简及传世文献系统论述秦律的首部著作,可谓了解或研究秦律的必读书。

2. 〔日〕冨谷至:《秦汉刑罚制度研究》,柴生芳、朱恒晔译,广西师范大学出版社 2006 年版。

该书为日本学者冨谷至先生系统考证秦汉刑罚制度的力作,在一定程度上反映了日本学者研究秦汉刑罚制度的新进展,对日本乃至我国的秦汉法律史学者皆有相当大的影响。

第五章　汉代法律思想与制度

公元前207年,秦代的残暴统治在农民大起义中覆灭。经过四五年的楚汉之争,刘邦击败项羽,建国号汉,史称西汉。西汉末年,社会矛盾日益尖锐,外戚王莽篡夺皇位,建立"新"朝。王莽政权仅存在17年,于公元24年被绿林、赤眉农民起义军所推翻。但是,农民起义的胜利果实又被地主阶级的代表刘秀夺取。公元25年刘秀称帝,重建汉朝,因建都洛阳,史称东汉。东汉末年,社会矛盾又趋尖锐,公元184年爆发黄巾农民起义,东汉王朝统治基础被摧毁,不久覆亡。

两汉时期是君主专制主义中央集权制巩固和发展时期。两汉统治者在王朝建立初期,实行轻徭薄赋政策,社会经济很快得到恢复和发展,长期的统一局面使得社会比较稳定。汉惠帝废除秦代以来的《挟书律》,学术思想又开始活跃,尤其是儒家的经学得到了广泛传播。

【问题引导】

1. 汉代儒家思想对汉律的影响。
2. 汉代司法制度的主要变化。

【关键词】

黄老思想　约法三章　六条问事　罢黜百家　独尊儒术　抑商政策　盐铁专卖　九章律　告缗令　酎金律　见知故纵　春秋决狱

第一节　汉代法制指导思想的变化

由于社会政治经济前后发生了很大变化,汉代的法制指导思想,也相应发生了很大变化,从总体上看,大致可分为两个阶段。

一、汉初至文景时期

这一时期,是以黄老思想为主,并辅之以法家思想为法制的指导思想。黄,指传说中的黄帝;老,指老子,即老聃。黄老思想的特点是"无为而治"。

汉初,由于秦代的苛政和连年战争,社会生产遭到严重破坏,统治者需要一个相对稳定的局面使人民得以休养生息,恢复和发展生产,以巩固刚刚建立的政权。这时,刘邦命陆贾总结秦亡的教训作为借鉴。陆贾根据黄老思想,结合当时的社会情况,提出:"事逾烦,天下逾乱;法逾滋,而奸逾炽。"所以,"道莫大于无为"①。当时统治阶级从皇帝到丞相无不尊崇黄老思想。到文、景时期尤为显著。《汉书·外戚传》载:文帝、窦太后"好黄帝、老子言,景帝及诸窦不得不读《老子》,尊其术"。朝廷内外,皆认真地鉴秦之失,谋汉之兴,以黄老思想指导为政与立法,减轻人民负担,谋求社会稳定,发展农业生产,繁荣社会经济。

在黄老思想指导下,汉初实施"轻徭薄赋""约法省刑"。高祖时曾减轻赋税,规定田租十五而税一。文帝十三年(前167)又诏谕郡县"务省徭役以信民"。景帝时把田租减为三十而税一。在约法省刑思想指导下,刘邦进咸阳时曾宣布废除秦代苛法。惠帝四年(前191)"省法令妨吏民者,除《挟书律》"②,高后元年(前187)"除三族罪、妖言令"③,以及"复弛商贾之律"④。文帝元年(前179)"尽除收孥相坐律令";五年(前175),"除盗铸钱令"⑤;十三年,"除肉刑","除田之租税"⑥;等等。《汉书·食货志》说,推行"无为而治"的结果是:"从民之欲,而不扰乱,是以衣食滋殖,刑罚用稀",出现了生产发展、人民生活改善的繁荣景象。

二、武帝以后

这一时期,是以儒家思想为主,并辅之以法家思想为法制的指导思想。其中心被后人归纳为"德主刑辅"。

汉初经过七十年的社会政治经济的恢复与发展,国家积累了大量物质财富。据说,当时粮食吃不完堆在地里发霉,钱放在府库里,穿钱的绳子腐烂不能清数。⑦ 这一时期,君主专制主义中央集权制得到巩固,但汉初分封的诸侯王势力也逐渐强大,地方与中央之间的矛盾逐渐突显。在这种情况下,最高统治集团要求进一步加强中央集权。汉武帝采取了"诏举贤良方正,直言极谏之士"的对策。董仲舒被诏以"《春秋》大一统"思想应对。他认为,要建立大一统的中央集权制,首先要有统一的思想,否则便无法实行统一。他说:"今师异道,人异论,百家殊方,指意不同,是以上亡(无)以持统一。"他提出,"诸不在六艺之科,孔子之术者,皆绝其道,勿使并进"⑧。董仲舒所说的孔子之术是经过他改造的孔子

---

① 陆贾:《新语·无为》。
② 《汉书·惠帝纪》。
③ 《汉书·高后纪》。
④ 《史记·平准书》。
⑤ 《汉书·文帝纪》。
⑥ 同上。
⑦ 《史记·平准书》。
⑧ 《汉书·董仲舒传》。

之术。他把儒家思想与阴阳家的思想结合起来,使之神秘化。他在解释"德"与"刑"的关系时,认为德为阳,刑为阴。两者关系是:"刑者,德之辅;阴者,阳之助也。"[①]他又说:"圣人多其爱而少其严,厚其德而简其刑。"[②]或说"大德而小刑"[③],也就是后人归纳的所谓"德主刑辅"。董仲舒的上述建议,基本上被汉武帝采纳。之所以如此,也是因为汉代总结了秦代"专任刑罚"的教训。因为"专任刑罚""立狱治罪",只能"诛恶",使人"畏法",而不能"劝善",不是治本的办法。要想治本,必行"仁义",立学校,兴教化,"定五经,明六艺",使百姓"晓于礼谊(义)而耻于犯上"。也就是先用德礼进行教化,教化无效再辅之以刑罚,把德刑结合起来。这种刚柔相济的治国之道,便成为武帝以后汉代法制的指导思想。这一思想对后世历代王朝的立法影响很大。

第二节 汉代立法概况与法律形式

一、立法活动

汉承秦制,汉代法律是在秦律的基础上建立和发展的。已出土的汉代律令也证实了这一点。但是,由于汉代的政治经济情况不断发展变化,汉代律令在秦代的基础上又发生了很大变化。根据当时立法的主旨与任务,其立法活动大致分为三个时期。

(一) 西汉初期的立法活动

汉初,主要是废除秦代苛法,减轻人民负担,使百姓得以休养生息,以巩固政权。

刘邦非常重视法律,他攻进秦都咸阳以后,即派萧何接管秦代的律令文书档案,并以废除秦代苛法为号召,与关中父老"约法三章":"杀人者死,伤人及盗抵罪"[④]。这与繁苛的秦法相比,简便易懂,故"兆民大悦"[⑤],受到秦人的欢迎。汉代建立后,汉高祖面临统治全国的新形势,感到"三章之法,不足以御奸"[⑥],于是命萧何参照秦律,"取其宜于时者,作律九章"[⑦]。《九章律》在《法经》六篇的基础上增加了《户律》(主要规定户籍、赋税和婚姻之事)、《兴律》(主要规定征发徭役、城防守备之事)、《厩律》(主要规定牛马畜牧和驿传之事)三章,合为九章。

---

① 《春秋繁露·天辨在人》。
② 《春秋繁露·基义》。
③ 《春秋繁露·王道通三》。
④ 《史记·高祖本纪》。
⑤ 《艺文类聚·刑法部》。
⑥ 《汉书·刑法志》。
⑦ 同上。

通常所说的汉律,主要指《九章律》。此外,汉高祖还命韩信定军法,张苍作章程,叔孙通定朝仪,即《傍章》十八篇。

（二）武帝及西汉中后期的立法活动

武帝时期,为了加强中央集权的统治,又陆续修订旧律并颁布了一些新律,如张汤制定《越宫律》二十七篇,赵禹作《朝律》六篇,连同上述的《九章律》和《傍章》,合计六十篇,大致奠定了汉律的规模。据《汉书·刑法志》,这时"律令凡三百五十九章,大辟四百九条,千九百八十二事,死罪决事比万三千四百七十二事"。至此,"禁网浸密",而且严苛。当时的"沈命法"①、"腹诽之法"②,都以严酷著称。此外,为打击和控制诸侯王的势力,文帝时制定《酎金律》③,武帝时又定《左官律》等。除律以外,西汉时期还颁布了大量诏令,作为律的补充。

（三）东汉时期的立法活动

东汉基本上仍沿西汉旧律。初期,由于新统治者慑于汉末农民大起义的威力,曾"议省刑法""解王莽之繁密,还汉世之轻法"④,以缓和阶级矛盾。并几次颁布释放和禁止残害奴婢以及废除苛法的诏令。尽管如此,据《后汉书·第五伦传》的记载:"光武承王莽之余,颇以严猛为政,后代因之,遂成风化。"说明光武时法律就很严苛。所以章帝采纳了廷尉陈宠的建议:"遂诏有司,绝钻钻诸惨酷之科,解妖恶之禁"⑤。但到后来,法律又日渐严苛,特别是东汉中后期屡兴大狱,滥杀无辜,使本来日益尖锐的社会矛盾进一步激化。

两汉律令皆早已失传,今天能见到的只是一些史籍和居延等地出土的汉简中的零星记载。可喜的是,考古工作者于1983年底至1984年初,在湖北江陵张家山的三座西汉前期墓葬里,发现了大量竹简,而M247墓中最多,达1000多支,内有500余支所记为汉律。从已清理出的律名来看,有与睡虎地秦简中的律名相同的,如金布律、徭律、置吏律、效律、传食律、行书律等;也有不同的,如杂律、市律、均输律、吏律、告律、钱律、赐律等。此外,在简文内还见有奴婢律、变（蛮）律等律名。这是我们研究汉代法制内容比较丰富的第一手资料。

二、法律形式

（一）律

律,是汉代经常适用的基本法律形式,即通常所说的"法典"。律的内容比

---

① 《汉书·酷吏传·咸宣传》。
② 《汉书·食货志下》。
③ 《汉书·景帝纪》颜师古注引张宴曰。
④ 《后汉书·循吏传序》。
⑤ 《后汉书·陈宠传》。

较广泛,它不是针对某一事项颁布的,也不是随时修订的,所以具有相对的稳定性和适用的普遍性。

（二）令

令,即皇帝的命令,也叫"诏"或"诏令",是根据需要随时颁布的单行法规。它的法律效力高于律,可以变更或代替律的有关规定。宣帝时,廷尉杜周在回答对他办案"不循三尺法,专以人主意指为狱"的指责时说:"三尺安出哉？前主所是著为律,后主所是疏为令;当时为是,何古之法乎!"①说明令的效力高于律,较律具有灵活性,并可补律之不足,而且往往成为以后修律的依据。汉代"律"与"令"的区分比秦代略为明显,凡"天子诏所增损,不在律上者为令"②。由于令是随时颁布的,到后来越积越多,已"盈于几阁,典者不能遍睹"③,用起来很麻烦,宣帝时不得不分类整理,编成"令甲""令乙""令丙",以便于官吏翻检引用。

（三）科

史书对"科"有不同解释。刘熙《释名》曰:"科,课也,课其不如法者罪责之也。"《后汉书·桓谭传》注:"科谓事条。"科是针对某类事的一个方面制定的单行法规。汉代的"科"由秦的"课"发展而来,数量很多。《后汉书·陈宠传》载:"汉兴以来,三百二年,宪令稍增,科条无限。"可见,汉代的"科"作为一种法律形式已被广泛使用。

（四）比

《后汉书·桓谭传》注:"比谓类例。"即可以用来比照断案的典型判例也叫"决事比"。凡"律无条,取比类以决之"。汉代广泛采用判例断案,因此到后来"比"的数量也很多。到汉武帝时,仅死罪决事比就有13472件。④"比"能补充律令之不足,对维护王朝统治更具有灵活性,但也为司法官吏破坏法制提供了方便条件,奸吏以此"因缘为市,所欲活则傅生议,所欲陷则予死比"。

汉朝廷对法律未作统一的解释。西汉时解释法律的有杜周、杜延年父子,经他们解释的法律,世称"大杜律""小杜律"。东汉时私人解律更为盛行,《晋书·刑法志》说有叔孙宣、郭令卿、马融、郑玄等,"诸儒章句十有余家"。这些人大都是当时的经学家,他们以注解经书的方法,逐章逐句解释律文,据说每家解律有数十万字,造成"言者益繁,览者益难"的局面。故三国时魏明帝下诏"但用郑氏章句",以郑玄的注释为标准,"不得杂用余家"。

---

① 《汉书·杜周传》。
② 《汉书·宣帝纪》颜师古注引文颖曰。
③ 《汉书·刑法志》。
④ 同上。

第三节 汉代法律制度的主要内容

一、汉代刑事法律制度

(一) 刑事法律原则

汉律关于定罪量刑的原则,基本上承袭秦制,但也有所变化,兹就其变化较大者略述之。

1. 刑事责任年龄

秦律以身高确定刑事责任,汉律则直接按年龄确定刑事责任,并有最低年龄和最高年龄的区别。这一方法为后世帝制法典所沿袭。汉代法律关于刑事责任年龄的规定,前后有几次变化。惠帝初即位,定"民年七十以上若不满十岁有罪当刑者,皆完之"①。景帝后元三年(前141)诏:"年八十以上,八岁以下,及孕妇未乳,师、侏儒当鞠系者,颂(囚禁时不加刑具,以示宽容)系之。"②宣帝元康四年(前62)诏:"自今以来,诸年八十以上,非诬告杀人伤人,它皆勿坐"③。成帝鸿嘉元年(前20)定令:"年未满七岁,贼斗杀人及犯殊死者,上请廷尉以闻,得减死"。④平帝元始四年(4),"明敕百僚,妇女非身犯法,及男子年八十以上七岁下,家非坐不道,诏所名捕,它皆无得系"⑤。东汉建武三年(27)秋七月诏:"男子八十以下,十岁以下,及妇人从坐者,自非不道,诏所名捕,皆不得系,当验问者,即就验。"⑥又《周礼》郑玄注引汉律:"年未满八岁,八十以上,非手杀人,他皆不坐。"⑦

从以上诏令可以看出,两汉时期刑事处罚年龄大体上分为 8 岁以上 80 岁以下,7 岁以上 70 岁以下;或者 7 岁以上 80 岁以下,10 岁以上 80 岁以下。在此年龄之内,根据犯罪情节,确定科刑轻重,但一般都处以轻刑或者免刑。虽有"矜老""怜幼"之意,但实际上未满 7 岁和 70 岁以上者犯罪的社会危害性较小,汉宣帝曾说:"耆老之人,发齿堕落,血气既衰,亦无暴逆之心。"⑧因此,这些人同正常罪犯在处刑上应有所区别。

---

① 《汉书·惠帝纪》。
② 《汉书·刑法志》。
③ 《汉书·宣帝纪》。
④ 《汉书·刑法志》。
⑤ 《汉书·平帝纪》。
⑥ 《后汉书·光武帝纪》。
⑦ 《周礼·秋官·司刺》郑氏注引汉律。
⑧ 《汉书·刑法志》。

2. "亲亲得相首匿"

"亲亲得相首匿",指在直系三代血亲(父母、子、祖孙)之间和夫妻之间,除犯谋反、大逆外,均可互相隐匿犯罪行为,而且减免隐匿的刑罚,此原则为汉宣帝时所定。最早提出这一思想的是孔子。他主张"父为子隐,子为父隐"[①]。汉代儒家思想定为一尊之后,"亲亲得相首匿"便成为汉代定罪量刑的一项原则。汉宣帝地节四年(前66)诏:"自今子首匿父母,妻匿夫,孙匿大父母,皆勿坐。其父母匿子,夫匿妻,大父母匿孙,罪殊死,皆上请廷尉以闻。"[②]根据这一原则,卑幼首匿尊亲长,不负刑事责任;尊亲长首匿卑幼,除死罪上请减免外,其他也不负刑事责任。这一原则为此后传统法典所继承。

3. "先自告除其罪"

汉律中的自首叫"自告"或"自出"。犯罪者在其罪行未被发觉以前,自己到官府报告其犯罪事实,可以免除其罪,故叫"先自告除其罪"。从汉律的规定来看:

(1) 数罪并罚,即一人犯两个以上罪的情况下,只免除其自首之罪,其未自首之罪,仍予追究。例如《汉书》卷四十四《衡山王刘赐传》有:太子刘孝,"先自告反,告除其罪"。这里的"先自告反",是指他先自告有谋反罪,但他同时还有与其父王御婢通奸的罪行,未自首,因此以"孝坐与王御婢奸"罪,弃市。

(2) 对犯罪集团中的出谋划策者,自首也不免除其罪。例如,淮南王刘安谋反,淮南中郎伍被参与计事,"后事发觉,被诣吏自告与淮南王谋反,踪迹如此。天子以伍被雅辞多引汉美,欲勿诛。张汤进曰:'被首为王画反计,罪无赦。'遂诛被"[③]。又成帝鸿嘉年间(前20—前17),"广汉群盗起",朝廷派孙宝为益州刺史,"宝到部,亲入山谷,谕告群盗,非本造意,渠率(颜师古曰:'渠,大也。')皆得悔过自出,遣归乡里"。造意,就是谋划。孙宝说,你们不是自己谋划要造反。大家都得以悔过出山,遣送回乡。此举深受益州人欢迎,故"益州吏民多陈宝功效"[④]。

4. 贵族官员有罪"先请"

两汉时期,多次颁布贵族官员有罪"先请"(即先请示皇帝裁断)的诏令,以便保护他们在法律上的特权。西汉初,高帝七年(前200),"令郎中有罪耐以上,请之"[⑤]。郎中是皇帝的侍卫官,虽然秩位仅"比三百石"[⑥],但由于他们是皇帝

[①] 《论语·子路》。
[②] 《汉书·宣帝纪》。
[③] 《汉书·伍被传》。
[④] 《汉书·孙宝传》。
[⑤] 《史记·高祖本纪》。
[⑥] 《汉书·百官公卿表》。

的亲信,所以有罪"先请"。又宣帝黄龙元年(前49)诏:"吏六百石位大夫,有罪先请。"①平帝元始元年(1)正月令:"公、列侯嗣子有罪,耐以上先请。"②东汉光武帝建武三年(27)秋七月诏曰:"吏不满六百石,下至墨绶长、相,有罪先请。"③《后汉书·百官志五》载:"县令、长,三百石;侯国之相,秩次亦如之。"1971年甘肃出土的汉简载,东汉桓帝时,仍重申:凡宗室诸侯五服之内有名籍的亲属"有罪请",即享受"有罪先请"的特权。总的来看,两汉时期,公侯及其嗣子和官吏三百石以上者在法律上皆享受有罪"先请"的特权。凡经上请,一般都可减刑或免刑。

上述几项原则,或秦律所无,或虽有但两汉时发展变化较大,而"亲亲得相首匿",则是自汉代始入律条。其他如故意与过失,汉律在故意中又区分出"造意"和"非造意",在犯罪情节上比秦律的区分更为微细。

(二) 罪名

两汉刑法中的罪名也多沿秦制,如不敬、诽谤、盗窃、杀伤、妄言、非所宜言等。但随后又规定了许多新的罪名。为了便于了解其实质,现归纳为以下几个方面。

1. 危害中央集权制的犯罪

汉初统治者认为,秦代二世而亡,是由于"孤立亡(无)藩辅",因此采取分封制。后来诸侯王国实力不断加强,逐渐形成与中央分庭抗礼的封建割据势力,景帝时终于发生了"七国之乱"。这次叛乱虽然被平定下去,但是诸侯王仍有很大的势力。因此,汉代制定了许多单行法律,加以约束,凡是对抗朝廷、危害中央集权的行为都被视为犯罪。

(1) 阿党与附益。"阿党",指"诸侯有罪,傅相不举奏"④。"附益",指中央朝臣外附诸侯。颜师古曰:"附益,言欲增益诸侯也。"⑤阿党附益诸侯王,就是与诸侯王结党,共同对抗朝廷,是对中央集权制最大的威胁,犯此罪者皆处重法。东汉光武帝建武二十四年(48),重新"申明旧制阿附藩王法"。注曰:"阿曲附益王侯者,将有重法。是为旧制,今更申明之。"⑥可见,两汉皆以阿党附益之法作为巩固中央集权制的一项重要措施。此外还有《酎金律》。酎,是一种醇酒;金,是祭宗庙时诸侯所献的贡金。此律是惩罚诸侯在酎祭时所献贡金质量不合标准

---

① 《汉书·宣帝纪》。
② 《汉书·平帝纪》。
③ 《后汉书·光武帝纪》。
④ 《汉书·高五王传》颜师古注引张晏曰。
⑤ 同上书颜师古注。
⑥ 《后汉书·光武帝纪下》李贤注。

的法律。"少不如斤两,色恶,王削县,侯免国。"①武帝元狩元年(前122)又作《左官律》。当时以"右"为上,"仕于诸侯为左官",即"舍天子而仕诸侯",便被称为"左官"。舍弃朝廷的官职而奉事诸侯,是对抗中央的犯罪行为。

(2)事国人过律。事,事役。颜师古:"事谓役使之也。"依汉律规定,诸侯王每年役使吏民有一定限额,超限者免为庶人。《功臣表》载:文帝后元三年(前161),嗣祝阿侯高成,"坐事国人过律免"。

(3)非正。"非正",就是非嫡系正宗而继承爵位,依律免为庶人。武帝元狩二年(前121),复阳侯陈强"坐父(陈)拾非(陈)嘉子,免"。成帝河平四年(前25),"嗣杜侯福,坐非正,免"。

(4)僭越。汉代诸侯百官的器用、服饰、乘舆各有规制,如有"逾制",即构成僭越罪。《史记·淮南衡山传》载,淮南王刘长,"居处无度,为黄屋盖乘舆,出入拟天子",因此被免为庶人。

(5)出界。"出界",即诸侯王擅自越出其封国国界。凡出界者,轻者免为庶人或耐为司寇,重者处以死刑。例如文帝时,守侯魏指"坐出国界,免"。景帝时,终陵嗣侯华禄"坐出界,耐为司寇"②。其目的在于防止诸侯王彼此串通,危害朝廷。

(6)漏泄省中语。即泄露朝廷机密事宜。《汉书·元帝经》载:建昭二年(前37),淮阳王的舅父张博、魏郡太守京房,坐"漏泄省中语,博腰斩,房弃市"。

这些律令,有力地维护了统一的专制主义中央集权制,而统一的社会局面对汉代社会经济的发展也起到了积极作用。

2. 危害君主专制的犯罪

汉律有许多关于维护皇权、严防臣下侵犯或削弱皇权的规定。

(1)欺谩、诋欺、诬罔。"欺谩"是对皇帝不忠、欺骗、轻慢的行为;"诋欺"是对皇帝的毁辱行为;"诬罔"是对皇帝有诬蔑欺罔的行为。汉律对这些犯罪的惩罚非常严厉。武帝元狩二年(前121),众利侯郝贤,"坐为上谷太守入戍卒财物,上计谩,免"。颜师古曰:"上财物之计簿而欺谩不实"③。不实,就是在向皇帝汇报的上计簿上弄虚作假,结果被免为庶人。又武帝时,舍人怀恨东方朔,曾在武帝面前告发"朔擅诋欺天子从官,当弃市"④。从官,指舍人,是在宫中侍从皇帝之官。诋欺天子从官,也视同诋欺天子,依律当处弃市。昭帝始元元年(前86),"司隶校尉雒阳李仲季主为廷尉,四年坐诬罔下狱弃市"⑤。两汉许多朝臣和诸

---

① 《史记·平准书》裴骃集解引如淳曰。
② 《汉书·高惠高后文》。
③ 《汉书·高惠高后文功臣表》。
④ 《汉书·东方朔传》。
⑤ 《汉书·百官公卿表下》。

侯王,因犯上述罪行而被免为庶人或服刑。

(2) 非议诏书毁先帝。诏书,是皇帝的命令,对臣下有绝对的权威,"非议诏书,毁先帝",即不仅不执行诏书,而且妄加议论诋毁先帝,当然要依律从重处罚。宣帝时,为褒美武帝,诏公卿议,给武帝设庙乐,长信少府夏侯胜反对,认为武帝好大喜功,"无德泽于民,不宜为立庙乐"。丞相蔡义等"劾奏(夏侯)胜非议诏书,毁先帝"①,结果下狱。

(3) 怨望诽谤政治。怨望,即怨恨不满。因怨恨而诽谤政治,也是重大犯罪。宣帝时,河南太守严延年,因宣帝褒赏邻郡颍川太守黄霸,"内心不服",说丞相御史什么也不懂,"当避位去"。事下御史中丞按验,结果以"怨望诽谤政治,不道,弃市"②。

(4) 左道。即邪道,凡以左道惑民众者依律处死刑。《汉书·杜钦传》载:杜业上书成帝,告发师丹"背经术,惑左道",应处"大辟"。又《王商传》载:左将军史丹奏,丞相王商"执左道以乱政,为臣不忠,罔上不道,《甫刑》之辟,皆为上戮"。上戮,指弃市、腰斩等死刑。

(5) 废格诏书。"废格",指官吏不执行皇帝诏令,视为侵犯皇权的犯罪。武帝时,行《告缗令》,使杨可告缗,右内史义纵(人名)"以为此乱民,部吏捕其为(杨)可使者"。武帝知道以后,使杜式处理此事,结果"以为废格沮(jǔ,阻止)事,弃纵市"③,将义纵处以弃市。

3. 危害皇帝尊严和皇帝安全的犯罪

皇帝是国家的象征和地主阶级利益的总代表,因此维护皇帝的神圣性、神秘性,保障皇帝的人身安全,是汉律的一项重要任务。

(1) 不敬、大不敬。不敬,即对皇帝轻蔑失礼。对皇帝已亡父祖以及皇帝的近臣亲信,甚至皇帝使用的器物、牧畜等,都要毕恭毕敬。所谓"敬近臣,为近主也。礼,下公门,式路以,君畜且犹敬之"④。宣帝甘露元年(前53),嗣侯魏弘"坐酎宗庙骑至司马门,不敬,削爵一级,为关内侯"⑤。依礼,至宗庙门要下马,否则即犯"不敬"罪。东汉时,朱穆为尚书,年初百官朝贺,有卫士置弓于地,朱穆斥之曰:"天子之弓,当戴之于首上,何敢置地,大不敬。即收虎贲(卫士)付狱治罪。"⑥

---

① 《汉书·夏侯胜传》。
② 《汉书·酷吏传·严延年传》。
③ 《汉书·酷吏传·义纵传》。
④ 《汉书·薛宣传》。
⑤ 《汉书·外戚恩泽侯表》。
⑥ [宋]李昉等撰:《太平御览》,中华书局1960年版,第1598页。

(2) 阑入宫殿门。阑入,即无凭证擅自闯入。应劭曰:"无符籍妄入宫曰阑。"①宫殿是皇帝居住和处理政务的地方,为了保障皇帝的人身安全,门禁森严。贾谊《新书·等齐》篇说:天子宫门曰司马,阑入者处城旦刑,阑入殿门之罪最重,处弃市。武帝征和二年(前91),嗣侯曹宗"坐与中人奸,阑入宫掖门,入财赎完为城旦"②。守卫宫门的官吏失职为"失阑"或"不卫宫",也要受法律制裁。成帝时,王嘉为郎官,守殿门,"坐户殿门失阑,免"。颜师古曰:"户,止也。嘉掌守殿门,止不当入者而失阑入之,故坐免也。"③东汉桓帝时,太尉胡广等"坐不卫宫,皆减死一等,夺爵位,免为庶人"④。上述犯法者属于王侯显贵或官吏,一般人"阑入"无疑是罪死不赦。

4. 危害专制统治的犯罪

西汉初,统治者为恢复和发展生产,采取了比较宽缓的政策,这时的阶级矛盾相对比较缓和。此后,阶级矛盾日益尖锐,农民纷纷反抗,统治者便采用严刑峻法加强对农民的镇压。

(1) 大逆不道。汉统治者把反抗专制统治的农民诬为"盗贼""群盗",以大逆无道罪加以严厉镇压。《汉书·景帝纪》颜师古注引如淳曰:"律(汉律),大逆无道,父母妻子同产皆弃市。"

(2) 群饮酒罪。为防止农民聚众造反,汉律规定:"三人以上无故群饮酒,罚金四两。"⑤

(3) 首匿罪。首匿,指主谋藏匿罪人。颜师古曰:"凡首匿者,言为谋首而藏匿罪人。"⑥汉律中的"首匿"罪,主要指隐藏"谋反""谋大逆"等危害中央集权国家统治的严重犯罪。凡犯"首匿"罪者皆处以重刑。《汉书·王子侯表》载:宣帝"元康元年,修故侯福坐首匿群盗,弃市"。

(4) 通行饮食。即为起义农民通情报、当向导、供给饮食品。汉律规定以大辟(斩首)处之。武帝时,"以法诛通行饮食,坐相连郡,甚者数千人"⑦。东汉也规定:"通行饮食,罪至大辟。"⑧

5. 见知故纵

《汉书·刑法志》载,武帝时,"作见知故纵、监临部主之法"。颜师古曰:"见

---

① 《汉书·成帝纪》。
② 《汉书·高惠高后文功臣表》。
③ 《汉书·王嘉传》。
④ 《后汉书·胡广传》。
⑤ 《汉书·文帝纪》颜师古注引文颖曰。
⑥ 《汉书·宣帝纪》地节四年颜师古注。
⑦ 《汉书·酷吏传·咸宣传》。
⑧ 《后汉书·陈忠传》。

知人犯法不举告为故纵。"即无论是民众与官吏,见知有人犯法,特别是"盗贼",必须举告,否则就是"故纵",依律与犯法者同罪。"监临部主"是指上级长官对其所辖的主管官吏的犯法行为,要及时纠举,不然"监临部主有罪并连坐",同负刑事责任。这些法律强制人们互相监督,形成一个监视网,以防止和及时镇压人民的反抗活动。尽管如此,农民仍然是"复聚党阻山川,往往而群,无可奈何"。于是,武帝又作《沈命法》,规定"群盗不发觉,发觉而弗捕满品者,二千石以下至小吏主者皆死"①。"沈命",颜师古曰:"沈,没也,敢蔽匿盗贼者,没其命也。"《沈命法》就是惩处隐匿"盗贼"之法。颁布此法之目的是督促官吏及时发觉和缉捕盗贼。根据该法,如果"群盗起",有关官吏未发觉或者发觉了而未全部捕获,郡守以下皆处死。汉统治者想通过上述严苛的法律督促官吏尽忠职守,但适得其反,结果"小吏畏诛,虽有盗弗敢发,恐不能得,坐课累府,府亦使不言。故盗贼浸多,上下相为匿,以避文法焉"②。因此,东汉初不得不重新规定:"吏虽逗留避放纵者,皆勿问,听以禽(擒)讨为效。"③但官吏仍然"莫肯纠发",在"盗贼连发,攻亭劫掠,多所伤杀"的情况下,东汉安帝即位以后便有人建议:"自今强盗为上官若它郡县所纠觉,一发,部吏皆正法,尉贬秩一等,令长三月奉赎罪",以此追究官吏镇压不力的法律责任。④

(三) 刑名及刑制改革

1. 主要刑名

汉初沿用秦代或前代的肉刑制度,如墨、劓、刖、宫等。

汉代死刑刑名亦多沿秦代或前代之制,如族刑、枭首、腰斩、弃市等皆继续使用。唯汉代有"殊死"这一刑名,用以处决死刑犯人。《汉书·高帝纪下》载,高帝六年(前201),令曰:"兵不得休八年,万民与苦甚,今天下事毕,其赦天下殊死以下。"颜师古注引韦昭曰:"殊死,斩刑也。"颜师古曰:"殊,绝也,异也,言其身首离绝而异处也。"可见,殊死就是斩首。

关于徒刑,汉沿秦制,但据东汉卫宏《汉旧仪》,汉代徒刑有了明确的刑期。如髡钳城旦舂,五岁刑;完城旦舂,四岁刑;鬼薪白粲,三岁刑;司寇和作如司寇,皆二岁刑;男罚作和女复作,皆一岁到三月刑。此外,汉代另有"顾山"。平帝元始元年(1)六月诏:"天下女徒已论归家,顾山钱月三百。"⑤如淳曰:"已论者,罪已定也。令甲:女子犯罪,作如徒六月,顾山遣归……"颜师古曰:"女徒论罪已定,并放归家,不亲役之,但令一月出钱三百,以顾人也。"可见此刑只用于女犯,

---

① 《汉书·酷吏传·咸宣传》。
② 同上。
③ 《后汉书·光武帝纪》。
④ 《后汉书·陈忠传》。
⑤ 《汉书·平帝纪》。

因此也叫"女徒顾山"。

此外,两汉还有罚金、徙边等刑名,也都沿用秦代或前代制度。

2. 刑制改革

文帝十三年(前167),下诏废除肉刑,着手改革刑制。① 关于改革的起因,《汉书·刑法志》载,齐太仓令淳于公有罪当刑,诏令押解长安,淳于公无男,只有五女,其幼女缇萦,非常悲痛,便随父到长安,上书文帝,表示愿意"没为官婢,以赎父刑"。文帝"怜悲其意",下诏说:"刑至断肢体,刻肌肤,终身不息",是"不德",表示要以其他手段代替。丞相张苍、御史大夫冯敬提出改革方案:凡当完者,完为城旦舂;当黥者,髡钳为城旦舂;当劓者,笞三百;当斩左趾者,笞五百;当斩右趾者,弃市。这样,我国奴隶社会以来的墨、劓、剕刑开始发生变化,从而也改变了原来的"五刑"制度。

但是又出现了新问题:第一,斩右趾改为弃市,扩大了死刑范围;第二,以笞代替劓刑、斩左趾,结果受刑者"率多死"。

所以,当时有人称其为:"外有轻刑之名,内实杀人。"② 因此,景帝即位元年(前156)至中元六年(前144)曾两次下诏减少笞数,第一次是笞五百减为三百,笞三百减为二百。第二次是笞三百减为二百,笞二百减为一百。而且还规定了刑具规格、受刑部位以及施行时中途不得换人。改革之后,除死刑以外,还有笞刑,而宫刑未改。到东汉初,明帝诏中又提到斩右趾,说明又以此刑代替弃市,把文帝时由轻入重的一项又改回来,至此,两汉肉刑有宫刑和斩右趾。

对汉初文帝"除肉刑"之举,后世多有评说,大多认为是出于"悲怜"缇萦,体现了文帝的"德政"。然而,从君主专制制度确立到汉初,已经历了300多年,统治阶级逐步认识到,既让犯罪者受到惩罚又能使其保存劳动能力是更为有利的。这一刑制的改革,在中国法律史上意义重大,它是中国古代刑制由野蛮阶段进入较为文明阶段的转折点。这一改革更加适应汉代经济发展的需要,同时为刑制向新"五刑"的过渡奠定了基础。

---

① 在此之前,汉代亦有过刑制改革。《汉书》载吕后元年(前187)"除三族罪、妖言令"(《汉书·高后纪》)。但《史记》中也提到汉文帝二年(前178)废除"诽谤妖言之罪"(《史记·孝文本纪》),学界对上述刑制改革中"重复废除妖言令"曾有过不同的解释。张家山汉简等出土文献的整理和出版,为法律史研究提供了新的史料。关于这一问题,有一种解释是,吕后元年的"除三族罪、妖言令"或应理解为除"三族罪令"与"妖言令"。由于古代"罪"与"刑"(刑罚)在语义上并无明显区分,吕后元年实际上废除的是"三族刑"而非"三族罪",即废除了"三族刑"这种残酷的刑罚执行方式,而文帝二年废除的应该是"妖言律"中的某些内容。两次废除的内容并不一样,并不存在重复废除的问题。参见宋洁:《吕后元年"除三族罪妖言令"发覆——兼谈汉初的刑罚序列》,载武汉大学简帛研究中心主编:《简帛》(第20辑),上海古籍出版社2020年版,第227—249页。

② 《汉书·刑法志》。

二、汉代民事法律制度

汉代的民事法律关系,比较集中地规定在《九章律》的《户律》和《杂律》中。由于汉代法典早已亡失,其民事法律关系现在只能据散见于史书和出土简牍的记载作概括介绍。

（一）行为能力

汉代还没有近代意义上民法中行为能力的规定,只能从当时法律规定的人们承担徭役的年龄来推定。

汉初,法律规定男子年"二十三傅之畴官"。颜师古曰:"傅,著也。言著名籍,给公家徭役也。"男子从23岁起便要在政府登记,开始为公家服徭役。按照当时的法律规定,"未二十三为弱,过五十六为老"①。弱,就是未成年,即未达到服徭役的年龄。景帝二年（前155）冬十月,"令天下男子年二十始傅"②,把开始服徭役的年龄由23岁改为20岁。两汉时期,由于人们的社会地位不同,享受的民事权利范围也不一样。例如,汉初规定商人不得"衣丝乘车",他们的子弟不得为官。奴婢在当时的社会地位最低。汉代虽然不允许主人随便杀死奴婢,但是他们是主人的私有财产,当时一些官僚贵族都"众其奴婢,多其牛羊,广其田宅,博其产业"③,把奴婢作为私有财产,并当作创造财富的工具,主人可随时把他们卖掉或赠给别人。因此,汉律把奴婢作为民事法律关系的客体。

（二）所有权

1. 土地所有

汉代,所有权的内容主要是土地,也包括其他财物。随着土地制度的发展,除国家掌握一部分土地即所谓"官田"外,大量土地掌握在地主阶级手里,特别是掌握在官僚贵族以及大商人手里。他们凭借各种特权和其他手段大肆掠取、兼并土地。武帝以来虽然屡颁"限田""抑兼并"诏令,但是到西汉中后期,土地兼并现象更加严重,土地愈益集中。这种情况在汉代史籍里有大量记载。例如,成帝时大官僚张禹"多买田至四万顷"④。东汉初,济南安王刘康"多殖财货",有"私田八百顷"⑤。东汉皇帝更是"买田宅,起第观"⑥,利用特权聚积土地和私产。汉统治者因此制定"田律""田令"和"田租税律"等法律,对公私土地所有权严加保护。

---

① 《汉书·高帝纪上》颜师古注。
② 《汉书·景帝纪》。
③ 《汉书·董仲舒传》。
④ 《汉书·张禹传》。
⑤ 《后汉书·光武十王列传》。
⑥ 《后汉书·宦者列传·张让传》。

盗卖土地是严重侵犯土地所有权的行为,犯此罪者处以重刑。《汉书·李广传》载:"广死明年,李蔡以丞相坐诏赐冢地阳陵当得二十亩,蔡盗取三顷,颇卖得四十余万,又盗取神道外壖(ruán)地一亩葬其中,当下狱,自杀。"可见罪行之重。

保护土地所有权的另一种方式是保证"官田"和"私田"的租税收入。例如,为了保证专制国家的租税收入,要求人们如实报告应交纳租税的数额。昭帝始元六年(前81),秋七月,"令民得以律占租"。如淳曰:"律,诸当占租者家长身各以其物占,占不以实,家长不身自书,皆罚金二斤,没入所不自占物及贾钱县官也。"①占租,就是自报地租数额,如果报告不实或家长不亲自报告,罚金二斤,并把未报的农作物及价钱没入国家。

汉代除国家和官僚贵族大商人拥有大量土地外,还存在自食其力的小土地所有者,但是他们的土地所有权毫无保障,有的主要靠耕种国家或地主的土地,忍受繁重的租税剥削。《汉书·食货志》记载:"豪民侵陵,分田劫假。"颜师古注云:"分田,谓贫者无田而取富人耕种,共分其所收也。假亦谓贫人赁富人之田也。劫者,富人劫夺其税,侵欺之也。"其就反映了汉律保护豪民通过租税剥削无地、少地农民的事实。

2. 其他财物所有权

汉律对以皇帝为代表的专制国家和官僚贵族的其他财物也严加保护。从汉律中"盗律"的内容即看出,凡侵犯他们的私有财产者都要处以重刑。刘邦进入咸阳后在与秦民"约法三章"中,就有犯"盗"抵罪的规定。

对一般财物的损害也要赔偿,据皇甫谧(音密)《高士传》(卷下),东汉时,扶风平陵之梁鸿,"牧豕上林苑中,曾误遗火延及他舍,鸿及寻访烧者,问其所亡失,悉以豕偿之。其主犹为少,鸿又以身居作,执勤不懈"。

关于拾得遗失物,依汉律,"得遗丢物及放丢六畜,持诣乡亭、县廷。大者公之,大物没入公家也;小者私之,小者自畀也"②。意思是凡拾得遗失的财物以及家禽家畜(六畜,指马牛羊鸡狗猪)者,要送到乡亭或县廷地方官府招领,十日内无人认领者,贵重的物件由官府收为公有,小的物件则归拾得人。

(三)债

两汉时期,随着商品经济的发展,债的关系也很普遍。凡买卖、借贷、租赁等关系的建立,大都订立契约,作为法律依据。

1. 买卖契约

汉代的买卖契约叫"券书"。《周礼·秋官·士师》东汉郑玄注云:"今时

---

① 《汉书·昭帝纪》。
② 《周礼·秋官·朝士》郑玄注引汉律。

(指汉代)市买,为券书以别之,各得其一,讼则按券以正之。"买卖关系的建立,要订立契约,一式两份,买卖双方各执其一,日后发生纠纷则以契约为证。可见,"券书"在当时起着重要的法律作用。

关于土地买卖,史书中记载官僚贵族倚仗权势强买民间土地的事例很多,例如相国萧何"贱强买民田宅数千万"①。正是土地买卖关系的发展造成了汉代土地严重集中的现象。到汉武帝时,已如董仲舒所说,"富者田连阡陌,贫者无立锥之地"②。从这里也可以看到汉代土地买卖关系的进一步发展。然而,不论大宗的土地买卖,还是少量的土地买卖,都要订立契约。因为作为买方来说,只有握有买契,才算取得了土地所有权,他才能够如同马克思所说的那样,"把它作为排斥其他一切人的、只服从自己个人意志的领域"③。从当时地券的内容来看,卖方必须向买方保证标的不会被第三人追夺。例如,"东汉灵帝光和七年(184)九月癸酉朔六日,平阴男子樊利家从雒(洛)阳男子杜歌子自当解之。时旁人杜子陵、李季盛"④。旁人,就是见证人。不仅土地买卖要订立文书契约,其他物品的买卖也大都如此。出土汉简关于这方面的简文很多。例如,"东汉灵帝光和七年(184)闰月丙戌,甲鄣史董子方,买鄣卒欧威裘一领,直(值)千百五十,约里长钱毕已。旁人杜君隽"。宣帝"神爵二年(前60)十月廿六日,广汉县廿郑里男子节宽德布袍一,陵胡队长张仲孙用,买(价)钱千三百,不在□□□至□□□□□□正月书符用钱十。时在国侯史张子卿,戍卒杜忠知券,约沽旁二斗"。又"终古队座东郡临邑高平里台胜,字海翁。贳(音世,赊欠)卖九稯布(稯音宗,九稯布,粗布的一种)三匹,匹三百三十三,凡直千。觻得(古县名,在今甘肃张掖西北)富里张公子所舍在里中二门东入,任者同里张广君"⑤。

从上列简文看,凡属个人所有财物,均可自行买卖,成交之后订立契约。各种买卖契约,格式大体一致,其中包括买卖日期、标的、价钱、双方姓名、见证人等。甚至对见证人(或介绍人)沽酒若干作为酬谢,也写入契约。

2. 借贷契约

随着商品经济的发展,汉代借贷关系也很活跃,特别是一些官僚贵族巨商富贾参与其间。史书说他们"至为人起责(债),分利受谢"。颜师古曰:"言富贾有钱,假托其名,代之为主,放与他人,以取利息而共分析之,或受报谢,别取财物。"⑥汉代关于借贷方面的法律,主要是保护债权人的利益不受损失。规定债

---

① 《史记·萧相国世家》。
② 《汉书·食货志》。
③ 《资本论》(第3卷),人民出版社1975年版,第695页。
④ 罗振玉:《丙寅稿·樊利家飞买卖地券跋》,江苏广陵古籍刻印社1998年版。
⑤ 以上引文均见《居延汉简考证》。
⑥ 《汉书·谷永传》。

务人如违期不还,要承担法律责任。例如,河阳侯陈涓,汉文帝四年(前177),"(嗣)侯信坐不偿人责过六月,夺侯,国除"①。功臣列侯负债违期不还,尚且夺侯除国,一般老百姓当然更要受惩罚。

汉代放债,往往是高利盘剥。《汉书·王子侯表》颜师古注云:放债者"取息利又多"。例如,"一岁之中,则无盐氏之息什倍,用此富埒(相等)关中"②,而债务人到期无力偿还,致使社会矛盾激化。朝廷为了缓和这种矛盾,曾明令限制利率,超过法定利率的行为叫作"取息过律",要受到惩罚。例如,武帝元鼎元年(前116),旁光侯刘殷,坐"取息过律",会赦,免。如果说不是遇到大赦,就要依律治罪。又陵乡侯刘诉,成帝建始二年坐"贷谷息过律,免"。夺侯免国,可见处罚之重。朝廷虽然三令五申,禁止取息过律,但是高利贷一直存在。《太平御览》卷四百一十一引刘向《孝子图》云:"前汉董永,千乘人,少失母,独养父。父亡,无以葬,乃从人贷钱一万。永谓钱主曰:'后若无钱还君,当以身作奴。'"③说明当时高利贷的直接受害者主要是劳动人民。

3. 租佃契约

汉代土地日益集中在地主手里,很多农民向官府或地主租种土地以维持生活。因此,租佃契约关系已非常普遍。汉统治者为了缓和矛盾,对地租额有时也作限制。如《汉书·沟洫志》载,汉武帝元鼎六年(前111)因内史地区的地租高于其他诸郡,为鼓励农民生产,曾诏令减轻地租。上曰:"今内史稻田租挈重,不与郡同,其议减。""挈"同"契"。颜师古解释:"租挈,收田租之约会也。"可见,租挈即租佃契约。又《居延汉简》有官府向屯田卒收取地租的记载。如有的租田65亩,每年收租26石,每亩合地租4斗,可见当时官府的地租也是很重的。史载很多农民因交不起地租,逐渐失去自由,已丧失了原来的契约关系,沦为地主的"徒附"。《后汉书·仲长统传》载,有的富家大户,拥有"膏田满野,奴婢千群,徒附万计"。

(四)婚姻与家庭

汉代的婚姻家庭和继承制度,基本上沿袭西周以来的传统,总的精神大体相同,只在一些具体制度上有所改变。

1. 婚姻

(1)婚姻的成立。汉初惠帝六年(前189),诏令"女子年十五以上至三十不嫁五算"④,即出5倍的算赋(一算为120钱)。这是秦末战乱之后,统治者为恢

---

① 《史记·高祖功臣侯者年表》。
② 《史记·货殖列传》。
③ [宋]李昉等撰:《太平御览》,中华书局1960年版,第1899页。
④ 《汉书·惠帝纪》。

复和发展社会生产,需要增加劳动力而采取的一项措施。根据这个诏令,对于15岁至30岁以内不出嫁的女子,采取多收口赋的办法进行惩罚。因此,汉代的早婚现象极为普遍。对此,西汉时便有人提出异议:"夫妇,人伦大纲,夭寿之萌也。世俗嫁娶太早,未知为人父母之道而有子,是以教化不明而多夭"①,说明早婚的危害。东汉时大思想家王充也说:"虽言男三十而娶,女二十而嫁,法制张设,未必奉行。何以效之?以今不奉行。"②这些言论都是对汉代统治者提倡早婚和民间早婚习俗的批评。

汉代仍然存在招赘婚姻,即男子被招入女家为赘婿。这种情况多是由于男子家贫无力娶妻,所以《汉书·贡禹传》说:"家贫子壮则出赘。"但是,赘婿的社会地位也和秦代一样,受到歧视。如《汉书·贡禹传》载:"孝文皇帝时,贵廉洁,贱贪污,贾人、赘婿及吏坐赃者,皆禁锢不得为吏。"

(2)一妻多妾制。汉律规定,男子可一妻多妾。皇帝本身就是一妻多妾的典型,他除皇后、昭仪、婕妤、美人各等级的"诸姬"以外,还有所谓"后宫三千人"。其他贵族官僚蓄妾虽不及皇帝,但有的数量也很多,如丞相张苍,就是"妻妾以百数"③。《汉书·贡禹传》载:诸侯妻妾或至数百人,豪富吏民畜歌者至数十人,是以内多怨女,外多旷夫。两汉时,妾的名称也很多,据史书记载有"小妻",如"(枚)乘在梁时,取皋母为小妻"④。有"小妇",如"(王)凤知其小妇弟张美人已尝适人"。颜师古曰:"小妇,妾也。"⑤有"妾",如"(司马)相如将聘茂陵人女为妾"⑥。有"外妇",如"齐悼惠王肥,其母高祖微时外妇也"⑦。有"下妻",东汉建武十三年(37)冬十二月诏:益州民自八年以来,"依托为人下妻"⑧。妻妾地位不同,妾的地位很低,汉律规定不准"乱妻妾位",哀帝元寿二年(前1),孔乡侯傅晏"坐乱妻妾位免,徙合浦"。

(3)婚姻的解除。汉律仍以"七出""三不去"为弃妻的基本原则。需要指出的是,两汉时期由于儒家思想对法律的影响,礼教成为束缚妇女的一条绳索。妇女在婚后虽然"事奉循公姥""昼夜勤劳作",但公婆稍不称心,便可强迫夫妻离异。古乐府《孔雀东南飞》中的焦仲卿与妻刘兰芝的悲剧,就是一例。

同时男子可以找各种借口,抛弃妻子,然而在一般情况下,即使丈夫有恶劣

---

① 《汉书·王吉传》。
② 《论衡·齐世篇》。
③ 《史记·张丞相列传》。
④ 《汉书·枚乘传》。
⑤ 《汉书·元后传》。
⑥ 《西京杂记》第三。
⑦ 《汉书·高五王传》。
⑧ 《后汉书·光武帝纪》。

的行为,也不准妻子离开丈夫。《白虎通·嫁娶篇》云:"夫有恶行,妻不得去。"原因是"地无去天之义也。夫虽有恶,不得去也"。片面要求妻子忍痛与丈夫生活在一起。

关于离婚后的财产问题,《礼记·杂记下》郑注引汉律云:"弃妻畀(畀音必,给予、付出)所赍(赍音基,以物送人)"。意思是,由丈夫提出离婚,允许女方将出嫁时的财物带走。

2. 家庭

在古代社会自给自足的自然经济条件下,家庭是社会的基本单位。统治者把"齐家"看成是"治国"的前提。所谓"三纲居其二,五常居其中","欲治其国者,先齐其家"①。为了维护父系家长制,汉律有"不孝"罪。例如,武帝时,衡山王刘赐的长子"爽坐告王父不孝,皆弃市"②。根据汉律,无论在什么情况下殴打了父母皆处死刑,殴死父母要枭首,杀父母者以大逆论、处腰斩,甚至居父母丧期间与人通奸也要处死刑。但在一般情况下,常人通奸,仅"耐为鬼薪",即处3年徒刑。

汉代统治者为了推行孝道,提倡同居共财,即不与祖父母、父母分居析财。《后汉书·蔡邕传》载,邕与叔父从弟同居,三世不分财,得到乡党的好评。汉统治者为加强家庭中丈夫的统治地位,还制造了"夫为妻纲"的理论。东汉许慎《说文解字》说:"妇,服也。"就是说妻子要无条件地服从丈夫,服侍丈夫。丈夫可以大量蓄妾,妻子则只能"专心正色",保守贞操。妻子死后,丈夫可以再娶,而丈夫死了妻子不能再嫁,因为"夫有再娶之义,妇无二适之文"③。

(五) 继承

两汉的王位继承基本上仍实行嫡长继承制,而且强调父死子继,所谓"父子相传,汉之约也"④。汉律有关于"非子""非正"的规定。所谓"非子",是指非亲生子;"非正",是指非嫡妻之子。从史书记载看,汉律不承认"非子""非正"的爵位继承权。凡有爵位的王侯,坐"非子""非正"者,免爵除国。例如,宣帝时封武将赵充国为营平侯,侯位传到他孙子赵钦时,钦抱养了一个儿子,起名赵岑。钦死后,岑继位,被人告发,"岑坐非子免,国除"⑤。哀帝元寿二年(前1),阳新侯郑业,"坐非正免"⑥ 这一规定旨在保障贵族的权位传给真正的后代,不致紊乱"纪纲"。

---

① 《礼记·大学》。
② 《汉书·衡山王传》。
③ 《后汉书·列女传》。
④ 《汉书·窦婴传》。
⑤ 《汉书·赵充国传》。
⑥ 《汉书·外戚恩泽侯表》。

关于财产继承,主要是土地和其他财物。《史记·陆贾列传》记载,陆贾有五个儿子,他将"千金分其子,子二百金,令为生产"。说明汉代开始出现诸子均分财产的情况。汉代已有遗嘱继承。汉代的书面遗嘱叫"遗令"。《太平御览》卷八百三十六引应劭《风俗通》云:"沛中有富豪,家赀三千万,小妇子是男,又早失母,其大妇女甚不贤。公病困,恐死后必当争财,男儿必不得全,因呼族人为遗令,云:'悉以财属女,但以一剑与男,年十五以付之。'儿后大,姊不肯与剑,男乃诣官诉之。司空何武曰:'剑,所以断决也。限年十五,有智力足也。女及婿温饱十五年已幸矣!'议者皆服,谓武原情度事得其理。"①从这段材料可以看出:第一,当时已出现遗嘱继承,这个遗嘱是家长生前病危立的,反映了家长意愿。第二,庶子、女儿都有财产继承权。汉代书面遗嘱也叫"先令书",如《汉书·何并传》载:何并为颍川太守时,"疾病,召丞掾作先令书"。颜师古注曰:"先为遗令也。"21世纪80年代在江苏仪征出土的平帝元始五年《先令券书》,是一份完整的汉代遗嘱实物资料。②

此外,汉代也出现了收养制度。《后汉书·顺帝纪》载,阳嘉四年(135),春二月,"初听中官得以养子为后,世袭封爵"。中官即宦官,他们因受阉割,丧失生殖能力,故无后。可见,中官的养子,与亲子的地位相同。

三、汉代经济法律制度

两汉时期的经济法律制度,是在秦代原有的基础上继续发展的,所谓汉承秦制。内容相当广泛,而且在立法和管理方面也进一步完备。

(一) 自然资源管理立法

汉代对自然资源的保护是非常重视的。这里仅介绍一下汉政府在林木、水流和野生动物保护方面的立法。

1. 林木管理

为了加强林木管理,汉政府除立法之外,还不断下诏鼓励人们栽种树木。《汉书·文帝纪》载,汉文帝说:"吾诏书数下,岁劝民种树,而功未兴,是吏奉吾诏不勤,而劝民不明也。"景帝时又下诏"令郡务劝农桑,益种树。"③有一次,武帝巡幸缑氏(今河南郾城东南),令祠官加增太室祠,但建筑时"禁无伐其草木"④。

---

① [宋]李昉等撰:《太平御览》,中华书局1960年版,第3736—3737页。
② 参见王勤金等:《江苏仪征胥浦101号西汉墓》,载《文物》1987年第1期。
③ 《汉书·景帝纪》。
④ 《汉书·武帝纪》。

东汉光武帝时下诏:"吏民毋得伐树木。"① 而且盗伐陵园树木处罚最重,规定"盗"②,处以死刑。

2. 水流管理

西汉初期,经过了秦末农民大起义和长达六年的楚汉之争,社会经济遭到严重破坏。史载:"汉兴,接秦之敝,诸侯并起,民失作业,而大饥荒,凡米石五千,人相食,死者过半。"③针对这种情况,为了恢复和发展生产,稳定社会秩序,西汉政府把农业生产放在首位。为此,采取各种措施,其中之一就是利用自然水流兴修水利,颁布"水令",运用法律手段防止资源浪费,调整用水关系。

《华阳国志》卷三《蜀志》载:"孝文帝末,以庐江文翁为蜀守,穿渝江口,灌溉繁田千七百顷。是时,世平道治,民物阜康。"武帝时,兒宽奏开六辅渠,定"水令"以广溉田。颜师古注曰:"为用水之次具立法,令皆得其所也。"④南阳太守召信臣,"行视郡中水泉,开通沟渎,起水门提阏凡数十处,以广溉灌"。并且"为民作均水约束,刻石立于田畔,以防分争"⑤。为防止水的浪费,各水渠皆立门斗,"凡用水,先令斗吏入状,官给申贴,方许开斗"⑥。用水时要经过审批程序。

3. 野生动物管理

我们的先人在很早以前就已认识到人类与自然的和谐关系,注意生态平衡,保护野生动物,制定相关法规,禁止随意捕猎禽兽。西汉宣帝元康三年(前63),针对群鸟栖息京畿三辅各县下诏:"今春,五色鸟以万数飞过属县,翱翔而舞,欲集未下。其令三辅毋得以春夏巢探卵,弹射飞鸟。"⑦东汉永初年间,南阳太守法雄,移出属县曰:"凡虎狼之在山林,犹人(民)之居城市。古者至化之世,猛兽不扰,皆由恩信宽泽,仁及飞走。太守虽不德,敢忘斯义。记到,其毁坏槛阱,不得妄捕山林。"⑧当然,这种认为"猛兽不扰"是由于"恩信宽泽"的观点带有那个时代不可避免的迷信色彩,但其"不得妄捕"还是为了保护野生动物。

(二) 赋税管理

汉代赋税立法的内容包括很广,主要有田租、口赋、算赋、徭役、关税等。

---

① 甘肃省文物考古研究所、甘肃省博物馆、文化部古文献研究室、中国社会科学院历史研究所编:《居延新简》,文物出版社1990年版,第479页,简号:E.P.F22:48A。
② [宋]李昉等撰:《太平御览》,中华书局1960年版,第4235页。
③ 《汉书·食货志上》。
④ 《汉书·兒宽传》。
⑤ 《汉书·循吏传·召信臣》。
⑥ 《长安志》下。
⑦ 《汉书·宣帝纪》。
⑧ 《后汉书·法雄传》。

1. 田租

田租,即田赋。是汉代赋税的主要内容,也是汉代政府财政的主要来源。田赋的轻重,是由统治者根据当时的政治经济的形势确定的。例如,汉初为恢复和发展生产,调动农民的生产积极性,曾制定轻徭薄赋的政策,将原来秦代十税一的田赋,改为十五税一,后来又改为三十税一。① 并一度"除田之租税",作为权宜之计。从史书记载来看,自景帝恢复三十税一制以后,至两汉末未作变动。东汉初,一度实行十一而税,后来主要实行三十税一制。

2. 口赋

也叫口钱,一般称之为人头税。这在秦代已有,《史记》卷八十九《张耳陈余列传》载:"头会箕敛,以占军费。"头会(音快),就是按人头摊的人头税。箕敛也叫箕赋。董仲舒说秦代的赋税很重,田租、口赋、盐铁之利30倍于古。汉代口赋,最初专指对3岁至14岁未成年人所征的口钱,由于人民难以负担,出现"生子辄杀"的悲惨现象,后来改为"民七岁至十四岁出口赋钱"。②

3. 算赋

算赋是与口赋性质相同的另一种人头税。征收对象是15岁到56岁的成年人,每年每人交纳120钱为一算。高祖四年(前203)八月,"初为算赋",为汉代实行算赋之始。颜师古注引如淳曰:"《汉仪注》民年十五以上至五十六出赋钱,人百二十为一算,为治库兵车马。"③

此外,还有赀(同资)算,类似后世的财产税。汉代统治者根据需要,为达到一定政治目的,采取对不同阶层和个人在算赋方面有不同的倾斜的政策。例如,规定:"女子年十五以上至三十岁不嫁,五算。"颜师古注引应劭曰:"汉律人出一算,算百二十钱,唯贾人与奴婢倍算。"④这是为了执行抑制富商、大贾和豪强的政策,以及为了增加劳动人手和兵源而以算赋提倡早婚的政策。

4. 徭役

汉代的徭役制度沿袭秦代的更戍制。更,是指为政府服各种力役者定期轮流更换。戍,是到边远地区戍守或屯戍,也是定期轮换,但这种徭役主要是服兵役。汉律对负担戍的年龄、时间长短,以及雇人更戍的报酬等都作了规定。出钱雇人代更叫"过更",所出之钱,谓之更赋。⑤

5. 关税

关税是汉政府在流通领域征收的通过税,即对携带财物出入关口征收的税。

---

① 《汉书·食货志上》。
② 《汉书·贡禹传》。
③ 《汉书·高帝纪》。
④ 《汉书·惠帝纪》。
⑤ 参阅《汉官仪》卷上、《汉书·高帝纪上》。

据《汉书·地理志》记载,汉代关口大部分设在沿边地区,如敦煌郡龙勒县的阳关、玉门关。其他地区之间也有关,如太原郡的上党关、壶口关。

汉代关税税率,史书无明文记载,这里引用西汉中期的作品《九章算术》所记试题性的问答作为参考。该书卷六《均输篇》:"今有人将金十二斤出关,关税之,十分而取一……今有人将米出三关,外关三而取一,中关五而取一,内关七而取一。"

(三) 手工业生产管理

汉代手工业生产经过汉初恢复阶段,很快又得到发展,生产的品类繁多,现着重分析一下纺织、冶铁方面手工业生产情况。

汉代为了加强对手工业生产的管理,设有不同机关掌管其事。如中央少府所辖的东织、西织,有大批男女纺织二匠。《汉书》卷七十二《黄禹传》说为皇帝做衣服的手工业工匠就有数千人,"方今齐三服官作工各数千人……东西织室亦然"。而且"百工为器物皆有尺寸斤两斛斗轻重之宜,使得其法,此之谓顺"[1]。要求产品必须合乎规格。

掌管冶铁的机关是大司农,负责管理采矿、冶炼、盐、酒等方面的政令。从事冶铁方面劳动的多是刑徒,即"铁官徒"。他们由于难以忍受繁重劳动而频繁进行反抗。史载西汉成帝时,颍川铁官徒申屠圣等百八十人杀长吏,盗库兵,自称将军,经历九郡。[2]

(四) 商业管理

汉初,随着农业和手工业生产的恢复与发展,汉代实行开放政策,为商业的发展和商人资本的积累,创造了良好机会。《史记·货殖列传》记载:"汉兴,海内为一,开关梁,弛山泽之禁,是以富商大贾周流天下,交易之物莫不通,得其所欲。"

1. 商人资本的积累

汉代商业继战国之后又进入一个新的发展时期。富商大贾虽然不能"推择为吏",但他们凭借手中的大量货币财富,疏通王侯,贿赂官吏,得到各种好处,所以法律虽贱商人,但"商人已富贵矣"[3]。当时的人视经商为"用贫求富"的一种途径。正如司马迁所说:"天下熙熙,皆为利来;天下壤壤(攘攘),皆为利往。"[4]当时"关中富商大贾"如诸田氏、栗氏、杜氏等皆赀至巨万。[5] 又《汉书·仲长统传》记载:"豪人之室,连栋数百,豪田满野,奴婢千群,徒附万计。船车贾

---

[1] 《汉书·任敖传》。
[2] 《汉书·成帝纪》。
[3] 《汉书·食货志上》。
[4] 《史记·货殖列传》。
[5] 同上。

贩,周于四方,废居积贮,满于都城。"说明大量社会财富都集中在商人兼地主手中,而广大劳动人民则日益贫困。

除家财巨万的富商大贾之外,还有"坐列贩卖"的小商小贩。由于当时经商赚钱比较容易,人们多以此作为"用贫求富"的途径,而使一些"贫民虽赐之田,犹贱卖以贾",出现了"民弃本逐末"[①]的情况,无疑对农业生产产生了消极影响。

2. 抑商政策

重农抑商是战国以来一直奉行的政策,秦代进一步发展,把商人同罪犯看作是一类人。汉代继续执行这一政策,从法律上抑商人,具体措施有以下几方面:

(1) 不准商人衣丝乘马。《史记·平准书》记载:"天下已平,高祖乃令贾人不得衣丝乘马。"

(2) 不准当官。"孝惠、高后时,为天下初定,复弛商贾之律,然市井之子孙亦不得仕宦为吏。"

(3) 不许名田。名田,占有田地。《史记·平准书》记载:"贾人有市籍者,及其家属,皆无得籍名田以便农。敢犯令者,没入田僮。"司马贞索隐解释:"谓贾人有市籍者,不许以名占田地。"

(4) 重收租税。对商贾实行重租税以困之。轺车以一算,商贾人轺车二算。向商人征收财产税。要求商贾将自己的财产据实向政府申报,官府按申报的财产,每2000钱征收一算的缗钱。如有逃避隐瞒,许人纠举,叫作"告缗"。

(5) 谪发。武帝时"发天下七科谪",其中包括贾人及过去有市籍、父母有市籍、祖父母有市籍者,统统视为商贾,当作罪犯发遣。

3. 盐铁专卖

汉初,湖海、矿产资源属于国家,而对盐的煮制、铁的开采冶炼采取放任政策,百姓可以自由经营,国家征税。汉武帝时,为了增加国家财政收入,抑制商人资本,将盐铁等有关民生的产品从煮制、冶炼到销售完全收归国家经营管理。法律规定:"敢私铸铁器、煮盐者,钛(音 tài)左趾,没入其器物。"[②]

4. 均输、平准

均输与平准是汉武帝时期为控制市场供求关系、平抑物价而实施的两项措施。按均输法的规定,均输,就是在地方上郡国设均输官,由中央大司农领导,负责把当地向国家交的贡物直接转运到所需的地方发卖,而不必远道运到京师。这样便可以平衡各地的物资。同时,中央政府可把各郡国贡物变成货币,增加财政收入。

平准,就是调节市场的物资供求,稳定物价。依平准法的规定,中央政府在

---

① 《汉书·贡禹传》。

② 《史记·平准书》。

京师设平准官,负责收购各地运来的货物和大司农所属各官掌管的全国各地的货物,根据市场的需求情况,贵则卖,贱则买,以调剂市场有无来平衡物价,使"万物不得腾跃,故抑天下之物",所以"名曰'平准'"。① 均输和平准法的实施使"官商大贾亡所牟大利"②,从而达到了抑商的目的。

5. 市场管理

汉代,商业的发展带来了城市的繁荣,如当时的长安、临淄、南阳、成都等,都是商业发达的大都市。各都市设有专门官吏对市场进行管理。汉代京师的长官是内史,武帝时改为京兆尹,具体管理事务的是其属下市长和市令。大市设长,小市设令。武帝还颁布了各项法令以调整商业活动中发生的关系以及解决市场安全问题。《三辅黄图》记载长安有九市,为便于管理,市有围墙,叫"垣";有市门,叫"阓"。悬立市旗为标志,"当市楼有令署",为市肆管理官吏办公处所,"以察商贾货财买卖贸易之事,三辅都尉掌之"③。市楼居高临下便于观察,目的是保证市场安全。东汉时,第五伦"领长安市",负责"平铨衡,正斗斛,市无阿枉,百姓悦服"。第五伦由于对市场上使用的量器检测认真,防止商人从中作弊,得到了百姓的信任。

宣帝时,京师长安市场一度小偷猖獗,影响正常的商业经营活动,"百贾苦之"④,商人大为其难,朝廷对此事也十分关注。为此,宣帝命新到任的京兆尹张敞处理此事,于是张敞"求问长安父老",到群众中了解情况,根据群众反映,获得"偷盗酋长数人",从而使小偷个个自投罗网,"一日捕得数百人,穷治所犯",由是"市无偷盗,天子嘉之"⑤。得到宣帝的嘉奖,说明汉政府对市场管理是非常严格的。

四、汉代行政法律制度

(一) 行政机关的设置

1. 皇帝

皇帝是国家的最高统治者。皇帝自称"天子",表示是上天委派来统治人民的。西汉时董仲舒提出一套"君权神授"的理论。他说,皇帝之所以叫"天子",是体现了"天意"。⑥ 天子的王位是上天赐的,所谓"受命之君,天意之所予

---

① 《汉书·食货志下》。
② 同上。
③ 陈直:《三辅黄图校证》,陕西人民出版社1980年版,第29—31页。
④ 《汉书·张敞传》。
⑤ 同上。
⑥ 《春秋繁露·顺命》。

也"①，把皇帝说成是上天在人间的代表。东汉班固对"君权神授"理论进一步发挥，他说，"王者天父地母，为天之子也"，以"天下至尊之称"，"民臣不可一日无君"②，要人们树立忠君思想。秦代，为加强皇权，皇帝的"命曰制，令曰诏""自称曰朕"。汉代进一步发展，蔡邕《独断》一书记载："汉天子正号曰皇帝，自称曰朕，臣民称之曰陛下，其言曰制诏，史官记事曰上，车马衣服器械百物曰乘舆，所在曰行在所，所居曰禁中（后改禁为省），印曰玺，所至曰幸，所进曰御。其命令一曰策书，二曰制书，三曰诏书，四曰戒书。"这些规定都体现了皇帝具有特殊的至高无上的地位。

从秦代开始，皇帝享有至高无上、专断一切的权力，举凡行政、立法、司法、军事、监察等重大事务，均由皇帝最后裁决。皇帝的意志、命令就是法律。西汉的杜周曾说，"前主所是著为律，后主所是疏为令"③，说明皇帝可以一言立法，一言破法。

2. 中央行政管理体制

（1）丞相、太尉、御史大夫。丞相的职权是"掌丞天子，助理万机"④。丞相通常又称"宰相"，即辅佐皇帝，总理百政的意思。他是皇帝之下的最高官吏，所以受到皇帝的重视。汉哀帝曾说："丞相者，朕之股肱，所与共承宗庙，统理海内，辅朕之不逮，以治天下也。"⑤

太尉为最高武官，掌全国军事。其地位与"（丞）相尊等耳"⑥，受到皇帝的重视。陆贾说："天下安，注意相；天下危，注意将。"⑦

御史大夫为监察官之首，"宰相之副，九卿之右"⑧。汉初张汤受宠，为御史大夫，"天下事皆决汤"，"丞相取充位"而已。⑨ 总的说来，御史大夫职位低于丞相，为丞相副贰，"朝奏事会庭中，差居丞相后"⑩。因其"任重职大，非庸才所能堪"⑪，所以均由皇帝选派有才干的亲信担任。

（2）诸卿。丞相、太尉、御史大夫之下设有诸卿，分掌全国各项具体政务，主

---

① 《春秋繁露·深察名号》。

② 《白虎通义·爵》。

③ 《汉书·杜周传》。当今已有学者对此进行了进一步的分析和论证，以杜周之言不能说明汉代的皇权已经具有极大的权力。实际上，皇帝在相权的掣肘下并没有如此大的权力，且这也只是一时之言。

④ 《汉书·百官公卿表上》。

⑤ 《汉书·孔光传》。

⑥ 《汉书·田蚡传》。

⑦ 《汉书·陆贾传》。

⑧ 《汉书·朱云传》。

⑨ 《汉书·张汤传》。

⑩ 《汉书·萧望之传》。

⑪ 《汉书·薛宣传》。

要有九卿:

太常卿,秦为奉常,汉景帝中元六年(前144)更名太常。所以以此名官,《汉官仪》云:"欲令国家盛大,社稷常存,故曰太常",其职"掌宗庙礼仪"。[①]

郎中令,秦设,汉沿之,武帝太初元年(前104),更名光禄(勋),其职"掌宫殿掖门户"。[②]

卫尉,"掌宫门卫屯兵"。[③]

太仆,秦设,汉沿之,"掌舆马"。[④] 此职一直相沿到清代未改。

廷尉,秦设,汉沿之。景帝中元六年(前144),更名大理,武帝建元四年(前137),复为廷尉。掌司法,为中央最高审判机关。

典客,秦设,汉沿之,"掌诸归义蛮夷"。[⑤] 即掌管接待有关边境少数民族和外国使者。交往活动有来有往,汉朝廷也常派出使者拜访对方,所以景帝中元六年(前144)更名为大行令。

宗正,秦设,汉沿之,"掌亲属"。[⑥] 高祖七年(前200)二月,"自栎阳徙都长安。置宗正官,以序九族"[⑦]。宗正因掌亲族事,故其职皆由皇族中成员担任。

治粟内史,秦设,汉沿之。汉景帝后元元年(前143),更名大农令。武帝太初元年(前104),更名为大司农。其"掌诸钱谷金帛诸货币"[⑧],即掌管全国财政经济。

少府,秦设,汉沿之。"掌山海地泽之税,以给供养。"[⑨]即掌管全国山海地泽等收入以供养皇室之用。

3. 地方行政管理体制

汉代地方行政管理体制,不仅与秦不同,而且前后变化也很大。西汉前期郡县与王国、侯国并存;中期以后,王国、侯国与郡县实际没有区别;东汉末年"州"成为一级政权,形成州、郡、县三级制。

(1) 王国与侯国。秦统一六国后,在全国范围内彻底推行郡县制,"不立尺土之封"[⑩]。刘邦认为:"汉兴之初,海内新定,同姓寡少,惩戒亡秦孤立之败,于是剖裂疆土,立二等(王、侯)之爵,功臣侯者百有余邑,尊王子弟,大启

---

① 《汉书·百官公卿表上》。
② 同上。
③ 同上。
④ 同上。
⑤ 同上。
⑥ 同上。
⑦ 《汉书·高帝纪下》。
⑧ 《后汉书·百官志三》。
⑨ 《汉书·百官公卿表上》。
⑩ 《汉书·地理志上》。

九国。"①

王国,诸侯王称为"王",位高于列侯,不在二十等爵中。在其封国之内,权力很大,有行政权、财政权、司法权,还有一定程度的军权。王国的行政管理体制,"同制京师"②,其组织机构与汉中央一样。

侯国,疆域相当于县,大者万户,小者五六百家。侯国设相,职掌与县令长相同,由中央任免,归所在郡守统辖,与列侯无隶属关系。侯国大都杂居在汉中央管辖的各郡之间。

(2) 郡、县。汉沿秦制,地方设郡县,但为了加强中央集权,便将秦以来的郡化大为小,郡的数量大增,《汉书·地理志下》记载:"(秦)分天下作三十六郡。汉兴,以其郡太大,稍复开置,又立诸侯王国。"迄于汉末,全国"凡郡国一百三,县邑千三百一十四,道三十二,侯国二百四十一"。

郡是西汉地方最高行政机关。郡设郡守为长官。京师附近的郡与其他郡略有不同,汉武帝时京师附近设三个郡,长官分别为京兆尹、左冯翊、右扶风,总称"三辅"。其地位略高于一般郡守。郡守的职权:掌治其郡,劝农桑,平决狱讼,督赋税,选孝廉,典兵禁,备盗贼。③

汉沿秦制,设令(长)为县之长官。万户以上设令,万户以下设长。其职责是掌治其县,凡县内兵、刑、钱、谷皆由其总管。此外,掌教化,设学校,推举孝悌力田,存问和赏赐"有行义者",奖励贞妇烈女等。④

(3) 乡里。乡是县下的地方基层组织,由三老、有秩或啬夫、游徼等乡官管理。三老,掌教化。高帝二年(前205)令:"举民年五十以上,有修行,能帅众为善,置以为三老,乡一人。"⑤乡户五千,则置有秩,由郡派一有秩;小乡不满五千户,由县派一啬夫。有秩、啬夫职责相同,掌平狱讼,收赋税。游徼,主巡察逐捕盗贼,负责一乡之治安,地位在有秩和啬夫之下。

乡之下设里,为民众聚居之处。里设里正或里魁,掌一里百家,也叫里父老,由具有一定数量以上家产的人户充任。里有围墙,设里监门。里之下按什伍组织居民,"什主十家,伍主五家,以相检察。民有善事恶事,以告监官"⑥。这样,便形成一套严密的组织网,以统治居民。

(二) 职官的选任

汉代职官选任,大致有如下几种途径:一是从开国功臣中选拔,主要发生

---

① 《汉书·诸侯王表》。
② 同上。
③ 参阅《汉书·百官公卿表上》《后汉书·百官志五》。
④ 同上。
⑤ 《汉书·高帝纪上》。
⑥ 《后汉书·百官志五》。

在建朝初期。二是通过学校培养,在中央设立"太学",招收贤俊好学者入学学习,考试成绩优良者可以补官。这是各级官吏的来源之一。此外,还有如下几种:

1. 征召与辟举

(1) 征召。征召又有两种情况:一是皇帝诏令各郡,要求推举"贤良方正直言极谏者",经皇帝面试,即"对策"后,任用为官。一是皇帝特诏征用有特殊才能或德高望重之士,皇帝下特诏聘书,由皇帝派遣使者专程聘请。

(2) 辟举。也叫辟除,是高级主管官吏或地方郡以上的官吏向中央推荐在其辖境内有名望而又具有统治才能的人为官的制度。如章帝时王充将州"刺史董勤辟为从事"[①]。

2. 察举

察举制度始于西汉而盛于东汉,由郡国每年向中央推举一定数量的人才选用为官。被举之人的条件、选拔人才的科目,往往因时因事的需要而定。总的来看,主要有以下几种:

(1) 孝廉、秀才。孝廉,是指孝顺廉洁。这一科目始于汉武帝元光元年(前134)冬十一月,"初令郡国举孝廉各一人"。颜师古注曰:"孝谓善事父母者。廉谓清洁有廉隅者。"[②]

秀才,是指优秀之才,即有文化有才干的人。汉文帝时,贾谊"年十八,以能诵诗属书闻于郡中。吴廷尉为河南守,闻其秀才,召置门下,甚幸爱"[③]。

(2) 贤良方正。贤良方正是汉代选拔人才的条件之一,也是科目之一。汉文帝时为了明禀政治得失,下诏举贤良方正直言极谏之士。

(3) 孝悌力田。为了提倡孝道和发展农业生产,从惠帝时开始以奖励有孝悌德行和努力耕田之人的名义设立此科目。

(4) 明经、明法、文学。汉代凡是有一定的专门知识的人才便可以入仕。如西汉时,龚遂"以明经为官"[④],薛宣"以明习文法诏补御史中丞"[⑤]。

凡经过征辟与察举的人,再经过考试便可任官。有的人不需要经过考试即可任官。有时不一定任官,只是遇有重大问题向他咨询,给他很重的赏赐再送他回去。

3. 军功

汉代,凡在作战中立下战功的人,通过战争表现忠于朝廷,便可被任命为官。

---

① 《后汉书·王充传》。

② 《汉书·武帝纪》。

③ 《史记·屈原贾生列传》。

④ 《汉书·龚遂传》。

⑤ 《汉书·薛宣传》。

如《汉书》卷五十四《李广传》载:"(李)广以良家子从军击胡,用善射,杀首虏多,为郎,骑常侍。数从射猎,格杀猛兽,文帝曰:惜广不逢时,令当高祖世,万户侯岂足道哉!"

4. 父兄任

汉代有"任子令"。《汉仪注》:"吏二千石以上,视事满三年,得任同产若子一人为郎。不以德选……"①当时即有人反对"使俗吏得任子弟",即"子弟以父兄任为郎"。② 这反映了官僚集团享有的特权。

5. 纳赀

纳赀是指向政府交纳一定数量的钱财即可为官的制度。两汉时期很多人通过纳赀进入仕途。西汉时"(纳)赀五百万得为常侍郎"③。东汉灵帝光和元年(178)十二月,"初开西邸卖官,自关内侯、虎贲、羽林,入钱各有差"④。明码标价:"二千石二千万,四百石四百万,其以德次应选者半之,或三分之一,于西园立库以贮之。"⑤所收钱财作为国家财政来源。

(三) 考核与退休制度

1. 考核

官吏考核是加强行政管理、提高统治效能的重要措施。汉代这一制度主要考核官吏的政绩,即统治能力所达到的效果。对一般官吏主要按照法律考核其所担任的工作完成得如何,即课其职守、考其功效。对地方官主要通过"上计"的方式考核。汉代《上计律》规定,年终由郡或王国派上计吏携带上计簿到京师上计。《通典》卷三十三《职官十五》载:汉制,郡守"岁尽遣上计掾史各一人,条上郡内众事,谓之上计簿"⑥。上计簿的内容和范围包括辖区内户口、赋税、盗贼、狱讼、选举、农桑、灾害、道议等诸政。郡国属县亦以其内容上报郡国。考核结果是根据政绩殿最决定升迁赏罚。

2. 退休

古代退休叫致仕。汉代官吏退休年龄规定为70岁。《白虎通·致仕》篇说:"七十阳道极,耳目不聪明,跛踦之属是以退之。"意思是男子到70岁耳目不聪,腿脚不便,就得退休回家养老。

关于退休后的待遇,汉代前期,朝廷往往都一次性给予很高的赏赐,如汉宣帝时丞相韦贤为相5年,70多岁时请求致仕,皇帝特赐他黄金百斤、宅第一所。

---

① 《汉书·哀帝纪》颜师古注引应劭曰。
② 《汉书·王吉传》颜师古注引张晏曰。
③ 《汉书·张释之传》颜师古注引如淳曰。
④ 《后汉书·孝灵帝纪》。
⑤ 《后汉书·灵帝纪》李贤注引《山阳公载记》。
⑥ [唐]杜佑撰:《通典》,王文锦等点校,中华书局1988年版,第904页。

第四节 汉代司法制度

两汉时期,随着国家机构的逐渐完善,司法制度也发生了很大变化。在机构组织方面,中央和地方司法组织进一步扩大,职责更加明确,由于儒家思想对法制的影响,在诉和审判方面,两汉创立了春秋决狱、上请、录囚和秋冬行刑等制度。

一、司法机关

(一) 中央司法机关

1. 廷尉

廷尉是最高司法机关,其长官也叫廷尉。景帝中元六年(前144)一度更名为大理,武帝建元四年(前137)复名廷尉,哀帝元寿二年(前1)又改为大理,东汉光武以后复曰廷尉。廷尉的主要职责是负责审理皇帝交办的诏狱,同时审理地方上报的疑难案件。其属官有:廷尉正,主决疑狱;左右监,管逮捕;左右平,掌平诏狱;还有廷尉史、奏谳(审判案件)掾、奏曹掾等。

廷尉掌全国刑狱,《汉书·朱博传》载:"博迁廷尉,典决疑当谳,平天下狱。"《后汉书·百官志》载:"凡郡国谳疑罪,皆处当以报。"如地方官解决不了,就上报廷尉,廷尉再不能决,上报皇帝,就是"决疑当谳"。在新发现的汉简《奏谳书》中,就有大量的上报"议罪"案件,如"八年四月甲辰朔乙巳,南郡守强敢言之","十年七月辛卯朔癸巳,胡状、丞熹敢谳之"。涉及的官员有大庶长、关内侯等。

2. 其他中央司法机关

汉初规定丞相有诛罚之权,如田蚡"弹劾灌夫骂坐不敬",后又以灌夫家在颍川,横行不法,请武帝下诏处罚。但武帝却说:"此丞相事,何请?"① 文帝时申屠嘉为丞相,宠臣邓通竟然对他无礼,申屠嘉即以不敬丞相罪召邓通至丞相府欲杀之,文帝派使者将其释放。② 这些说明,丞相行诛罚之权本是职权分内的事。

汉武帝以后,为了限制相权而特别赋予尚书以司法审判权。汉成帝时设"五曹",其中"三公曹"主断狱。东汉以后,尚书台成为国家的中枢机关,尚书"出纳王命,敷奏万机,盖政令之所由宣,选举之所由定,罪赏之所由正",并专设"二千石曹",主词讼。③

御史大夫和御史中丞是监察机关的长官,但可参与重大案件的审判。御史

---

① 《汉书·灌夫传》。

② 《汉书·申屠嘉传》。

③ [唐]杜佑撰:《通典》,王文锦等点校,中华书局1988年版,第588页。

中丞有权与廷尉等承诏治狱。如："廷尉梁相与丞相长史、御史中丞及五二千石杂治东平王云狱。"①"贺良等反道惑众，奸态当穷竟，皆下狱。光禄勋平当、光禄大夫毛莫如与御史中丞、廷尉杂治，当贺良等执左道，乱朝政，倾覆国家，诬罔主上，不道。贺良等皆伏诛。"②

其他机关参与司法活动，是君主专制制度下的产物。皇帝为防止司法机关职权过重，便给予某些机关以事实上的司法权，起到分散司法权的作用，从而便于皇帝控制司法权。此外，重大案件的最后裁决权，由皇帝独揽。

（二）地方司法机关

地方司法机关基本上是郡、县两级。汉初由于郡县与封国并存，封国享有相对独立的审判权，但不构成独立的司法管辖机关。

据《后汉书·百官志》，郡太守的职掌，包括赏罚、司法、监察等权。如《汉书·薛宣传》载：广汉郡贼群起，成帝拜赵护为广汉太守，以军法从事。又如陈宠为"广汉太守，西州豪右并兼，吏多奸贪，诉讼日百数。宠到，显用良吏王涣、镡显等，以为腹心，讼者日减，郡中清肃"③。

郡守、县令因为有司法之权，故下设有关机关惩治不法。如贼曹，主管捕拿惩治盗贼④；辞曹，主管词讼；决曹，负责惩治犯罪；仁恕掾，管辖决狱和断狱。由此可见，汉代从中央到地方的司法组织系统已相当完备。

汉代县以下设乡，乡设三老、有秩或啬夫、游徼。文帝前元十二年（前167）诏曰："三老，民众之师也。"⑤选年老有德行，能率众为善者担任，掌平诉讼，收赋税。以他们在民间的威望，调解处理轻微的刑事案件和民事纠纷，调解不成再到县廷起诉。

二、诉讼与审判制度

《晋书·刑法志》引魏《新律序略》云：汉代"囚律有告劾、传覆……有系囚、鞫（审讯）狱、断狱之法"，此外，还有《狱令》《筪令》等有关诉讼的法令。上述律令均已散失，现在只能从古籍的记载中，看到当时诉讼制度的大致情况。

（一）诉讼的提起

汉代的起诉叫"告劾"，一方面是指当事人自己直接到官府告诉，就是今天所说的"自诉"；另一方面指官府的官吏，主要是监察官吏御史和司隶校尉，"察举非法""举劾犯罪"，就是今天所说的"公诉"。武帝时，为了加强司法方面的镇

---

① 《汉书·王嘉传》。
② 《汉书·李寻传》。
③ 《后汉书·陈宠传》。
④ 又称门下贼曹或曹掾史。
⑤ 《汉书·文帝纪》。

压,由张汤、赵禹等"条定法令,作见知故纵、监临部主之法"①,以加强各级官吏纠举犯罪之责任。同时,还制定了有关奖励吏民告发犯罪的法令。例如,武帝元鼎三年(前114)十一月,"令民告缗者以期半与之"。颜师古注引孟康曰:"有不输税,令民得告言,以半与之。"②按照《告缗令》的规定,凡是对自己的财产隐瞒不报或呈报不实者,被人告发以后,罚戍边一年,财产没官,而其中一半赏给告发者,以资奖励。

两汉时期,在一般情况下,必须按司法管辖逐级告劾,但有冤狱,可以越级上书皇帝。然而,当时有冤者往往"不远千里,断发刻肌,诣阙告诉,而不为理",甚至"百上不达"。③ 结果,劳民伤财,有冤难伸。又根据汉律"亲亲得相首匿"原则,除大逆、谋反之外,在一般情况下不准卑幼告发尊长,告者要受到惩处。

(二) 逮捕与羁押

官府接到告劾,就要立即逮捕,进行羁押。汉律对身份不同的犯人,在逮捕、羁押方面采取不同的程序。第一,对普通人犯罪,有人告发或被官吏告劾,即随时予以逮捕。例如,西汉时,东海有孝妇,有人告发她杀害婆母,司法机关立即派"吏捕孝妇"④。又《汉书·魏相传》载:"相疑其(客)有奸,收捕,案致其罪。"即使是可疑者,也可先收捕问案。对于暴动、谋反等重大犯罪,不仅立即逮捕犯罪者本人,而且凡与事相连及者,也要逮捕归案。第二,对贵族官僚的犯罪,如需要逮捕,得先奏请皇帝,即所谓"有罪先请"。他们即使被批准逮捕,也不施加刑械,以示宽容。

对于民间的争讼,一般不予逮捕,往往采用"德化",即用道德"教化"的办法,以息事讼。《后汉书·吴佑传》载:吴祐任胶东侯相时,"民有争诉者,辄闭阁自责,然后断其讼,以道譬之。或身到闾里,重相和解"。这种办法,很像近世的调解,在当时也收到了"争隙省息"的效果。

(三) 审理与判决

汉律有"鞫狱"和"断狱",即对被告人进行审讯和判决。《尚书·吕刑》正义云:"汉世问罪谓之鞫。"两汉时期,司法机关审理案件,主要是按《周礼》"以五声听狱讼"的方法,根据犯人的口供进行判决。审讯过程中官吏多"因公行私,逞纵威福"⑤,或"因责如章告劾"⑥,强迫犯人认罪,否则便"以掠笞定之"⑦。

---

① 《汉书·刑法志》。
② 同上。
③ 《后汉书·虞诩传》。
④ 《汉书·于定国传》。
⑤ 《后汉书·陈宠传》。
⑥ 《汉书·杜周传》。
⑦ 同上。

"棰楚之下,何求而不得?"①在残酷的刑讯下,人们不胜其痛,不得不诬服。因此,很多本来无罪的人被诬为"盗""贼",遭受严刑。其中有的官吏因犯法或其他事情被捕下狱,往往也在刑讯下诬服,甚至绝灭人命。由此可见,刑讯逼供是当时造成冤狱的原因之一。

经过审讯,得到口供,3日后再行复审,叫作"传复"。《汉书·张汤传》王先谦补注引张晏曰:"讯考,三日复问之,知与前辞同不(否)也。"复审之目的是看其供词与上次是否相同。这种规定也是让受审者有更正供词的机会。复审后便进行判决,然后向被告人宣读判词(判决书),叫作"读鞫"。假如被告人称冤,允许本人或其亲属请求复审,即所谓"乞鞫"。

(四) 上书复审

汉律"有故乞鞫"的规定,就是说,对原司法机关的判决不服,允许当事人上书,向上级司法机关请求复审。汉律规定在法定时期内进行乞鞫,"在期内者听,期外者不听,若今时徒论决满三月,不得乞鞫"②。可见,两汉时期乞鞫以3个月为限,过了3个月,便不得请求复审。汉律关于乞鞫的规定,也是汉统治者出于"慎刑"的考虑作出的,同时汉统治者企图以此缓和社会矛盾,并对司法官吏执行法制的情况进行检查的作用。但是,由于司法官吏的拖拉作风,且多枉法徇情,如《汉书·刑法志》所云:经常是"有罪者久而不论,无罪者久系不决""久者数十年",从而使"不良吏得生因缘"③,随意轻重。

(五) 执行

司法机关作出判决以后,重大案件有的须经皇帝裁决后方能执行,一般案件由郡、县执行,对于死刑案件郡也可执行。史载汉代"守令杀人,不待奏报"④。可见,郡县守令有执行死刑权。汉代对死刑的执行,实行"秋冬行刑"制度。汉统治者根据"天人感应"理论,规定春、夏不得执行死刑。东汉章帝元和二年(85)重申:"王者生杀,宜顺时气。其定律:无以十一月、十二月报囚。"⑤除谋反大逆等"决不待时"者外,一般死刑犯须在秋天霜降以后、冬至以前执行。因为这时"天地始肃",杀气已至,便可"申严百刑",以示所谓"顺天行诛"。秋冬行刑制度,对后世有着深远影响,唐律规定"立春后不决死刑",明清律中的"朝审""秋审"制度亦可溯源于此。

---

① 《汉书·路温舒传》。
② 《周礼·秋官·朝士》郑玄注引汉律。
③ 《后汉书·陈宠传》。
④ [清]赵翼:《陔余丛考》卷十六。
⑤ 《后汉书·章帝纪》。

三、春秋决狱

春秋决狱,是指在审判案件时,如果法律无明文规定,则以儒家的经义作为定罪量刑的依据。其首倡者为董仲舒,他在《春秋繁露·精华》篇中曾对"春秋决狱"的基本精神作了解说:"春秋之听狱也,必本其事而原其志:志邪者不待成,首恶者罪特重,本直者其论轻。"由此可见,"春秋决狱"的要旨是:必须根据案情事实,追究行为人的动机;动机邪恶者即使犯罪未遂也不免刑责;首恶者从重惩治;主观上无恶念者从轻处理。这里强调审断时应重视行为人在案情中的主观动机,在着重考察动机时,还要依据事实,区分首犯、从犯和已遂、未遂。宣帝时桓宽在《盐铁论·刑德》篇中进一步阐述:"春秋之治狱,论心定罪。志善而违于法者免,志恶而合于法者诛。"更加强调以犯罪者的主观动机"心""志"定罪。应该指出,春秋经义与汉律在"亲亲""尊尊"等总的原则上相通而且互补。众所周知,汉律儒家化,汉儒以经解律,又以律注经。所谓"志善""志恶",无非以儒家经义所称纲纪伦常为准。在法律烦琐而又不完备的当时及此后相当长的时期内,以《春秋》经义决狱不失为司法原则的发展和审判上的一种积极的补充。但是,如果专以主观动机"心""志"的"善恶",判断是否有罪或罪行轻重,则往往会成为司法官吏主观臆断和陷害无辜的口实。可见以《春秋》经义决狱在运作中容易产生流弊,在某种程度上为"擅断论"提供了不实的依据。

四、监察制度的发展

汉代的监察制度,最初沿秦制,后来不断调整,从中央到地方建立了一套自成体系的监察组织。

(一) 中央监察机关

汉代中央设御史府,也叫御史大夫寺,为最高监察机关。长官为御史大夫,其地位仅次于丞相,为丞相副贰,协助丞相总理国政,同时职掌全国的最高监察权。下设御史中丞和侍御史等属官。

御史中丞也叫御史中执法,是御史大夫下的重要属官,"在殿中兰台,掌图籍秘书,外督部刺史,内领侍御史员十五人,受公卿奏事,举劾按章"[①]。御史大夫在西汉中期以后改为大司空,东汉初又去"大"字,改为司空,实际职权是掌管土木工程。其原来的监察职权便由中丞担任,这时御史中丞便成为专职的最高监察长官。御史府更名御史台,也叫兰台,成为专门行使监察权的机构,也是最高监察机关。

史书记载,西汉时御史大夫除掌管监察百官纠举非法之职外,有时还率兵征

---

① 《汉书·百官公卿表》。

讨。《汉书》卷六《武帝纪》载：征和三年（前90）春三月，御史大夫商丘成率兵2万人出西河击匈奴。《宣帝纪》载：宣帝本始二年（前72），御史大夫田广明为祁连将军击匈奴。御史大夫所承担的统兵职务反映了西汉时期还没有形成单一的专门的监察机关。

武帝元狩五年（前118），又在丞相府内置丞相司直，"掌佐丞相举不法"①，并协助丞相"督录诸州"②。中央最高行政机关内设监察官员，加强了国家的监察职能，同时也是对御史大夫为首的监察职能的制约。

（二）地方监察机关

1. 司隶校尉

司隶校尉负责"督大奸猾"③，"掌察举百官以下，及京师近郡犯法者"④。

武帝征和四年（前89）初置，据说在西周时已有此官，"以掌徒隶而巡察，故云隶"⑤。西汉时司隶校尉受御史大夫节制，御史大夫改为大司空后仍属大司空，秩比二千石，位在司直下，但职权很重，与御史中丞大致相仿，并可纠举包括丞相在内的百官，直接弹劾三公。《汉书·匡衡传》载：元帝时，司隶校尉王尊奏匡衡位在三公，而"专地盗土，衡竟坐免"。东汉时期，司隶校尉在皇帝面前与尚书令、御史中丞均专席独坐，被称为"三独坐"。可见司隶校尉地位的尊崇。

司隶校尉的属官有：都官从事，主察百官犯法者；功曹从事，主州选署及众事；别驾从事，校尉行部则奉引，录众事；簿曹从事，主财谷簿书；兵曹从事，主兵事；郡国从事，每郡国各一人，主督促文书，察举非法；律令师，主平法律；等等。可见，机构也很严密，反映了两汉时期加强了皇帝对整个官僚机构的监督。

2. 州（部）刺史

汉初，废除秦代常驻地方的监御史，由丞相府派遣"丞相史"监察郡、县。《后汉书·百官志五》载："秦有监御史，监诸郡，汉兴省之，但遣丞相史分刺诸州，无常官。"这种把地方上的监察置于行政之下的措施，反映了监察体制的调整。

武帝时期，为了有效控制地方，对监察体制又作调整，于元封五年（前106）废除监察郡国的丞相史，分全国为13州部，除京师所在的州长官称司隶校尉外，其余12个州部各设部刺史一人，秩六百石，直属御史大夫。派驻地方，"有常治所"。何谓刺史？"刺"是指刺举，侦查揭发不法，"史"是指为天子所遣之使者。

---

① 《汉书·武帝纪》。
② 《后汉书·百官志一》。
③ 《汉书·百官公卿表》。
④ 《后汉书·百官志四》。
⑤ 《汉书·百官公卿表》颜师古注曰。

刺史到地方,"掌奉诏条察州"①,省察治状。规定"以六条问事":"一条,强宗豪右田宅逾制,以强凌弱,以众暴寡。二条,二千石不奉诏书遵承典制,倍公向私,旁诏守利,侵渔百姓,聚敛为奸。三条,二千石不恤疑狱,风厉杀人,怒则任刑,喜则淫赏,烦扰刻暴,剥截黎元,为百姓所疾,山崩石裂,袄祥讹言。四条,两千石选署不平,苟阿所爱,蔽贤宠顽。五条,两千石子弟恃怙荣势,请托所监。六条,二千石违公下比,阿附豪强,通行货赂,割损正令也。"②可见其中"一条"规定监察强宗豪右,"二条"至"六条"规定监察郡国守相。这些规定主要是防止郡国守相与地方豪强勾结,形成地方割据势力,威胁中央集权制的统治。

开始时,诸州部刺史不得于"六条"之外过问其他工作,后来限制渐松。到西汉末年,部刺史的权力已很重。何进说当时的部刺史是"选第大吏,所荐位高于九卿。所恶立退,任重职大"③。

刺史的属官主要有:别驾从事史一人,从刺史行州部,辅助刺史进行工作,但别乘传车,故称别驾。治中从事史一人,协助刺史处理各项文书。主簿一人,掌管诸曹文簿。其他还有功曹书佐、律令师等。到东汉后期,由于社会矛盾尖锐,农民起义不断发生,部刺史便在镇压农民起义和抵御外族侵扰的过程中,从监督地方的军队逐渐发展到直接率领地方的军队;后来又提高品秩,在所在地区无所不统,并改称州牧,遂变成地方最高一级的行政长官。

推荐阅读文献

1. 蒲坚编著:《中国古代法制丛钞》(第1卷),光明日报出版社2001年版。

该书对有关汉代法制的资料进行搜集整理,按各部门法学体系加以编排,便于读者学习阅读相关原始资料、提高学习质量。

2. [清]沈家本:《汉律摭遗》(22卷),载《历代刑法考:附寄簃文存》(三),邓经元、骈宇骞点校,中华书局1985年版。

该书搜集的汉代法制资料丰富,而且考证精详,对于学习与熟悉汉代的法律文献大有裨益。

3. 彭浩、陈伟、[日]工藤元男主编:《二年律令与奏谳书——张家山二四七号汉墓出土法律文献释读》,上海古籍出版社2007年版。

汉代简牍的整理与研究,一定程度上弥补了法制史料的短缺问题。该书对《二年律令》和《奏谳书》进行重新释读,并全面地介绍了学界有关《二年律令》和《奏谳书》的研究成果,对了解汉代法律的具体内容或有所帮助。

---

① 《汉书·百官公卿表》。
② 《汉书·百官公卿表》颜师古注引《汉官典职仪》。
③ 《汉书·朱博传》。

第六章　三国两晋南北朝法律思想与制度

东汉末年,黄巾起义导致各地军阀混战,汉家天下被魏、蜀、吴三家鼎足而分,史称三国。此后曹魏强大,灭刘蜀,但大权旁落于司马氏。司马炎夺魏平吴,使全国重归一统,史称"西晋"。十多年后,"八王之乱"爆发,西北各族乘虚而入,灭西晋,残存政权南迁建康(南京),史称"东晋"。东晋末年,权臣刘裕篡位建宋,此后又为齐、梁、陈取代,史称"南朝"。灭掉西晋的北方少数民族拓跋氏创建北魏,以后分裂为东魏、西魏,不久分别被北齐、北周取代,史称"北朝"。

在这种政权交替频仍的状况下,统治者为在对峙与兼并中求生存和发展,总结兴亡教训,在政治上多所改易。在法律方面,这一时期立法活动频繁,立法技术有了较大进步,法律由繁入简,律文的注释水平逐步提升,礼教与法律的关系更为密切。三国两晋南北朝的法律发展,为隋唐时期立法思想、法典体例、法律文本的形成奠定了基础。

【问题引导】

1. 三国魏晋南北朝时期的法律形式有了什么新的变化与发展?
2. 三国魏晋南北朝时期的"法律儒家化"过程在具体的罪刑适用中有哪些反映?
3. 三国魏晋南北朝时期的法律思想如何影响法律的发展?

【关键词】

《晋律》　张杜律　名例律　八议　官当　重罪十条　准五服以制罪　存留养亲　登闻鼓　魏晋律学

第一节　法律思想与立法概况

一、三国两晋南北朝的法律思想

(一) 正统儒家思想的发展[①]

自汉武帝"罢黜百家,独尊儒术"以后,正统儒家思想成为官方鼓吹和宣传

[①] 此处使用"正统儒家思想"的表达,系出于两方面的考量:其一,从内容上,两汉以降的"儒家思想"已融合了法家、道家等诸家学说,采用此种表达意在与先秦诸子百家的儒学有所区分。其二,从作用而言,为适应大一统国家的统治需要,两汉以降官方将"儒家思想"作为统治哲学,"正统"的说法意在强调官方层面对于"儒家思想"的认同与鼓吹。

的统治哲学。发展至东汉末年，正统儒家思想在使用中日益僵化，烦冗刻板的名教纲常逐渐禁锢人的思想，加上士人多埋首章句训诂之中，使正统儒家思想难有更大发展。魏晋南北朝时期，朝代更迭频繁，社会动荡多变，但却为思想文化的多元发展创造了较为宽松的政治环境，名、法、道、儒等各家思想竞相发展，打破了儒学独尊的局面。何晏、王弼以道家思想解释儒家经典，主张"无为而治""名教出于自然"的玄学思潮，成为名士们追求的社会风尚。法家之学亦被重视，史载："今之学者，师商、韩而上法术，竞以儒家为迂阔，不周世用。"①

魏晋时期，正统儒家思想虽然受到多方学说的挑战，但通过与道家、法家等思想的融合，其核心地位不仅未受到撼动，反而使中国传统法的伦理特点得到充分的表达，更加适应统治之需要，"法律儒家化"②就是其主要表现之一。

因此，在魏晋时期，虽然存在放浪形骸、蔑视礼法的竹林名士，但大多仅针对虚伪的"名教"，内心并未完全反对礼教。而士人阶层往往讲求玄礼双修，"遵儒者之教，履道家之言"③，故传统宗法社会仍然以伦理道德为社会教化的核心，重视孝悌仁义，在礼俗习惯上，依旧遵循儒家礼教的精神。

（二）魏晋律学的发展

1. 律学的发展与影响

两汉引经注律，律学与政治伦理结合而日兴。但经学的发展，导致其成为专门索隐发微的章句之学，流于烦琐迂腐。同时，东汉以来盛行的阴阳谶纬等神学思想，经桓谭、王充等人从哲学上的批判已无甚作用。主张"名教"出于"自然"说（非董仲舒的"天意"说）的"玄学"抬头，对法学理论有一定影响。在这种背景下，律学在魏晋之时得到发展，一定程度上对立法产生了影响。

一方面，按学者的一般观点，律学影响了法律解释学的发展。魏晋律学的研究不再局限于对古代法律的起源、本质和作用的一般论述，而是侧重于律典的体例、篇章结构以及定罪量刑等问题。有代表性的如晋代张斐、杜预对《晋律》的解释，对法律概念的科学化与规范化作出了较大贡献。例如，张斐在《律注要

---

① 《魏书·杜恕传》。

② 自陈寅恪在《隋唐制度渊源略论稿》中明确提出中国法律传统"儒家化"的概念后，经瞿同祖的进一步阐释，"法律儒家化"逐渐成为法律史学界的通说。但针对"法律儒家化"的表述，学术界存在不同的意见。有学者基于中国法律融合了法家等其他学说、"法律儒家化"的解释力难以涵盖传统法律的全部特征等原因，对"法律儒家化"的说法提出疑问和否定。从语词表述上而言，若是认为"法律儒家化"中的"儒家"不只是先秦时期诸子百家中的儒家思想，而是西汉以降统治者提倡和鼓吹的"正统儒家思想"，应当是不错的。就法律内容而言，在魏晋南北朝时期，儒家的伦理等级、礼制原则以法律形式确定下来，法律中进一步吸收和体现了正统儒家思想，直至唐代法律规范上实现礼律结合、"一准乎礼"的成熟和定型。因此，仅就表述与内容而言，使用"法律儒家化"的说法仍具有合理性。

③ 《魏书·王昶传》。

略》中对《晋律》中 20 个法律名词的解释①,为后世法律所遵奉。张斐认为:"知而犯之谓之故意";"不意误犯谓之过失";"谋"指"二人对议";"群"指三人以上;"赃"是以图利为目的;"戏"重在双方相和斗;"斗"着重在双方争执;"诈"以背信为要件;"率"指力能指挥众人;"强"以不和为原则;"造意"重在首先倡议等。②

再如,杜预对《晋律》中一些相类似的罪名也作了解释,如"以威势得财"的犯罪,与之类似的有"受求""盗贼""擅赋"等犯罪,杜预对其予以区别:"不求自与为受求","所监求而后取为盗贼","敛人财物积藏于官为擅赋"。③ 此外,杜预对刑名类别也作了简明解释。如:"意善功恶,以金赎之";"故律制,生罪不过十四等,死刑不过三……刑等不过一岁,金等不过四两"。便是对前述《晋律》刑罚体制通俗明白的概括。这一时期,律学成果逐渐为传统律法所吸收,《北魏律》的"累犯加重""共犯以造意为首"就是例证。

另一方面,律学的发展对完善传统法典的体例编排亦发挥了一定作用。譬如,曹魏《新律》改汉《九章律》第四篇《具》律为《刑名》,"冠于律首"。《晋律》在《刑名》后加《法例》,最终《北齐律》将其合为《名例》,置于律首,此种法典编纂体例为后世律典所承袭,具有代表性的律典即集中国传统法典之大成的《唐律疏议》。无论是体例编纂、刑名概念的解释,还是法律适用原则的确定;无论是其语言特色及注释风格,还是其内容的周密与完整等,均一定程度受到了律学的浸润。换言之,若没有魏晋律学的发展,唐律及其疏议是不可能有如此卓著之成就的。

2. 律学的衰微

随着法典的颁布,律学开始着重研究法律术语、法律条文的内涵与适用,杜预在《律释》的上奏中说:"法者,盖绳墨之断例,非穷理尽性之书也。"律学仅能在肯定已有法典的前提下进行,导致其缺少批判性、流于僵化,最后律学又不可避免地成了注释之学。加之东晋以降官方注释确立,私家言论大受限制,律学研究走向衰微,法理学意义上的探讨大大落后于对律文的注释,结果是律学也回到了训诂之类的老路,像张斐这样的律学家也渐次消失了。这一时期,除了注释章句的律学内容得以发展外,律学中的"学"的内容已近衰竭。

(三) 玄学思潮对于魏晋法律的影响

东汉末年,政治动荡、战乱连年,在思想上,统治者鼓吹礼教、宣扬谶纬,僵化

---

① 他所解释的 20 个名词中,罪名有五:漫、诈、不敬、不道、恶逆;其余是:戏、斗、贼、盗、强、略、故、失、过失、戕、故意、谋、率、群、赃。

② 参见程树德:《九朝律考》,中华书局 1963 年版,第 234 页。

③ 《晋书·刑法志》。

的思想无法应对东汉末年的社会乱象,玄学应运而生。以何晏和王弼为代表的玄学名士,运用抽象的思辨,否定了烦琐的经学和汉儒"天人合一"的神学论,开始探讨"有无"的抽象论题,振起玄风,主张"无为而治""名教出于自然"的思想,即根据理性来探讨名教与自然的关系,适应了当时社会的需要,玄学逐渐成为一种社会思潮。

玄学崇尚自然、简约,受此影响,立法者也认为制定法律应当以简御繁,"刑之本在于简直"①。以法律数量为例,在东汉时,"引经注律"使得"诸儒章句,十有余家,家数十万言"②。而《晋律》大大改善了东汉法律繁杂的情况,崇尚简约,删削律条,即"蠲其苛秽,存其清约"。

一般而言,法律解释的发展被认为与玄学对魏晋法律的影响不无关系。玄学承继名理学"辨名析理"的方法,注重理论辨析和概念抽象,以此加深对法律概念的理解。试举一例,张斐的《注律表》曰:"王者立此五刑,所以宝君子而逼小人,故为敕慎之经,皆拟周易有变通之体焉。"③此处以《周易》来诠释法律之变通,或是受玄学风潮之影响。此外,按学者的一般观点,玄学对传统法律的影响也包括后人常提到的"法律虚无主义"。④

需要指出的是,虽然玄学思潮在魏晋时期具有重要影响,但其并未动摇正统儒家思想的统治地位。儒家思想中的宗法观念、礼仪习俗和道德观念仍旧占据主导地位。

(四)佛教对传统法律的影响

佛教产生于印度,自汉代传入中国。传播初期,佛教与中国传统文化产生冲突。到了魏晋时期,佛教开始借助儒道思想对自身加以改进和调整,极力援儒、道入佛,与中国本土主流文化相结合,以适应时代产生的新变化。试举一例:佛教以"五戒"⑤规范出家之人的言行,在中国传播时,佛教徒将其与儒家思想中的"五常"相结合,使之更好地为社会接受,起到了道德教化的作用。通过吸收、依附儒家思想强化对世俗生活的重视,佛教帮助统治者安定人心,以此获得统治阶级的认可。魏晋时期的佛教又与道家思想结合,其"性空"理论与道家"无为"思想被认为具有一定的相似性,二者的结合或较容易获得普遍接受。

佛教通过与中国传统文化的交融在中国获得认同,又反过来对儒、道等传统思想产生影响。例如,佛教教义中的因果论、善恶报应论、慈悲观念等思想,对于传统法律观念的变革起到了推动作用。此外,佛教亦可能对传统法律产生消极

---

① 《晋书·杜预传》。
② 《晋书·刑法志》。
③ 同上。
④ 王召棠:《玄学法律观在法律思想史中的地位》,载《法学》1990年第1期。
⑤ "五戒"即"去杀、盗、淫、妄言、淫酒"。

影响,例如佛教的慈悲观念,虽然对于轻刑化有推动作用,但也可能导致司法上的随意性。

二、三国两晋南北朝的立法概况

(一) 三国时期的立法概况

蜀国定都成都后,着手制法。史载诸葛亮、法正、伊籍、刘巴、李严等人"共造蜀科"①,篇目有"法检""科令""军令"等,史称其"科条严明",然除史籍中散见部分军令外,蜀科及其他单行法规均已佚失难考。

吴国律令"多依汉制"②,立法活动主要有两次,一是于黄武五年(226),陆逊上书"劝以施德缓刑,宽赋息调"。孙权"于是令有司尽写科条……意所不安,令损益之"③。这是对科条的一次较全面的修订。二是于嘉禾三年(234),孙权征新城,命孙登留守总理政务,是时"年谷不丰,颇有盗贼",于是孙登"表定科令"④。此外还有军令性质的"誓众之法"⑤,但也都已失传。1996年在湖南长沙发现了大量吴简,是对这一时期法律制度研究史料的重要补充。⑥

魏国立法较蜀、吴卓有成效。"魏之初霸,术兼名法",早在曹操被封魏王时,就针对汉律的繁芜和不适于动乱年代的状况对汉律有所改易。但迫于汉臣名分,遂有"科"这一独立性的临时法律形式的出现,它颇似现代国际私法中准据法的用意。当时制定有"新科"和"甲子科"。⑦ 至魏明帝时又着手制定新律。史载:太和三年(229)诏令陈群、刘邵、韩逊等"删约旧科,傍采汉律,定为魏法,制新律十八篇"⑧。还颁定了《州郡令》《尚书官令》《军中令》等,与《新律》一起共计180多篇。⑨ 较东汉末年以来"律令紊乱,科比冗杂,章句歧义,览者艰难"

---

① 《三国志·蜀书·伊籍传》又称"汉科",另见《册府元龟》卷六百一十。
② [元]马端临:《文献通考》,中华书局1986年影印本。
③ 《三国志·吴书·吴主传》。
④ 《三国志·吴书·孙登传》。
⑤ 《晋书·姚兴载传》。
⑥ 新的考古发现印证了以往对于吴国法律制度的猜测,弥补了史料失传后该历史时期法律制度的研究空白。继1996年在湖南长沙发现大量吴简(又称走马楼吴简,多达十几万支,内容涉及政治、军事、经济、法律等各个方面)之后,2004年长沙走马楼新出土的一万枚简牍,主要是汉武帝早期的行政文书,涵盖西汉皇室的诏文、起诉书、官员经济及职务犯罪的侦查和审判记录等,以司法文书为主,较为完整地反映了汉代的诉讼制度、法制改革、统计制度、交通邮驿制度等诸多方面。此后,2010年又于长沙市五一广场地铁施工点出土了一批东汉时期的竹简,能够有效地与之前出土的吴简研究相联系,印证或否定部分猜测。尽管历史朝代的分割存在断裂,但就法律制度而言,历史制度的发展有其相通甚至是融通之处。三次新的重要考古发现不仅是研究汉代法律制度的重要补充,更是对沿承汉制的三国两晋南北朝时期法律制度进行研究的珍贵资料。
⑦ "新科"见《三国志·魏书·何夔传》,"甲子科"见《晋书·刑法志》。
⑧ 《晋书·刑法志》。
⑨ 同上。

的汉律,魏律显得"文约而例通",直接影响了晋律的制定。

（二）两晋的立法概况

曹魏末年,晋王司马昭即命贾充、羊祜、杜预、裴楷等人以汉律、魏律为基础,修订律令。历时四年,至晋武帝司马炎泰始三年(267)完成,次年颁行全国。史称《晋律》或《泰始律》。该律又经张斐、杜预作注释,为武帝首肯"诏班天下",与律文同具法律效力,故又称"张杜律",开以《唐律疏议》为代表的律疏并行之先河。《晋律》共20篇,620条,27657字。同时颁行的还有《晋令》,共40篇,2306条,98643字,此外还有《晋故事》共30卷,与律令并行。"式"作为一种法律形式也已出现。《晋律》为东晋、宋、齐沿用,至南朝梁武帝改律共承用达235年,是两晋、南北朝时期适用最久的一部法典,对后世立法影响深远,促进了传统律典和律学的发展。

（三）南朝的立法概况

宋、齐均沿用《晋律》。因统治阶级崇尚玄学与佛学,蔑弃礼法,以清谈为高雅,以法理为俗务,优于辞章,疏于律令。刘宋五十多年未立新制,萧齐仅于武帝永明七年(489)由王植、宋躬据《晋律》张、杜二注,抄撰同异,旨在统一二注,成律文20卷,史称《永明律》,共1532条,终因意见不一,"事未施行,其文殆灭"①。梁武帝萧衍代齐,于天监元年(502)诏蔡法度、沈约等人依《永明律》修订《梁律》,次年成律文20篇,共2529条。但与《晋律》相比,篇目次第依旧,仅名称有所改易,作了增删词句统一注释的工作,未超出晋律范围。同时,还颁有《梁令》《梁科》各30卷。梁季丧乱,陈霸先废梁敬帝萧方智,自立为帝,认为梁律"纲目滋繁""宪章遗紊"②,诏尚书郎范泉等修订律令,撰成《陈律》令、科各30卷,皆早已失传。史载《陈律》"条流冗杂,纲目虽多,博而非要",其"篇目条纲,轻重简繁,一用梁法"。③ 因而陈律实质上仍是晋律的继续。

（四）北朝的立法概况

北魏首开北朝重视法典编纂之风。自太祖拓跋珪天兴元年(398)命三公郎中王德定律令、"申科禁",至孝武帝太昌元年(532)诏议改条格的百多年中,大大小小的立法活动见于记载的有9次,前8次均是修订《北魏律》,直至孝文帝太和年间(477—499)始告成,前后经历了一个多世纪的改定,这大约是历史上修订最久的一部法律。以后虽续有纂修但变化不大。《北魏律》共20篇(今篇目可考者15篇),它的颁行,一改魏初"礼俗淳朴,刑禁疏简""临时决遣"④的状

---

① 《隋书·刑法志》。
② 同上。
③ 同上。
④ 《魏书·刑罚志》。

况。参与修律的崔浩、高允、游雅等人均是当时汉族中的著名律学家,加之北魏历代君臣都重视法律①,使《北魏律》能"综合比较,取精用宏"②,冶汉、魏、晋律于一炉,"开北系诸律之先河"。

东魏孝静帝兴和三年(541)命群臣议定新法。天平年间(534—537)曾诏高澄与封述定新格,"以格代科,于麟趾格删定,名为《麟趾格》,颁行天下"。③ 西魏于大统十年(544)着手制定新法。同年命苏绰编定《大统式》④,"总为五卷,颁于天下"⑤。

公元550年,东魏权臣高洋自立为帝,改东魏为北齐。初沿用《麟趾格》,至武成帝河清三年(564)在封述等人主持下,以《北魏律》为蓝本,校正古今,锐意创新,省并篇名,务存清约,编定成《北齐律》共12篇949条,以"法令明审,科条简要"著称。⑥ 上承汉魏律之精神,下启隋唐律之先河,成为隋唐法典的蓝本。近人程树德曾评说:"南北朝诸律,北优于南,而北朝尤以齐律为最"⑦。

西魏权臣宇文觉于557年废魏恭帝自立,改国号曰周,史称北周。初用制诏,至武帝保定三年(563),命越肃、拓跋迪等撰定法律,仿《尚书·大诰》制《大律》,共25篇1537条,原文早佚。《大律》仿《尚书》《周礼》,杂采魏、晋诸律,使"今古杂糅,礼律凌乱",不合时宜。《隋书·刑法志》评述其为"大略滋章,条流苛密,比于齐法,繁而不要"⑧。因此,隋虽承周立国,但在立法上却以《北齐律》为本。

第二节 主要法律内容的发展与变化

一、法典结构的变化与立法技术的进步

秦汉以来,法律形式繁杂,彼此区别亦不严谨,法典体例也不尽科学,随着魏晋南北朝时期,律学的发展,诸多方面皆有所改善。适时律、令已有别,科为格取代,式的出现、比的沿用等成为变化的主要内容,特别是《刑名》《法例》的出现意

---

① 《魏书·刑罚志》载:孝文帝主持修订,多次诏群臣聚议,有疑义"亲临决之",并亲自下笔"润饰辞旨,刊定轻重"。他认为律是礼的体现,应"齐之以法,示之以礼"。
② 陈寅恪:《隋唐制度渊源略论稿 唐代政治史述论稿》,生活·读书·新知三联书店2001年版,第124页。
③ 《唐六典·刑部》卷六注,中华书局1992年版。
④ "以太祖前后所上二十四条及十二条新制"损益而成。
⑤ 《周书·文帝纪》。
⑥ 《隋书·刑法志》。
⑦ 程树德:《九朝律考》,中华书局1963年版,第393页。
⑧ 《隋书·刑法志》。

义尤为深远。

(一) 传统法典结构的变化

这一时期律仍是法律(尤其是刑事法律)的主要形式。其变化较大的是律典的篇章体例和逻辑结构。

1. 曹魏《新律》对汉旧律的改革

相较于汉律,《新律》的改革主要有如下几项:一是篇目的增加。将刑事条款尽入于律,作为正典,所谓:"律以正罪名。"①《新律》对汉律"一章之中或事过数十,事类虽同,轻重乖异",篇章间"错糅无常"的庞杂状况加以损益调整。如汉《九章律》中的《盗律》中有劫略、恐吓等项,皆非盗事,《新律》遂增《劫略律》一篇;汉《贼律》有欺谩、矫制、诈伪等项,《囚律》有诈伪生死,《令丙》有诈自复免,事类众多,所以魏律增《诈伪律》一篇。②《新律》虽较《九章律》多了9篇③,但比之东汉末年,那种除汉律60篇外、令300余篇、法比九百余卷、章句④700余万言的状况,仍可说是"文约而例通"了,基本解决了汉末"篇少则文荒,文荒则事寡,事寡则罪漏"⑤的缺陷。

二是体例上的调整。汉《九章律》中《具律》在第六篇,《具律》类似于现代刑法总则,放在中间很不恰当,故魏《新律》将其改称《刑名》列于律首。这一改动为以后的《晋律》《北齐律》所肯定。《晋律》在《刑名》后又增加《法例》一篇,北齐律则将二者合为《名例》一篇,此后相沿未改,直至于清。此外是对新增篇目与"故五篇"的统一调整,其中的《告劾》《捕》《系讯》《断狱》四篇的先后排列顺序,正与当时的司法程序相吻合,不能不说是立法技术的进步。魏《新律》成为三国时期具有代表性的法典,并成为晋律的直接渊源。

2. 晋律较《新律》的发展完善

晋律,又称《泰始律》,其设置更有进步,主要体现在以下两点:

一是严格区别律令界限,这是较魏律的重大进步。

二是篇章体例合理,分魏律《刑名》为《刑名》《法例》两篇。所谓"刑名所以经略罪法之轻重,正加减之等差,明发众篇之多义,补其章条之不足,……名例齐其制"⑥。并因关津交往频繁,贸易活动发展,救火防火,分封侯王、郡国并行而增设《关市律》《水火律》和《诸侯律》。《晋律》在魏律基础上共分20篇,计:刑

---

① [宋]李昉等撰:《太平御览》,中华书局1960年影印本,第2859页。
② 此外尚吸收律外的傍章科令中的相关内容。
③ 魏《新律》十八篇,计:刑名、盗、劫略、贼、诈伪、毁亡、告劾、捕、系讯、杂、户、兴擅、乏留、惊事、偿赃、免坐、断狱、请赇,其中盗、贼、捕、杂、户乃"故五篇"。
④ 章句:法律解释之谓。
⑤ 《魏书·刑罚志》。
⑥ 《晋书·刑法志》。

名、法例、盗律、贼律、诈伪、请赇、告劾、捕律、系讯、断狱、杂律、户律、擅兴、毁亡、卫宫、水火、厩律、关市、违制、诸侯。晋代律令将多达 700 余万条字的汉末律讼精简到约 12.6 万字,称得上是"蠲其苛秽,存其清约"。

《晋律》对《新律》的改进,特别是张斐、杜预二人对律文的注释,促进了传统法制和律学的发展。此后,法典篇目的增减多是在《晋律》的基础上改进、完善。

3. 南北朝时期律典的发展变化

南北朝对峙后的东晋和宋、齐、梁三代均承用《晋律》,其间有《永明律》和篇目同于《晋律》的《梁律》,都无创建。《陈律》不过是《梁律》的翻版,故仍无出《晋律》之右。

继《晋律》之后有所进取的是北朝的《北魏律》和《北齐律》。

《北魏律》共 20 篇,篇目可考者有:刑名、法例、卫宫、违制、户律、厩牧、擅兴、贼律、盗律、斗律、系讯、诈伪、杂律、捕亡、断狱 15 篇。其中《捕亡律》似是《晋律》中《捕律》和《毁亡律》的合并,并从《晋律》的《系讯律》中分出《斗律》。

《北齐律》进一步改革体例,篇目确定为 12 篇。① 将《刑名》《法例》合为一篇,称《名例》,冠于律首,增强了法典结构上的科学性。改《宫卫》为《禁卫》,将原来宫廷警卫扩及关禁。增加《违制》篇,完善吏制的法律规定,以保证国家机构的正常运转。其他篇目也多有损益。史称"法令审明,科条简要"②。

(二) 法律形式的扩展

三国时期,曹魏、刘蜀、孙吴定国之初,均以汉为宗,不便更替汉制,新设立颁行的法令也没有以律或者令为名称,而是以"科"代之。此外,发展了以军令为主的令。随着魏国的强大,律与令又回归以律为主的法律形式。晋代后,法律形式日益丰富。

1. 令的发展与变化

这一时期,令与律一样,仍为法律的主要形式,但其内涵已开始有别于秦汉时期。汉时律令无严格区别,所谓:"前主所是著为律,后主所是疏为令"③,"天子所诏所增损,不在律上者为令"④。

令实际上是律的补充形式。所以汉时有些单行律如《除钱律》《除挟书律》

---

① 篇目为:名例、禁卫、婚户、擅兴、违制、诈伪、斗讼、贼盗、捕断、毁损、厩牧、杂律。
② 《隋书·刑法志》。
③ 《汉书·杜周传》。对于汉代律令的描述,尤其是皇帝是否享有随意制定法律的极大权力,学界存有争议。有学者认为汉代皇帝并不享有绝对的权威,权力的行使受到官僚机制,即丞相权力的限制。换言之,在权力二元划分的机制下,皇帝能否实现"前主所是著为律,后主所是疏为令",令其所说所想直接成为法律,有待商榷。因此,用此句描述汉代法律的性质应做进一步的考证。参见林乾:《中国古代权力与法律》,中国政法大学出版社 2004 年版,第 10—44 页。
④ 《汉书·宣帝纪》注。

也称《除钱令》《除挟书令》等。魏时除律的编修外,也有令,但区分仍不明确。至晋始明确区分律令。有所谓"律以正罪名,令以存事制"①的说法。

律为固定性规范(主要是刑事法律),令是暂时性制度(主要规定国家制度),违令有罪者,依律定罪处刑。

2. 以格代科

格作为变通的法律形式,是律成为一种稳定的法律形式之前的重要一环。三国时期以科作为变通的法律形式,随着曹魏统一中原,律回归为正典,临时性的法律形式也发生了转变。《唐六典·刑部》载:"后(东)魏以格代科。"由此可知格与科有相承关系,格是科的发展和延续。

(1) 科的形成与发展

法律上科的统治局面自汉末一直继续到魏明帝制定《新律》,将科按性质分列为律、令才告结束。科本来从形式和内容上都带有变通的特性,在把其中有关刑罚的部分抽出厘定为律、其他则按类归纳为令之后,科的使命也就完成了。

魏科作为一种法律形式存在时间不长,但具有重要的历史意义。三国时期,科是主要的法律形式,其中尤以曹魏为盛。曹魏的法制之所以成为三国中最强的一支,科的作用是不容否认的。科的制定本身也是对汉律进行重大改革的关键一步,亦直接为魏晋修订正式法典开辟了道路。此外,魏科在当时对蜀、吴也有影响。可以讲,魏科是传统法制由不成熟走向成熟的重要一环。

至晋代,科未复见,法律形式仅有律、令、故事三种。东晋咸康二年(336)的壬辰之科②,其"科"字是故事之谓,仅为一种代称而非法律形式。南朝时,作为法规的科再现,其内容则与前不同。例如,"梁易(晋)故事为梁科三十卷"③。

南朝多沿晋法,晋以魏法为蓝本,修订法律时重新分类:"其常事品式章程,各还其府,为故事。"④史载:"晋贾充等撰律、令,兼删定当时制、诏之条,为故事三十卷。"⑤似晋故事多属行政性规范,梁不过是把故事易名为科。陈袭梁律形式,有陈科30卷。

北魏以格代科。北魏初,科作为副法仍在行用。⑥

---

① [宋]李昉等撰:《太平御览》,中华书局1960年影印本,第2859页。
② 参见《南史·羊玄保传》。
③ 《唐六典·刑部》。
④ 《晋书·刑法志》。
⑤ 《唐六典·刑部》。
⑥ 参见《魏书·太祖纪》卷二略云:"(天兴元年)(398)十有一月辛亥,诏三公郎中王德定律令,申科禁。"又可见《魏书·刑罚志》:"(太祖)约定科令,大崇简易。"

（2）格的发展过程

北魏以格代科，从其表面形式上推测有两个原因：一是格、科读音相近①，二者一清一浊，古音可以相通。二是格、科字意相近。《说文解字》中释科曰："程也，条也"，格亦有"条文"之意。《魏书·高宗纪》载："（和平四年）十有二月辛丑，诏曰：'……有司可为之条格，使贵贱有章，上下咸序，著之于令'。"此处言"条格"即条款之意。由于格科相近，晋时即有混用。②

当然，科、格读音、字意相近，只是以格代科的表面原因，更为主要的原因在于北魏是少数民族入主中原的王朝，与南朝直接承袭汉制不同，其对汉文化的接受、融合需要一个过程。这一过程绝不会是单一的汉化过程，而是一个复杂的相互融合更新的过程。在这一过程中，既仿效汉制，又更新汉制，格即是这一过程的产物。

北魏以格代科的发展变化大致为三个阶段：

北魏中期前为第一阶段。此阶段格刚从科演变而来，在内容上与汉晋之科无大区别，作为补律令的副法行用。

北魏后期至北齐初，是格演变的第二阶段。为应对社会的动乱局面以及阶级、民族、统治集团内部各种日趋激化的矛盾，魏孝武帝太昌元年（532）诏："前主为律，后主为令，历世永久，实用滋章"，"令执事之官四品以上，集于都省，取诸条格，议定一途，其不可施用者，当局停记，新定之格，勿与旧制相连，务在通约，无致冗滞"。③ 从此格取代律令成其主要法律形式。④ 时隔不久，北魏分裂为东、西魏，与南梁三分天下，彼此吞并，无暇顾及律令编纂，故一直沿用北魏末期的格。东魏十七年历史中（534—550）无修订律令记载，至兴和三年（541）十月，颁定了著名的《麟趾格》。此后北齐文宣帝时（550—559）"议造齐律，积年不成"⑤，又重新刊定《麟趾格》，作为正刑定罪的规范。这一阶段，格成为当时的"通制"。

北齐中后期，为格发展的第三阶段。其一，此时修订律令的立法活动已停或不了了之，律已成虚设之文，格则作为主法而常有检修更定。《洛阳伽蓝记·景明寺》卷三中记："法吏疑狱，薄领成山，仍敕（邢）子才与散骑常侍温子升撰麟趾

---

① 格，见母；科，溪母。
② 《晋书·陈宠传》云："初，赵王伦篡位，三王起义，制己亥格"；《南史·羊玄保传》记有"壬辰之科"；刘宋时羊希奏"依定格条上赇薄"，"停除康熙二年壬辰之科"；等等。
③ 《魏书·出帝平阳五纪》卷十一。
④ 《魏书·孝静帝纪》："先是诏文襄王与群臣于麟趾阁议定新制，甲寅，颁于天下。"陈仲安认为：麟趾格制定"始于魏"，作为正式颁布的法律文书则到东魏才形成。参见陈仲安：《麟趾格制定经过考》，载高旭晨主编：《中国法制史考证 甲编第三卷 历代法制考·两汉魏晋南北朝法制考》，中国社会科学出版社2003年版，第558页。
⑤ 《隋书·刑法志》。

新制十五篇,省府以之决疑,州郡用之治本。"《北史·封述传》中也载:"天平中,……增损旧事,为麟趾新格。其名法科条皆述所删定。"其二,这一时期的格以尚书省诸曹名为篇目,开创了新的体例。① 由于形势的特殊需要,格已由补律令的副法上升为代律令行事的主法,由"疑事"判例的编修变为正刑定罪的条文。

(3) 回归以律为主

北齐中后期,政局相对稳定,格虽为"通制",但在人们的传统观念中,律令才是正统制度。北齐初期,司徒功曹张老上疏,反对废律用格,他指出:"大齐受命已来,律令未改,非所以创制垂法,革人视听。"②

至武帝即位,河清三年(564)成《齐律》,以格代律的局面才告衰止③,格复退回副法地位,在律无正条情况下暂作定刑依据。《隋书·刑法志》记载:"后平秦王高归彦谋反,须有约罪,律无正条,于是遂有别条权格,与律并行。"此处的权格与第一阶段的别格类似,均为补律令的副法(临制性的律外条目)。

就以后格与律令的关系来说,隋代延续了北齐后期重律轻格的发展趋势。时人以为格令章程"颇伤烦碎""非简久之法"。④ 后隋文帝划一制度时,"杂格严科并宜除削"⑤。隋唐后虽律令格式并行,但格的地位与作用已经远不能与律令相比了。

3. 式的出现

式,最早见于秦,有秦简《封诊式》,多属于行政性法规。汉初有品式章程,西魏文帝时编定《大统式》,成为隋唐以后律令格式四种基本法律形式之一"式"的先声。此外,这一时期仍沿用汉以来用"比"和经义断案的传统。

综上可见,魏晋南北朝时期法律形式有较大变化。特别是律令有别,以格代科,成为隋唐以降律令格式并行的渊源。

二、刑罚制度的重大变革

(一) 刑罚制度的完善与五刑体例的形成

魏《新律》将法定刑分为死、髡、完、作、赎、罚金、杂抵罪⑥等数种,并减轻了一些刑罚,如废除投书弃市、限制从坐范围、禁诬告和私自复仇等。

晋律定刑为五种,计:死、髡、赎、杂抵罪和罚金。死刑有三,分别是枭首、腰

---

① 《魏书·窦瑗传》。
② 《隋书·刑法志》。
③ 参见《隋书·刑法志》《册府元龟·刑法部》等。
④ 《北史·苏威传》。
⑤ 《隋书·刑法志》。
⑥ 指以夺爵、除名、免官来抵罪的总称。

斩、弃市;髡刑有四,分别是髡钳五岁刑,笞二百和髡钳四、三、二岁刑;赎罪有五(适用于非恶意的犯罪),分别是赎死缴金二斤,赎五、四、三、二岁刑缴金一斤十二两、一斤八两、一斤四两和一斤;杂抵罪和罚金也各有五等。

《北魏律》定刑为六,计:死、流、宫、徒、鞭、杖。《北齐律》承其后,最终确立死、流、徒、鞭、杖五刑,为隋唐以后死、流、徒、杖、笞的刑罚体系奠定了基础。

综括这一时期历代刑罚变革,总的趋势是逐渐宽缓。

(二) 废除宫刑

自汉文帝改革刑罚以来,宫刑兴废无常。北魏、东魏时仍有适用宫刑的记载。西魏文帝大统十三年(547)诏:"自今应宫刑者,直没官,勿刑。"①北齐后主天统五年(569)亦诏令:"应宫刑者,普免刑为官口。"②从此宫刑不复作为一种法定刑。

(三) 缘坐范围的变化

缘坐指一人犯罪而株连亲属,使之连带受刑的制度,又称"从坐""随坐"。秦汉以来有此类规定。尤其妇女因父亲犯族刑,要从坐受戮;而夫家犯族刑亦须"随姓之戮",使妇女"一人之身,内外受辟"。③ 直至曹魏高贵乡公时才有改革。《新律》颁布后,又据程咸上议,修改律令,规定:在室之女从父母之诛,已嫁之妇,从夫家之罚④,开缘坐不及出嫁女之先例,后世多循此制。《新律》对缘坐范围也有缩小,律定:"大逆无道,腰斩,家属从坐,不及祖父母、孙。"以后的《梁律》则进一步缩小范围,规定:谋反、降叛、大逆等罪虽缘坐妇人,但"母妻姊妹及应从坐弃市者,妻子女妾同补奚官为奴婢"⑤,从而创从坐妇女免处死刑的先例。梁武帝中大同元年(546)诏:"自今犯罪,非大逆,父母、祖父母勿坐。"⑥

但《陈律》又"复父母缘坐之刑"⑦。《北魏律》缘坐范围广泛,至孝文帝时方有缩小。延兴四年(474)下诏:"作大逆干犯者,皆止其身。"⑧然而法律上尽管有缩小的规定,司法实践中却往往有扩大的趋势。

(四) 定流刑为减死之刑

秦汉以降的死罪减等之刑——徙(迁)刑至此时期已改为流刑。《隋书·刑法志》载,梁武帝天监三年(504)建康女子任提犯拐骗人口罪,子景慈证明其母

---

① 《北史·西魏文帝纪》。
② 《北齐书·后主纪》。
③ 《晋书·刑法志》。
④ 《隋书·刑法志》。
⑤ 同上。
⑥ 同上。
⑦ 同上。
⑧ 《魏书·刑法志》。

确有此罪行。后景慈以"陷亲于极刑"之罪名流放交州（今广东江河三角洲一带），"至是复有流徙之罪"。

北魏、北齐均据"降死从流"的原则，将流刑列为法定刑作为死与徒的中间刑，从而填补了自汉文帝改革刑罚以来死、徒二刑间的空白，为隋唐时期刑罚制度的完善奠定了基础。北周律又分流刑为五等，计 2500 里、3000 里、3500 里、4000 里、4500 里。隋唐因之。如沈家本言："开皇元年定律，流为五刑之一，实因于魏周，自唐以下，历代相沿莫之改也。"①

三、罪刑适用的儒家化

魏晋时期，虽然玄学成为社会风尚，但门阀士族阶层仍重视正统儒家思想的发展，并通过直接参与法律的制定进一步将儒家的宗法观念、礼仪习俗和道德观念以法律的形式固定下来，实现了法律与礼义道德的融合。从罪刑适用的角度，"法律儒家化"主要有下列特征：其一，确立维护特权阶层的罪刑适用原则。其二，为维护皇权专制统治和儒家伦理纲常，对于破坏专制统治和违反纲常伦理之人予以严惩。其三，以血缘为纽带，维护儒家宗法制度，这是门阀士族地位的重要依托与保障，也是法律儒家化的具体呈现。

（一）确立维护贵族官员的刑罚适用原则②

魏晋时期，在门阀世族把持朝政的格局下，出现了"八议""官当"等刑罚适用原则，亦与传统刑罚体系的变化有关。传统刑罚体系向以简约为特征，由先秦时期的旧五刑，经历秦汉时期的变化调整，至魏晋时期，渐次形成了新的五刑体例。但正如古人所言，"法条有限，情罪无穷"③，以五刑应对个案中情状万千的犯罪，虽有简约之明，但难达平允之效，现实需要新的刑罚适用原则的出现。而"八议""官当"的出现，既体现了官僚等级制度的传统价值，也完善了新的刑罚制度的适用原则，同时也成了以后官僚制度重要的内容之一。

1. "八议"入律

"八议"是指八种权贵人物犯罪以后，在刑罚适用上给予特殊照顾，官府不得专断，即所谓"大者必议，小者必赦"④。这八类人分别是："亲"（皇帝宗室亲戚）；"故"（皇帝故旧）；"贤"（朝廷认为有大德行的贤人君子）；"能"（政治、军事等方面有大才能者）；"功"（对国家有大功勋者）；"贵"（有一定级别的官爵者）；"勤"（为国家服务卓著有大勤劳者）；"宾"（前朝皇帝及后裔）。

---

① ［清］沈家本：《历代刑法考》，邓经元、骈宇骞点校，中华书局 1985 年版，第 270 页。
② 有观点将"八议""官当"视为传统帝制社会官僚等级特权制度的主要内容之一，但是若从具体的使用语境而言，将其视为传统法律的刑罚适用原则或许更为准确。
③ ［清］王建常：《书经要义》，清雍正崇阳公署刻本。
④ ［宋］李昉等：《太平御览》，中华书局 1960 年影印本，第 2916 页。

"八议"之说源于《周礼·八辟》。周有"刑不上大夫",汉有"先请"之制①,但未必已成完整体系。直至曹魏总结前代经验制定《新律》时,将其作为律典的主要内容之一。"八议"的入律使贵族、官僚、地主享有法定特权,可变通适用一般法典中所规定的刑罚制裁,成为传统社会等级身份价值观的完美体现。东晋成帝时,庐陵太守羊聃专擅刑罚,一次错杀无辜190人,"有司奏聃罪当死",但因景献皇后是他祖姑,属"议亲"之列,竟免处死。② 南梁武帝时,史载:"王侯子弟皆长而骄蹇不法","或白日杀人于都街;劫贼亡命,咸于王家首匿"。③ 晋时傅玄就曾指出:"八议"是"纵封豕于境内,放长蛇于左右"。④

2. "官当"入律

"官当"是在"八议"对应的八种人以外的基础上进一步扩大主体的适用范围,因被刑人身份而在刑罚适用上予以减免的制度,其特点是因犯罪者(及其一定亲等关系的亲属)的官职爵位而依法律规定减免刑罚。《晋律》在沿用"八议"的同时,规定"除名比三岁刑""免比三岁刑"。⑤ 虽不能确定晋代的"除名""免"抵罪即为"官当"之滥觞,但此种做法与其后"官当"之制有相似之处。

三国两晋南北朝时期,多行"九品中正制",朝廷用人以家世门第为标准,为保证世族地主在国家政权中的地位,进一步扩大官僚的律上特权,"官当"制度应运而生,继晋之后的梁对在官身犯只处罚金。⑥《北魏律·法例》规定:公、侯、伯、子、男五等爵,每等抵3年徒刑。官品从第五品起每阶当刑2年;免官者,3年后照原官阶降一级叙用。⑦

《陈律》正式使用"官当"一词,规定品官犯罪判5年、4年徒刑的,准用官职抵2年刑期,余刑居作外,属公罪过误,可处罚金;判2年徒刑的,可用赎刑。⑧及至隋、唐律中,"官当"制度日臻完备。明、清始为加强官吏控制而取消了"官当"制度,但"罚俸""降级"仍可为特权者使用。

(二)"重罪十条"的由来、内容及其影响

为加强镇压危害皇权专制统治和违反伦理纲常的行为,"重罪十条"正式入律,始于北齐。此"重罪十条"即后世法典中之"十恶",即将直接危害朝廷根本利益的最严重的10种犯罪置于律首。这10条是:"一曰反逆,二曰大逆,三曰

---

① 汉代曾有人(应劭)提议援用"八辟",但未被采纳。
② 《晋书·羊聃传》。后来其甥女琅琊太妃山氏请命,成帝念山氏养育之恩,免羊聃死刑。
③ 《隋书·刑法志》。
④ [宋]李昉等撰:《太平御览》,中华书局1960年版,第2916页。
⑤ 同上书,第2909页。
⑥ 《隋书·刑法志》。
⑦ 《魏书·刑罚志》。
⑧ 《隋书·刑法志》。

叛,四曰降,五曰恶逆,六曰不道,七曰不敬,八曰不孝,九曰不义,十曰内乱。其犯此十者不在八议论赎之限。"①

汉代已有"不道""不孝"等罪名,所谓:"汉制九章虽并湮没,其不道不敬之目见存。"②其他如"作上""犯上""大不敬""大逆""降叛""禽兽行"等罪名,早见于秦汉以来的律令之中。魏律规定:"夫五刑之罪,莫大于不孝。"③

晋律有"不孝罪弃市"。北魏律、南朝宋律皆严惩不孝罪。北齐则将此罪列入"重罪十条",虽属八议,亦不减免。晋律沿之,张斐上《律表》解释:"亏礼废节,谓之不敬";"逆节绝理,谓之不道"。由此可见,此时的概念仍较笼统,不像后世那么明确。

南北朝时,进一步罗列罪名,《北魏律》规定:"大逆不道腰斩,诛其同籍,年十四以下腐刑,女子没县官。"且将"害其亲者"视为大逆之重,处轘刑;将"为蛊毒者"视为不道,"男女皆斩,而焚其家"。④《南梁律》则规定:"其谋反、降、叛、大逆以上,皆斩;父子同产男无少长,皆弃市;母妻姊妹及应坐弃市者,妻子女妾同补奚官为奴婢;赀财没官。"⑤

《北齐律》规定"重罪十条",隋唐律则在此基础上发展为"十恶"定制,并为宋、元、明、清历代所承袭。

(三) 准五服以制罪与留养制度

准五服以制罪是《晋律》首创,目的在"峻礼教之防"。它是指亲属间的犯罪,据五等丧服所规定的亲等来定罪量刑。尊长杀伤卑幼,关系愈近则定罪愈轻,反之加重。但有些犯罪,如卑幼盗窃尊长财物,则恰恰相反。这是自汉以来礼法合流的又一体现。以后历代律典均相沿用,明代更将丧服图列于律首。

留养,亦称"存留养亲",指犯人直系尊亲属年老应侍而家无成丁,死罪非十恶,允许上请,流刑可免发遣,徒刑可缓期,将人犯留下以照料老人,老人去世后再实际执行。《北魏律·法例》规定:"诸犯死,若祖父母、父母七十以上,无成人子孙,旁无期亲者,具状上请,流者鞭笞,留养其亲,终则从流,不在原赦之例。"⑥这是中国古代法律家族化、伦常化的具体体现。这一内容亦为后代法律承袭。

---

① 《隋书·刑法志》。
② [唐]长孙无忌等:《唐律疏议》,刘俊文点校,中华书局1983年版,第6页。
③ 《魏书·少帝纪三》。
④ 《魏书·刑罚志》。
⑤ 《隋书·刑法志》。
⑥ 《魏书·刑罚志》。

四、注重对门阀士族特权的维护

(一) 九品中正制与任官考绩制度

曹操曾经提出过"唯才是举"的口号,只要有才能的,都可选拔为官。他选择各地方上有名望的人士出任"中正官",将当地之士按才能分成九等,由官府按等选任官吏。这是后来实行"九品中正制"的萌芽。

1. 九品中正制

又称九品官人之法,是魏文帝黄初元年(220)采纳尚书陈群的建议而定的。九品中正制规定郡设小中正官,州设大中正官,中正官的职责是依照家世、才能、德行将辖区内的士人分成上上、上中、上下、中上、中中、中下、下上、下中、下下九等;由小中正将品评结果申报大中正,再经大中正申报司徒,最后由中央按品第高下任官。

九品中正制创始于魏,沿用至宋、齐、梁、陈各代。这一制度的实行,巩固了大土地所有制基础上形成的士族制度,保障了士族垄断政治统治权的特殊地位。"九品"之分标准不确定,仅凭中正官的主观臆断,再加上请托、权势、裙带关系等影响,不但造成了"上品无寒门,下品无士族"的状况,使士族与庶族相隔天壤,矛盾愈益加深,而且弊端丛生,贿赂公行,加速了士族、官员的腐化。

2. 任官考绩制度

魏晋南北朝时期,对于任官、考绩制度亦有所规定。关于任官制度,除实行"九品中正制"以外,晋代明令规定:"不经宰县,不得入为台郎。"①说明晋代重视官吏基层实际工作经验,以此作为选任中央官吏的条件之一。北魏孝明帝时,武人退役争相为官,吏部尚书崔亮创制《停年格》,规定以停解日月为断,依年资深浅而定选用的顺序。关于考绩制度,魏明帝时,曾令散骑常侍刘劭作"都官考课之法七十二条",考核百官之政绩,但未施行。

(二) 确认和保护贵族官员按等级占田的特权

1. 颁布"占田令"或"均田令"以确认土地等级占有制

曹魏时,曾颁布"赐公卿以下租、牛、客户各有差"的法令,西晋进一步制定了按官品占田、占客,荫亲属的法规——"品官占田荫客令"②和"占田令"。与"品官占田荫客令"同时颁行的"占田令"规定:男子占田70亩,女子30亩;丁男

---

① [唐]杜佑撰:《通典》,王文锦等点校,中华书局1988年版,第918页。
② "品官占田荫客令"颁于太康元年(280)。主要内容是:一品官占田50顷,占佃客15户,按品级逐级减少,至九品官占田10顷,占佃客1户。此外可依官品高低,荫其亲属,高者可荫"九族",低者亦可荫三世;不在官府任职之士族地主,均可依门第高低享受荫庇特权,受荫庇的本属佃客不在官府立籍,不向国家纳税服役。在法律上确认了豪门士族从国家总户口中割取一部分为私属,从国家总赋税中割取一部分为私租。参见[唐]杜佑撰:《通典》,王文锦等点校,中华书局1988年版,第14—15、80—81页。

课田 50 亩,丁女 20 亩;次丁男课田 25 亩。所谓"占田"是农民可占土地数的额定指标,而"课田"则是应负田租的土地数。

北魏以降,因长期战乱,人口逃亡,土地荒芜,留居农民亦不堪沉重租调徭役,多荫附士族豪门。针对这一状况,太和九年(485)颁"均田令":15 岁以上男子授露田(植谷物)40 亩,女 20 亩;男授桑田(植树)20 亩,女 5 亩,产麻区男授麻田 10 亩。桑田"皆为世业,终身不还";露田所有权归官府,授者年老免役或死时,归还朝廷,并规定奴婢与良人一样授田;4 岁以上耕牛每头授露田 30 亩,以 4 头牛为限。北魏后的历代也颁有类似的均田令。

2. 施行租调法令保障国家的财政收入

颁布均田令的目的在保护门阀士族经济特权,把农民束缚于土地,强制其垦荒,以保障国家财政收入和徭役来源。所以在颁布均田令的同时还要推行租调法令。租调法亦始于曹魏,建安九年(204)颁"户调制",规定:计亩征租,按户收调,每亩粟 4 升,户纳绢 2 匹、棉 2 斤,余皆不擅兴。

西晋太康元年(280)颁"户调之式"。据《初学记·宝器部》引《晋故事》:50 亩收租 4 斛,即每亩 8 升。除田租外,还规定了农户交纳户调,丁男为户主的每年交绢 3 匹,绵 3 斤;户主是妇女或次丁男,则折半交纳。北魏颁"均田令"次年颁"租调法",规定一对夫妇年纳租粟 2 石,调帛 1 匹。北齐、北周推行的租调法也大致如此。

这一时期因士族豪门大量兼并土地,占有劳力,官府直接控制的农户减少,损害了赋税徭役来源。为此朝廷颁均田令、行租调法,一方面对被兼并的民田、招募的佃户、荫庇的免役人口等予以法律承认和保护;另一方面为维持官府租调徭役来源,对官僚、士族上述特权从数量上略加限制。对普通农户则定有占田数额和相应的租调数,目的是"督农归田""寓劝于课",以保证国家财政来源。

(三) 维护尊卑良贱等级关系的婚姻制度

当时士族豪门控制国家政权,身份尊卑良贱等级森严。反映在家庭关系上,杀继母同生母,处死;殴兄姊处徒刑 5 年。反映在婚姻关系上,则是所谓士庶、良贱不婚。法律保护尊卑士庶良贱的不平等社会关系和士族占有部曲、奴婢的特权。

在婚姻方面特别重视门第家世,为不使家族系统被外族冒认,续有家谱,由官府掌握。高门士族孩子一出生就有官职。士庶良贱通婚,被视为"失类",受讥评或弹奏和法律制裁。如南朝梁士族王源嫁女于富阳满氏,被御史中丞沈约弹奏:"惟利是求,玷辱流辈,莫斯为甚","请以见事免源所居官,禁锢终身,辄下禁止,视事如故"。[①] 又如权重一时的河南王侯景,曾对梁武帝说要请婚于王、谢

[①] 《南史·沈约传》。

之家,武帝因侯景门第不高,明确回答:"王、谢门高非偶,可于朱、张以下访之。"① 此外,这一时期纳妾被认为是合法的。晋令规定可依官品纳妾1—4人。实际上不止此数。

在继承上严格区别嫡、庶,唯嫡子有继承权,庶子一般没有。尤其在北朝,庶子更受歧视。凡此种种都在维护士族的政治经济垄断地位,并以此达到巩固皇权统治的目的。

(四)增加有关买卖、借贷的法律规范——红契与严禁高利贷

汉代以来买卖关系成立,一般要订立"券书"(即契约),由买卖双方各执其一,"讼则按券以正之"。② 到晋代,规定买卖田宅牛马,必须订立"文券",写明买卖成交的价值,官府按成交总额的4%收取"契税",卖方付3%,买方付1%。买卖他物则可不立文券,但依上例"契税",叫作"散估"。此制为南朝沿用。这固然是为增加财政收入之利,但客观上也是对买卖关系的法律确认。如生纠纷,官府以"契税"单据("文券"上有纳税之红色印章,称"红契")为据进行裁决。

有关借贷,官府常以强力助放贷者收回本利。如《北齐书·循吏苏琼传》记:"济州沙门统,资产巨富,在郡多有出息(放债取息),常得郡县为征。"贪官污吏往往与富户勾结,催逼无力纳赋税者借高利贷,北魏文成帝时(461)针对此弊曾诏令:"自顷每因发调,逼人假贷,大商富贾,要射时利,上下通同,分以润屋。为政之弊,莫过于此,其一切禁绝,犯者,十匹以上皆死。布告天下,咸令知禁。"③

第三节 司法制度的主要内容

一、司法机关

(一)中央司法机关的变化

秦汉时,廷尉为中央司法机关,为九卿之一,掌司法审判之职。魏晋南北朝时期的司法制度基本承用汉制,但也有一些变化。

1. 中央审判机关廷尉改称大理寺

三国时吴称中央审判机关为大理,北周称秋官大司寇。北齐改廷尉为大理,并扩建其机构为大理寺,设卿、少卿、丞各1人为主官,其下设正、监、平各1人,律博士4人,明法掾24人,司直、明法各10人。

---

① 《南史·侯景传》。
② 《周礼·秋官·士师》注。
③ 《北史·魏本纪第二》。

2. 刑部的前身——三公尚书、都官尚书

东汉后三省制渐成，尚书台脱离少府成中央最高行政机关。这一重大变革给司法机关发展带来了深刻影响。此时虽尚无刑部，但尚书台之下均置有负责司法行政和兼理刑狱的机构。[①] 曹魏承汉制，保留三公曹、二千石曹，又增设比部郎，"以司刑狱"；晋初以三公尚书"掌刑狱"，武帝太康年间（280—289）以吏部尚书取代，"领刑狱"，废三公尚书；南朝宋都官尚书"掌京师非违，兼掌刑狱"；北齐以尚书省六尚书分统列曹，其中殿中尚书统三公曹，其职责是"掌五时读时令，诸曹囚帐、断罪、赦日建金鸡等事"[②]。都官尚书统比部曹，"掌诏书律令勾验等事"[③]。

中央行政机关兼领司法事务，标志着司法制度逐渐走上司法行政与审判分离而又彼此牵制的道路，反映了传统司法机关的完善与强化的趋势。这一变化为隋唐司法机关和中央三省制的确立提供了雏形。

（二）地方司法机关的变化

地方仍沿汉代旧制，司法权由县令、郡太守、州刺史掌领。南朝时，重视京畿地区司法职能，赋予其与中央同等的权力。如梁在建康设有与廷尉属官相同的正、监、平三官[④]，并以廷尉寺、建康县为两大司法机关称"廷尉寺为北狱，建康县为南狱，并置正、监、平"[⑤]。

由于战事频繁，地方长官可以"军法从事"为借口擅杀部属平民而不受通常司法约束。南朝宋曾限定军官"非临军战陈一不得专杀"[⑥]，违者以杀人论，陈时也有"将帅职司军人犯法，自依常科"[⑦]的规定，但多流于形式。

二、审判制度

案件的审理一般可分为两大类：皇帝亲自参与的案件和一般案件。

（一）皇帝频繁直接干预和参与司法审判

对皇帝亲自参与的案件，基本适用一般诉讼制度，但皇帝身份独特，可以不受一般法律规定的约束。如魏明帝太和三年（229）改"平望观"为"听讼观"，史载"每断大狱，常幸观临听之"[⑧]。南朝宋武帝也常"折疑狱""录囚徒"，仅永初

---

① 曹魏之都官尚书，南北朝之都官尚书，隋唐刑部尚书源于此。
② 《隋书·百官志》。
③ 同上。
④ 同上。
⑤ 《隋书·刑法志》。
⑥ 《宋书·孝武帝本纪》。
⑦ 《陈书·宣帝纪》。
⑧ 《魏书·明帝纪》。

二年(421)即有 5 次之多。北周武帝常"听讼于正武殿,自旦及夜,继之以烛"①。

(二) 一般案件审理制度的变化

1. 限制囚犯诉讼权利

秦汉时允许未决犯告发犯罪,秦律有"葆子狱未断而诬告人,其罪当刑为隶臣"②的规定。晋代规定:"囚徒诬告人犯,罪及亲属。"③北魏律规定:"诸告事不实者,以其罪罪之。"④北齐文宣帝时禁囚犯告诉。《案劾格》规定:"负罪不得告人事。"⑤唐律亦承之。

2. 直诉制度形成

直诉制度形成于西晋。直诉,即不依诉讼等级直接诉于皇帝或钦差大臣,是诉讼中的特别上诉程序。传说周代有路鼓、肺石之制,汉代有缇萦上书文帝,以己身赎父罪,但均非定制。晋武帝设登闻鼓⑥,悬于朝堂外或都城内,百姓可击鼓鸣冤,有司闻声录状上奏,此后历代相承。如北魏太武帝时,于宫阙左面悬鼓,人有冤则挝之,由公车上奏其表。南朝梁亦有"挝登闻鼓,乞代父命"⑦的记载。直诉制度为后世所沿用,但是直诉制度始终是一种特别程序,适用于有冤屈、审判不公等普通程序无法解决的情况。

3. 刑讯用测立法

《梁律》首定测罚之制。凡在押人犯,不招供者均施以"测罚"之刑。具体做法是:"断食三日,听家人进粥二升。女及老小,一百五十刻乃与粥,满千刻而止。"⑧《陈律》在此基础上创立"测立"之制,对证据确凿而不招供的囚犯,戴刑具,鞭 20 笞 30 后,站在高 1 尺、上尖圆、仅容两足的土堆上。首次为 7 刻;再次分 2 回,朝 3 刻,夕 7 刻。7 日一行鞭,至鞭杖数满 150 仍不招供,可免死。此方法入隋而止。

4. 死刑复核制度形成

魏明帝青龙四年(236)诏:"廷尉及天下狱官,诸有死罪具狱以定,非谋反及手杀人,亟语其亲治,有乞恩者,使与奏。"⑨南朝曾规定:"其罪甚重辟者,皆如旧

---

① 《周书·武帝纪》。
② 睡虎地秦墓竹简整理小组编:《睡虎地秦墓竹简》,文物出版社 1978 年版,第 198 页。
③ 《晋书·刑法志》。
④ 《魏书·韩麒麟子熙传》。
⑤ 《隋书·刑法志》。
⑥ 《晋书·武帝纪》。
⑦ 《梁书·吉翂传》。
⑧ 《隋书·刑法志》。
⑨ 《魏书·明帝纪》。

先上。"①北魏律规定:"诸州国之大辟,皆先谳报乃施行","当死者,部案奏闻"。②又:"狱成皆呈,帝亲临问,无异辞怨言乃绝之。"③上述规定使死刑决定权唯归皇帝,既是出于慎刑的考虑,也加强了皇帝对于司法的控制。

5. 上诉制度变化

曹魏时为简化诉讼,防止讼事拖延,改汉代上诉之制,特别规定:"二岁刑以上,除以家人乞鞫之制。"④晋代又允许上诉,规定:"狱结竟,呼囚鞫语罪状,囚若称枉,欲乞鞫者,许之也。"⑤北魏时,亦沿用上诉之制:"狱已成及决竟,经所管,而疑有奸欺,不直于法,及诉冤枉者,得摄讯治之。"⑥

6. 加强自上而下的司法监督

秦汉时郡县有权判决死刑,至曹魏、晋代,县令审判权受到限制,凡重囚,县审判后须报郡,由郡守派督邮案验。南朝宋改为将案卷及人犯一并送郡,由郡太守复审后方可执行。如郡太守不能决,再送州刺史,州刺史不能决则上交中央廷尉。对此,各代还普遍施行特使察囚制度,"如有枉滞以时奏闻",以此加强对地方审判的监督。

7. 妇女犯罪行刑上享有特殊规定

魏明帝时,为避免对女犯用刑使身体裸露,改妇人加笞还从鞭督之例,以罚金代之。《晋律》规定:"女人当罚金杖罚者,皆令半之。"《梁律》加以沿用,且扩大了对女子的照顾,规定:"女人当鞭杖罚者,皆半之"。《梁律》还规定怀孕妇女"勿得决罚"。⑦《北魏律》则进一步明确:"妇人当刑而孕,产后百日乃决。"这其中有礼教因素,但也是社会文明程度提高的结果。

三、监察制度

(一) 中央设御史台

东汉以后,中央监察机关为御史台,到曹魏时期,中央监察机关仍为御史台,但已从少府独立出来,成为直接隶属于皇帝的独立监察机关。御史台长官仍为御史中丞(北魏称御史中尉,南朝叫南司)。御史台职权较广,"自皇太子以下,无所不纠"⑧。因地位渐高,中丞以下,设有名目繁多的御史。

---

① 《晋书·孝武帝纪》,参见《南齐书·王敬则传》:征东将军王敬则杀路氏,武帝责问:"谁下意杀之? 都不启闻"。
② 《魏书·刑罚志》:太祖武帝时,"人死不可复生,惧监官不能平"。
③ 《魏书·刑罚志》。
④ 《晋书·刑法志》。
⑤ 同上。
⑥ 《魏书·刑罚志》。
⑦ 《隋书·刑法志》。
⑧ [唐]杜佑撰:《通典》,王文锦等点校,中华书局1988年版,第663页。

东汉时的司隶校尉，魏晋时仍设，与御史中丞"分督百僚"，二者具体分工为："中丞专纠行马内，司隶专纠行马外"①，但具体履行职责的时候，却并不严格设限。至东晋废司隶校尉，分其行政权归扬州刺史（京师在扬州），分其监察权归御史台。司隶校尉一职不复存在。

（二）地方形成御史出巡制度

自魏以后，地方不设监察机关，由中央派御史监察，发展了御史出巡制度。御史甚至可"风闻言事"，对各级官吏进行弹奏。但御史中丞失纠则要免官。

推荐阅读文献

1. 《晋书·刑法志》，中华书局1974年版。

该书是房玄龄等人所编修的传世文献，此书系统论述了东汉、曹魏和司马晋三个朝代的法制。曹魏时期的法律可以说是三国时期具有典型代表意义的法律，上承汉制，下启两晋，对南北朝时期的法律发展也有重要影响，可谓了解或研究三国两晋南北朝时期法律的必读史料。

2. 陈寅恪：《隋唐制度渊源略论稿　唐代政治史述论稿》，生活·读书·新知三联书店2001年版。

该书为陈寅恪先生系统考证隋唐典章制度的著作，通过全面、翔实、细致地考据和论述隋唐制度的渊源，上溯魏晋南北朝制度的演变。该书有关刑律方面的论述，对法律史学者有相当大的影响，是学习和研究三国两晋南北朝时期法律制度的必读书目。

---

① ［唐］杜佑撰：《通典》，王文锦等点校，中华书局1988年版，第663页。

第七章　隋唐法律思想与制度

在历经三国两晋南北朝三四百年的分裂割据后,历史进入了隋唐时期。隋唐时期是传统社会发展的鼎盛时期,政治、经济获得全面发展,其法律思想及制度也进入了新的发展阶段。

隋文帝统一全国后,认真总结了以往的立法经验,在此基础上,提出了"以德化刑"、德化与轻刑并用的法律思想,在制度层面制定了我国法律史上著名的《开皇律》,为唐律的产生奠定了坚实的基础。但隋炀帝继位以后,昏庸贪暴,自毁法制,致隋王朝的统治迅速灭亡。隋代的统治既有值得总结的经验,又有深刻的历史教训。

唐代以来,为了适应社会政治、经济关系的发展,统治者提出了"德本刑用"等立法指导思想,对以往的法律制度,特别是隋代的法制作了重大改革,使中国传统法律制度进入了定型化与完备化的阶段。中华法系也发展到了成熟时期。

唐律是中华法系的代表作,不仅对宋、元、明、清的律典产生了深刻的影响,而且超越国界影响了邻近的亚洲各国。日本著名的中国法制史学家仁井田陞曾说:"七世纪的唐律比十六世纪神圣罗马帝国的卡罗林纳法典有过之而无不及,同时也可以同十七世纪德意志刑法典相媲美。"[1]唐律在中外法制史上占有极其重要的地位。

【问题引导】

1. 隋唐法律思想的比较与异同?
2. 《开皇律》对以往法律有何继承与发展?
3. 如何理解唐律的基本精神与历史地位?

【关键词】

以德化刑　德本刑用　《开皇律》《永徽律疏》《唐六典》《大中刑律统类》　五刑　十恶　八议　六杀　六赃　同居相为隐　自首　共犯　数罪并罚　化外人有犯　保辜　三复奏　五复奏　录囚　三司推事

---

[1] 〔日〕仁井田陞:《中国法制史》,牟发松译,上海古籍出版社2011年版,第2页。

第一节 隋代法律思想与法制概况

一、隋代法律思想

鉴于北周"刑政苛酷,群心崩骇,莫有固志"[①]导致亡国的历史教训,为了笼络人心,防止"上下异心""内外相离"的局面出现,隋文帝自建国初期,即致力于帝制王朝的法制建设,注重以常法治国。由于文帝能够亲躬力行,因此在隋代初期,法制稳定,刑罚适中,法令尚且能够保持清简划一的状态。但是从隋代中后期开始,由于文帝性格猜忌,"坏法、损法"的行为逐步加深,原有的法制状态受到严重冲击,法令由清简开始转向繁苛,刑罚也从适中向严酷过渡。

总括而言,隋代的法律思想主要体现为以下几个方面:

(一)隋代前期:以德化刑,德化与轻刑并用的法律思想

作为一位有作为的帝王,隋文帝把恢复中原正统法律文化作为职责,在隋初,在继承以往的基础上,根据当时的状况,他提出了以德代刑、德化与轻刑并用的法律思想。《隋书·刑法志》记载,开皇三年(583),隋文帝诏令天下:"朕君临区宇,深思治术,欲使生人从化,以德代刑",从而确立了德化与轻刑并用的思想,用以改变前代"君无君德,臣失臣道,父有不辞,子有不孝,兄弟之情或薄,夫妇之义或违,长幼失序,尊卑错乱"的混乱状况,重建以儒学思想为主导的伦理与法律秩序。此外,他认为治国首要在德化,因为大乱之后民心思治,应以德教为先,进而稳定社会秩序。而刑过于苛重,无益于统治。"刑可助化,不可专行",不可过于严苛。同时,隋文帝对以往统治经验及教训作了认真总结后指出,北周法律"繁而不要",而《北齐律》以刑简精确著称。为此,隋文帝主张参考《北齐律》的精神,将德化与轻刑相结合,废除了一些酷刑,减轻了一般犯罪的处罚,最终确立了以轻代重、化死为生的法律思想。隋文帝还主张扩大法律宣传,他要求将《开皇律》"备诸简策,班诸海内,使天下尽人皆知,无违犯之心"。在隋文帝统治的前期,以德化与轻刑并用的法律思想,作为立法、行政、司法的指导思想,不但促进了经济发展和社会的稳定,而且制定了具有重要影响的《开皇律》。他的法律思想,较之前代有长足的长进,也对后世产生了重要影响。但到隋文帝晚期,法律思想有了不小的变化,由轻刑向重刑过渡,并且实行了廷杖等法外之刑,在刑事处罚上有明显加重趋势,对后世造成了一定影响。

(二)隋代后期:弃德毁法、严刑峻法的法律思想

隋炀帝以好大喜功、荒淫无度著称于世。他在位期间,抛弃了前期德化与轻

[①] 《隋书·高祖上》。

刑的方针,制定了《大业律》。由于他对外数次征辽,耗费大量资财,转而对内横征暴敛,终于激起社会动荡与各种反抗。面临危局,隋炀帝弃德毁法,严刑峻法,"急令暴条以扰之,严刑峻法以临之,甲兵威武以董之,自是海内骚然,无聊生矣",以致"敕天下窃盗已上,罪无轻重,不待闻奏,皆斩"。由上可见,隋炀帝暴君式的、野蛮残酷的法律思想与法律措施,加速了社会矛盾的激化和王朝的覆灭,这一历史教训发人深省。

二、隋代立法概况

(一) 法典编纂

1.《开皇律》的篇章结构与内容特点

(1) 篇章结构

隋代自开皇元年(581)到开皇三年(583)修订颁布的《开皇律》,是隋文帝在位时期立法上的重大成就,也是当时法律改革的主要成果。

《开皇律》律文共 500 条,分为 12 篇,隋文帝为高颎、裴政等臣僚规定了"取适于时,故有损益"①的修律原则,主要参详魏、晋以来各代刑律,而多采"后齐之制"。开皇三年,鉴于当时"律尚严密""人多陷罪"的局面,隋文帝又令苏威、牛弘等更定新律,"除死罪八十一条,流罪一百五十四条,徒杖等千余条"。

从篇章体例上看,《开皇律》舍《北周律》而采《北齐律》十二篇的结构:仍定带有总则性质的《名例律》排列第一。其下分别为卫禁、职制、户婚、厩库、擅兴、贼盗、斗讼、诈伪、杂律、捕亡、断狱各篇。与《北齐律》不同的是,《开皇律》改齐《禁卫律》为《卫禁律》,突出了对皇室安全的保卫;把《户律》更改为《户婚律》,增加了婚姻家庭等内容;把《捕断律》分为《捕亡律》与《断狱律》,使程序法更加明晰;把北齐《斗律》《毁损律》的篇名删除,内容归于他律所吸收。自战国、秦、汉起,中经三国两晋南北朝,直至隋修《开皇律》,传统刑律的十二篇体例才最终确定下来,并对后世产生重大影响。

(2) 内容特点

从刑罚制度上看,隋《开皇律》删除了北周不少苛酷的死刑制度。把死刑法定为绞、斩两种,改北周流刑五等为流刑三等,并缩短了距离,分别为一千里、一千五百里、二千里,一律不加鞭刑;改北周一至五年的五等徒刑,为徒一年、徒一年半、徒二年、徒二年半、徒三年半等,并且取消了附加的鞭笞刑,改北周鞭刑为杖刑,从杖六十至杖一百共五等;改北周杖刑为笞刑,从笞十至笞五十共五等。隋文帝对此有过明确说明:"绞以致毙,斩则殊形,除恶之体,于斯已极。"所以,

---

① 《隋书·刑法志》。

"枭首辕身"的死刑与"残剥肤体"的鞭刑都废除不用。① 又说:"以轻代重,化死为生"的条目甚多,"备于简束,宜颁诸海内,为时轨范"②。

隋代五刑体系的出现,标志着传统刑罚制度走向文明并趋于成熟,五刑制度的基本确立直接影响了唐以降的各朝代。

从刑律的内容上讲,《开皇律》吸收北齐"重罪十条"而加损益,正式定为"十恶"罪。隋变北齐"反逆""大逆""叛""降"为"谋反""谋大逆""谋叛"(吸收了"降"的内容),强调把反、叛等严重犯罪扼杀于谋划阶段,借以减轻犯罪危害程度。此外,增设"不睦"条,以便更好地维护传统宗法关系。因为隋代"十恶"能够有效地维护皇权与中央集权国家的统治,所以唐以降各代相继承袭,成为定制。

从特权法的角度来看,隋《开皇律》既承袭了魏、晋、南北朝的"八议""官当""听赎",又有所发展。首先,创设"例减"之制,即八议人员、七品以上官犯罪非十恶者,依例自然减刑一等。其次,《开皇律》比照以官当徒,规定了以官当流的制度。(犯私罪)当处流刑者,"三流同比徒三年",即以官当流二千里,比当徒三年;当流一千五百里,比当徒二年;当流一千里,比当徒一年。"若犯公罪,徒各加一年,当流者各加一等"③,即比照犯私罪者,公罪当徒者,多当一年的制度,犯公罪当流者多当一个刑等。《开皇律》的"例减"与"三流同比徒三年"的规定,为违法犯罪的贵族官僚提供了更多的司法保障,反映了隋代法律维护特权的性质。

综上可知,《开皇律》承袭了《北齐律》"法令明审,科条简要"的传统,具有"刑网简要,疏而不失"④的特点,是隋初统治者总结以往立法经验而制定的一部具有代表性的帝制王朝的成文法典。

2.《大业律》的颁行

仁寿四年(604),隋炀帝夺取帝位,次年改元大业。大业三年(607),新律修成,定名为《大业律》,并颁行全国。《大业律》与《开皇律》不尽相同。隋炀帝以"推心待物,每从宽政"相标榜,删去原律十恶之条,"其五刑之内,降从轻典者二百余条,其枷杖决罚讯囚之制,并轻于旧"。⑤

隋炀帝虽诏颁《大业律》,但并不依此实行。当社会矛盾急剧激化时,隋炀帝旋即"更立严刑",敕令天下窃盗以上罪,不分轻重,一律处斩。⑥ 因隋炀帝自

---

① 《隋书·刑法志》。
② 同上。
③ 同上。
④ 同上。
⑤ 参见同上。
⑥ 同上。

毁法制,滥施淫刑,各地官吏"生杀任情""不复用律令",从而加速了隋代的灭亡。①

(二)隋代法律形式

隋代法律形式主要有律、令、格、式等四种。

隋律,是隋代国家大法。隋律包括《开皇律》和《大业律》,都是以皇帝名义颁布的成文法典。

隋令,是隋代皇帝临时颁布的命令。其中,开皇二年(582),隋文帝颁行《开皇令》,其在承袭晋令的基础上扩增为30篇,包括官制、选举、考课、宫卫、军防、仪制、赋役、仓库厩牧、关市、丧葬、杂等篇。大业三年(607),隋炀帝曾下令编令为30卷,内容不得而知。

隋格,是隋代皇帝整顿社会不良风俗而颁布的格文。《隋书·刘炫传》载:"高祖之世,以刀笔吏多小人,年久长奸,又风俗凌迟,妇人无节。于是立格:州县佐史三年而代,九品妻无得再醮。"此即将佐史任期严格限制在三年之内,九品官死后其妻不得改嫁的规定。

隋式,是隋代皇帝下令颁布的有关维护先贤坟茔以及修建祠宇实行祭祠的式文。其中,《隋书·炀帝纪》载:大业二年(606),炀帝令"有司量为条式"。此后,大业四年(608),隋炀帝"又颁新式于天下",但式的内容不详。

第二节 唐代法律思想与立法概况

一、唐代法律思想

在隋末废墟上建立起来的唐帝国,既面临着社会的动乱,其统治集团内部又存在着错综复杂的矛盾。为稳固新建的政权,初唐统治者提出并且实施了缓和社会矛盾的政策。武德七年(624),唐高祖李渊颁布均田令与租庸调法,用以恢复残破的社会经济,平息农民阶级的反抗情绪。唐太宗继位后,认真总结并汲取了暴隋政亡的历史教训,认识到"赋繁役重,官吏贪求,饥寒切身"是农民反抗的根本原因。为巩固皇权的统治,唐太宗实施了"轻徭薄赋,选用廉吏"的政策,以期缓和社会矛盾。初唐统治者缓和社会矛盾的政策与思想也充分反映在立法思想上。概括起来说,初唐统治者的立法思想有如下几个方面:

第一,以隋为鉴,不但要求立法宽简,而且力求保持法律的稳定性与连续性。目睹农民战争威力的初唐统治者,出于维护唐代长久统治的目的,"动静必思隋

---

① 参见《隋书·刑法志》。

氏,以为殷鉴"①。唐高祖李渊即位不久,在强调立法"务在宽简,取便于时"②的同时,进一步提出"永垂宪则,贻范后昆"③的主张。唐太宗在唐高祖李渊的基础上,不但强调立法"惟须简约",而且指出了"数变法者,实不益道理"④的问题。

第二,宽严适中,简约易明,这是初唐统治者为唐代立法规定的基本指导原则。贯彻这一原则的《贞观律》,相继删除了沿袭《开皇律》而制定的《武德律》中的一些苛刻的刑罚内容。如仅死刑就删除了92条,至于变重为轻者不计其数。初唐统治者力求刑律宽简易明,有助于迅速稳定战乱之后的社会形势。

第三,初唐统治者着眼于王朝的长治久安,逐步确立了"德礼为政教之本,刑罚为政教之用"的立法指导原则。唐代初建,唐高祖李渊曾提出禁惩奸顽,整顿社会风气,要以礼教与刑罚并用的思想为指导。唐太宗着眼于治国治本,较前更加突出传统礼义道德对法律的指导作用。贞观初年,君臣集议,讨论治国究竟以刑为先,还是以礼为先的问题。唐太宗欣然采纳了后一种意见,"遂以宽仁治天下,而于刑法尤慎"⑤。到唐高宗即位后,长孙无忌等老臣在主持制定《永徽律疏》时,最终确立了"德礼为政教之本,刑罚为政教之用"的原则。这一原则的贯彻实施使唐代的礼、法结合达到了中国帝制时代的高峰,从而结束了起自西汉武帝时期到魏晋南北朝延续了七百年之久的经义决狱。唯其如此,唐律才被后世公认为"一准乎礼,而得古今之平"⑥。

第四,法不避权贵、黜陟不分亲疏是贞观时期重要的立法思想。贞观初期,唐太宗着眼于重建统治秩序,贯彻了"尽忠益时者,虽仇必赏"的方针,对原有仇嫌、后能尽忠的魏徵,实行破格重用;对"犯法怠慢者"则实行"虽亲必罚"的方针⑦,即便是皇叔李道宗,在犯赃时也予以免官、削封邑之处罚。唐太宗严于吏治、对不法官吏"绳以重法"的思想,在唐律中得到了明确的体现。《唐律疏议·职制篇》"诸监临主司受财枉法者条"规定:"(官吏)受财枉法者,一尺杖一百,……十五匹绞。"

贞观初期,统治者认真贯彻实行法不避权贵、黜陟不分亲疏等原则,社会矛盾趋于缓和,以至于出现史书记载的"天下帖然""人人自安"⑧的状况。

---

① 《贞观政要·刑法》。
② 《旧唐书·刑法志》。
③ 同上。
④ 《贞观政要·赦令》。
⑤ 《新唐书·刑法志》。
⑥ 《四库全书总目·政书类》。
⑦ 《魏郑公谏条·公平》。
⑧ 《贞观政要·奢纵》。

二、唐代立法概况

（一）律典的编纂修订概况

1. 唐律的修订过程

盛唐时期，传统中国的法制进入到完备化与定型化的阶段。唐代法律制度以《唐律疏议》为突出代表。综观唐律的刊修过程，大致可划分为三个阶段。

（1）《武德律》与《贞观律》的产生

李渊代隋建唐以后，当时"诸事始定，边方尚梗，救时之弊，有所未暇"[①]的社会形势影响了唐律的全面修订。武德七年（624），左仆射裴寂等承旨修成《武德律》，同年颁行天下。《武德律》因袭《开皇律》，只是有所损益而已。正如《旧唐书·刑法志》所述："惟正五十三条格，入于新律"，"余无所改"。可见，武德年间在修订唐律上建树有限。

真正奠定有唐一代律典基础的，是唐太宗李世民。李世民作为唐代第二代君主，不但具有丰富的法律思想，而且富于法律统治的实际经验。他一即位，旋即召集深通儒学与律意的长孙无忌、房玄龄等大臣，对原有律文进行了全面修订。自贞观元年（627）正月到贞观十一年（637）正月，前后耗时11年之久，终于修订了著名的《贞观律》，并且诏颁天下。

（2）《贞观律》的变化

《贞观律》共12篇500条。经过全面修订的《贞观律》，较之以往出现了某些重大的变化。

第一，创设加役流刑，作为减死之罚。

贞观初，魏徵等大臣以律令苛重为由，提议绞刑之属50条，"免死罪"，更为"断其右趾"。唐太宗认为，以断右趾作为减死之罚仍然过重，徒增犯人苦楚，没有同意。后交付臣下重议。其后，弘献、房玄龄等反复与"八座"集议，终于创设了流三千里、居作三年的加役流制度，取代了"断右趾以代减死"之罚，为统治阶级提供了替代死刑的比较适当的手段。其后，又成为后世固定不变的制度。

第二，改革"兄弟分居，连坐俱死"之法。

据《旧唐书·刑法志》，旧律规定兄弟虽然分居，且"荫不相及"，但事涉谋反，"连坐俱死"。唐太宗以为过重，他说："反逆有二：兴师动众一也，恶言犯法二也。轻重固异，而（旧律）均谓之反"，并且连坐"皆死"，不能当成"定法"。于是召集群臣议改，最后规定："反逆者，祖孙与兄弟缘坐，皆配役；恶言犯法者，兄弟配流而已。"[②]贞观年间，以配官为奴或者流配的形式取代了以往族刑连坐"兄

[①] 高潮、马建石主编：《中国历代刑法志注译》（上），吉林人民出版社1994年版，第240—245页。
[②] 同上书，第308—319页。

弟俱死"之法,缩小了族刑连坐的死刑范围,反映出当时的刑法制度较之以往有了明显的进步。

第三,以大法的形式,明确了比附类推所应遵循的法律原则。

贞观年间,为防止审判官吏任意比附出入人罪,在《贞观律》中明确规定了类推所应遵循的原则。其中规定:"诸断罪而无正条,其应出罪者,则举重以明轻;其应入罪者,则举轻以明重","称加者,就重次;称减者,就轻次"。① 就是说,对于从重处罚的罪,列举出轻的条款,通过比照,重者自明。对于从轻处罚的罪,列举出重的条款,比照类推,则轻者自明。同时还严格规定了法官断案失误所应承担的刑事责任。所谓"断狱而失于出入者,以其罪罪之",即"失入者,各减(罪人罪)三等;失出者,各减五等"②。故意出入人罪者,以罪人罪之。

诸如此类,还有一些。譬如"八议"之外,增加"请条",严格系、讯囚徒的枷杖之制;又如,"当徒之法,唯夺一官","除名之人,仍同士伍";等等。对于《贞观律》的变化,《旧唐书·刑法志》有过这样的评述:"自是比古死刑,殆除其半","比隋代旧律,减流入徒者七十一条","凡削烦去蠹,变重为轻者,不可胜记"。由上不难看出,贞观年间经过君臣们长期的审慎斟酌,《贞观律》对沿袭《开皇律》的《武德律》做了大量的改革工作,从而使唐律步入成熟期,具有轻缓化、科学化、规范化、完善化的特征。《贞观律》不仅构筑了唐律的基本模式,而且成为唐代世代相袭的定制,很少删改。

(3)《永徽律疏》的修订

李治承唐太宗之命即位,就是史书上所称的唐高宗。永徽元年(650)初,唐高宗敕令太尉长孙无忌等共同编制律、令、格、式③,次年九月,长孙无忌等编成《永徽律》,共12篇502条,绝大部分是沿袭《贞观律》。在永徽君臣看来,贞观年间"条章备举,轨罔昭然",毋庸大改。只是因为土地兼并有所加重,增设了禁止买卖口分田的规定。④ 此外,将原《贞观律》"名例律·十恶·大不敬条"中的"言理切害",改为"情理切害",并作了郑重说明:"旧律云言理切害,今改为情理切害者,盖欲原其本情,广思慎罚故也。"⑤

永徽年间最大的贡献,就是对律文本身作出详尽的注疏。永徽三年(652),唐高宗因律文注疏缺失造成适用法律困难的情况,广召解律者进行疏议工作。其后,长孙无忌、李勋、于志宁等承旨领导此项工作。他们依照"网罗训诂,研核丘坟"的原则,并继承汉晋以来,特别是晋代张斐、杜预的注释律文的已有成果,

---

① 高潮、马建石主编:《中国历代刑法志注译》(上),吉林人民出版社1994年版,第308—319页。
② 同上书,第249—259页。
③ 同上。
④ 同上书,第308—319页。
⑤ 《唐律疏议·名例律》。

历时一年,终于完成了《永徽律》的疏议工作。永徽四年(653),经唐高宗批准,将疏议分附于律文之后,颁行天下,时称《永徽律疏》。因此前《贞观律》等都已佚失,所以,《永徽律疏》就成为迄今保存下来的我国历史上最完整、最具有社会影响的传统法典。永徽年间将律文与疏议有机地合为一体,提供了刑律的新形式,并为后世帝制王朝的立法所继承。

《永徽律疏》的疏议部分同律文本身一样,具有同样的法律效力。又由于疏议对全篇律文作了权威、统一的法律解释,给司法实际工作带来了便利,以致当时的"断狱者,皆引疏分析之"[①]。疏议的作用相当显著,甚至有些学者认为,"这部永徽律全得疏议才流传至今"[②]。

(4) 开元年间对《永徽律疏》的刊定

如同永徽年间需要修订《贞观律》一样,六七十年之后的唐玄宗开元时期(713—741),随着社会形势的变化,同样产生了刊修《永徽律疏》的需要。开元六年(718),唐玄宗敕令吏部侍郎兼侍中宋璟等九人"删定律令格式"[③],次年三月宋璟等奏上律、令、式。继之,开元二十二年(734)至开元二十五年(737),中书令李林甫等承旨删辑了旧格、式、律、令、敕,其中刊定了"《律疏》三十卷"。其后,唐玄宗"敕于尚书都省写五十本,发使散于天下",使《开元律疏》得以行用天下。

开元年间对《永徽律疏》的刊定,同样是十分慎重的。如将"十恶"的大不敬"盗及伪造御玺"改为"盗及伪造御宝"时,在《疏议》中曾说明:"(自)秦汉以来,天子(印章)曰玺,……开元岁中,该玺曰宝。本条云'伪造皇帝八宝',此言'御宝'者,为摄三后宝,并入十恶故也。"对于这次更改,《新唐书·舆服志》也作过说明:"武后改诸玺皆为宝,中宗即位复为玺,开元六年复为宝。"由此可见,《永徽律疏》中的"盗玺"是在开元六年(718)后,才最终改为"盗宝"的,其间经历过一个反复的过程。

经过开元年间的刊定,唐律及其疏议变得更加完善。其后,中经唐末、五代、两宋,直至元代,最终定名为《唐律疏议》。

综观唐代修律的全过程,以贞观、永徽、开元三个时期改动最大,影响最深。因此,把贞观定律、永徽制疏、开元刊定作为划分唐律发展的主要阶段,既较符合唐代立法实际,也能反映出唐律发展的内在联系。

2. 《唐六典》的编纂

开元年间,统治者在刊定《永徽律疏》的同时,又着手《唐六典》的编纂工作。

---

① 《旧唐书·刑法志》。
② 杨鸿烈:《中国法律发达史》(上册),上海书店1990年版,第350页。
③ 《旧唐书·刑法志》。

《唐六典》的产生，反映了唐代行政立法的高度发展，以及中国古代法典编纂沿革史上的重大变化。

古代中国，自周公制《周礼》以来，一向把政制、官规与礼、刑合编，直至春秋末年也没有产生相对独立的行政法律规范。正如近人章太炎在《检论·汉律考》一文中所说："周世书籍既广，六典举其凡目，礼与刑书次之，而通号以周礼。"到战国时期，随着君主专制制度的确立与发展，秦代首先出现了单行的行政法律规范，如秦简中的《除吏律》等。承秦而立的汉代，因实行"一切著之于律"的法律编纂方法，传统行政法规范只能以单行条例的形式存在。西晋以后，统治者出于调整社会关系的需要，重新恢复了秦代以来"官制仪法与律分治"的传统，制定了《新定仪注百官阶次》诸书。但因"诸书仪杂（之于）礼，公私闲作"①，尚存有严重的弊端，至唐开元时期，进一步实行了改革。

开元年间行政立法的改革，因无前辙可鉴，曾经历了艰难的探索过程。开元十年（722），起居舍人陆坚受唐玄宗之诏，入集贤院首修六典。当时，由于陆坚只凭唐玄宗手写六条"理典、教典、礼典、政典、刑典、事典"从事编纂，虽然"用功艰难"，但因制定《唐六典》的指导思想不切合实际，以致"绵历数载"，仍于事无成。

陆坚、徐坚等人修订《唐六典》的失败，迫使知集贤院的张说另辟蹊径，并建议按新的体例编纂《唐六典》。唐玄宗于是命毋煚、孙季良、韦述等参撰《唐六典》，并确定以"周礼六官"为编修体例。这样就规定了行政立法"以官统典"的指导原则。其后，肃嵩、刘郑兰、肖晟、卢若虚、张九龄、陆善经、李林甫等大批精晓政制官规的官僚及学者参与编修，直至开元二十六年（738），历时十六年之久的《唐六典》的修订工作终告结束。

《唐六典》共30卷，大致按照传统行政官僚体制编排。第一卷为三师、三公、尚书都省，第二卷至第七卷分别为尚书省的吏、户、礼、兵、刑、工部，第八卷为门下省，第九卷为中书省、集贤院、史馆、匦使院，第十卷为秘书省，第十一卷为殿中省，第十二卷为内官、宫官、内侍省，第十三卷为御史台，第十四卷为太常寺，第十五卷为光禄寺，第十六卷为卫尉、宗正寺，第十七卷为太仆寺，第十八卷为大理、鸿胪寺，第十九卷为司农寺，第二十卷为大府寺，第二十一卷为国子监，第二十二卷为少府、军器监，第二十三卷为将作、都水监，第二十四卷为诸卫，第二十五卷为诸卫府，第二十六卷为太子三师、三少、詹事府、左右春坊、内官，第二十七卷为太子家令、率更、仆寺，第二十八卷为太子左右卫及诸率府，第二十九卷为诸王府、公主邑司，第三十卷为三府、都督、都护、州、县官吏②。

---

① 章太炎：《检论·汉律考》，载《章太炎全集》（三），上海人民出版社1984年版，第438页。
② 以上篇目依据昭和四十八年（1973）日本广池本《唐六典》。

从《唐六典》的刊修以及篇目内容上看,这部唐代的行政法典不但承袭了以往行政立法的经验,而且有所创新。① 《唐六典》以"官领其属,事归于职"为其基本体例,打破了两晋以来"诸书仪杂礼"的传统。又如章太炎所说:"讫唐有《六典》、《开元礼》,由是律始专为刑书,不统宪典之纲矣。"② 正因为《唐六典》实现了刑律与礼制的分离,传统行政法最终才相对独立。

《唐六典》涉及内容广泛,其正文部分详尽记述了盛唐时期的职官建制与官规、政令的各个方面,其注文部分又介绍了上述各项规定的变化由来。因此,称《唐六典》为盛唐时期的"行政法规大全",并不为过。

《唐六典》是我国现存的一部最古老的行政法典,传至后世则称其为《大唐六典》。《大唐六典》的出现,不仅反映了唐代法律制度的完备,以及古代行政立法的突出发展,而且使法典形式为之一变,自此产生了刑律与行政法典既相分立又相互为用的两大法典体系。明清两代在编定刑律之外,多方组织人力汇编本朝的会典,就反映了唐代法典形式对后代的重大影响。

(二) 法律形式

在唐代统治期间,无论是政治、经济,或者是法律、文化,都得到了前所未有的发展,加之国内外贸易愈加频繁,形成了极为复杂的社会政治、经济等关系,促使唐代统治者从维护国家统治出发,采用多种法律手段调整复杂的社会关系。

唐代法律的主要形式为律、令、格、式四种。有关唐代法律形式的解释,自古以来就不尽相同。开元二十六年(738)修订的《唐六典》曾解释说:"凡律以正刑定罪,令以设范立制,格以禁违止邪,式以轨物程事。"宋人修订的《新唐书·刑法志》则解释说:"唐之刑书有四,曰:律、令、格、式。令者,尊卑贵贱之等数,国家之制度也;格者,百官有司之所常行之事也;式者,其所常守之法也。凡邦国之政,必从事于此三者。其有所违及人之为恶,而入于罪戾者,一断以律。"由此可以看到,律、令、格、式是唐代四种最主要的法律形式,都是唐代法律的重要渊源。

但律、令、格、式并不是并列的。其中以律为主,律是国家的大法,令、格、式则是律的重要补充。东汉许慎在《说文解字》中说:"律,均布也。"可见,律具有普遍性。律又被古人视为一种标准,以期达到"范天下之不一而归于一"的目的。在适用法律以及确定刑名与罪名时,律起着"正刑定罪"的标准作用,所谓"一断以律"。由上不难看出,律是具有刑事性、普遍性、经常性的成文法典。唐代的律主要有高祖的《武德律》、太宗的《贞观律》、高宗的《永徽律》、玄宗的《开

---

① 学界对《唐六典》的性质是否为行政法典尚存争议。早在20世纪初,日本学者织田万在《清国行政法》一书中,将《唐六典》认为是中国最早的行政法典,这种观点也为较多法律史著作采用。但亦有学者认为《唐六典》并非一部具有法律性质的行政法典,而是一部官制文献。钱大群:《〈唐六典〉不是行政法典——答宁志新先生》,载《中国社会科学》1996年第6期。

② 章太炎:《检论·汉律考》,载《章太炎全集》(三),上海人民出版社1984年版,第438页。

元律》等。律涉及的范围相当广泛,它包括刑事、民事、行政、经济以及诉讼等各方面的内容,其适用最广,强制效力最为普遍。

令在《说文解字》中被解释为"发号也"。实际上是皇帝针对特定事项临时颁布的各项命令,上至国家的大政方针、政权组织方面的制度与规定,下至某个特定对象,内容相当广泛。所以,令的主要作用是规范国家体制与严格尊卑贵贱的等级秩序,其法律适用层级和强制效力在所有法律形式中均为最高。但令只有经过立法部门编纂,才具有普遍性。唐代重要的令,有《武德令》《贞观令》《开元令》等。

在君主专制下,唐代的格,也是以皇帝名义发布的而国家机关必须遵行的各类单行敕令与指示的汇编。汇编后的格,唐时称之为"永格",是单行的敕条上升为普遍性与经常性的法律,也是"百官有司所常行"的行政规则。唐代重要的格有《武德格》《贞观格》《开元格》等。格涉及范围广,灵活具体,是唐代法律的重要补充。

式在《说文解字》中被解释为"法也"。但是,其适用层级与强制效力低于律、令。实际上,式是有关帝制国家各级政权组织或各类机关活动的规则,以及中央与地方、上级与下级之间的公文程式的细致规定,也带有行政规则的性质。唐代编定的式被称为"永式"。唐代多种法律形式的并用,不但说明传统法律体系的完备化与系统化,而且反映了大一统国家的发展与皇帝个人支配立法权的明显加强。从实质上看,唐代律、令、格、式等法律形式,都是实施统治的有效手段,统治者采用多种法律形式进行统治,无非要把复杂的社会关系纳入传统法律调整的范围,有利于稳定社会秩序,进而达到长治久安的目的。

此外还须指出,唐代虽然把律、令、格、式规定为国家法律统治的基本形式,但司法实践中应用的法律形式,却远非上述四种。只是因为律、令、格、式为高祖、太宗等开国皇帝所规定,唐代后世才都作为不可更易的祖制承袭下来。尽管其他法律形式在实际中存在,但不被统治者视为"正制"。经秦汉直至三国两晋南北朝,以例比附断案盛行不衰。至隋代以前,比的数额已达3000条。经隋代删定,"惟留五百"[①]。唐高宗仪凤初年,详刑少卿整理隋代旧比,定名为《法例》,共3卷。当时"引以断狱,时议亦为折衷"[②]。可见,唐高宗时期在司法实践中已出现以例定罪的形式。唐高宗却认为:"律、令、格、式,天下通规。非朕庸虚所能创制。"并说:"(这些)并是武德之际,贞观已来,或取定宸衷,参详众议,条章备举。"为此,他认为:"临事遵行,自不能尽,何为更须作例。"[③]自此以后,前

---

① 《旧唐书·刑法志》。
② 同上。
③ 同上。

定"法例遂废不用"①。

然而,《唐律疏议·职制篇》却规定:"年十六以上,六十九以下犯罪,徒役其身,庸依丁例。"即按照《丁例》,以赎绢的方式取代徒刑。这就表明,唐代虽然废弃了《法例》,但例的实际使用却没有停止。唐代例的影响又及于后世,经宋元,直至明清,不仅没有衰止,反而愈益发展,占据了重要的地位。

此外,开元年间制定的《唐六典》,成为帝制王朝第一部行政法典。大中年间又制定了《大中刑律统类》,将敕、令、格、式编入律,丰富了唐代的法律形式,使唐代形成以唐律、《大中刑律统类》为代表的刑事法律系统,以及以《唐六典》为代表的行政法律系统。该两大法律系统相辅相成,相互为用,构建起了唐代完善的法律形式,对后世产生了重大影响。

第三节 唐代法律的主要内容

一、唐代刑事法律的内容

唐律中的刑事法律规范与前代相比,已发展到比较完备的程度。《唐律疏议》的律文部分总计12篇502条:第一篇《名例律》共57条;第二篇《卫禁律》共33条;第三篇《职制律》共57条;第四篇《户婚律》共46条;第五篇《厩库律》共28条;第六篇《擅兴律》共24条;第七篇《贼盗律》共54条;第八篇《斗讼律》共60条;第九篇《诈伪律》共26条;第十篇《杂律》共62条;第十一篇《捕亡律》共28条;第十二篇《断狱律》共34条。从刑法学的角度看,《唐律疏议》把《名例律》置于律文之首,起到了唐律总则的作用,具有很高的价值。如前所述,《职制律》是带有行政法性质的规范;《户婚律》则是带有民法性质的规范;《擅兴律》是带有军法性质的规范;《杂律》的部分内容是带有经济法性质的规范;《捕亡律》与《断狱律》是带有程序法性质的规范。相当于近代刑法分则的内容则散见于《唐律》中的《卫禁律》《厩库律》《贼盗律》《斗讼律》《诈伪律》等各篇。在1300多年前的帝制时代,唐律能够大体区别出类似于刑律"总则"与"分则"的不同内容,确是难能可贵的。

(一)《名例律》的主要内容

自北齐律规定以《名例律》为首的原则以后,隋唐相继沿袭未改。但对《名例律》的总则性质作出确切说明的,却是《唐律疏议》。《唐律疏议》解释说:"名者,五刑之罪名;例者,五刑之体例""命诸篇之刑名,比诸篇之法例""命名即刑应""比例即事表,故以名例为首篇"。即是说,《名例律》被置于律文的篇首,是

---

① 《旧唐书·刑法志》。

因为它具体规定了各篇通用的刑名以及刑法适用的共同原则,从而把《名例律》的总则含义及其地位与作用作了清楚的表述。

《唐律疏议》中《名例律》的总则含义有别于现今,它的内容大致有以下几项:

1. 五刑

唐律的五刑,指笞、杖、徒、流、死五种法定刑罚所构成的刑罚体系。

笞刑是五刑中最轻的一种,如《唐律疏议》所解释的那样:"笞者,击也,又训为耻。言人有小愆,法须惩诫,故加捶挞以耻之。"汉时笞则用竹,唐时则用楚。即用两股荆条拧成楚击打犯人的腿、臀部,以示对轻微犯罪的惩戒。可见,唐代笞刑带有耻辱刑与教育刑结合使用的含义。按律文规定,笞刑分五等,从笞十到笞五十,刑差为十。

杖刑仅重于笞刑。"杖者,持也,而可以击人者欤。"因杖刑是用三尺五寸长的竹杖击打犯人的背、腿、臀部,故带有身体刑的明显性质。杖刑也分为五等,从杖六十到杖一百,刑差为十。

唐代徒刑是自由刑与奴役刑的结合使用。如《唐律疏议》所说:"徒者,奴也,盖奴辱之。"即让犯人戴枷或束钳,剥夺其自由,强制服劳役。这种剥夺罪犯人身自由,并强制服役施以耻辱的刑罚显然比杖刑要重。京城的徒刑犯,分男女送将作监或少府监;在地方,则送往官府服各类杂役。按律规定,徒刑分为五等,即徒一年,徒一年半,徒二年,徒二年半,徒三年。

唐代流刑是仅次于死刑的惩罚手段,是将流刑犯押送到边远地区,并强制其戴枷或束钳服苦役。流刑分三等,即流二千里,流二千五百里,流三千里,但服役同为一年。《唐律疏议》曾转引《尚书》的话说:"'流宥五刑'谓不忍刑杀,宥之于远也。"意思是以流放代替刑杀,作为减死之罚。唐代还增设了加役流刑,即流三千里,劳役加至三年。

唐代法定死刑为绞、斩两种。同以往各代残酷的死刑相比,唐代法定的绞、斩刑,属于生命刑中较为轻缓的两种。

此外,唐代还规定有五刑的赎金制度,即除"十恶"罪以外,自笞十至斩刑,分别赎铜1斤到120斤不等。但唐代的赎刑制度并不适用于所有的人。在一般情况下,不适用于"十恶"犯罪与平民百姓,只适用于官僚贵族及其亲属,以及老幼废疾等特殊情况。

自秦汉至隋代,刑罚制度逐渐由繁杂残苛向简明轻缓发展,其间有汉文帝的废肉刑之改革,以及三国两晋南北朝的刑制改革和隋文帝法定五刑的规制。然而,或因刑罚制度不完善,或因王朝存在短暂,始终没能形成稳定化与定型化且长期适用的刑罚体系。唐初统治者因憷于隋末农民战争的威力,着手缓和社会矛盾,遂在前代改革刑制的基础上,将刑罚体制法定为笞、杖、徒、流、死五种。至此,传统五刑制度固定下来,不仅适用于李唐王朝,而且影响了宋、元、明、清等各代。唐代五刑制度的确立,反映了当时政治经济的发展与社会文明程度的提高,但其仍是一部特权法,官僚贵族因有法定特权的保护,或因有钱赎刑,往往得以逃避罪责。

2. "十恶"

唐律"十恶"是危及皇权和国家的十种重罪的总称。它的渊源,如《唐律疏议》所说:"汉制九章,虽并湮没,其不道、不敬之目见存","周齐虽具十条之名,而无十恶之目。开皇创制,始备此科","自武德以来,仍遵开皇,无所损益"。即说明自汉代制《九章律》便存在某些罪名;北齐、北周则汇总为"重罪十条";隋代制《开皇律》时,才完备了"十恶"之目,从而奠定了唐律"十恶"的基础。唐律"十恶"具体内容如下:一是谋反,二是谋大逆,三是谋叛,四是恶逆,五是不道,六是大不敬,七是不孝,八是不睦,九是不义,十是内乱。

依据《疏议》的解释,"十恶"内容大体可分为三类:

其一,严惩威胁、损害皇权和危及国家统治的政治性犯罪。

威胁、损害皇权和危及国家统治的政治性犯罪,包括"谋反""谋大逆""谋叛"及"大不敬"等。《唐律疏议》说:"谋反"是"谋危社稷",即图谋推翻皇帝的统治;"谋大逆"是"谋毁宗庙、山陵及宫阙",即图谋毁坏皇帝祖庙、皇陵和宫殿;"谋叛"是"背国从伪",即背叛国家,投降伪政权;"大不敬"是指盗取皇帝服用物,盗取或伪造皇帝印玺,给皇帝配药不按本方,做饭犯食禁,指责皇帝,诽谤朝政,对皇帝、使臣无礼等,即侵犯皇帝人身及其尊严的各类行为。从上述解释中,可以明显看出隋唐"十恶"与北齐"重罪十条"的差异。北齐"重罪十条"规定有"反逆""大逆""叛""降"。隋唐"十恶"则突出了对预谋犯罪的镇压,主张将"反""叛"等严重犯罪扼杀在谋划阶段,借以减轻犯罪的危害程度,同北齐重惩"现行犯"相比,是一个很大的变化,它表明隋唐统治者立法经验的丰富与积累。因上述四条直接危及皇权和国家统治秩序,所以刑罚也异常残酷。《唐律疏议·贼盗律》规定:谋反及谋大逆者,不分首从皆斩;其父子年十六以上一律处绞;十五以下及母、女、妻、妾、祖、孙、兄、弟、姊、妹,以及部曲、家仆、资财、田宅,一律没官;伯叔父及兄弟之子,也流三千里,不限户籍之异同。对"词理不能动众,威力不足率人者",也不分首从,一律处斩,甚至仅仅"口陈欲反之言,心无真实之计,而无状可寻者",也要流二千里。

以上表明,唐律"十恶"对威胁损害皇权、危及大一统国家的思想、言论、行为实施严厉处罚,充分反映了唐律维护君主专制主义的本质与特征。

其二,严惩威胁王朝统治秩序的"不道"行为。

如《唐律疏议》所说:"不道",是"杀一家非死罪三人及肢解人,造畜蛊毒,厌魅",也就是使用凶暴手段致人以死,或畜养毒虫、使用邪术害人。"不道"犯罪虽未直接侵犯皇权,但严重扰乱王朝统治秩序,损害专制制度的统治基础,所以列作"十恶"第五条,严加打击。

其三,严惩破坏传统伦常关系的犯罪。

破坏传统伦常关系的犯罪,包括"恶逆""不孝""不睦""不义""内乱"等重罪。"恶逆"指殴打、谋杀尊长亲属。"不孝"指诅骂或告发直系尊亲,或供养有缺,或别立户籍私藏钱物,或私自婚娶,父母去世匿不举哀等。"不睦"指"谋杀及卖缌麻以上亲,殴告夫及大功以上尊长、小功以上尊亲"。"不义"指杀本属长官与授业老师。"内乱"则指亲属间的乱伦行为。上述五条因严重违犯传统伦常关系、动摇传统社会的统治基础,都被列为"十恶"的内容,从严处罚,从而反映出唐律礼、刑合一的明显特点。

由此可见,在唐代,无论是威胁损害皇权、危及王朝的统治,还是严重破坏社会秩序、紊乱传统伦常关系的行为,都为统治者所不容。《唐律疏议》说:"五刑之中,十恶尤切,亏损名教,毁裂冠冕,特标篇首,以为明诫。"唐代统治者把"十恶"列为篇首,尤其注重禁绝违背传统伦常关系与扰乱社会秩序的行为,对此类行为处以重罪,增强了唐律的威慑作用。应当指出,为了巩固传统社会的统治基础,唐代"十恶"把维护皇权与中央集权作为根本宗旨,把保护统治阶级成员的生命财产安全作为重要目的,因此注重镇压谋反叛乱、紊乱传统伦常关系与扰乱社会秩序的"十恶"行为。

3. 官僚贵族特权的法律化

(1)"八议"。唐代沿袭曹魏以来的"八议"之制,对八类高级特权人物犯罪作了减免处罚的规定。"八议"一指"议亲",即皇帝的亲戚;二指"议故",即皇帝的故旧;三指"议贤",即品行达到道德最高水准的人;四指"议能",即有大才能的人;五指"议功",即功勋卓著者;六指"议贵",即大贵族大官僚;七指"议勤",即勤于为国家服务的人;八指"议宾",即前朝皇室后代被尊为国宾者。按照唐律规定,上述八类人犯罪,如是死罪,官吏必先奏明皇帝,并"议其所犯",交皇帝裁处。按照通例,一般死罪可以降为流罪,流罪以下自然减刑一等。但犯有"十恶"罪的,不在此范围之内。

(2)"请"。"请"的规格低于"议",它主要适用于"皇太子妃大功以上亲""应议者期以上亲及孙""官爵五品以上,犯死罪者"。对这类人犯罪,官吏有权条陈其罪及应请的情状:如是死罪,则依律确定应斩或绞,奏明皇帝听候发落;流刑以下,自然减刑一等。"请"的限制条款比"议"多,除犯"十恶"外,"反逆缘坐,杀人,监守内奸,盗、略人,受财枉法者",不适用"请条"。

(3)"减"。"减"的规格低于"请",它适用于七品以上官,及应请者的亲属。如有犯罪,又在流罪以下,可以减刑一等。

(4)"赎"。"赎"的规格低于"减",适用于九品以上、七品以下官吏的亲属。上述人犯流刑以下罪,听凭以铜赎刑。对于"减""赎"的限制条件更多,凡犯"加役流、反逆缘坐、子孙犯过失流、不孝流及会赦犹流者,各不得减赎,除名,配流如法"。① 即犯流以上罪的,不在减赎之列,为官的,要除名,配流依法照办。

(5)"官当"。"官当",指官吏犯罪可以官品和爵位抵当刑罪。按以官当徒原则,公罪比私罪抵当多一年,官品高的比官品低的抵当为多。

(6)"免官"。"免官",指免除官职来抵当刑罪。凡免官者"比徒二年;免所居官者(现职),比徒一年"。但"流外官不用此律"。可见,"免官"是对徒罪以下官吏所实行的宽缓措施。此外,唐律还规定:免所居官者,1 年后降原级一等叙用;免官者,3 年后降原级二等叙用。

免官之外,唐代还规定了"除名",即"官爵悉除","除名"可以"比徒三年",6 年以后叙用。②

唐代统治者通过"议""请""减""赎""官当""免官"等方式,将贵族官僚的特权法律化,用以维护官僚体制,巩固专制统治的基础。③ 唐代贵族官僚的特权规定,较前更加广泛、系统,从而反映了唐律的特权法性质。但须指出,君主专制条件下的唐代,任何官僚贵族的特权只具有相对的意义,并以不触犯皇权及统治阶级根本利益为限度,如犯有"十恶不赦"之罪,则同样严惩不贷。

4. 刑法适用的主要原则

为充分发挥传统刑律的作用,唐代统治者总结以往经验,进一步完善了刑法适用的原则。

(1)"累犯"加重的原则。唐律中没有现代刑法学上累犯的概念,但出现了与之相似的"累科"。《唐律疏议·名例律》规定:"诸犯罪已发及已配而更为罪者,各重其事。"并说:"已发者,谓已被告言;及已配者,谓犯徒已配,而更为笞罪以上者,各重其后犯之事而累科之。"唐律的累科以犯罪被告发或判处徒刑已发配者,作为要件。这同现今的刑法关于累犯的概念有所不同。唐代对累科采取"各重其后犯之事"的处罚原则。正如《唐律疏议》举例所说,已断定徒役三年而未到配所,再犯流罪,处流二千里,决杖一百,加上流罪应役的 1 年,总共劳役 4 年。

统治者一向把累犯视为威胁社会的严重犯罪,因此采取加重处罚的原则。唐代对累犯的处罚,既注重后犯之罪,又兼顾前犯之罪,从而反映了中国古代累犯加重原则的固有特点。

(2)老、少、废、疾犯罪减免处罚的原则。唐代区分三种情况处理。凡年 70 岁以上、15 岁以下及废疾,犯流罪以下,收赎;年 80 岁以上、10 岁以下及笃疾,犯

---

① 《唐律疏议·名例律》。
② 同上。
③ 同上。

反、逆、杀人应死者,上请;年90岁以上、7岁以下虽有死罪,不加刑。唐代统治者深受儒家思想影响,认为老、少、废疾等犯罪,是因为"皆少智力"。因为他们"不堪受刑",所以采取从轻处罚的原则。对于教唆上述人犯罪者,则采取加重处罚教唆者的原则。唐律的上述规定又涉及犯罪的刑事责任年龄问题。少年犯最低年龄为6岁,最高为15岁,因为他们未达成年,唐律以从轻处理。老年犯以70、80、90岁为限,因其年迈昏聩,唐律采取了减免处罚的原则。

(3) 自首的原则。唐律完善了自首的规定。首先,严格区分自首与自新的界限。在唐代,犯罪未被举发而能主动到官府交代罪行的,叫作自首。对于自首者,唐律采取"原其罪"的原则,即免于追究刑事责任。但犯罪被揭发,或被官府查知逃亡后,再投案者,唐代称作自新。自新是被迫的,与自首性质不同。唐代对自新采取减轻刑事处罚的原则。其次,唐律规定不是所有犯罪都可以享受自首的待遇。凡"于人损伤,于物不可备偿""越渡关及奸,并私习天文者,并不在自首之列",即对侵害人身、毁坏贵重物品、偷渡关卡、私习天文等犯罪,由于这些犯罪的后果已不能挽回,因此即便投案也不能按自首处理。再次,唐律规定自首者虽然可以免罪,但"正赃犹征如法",即赃物必须按法律规定如数偿还,以防止自首者非法获财。最后,对自首不彻底行为作了严格规定。唐代将犯罪分子交代犯罪性质不彻底的,称为"自首不实";将犯罪情节不作彻底交代的,称为"自首不尽"。《名例律》规定,凡"自首不实及自首不尽者",各依"不实不尽之罪罪之。至死者,听减一等"。至于如实交代的部分,不再追究。此外,唐代还规定,轻罪已发,能首重罪,免其重罪;审问他罪而能自首余罪的,免其余罪。出于分化打击犯罪的目的,唐代全面系统地发展了传统刑律的自首原则,这些内容不仅影响了后世封建王朝的刑律,至今也不乏借鉴价值。

(4) 共犯的原则。唐律规定:"诸共犯罪者,以造意为首,随从者减一等。若家人共犯,止坐尊长;侵损于人者,以凡人首从论。即其监临主守为犯,虽未造意,仍以监主为首,凡人以常从论。"[①]唐代的共犯,强调的是二人以上共同犯罪,有别于现今刑法的"二人以上共同故意犯罪"的概念。唐代共犯理论的中心环节是区别主犯与从犯的关系。在一般情况下,"倡首先言"的"造意者",要作为共犯罪的"首犯"处理,反映了传统刑法注重惩办犯意及扼杀犯罪于谋划阶段的特点。

在家人共犯的情况下,强调家长负有制止家人犯罪的义务,如家长不履行,则将家长作为主犯加以制裁,从而反映了家族主义对传统刑律的影响。唐代把"家人共犯"的原则推广到社会,认为官长即是父母,负有制止属下犯罪的义务,如不履行,即以主犯加以惩罚。可见,唐代共犯原则体现了维护君主专制主义的

---

① 《唐律疏议·名例律》。

要求,浸透了儒学礼教及宗法观念。

(5)"数罪并罚"的原则。唐代把犯有两个以上罪同时被告发审理的,叫作"二罪以上俱发",并采取"以重者论"的处理原则。具体讲,同时犯了两个以上罪,以重罪作为处刑的标准;如果相等,取一罪处理;如果一罪已经论决,余罪后发,又与已判罪相等,不再追究;如果余罪重于已判的罪,则以前后罪的刑差作为定罪的标准,即所谓"通计前罪,以充后数"[①]。唐代"数罪并罚"的理论较前轻缓,反映了初唐统治者"恤刑慎罚"的思想以及谋求王朝长久统治的愿望。

(6)"同居相为隐"的原则。《名例律》规定:"诸同居,若大功以上亲,及外祖父母、外孙、若孙之妇、夫之兄弟及兄弟妻,有罪相为隐。"即大家族一起生活的人,上至父母、祖父母,下至儿、孙夫妻及兄弟和兄弟妻子,以至部曲、奴婢,只要不涉及谋反等政治性的犯罪,其余犯罪都允许相互隐瞒,而法律并不以为是犯罪,也不追究其责任。

(7)类推的原则。《名例律》规定:"诸断罪而无正条,其应出罪者,则举重以明轻;其应入罪者,则举轻以明重。"即是说,可适用类推的情况首先是律文没有明确规定,且必须是同类案件;对于应当从轻处理的犯罪,列举重款,轻者通过类推可以自明;对于应当从重处理的犯罪,列举轻款,重者通过类推可以自明。《唐律疏议》举律文说,谋杀尊亲处斩,为最高刑。其中并无已伤已杀重罪的条文,在处理已杀已伤尊亲的案件时,通过类推就可以知道应处以斩刑了,此即"举轻以明重"。还举例说,凡夜半无故闯入人家,主人出于防卫,杀死闯入者不予处罚。律文没有致伤的条文,但比照规定,伤害闯入者,自然应当免予处罚,此即"举重以明轻"。唐代类推原则的完善反映了当时立法技术的发达。

(8)"化外人有犯"的原则。《名例律》规定:"诸化外人,同类自相犯者,各依本俗法;异类相犯者,以法律论。"所谓"化外人",指"蕃夷之国"的人,即外国侨民。按照唐律规定,同属一国的侨民之间的犯罪,由唐代按其本国的法律处断;不同国籍的侨民犯罪,由唐代按照唐律处理。这种将刑法的属人主义与属地主义的巧妙结合,在当时世界各国还是罕见的。

(二) 唐律中的主要罪名

1. 危害皇权与国家统治的政治性犯罪

如前所述,《名例律》的"十恶",把"谋反""谋大逆""谋叛""大不敬"列为重罪严厉处罚,充分表明唐代统治者对危害皇权与国家的政治性犯罪所采取的态度。对于上述犯罪,重者不但对本人处以死刑,还要亲属连坐,资财、田宅、部曲、家仆充公,并且实行"常赦不原"的原则。

---

① 《唐律疏议·名例律》。

2. 侵犯人身的伤害罪

伤害罪不仅侵犯了统治阶级及社会一般成员的生命安全,也严重破坏了社会秩序,所以也被唐律列为重点打击的对象。其中,被十恶列举的"不道",即以凶暴的手段致人死命,或畜养毒虫,或以邪术害人的犯罪,就实行重罚,不但本人处死,同时规定这种犯罪"遇赦不原"。

关于杀人罪,唐律在《斗讼律》中区分了"六杀",发展了传统的刑法理论。"六杀",即所谓的"谋杀""故杀""斗杀""误杀""过失杀""戏杀"等。唐律的"谋杀"指预谋杀人;"故杀"指事先虽无预谋,但情急杀人时已有杀人的意念;"斗杀"指在斗殴中出于激愤失手将人杀死;"误杀"指由于种种原因错置了杀人对象;"过失杀"指"耳目所不及,思虑所不至",即出于过失杀人;"戏杀"指"以力共戏",而导致杀人。基于上述区别,唐律规定了不同的处罚。谋杀人,一般减杀人罪数等处罚,但奴婢谋杀主、子孙谋杀尊亲属则处以死刑,体现了维护传统尊卑等级制度的原则。故意杀人,一般处以斩刑。误杀则减杀人罪一等处罚。斗杀也同样减杀人罪一等处罚。戏杀则减斗杀罪二等处罚。过失杀,一般"以赎论",即允许以铜赎罪。"六杀"理论的出现,反映了唐代刑法的完备与立法技术的发展。

唐律特别规定了"保辜"制度,凡"手足殴伤人限十日,以他物殴伤人者二十日,以刃及汤火伤人者三十日,折跌肢体及破骨者五十日",即在规定期限,鼓励加害者积极救助被害人,使其尽速康复,加害者只承担斗殴伤人的责任。这项规定既有助于对被害人的救助,也可以减轻加害者的刑事责任。唐代的保辜制度较之以往在立法技术上确是一个重要的进步。

3. 侵夺财产的强盗罪、窃盗罪

唐代对侵夺财产的强盗罪、窃盗罪视情节给予不同的处罚。强盗罪是以威胁或者暴力抢夺财物的犯罪,即所谓"以威若力而取其财者"。《贼盗律》规定:"不得财徒二年,一尺徒三年","十匹及伤人者,绞;杀人者,斩"。窃盗指"潜身隐面而取"。《贼盗律》规定:"不得财笞五十;一尺杖六十,一匹加一等","五十匹加役流"。① 唐律对侵夺财产的犯罪,一般处罚比较严厉,特别对"持杖行劫"的强盗罪惩治更严,以保护国家与统治阶级成员的财产权。

4. 受贿罪

唐律规定,监临长官"不因公事",而受监临财物者,"一尺笞四十","五十匹流二千里"。② 可见,唐律对于受贿罪同样实行"以赃定罪"的原则,依据受贿数额的多少,予以惩罚。

---

① 《唐律疏议·贼盗律》。
② 同上。

5. 伪造罪

《职制律》规定,对伪造皇帝八宝玉印者处以斩刑。甚至"不录所用,但造即坐",即不管使用与否,只要伪造就要坐罪。对于"伪写官文书印者",判处"流二千里"。

6. 诬告罪

对于诬告罪,唐律规定了"反坐"原则,即以被诬告人所受的刑罚,来惩治诬告者。因诬告的范围相当广泛,不像其他罪那样,对于犯罪性质、情节及其后果都有确定性的规定,它不可能归纳出统一的刑罚。所以,在当时的条件下,实行"诬告反坐"具有一定的合理性。从唐律的罪名来看,它是一部以维护皇权为中心的法典,是镇压各类犯罪、维护国家与官僚贵族利益的比较完整的法律规范。

二、唐代民事法律的内容

(一) 行为能力的规定

我国古代法定的成丁年龄与完全行为能力的规定,通常根据统治需要不断地调整。唐代也如此,高祖武德七年(624)初定为 21 岁,中宗神龙元年(705)再定为 22 岁,至玄宗天宝三年(744)终定为 23 岁。至此,唐代以 23 岁作为成丁的年龄,成丁即达到完全行为能力的标准,开始承担徭役与兵役。[①]

(二) 户籍制度规定

为保障国家财政收入以及徭役的正常进行,唐代注重户籍方面的立法。据《通典》卷三《食货三·乡党》,唐代将"天下户分为九等,三年一造户籍,凡三本,一留县,一送州,一送户部"。《唐六典》卷三《户部》载:"每岁一造计账,三年一造户籍。县以籍成于州,州成于省,户部总而领焉。凡天下之户,量其资产定为九等。"《户婚律》严禁"脱、漏户口"的各种行为。凡脱、漏户口以及因此而少交粮食和逃避徭役者,家长要被判处杖至徒刑。州县官不觉脱、漏户或增减户口者,"十口笞三十","三十口加一等",最重的要被判处 3 年徒刑。唐律以此加强户籍管理,解决国家财政收入与征发徭役等问题。

(三) 婚姻家庭继承制度规定

《户婚律》维护传统社会婚姻家庭制度。首先,在结婚方面,唐律赋予家长主婚权,卑幼不依家长而私自婚娶者,要受"杖一百"的处罚。同时实行"以聘财为信"的结婚送财礼制度。唐律承袭了以往的传统,严格禁止"同姓为婚",违者,各判处 2 年徒刑。为维护以尊卑贵贱为核心的等级制度,法律严禁良贱通婚。如杂户隐瞒身份与良人为婚,要"杖一百";良人私娶官户女者,要"徒一年半"。

---

① [唐]杜佑撰:《通典》,王文锦等点校,中华书局 1988 年版,第 154—155 页。

在离婚上，唐律规定了"七出"与"义绝"等制度。凡妻子无子、淫佚、不事姑舅、口舌、盗窃、妒忌、恶疾，都可以作为丈夫"出妻"的理由。与此同时，唐律又规定了"三不去"的原则。所谓"三不去"，指"经持舅姑之丧""娶时贱而后贵"，以及"有所受而无所归"，只要具备其中的一个条件，丈夫就不得休妻。"义绝"是指夫或妻杀伤对方直系尊亲或旁系尊亲的行为。这种行为构成法律上的强制离婚的要件。《户婚律》规定："诸犯义绝者，离之；违者，徒一年。"但在实际上，丈夫居于家庭的支配地位，而妻往往受到夫家的严格控制，不得以任何理由离家出走，违者，"徒二年"。这些规定反映了传统社会夫妻关系的不平等，也是"夫为妻纲"这一儒家纲常原则在法律上的体现。

在家庭生活方面，唐代法律赋予家长对家庭成员的支配权。子女有非礼行为时，家庭如另立户口，私存资财，要判处3年徒刑。这是"父为子纲"在唐律上的具体体现。此外，法律还规定了嫡长子继承制、婚生子女与养子女继承不平等的制度。

在婚姻家庭方面，唐律进一步确认家长与子女、丈夫与妻子、良人与贱民之间的不平等，用以维护有利于统治阶级的社会秩序。

在继承上，唐代主张财产诸子均分，但承嫡者加与一分。本房如无男子，在室女比照男子，可继承其数额之半。家有男子，其姑、姊妹继承1/3，男子继承2/3。①

（四）债与契约制度规定

在债务关系上，唐律注重保护债权人的利益。债务人有不履行契约、违契不偿的行为，要受笞二十至杖六十的处罚，并且强制其"备偿"。同时又规定，债权人向债务人索取财物时，不得超出契约上的规定，否则要以"坐赃论"。

在契约关系上，唐律强调买卖房屋、地产、奴婢、牲畜等"并立市券"，即签立契约。如"已过价，不立市券，过三日笞三十；卖者，减一等"②；订立契约后，"有旧病者三日内听悔，无病欺者市如法，违者笞四十"③。唐代因债权所生契约，除买卖、借贷契约外，又发展了租佃、雇佣、租赁等契约形式。同时也产生了损害赔偿导致的契约关系④，从而形成了契约形式与交易规则的变化。

---

① 《唐六典·尚书·户部》"峭食封皆传于子孙"条注。
② 《唐律疏议·杂律》。
③ 同上。
④ 蒲坚：《中国古代法制丛钞》（第2卷），光明日报出版社2001年版，第438—469页。

三、唐代经济法律的内容

(一) 土地制度规定

唐代前期实行均田制,将荒芜土地分配给农户。其中,丁男与中男每人100亩,20亩为永业田,拥有土地所有权;80亩为口分田,只拥有使用权,不得私自买卖。而老男、笃疾、废疾40亩,寡、妻、妾30亩。① 凡参与授田者,要承担租、调、役、徭四种义务。② 不能按时承担义务者,给予刑事处罚。

唐律规定:"诸买地者,不得过本制。虽居狭乡,亦听依宽制。其卖者不得更请。凡买卖者,皆须经所部官司申牒,年终彼此除附。"③如果不向官府申请买卖土地的官颁契书,唐代中央乃至地方司法机关则依据规定对买者实行没收交易财产与"地主还本"的处理。④

唐律注重保护传统土地所有制度,凡属破坏国有土地制度的行为,或者破坏私有土地制度的行为,都要受到法律的制裁。唐初颁行均田令后,出现了为国家所有,但由农民个人使用的口分田制度。为维护国家利益,并将流离失所的农民固着在土地上,唐律严禁农民私卖"口分田"。凡"卖口分田者,一亩笞十,二十亩加一等,罪止杖一百;地还本主,财没不追"⑤。与此同时,唐律严禁妄认公私田与盗耕种公私田,违者要判处1年或2年徒刑。此外,律文还严格禁止官吏凭借势力侵夺公、私田,以及占田过限等违法行为。有犯者,分别判处笞、杖、徒刑不等的刑罚。上述规定的实施,对于稳固初唐的土地所有制,抑制土地兼并的盛行,维护社会稳定发挥了重要作用。

(二) 赋税制度规定

其一,唐律对赋税制度作了严格规定,要求所有居民农户必须按照法律规定按期如数交纳税金与田赋,违者必予处罚。鉴于隋炀帝横征暴敛导致隋代灭亡的教训,唐代统治者对征收赋税的官吏作了法律上的约束。官吏有擅增赋税行为的,构成擅赋敛罪,不但多征部分没入官府,并且"计所擅坐赃论";如果中饱

---

① 《唐六典·尚书·户部》。
② 同上。
③ [唐]杜佑撰:《通典》,王文锦等点校,中华书局1988年版,第31页。另据《敦煌资料》(第1辑):吐鲁番出土的唐大中六年(852)僧张月光易地契(伯三三九四)说,在当地司法机关的主持下,僧张月光与僧吕智通等签立契约,将原共有的25亩地给付僧吕智通11亩,自己留14亩。地方司法机关要求该契约要有3人为保,7人为见证,以防当事人反悔。这表明地方司法机关在处理土地纠纷时,注重适应地方的具体状况,提出保人作保、见证人作证的前提,以期有秩序地进行土地的交易活动。参见中国科学院历史研究所资料室汇编:《敦煌资料》(第1辑),中华书局1961年版,第286—287页。
④ 中国科学院历史研究所资料室汇编:《敦煌资料》(第1辑),中华书局1961年版,第324页。
⑤ 《唐律疏议·户婚律》。

私囊,则"以枉法论,至死者加役流"①。其二,唐律对于差科赋役违法及不均平者,规定了"杖六十"的处罚。唐代一方面强调按期如数交纳赋税,另一方面注意控制差役赋敛的限度,以期缓和社会矛盾,维护王朝的长久统治。

(三) 市场管理规定

唐代加强对各类市场的管理,要求主管市场的官吏必须公平评议市价。如有从中舞弊者,"计所贵贱,坐赃论"②。对于垄断市场,随意哄抬物价者,如果"利自入者",则给予杖八十的处罚。

(四) 度量衡的规范化与产品的标准化规定

唐律在度量衡的规范化与产品的标准化方面,也作了严格规定。凡市场通行的度量衡,如斗、秤等,必须经管理市场官吏的鉴定,并加盖官印,方准使用。违者,根据情节轻重,给予笞至杖刑的处罚。

唐代要求各类产品必须达到标准化,必须符合国家质量要求。有"器用之物,及绢布之属"制作不牢(不行)、以假充真(滥)、长短宽狭不合要求的情况而擅自出卖者,"各杖六十"。如果主管官吏知情不加处理,"各与同罪,不觉者,减二等"③。

(五) 货币制度规定

唐代严格货币制度,严禁"私铸钱"等各种违法犯罪行为。其中《唐律疏议·杂律》规定:"诸私铸钱者,流三千里,作具已备,未铸者,徒二年;作具未备者,杖一百。"即是说,违反国家制造货币的法令,私制货币者,流三千里;造钱模具已经具备,即便没有制造货币,也要判处徒刑2年;如果有私造货币的犯意,即使模具没有完备并不能制造货币,也要给予杖一百的处罚。至于国家的制币单位,如果不按国家的统一标准,制造钱币"薄小",对"取铜以求利者",判处1年徒刑。

应当指出,中国帝制时代(唐代也不例外)并没有"经济法"或者"经济立法"的确切概念,更谈不上"经济法"与"民法"的界限划分。但随着社会商品生产的发展,唐代以降在调整社会经济关系时,确实产生了调整经济的传统法律规范。

但唐代的"经济立法",是以不破坏自给自足的自然经济体制为前提的,因此它不可能不压抑工商业的发展,以保护为国家提供地租的小农经济。唐代的经济法律规范,是帝制国家实行统治的重要手段,同时也是调整统治集团内部经济利益的工具。体现在赋税制度上,就有统一的租庸调制,与地方的苛捐杂税并

---

① 《唐律疏议·户婚律》。
② 《唐律疏议·杂律》。
③ 同上。

存。唐代的经济立法与民事立法一样,都是以刑罚制裁作为手段,反映了王朝统治的特点。此外还须指出,唐代"经济立法"的形式是多样的,它不仅反映在唐律当中,而且体现在皇帝直接下颁的敕与令上,敕、令与律相比,不但具有更高的效力,而且更灵活更具体。

四、唐代行政法律的内容

唐代的行政法律制度具体规定国家行政机关的组成、任务、职权范围及活动的细则、办事的程序,以及官吏的选择、任免和奖惩办法。提倡"以法治国"的唐代总结了以往行政立法的经验,制定了有名的《唐六典》以及其他行政法律规范,使古代中国的行政法发展到了一个新阶段。正如元人柳赟在《唐律疏议序》中所说:"盖姬周而下,文物仪章,莫备于唐。"

(一) 唐代的行政机关

唐初承袭隋制,进一步完善了行政机关。在皇权专制的唐代,皇帝居于国家的最高支配地位,同时也是最高的立法者。皇帝发布的命令具有至高无上的法律效力。

1. 中央行政体制

(1) 三省六部的创设。唐代创设的三省六部制,既是以往的总结,也是新的发展。其中中书省、门下省是天子之下最高的行政立法与审核机关。中书省以中书令为长官,以中书侍郎为副职,其下设有众多的属吏。门下省以侍中为长官,门下侍郎为副职,并设有若干属吏。唐太宗对于门下、中书二省的职能作过明确的说明:"国家本置中书、门下以相检察,中书诏敕或有差失,则门下当行驳正。"[1]即是说,中书省立法,门下省审察。这就形成了比较完整的立法程序。唐代建立之初,以中书令、门下侍中、尚书令或左右仆射为宰相。在此基础上设立政事堂会议,以期统一立法的各项工作。当中书省立法与门下省审察发生矛盾时,或者出现"日有争讼,纷纭不决"的时候,"两省先于政事堂议,然后奏闻(皇帝)"[2],由天子作最后的裁决。

如上所述,尚书省以尚书令或左右仆射为长官,下设左右丞等官吏。尚书省之下设有吏、户、礼、兵、刑、工六部,六部以尚书为长官,侍郎为副职,并设有若干属吏。六部分掌官吏、财政、教育、仪礼、军事、司法行政、审判、水利与营造等工作。总之,尚书省是国家行政的最高执行机关,它负责具体实行皇帝及中书省、门下省的命令或决议的法令,掌管行政管理大权。

(2) "三师"与"三公"。唐代中央还设有"三师"(太师、太傅、太保)、"三

---

[1] 《资治通鉴·唐纪八》。
[2] [宋]李焘:《续资治通鉴长编》卷四百三十一哲宗元祐四年。

公"(太尉、司徒、司空)等顾问军国大计的高级官僚的名誉职称,"三师训导之官也","三公论道之官也","但存名位耳","皆不视事"。① 此外,还有九寺、五监的设置。所谓九寺,指太常寺、光禄寺、卫尉寺、宗正寺、太仆寺、大理寺、鸿胪寺、司农寺、太府寺等。唐代九寺的职能与秦汉以来的九卿相同,但六部权力增大,九寺的权力有所下降。以大理寺为例,它以卿与少卿为正副长官,负责司法审判工作,但实际权力又被刑部与御史台分割了一部分。所谓五监,指国子、少府、将作、军器、都水五监,也是国家行政的具体执行机构,分掌教育、手工业生产、工程营建、军器监造以及水利、航运、堤防、桥梁的管理工作。因五监主管的工作往往与尚书六部的重叠,加之六部权力的膨胀,五监在实际上成为六部——中央行政管理机关的附属机构。总而言之,唐代的中央行政立法、执行、监察机构形成了一套完整的制度,达到了比较完善的程度。这些机构相互制约,相互配合,对巩固君主专制制度、强化大一统国家的统治效能发挥了重要作用,对后世王朝也产生了重大影响。

2. 地方州县体制

唐代地方分州、县两级。州是地方最高行政机关,唐按地理位置、经济发展水平以及户口多寡,分为辅、雄、望、紧、上、中、中下、下八等。此外,还有与州平行、地位略高于州的府的设置。包括京都、皇帝所在州及都督府、都护府。州以刺史为长官,下设别驾、长史、司马、司兵、司法参军等官吏,协助刺史处理州界范围内的行政、财税、军事、司法等各项事务工作。县以县令为长官,下设县丞、主簿、县尉、司法佐史等协助县令,分掌本县行政、赋税、治安司法等各项事务。在唐代统治时期,地方实行行政、军事、司法等合一的制度,刺史、县令是地方"掌兵、刑、钱、谷等事"的最高长官,既负责行政管理,也负责司法审判与治安管理。唐代县下设有乡,其五百家为一乡,设乡正一人;百家为一里,设里正一人;里下设村,村设村正。城市设坊,坊设坊正。这样,从州到县,从县到乡,从乡到村,形成了严密的管理组织,加强了地方的统治。

(二) 唐代的监察制度

1. 御史台制度

唐代御史台是隶属于皇帝直接管辖的中央机关,是负责对中央和地方百官进行行政监察与法律监督的专门机关,以御史大夫和御史中丞为正、副长官,下设三院。台院,设侍御史六人,负责对中央百官的违法行为进行纠举、弹劾、推鞫。殿院,设殿中侍御史六人,主要监察殿廷之内百官的活动,以维护朝廷礼仪秩序。察院,设监察御史十五人,职掌分察百僚,巡按州县。台院、殿院、察院除设御史掌监察外,还设有众多属吏处理院务及其他事务。

---

① 《唐律疏义·名例律》。

概括而言,唐代御史的主要职责如下:第一,推按狱讼。包括推问皇帝下达的案件,即诏狱,审理普通百姓的案件,参与三司推事等。第二,劾奏犯罪。即对违法犯罪的官员进行纠举,弹劾其罪行,请求司法机关审判。第三,巡察内外。一是分察吏、户、礼、兵、刑、工六部,监督其中央行政行为,使之合法而有效率。二是巡察州县,以"六条"为察事内容。《新唐书·百官三》载:"一察官人善恶;二察户口流散、籍帐隐没、赋役不均;三察不劝农桑、仓库耗减;四察奸滑盗贼、扰民生业、蠹害百姓;五察德行孝悌,茂才异能,贤士隐居者;六察奸吏豪强兼并土地、暴虐百姓,贫弱冤苦之人不能申冤者。"御史代表皇帝以此六条巡察全国各地方,遇有非法行为,便予以纠查。第四,监督决囚。大理寺决罚囚徒时,御史要与中书舍人、金吾将军一起莅临,发现司法机关违法及犯人有冤者,予以纠举平冤。第五,监督录囚等。

2. 谏官制度

唐代谏官隶属于中书、门下两省,是正式的司谏职官。其名号很多,主要有:左右散骑常侍,左右谏议大夫,左右补阙、拾遗,起居郎、起居舍人,给事中。

唐代谏官的职掌主要有以下几方面:第一,谏议。以皇帝为对象,皇帝的个人生活直至王国大政都在谏议之列。如谏止皇帝奢侈、非法滥罚、穷兵黩武及谏议时政得失等。第二,封驳。即驳封皇帝失宜的诏命,驳正臣下有违误的奏章。第三,知起居事。即通过掌记天子言行,与宰臣入阁记事,掌记政事,对皇帝及左右近臣进行监督。第四,知匦事。武则天掌政时期于朝堂设置匦(箱子)四枚,接受臣民有关劝农、谏论时政、自陈冤屈、治国谋略方面的投书。补阙、拾遗与御史等人共同担任理匦使,并在朝堂执掌匦事,受纳诉状,晚上将每日所有投书一并奏报皇帝。

综上所述,御史代表皇帝临制百司,是皇帝自上而下监督、统治百官的一种工具;谏官的监察则是自下而上以皇帝为监察对象的。这样就形成了以上察下、以下谏上的双向监察制。这种制度完备而富有活力,一方面监督了百官的违法行为,促使吏治清明;另一方面在一定程度上也限制了皇帝的专制行为。

(三) 唐代行政法规的内容及其特点

1. 唐代主要的行政法规

应当指出,唐代庞大的行政机构并非都是按照当时的行政法规设立的,其中有不少只是皇帝因临时需要而增设的。但是,唐代各级官吏都有相应的行政法律规范作为自己组织活动的依据。

唐代的行政法规主要规定在令与式的许多方面,《唐律疏议》的《职制律》以及《大唐六典》等相关内容,如《官制令》就规定了国家机关人员的编制以及组织活动所应依据的细则。《职方式》的残文载有边境上应置放烽燧的具体数额,并要求主管人员不得"违式",否则予以处罚。唐代的《职制律》是较能体现传统行政法特征的法律规范。《唐律疏议》曾把唐代行政法规的性质明确地解释为"职司法制",也就是专门针对国家各级行政机关设立的法律制度。

2. 选任官吏的制度

唐初统治者将礼、法融为一体,制定了"一准乎礼,而得古今之平"的唐代法律制度。唐代的行政法规,特别是选任官吏的规定,同样受到了传统纲常礼教的影响。唐太宗说:"为臣贵于尽忠,亏之者有罪;为子在于行孝,违之者必诛。"这说明唐初统治者把"忠""孝"这些传统礼教的中心环节作为选官的标准。唐初在隋代废除九品中正制的基础上,进一步扩大科考选官的范围,以便网罗更多的所谓"治国"人才。唐代的明经考试,着重考核儒家经典,进士考试则重点在于诗赋。考中以后,还须经过吏部的考试,才能被正式任命为官。唐代皇帝往往临时定立科目,以考察选任官吏。其名目相当繁多,诸如文辞清丽科,博学通艺科,军谋越众科,才高未达、沉迹下僚科等数十种。普通人与现任官吏都可以参加考试,考中以后,原为官吏的可立即升迁,不是官吏的,也由吏部授以官职。

唐代科举选官的进一步制度化,加强了中央政府对考选与任官的有效控制。这种制度不但有利于笼络士大夫,而且有利于王朝的统治。难怪唐太宗看到新科进士缀缀而出时,高兴地说:"天下英雄尽入吾彀中矣。"由于选任官吏以儒家经典学说作为标准,士子与官吏都"苦读"儒学,这对于维护中央集权的思想专制、强化大一统国家的统治起到了重要作用,对保障官吏的来源也起到了特殊作用。

3. 对官吏失职、渎职行为的处罚

唐初统治者不是将各级行政官吏行使职权看作一种权力,而是看作在向君主与中央集权国家尽义务。对于官吏不遵守国家规定的行政规范,玩忽职守,以致出现严重的失职、渎职行为,都设置了比较严厉的处置。

为提高中央集权国家行政机关的效率,《唐律疏议》严格规定了官府置员数额。凡官署编制过限者,都要追究主管官吏的刑事责任。逾制的,超过一人,杖一百,三人加一等,一人徒二年。此外,严格要求地方刺史、县令职司其守,不得无故私出辖界;若故意违犯以致贻误公事,要给予杖刑之处罚;至于应当值班而不值班者,应入宫值宿而不值宿者,当蕃不到,以及限期已满不及时赴任者,都分别情况规定了笞至徒刑等不同程度的刑事处罚。

唐律对于玩忽职守而导致的失职、渎职行为也规定了相应的处罚。如对在官府廨院及仓库内失火者,弃毁符、节、印及门钥者,弃毁制书及官文书者,主守官物而丢失账簿导致计有错数者,分别给予杖乃至绞刑的严厉处罚。

4. 唐代行政法规的特点

首先,唐代行政法律规范涉及范围很广,这为中央到地方的各级行政机关的行政行为提供了比较充分的法律依据,充分反映了唐代行政法规的完备性。

其次,从现存的唐代行政法律规范中可以看出,当时的行政规范部类相当齐全,法律结构也相当严整,而且确定程度很高。这为各级行政机关明确地指出了哪些行政行为是国家允许的,哪些行为是国家禁止的,哪些行为是要受到制裁的。其比较充分地反映了唐代行政法规的成熟性与定型化。

最后,唐代统治者为维护其官僚等级特权,以及皇权统治的社会基础,承袭了西周以来"礼"的"刑不上大夫"之原则,对官吏的行政失职与渎职的处罚,往往采取"赎刑""官当"等方式具体执行。这样,就使得刑事处罚只适用于少数极严重的行政上的犯罪行为。如"五品以上,一官当徒二年;九品以上,一官当徒一年","以官当流者,三流比徒四年"的官当规定。① 再如《唐律疏议·名例律》"五刑条"规定,笞刑十赎铜一斤,斩刑赎铜一百二十斤(犯十恶罪除外)。唐代的行政法规带有浓厚的等级色彩,和现今的行政法有着很大不同。唐代统治者在行政法律上规定了严厉的处罚措施,在某种程度上可以起到警戒官吏的作用。在实际执行时,却给予官吏诸多特权,这既有利于缓和统治阶级内部的矛盾,又能达到惩治行政失职与渎职行为的目的。由此不难看出,唐初统治者在行政立法上考虑得是极其周详的,这些措施在一定时期内对其统治的维护也确实起到了重要作用。

第四节 唐律的基本精神与历史地位

一、唐律的基本精神

(一) 体现了君主专制与特权精神

唐律的最根本任务是维护皇权制度,这也是贯彻于唐律各条的基本精神。唐律强调"君为臣纲",使之居于三纲之首。因而,企图推翻皇帝统治、毁坏皇室宗庙陵墓宫殿、背叛皇帝家天下的"谋反""谋大逆""谋叛"被列于篇端,作为"十恶"之首,予以最严厉的打击,进而凡是触犯皇帝的行为,一律被视为无人臣之礼,列入"十恶"之一的"大不敬",给予严惩。

家长是君主在家庭中的代表,家国相通,孝忠相维。依据"父为子纲"及"孝以事亲"的伦常道德,将"供养有缺""冒哀求仕""丧期作乐"等不合于礼之行为,皆以事关伦常而入于"十恶"之不孝罪。同时将违背"亲亲"的"恶逆""不睦""不义""内乱"也置于"十恶"之列,给予严惩。

根据"夫为妻纲"的原则,唐律确认"七出"和"义绝"为离婚条件,规定妻殴夫量刑重于夫殴妻等,使夫有离婚主动权和高于妻的法律地位,以维护夫权。良

---

① 《唐律疏议·名例律》。

贱之间良尊卑贱,贱民位于良民的支配之下。由此不难看出唐律维护君主专制与等级特权制度的基本精神。

(二) 体现了传统家族伦理精神与小农经济意识

唐代非常重视维护家族在巩固国家统治方面所起的重要作用。注重保护国家的经济基础,体现了唐律维护传统家族伦理与小农经济结构的基本精神。

一方面,唐律实行"同居相隐"的原则,并不追究同居隐瞒犯罪者的刑事责任。只有当本家犯有谋反、谋大逆、谋叛等严重政治性犯罪时才不允许隐而不报。另一方面,亲属相犯,同罪异罚。刑法适用方面,遵从服制定罪的原则,尊长犯卑幼,服制愈近处罚愈轻;卑幼犯尊长,服制愈近处罚愈重。而涉及财产等问题时,如买卖、转让有犯,则服制愈近处罚愈轻;服制愈远处罚愈重。即同一行为依服制不同而适用不同的处罚,其基本用意在于维护家长、族长等尊亲属的至上地位与相应的伦理观念。

唐律为稳固君主专制的政治制度,注重维护自然经济与小农经济结构。《唐律·户婚律》严格禁止自耕农出卖国家授予的口分田,如农户将口分田私自出卖,要给予笞、杖不等的刑事处罚,但没收的田地仍交原农户耕种。对于卖田所获财物加以没收,但不追究非法所得的责任。

(三) 体现了"一准乎礼"的基本精神

唐律实行"一准乎礼"的方针,体现了传统伦理的基本精神,即完全以儒家礼教纲常作为立法的指导思想和定罪量刑的理论依据。

1. 以礼为立法根据

《唐律疏议》标榜其以礼作为指导思想,"德礼为政教之本,刑罚为政教之用"[①],即礼是本,是纲,而刑不过是礼的辅助。因此,礼的核心——三纲五常便成为唐律的立法根据。

2. 以礼作为定罪量刑的标准

凡是违背礼义规定的,都要严加惩处。如《唐律疏议·名例律》规定:"祖父母父母在,(子孙)别籍异财者",列为"十恶"的"不孝"重罪,加以严惩,用以维护尊长亲属对于子孙及其财产的支配权。

3. 以礼注释律典

唐律的疏议部分以概念准确、阐述详明、语言凝练、逻辑严谨著称,而长孙无忌等人注疏唐律,往往直接引证于礼。如《名例律》疏解"大不敬"罪曰:"礼者,敬之本;敬者,礼之舆。"故《礼运》云:"礼者,君之柄,所以别嫌明微,考制度,别仁义。责其所犯既大,皆无肃敬之心,故曰'大不敬'。"此外,如"言老幼则称耄悼;言婚则称聘则为妻;其引礼证律之例,不胜枚举"。

---

① 《唐律疏议·名例律·进律表疏》。

（四）体现了"用刑持平"的精神

与历代刑律相比，唐律表现出中典治国、用刑持平的精神。

从刑罚体系看，唐律采用笞、杖、徒、流、死的五刑制度。笞、杖均为独立刑种，且行刑规范；徒、流均有最高刑期，不得无期服役；死刑只用绞、斩，既无秦汉立法中的具五刑、腰斩，也无明清法律中的凌迟等酷刑。因此，唐律刑制较为适中。

从死刑数目看，唐律较其他朝代均有所减省。死刑条文有111条，比隋律减少了92条，比东汉时的汉律减少了500条，即便是明律、清律也不如唐律简要。唐律规定的死刑条款不仅数量较少，而且执行时也比较审慎，如规定死刑执行前，必须三覆奏甚至五覆奏等。

从量刑幅度看，唐律比秦、汉、明、清各律相对为轻。以谋反罪为例，对于本犯，秦律、汉律或具五刑或腰斩，明律、清律为凌迟，而唐律则为处斩；对缘坐家属，秦律夷三族，汉律不分老少皆弃市，明律、清律是不论老疾，成年男子一概处斩，唐律处绞刑仅及其父和16岁以上之子，其他则没为官奴。

唐律在传统律典中被认为是刑罚适中"得古今之平"，是非常中肯的评价。

（五）体现了规范详备、科条简约的精神

唐律科条简约，仅12篇502条，并附以凝练的注疏，其律文和疏注所表现出的高度概括力和文法的严密性，不仅与早期繁于秋荼的秦律和多达数百万的汉律有天壤之别，即便是明清律例也望尘莫及。明清律典虽然遵循唐律，以为楷模，但律条也有所减约，律后附有大量的条例。唐律简约，但全面调整社会生活的各个方面，表明了唐代立法技术的成熟与发达。

二、唐律的历史地位

唐律集传统法律之大成，是中华法系的代表作。在中国法制史上，唐律居于承前启后的重要地位。无论是立法思想、原则、篇章体例，还是法律内容（五刑、十恶、八议、刑法适用原则等），都承袭了以往各代立法的成果，是集前代立法之大成者，同时唐律又在前代基础上有所发展和创新，使唐律融传统法典之共性与自身发展完善之特性于一体，以"一准乎礼，而得古今之平"著称于世。唐律不仅对唐代政治经济起到了巨大的促进作用，而且直接影响了后代中国法制的发展，成为后世立法的典范。元代人在《唐律疏议序》中说："乘之（指唐律）则过，除之即不及，过与不及，其失均矣。"即对唐律的修改，随意减除增删不是有过就是不及，都将影响其完整性、严密性。唐律正是以其严谨的结构、简明的文字、精确的注疏、完备的内容被后世各代奉为修法立制的楷模，自宋至清，基本内容沿用不废。

唐律对古代东亚等国也产生了重大影响，成为东亚各国帝制王朝立法的渊源。例如，日本"大化革新"以后，由僧旻等人编定的成文法典《近江令》，其篇目大都同于《贞观令》。公元701年颁行的在日本法制史上具有划时代意义的《大宝律令》，其篇目、顺序与唐律不二，只在内容上作了部分简化。朝鲜法制在高丽王朝统治的400余年中，基本上沿袭唐制。杨廷福在《唐律初探》中说："考查高丽王朝的法律共七十一条，其实是在《唐律》的五百条上撷取六十九条，从唐《狱官令》中摘录二条而成。"① 又据《历朝宪章类志·刑律志》：越南的李朝颁布《刑法》，陈朝颁布《国朝刑律》，究其根源大体"遵用唐宋之制"。而黎朝"参用隋唐"、折中宋、元、明诸律而制定的《鸿德刑律》，则成为越南帝制时期"历代遵行"的成宪。②

唐律对东亚周边国家的传统立法产生广泛的影响，不仅表明其特有的典型价值，而且证明它是世界范围内这一历史时期中最辉煌的一部法律，在中外法制史上占有极为重要的法律地位。

第五节 唐代的司法制度

一、司法机关的系统化

（一）唐代中央司法机关

唐代沿袭隋制，皇帝以下设置大理寺、刑部、御史台三大司法机关，共同行使中央司法机关的各项职能。

1. 大理寺

唐代大理寺是中央最高审判机关，以卿、少卿为正、副长官，下设正、丞、主簿、司直、评事及众多属吏。大理寺负责审理中央百官及京师徒刑以上的案件。但是，徒、流刑案件的判决，须移交刑部复核。死刑案件的判决，除刑部等中央机关的复议之外，必须奏请皇帝批准才能执行。对于刑部转送的各地疑难案件以及刑部复核的死刑案件，大理寺拥有重审的权力。

2. 刑部

刑部以尚书、侍郎为正、副长官，以下也有一套完整的办事机构。刑部不但是中央司法行政的最高机关，同时兼管狱囚簿录、给养供应等，并有权"复按大理及天下奏谳"的案件，即对大理寺审判的案件进行复核，受理各地在押犯的申诉案件。

---

① 杨廷福：《唐律初探》，天津人民出版社1982年版，第155页。
② 杨鸿烈：《中国法律发达史》（上），上海书店1990年版，第2页。

3. 御史台

御史台以御史大夫及御史中丞为正、副长官,其下也有一套完整的办事机构。作为中央法律监督机关的御史台,有权监督大理寺的审判,以及刑部的审判复核,同时也参与全国重大疑难案件的审判工作,并有权受理有关行政方面的诉讼。

4. "三法司"

有唐一代,中央或地方如发生特别重大的案件,往往由大理寺卿、刑部侍郎、御史中丞在京组成中央临时最高法庭,加以审理,时称"三司使鞫审",亦叫"三司推事"制。到明清时期,"三司推事"制逐渐演变为"三法司"联合审判制。

至于地方重案不便递解中央的,则由皇帝指派大理寺评事、刑部员外郎、监察御史组成临时法庭,前往鞫审。

唐代三大司法机关既有所分工,又彼此监督制约,从而有效地加强了司法统治,以及皇帝对中央司法权的控制。

5. 京兆府

唐初为加强对京畿地区的控制,在京城长安设立京兆府。京兆府以府尹为长官,少尹二人为副职。下设法曹、司法参军事作为司法辅佐。京兆府尹不但主管京畿地区的行政,而且有权审理京师百官徒刑以下的案件以及隶属辖区管辖的各类案件。因此,京兆府具有中央与地方两级司法机关的性质,在唐代整个司法体系中具有特殊的地位。

(二) 唐代地方司法机关

唐代地方设州县两级管理机关,实行行政与司法合一的制度。其中,州府有328个,县有1573个。州又设法曹、司法参军、司户参军事、户曹参军事。其中,法曹与司法参军负责刑事审判,司户参军事与户曹参军事负责民事案件的审理。[①] 县是最低一级司法机关,设立县丞为副贰,担任通判官,县尉又为判官,共同组织司法佐史审理刑事案件。[②] 州县长官既是地方行政首脑,又是当地的司法长官,掌握审判的批准权与上报权。唐代基层分设乡正、里正与村正,负责地方治安,并有权处理轻微的刑事案件,调解田土、婚姻等民事案件。

二、诉讼制度的完善化

(一) 有关告诉制度的规定

唐代严格了告诉的各项程序,规定告诉必须自下而上,由县至州,再由州至

---

① 《唐六典·尚书·户部·三府都护州县官吏》。
② 同上。

中央。对于越级告诉,以及官府受理者,规定了"各笞四十"的处罚。为有效地镇压"谋反""谋大逆""谋叛"等严重犯罪,唐代又允许人们"密告随近官司",并严惩知情不告者。唐律规定,知谋反及大逆而不告者,处以绞刑;知谋大逆、谋叛不告者,流二千里。为防止告诉产生损害传统伦常关系的反作用,唐律对卑亲属控告尊亲属,奴婢、部曲控告主人的,作了严格限制。除有确凿证据可告发"谋反""谋大逆""谋叛"等罪外,严禁卑幼告尊长亲属,严禁部曲、奴婢告主。有违犯者,一律处以绞刑。为加强皇帝对于狱讼的控制,唐律又规定了直诉制度。凡案情较重,又有冤抑不能申诉者,可以不经审判机关,不通过一般程序,而通过邀车驾上表,或赴京击打登闻鼓上表直诉皇帝。与此同时又严格限定直诉者,不得以任何理由冲撞皇帝的仪仗队,否则给予"杖六十"的处罚。对于"诉而不实者",则予以"杖八十"的处罚。

(二) 有关逮捕制度的规定

唐律在逮捕人犯上,既要求严惩犯人的拒捕行为,又限制缉捕人员的非法擅杀。唐代既把逮捕看成是司法机关的权力,而且也视为应尽的责任与义务。逮捕人员不按法定程序实行拘捕,或者侵夺皇帝与大一统国家的生杀大权,就要受到严厉惩罚。此外,为了有效地镇压某些现行的犯罪,唐律又允许在特殊的情况下实行"私捕系"。《捕亡律》就规定:官吏不在现场,遇殴击折伤以上,或盗及强奸等,"虽傍人皆得捕系以送官司"。

(三) 有关审判制度的规定

唐代承袭了以往的审判传统,仍将"五听"作为审判的主要形式,并确认了刑讯逼供的合法性,但对刑讯手段的使用却作了严格限定,即参与审判的各官办理刑讯的手续之后才能拷问案犯。唐律规定,刑讯必须用常行杖,拷囚不得超过三度,总数不得过二百,中间不得换人行刑。对享有"议""请""减"等特权的人及老、少、废疾者,禁止使用刑讯。

除通过刑讯求得口供外,唐律还确认了"众证定罪"的原则。《断狱律》说:"三人以上,明证其事始合定罪。"但同时又规定:"若赃状露验,理不可疑,虽不承引,即据状断之。"这种据证定罪的零口供原则,较之以往是一个重大的进步。此外,唐代进一步明确了证人的行为能力与证据效力之间的关系。因为统治者认为老少及废疾者"皆少智力",所以规定官吏"皆不得令其为证",违者治罪。

为使审判符合国家法律的要求,唐代严格规定了法官的责任。《断狱律》说:"(断狱)皆须具引律、令、格、式正文,违者笞三十。"断罪应言上而不言上,应待报而不待报,擅自判决者,"各减故失三等"处罚。此外,还明确规定法官断案有误应承担责任。凡故意出入人罪,"全出全入","以全罪论";故意从轻入重的,或从重入轻的,以所增减的刑罚论罪;因过失而出入人罪的,"失于入者,各减三等,失于出者,各减五等";虽判案有误,但入罪未决,出罪未放的,以及"放而还获,若囚自死,各听减一等"。

为防止审判官因亲属或仇嫌关系故意出入人罪,《唐六典》肯定了法官的回避制度,即所谓"鞫狱官与被鞫人有亲属仇嫌者,皆听更之"。

为明确上下级与同级审判机关的权限,唐律规定了级别管辖与地区管辖的制度。所谓级别管辖,是强调上下级机关的审判分工。唐代地方各县只能审理杖以下的案件,徒刑案件须申报州一级审理,各州只能审理徒刑以下的案件,流刑案件则由州申报大理寺审理,再移送刑部复核。所谓地区管辖,是强调同级审判机关对牵连案件的审判分工。即是说,一般情况下,实行"以后就先"、并合论罪的原则;如轻重不同,则将轻犯移送重犯羁押处论罪;若罪名相同,则将犯人少的移送犯人多处,一并审判。唯有死刑及流刑案件,要报请中央。

(四)上诉及死刑复核制度规定

《断狱律》规定:徒刑以上案件审判结束,要向囚犯及其亲属宣告所犯罪名,听取犯人对判决的意见,因不服提出申诉的,先由原审机关重审。申诉后原审机关不予改判的,即可逐级上诉直至皇帝,但非特殊情况不准越诉。

唐代死刑案件通常先由中央司法部门审理,然后报请皇帝裁定,但又规定死刑执行前必须进行复奏。贞观初年,唐太宗以"人命至重,一死不可再生"为由,改在京死刑三复奏为五复奏,即决前一日二复奏,决日又三复奏。各州的死刑案件仍实行三复奏。但犯"谋反"等重罪及部曲、奴婢犯杀主罪的,一复奏即可。到《永徽律疏》制定时,又法定为三复奏,即所谓"奏画已讫,应行刑者,皆三复奏讫,然始下决"。"不待复奏报下而决者,流二千里";"限未满而行刑者,徒一年";"过限,违一日杖一百,二日加一等"。死刑复奏制反映了初唐统治者"慎刑省罚"的思想,同时说明唐代皇帝加强了对死刑的控制。

(五)判决执行的规定

唐代在死刑的执行上继承了周、汉以来秋冬行刑的制度,规定在所谓"天有肃杀之气"的秋分时节执行死刑,官吏违犯者判处一年徒刑。怀孕妇女犯死罪,法律规定产后百日才能执行死刑,官吏违犯者判处一至两年徒刑。但犯"谋反"等重罪及部曲、奴婢杀主的,不拘此令,实行立斩。在徒、流刑的执行上,则强调及时将案犯递解至配所,强制其服苦役。稽留不送者,延误一日笞三十,三日加一等。所有这些规定,其目的都在于更加准确地打击危害国家统治秩序的犯罪,以及维护皇帝在司法上至高无上的权力。

三、监狱管理制度

(一)监狱组织自上而下形成了完备的体系

唐代在中央设置了大理寺狱,专门羁押"诸司有罪及金吾捕者",即关押中央机关的犯罪官吏与皇帝诏令逮捕的人犯。在京师,则设置京兆狱与河南狱,关押京畿地区的犯罪分子。因中央百官犯罪常系于京兆府狱,所以京都监狱又具有中央与地方监狱的双重性质。此外,"凡州县皆有狱",以此羁押当地罪犯。各监狱都设有掌狱之官。以京兆府狱为例,"(设)狱丞二人,从九品下,掌率狱史,知囚徒"①。

(二) 监狱管理严密化

在监禁上,实行贵贱有别、男女异狱,并按罪行轻重程度,分别禁系。"死罪枷、扭;妇人及流以下去扭;杖罪散禁"②。凡居作者,在京师男子隶将作监,女子隶少府监缝作。囚粮一般由家属自理。如狱有病囚,"主司陈牒,请给医药救疗"③。此外,对犯罪入狱的官吏实行优待,"更置浆饮,月一沐之;疾病给医药,重者释械,其家人一人入侍"④。《断狱律》针对掌狱官吏的违反法律的行为,严格规定:"诸囚应请衣食医药而不请给,及应听家人入侍而不听,应脱去枷、镣、扭而不脱去者,杖六十;以故致死者,徒一年","减窃囚食,笞五十,以故致死者,绞"。另外,狱官管理不善以致犯人自杀或杀人者,要受到徒二年的处罚。

(三) 录囚制度完善化

唐代为加强狱政监督,进一步完善了录囚制度。自唐高祖武德元年(618)"亲录囚徒"始,历代相袭,变为常制。贞观年间,唐太宗李世民"每视朝,亲录囚徒"⑤,以致数额多达二三百人。凡经录囚之后,犯人有罪多得减轻处罚。唐太宗曾明文规定"诸狱之长官五日一录囚"⑥,从而使录囚制度化、经常化。唐代皇帝以下,中央还有大理寺五日一录囚、监察御史巡行州县审录囚徒的制度。

推荐阅读文献

1. [唐]长孙无忌等:《唐律疏议》,刘俊文点校,中华书局1983年版。

本书为点校《唐律疏议》的范本,翔实可信,为学习唐律的必读文献。

2. 蒲坚编著:《中国古代法制丛钞》(第2卷),光明日报出版社2001年版。

该丛钞有关隋唐部分,特别是唐代部分,内容广泛,充分翔实,为研究隋唐法律的必读文献。

---

① 《新唐书·百官志》。
② 《唐律疏议·断狱律》附狱官令。
③ 《唐律疏议·断狱律》。
④ 《唐律疏议·断狱律》附狱官令。
⑤ 《册府元龟》卷五十八。
⑥ 《旧唐书·刑法志》。

第八章　宋辽金元法律思想与制度

960年,后周禁军将领赵匡胤于陈桥发动兵变,夺取政权,建立宋朝,定都东京(今河南开封),史称北宋。宋钦宗靖康元年(1126),金兵攻破开封,次年掳走宋徽宗、宋钦宗,北宋亡。赵构在临安(今浙江杭州)建朝廷,史称南宋。1279年,南宋亡于元。两宋共经18帝,历320年。

916年,契丹族首领耶律阿保机称帝,国号契丹,后建都临潢府(今内蒙古巴林左旗南)。辽太宗灭后晋,改国号大辽。1125年,辽被金灭。辽共经9帝,历210年。

1114年,女真族首领完颜阿骨打率部抗辽,次年称帝,国号大金,建都会宁府(今黑龙江省阿城南)。后迁都燕京(今北京),继迁都汴京(今河南开封)。1234年,金被蒙古和南宋夹击所灭。金共经10帝,历120年。

1206年,成吉思汗统一漠北草原各部,建立大蒙古国。历经与西夏、女真、南宋60余年的战争,忽必烈于至元八年(1271)建立元朝,以大都(今北京)为都城,上都(今内蒙古正蓝旗)仍不废。后灭南宋,统一全国。1368年爆发农民大起义,大都被攻占,元代灭亡。元共经11帝,历98年。

宋辽金元时期,北宋结束了五代以来的分裂割据局面,但两宋先后与辽、金、西夏、元对峙。元灭南宋,结束了370余年的割据局面。辽、金、元都接受了中原文化,并一定程度上保留了本民族的习俗。

【问题引导】

1. 如何评价宋《天圣令》明抄本残卷的发现、整理与研究?
2. 如何评价元《至正条格》残本的发现、整理与研究?

【关键词】

编敕　盗贼重法　鞫谳分司　泰和律义　条格

第一节　宋代法律思想与制度

一、社会转型与变化

唐宋之际是中国古代社会政治、经济、文化等发生重要变化的历史时期,宋代社会的转型与发展主要体现在以下三个方面。

(一) 经济社会结构变化

唐中期以后,自北魏以来国家干预土地占有和分配的均田制遭到败坏,经济制度及其所依托的军事制度都发生了重大变化。历经五代的变乱而至宋代,"田制不立""不抑兼并"的土地私有化成为国策。国家允许土地买卖,使土地的流转空前加快,中小地主与自耕农的数量均有所增长。土地兼并造就了大地主,也产生了大量摆脱了人身依附、成为租佃制下国家"编户"的佃农,佃户的人身趋向自由,大大提高了农民的生产积极性。农业进步为手工业扩大生产提供了原料基地,宋代手工业的生产规模、分工、技术以及产品质量都超过唐代,出现了独立的专业作坊,工匠的人身限制也较前宽松。[①] 在此基础上,宋代商品经济大发展,商业贸易发达。经济结构的变化,商品经济的高速发展,加上科技发展与文化多元,使宋代出现了许多前所未有的新事物。

(二) 思想意识形态变化

由于魏晋以来门阀等级制度的革除,寒门庶族地主的权利、地位已与旧时不同;又由于土地买卖和租佃制的普遍推行,经济关系发生了重大变化,这势必推动两宋思想意识形态领域相应地发生变化。

宋代以科举取士,重文轻武,摆脱了前代门阀、武臣的羁绊,朝政议论呈现出前所未有的活跃局面,从而导致了政治、思想上较为自由的风气。具体表现就是宋代以文臣治天下,思想意识领域呈现出前所未有的活跃。理学的形成为儒家"内圣外王"之学提供了更深厚的哲学基础,主张"义利双行"的功利主义思潮也有所抬头。

(三) 法律制度变化

宋代崇尚务实,立法多有变革。如苏轼所言,"风俗之变,法制随之"。[②] 内外交困的两宋处于变局时代,其统治者既须探索新制度,也得应对乱象,故法条繁多,法禁细密。南宋叶适在评论宋代法度时曾说:"今内外上下,一事之小,一罪之微,皆先有法以待之。"[③] 陈亮更指出:"汉,任人者也;唐,人法并行者也;本朝,任法者也。"[④] 宋代司法也出现了新制度、新问题。如地方、中央审判的"鞫谳

---

① 薛梅卿、赵晓耕主编:《两宋法制通论》,法律出版社2002年版,前言第2页。
② [宋]苏轼:《苏轼文集》卷二十五《奏议·议学校贡举状》。
③ [宋]叶适:《叶适集》卷十《外稿·实谋》。
④ [宋]陈亮:《陈亮集》卷十一《策·人法》。

分司"①;自北宋开始以"告不干己事法"打击"健讼"之徒②,但南宋仍然涌现出大量讼师,讼学日益流行等。

二、法律思想与立法概况

(一) 法律思想

1. 从"立法严、用法恕"至"立法贵乎中"

宋初,"太祖、太宗颇用重典,以绳奸慝",但"立法之制严,而用法之情恕"。③ 宋太祖用重典,开国初就制定轻减刑罚的"折杖法";后来强调"中"典,却又有惩治盗贼的"重法地法"等重典。南宋高宗提出"虑夫法太重而难必行,则立法贵乎中"④,说明统治者对法律繁苛有所反思。

2. "上下相维,轻重相制"

宋太祖"事为之防,曲为之制"⑤,将节镇兵权、敛财权和司法上的刑杀权收归皇帝。宋太宗设置提点刑狱公事监督州县司法、设审刑院加强皇帝对司法的控制。此外,台谏合一、监察、通判牵掣知州的连署制等,都是"上下相维,轻重相制"⑥这一法律思想的体现。

3. "政丰""理财""通商惠工"

宋真宗曾诏大臣议"致丰盈之术"⑦,宋神宗"尤先理财"⑧,民商、经济类立法因而得到空前发展。太宗以"通商惠工"⑨为宗旨,其后北宋神宗及南宋高宗、孝宗等都以此为则,出台了一系列保障开放市场和禁止勒索商人的法律条规,包括王安石变法期间的"市易法"及专门调整海外贸易的"市舶条法"等。

4. "文学法理,咸精其能"

宋代统治者重视法律,士大夫也认为治国应重视法制,强调法律能体现"天下至公"。由此,宋代出现了具备"文学法理,咸精其能"综合素质的士大夫群体。⑩

---

① 霍存福:《宋代"鞫谳分司"——"听""断"合一与分立的体制机制考察》,载《社会科学辑刊》2016年第6期。
② 霍存福:《宋明清"告不干己事法"及其对生员助讼的影响》,载《华东政法大学学报》2008年第1期。
③ 《宋史·刑法志一》。
④ 《宋会要辑稿》帝系一一之一二。
⑤ [宋]李焘:《续资治通鉴长编》卷十七,太祖开宝九年十月乙卯。
⑥ [宋]范祖禹:《范太史集》卷二十一《转对条上四事状》。
⑦ [宋]李焘:《续资治通鉴长编》卷四十一,太宗至道三年五月庚午。
⑧ 《宋史·食货志下一》。
⑨ 《宋会要辑稿》食货一七之一三。
⑩ 陈景良:《"文学法理,咸精其能"(上)(下)——试论两宋士大夫的法律素养》,载《南京大学法律评论》1996年秋季号、1997年春季号;陈景良:《试论宋代士大夫的法律观念》,载《法学研究》1998年第4期。

(二) 主要立法

1.《宋刑统》

宋初参用唐五代律令格式及刑统、编敕，其中尤以后周二十一卷的《显德刑统》为主。宋太祖建隆三年(962)，臣僚开始提出详定《显德刑统》的建议，太祖命工部尚书判大理寺窦仪等人更定之。建隆四年(963)八月修成三十一卷的《建隆重详定刑统》，遂刻板颁于天下，与令、式及《新编敕》并行。这是宋代系统制定的基本综合性法典。

《宋刑统》对后周《显德刑统》的详定，主要是因其"科条浩繁"而作删减，并还原其略去的唐律"义疏"。《显德刑统》中既有律、疏，又有令式、格敕、朝廷禁令、州县常科等，《宋刑统》于其中"削出式、令、宣敕一百九条"，或将它们另作"编敕"四卷，或归入原式、令中；保留了原附的自唐开元二年(714)以来至五代的敕令格式，加上新增入的15条宋初制敕，共计177条，仍附列于律文之后。《宋刑统》将唐律原502条按罪类分为213门；将原唐律中散于各分则条文的44条"余条准此"的总则性条款另归为一门，附于"名例"之后；增加32条"起请"，对律敕令格式条文应作轻重变化或增加刑名者予以补充。①

2. 编敕与例

宋太宗以后，"编敕"成为宋代的主要立法活动和立法形式。"敕"是以皇帝名义随时发布的诏令，"编敕"是编纂过去历年散敕而使其具有普遍适用效力的立法活动和立法形式。宋继承了唐五代以"编敕"顺应时势变化的做法，并对其大加利用。编敕被用于损益和补充成法，地位上升，数量剧增，每次修敕皆在千条以上。

宋代编敕，既有通行全国者，也有适用于省院寺监及各部等中央机关者，以及用于一路一州一县者；既有各类散敕通编者，又有专门编辑有关刑名敕者，后者便形成了与《宋刑统》并行的系统的刑事法源。宋神宗认为"律不足以周事情，凡律所不载者一断以敕"，将传统的律令格式体系更名为"敕令格式"体系，编辑了依照律目顺序排列的编敕，出现了所谓的"律敕并行"甚至"以敕代律"的局面。

"断例"和"事例"也是可以征引的法源。宋代编例，断例起自仁宗于庆历年间下诏"刑部、大理寺以前后所断狱及定夺公事编为例"②，附在编敕之后；神宗熙宁时又将"熙宁以来得旨改例为断，或自定夺，或因比附，办定结断公案，堪为典刑者，编为例"③，形成《熙宁法寺断例》12卷；后又有神宗《元丰断例》6卷、哲

---

① [宋]窦仪：《进刑统表》。
② [宋]李焘：《续资治通鉴长编》卷一百四十，仁宗庆历三年三月戊辰。
③ [宋]李焘：《续资治通鉴长编》卷二百五十四，神宗熙宁七年六月乙未。

宗《元符刑名断例》3卷、徽宗《崇宁断例》，以及南宋《绍兴编修刑名疑难断例》22卷、《乾道新编特旨断例》20卷、《开禧刑名断例》10卷等。① 事例则是以皇帝"特旨"和尚书省等官署发给下级指令的"指挥"编类为例。宋神宗时就出现了"引例破法"的情况，此后"御笔手诏"等特旨和指挥的地位渐高。南宋时更有"吏一切以例从事，法当然而无例，则事皆泥而不行，甚至隐例以坏法"②的现象。

3. 南宋《条法事类》

南宋孝宗时开始编定《淳熙条法事类》。原因是先前统编的敕令格式只以法律性质分类，不突出"事类"，使"官不暇遍阅，吏因得以容奸"，故孝宗令以"事类"（公事性质）为依据编排，每项事类收入相关敕令格式等。③ 在法典编纂上，条列法规，以事为类，是一项创造。宁宗时有《庆元条法事类》140卷，理宗时有《淳祐条法事类》。现存有《庆元条法事类》残本。

（三）法律形式

宋代法律既有因袭自唐五代的律、令、格、式及编敕等，又有新形式。宋代法律形式构成较为复杂，在中国古代法律形式变迁中起到承上启下的作用，特点是繁多而有分工。④

《宋刑统》相当于律，令、式方面则有宋太宗《淳化令式》、仁宗《天圣令》、神宗《元丰令》等。宋神宗认为"律不足以周事情"，将律令格式体系改为"敕令格式"，定义为："禁于已然之谓敕，禁于未然之谓令，设于此以待彼之谓格，使彼效之之谓式。"⑤敕是"丽刑名轻重者"，即应当处以笞杖徒流死五刑的，按照"名例"至"断狱"的顺序编排，实际也是《宋刑统》12篇顺序；令是"约束禁止者"，按自《官品令》至《断狱令》35门的编排，基本是唐令顺序；格是"有等级高下者"，包括命官之等、吏及庶人之赏等；式是"有体制模楷者"，即表奏、帐籍、关牒、符檄之类的式样。⑥ 可见，宋代格、式与唐代旧制明显不同。

"申明"是宋代新出现的法律形式。宋代的"申明"并不能简单地等同于法律解释，而是不同内容有不同性质。"申明刑统"为一种从属于律的法律形式，具有说明、补充律的功能，是法律解释。"随敕申明"的情况比较复杂，南宋《庆元条法事类》所载"随敕申明"既可能是对前敕作出解释说明的后敕，也可能是难以修为永法但具有参考价值的诏敕。"申明指挥"当为一个概称，其中应有相

---

① 郭东旭：《宋代法制研究》，河北大学出版社1997年版，第38页。
② 《宋史·刑法志一》。
③ 同上。
④ 胡兴东：《宋朝法律形式及其变迁问题研究》，载《北方法学》2016年第1期。
⑤ 《宋史·刑法志一》。
⑥ 同上。

当一部分就是随敕申明,剩余部分则为对有关上级官署指令的申明。①

三、法律内容的发展

(一) 刑事法律制度

1. 刑法体系繁杂

宋代刑事法律体系,包括普通刑事法律与特别刑事法律两大类。普通刑事法律规定在《宋刑统》、编敕、编例、条法事类等形式中。它们并非同时制定,地位与作用也不相同。如敕、例先是补《宋刑统》之不足,后来效力逐渐高于律。特别刑事法规有诏令、重法等,具有优先效力。比如仁宗朝的"窝藏重法"、英宗朝的"重法地法"、神宗朝的"盗贼重法"等。

哲宗以后,"用法以后冲前,改更纷然,而刑制紊矣"。徽宗时,编例地位日益上升,"引例破法",到南宋高宗时"断例散逸",秦桧以行政机关"批状""指挥"取代"成法"②,两宋时期刑事立法体系的繁乱可见一斑。

2. 刑事政策调整

宋代纵承分裂割据的五代十国,横面上又先后与辽、西夏、金对峙,政治空间紧张,版图争夺激烈,内忧外患的政局决定了宋代刑事政策也必然反映当时社会生活的特点。

第一,突出打击破坏中央集权的犯罪活动。宋代统治者吸取唐末五代弊政的教训,保证加强中央集权大政方针的实施,严密防范文臣、武将、宗室、外戚、宦官等人专政,不仅将政权、财权、兵权、司法权收归中央,而且对买卖官职等妨害中央集权的犯罪行为也从严打击,"决重杖一顿处死"③。

第二,采取从严惩贪防叛、刑用重典的刑事政策。一方面,宋初实行从严惩治官吏贪墨罪的刑事政策:"宋以忠厚开国,凡罪罚悉从轻减,独于治赃吏最严。"④另一方面,则突出了对"十恶"中"谋反""谋大逆""谋叛""大不敬"等政治性犯罪的打击,甚至"若有人或因斗争,或是酒醉,辄高声唱反者,决臀杖七十"⑤。

第三,实行重典惩治盗贼的特别立法。宋代推行"不抑兼并"的政策,贫富分化使阶级矛盾不断激化;其豢养庞大的军队、官僚,沉重的经济负担又激起了广大人民的反抗斗争。统治者认为:"外忧不过边事,皆可预防。惟奸邪无状,

---

① 谢波:《宋代法律形式"申明"考析》,载《史学月刊》2010 年第 7 期。
② 《宋史·刑法志一》。
③ 《宋刑统·诈伪律·诈假官》。
④ [清]赵翼:《廿二史札记》卷二十四《宋初严惩赃吏》。
⑤ 《宋刑统·贼盗律·谋反逆叛》"唱反"条。

若为内患,深可惧也。"①"奸邪"即所谓"盗贼",重典惩治盗贼的法律就是不断加剧的"重法地法"。

3. 刑事法律原则

宋代刑事法律,除继续沿用唐以来的刑事责任年龄、区分故意与过失、累犯加重等规定外,还有其他一些原则。

敕例优先于律原则。宋代皇帝热衷于用敕,神宗更是以敕代律,其后,凡"诸敕令无例者从律(谓如'见血为伤''强者加二等''加者不加入死'之类),律无例及例不同者从敕令"②,敕例优先于律便成了原则。

"贼盗"加重原则。唐律强盗罪区分是否持杖与得赃,《宋刑统》卷十九《贼盗律·强盗窃盗》所附敕规定:"应擒获强盗,不论有赃无赃,并集众决杀","持杖行劫,不问有赃、无赃,并处死",甚至"其同行劫贼内,有不持杖者,亦与同罪"。唐律窃盗"五十匹加役流",《宋刑统·贼盗律》附敕规定,"犯窃盗,赃满五贯文足陌,处死"。③

严惩贪墨原则。《宋史·刑法志二》云:"时郡县吏承五季之习,黩货厉民,故尤严贪墨之罪。"太祖时规定对贪赃官员不适用请、减、赎、官当之法,太宗时规定赃官虽逢赦也不得叙用。处死贪官之刑虽自真宗时起不再实行,但直到南宋,赃官不许堂除及亲民差遣,以及罪至徒即不叙用的制度,一直在实行。

宋代刑法原则的适用已趋严密化。如历代相传的"十恶"重罪又有细密的区别,重中有轻;公罪依情状论处,缩小了唐律一概"勿论"的量刑幅度;幕职官犯罪依品官等第论处;七品以上官吏犯枉法罪合减科;老疾者犯死罪可矜不死,发遣僻远小郡,给递驴代步;流配犯人准予停官终养、奔丧,6年刑满可听叙,身死可由亲属收葬等。这表明为适应时代的进化,宋代法律并非简单维持唐律规定,而是更多地注重区别对待。

4. 刑罚的新发展

折杖法。宋太祖为"洗五代之苛"④,于建隆四年(963)定折杖之制:流刑四等自加役流至流三千里、流二千五百里、流二千里,分别决脊杖二十,配役三年,或决脊杖二十、十八、十七,均配役一年,免去流远;徒刑五等自徒三年至徒一年,分别决脊杖二十、十八、十七、十五、十三后释放,免去徒役;杖刑五等自杖一百至杖六十,分别决臀杖二十至十三后释放;笞刑五等自笞五十至笞十,分别决臀杖十下、八下、七下后释放。⑤ 折杖法使"流罪得免远徙,徒罪得免役年,笞杖得减

---

① [宋]李焘:《续资治通鉴长编》卷三十二,太宗淳化二年八月丁亥。
② [宋]谢深甫等纂修:《庆元条法事类》卷七十三《刑狱门三·检断·名例敕》。
③ 薛梅卿、赵晓耕主编:《两宋法制通论》,法律出版社2002年版,第383—385页。
④ 《文献通考》卷一百六十《刑考七》。
⑤ 《宋史·刑法志一》。

决数"。①

刺配。宋太祖为宽贷杂犯死罪而立刺配之法,刺面、配流且杖脊,是对特予免死人犯的一种代用刑。但后来则成了常用刑种之一。太宗以后有关刺配的编敕逐渐增多,南宋孝宗时达570条②,不仅盗贼徒以上罪要刺配,军士犯罪也要刺配。

凌迟。《宋史·刑法志一》记载:"凌迟者,先断其支体,乃抉其吭,当时之极法也。"真宗赵恒时,大臣屡有请行凌迟刑者,真宗均未允准。仁宗天圣九年(1031),荆湖地区杀人祭鬼,诏令"自今首谋若加功者,凌迟斩之"③,首开使用此刑先例。南宋《庆元条法事类》将其作为法定刑种,与斩、绞并列。④

编管与安置。即把犯罪之人编入外州户籍,使其接受监督管制,限制其人身自由的处罚方法。它主要用于朝廷命官而犯重罪者,是宋代不杀士大夫之祖训在刑罚上的具体表现。根据不同情况,编管又分羁管和编置。羁管以囚禁为主,主要处罚宗室犯罪情节严重者。编置是指将犯人编于外州户籍而安置之,适用于情节较轻的犯罪。如苏东坡先后编管黄州、儋州就是典型例子。安置是将犯罪者贬谪到远恶之地居住并限制其人身自由的处罚方法,主要适用于官吏犯罪。

(二) 民事法律制度

1. 年、籍与行为能力

宋代虽无权利能力与行为能力概念,但立法中涉及年龄(丁年)、户籍等相关问题。宋《户令》有"男年二十一为丁","丁"指成年人,类似今日民法中特殊权利能力的年龄规定;《宋刑统·名例律》有"九十曰耄,七岁曰悼",称"悼耄之人皆少智力";《宋刑统·职制律》疏议又有"十五以下、七十以上及废疾,既不任徒役"之说。可知,当时有类似今日民法中限制行为能力与丧失行为能力的规定。不过,在当时,人们权利能力的大小大都是按照伦理等级高低加以确定的。

户籍是民事法律关系的基本法律文件。宋代在继承问题上,尤其强调户籍的作用。《宋刑统》援用唐天宝六载(747)敕文,对"百官、百姓身亡之后,称是在外别生男女及妻妾先不入户籍者"引发的诉讼,认为"既别居无籍,即明非子息","一切禁断",官府"不须为理"。⑤

2. 所有权

宋代民事法上所有权的发展变化,从土地政策的变化开始,并进而影响到其

---

① [元]马端临:《文献通考》卷一百六十八《刑考七·徒流》。
② 同上。
③ [宋]李焘:《续资治通鉴长编》卷一百十,仁宗天圣九年四月壬子。
④ [宋]谢深甫等纂修:《庆元条法事类》卷七十三《刑狱门三·检断·断狱式》。
⑤ 《宋刑统·户婚律·卑幼私用财》。

他方面。宋太祖开宝二年(969)规定:"民典卖田宅,输钱印契,税契限两月。"①这使得先此颁行的《宋刑统》中不得买卖"口分田"的规定成为具文。只要履行了"输钱印契"的程序,土地买卖就是合法的。时人称宋代"田制不立""不抑兼并",是向"均田制"看齐的。实际上,"不抑兼并"本身就是一种"田制",即土地私有,不受国家政策和法律干预。宋代法律主要是"均税"[如仁宗庆历(1041—1048)时和神宗熙宁(1068—1077)时的"方田法"],防止地多税少、地少税多、有地无税、地去税存,其重心不在"均田"。

以田宅为主的不动产所有权,宋代称为业主权,主要包括租佃权、典权、押权等。不动产所有权的转移必须书面立契,且得到官府承认,始得成交。宋《杂令》规定:"质举及卖田宅"者,"皆得本司文牒,然后听之"。宋代不动产所有权关系变更频繁,如南宋乾道年间(1165—1173)扬州"人户交易田土、投买契书及争讼界至,无日无之"。② 为了及时调整土地所有权关系,两宋政权曾颁令规定:"所垦田即为永业"③,"满五年,田主无自陈者,给佃者为永业"④。

3. 债

宋代契约制度的新发展,是出现红契、印契等。土地买卖的发展,催生了法律规定进一步完善。典卖田宅须订立合同契,由朝廷统一印制,各州通判专卖。契约订立后,须经官"输钱印契"⑤,缴纳交易税后,官府在契约上加盖官印,才成为"赤契",否则就是国家不承认的"白契"。当时人说"官中条令,惟交易(指田产交易)一事,最为详备"⑥。国家关心土地交易税是否交纳、是否过割了税赋,以及买卖是否正当(如是否重叠典卖、准折债负、典卖共有田地、询问亲邻等)。

土地租佃方面,宋代因"不抑兼并"而产生了大量无地之人,他们成为佃农(客户),租种地主(主户)土地,使得宋代土地租佃现象更普遍,地权分化更细,相关法规更完善。租佃形式,或采取佃农完全仰赖地主提供土地、牛、种子等生产资料而进行佃作的分成制,或采取佃农用自己耕牛、农具、种子而利用地主土地佃作的出租制。⑦ 租佃制的发展推动了土地所有权、占佃权、使用权的分离。由土地所有权派生的永佃权、占佃权、使用权的用益物权,也可以独立进行有偿转让。⑧

---

① [元]马端临:《文献通考》卷十九《征榷考六·杂征敛》。
② 《宋会要辑稿》食货三之一八。
③ 《宋史·食货志上一》。
④ 《宋史·食货志上四》。
⑤ [元]马端临:《文献通考》卷十九《征榷考六·杂征敛》牙契。
⑥ [宋]袁采:《袁氏世范》卷三《治家·田产宜早印契割产》。
⑦ 张晋藩、郭成伟主编:《中国法制通史(第五卷 宋)》,法律出版社1999年版,第380—381页。
⑧ 郭东旭:《宋代法制研究》,河北大学出版社1997年版,第11页。

借贷契约方面,宋代有关借贷法律多沿自唐代律令。借与贷的区分,出举(有息借贷)及质举(质押借贷)的利息率及履行方式,"负债违契不偿"的处罚,皆可在《宋刑统》律文及所附令文中看到。两宋商品货币经济发达,借贷关系复杂化,借贷立法更趋完备,特别是消费借贷立法富有特色。借贷须订契约,以为依凭;借贷须有抵押物,以昭信用。官府放债,以王安石变法的《市易法》(商业贷款)、《青苗法》(农业贷款)较典型;民间借贷有高利贷资本开设的质库(寺院也有长生库),利息是所谓"倍称之息",即百分之百利率。高利贷盘剥迫使下户流离失所,佃客卖儿卖女,社会动荡不安。为此,宋代采取限制高额利率、不准以田宅抵折、严禁为偿还负债而质当人口、不准留禁债务人或担保人等法律措施抑制高利贷的消极破坏作用。

债的担保方面,宋代有"三人相保"("市易旧法,听人赊钱,以田宅或金银为抵当,无抵当者,三人相保则给之")①,以及"连保同借"("违限未纳钱"者,"抵当家业陪填。如不足,即于连保铺户下均摊收理")②等形式。起初,《宋刑统》沿用唐令的"役身折酬"制度,这是一种借贷之债的人身担保形式。但南宋明文禁止这种担保:"诸以债负质当人口,杖一百,人放逐便,钱物不追;情重者奏裁。"③这在法律上是一个历史进步。对债的担保,宋代还出现了类似后世抵押权、留置权的内容:"诸税钱未纳,听以物克当,别注历收,经一年不赎者没官。其物准钱,不足,干系人备价。"④此外,宋代已有先付定金(定银、定钱)的习惯,并出现了因违约而处罚金的立法。

4. 婚姻与继承

宋代有关婚姻与继承的法律基本沿袭唐律令,又有所变化。婚龄有明确规定:"男年十五、女年十三以上,并听婚嫁。"⑤

关于继承,仍沿袭"兄弟均分""子承父分"的原则,其显著变化是,未出嫁的在室女、绝户的出嫁女等在继承中的地位提高。根据南宋判牍,"在法:父母已亡,儿女分产,女合得男之半"。⑥ 可见,宋代在室女也有相当于男子一半的财产继承权。《宋刑统》通过"臣等参详"肯定了绝户之出嫁女的继承权,规定:"今后户绝者,所有店宅、畜产、资财,营葬功德之外,有出嫁女者,三分给与一分";此外,"如有出嫁亲女被出,及夫亡无子,并不曾分割得夫家财产入己,还归父母家

---

① [宋]李焘:《续资治通鉴长编》卷二百九十六,神宗元丰二年正月已卯。
② 《宋会要辑稿》食货一七之一八。
③ 《庆元条法事类·杂门·出举债负·杂敕》。
④ 《庆元条法事类·库务门一·商税·场务令》。
⑤ 《名公书判清明集》卷七《户婚门·立继·立继有据不为户绝》。
⑥ 《名公书判清明集》卷八《户婚门·分析·女婿不应中分妻家财产(刘后村)》。

后户绝者,并同在室女例"。①

宋代官府为保护孤幼的财产继承权设立"检校"制度,对孤幼应继承的财产登记造册,留置于官,经营借贷,年利二分,以为教养孤儿费用。待其成丁日,悉数奉还。对财产继承的积极干预,反映宋代继承法具有一定的历史进步性。

(三) 经济法律制度

1. 土地制度

宋代法律承认土地私有权。北宋开国之初,就确立了"不抑兼并"的土地政策,促进了土地的迅速流转。土地常常因为交易而频繁更换主人。私田之外是官田或公田。宋代官府掌握的公田数量巨大。官府掌握的各种官田,也和私田一样采取租佃制。公田中的一部分,作为职田分给官员;其余大部分公田则出卖或出租。尤其南宋,为解决财政困难,更是大量出卖、出租土地。

宋代依据有无田产,将户籍分为主户和客户。佃农主要由客户组成,但他们同主户一样,列入官府户籍,成为国家的编户齐民。但"势官富姓,占田无限"②,加速了土地的兼并与高度集中,造成了"有田者未必有税,有税者未必有田;富者日以兼并,贫者日以困弱"的恶果。③

2. 赋税制度

宋代赋税包括土地税、人口税、资财税、商税及其他各种杂税。其具体征收方式与税额标准各不相同,形成了一套比较繁杂的赋税制度。田赋主要沿用唐代两税法,征收对象为佃农耕种的公田和私有的民田,分夏(税钱,征收钱银)、秋(苗钱,收取谷物)两季征收。夏税一般每亩三四文至数十文,多者可达一二百文。丁口之赋是百姓交纳的"丁钱"或"丁米"。不分主户、客户,一律交纳,所交物色有纳钱、蚕、盐、米、麦的,也有纳绵、绢的。杂变之赋征收农器税、牛革筋角税、义仓税、进际税等。商税分"过税"和"住税"两大类。前者属商品流通税,由商旅转贩货物沿途所经地区的税务机关,按其货价的2%收税;后者是买卖交易税,凡开设店铺出售货物的商人,该地税务机关按物价的3%收税。其他税收名目,有针对商船的力胜税,因军需而临时措置征收的月桩钱,对府县坊郭户征收的地税钱,以及相继税、契税、官牙、经总制钱、板账钱等。

3. 禁榷制度

宋代禁榷法包括榷盐、榷茶、榷酒等,官府对这些货物实行专卖。榷盐、榷茶是在国家组织盐、茶的生产和收购的前提下,由国家进行官运官销,或有限制地批发给商人零售。其法根据盐、茶产地和产量,划定运销范围,由官或商人发卖。

---

① 《宋刑统·户婚律·户绝资产》。
② 《宋史·食货志上一》。
③ 《宋会要辑稿》食货六之三六。

私产、私运、私销,即为"私盐""私茶",处罚较重。商人发卖,须买"盐引""茶引",分"长引""短引",前者可以运往他路销售,后者只能在本路内销售。

4. 货币制度

宋代货币金融制度较以前有重要发展。在货币形式上,以铜钱为主要货币,辅之以铁钱,铁钱与铜钱兼行;发明了交子、关子、会子之类的纸币,纸币制度产生并逐步完善;白银地位也日益重要。宋代产生了货币流通理论,沈括提出的货币流通速率论比西方同类理论的创立时间要早上近六百年。为了控制钱币的铸造和发行,宋代制定了一系列有关钱币铸造、流通以及打击私铸钱、伪造交子等的规范。

(四) 行政法律制度

宋太宗《淳化令式》依据唐玄宗开元二十五年(737)令式修成,仁宗天圣年间修令以唐令为本,沿袭唐代行政法规,内容包括政权组织方面的法规,如规定中央与地方机关官吏设置的各种《职员令》、规定官员分类及品级的《官品令》等;职官管理方面的法规,如职官选任的《选举令》、官吏考绩的《考课令》等;以及规范社会各个领域行政管理的法规和有关监督系统的机构及其职权的行政监督方面的法规。宋代行政法规在官员的官职分类、职权等级、选拔考核、任用标准、俸禄待遇,乃至奖惩、致仕、荫补等方面,规定周密。以官员选任为例,宋代修订过《长定格》《循资格》,有《贡举敕式》《审官院编敕》《铨曹敕》等。《吏部条法总类》汇集了南宋景定之前吏部有关改官、奏荐、磨勘、差注等条法和指挥,专门性强。

1. 机构设置

宋代中央机关设置以便于皇帝控制为则。宋太祖、宋太宗提高枢密院地位,与中书省对持文武二府,分割宰相之权;中央增设三司(盐铁使、度支使、户部使)掌财政,其中,盐铁使掌管工商收入及兵器制造,度支使掌管财政收支和粮食漕运,户部使掌管户口赋税和酒曲专卖,不属二府而直隶皇帝;实行官职分离、差遣主治之制,上自三省,下至曹司,虽有正官,却非真职,也无实权。

地方则收权于中央。宋代削夺了唐末五代节度使所掌军、民、财三项大权,将其统一收归中央。增设"路"为中央派出机关,设经略安抚使、转运使、提点刑狱公事、提举常平使四位长官,分掌军事、行政、司法、财政大权,权力一分为四,互不统属,均直接对皇帝负责。路下设府、州、军、监,其长官由文官充任,三年一换;州下设县,其长官由京官代守。京官担任地方长官,称"权知"某府、州、县事。这种以中央官吏办理地方政务的制度,随心如意,便于中央对地方的控制。

2. 官吏选任

宋代职官选任制度,有科举制、荐举制与荫补制三种,以此获得"出身";而铨选则是在此基础上的任官制度。"出身"不同,由不同机关进行不同标准的铨试。

官员铨选,初由审官院掌选,神宗元丰改制后权归吏部、兵部。选任方式按官阶品类分属于四选:尚书左选,掌文职京朝官以上及职任非由中书除授的官吏选任;尚书右选,掌武职升朝官以上及职任非由枢密院除授的官吏的选任;侍郎左选,掌官吏自初仕至幕职州县官选任;侍郎右选,掌自副尉以上至从义郎的选任。高级文武官员不参加常选,单独由中书省(堂除)及枢密院选授。选任标准重资考,文选官任职分十年至三年共四等,武选官任职分十年至二年共六等,幕职及州县官分三等。经法定的磨勘年限而升迁,叫磨勘转官。但北宋前期官、职、差遣互有分别:官只代表其品级和俸禄高低,职是文官的荣誉虚衔,差遣才是其实际的职事,体制比较繁乱。

3. 官吏惩戒

宋代主要惩罚官员的擅权争利(如署置过限、代署代判)、失职行为(如稽误文书、上书奏事有误)及违纪行为(如失泄秘密)等。对于官吏失职即不忠于职掌的行为(公事应上奏而不上奏,应言上而不言上,应行下而不行下,或应值班而不值班),官吏超越本职和兼职的行政越权行为(发运监使司,事非所职而辄主管者)①,官吏滥用职权的行为(臣僚上表,辄有诬毁或文饰己过者)②,都要依法予以制裁。

惩罚官吏兼采行政处分与刑罚制裁,行政处分有除籍、除名、勒停、勒留、编管和展磨勘等,刑罚有笞、杖、徒、流等刑。行政处分刑罚化,是宋代惩罚官吏的最大特点。

四、司法制度与监察制度

(一) 司法机关

1. 中央司法机关

宋代司法体制初沿唐制,中央审判机关为大理寺,复核机关为刑部。

宋太宗设审刑院于宫中,大理寺权归审刑院,只书面断决地方上奏案,不再开庭审判。神宗元丰时恢复大理寺职权,规定:凡京师百司之狱复归大理,流罪以下案件专决,死罪案件报御史台"就寺审覆"③。大理寺职官设置及分工再度得到加强。大理寺两位少卿分领左断刑(审理命官、将校及大辟疑罪)与右治狱(决京师刑狱及特旨委勘)。

刑部复核大辟罪的职能被审刑院侵夺后,只剩下对犯罪官员的除免、经赦叙

---

① 《庆元条法事类·职制门一·职掌·职制敕》。
② 《庆元条法事类·职制门一·上书奏事·职制敕》。
③ 《宋会要辑稿》职官二四之八。

用、昭雪等行政处罚事务;神宗元丰改制后,才又享有复核权。

此外,御史除监察外,也参与对命官犯法的重大案件,诏狱、地方州郡、大理寺及刑部"不能直"的疑难案件与奉命出使断决地方重大案件等的审判。

2. 地方司法机关

地方审判机关有县、州、提点刑狱司三级。县由知县或县令兼理司法,主簿协助,判决杖刑以下案件。州在知州、通判之下,有录事参军负责民事案件审理的"州院",有司理参军负责的"司理院",判决徒、流刑案件。但当时"司法参军掌议法断刑,司理参军掌讼狱勘鞫之事"①,实行"鞫(审)谳(判)分司",审问案情和检法断刑的官员各自独立工作,这是唐代所无的。"狱司推鞫,法司检断,各有司存,所以防奸也。"②到南宋,"司理、司法并注经任及试中刑法人",对其任职的历官及出身有要求。其后,司法参军不能由他官兼职,任职需要"晓法","不曾铨试人不许注授司法";司理参军也因"狱事繁重"而不得兼职。总之,宋廷对司理、司法的任职资格限制颇多。

(二) 诉讼与审判制度

1. 诉讼的提起

刑事诉讼采取被害人自诉、普通人告发、官司纠举(台谏弹劾、监司按发、通关刺举)等形式;民事诉讼则由当事人及其家属提起,禁止无利害关系人"告不干己事",故民事诉讼原则上是自诉。

刑事诉讼不受时间限制,随时可以提起;民事诉讼为防止妨碍农务,规定了"务限"法:"所有论竞田宅、婚姻、债负之类,取十月一日以后,许官司受理,至正月三十日住接词状,三月三十日以前断遣须毕。"受理期间称"务开",非受理期间称"入务"。只有"交相侵夺及诸般词讼,但不干田农人户者,所在官司随时受理断遣,不拘上件月日之限"③。

民事诉讼时效,凡"分财产满三年而诉不平,又遗嘱满十年而诉者,不得受理"④;典卖、倚当庄宅物业,"如是典当限外,经三十年后,并无文契,及虽执文契,难辨真虚者,不在论理收赎之限"⑤。南宋时典卖田宅各类纠纷的诉讼时效更缩短为二十年、十年、三年、一年者⑥,反映了所有权转移过程的加快。

---

① 《宋史·职官志七》。
② 《历代名臣奏议》卷二一七《推司不得与法司议事札子(周林)》。
③ 《宋刑统·户婚律·婚배入务》。
④ 《名公书判清明集》卷五《户婚门·争业下·侄与继叔争业(翁浩堂)》。
⑤ 《宋刑统·户婚律·典卖指当论竞物业》。
⑥ 郭东旭:《宋代法制研究》,河北大学出版社1997年版,第592页。

2. 案件的审理与判决

案件审理,理论上由长官亲自进行。但州级以上机关中,由鞫司如司理参军、录事参军等负责勘鞫,或者长吏根据鞫司所勘案情亲自坐堂问案。

勘鞫应当据状如实审理,可以使用刑讯手段取得口供。之后,将口供和各种证据进行整理,称"结款";再差官录问。凡徒刑以上案件结款后,由未参加过审讯的其他官员再次提审案犯,以核实供词。若属实,则程序往下进行;若犯人推翻原供或申诉称冤,则立即移交另一官司重审。

经过录问而无疑义后,由负责检法议刑的法司,根据犯罪情节,检出应当适用的法律条文,将其逐一列出,为长官定判提供依据。在检法的同时,有时法司也提出判决意见。之后是长官定判。但先由推官或签书判官厅公事等幕职官协助长官作出初步判决意见,称为"拟判"或"书拟";再将所作拟判决交由本机关内官员集体审核,并签署画押。最后是宣判结绝。长官定判之后,向犯人宣读判词,询问是否服判,给犯人以申诉机会。如果犯人表示服罪,即可执行,案件亦告终结,称为"结绝"。

3. 上诉与复审

犯人如不服判决,可以申诉,要求进行复审。宋代的申诉分两种情况:一是录问时翻异或临刑时称冤,向原审机关提起申诉;二是向上级司法机关提出上诉,包括直接向皇帝直诉。上诉须有法律依据,凭"断由"和"结绝告示"。[①]

宋代的复审主要是"翻异别勘"。"翻异别勘"是指在录问或行刑时,因推翻原口供或申诉冤情而另行安排勘问、鞫司的重审制度,分为原审机关改派同级他司重审的"移司别勘"与上级机关差官重审的"差官别推"两种。宋哲宗时规定:"大辟或品官犯罪已结案,未录问,而罪人翻异,或其家属称冤者,听移司别推。"[②]宋宁宗庆元四年(1198)规定:"州狱翻异,则提刑司差官推勘;提刑司复翻异,则以次至转运、提举、安抚司。本路所差既遍,则又差邻路。"[③]

依《宋刑统·断狱律》移推条附敕:"应犯诸罪,临决称冤,已经三度断结,不在重推限。"至南宋时,有五次以上翻异也要审理之令,表明已不限于三次翻异。

4. 死刑复核制度

北宋初年,死刑复核制不同于唐代,其判决执行权交给地方掌管,不必申报中央审核。刑部只在死刑执行后,依据各州"旬申禁状"进行事后复查。北宋中期以后,情况有所改变。徽宗宣和六年(1124)规定:"今后大辟已经提刑司详覆,临赴刑时翻异,令本路不干碍监司别推。如本路监司尽有妨碍,即令邻路提

---

① 《宋会要辑稿》刑法三之二八,职官十五之二二。
② [宋]李焘:《续资治通鉴长编》卷四九九,哲宗元符元年六月辛巳。
③ 《宋会要辑稿》职官五之五六。

刑司别推。"①死刑案须由提刑司详复后才能施行,州级机关不再有终审权力。这一做法一直沿用到南宋。路级提刑司取代刑部,负责复核死刑案,既可避免州县专断,又加强了中央对地方的控制,而且不至于淹滞刑狱。

5. 证据制度

宋承唐法,刑事证据制度仍以口供、证言、物证为证据形式,基本证据仍是口供。被告的口供和原告的陈告是断案的基本依据。按《宋刑统》,取得被告口供的方法是"五听"的"以情审察辞理,反覆参验";口供不足以定案者,使用拷讯方法逼迫被告使承首;拷讯数满而不承首,被告应被"取保"释放,同时要"反拷告人",推求其告发是否属实。

证人证言在使用上仍限于被告人为"不合拷讯者"时,如果可以拷讯被告,则自然应当取其口供;而且,证人证言的数量必须是"众证",即"三人以上,明证其事,始合定罪"。作证资格排除了法须相容隐的被告亲属、老人、小孩及笃疾之人,即"于律得相容隐,即年八十以上、十岁以下及笃疾,皆不得令其为证"②。宋代还制定了一系列保护"干证人"的措施,如徽宗宣和元年(1119)下令:"诸鞫狱,干证人无罪者,限二日责状先放。"③

物证是作为口供的重要补充出现的。《宋刑统·断狱律》沿用唐律规定:"若赃状露验,理不可疑,虽不承引,即据状断之。""赃"指计赃为罪者获得真赃(如盗赃),"状"指杀人者获得实状(如犯罪工具等)。宋代证据制度的发展在于物证理论的突破,如南宋郑克归纳的:"证以人,或容伪焉","证以物,必得实焉"。④ 宋代检验制度的完备,与这种重视物证的观念关联极大。

民事诉讼证据制度方面,契据文书的证明作用受到极大重视,"交易有争,官司定夺,止凭契约"⑤。所以,各类契书、遗嘱、定亲帖子、宗谱甚至官府账籍如税籍、丁籍等,都被司法实践中用为证据,对民事争讼的胜负起了决定性作用。这与刑事诉讼中之偏重口供,形成了明显对照。

6. 理雪、驳议与法官责任制度

"理雪"即定案后由囚犯或其家人申诉另审,从而理冤雪诬。对理雪有时规定时效制度,"命官犯罪经断后,如有理雪者,在三年外更不施行"⑥。在制度上,判决后赋予犯人及其家属以理雪的申诉权,是为防止冤诬的存在。故规定:在判决前,掌管检法的司法参军等人,若能"举驳别勘,因此驳议,从死得生,即理为

---

① 《宋会要辑稿》刑法三之七二。
② 《宋刑统·断狱律·不合拷讯者取众证为定》。
③ 《宋会要辑稿》刑法一之三一。
④ [宋]郑克:《折狱龟鉴》卷六《证慝》。
⑤ 《名公书判清明集》卷五《户婚门·争业下·物业垂尽卖人故作交加(人境)》。
⑥ 《宋会要辑稿》刑法三之九。

雪活"。而凡"雪活得人者,替罢日,刑部给与优牒,许非时参选"。① 同样,在判决前另差官录问时,若录问官能驳正死罪、徒流罪者,可给予转官、减磨勘等优惠。若"诸官司举驳入人死罪不当",予以杖刑;"置司鞫狱不当",当驳而不驳,致使罪有出入,比照推司罪减等处罚。②

(三) 监察制度

宋代中央整合监察机构,并加强对地方的监控,官职及新机构的设置是其中一大特点。

1. 中央与地方监察机构

宋代中央监察机构沿唐制设御史台,"掌纠察官邪,肃正纲纪"。其属有三院:台院、殿院、察院。"台官职在绳愆纠谬,自宰臣至百官,三省至百司,不循法守,有罪当劾,皆得纠正。"③后宋仁宗别置谏院为独立机构,形成台谏并重体制。

地方上则设置路一级"监司",包括转运司、提点刑狱司、提举常平司,巡按州县,这构成了宋代地方监察制度的特色。比如诸路提点刑狱司,所掌为"察所部之狱讼而平其曲直",行使司法监察权。④

地方上设置的特别官职是诸州通判。宋初为惩五代藩镇之弊,置诸州通判,知府公事须通判连署,方许行下⑤,用以牵掣地方大员。

2. 职官设置

御史台的御史大夫,多为加官。御史中丞一人,实际为台长;台院设侍御史一人,掌贰台政。殿院设殿中侍御史二人,掌"以仪法纠百官之失";察院设监察御史六人,掌"分察六曹及百司之事,纠其谬误",大事则奏劾,小事则举正。⑥ 宋仁宗以后,"御史得兼谏职"⑦,谏官也对台职"皆得谏正"⑧,台谏合一体制更得以加强。为保证其"天子耳目"的作用,收回原宰相任命谏官之权归皇帝,并严禁台谏与宰执私交。

诸州通判,大郡置二人,余置一人。"凡兵民、钱谷、户口、赋役、狱讼听断之事,可否裁决,与守臣通签书施行。"⑨提点刑狱公事,设于各路。属官有检法官、干办官。

---

① 《宋会要辑稿》刑法四之九三。
② [宋]谢深甫等纂修:《庆元条法事类》卷七十三《刑狱门三·推驳·断狱敕》。
③ 《宋史·职官志四》。
④ 《宋史·职官志七》。
⑤ 同上。
⑥ 《宋史·职官志四》。
⑦ [宋]李焘:《续资治通鉴长编》卷一百五十四,仁宗庆历五年正月乙亥。
⑧ 《宋史·职官志一》。
⑨ 《宋史·职官志七》。

3. 监察内容

司法监察方面，提点刑狱公事"所至审问囚徒，详覆案牍，凡禁系淹延而不决，盗窃逋窜而不获，皆劾以闻"①。其他两监司，按《职制令》，"诸监司每岁分定下半年巡按州县，具平反冤讼……按劾奸赃以闻"，也有司法监察权。②

行政监察方面，御史台监察御史，上下半年分诣三省、枢密院"点检诸房文字，轮诣尚书六曹按察"；凡"奉行稽违，付受差失，咸得弹纠"。③ 地方上，提点刑狱司，其行政监察任务是"举刺官吏之事"；诸州通判对所部官"善否及职事修废"，也"得刺举以闻"。④ 包括提刑司在内的监司，按《职制令》，"诸监司每岁分定下半年巡按州县，具……搜访利害及荐举循吏……以闻"，以及"采访在任官能否"奏上，"仍以知州、通判治状申尚书省"⑤，则是典型的行政监察。

五、"法深无善治"下的宋代法制特征

南宋陈亮说："故风林无宁翼，急湍无纵鳞，操权急者无重臣，持法深者无善治。奸宄之炽，皆由禁网之严；罅漏之多，亦由夫防闲之密。"⑥他认为："宽简之胜于微密也，温厚之胜于严厉也。"⑦因此主张"简法重令以澄其源，崇礼立制以齐其习"⑧。这是对当时法网严密的批评和改良之法，同老子的"法令滋彰，盗贼多有"将繁多的法令看作盗贼多发的原因，而不是将盗贼多发看作法令繁多的原因，十分类似。

"法深无善治"并非宋人的发明。两汉人即有对秦代及本朝繁苛法律的反思："秦法繁于秋荼，而网密于凝脂"⑨，"文书盈于几阁，典者不能偏睹"⑩。唐初也有对周隋繁苛法律的反思，如唐太宗说："国家法令，惟须简约，不可一罪作数种格条。格式既多，官人不能尽记，更生奸诈。若欲出罪，即引轻条；若欲入罪，即引重条。"⑪正是宋代统治高层对"法深无善治"的经验教训规律关注不够，造成了当时法条泛滥、法律苛重的局面，也引发了陈亮等有识之士的反思。"法深"指法律严苛、急刻，本指严刑峻法，与"宽"相对；但"法深"往往与法律繁多相

---

① 《宋史·职官志七》。
② 《庆元条法事类·职制门四·监司巡历·职制令》。
③ 《宋史·职官志四》。
④ 《宋史·职官志七》。
⑤ 《庆元条法事类·职制门四·监司巡历·职制令》。
⑥ ［宋］陈亮：《陈亮集》卷十七《汉论·孝宣》。
⑦ ［宋］陈亮：《陈亮集》卷十一《策·廷对》。
⑧ ［宋］陈亮：《陈亮集》卷二《中兴论》。
⑨ ［东汉］恒宽：《盐铁论·刑德篇》。
⑩ 《汉书·刑法志》。
⑪ 《贞观政要·论赦令》。

关,故也与"简"相对。所以陈亮以"繁密"对应"简",以"严厉"对应"宽"之"温厚",意在强调法律的无限严厉和庞杂会给社会带来不便甚至动荡。

第二节 辽金两代法律思想与制度

一、辽代法律思想与制度

(一) 辽代的法律思想

契丹族生活在北方辽河、滦河上游,原本分为八部,后出身耶律贵族的阿保机统一各部,并采纳汉人建议推行制度改革,发展农业生产,创制契丹文字,仿照中原王朝自立为帝。到辽圣宗耶律隆绪时,与北宋缔结"澶渊之盟",维持了较长时间的和平局面,发展经济文化和法制。辽代法律思想是契丹传统与中原文明的融合,其特色是从同罪异罚到一等科之。

辽统治者对契丹人、汉人及渤海人历来采取契丹习惯法和唐律两套管理依据,因而"辽之世,同罪异论者盖多"[1]。辽自太祖时在法律上实行分治,用"契丹法"治契丹及诸夷,用"汉法"治汉人。太宗时,"官分南、北,以国制治契丹,以汉制待汉人"[2],在国家机构设置上也以南、北二院分治之(北官以夷离毕院掌刑狱)。辽圣宗即位后注重"更定法令",曾下诏指出,"若贵贱异法,则怨必生。夫小民犯罪,必不能动有司以达于朝,惟内族外戚多怙恩行贿,以图苟免,如是则法度废矣"。所修改的法律"多合人心",如将从前"契丹及汉人相殴致死,其法轻重不均"的法令改为"一等科之",将"宰相、节度使世选之家子孙犯罪,徒杖如齐民,惟免黥面"的"旧法"改为"自今犯罪当黥,即准法同科"等。辽道宗也多次修订刑律,推动法制统一。然而,辽代不少统治者视刑罚为"人主快情纵意之具",对待臣民极其暴虐,各级司法官吏也凶残地拷讯百姓。虽然辽圣宗注重司法办案要"重轻适宜,足以示训",尤其注重"改重为轻""用刑又能详慎",并因此得到后世称赞:"辽之诸帝,在位长久,令名无穷,其惟圣宗乎!"[3]但是,辽代法制的实施状况因统治者而异,自兴宗起,屡兴大狱,至辽代末期,法制大乱,最终被金所灭。

(二) 辽代的主要立法与法律形式

神册六年(921),辽太祖耶律阿保机诏大臣定"治契丹及诸夷之法,汉人则断以律令",开启分而治之的政策;太宗耶律德光时增加"治渤海人一依汉法"。

---

[1] 《辽史·刑法志》。以下不具引者,均出此。
[2] 《辽史·百官志一》。
[3] 《辽史·圣宗纪》。

统和元年(983),圣宗耶律隆绪诏大臣翻译"南京所进律文"①。兴宗耶律宗真重熙五年(1036)修成《新定条制》,颁行诸道,内容为"纂修太祖以来法令,参以古制",共547条。咸雍六年(1070),道宗耶律洪基"以契丹、汉人风俗不同,国法不可异施"为由,命大臣更定《新定条制》,原则是"凡合于律令者,具载之;其不合者,别存之",欲作统一努力。这次更定采取了以《律令》为标准决定条制去留的办法,但主持者采用了《新定条制》545条,又取《律》173条,加上新增71条,形成了《咸雍重定条制》。② 大康年间(1075—1084)又"以《律》及《条例》参校"续增,大安年间又有续校增加。但道宗以条数太繁,决定仍采用旧法,体现了契丹法、汉法两套法律的难以糅合。③

但这并未影响契丹法对汉法的吸收。太祖初年的刑罚如投高崖、五车轘杀、杖决、枭磔、生瘗、射鬼箭、炮掷、肢解等,后来就被规范的汉法——死(绞、斩、凌迟,同时有籍没之法)、流(置之边城部族之地、投诸境外、罚使绝域)、徒(刑期终身、五年、一年半,同时有黥刺之法)、杖(自五百下至三百下)体系所代替。老少犯罪(70岁以上、15岁以下)的赎刑、优待贵族的"八议"先后被采用。某些汉法规则也被直接适用于契丹人。圣宗统和十二年(994)诏"契丹人犯十恶,亦断以《律》"。④ 同时,在契丹法与汉法的冲突上,适用已久的"契丹及汉人相殴致死,其法轻重不均"的法令,至圣宗时也改为同等科断⑤,表明统治者在刻意减弱法律的民族压迫色彩。

在刑制方面,辽代在沿袭前朝汉法的基础上,也有改作。一是徒刑分为终身(决杖五百)、五年(决杖四百)、一年半(决杖三百)。终身徒为过去所无,五年徒也为隋唐以来少有。二是杖刑最高为杖三百,较汉代以来杖二百为多。

二、金代法律思想与制度

(一) 金代的法律思想

女真族历史悠久,分布在松花江、黑龙江下游一带,渔猎为生。完颜阿骨打统一女真各部,1125年灭辽,1127年灭北宋;1141年金熙宗与南宋政权达成绍兴和议,控制淮河以北,大力引用汉族地区的统治经验,改变原有统治方式和政治制度;到金世宗时,积累了更多的统治经验,如休养生息、重用儒者、改革吏治等,也更加注重法制建设。"赏罚不滥,即是宽政"⑥,是金世宗对"帝王之政"的

---

① 《辽史·圣宗纪》。
② 《辽史·刑法志下》。
③ 同上。
④ 《辽史·刑法志上》。
⑤ 同上。
⑥ 《金史·世宗本纪》。

基本态度,体现了借鉴汉法、保持旧俗的特色。

金代立法在较短的时间内汲取唐宋法律之精华,吐故纳新,迅速建立了系统完备且别具风格的法律制度,同时在司法实践过程中保留了不少民族旧俗。①金世宗要求臣下司法官吏"凡诉讼案牍,皆当阅实是非",严格司法责任,"因徒不应系囚则当释放,官吏之罪即以状闻","失纠察者,严加惩断,不以赎论"。②他对"八议"的范围加以限缩,多次驳回"议亲"(皇后一族犯罪)、"议贤"等请求,理由是,"法者,公天下持平之器,若亲者犯而从减,是使之恃此而横恣也……是开后世出入之门也","既曰贤矣,肯犯法乎?"最终下诏,"太子犯大功以上亲,及与皇家无服者,及贤而犯私罪者,皆不入议"。史家称誉他"得为君之道","号称'小尧舜'"。③但金代法制的执行情况颇为复杂,官员法外用刑情况较为常见,反映了立法与执行的脱节。

(二) 金代的主要立法与法律形式

金太祖完颜阿骨打建国,法制简易,"无轻重贵贱之别,刑、赎并行"。依当时习惯法,"轻罪笞以柳葼,杀人及盗劫者,击其脑杀之,没其家资,以十之四入官,其六偿主",并以家人为奴婢,欲赎者从之。重罪也可赎,但须劓、刵以有别于常人。

金太宗完颜晟开始渐渐采用辽、宋法。熙宗完颜亶于天眷三年(1140)攻占河南地,下安民之诏,"所用刑法皆从律文"。皇统年间(1141—1149),又诏"以本朝旧制,兼采隋、唐之制,参辽、宋之法",类集成书,称作《皇统制》,颁行天下。正隆年间(1156—1161),海陵王完颜亮又作《续降制书》,与《皇统制》并行。世宗完颜雍颁行《军前权宜条理》,大定五年(1165)又加删定,与《续降制书》兼用。大定中叶,将前四项法律一并校正,凡"制有缺者,以律文足之;制、律俱缺及疑而不能决者,则取旨画定",颁行时名为《大定重修制条》,共1190条,分12卷。

明昌元年(1190),因"制、律混淆",金章宗完颜璟设立详定所审定律令。至泰和元年(1201)修成《泰和律义》30卷563条,《律令》20卷708条(尚不包括《新定敕条》3卷219条),《六部格式》30卷,次年颁行。《泰和律义》因采取了将先前制条"准律文修定"的原则,篇目依从唐宋"律十二篇"体例,只不过在条目上有较大的增删损益;在体例上"附注以明其事,疏义以释其疑"。《律令》实际即唐宋令,仍依《官品令》《职员令》等顺序排列,共20卷。《新定敕条》是《制

---

① 陈玺:《传承中国传统法治文明的不朽经典》,载邱汉平编著:《历代刑法志》,商务印书馆2017年版,导论。
② 《金史·刑志》。本节以下不具引者,均出此。
③ 《金史·世宗本纪》。

敕》《榷货》《蕃部》3卷的综合。《六部格式》可能沿自唐五代之旧格式。

在刑制上，金代法律初沿辽制，徒刑有终身徒；沿宋制有以杖折徒之法，最高限为杖二百。《泰和律义》基本依唐律，唯徒刑增加了徒四年、徒五年。① 尽管律典中对刑罚、刑具均有明确规定，却存在"州县立威，甚者置刃于杖，虐于肉刑"的乱象。

第三节　元代法律思想与制度

一、法律思想与立法概况

（一）元代的法律思想

1. "祖述变通""附会汉法"

1260年，元世祖忽必烈即位诏书提出"祖述变通"。数月后，建元中统诏书将之具体化，"祖述"即"稽列圣之洪轨"，沿袭成吉思汗以来蒙古汗国的制度；"变通"即"讲前代之定制"，是欲参用金宋以来制度，即所谓汉法。② 后一项是忽必烈受汉人儒士影响而形成的。因此而形成的元代法律"以国朝之成法，援唐宋之故典，参辽金之遗制"，基本上是"附会汉法"的③，是蒙古旧制与汉法的混合物。

2. "因俗而治"，蒙汉异制

元代仿照辽代"因俗而治"的办法④，在婚姻立法等方面明确规定蒙古人不适用汉法规范⑤。在司法上由大宗正府掌理蒙古、色目人犯罪案件，也含有因俗而治的用意。但蒙汉异制的主要出发点是保证蒙古人的特权，赋予蒙古人在任官、刑罚方面的一系列特权。

（二）元代的主要立法

1. 蒙古汗国法律

元太祖成吉思汗消灭克烈部建立蒙古国以后，相继发布了一系列"札撒"（法令）。1219年，成吉思汗召集大会，"重新确定了训言、札撒和古来的体例"⑥，用蒙古文记录，称为《大札撒》。内容包括那颜背叛君主者处死、擅离职守者处死、马畜盗一赔九等，以及其他保护游牧经济、社会秩序及民族习惯和禁忌

---

① 见[清]沈家本：《历代刑法考·附寄簃文存》（一），中华书局1985年版，第59页。
② 《元史·世祖纪一》。
③ [元]郝经：《陵川集》卷三十二《立政议》。
④ 《辽史·百官志一》。
⑤ 韩玉林主编：《中国法制通史（第六卷　元）》，法律出版社1999年版，第649—650页。
⑥ [波斯]拉施特主编：《史集》（第1卷第2分册），余大均、周建奇译，商务印书馆1983年版，第197页。

的规定。1211年,成吉思汗颁《条画五章》,规定凡出军不得妄杀,刑狱唯重罪处死,其余杂犯量情笞决等。① 元太宗窝阔台六年(1234)大会诸王百僚时,发布了《条令》,对诸王集会、宫禁、军规军纪、盗马等作了禁约乃至处罚规定,尤以军规军纪为多。②

世祖忽必烈中统三年(1262)二月,命大司农姚枢"讲定条格",修成奏上。③ 至元元年(1264)八月颁行《新立条格》,内容是"定官吏员数,分品从官职,给俸禄,颁公田""均赋役""勿擅科差役""军马不得停泊村坊""词讼不得隔越陈诉"④,涉及官制及官吏待遇、赋役科敛、军纪、禁止越诉等方面。至元八年(1271)十一月,忽必烈在建国号为"大元"的同时,禁行《泰和律义》。⑤ 至此,蒙古汗国在中原汉地断狱参用《泰和律义》定罪再予折代量刑的办法被废止。

2.《至元新格》

至元二十八年(1291)五月,中书右丞何荣祖受命编定《至元新格》,包括公规、选格、治民、理财、赋役、课程、仓库、造作、防盗、察狱等10个事类,刻版颁行。⑥ 其内容是《新立条格》的继承和发展,侧重行政、财政、民事规范,是后来《大元通制》条格部分的基础。今存96条遗文。

3.《风宪宏纲》

大德三年(1299),元成宗曾命何荣祖"更定律令",形成《大德律令》(草写时一度达380条)。书成奏上后,成宗诏命元老大臣"聚听",但未颁行。⑦ 成宗大德十一年(1307)十二月,中书省曾建议将"世祖即位以来所行条格,校雠归一,遵而行之";至大二年(1309)九月,尚书省又建议将"太祖以来所行政令九千余条,删除繁冗,使归于一,编为定制",其范围更广。两次建议虽都得到了武宗允准,似皆无结果。仁宗即位,敦促省臣斟酌"中统、至元以来条章","折中归一,颁行天下",谢让、李孟皆参与纂集。⑧ 纂集的结果将"格例条画有关于风纪者,类集成书",因而"号曰《风宪宏纲》"⑨,但似未颁布。

4.《大元通制》

元英宗至治二年(1322)十一月,御史李端建议将"世祖以来所定制度著为

---

① 柯劭忞:《新元史·刑法志·刑律上》。
② 参见《元史·太宗纪》。
③ 《元史·世祖纪二》《元史·姚枢传》。
④ 《元史·世祖纪二》。
⑤ 《元史·世祖纪四》。
⑥ 《元史·世祖纪十三》;[元]徐元瑞:《吏学指南·五科·格》;黄时鉴辑点:《元代法律资料辑存》,浙江古籍出版社1988年版,第9—34页。
⑦ 《元史·成宗纪三》《何荣祖传》。
⑧ 《元史·武宗纪一、二》《元史·仁宗纪一、二》《元史·谢让传》。
⑨ 《元史·刑法志一》。

令"。至治三年(1323)正月,命枢密副使完颜纳丹等"听读仁宗时纂集累朝格例(即《风宪宏纲》)",予以斟酌损益,至二月修成,取名《大元通制》①,颁行天下。《大元通制》分《诏制》(94条)、《条格》(1151条)、《断例》(717条)、《别类》(共4部分500条)。《断例》目录类似于唐宋金以来的"律",依次为卫禁、职制等共11类②;今存者有《元典章》各门所汇断例及《元史·刑法志》所载1100余条③。《条格》相当于唐宋金以来的"令""格""式",分祭祀、户令、学令、选举、宫卫、狱官、杂令、营缮、站赤、榷货等共27篇,今存者共19篇22卷653条,为明写本残卷,名曰《通制条格》。《诏制》相当于宋金的敕。《条格》与《断例》多用唐宋金律令旧文。《大元通制》的制定,完成了自武宗至德以来"纂集世祖以来法制事例"的过程,元代法典遂至定型。

5.《至正条格》

元顺帝时,苏天爵奏请将《大元通制》颁行以来与日俱增的繁条碎目"类编颁示中外","续为《通制》,刻板颁行",削除其中与"先行《通制》参差抵牾"者。④后至元四年(1338)命中书平章政事阿吉剌监修《至正条格》,至元六年(1340),先后又命学士删修《大元通制》,至正三年(1343)右丞相脱脱请修《至正条格》颁天下,至正五年(1345)修成,次年颁行。⑤《至正条格》共2909条,分《诏制》共150条,《条格》共27门1700条,《断例》共12门1059条,条数多于《大元通制》。但颁行时将《诏制》存于内,唯将《条格》《断例》颁于外。

《至正条格》是元代最后一部法典。它以《大元通制》为基础增删而成,解决其施行20年来诏制、格例新旧因革、前后冲突问题。颁布当年,就发生了农民起义,未能真正施行。此书久佚,20世纪80年代在内蒙古黑城发现《至正条格》印本残页共8张⑥;2002年,韩国庆州发现元刊本《至正条格》残卷2册,包括《条格》与《断例》。其中,《条格》存卷二十三至卷三十四,分别为仓库、厩牧、田令、赋役、关市、捕亡、赏令、医药、假宁、狱官共10门373条;《断例》存卷一至卷十三,分别为卫禁、职制、户婚、厩库、擅兴共5门427条。⑦条文总数遗存较《大元通制》为多。

此外,元代尚有《大元圣政国朝典章》(以下简称《元典章》),是对地方官吏抄集的法律文书的分类汇编。故其虽不是国家统一立法,但也是奉元成宗要求

---

① 《元史·英宗纪二》《元史·刑法志一》。
② 刘晓:《〈大元通制〉到〈至正条格〉:论元代的法典编纂体系》,载《文史哲》2012年第1期。
③ [清]沈家本:《历代刑法考:附寄簃文存》(二),中华书局1985年版,第1080页。
④ [元]苏天爵:《慈溪文稿》卷二十六《乞续编〈通制〉》。
⑤ 《元史·顺帝纪二、三、四》《脱脱传》。
⑥ 李逸友编著:《黑城出土文书(汉文文书卷)》,科学出版社1991年版,第67—70页。
⑦ 韩国学中央研究院编:《至正条格》(校注本、影印本),Humanist出版集团2007年版,第456页。

地方抄集中统以来律令格例以备检举的命令而作的。其《前集》共 60 卷,分诏令、圣政、朝纲、台纲、吏部、户部、礼部、兵部、刑部、工部 10 类,汇抄元世祖中统以来至仁宗延祐七年(1320)的文书;《新集》不分卷,分国典、朝纲、吏部、户部、礼部、兵部、刑部、工部 8 类,汇抄英宗至治二年(1322)以降的文书,各类以下分门、目,目下分条罗列条格或事例。全书共 81 门 467 目 2391 条。《元典章》收录当时原始法律令及判例文献,其史料价值颇高。其编排仿照《唐六典》以六部职掌分列法条的体例,对《大明律》有所影响。

(三) 元代的法律形式

元代法律大致由诏制、条格、断例三部分组成。在时间顺序上,厘定官署运行规程的"条格"首先被确定下来,初则《新立条格》,继之《至元新格》;次则循用金宋律(尤其是金《泰和律义》)旧文断狱而逐渐形成各种"断例",往往以援引"旧例"的形式启用之。故其法律形式一是"条格",二是"断例",合称"格例"。至于圣旨或诏制,数量反而不大,未出现宋代那样繁多的编敕。元代条格大体遵循"令以设范立制",断例却奉行"律以正刑定罪",罚则条款的有无,是二者规范内容与形式的根本差别。

元代法律的变化,是不再沿用传统的律、令、格、式、刑统、编敕等名称,也不顾宋代格的内容和形式的变化,而是直接将原属令制的内容定名为"条格";并沿用两宋"法寺断例""刑名断例"之习惯,将原属刑律的内容定名为"断例"。看似随意立名,法典总称为"条格""新格""通制"乃至于"风宪宏纲"等,而其内容及形式却渊源有自。在元代,尽管有制定律令的动议,但反倒被认为体制繁乱。以至于明初朱元璋立国,制定《大明律》《大明令》,又返回到律、令旧制的立场上。

当然,元法的这种变化只是表面的。唐以来的"刑法统类""刑律统类",宋以来的"法寺断例""刑名断例""刑名疑难断例""特旨断例",已开随事立名之先河。且元代法律在内容上多沿用金宋法律,以至于时人吴澄在比较了唐律、后周与北宋刑统为代表的"古律"与《大元通制》这部"新书"之后,就认为"制诏、条格,犹昔之敕令、格式也","断例"也是"一循古律篇题之次第而类辑",因而《大元通制》是"其于古律,暗用而明不用,名废而实不废",可见"古律之必当从,虽欲违之而莫能违也"。[①] 吴澄所谓"古律",即唐律、后周与北宋刑统,而其源头则可追溯到《周礼》之"刑属三千"。他看重的是作为"皇元一代之新律"的《大元通制》所延续的"律十二篇"系统的"古律正文"或"历代相承古律之文"的一脉相承。

---

① [元]吴澄:《吴文正公集》卷十一《〈大元通制〉条例纲目后序》。

二、法律内容的发展变化

(一) 刑事政策变化

元代法律带有鲜明的民族歧视和压迫色彩。在制度上,蒙古人、色目人(包括西夏、回回、西域人)、汉人(原金国地区的汉人、契丹、女真人)、南人(原南宋地区的汉人和西南地区的各族人)被分为四等。在有些场合,大抵以蒙古、色目为一级,汉人、南人为一级。

在刑事法和诉讼法律规范上,对汉人禁制多、处罚重,而蒙古人则享有不受禁制和减轻处罚的特权。至元九年(1272)五月圣旨,禁止汉人聚众与蒙古人(达达人)斗殴(哄打)。① 至元二十年(1283)二月,因百姓不愿供应路过蒙古人员吃住事宜,时有相争,遂规定:"蒙古人员殴打汉人,不得还报";只允许其"指立证见",在所在官司"赴诉",否则"严行断罪"。② 蒙古人"因争及乘醉殴死汉人",无须偿命,只断罚出征,征烧埋银。③ 另据《元典章》卷四十二《刑部四·诸杀一》所列表,"蒙古人扎死汉人",不过是笞五十七;而"汉人殴死蒙古人"则处死,并"断付正犯人家产,余人并征烧埋银"。还禁止汉人、南人持有和收藏兵器,禁止汉人练习武艺、聚众集会等。

蒙古人、色目人可以享受的特别待遇还有:窃盗、强盗犯人刺臂或刺项,只适用于汉人、南人,蒙古人"不在刺字之例"④;审囚官违反规定将蒙古人刺字者,杖七十七,除名⑤;"色目人犯盗",也"免刺科断"⑥;蒙古人除犯死罪应依法监禁外,其余不得拘禁;即使监禁,也"毋得拷掠,仍日给饮食"⑦。

(二) 刑罚的变化

1. 五刑体制的变化

元代基本刑制沿用宋金以来的五刑,但却经历了从蒙古法到汉法的磨合过程。成吉思汗时期有斩决、流放、笞刑等刑罚。其后,在循用金律的过程中,尤其是世祖忽必烈即位以来,逐渐向汉法的笞、杖、徒、流、死五刑体系转变。

其中,笞刑分笞七、笞十七、笞二十七、笞三十七、笞四十七、笞五十七,共六等;杖刑分杖六十七、杖七十七、杖八十七、杖九十七、杖一百七,共五等。笞七本为减三下,但笞五十七又使笞刑变为六等;杖一百七又多于唐宋杖一百之制。徒

---

① 《通制条格·杂令·汉人殴蒙古人》。
② 《元典章·刑部六·诸殴·杂例·蒙古人打汉人不得还》《元史·刑法志四》。
③ 《元史·刑法志四》。
④ 《元典章·刑部十一·诸盗一·强窃盗·强窃盗贼通例》。
⑤ 《元史·刑法志二》。
⑥ 《元史·刑法志三》。
⑦ 《元史·刑法志二》。

刑自徒一年至徒三年,共五等,每半年为一等,但皆加杖,分别加杖六十七至杖一百七;流刑实行"南人迁于辽阳迤北之地,北人迁于南方湖广之乡",三等仍分为二千里、二千五百里、三千里。"死刑,则有斩而无绞,恶逆之极者,又有陵迟处死之法。"①

2. 刑罚执行的变化

元代刑罚执行的变化,是警迹人制度。强盗犯、窃盗犯在服刑完毕后,发付原籍"充警迹人"。在其家门首立红泥粉壁,上开具姓名、犯事情由,由邻佑监督其行止,且每半月亲至官府接受督察。这是刑罚执行的延长。

涉及"充警迹人"的具体犯罪包括:强盗并充警迹人,"官司以法拘检关防之";诈称搜税,拦头剽夺行李财物者,以盗论,充警迹人;子、婿因年饥而被父(岳父)强迫一同持杖行劫,子、婿减死一等,充警迹人;僧道为盗,同常盗,还俗,充警迹人;年幼再犯窃盗者,免刺赎罪,发充警迹人;盗贼应征正赃及烧埋银,贫无以备,令其折庸,庸满发原籍,充警迹人;色目人犯盗,发本管官司设法拘检;限内改过者,除其籍。无本管官司发付者,从有司收充警迹人。只有两类人可以免充警迹人。一是军人为盗,刺断,免充警迹人;二是妇人为盗,断罪,免刺配及充警迹人。

警迹人的减免、除籍,凡强窃盗充警迹人者,五年不犯,除其籍;其能告发,及捕获强盗 1 名,减刑 2 年,捕名按"5 年不犯"减刑;捕获窃盗 1 名,减刑量较捕获强盗的少一半。应除籍之外,所获多者,依常人获盗给赏。籍既除,再犯,终身拘籍。

日常监督方面,警迹人不告知邻佑辄离家经宿,以及游惰不事生产作业者,有司究治之;邻佑有失觉察者,亦罪之。②

三、司法制度与监察制度

(一) 司法机关

1. 中央司法机关

元代仿唐宋建立刑部,因废尚书省,改属中书省。设尚书 3 人,正三品;侍郎 2 人,正四品;郎中 2 人,从五品;员外郎 2 人,从六品;主事 3 人。吏属有蒙古必阇赤、令史、回回令史、怯里马赤、知印、奏差、书写、典吏。刑部"掌天下刑名法律之政令",即司法行政与审判。凡"大辟之按覆,系囚之详谳,孥收产没之籍,捕获功赏之式,冤讼疑罪之辨,狱具之制度,律令之拟议,悉以任之"③。原属大

---

① 《元史·刑法志一》。
② 以上均见《元史·刑法志三》。
③ 《元史·百官志一》。

理寺的审断职能,归于刑部。刑部下设司狱司,有司狱、狱丞、狱典等官吏。沈家本谓元"始于刑部置狱,此刑制中之一大关键也"①。

大宗正府由蒙古国初期掌刑、政的札鲁忽赤(汉译断事官)演变而来。依元世祖至元元年(1264)的规定,札鲁忽赤掌理"诸王驸马投下蒙古、色目人等"所"犯一切公事",以及"汉人奸盗诈伪、蛊毒厌魅、诱拐逃驱"等刑狱。次年设大宗正府为札鲁忽赤官署,职掌较宽。至元九年(1272)又令"止理蒙古公事"。泰定帝致和元年(1328)又定其职为"上都、大都所属蒙古人并怯薛军站色目与汉人相犯者"②。《元史·刑法志一》所载"诸四怯薛及诸王、驸马、蒙古、色目之人,犯奸盗、诈伪,从大宗正府治之",指的是其常职,其具体职掌屡有变化。

宣政院本是主持全国佛教事务和统领吐蕃地区军、民之政的中央机关。由于职掌的特殊性,自成系统。有时在江南设立行宣政院,在诸路、府、州、县则设僧录司等,管理各地佛寺、僧徒。其司法职能为掌管僧人、僧官刑民案件。

2. 地方司法机关

元代各行省、路、府、州、县等地方行政机关,兼有司法职能。行省设"理问所"专掌刑狱,下设"理问二员,正四品;副理问二员,从五品;知事一员,提控案牍一员"。各路总管府设推官二人"专治刑狱"(下路设一员),下设司狱司,有司狱、司丞各一员;散府设推官一员。③ 而所有这些专职官员均隶属于各级行政机关。路设达鲁花赤为监临官,总管为长官,次为同知、治中、判官等;府、州、县也设达鲁花赤为监临官,府尹(或州尹、县尹)为长官,次为同知(或县丞)等。自达鲁花赤以下皆有司法审判之权,专职官员须受其节制。

3. 分工协作与司法实践特征

元代司法具有半军事化特征。最高军事机关枢密院有断理狱讼的审判权,所设札鲁忽赤,专"掌处决军府之狱讼"④。对于"军民相犯"的"家财、田土、斗打、相争"等民事争讼及轻微刑罪,枢密院系统管军官有权与路府州县管民官"约会著问"⑤;同时,隶属于枢密院的各路掌理军户的丁壮签发、老弱替换、军需供应、赡养征戍军人老小等事宜的奥鲁官府,在司法上也有权独立处理军人间的民事纠纷,不受地方路府州县管辖。《元典章》载:"蒙古军人自行相犯婚姻、良贱、债负、斗殴、词讼、和奸、杂犯,不系官兵捕捉者,合从本奥鲁就便归断。"⑥

---

① [清]沈家本:《历代刑法考·附寄簃文存》(四),中华书局1985年版,第2002页。
② 以上均引自《元史·百官志三》。
③ 《元史·百官志七》。
④ 《元史·百官志二》。
⑤ 《元典章·刑部十五·诉讼·约会·军民词讼约会》。
⑥ 《元典章·刑部一·刑制·刑名·蒙古人自相犯重刑有司约会》。

(二)诉讼与审判制度

1. 诉讼的提起

元代诉讼制度基本沿自宋制。如告人罪,"须明注年月,指陈实事,不得称疑";须只"诉讼本争事"而不得"别生余事";须"自下而上,不得越诉";禁"亲属相告",禁"奴讦其主",告者"并同自首"。但诉权原则上只限于男性,只有妇女寡居无依及子男"为他故所妨"时,才不限制女子提起诉讼。①

元代诉讼制度的一个主要变化,是诉讼代理制度的出现,这是明清抱告制度的源头。元代的代诉主要适用于两类人。一是老年人和患疾病者。"诸老废笃疾,事须争诉,止令同居亲属深知本末者代之。"这是矜恤其年老或有疾而不便赴官,自诉能力有限,故许代理,但若遇有"谋反大逆、子孙不孝、为同居所侵侮,必须自陈者",也不限制其自诉权。二是退休或暂时离任官员。"诸致仕、得代官,不得已与齐民讼,许其亲属家人代诉,所司毋侵挠之。"②这是为使退休官员、暂时离任而无官员身份之人免于对簿公堂而设立的一种特权。有代理资格或享有法定代理权的,只限于其"同居亲属"或"亲属家人",且原则上禁止妇女代替男子赴官府告诉。

2. 案件的审理与判决

案件审理,是推官专责,"各路推官专掌推鞠刑狱,平反冤滞,董理州县刑名之事"③。禁止无权人接受词讼,"流外官越受民词者,笞一十七,首领官二十七,记过"④。

对于案件审理,无论中央、地方,都要求鞠狱官"正其心,和其气,感之以诚,动之以情,推之以理",禁止"施以大披挂及王侍郎绳索"及其他法外刑讯手段,禁止"去衣鞭背";但正常刑讯是可以的,"鞠问囚徒,重事须加拷讯者,长贰僚佐会议立案,然后行之",违者重加其罪。审问时间,除大狱外,"不得寅夜问事"⑤。

3. 减免宽宥与死刑复核

关于老少易刑优免,"诸有罪年七十以上、十五以下,及笃疾、残疾罚赎者,每笞杖一,罚中统钞一贯"。犯罪存留养亲,规定"诸犯死罪,有亲年七十以上、无兼丁侍养者,许陈请奏裁"。妇女犯罪,"孕妇有罪,产后百日决遣"。此外,"诸疑狱,在禁五年之上不能明者,遇赦释免"⑥。而"僧人修佛事毕,必释重

---

① 《元史·刑法志四》。
② 同上。
③ 《元史·刑法志二》。
④ 《元史·刑法志一》。
⑤ 《元史·刑法志二》。
⑥ 以上均引自《元史·刑法志四》。

囚",被认为是使"生者苟免,死者负冤"的弊政之一。①

关于死刑复核,要求奏上时顾及皇帝情绪,"诸奏决天下囚,值上怒,勿辄奏。上欲有所诛,必迟回一二日,乃覆奏"②。

(三) 监察制度

1. 御史台、行御史台及肃政廉访司体制的确立

元代仿唐宋旧制,于世祖至元五年(1268)在中央设御史台(内台、中台)掌监察,"纠察百官善恶、政治得失"。③ 传统的御史台三院,台院并入察院,仍"司耳目之寄,任刺举之事"④;殿院变为殿中司,掌纠举朝会百官失仪、在京百官到任假告事故之事。

在地方则设立两个行御史台,作为中台的派出机构:一是监察东南诸省的江南诸道行御史台(南台),一是设在陕、甘、滇、蜀地区的陕西诸道行御史台(西台)。

中台和行台之下,复分监察区二十二道,每道设肃政廉访司[初沿宋制称提刑按察司,至元二十八年(1291)改]。中台直接管辖"腹里"地区的"内八道",南台辖江南十道,西台辖陕西四道。中台、行台与肃政廉访司相衔接,构成了全国范围的垂直监察系统。

2. 监察职官的设置

御史台设御史大夫2人,从一品,由蒙古人担任;中丞2人,正二品;侍御史二人,从二品;治书侍御史2人,正三品。下设经历、都事、照磨、承发管勾兼狱丞等属官。察院也被加强,设监察御史32人,正七品。

江南诸道行御史台、陕西诸道行御史台,设官品秩同中台,其下察院设监察御史20余人。

各道肃政廉访司设廉访使1人,正三品;副使2人,正四品;佥事4人,经历1人,知事1人,照磨兼管勾1人,下设书吏、译史、通事、奏差、典吏等属官。⑤ 各道廉访司"必择蒙古人为使。或缺,则以色目世臣子孙为之,其次参以色目、汉人"⑥。

3. 监察的内容

关于御史台的职责,至元五年(1268)初设御史台的圣旨规定:"弹劾中书省、枢密院、制国用使司等内外百官奸邪非违,肃清风俗,刷磨诸司案牍,并监察

---

① 《元史·成宗本纪》。
② 《元史·刑法志二》。
③ 《元史·百官志二》。
④ 同上。
⑤ 同上。
⑥ 《元史·成宗纪二》。

祭祀及出使之事"等。① 这是个总纲,具体内容为:"诸台官职掌:饬官箴,稽吏课,内秩群祀,外察行人,与闻军国奏议,理达民庶冤辞。凡有司刑名、赋役、铨选、会计、调度、征收、营缮、鞫勘、审谳、勾稽,及庶官廉贪,厉禁张弛,编民悍独流移,强暴兼并,悉纠举之。"②

行御史台则监察行中书省、宣慰司,"诸行台官,主察行省、宣慰司以下诸军民官吏之作奸犯科者,穷民之流离失业者,豪强家之夺民利者,按察官之不称职任者"③,其余与内台相同。

各道肃政廉访司巡察道内所辖各路,"各道除使二员守司,余拟每年八月为始,分行各道,按治勾当,至次年四月还司",考察内容为"百姓疾苦,官吏情弊",几乎所有行政监察、司法监察事宜,均在其职责范围内。④

推荐阅读文献

1. [宋]李焘:《续资治通鉴长编》,中华书局2004年版。

该书是记载北宋历史的编年体史籍,以大量原始史料为基础,是研究宋代及辽、西夏法制的重要文献。作者本着"宁失于繁,无失于略"的原则,有不同记载者,均记述于文中,材料翔实,为通鉴体史籍代表之一。

2. 韩国学中央研究院编:《至正条格》(校注本、影印本),Humanist出版集团2007年版,第28、30、33、34卷。

该书是2003年在韩国发现的一部重要元代史料,是元代后期编写的官方法律文本;与《元典章》《通制条格》等元代前期史料相互补充印证,构成了相对完整的元代法制文本体系,是研究元代法制史学术价值较高的史料文献。

---

① 《元典章·台纲一·内台·设立宪台格例》。
② 《元史·刑法志一》。
③ 同上。
④ 《元典章·台纲二·按治·察司巡按事理》。

第九章　明代法律思想与制度

明代(1368—1644)法律思想与制度,是在继承唐宋法律的基础上,"因世立法",有所创新,法律指导思想、立法技术、法律体系、法律原则、法律内容、司法审判等皆无不如此,是中国传统帝制社会后期法制建设的典型代表。因此,在中国法律史上占有重要地位,具有重要影响。

明代是全面建立皇帝高度专权的中央集权过渡转型期。明代开国皇帝朱元璋目睹了元代后期政治腐败、法制不张、纲纪废弛、官吏贪蠹、民间疾苦的实况,深感身处乱世,须以法度治天下,用重典治乱世,提出"建国之初,先正纲纪"①。朱元璋为适应社会发展的趋势,就政治结构、经济模式和思想文化各个方面进行了全面的改革:政治上,废丞相制度,由皇帝直接掌握行政权力;经济上,随着两宋以降商品经济的发展,社会经济关系日益多元复杂化,进一步丰富调整社会经济关系的法律规范;思想文化上,理学兴起,特别受朱熹"明刑弼教"思想影响,以此为"重刑"的理论根据。此外,明代是中国传统帝制治理模式下法律普及最全面的时代,也是法律治理最为严苛的时代。自汉以降被废除的诸如凌迟等肉刑得以恢复;东西厂的设立,令监察机制畸形发展,几乎沦为皇帝专权的工具。此外,明成祖确立内阁制之后,内阁大臣与皇权之间的权力争夺以及明中后期的宦官专权、外戚侵权成为有明一代的历史恶例。总之,明代法制具有"重典""重刑"的特质,也有继承唐宋法律制度的鲜明特征,并在此基础上有新的发展,尤其是在法律思想方面产生了近似于近代西方法学理论的主张。

【问题引导】

1. 自明代开始,帝制中央集权是如何向君主高度专权发展的?
2. 如何理解"重典治国"与"重其重罪""轻其轻罪"的思想?

【关键词】

《大明律》《明会典》《明大诰》《问刑条例》　重典治国　重典治吏　重其重罪　轻其轻罪　厂卫　三法司　奸党罪　盐法　钱法　茶法

---

① 《明纪事本末·开国规模》。

第一节 立法思想的转向与立法概况

一、立法思想的转向

(一)"重典治国"原则的确立

朱元璋建明后,吸取了元代因"宽纵"而致"朝廷阍弱,威福下移",最后亡国的历史教训,认识到"元政弛极,豪杰蜂起,皆不修法度以明晕政"致天下大乱的前车之鉴。① 同时,朱元璋出身寒微,有每"见州县长吏多不恤民,往往贪财好色,饮酒废事,凡民疾苦视之漠然,心实怒之"②的感同身受。因此,他认为建明后自己所处的时代是一个"乱世",治理"乱世",必以"重典"。正如他所言:"反元政,尚严厉"③;"吾治乱世,刑不得不重"④。并且强调"重典治国"必须"重典治吏"和"重典治民",通过"重典治吏"和"重典治民"实现"重典治国"。

如何"重典治吏"？朱元璋深知治吏在治国中的重要性,因此他反复强调:"故今严法禁,但遇官吏蠹害吾民者,罪之不恕。"⑤朱元璋"重典治吏"是明代前后一以贯之的立法思想。如洪武十三年(1380)的"胡党之狱",洪武十八年(1385)的"郭桓案",洪武二十六年(1393)的"蓝玉案",每案处治丞相、侍郎以下官吏,包括株连者均达万数以上,可见朱元璋"重典治吏"的思想和决心。又如何"重典治民"？朱元璋同样深知"重典治民"也是"重典治国"的重要内容,他对于明初"顽民狎玩,犯者不止"的乱象深感棘手,所谓"民经乱世,欲度兵荒,务习奸猾,至难齐也"⑥。因此,他主张"出五刑酷法以治之"⑦,"刑不得不重"⑧,"使人知惧而莫测其端"⑨,"欲民畏而不犯"⑩,"使人知所警惧,不敢轻易犯法",以达"重典治国"之目的。⑪

(二)"明礼导民"与"定律以绳顽"的礼法思想相结合

作为传统帝制社会后期政治家的朱元璋,同样深谙礼在治理国家中的重要

---

① 《明史纪事本末》卷十四。
② 《明太祖实录》卷三十九。
③ 《明通鉴》卷一。
④ 《明史·刑法志一》。
⑤ 《明太祖实录》卷三十九。
⑥ 《皇明祖训·序》。
⑦ 《大明律·序》。
⑧ 《明史·刑法志一》。
⑨ 《皇明文衡》卷六。
⑩ 《大明律·序》。
⑪ 《明太祖实录》卷二百三十九。

作用,建明伊始,就宣扬"纪纲法度为治之本"①,"礼法,国之纪纲,礼法立,则人志定,上下安。建国之初,此为先务"②。他曾"谕群臣曰:'朕仿古为治,明礼以导民,定律以绳顽。'"③洪武末年,他告诫继承者建文帝,承平时期治理国家刑法要轻。建文帝继承了朱元璋"明礼导民"的法律思想,曾"谕刑官曰:'《大明律》,皇祖所亲定,命朕细阅,较前代往往加重。盖刑乱国之典,非百世通行之道也……夫律设大法,礼顺人情,齐民以刑,不若以礼。其谕天下有司,务崇礼教,赦疑狱,称朕嘉与万方之意。'"④由此可见,明初无论是太祖朱元璋,还是建文帝朱允炆都注重礼法两手并用,即"盖太祖用重典以惩一时,而酌中制以垂后世,故猛烈之治,宽仁之诏,相辅而行,未尝偏废也。建文帝继体守文,专欲以仁义化民。"⑤明代中后期,虽有"度势立法"思想的出现,但更有"悉遵祖宗成宪"主张的坚守。

因此,明初"重典治国"和"明礼导民"相结合的立法思想,指导了有明一代的法律建设。

二、立法概况

（一）制颁《大明律》

《大明律》是明代的基本法典,"草创于吴元年,更定于洪武六年,整齐于二十二年,至三十年始颁示天下"⑥,成明代"画一之制"。

吴元年律。朱元璋称吴王时,命左丞相李善长等人议订法律,以"法贵简当,使人易晓"⑦为宗旨,修成律285条、令145条的最初法律,为制定《大明律》奠定了基础。

洪武六年律。朱元璋称帝后,于洪武六年(1373),令刑部尚书刘惟谦等人议订《大明律》,每成一篇,朱元璋都"亲加裁酌"。洪武七年(1374)律成,并颁行天下。

洪武二十二年律。洪武六年律经三年多的实施,"太祖览律条犹有未当者",于洪武九年(1376)令丞相胡惟庸、御史大夫汪广洋等人讨论修正13条。洪武十六年(1383),朱元璋又命刑部尚书开济制定《诈伪律》。尔后,朱元璋命翰林院同刑部一起选取近年来新增条例,分类附入《大明律》,形成7篇460条

---

① 《明太祖实录》卷二十六。
② 《明太祖实录》卷四十九。
③ 《明史·刑法志一》。
④ 同上。
⑤ 《明史·刑法志二》。
⑥ 《明史·刑法志一》。
⑦ 同上。

的基本定型的法典,至洪武二十二年(1389)乃成。

洪武三十年律。洪武二十二年(1389)后,朱元璋采纳皇太孙朱允炆的建议,修正律文73条。洪武三十年(1397)朱元璋命令刑部把他亲自编纂的《律诰》的主要条款147条附在《大明律》正文之后,补充、完善了洪武二十二年律。至此,《大明律》的制定工作全部完成,且"刊布中外,令天下人知所遵守"①。

洪武三十年律的刊布,标志着明代基本法典的最后定型,是中国传统帝制社会后期"日久而虑精""斟酌损益"的一代名典。它的出现,不仅标志着明代立法的成就,而且影响了清代立法的格局。因此,《大明律》作为传统帝制社会后期的代表性法典,不仅在中国法律史上占有重要的历史地位,而且影响了朝鲜、日本、越南等亚洲国家的立法。② 可以说,在中国法律史上它与唐律各领风骚数百年。

(二) 编纂《明大诰》

《明大诰》是朱元璋亲自编纂的一部特别刑法,包括《大诰初编》《大诰续编》《大诰三编》《大诰武臣》总计4编236条。

朱元璋称帝后,虽然主张以"猛"治国,但是并未达到预期的"安定之世"。相反,社会危机四伏,贪官污吏"如蝇之趋朽腐","朝治而暮犯,暮治而晨亦如之,尸未移而人为继踵,治愈重而犯愈多,宵昼不遑宁处"。③ 同时,农民的反抗与起义连接不断[从洪武元年(1368)至洪武十八年(1385),各地农民起义达百次以上]。面对这种"民狃元习"、官肆贪墨的形势,朱元璋更加认识到猛刑治世的重要。只有"救之以猛",才能"警省愚奸"。于是朱元璋欲仿成周《大诰》之制,编纂《明大诰》,以"惩创奸顽""警诫臣民"。关于朱元璋编纂《明大诰》的真正动机,在其《御制大诰序》中和颁行《大诰初编》时对臣下的两次诫训最能说明问题。朱元璋在《御制大诰序》说:"今将害民事理,昭示天下诸司,敢有不务公而务私,在外贓贪,酷虐吾民者,穷其原而搜罪之。斯令一出,世世守行之。"朱元璋在颁行《大诰初编》时对臣下说:"万机之暇,著为《大诰》,以昭示天下。且曰忠君孝亲,治人修已,尽在此矣。能者养之为福,不能者败以取祸。颁之臣民,永以为训。"④

为了很好地实施《明大诰》这部特殊刑法典,达到重典治吏治民的目的,朱元璋在大诰颁行之后,旋即在全国掀起一个学习《明大诰》的高潮。当《大诰初编》颁行时,他宣布:"朕出是诰,昭示祸福,一切官民诸色人等,户户有此一本。

---

① 《明史·刑法志一》。
② 参见薛梅卿、叶峰:《中国法制史稿》,高等教育出版社1990年版,第274页。
③ 《大诰续编·罪除滥设第七十四》。
④ 《明太祖实录》卷一百六十七。

若犯笞杖徒流罪名,每减一等;无者每加一等。所在臣民,熟观为戒。"①在颁行《大诰续篇》之后,他又进一步宣告:"朕出斯令,一曰《大诰》,一曰《续编》。斯上下之本,臣民之至宝,发布天下,务必户户有之。敢有不敬而不收者,非吾治化之民,迁居化外,永不令归,的不虚示。"②他还在《大诰续编后序》中诏谕天下:"朕于机务之隙,特将臣民所犯,条成二《诰》,颁示中外。使家传人诵,得以惩戒而遵守之。"而且规定所在有司不得有传刻之误,"敢有仍前故意差讹,定拿所司提调及刊写者,人各治以重罪"。到《大诰三编》颁行时,他又重申:"此《诰》前后三编。倘有不遵,迁于化外,的不虚示。"③同样,在《大诰武臣》颁行后,他下令全国,凡联臣民,务要家藏人诵,以为鉴戒。他要求军官及其家属:"大的小的都要知道,贤的愚的都要省得。这书与管军的人造福,不是害他的文书。不听不信呵,家里有小孩儿每不记呵,犯法到官,从头儿计较将来,将家下儿男都问过,你记得这文书里几件?若还说不省得,那其间长幼都治以罪。"④同时,朱元璋还命令各级学校要讲授《明大诰》,科举要考试《明大诰》,乡民集会要宣讲《明大诰》,罪犯家有《明大诰》可以减罪,行路持有《明大诰》可免路引。由此,全国官民争购、讲习《明大诰》风靡一时。

由于朱元璋的提倡与严令,《明大诰》盛行于洪武年间,但在朱元璋死后,由于刑酷法严,建文帝以后实际上被废除,到明代中叶,附在《大明律》之后的《律诰》也被废止不用。

(三) 汇编《明会典》

自明初太祖废中书省后,帝制政权体制发生了重大变化,行政法律关系也日趋复杂,明初统治者为了调整王朝行政关系,相继制定了一些带行政法规性质的条例。如1402年的《功臣死罪减禄例》、1500年的《王府禁例六条》、1555年后制定的《宗藩军政条例》等。由于此类行政性法规显得零散不统一,难以有效地调整行政关系,故从正统年间(1436—1449)开始,明英宗即着人编纂具有行政法大全性质的"会典",至明孝宗弘治十五年(1502)书成,共180卷,但未颁行。后经明武宗时期"补正遗阙",于正德四年(1509)正式颁行天下,称为《正德会典》。又经明世宗、明神宗时期的重加校刊增补,分别于嘉靖二十八年(1549)和万历十五年(1587)形成《嘉靖续纂会典》与《万历重修会典》。至此,会典内容增多,达228卷,后世所说的《明会典》或《大明会典》,多系指此而言。

《明会典》规模浩大、内容详尽,汇集了有明一代官修的《诸司职掌》《皇明祖

---

① 《大诰初编·颁行大诰七十四》。
② 《大诰续编·颁行续诰第八十七》。
③ 《大诰三编·颁行续诰第四十三》。
④ 《大诰武臣序》。

训》等有关行政律令典章的内容。编纂体例以官职为纲,分别规定各行政机关的职掌、沿革、事例、章程、法令、典礼。内容包括宗人府 1 卷、吏部 12 卷、户部 29 卷、礼部 75 卷、兵部 41 卷、刑部 22 卷、工部 28 卷、都察院 3 卷、武职衙门 2 卷,以及通政使司、六科、大理寺、大常寺、詹事府、光禄寺、太仆寺、鸿胪寺、国子鉴、翰林院、尚宝司、钦天监、太医院、上林苑监、僧司各 1 卷。

《明会典》是一部在《唐六典》基础上制定的更加完善的行政法典,对传统帝制社会最后一部行政法典《清会典》的制定具有重大影响。

(四) 删修条例

以例或条例作为断案的根据以补法律之不足的做法,到明代愈益发展。其主要原因是明太祖有训,《大明律》不可擅改,否则"即坐以变乱祖制之罪"[①]。但是,随着社会关系的不断变化,为了使法律更有效地调整社会关系,就必须进一步发挥例的作用。虽然在明宪宗以前对用例基本持比较谨慎的态度,甚至禁止"妄引榜文条例"[②],"令谳囚者,一依正律,尽革所有条例"[③],但至宪宗成化十八年(1482)时首肯《挟诈得财罪例》后,运用条例之风迅速蔓延开来,以至于出现明代中后期"因律起例、因例生例,例愈纷而弊愈无穷……由此奸吏敤法,任意轻重"[④]的混乱局面。

明代统治者为了克服这种混乱的局面,即着手删修条例。明孝宗弘治十三年(1500),尚书白昂与九卿等删修《问刑条例》,正式颁示天下,与律并行。其后,武宗时增 44 条;世宗时重修为 249 条,旋即又增至 338 条;神宗时再度增修至 382 条,后又增至 385 条。

此外,明代还有《充军条例》《真犯杂犯死罪条例》等。可见,删修条例在明代是一项重要的立法活动。

第二节 法律制度的主要内容及其特点

一、刑事法律制度

(一) 皇权加强下的刑事法律原则

1. "轻其轻罪,重其重罪"原则

清人薛允升在具体分析、比较唐明法律内容基础上得出结论:"大抵事关典礼及风俗教化等事,唐律均较明律为重,贼盗及有关帑项钱粮等事,明律则又较

---

① 《明史·刑法志一》。
② 同上。
③ 同上。
④ 同上。

唐律为重。"①这就是明律相对唐律而言的"轻其轻罪,重其重罪"的刑法原则。

"轻其轻罪"。明律相对唐律,在有违伦常教化犯罪的处刑上明显偏轻。如"不孝罪"中有一种"祖父母、父母在,子孙别籍异财"的行为,唐律对此种犯罪行为处徒刑三年,而明律只处以杖一百的刑罚。又对于"闻父母丧而匿不举哀"的行为,唐律规定处流刑二千里,而明律只处杖六十。

"重其重罪"。明律与唐律相比较,对于直接危害帝制中央集权统治、封建君主专制的犯罪处刑都普遍加重。如"十恶"中"谋反""谋大逆"等罪,唐律规定,本人不分首从皆处以斩刑,十六岁以上的父子处以绞刑,其他亲属可不处死刑。明律则规定,本人处以凌迟刑,其祖父母、子、孙、兄弟及同居之人不分异姓,以及伯叔父、兄弟之子,凡十六岁以上者,不限籍之异同,不论笃疾残疾,一律处斩刑。对于强盗罪,唐律处刑也明显轻于明律。唐律规定:"不得财徒二年;一尺徒三年,二匹加一等;十匹及伤人者,绞;杀人者,斩。"②明律则规定:"凡强盗已行而不得财者,皆杖一百,流三千里,但得财者,不分首从,皆斩。"③

明律在刑法原则上确立"轻其轻罪,重其重罪",有其深刻的历史原因。中国传统帝制社会进入后期,在君主极端专权体制形成和不断强化后,随着宋明理学的出现和发展,理学家拼命地对"天理"(主要内容为三纲五常)进行渲染,加强对人性的遏制,"存天理、灭人欲"对人们思想的束缚作用愈来愈强,因而使儒家的纲常礼教对人们行为的法外约束力也愈来愈大。在这种背景下,对于有关伦常礼教的犯罪的处罚减轻,不仅不会危及帝制王朝的统治基础,相反,还能集中刑法的打击目标,更好地发挥刑罚的工具性作用,缓和社会的反抗情绪。同时,在传统帝制社会后期,以"三谋"(谋反、谋大逆、谋叛)大罪和强盗重罪为代表的直接危害王朝统治的犯罪,严重地动摇、冲击着王朝专制统治的政治基础、经济基础,统治阶级深深认识到,对于此类犯罪,非重罚不足以止奸。因此,唐宋以来的传统法律必然会发生"轻其轻罪,重其重罪"的变化。

2. "引律比附"原则

《大明律·名例》规定:"凡律令该载不尽事理,若断罪而无正条者,引律比附,应加应减,定拟罪名,转达刑部,议定奏闻。若辄断决,致罪有出入者,以故失论。"刑事法律中的比附类推原则,在明代以前早已有之,作为"罪刑法定"原则

---

① [清]薛允升:《唐明律合编》卷九。
② 《唐律疏议·贼盗律》。
③ 《大明律·刑律·贼盗》"强盗"条。

的补充,与之并行。① 当然,明代的"罪刑法定"是有限的,"引律比附"也是有严格限制的,即必须经皇帝批准,由皇帝裁断,司法官不能擅断,"若辄引比",构成犯罪。这样"引律比附"便成为明代皇权加强条件下的一个重要的刑事法律原则。

3. "化外人有犯"适用属地原则

《大明律·名例》规定:"凡化外人犯罪者,并依律拟断。"即化外人犯罪科刑适用属地原则,一体适用明律,改变了唐宋法律规定的属人与属地相结合的刑法原则。② 这样,化外人犯罪一体依明律定罪科刑的属地原则,便成为皇权加强条件下另一个重要创新的刑事法律原则。

(二)主要罪名

1. "十恶"罪

明代沿用唐宋律"十恶"罪名称,但其中"谋反""谋大逆"等直接危及封建王权的行为,相较唐宋法律,实行重其重罪的处刑原则。凡谋反及大逆,但共谋者,不分首从,皆凌迟处死,祖父、父、子、孙、兄弟及同居之人不分异姓,及伯叔父、兄弟之子,不限籍之同异,年十六以上,不论笃疾废疾,皆斩。其十五岁以下及母女、妻妾、姊妹、若子之妻妾,给付功臣之家为奴,财产入官。……知情故纵隐藏者,斩。③ "凡谋叛,但共谋者,不分首从,皆斩。妻妾、子女给付功臣之家为奴,财产并入官。父母、祖、孙、兄弟,不限籍之同异,皆流二千里安置。知情故纵隐藏者,绞。"④ 相反,"十恶"罪中的"不孝"算轻罪,相较唐宋法律,实行轻其轻罪的处刑原则。

2. "奸党"罪

明代创设了禁止臣下结党的"奸党"罪,且罗列了犯罪的种种表现。《大明律·吏律·职制》规定:"在朝官员,交结朋党,紊乱朝政";"大臣小官,巧言谏免、暗邀人心";"刑部及大小各衙门官吏,不执法律,听从上司主使出入人罪"等行为均为"奸党"罪,都处死刑。另外,"凡诸衙门官吏,若与内官及近侍人员互相交结,漏泄事情,夤缘作弊,而符同奏启";"凡诸衙门官吏及士庶人等,若有上言宰执大臣美政才德者"等行为亦构成"奸党"罪,亦都处以重刑。⑤

---

① 比如《唐律疏议·断狱律》载:"诸断罪皆须具引律、令、格、式正文,违者笞三十。""诸制敕断罪,临时处分,不为永格者,不得引为后比。若辄引,致罪有出入者,以故失论。"《大明律·刑律·断狱》规定:"凡断罪皆须具引律令。违者,笞三十。若数事共条,止引所犯罪者,听。其特旨断罪,临时处治不为定律者,不得引比为律。若辄引比,致罪有出入者,以故失论。"

② 《唐律疏议·名例律》《宋刑统·名例律》规定:"诸化外人,同类自相犯者,各依本俗法;异类相犯者,以法律论。"

③ 《大明律·刑律·贼盗》"谋反大逆"条。

④ 同上。

⑤ 《大明律·吏律·职制》"交结近侍官员"条、"上言大臣德政"条。

3. 贪赃罪

明代沿用唐宋法律规定的"六赃"罪名,但具体指称稍有不同。明律中"六赃"为:监守盗、常人盗、受财枉法、受财不枉法、窃盗、坐赃。① 即明代"六赃"无唐宋法律中"受所监临"和"强盗"二赃罪,增入"监守盗"和"常人盗"。此外,明律还专设"受赃"一章,共 11 个条文。明代对贪赃犯罪处刑相比唐宋律规定普遍趋重。如《大明律·刑律·受赃》规定官吏受财枉法②:有禄人"一贯以下,杖七十","八十贯,绞";无禄人,"一贯以下,杖五十","一百二十贯,绞"。而《唐律疏议·吏律·职制》规定:"监临主司受财而枉法者,一尺杖一百⋯⋯十五匹,绞。"特别对于监察官吏犯赃罪更加重处刑:"各加其余官吏罪二等。"

4. 渎职罪

明代法律明确规定了官吏的职责权限,违反者构成官吏渎职罪,对渎职行为科以行政和刑罚处分,而且刑法罚处一般都比唐宋律趋重,对司法渎职行为更是如此。对于行政官吏的渎职行为,《大明律》设有"擅离职役""官员赴任过限""贡举非其人""举用有过官吏""事应奏不奏""官文书稽程"等罪名。如"官吏无故擅离职役者,笞四十。若避难因而在逃者,杖一百。""在官应直不直,应宿不宿,各笞二十。若主守仓库、务场、狱囚、杂物之类,应直不直、应宿不宿者,各笞四十。"③司法官吏的渎职行为,《大明律》设有"稽留囚徒""主守不觉失囚""故禁故勘平人""官司出入人罪""决罚不如法"等罪名。如"官司决人不如法者,笞四十;因而致死者,杖一百,均征埋葬银一十两。行杖之人,各减一等"。"若监临之官,因公事于人虚怯去处非法殴打,及自以大杖或金刃手足殴人至折伤以上者,减凡斗伤罪二等。至死者,杖一百,徒三年,追埋葬银一十两。其听使下手之人,各减一等。"④军事官员的渎职行为,《大明律》设有"擅调官军""失误军机""私卖军器""主将不固守""纵军掳掠"等罪名。如"各处守御官,不守纪律,不操练军士及城池不完,衣甲器仗不整者,初犯杖八十,附过还职;再犯,杖一百。""若堤备不严,抚驭无方,致有所部军人反叛者,亲管指挥、千户、百户、镇抚、各杖一百,追夺,发边远充军。若弃城而逃者,斩。"⑤

5. 私盐、私茶罪

明代实行盐、茶专卖制度,设立"灶户"专门从事盐业生产,商人从事食盐的贩卖经营,必须依法向官府缴纳一定的物质或银两,领取经营的凭证"盐引",进

---

① 唐律中的"六赃"为:受财枉法、受财不枉法、受所监临、强盗、窃盗、坐赃。
② "有禄人",指月支俸粮一石以上的官吏;"无禄人",指月支俸粮一石以下的吏员。
③ 《大明律·吏律·职制》"擅离职役"条。
④ 《大明律·刑律·断狱》"决罚不如法"条。明律注解为:"不如法,谓应用笞而用杖,应用杖而用讯,应决臀而决腰,应决腿而鞭背。"
⑤ 《大明律·兵律·军政》"不操练军士"条。

行合法经营,否则构成私盐罪。《大明律·户律》中有"盐法"12条,"私茶"1条,另专立《盐法条例》和《私茶条例》。如"凡犯私盐者,杖一百,徒三年。若有军器者,加一等。""凡军人有犯私盐,本管千、百户有失钤束者,百户初犯,笞五十,再犯杖六十,三犯杖七十,减半给俸。千户初犯笞四十,再犯笞五十,三犯杖六十,减半给俸。"①《盐法条例》规定:"凡伪造盐引、印信、贿嘱运司吏书人等……为首者,依律处斩外,其为从并经纪、牙行、店户、运司吏书,一应知情人等,但计赃满贯者,不拘曾否支盐出场,俱发边卫充军。"茶叶经营亦实行专卖,须向官府领取"茶引",否则构成私茶罪。《私茶条例》规定:"凡兴贩私茶,潜往边境,与番夷交易,及在腹里贩卖与进贡回还夷人者,不拘斤数,连知情歇家、牙保,俱发烟瘴地面充军。""做造假茶五百斤以上者,本商并转卖之人俱问发附近;原系腹里卫所者,发边卫,各充军。店户窝顿一千斤以上,亦照例发遣。"

(三) 刑罚制度的新发展

1. 严法整饬吏治,重典惩治贪官

明代统治者为了巩固政权,很重视整饬吏治。首先在吏治体制上进行改革,使唐宋以来的行政体制发生了重大变化,在中央废中书省和宰相制度,使吏、户、礼、兵、刑、工六部权力增大,并且直接对皇帝负责;军事上废大都督府,设五军都督府,便于皇帝直接掌握军权;司法机关的设置与职能也进行了改革,便于皇帝直接掌握司法权。同时,在地方也进行行政管理机关的变革,便于中央对地方权力的操控。随着行政机关的改革,明代统治者更注意到各级官吏的选拔、考绩和监察,并逐渐使各项内容制度化、法制化。

由于皇权高度集中和吏治的不断腐败,随着明初重典治国指导思想的确立,明代统治阶级对于官吏的种种不法行为,诸如失职、渎职、贪污受贿、朋比结党等,皆采取严法以治的做法。

其一,严惩官吏失职、渎职的行为。

在严惩文武官吏失职犯罪方面,《大明律》规定:"凡军官犯罪应请旨而不请旨,及应论功上议而不上议,当该官吏处绞。若文职官有犯应奏请而不奏请者,杖一百,有所规避从重论。"②武官在临军征讨时,按规定应供的军器、粮草等,如"违期不完者,当该官吏各杖一百"。③ 如果"临敌缺乏",或领兵官已承调遣,不按期进兵策应,若承差告报军期而违限,因而失误军机,构成"失误军机"罪,一律处斩刑。④ 文官在选拔、考核官吏方面,有"贡举非其人"罪、"举用有过官吏"

---

① 《大明律·户律·课程》"盐法"条。
② 《大明律·吏律·公式》"事应奏不奏"条。
③ 《大明律·兵律·军政》"失误军机"条。
④ 同上。

罪;在值宿方面,有"擅离职役"罪;在起草、印刷、发送文书方面,有"照刷文卷失错"罪、"磨勘卷宗迟错"罪;在检查、登记户口、田粮方面,有"失于取勘脱漏户口"罪;等等。官吏这些失职行为,都要相应处以刑罚,以肃吏治。

特别值得一提的是,明代法律还规定了司法官吏因失职而处以严刑的内容。《大明律·吏律·讲读律令》中规定:"凡国家律令,参酌事情轻重,定立罪名,颁行天下,永为遵守,百司官吏,务要熟读。"每至年终进行考核,"若有不能讲解,不晓律意者,初犯罚俸钱一月,再犯笞四十附过,三犯于本衙门递降叙用。"如有"官吏人等,挟诈欺公,妄生异议,擅为更改,变乱成法者,斩"。

在严惩官吏渎职罪方面,明代法律很重视对官吏渎职行为中的贪赃犯罪的刑处,并且把贪赃分为六种:监守盗、常人盗、窃盗、枉法、不枉法与坐赃。且绘六赃图标于律首,以示重惩贪墨之罪,这是中国法律史上的一大变化。明律关于官吏受赃犯罪的共有11条:"官吏受财""坐赃致罪""事后受财""有事以财请求""在官求索借贷人财物""家人求索""风宪官吏犯赃""因公擅科敛""私受公侯财物""克留盗赃""官吏听许财物"。律外还有《问刑条例》7条。如"官吏受财"条区分官、吏两种情况,又规定了"枉法赃"和"不枉法赃"的区别。"枉法赃"指"受有事人财而曲法科断者";"不枉法赃"指"虽受有事人财,判断不为曲法者"。其处刑规定分别为:官"枉法赃八十贯,绞",吏"枉法赃一百二十贯,绞";官、吏"不枉法赃"都是"一百二十贯罪止杖一百,流三千里"。明律对负有监察之责的"风宪官",又特别作出规定:"凡风宪官吏受财,及于所按治去处求索借贷人财物,若买卖多取价利及受馈送之类,各加其余官吏罪二等。"①

明律采用严厉的刑罚手段制裁官吏的受财渎职行为,对于清明吏治、提高行政效率、缓和社会关系、巩固统治秩序起到了积极的作用。

其二,严禁臣下朋党。

朱元璋建明称帝后,为了巩固帝业,防止臣下朋比结党、内外上下勾结,在中国法律发展史上首立"奸党"罪。薛允升在《唐明律合编》中说:"奸党"罪为"洪武年间增定者也,明祖猜忌臣下,无弊不防,所定之事,亦刻酷显著,与唐律迥不相同"。

《大明律·吏律·职制》规定了"奸党"罪的几种表现及相应的刑罚:第一,"凡奸邪进谗言,左使杀人者,斩"。第二,"若犯罪律该处死,其大臣小官,巧言谏免,暗邀人心者,亦斩"。第三,"若在朝官员,交结朋党,紊乱朝政者,皆斩,妻子为奴,财产入官"。第四,"若刑部及大小各衙门官吏,不执法律,听从上司主使出入人罪者,罪亦如之。若有不避权势,明具实迹,亲赴御前,执法陈诉者,罪坐奸臣,言告之人与免本罪,仍将犯人财产均给充赏,有官者升二等,无官者量与

---

① 《大明律·刑律·受赃》"风宪官吏犯赃"条。

一官,或赏银二千两"。从上述规定看,对"奸党"罪的刑处是很严厉的,目的在于"以示重绝奸党之意也"①。"凡所以防臣下之揽权专擅,交结党援者,固已不遗余力矣。"②

除此以外,明代还规定了禁止内官、侍臣、后妃、外戚过问、干预朝政的法律,朱元璋在宫廷立铁牌:"内臣不得干预政事,犯者斩。"洪武五年(1372),朱元璋又作铁榜九条,告诫功臣不得私谋利,官军不得私自为公侯服务。《大明律·吏律·职制》规定:"凡诸衙门官吏,若与内官及近侍人员互相交结,漏泄事情,夤缘作弊,而符同奏启者,皆斩;妻子流二千里安置。"

明代严厉惩治奸党的规定,对于防止官吏上下、内外勾结,徇私舞弊,加强君主专权是起了积极作用的。同时,明律"增奸党一章,以陷正士","非善政也"③,终于导致有明一代冤狱迭出,引发了统治阶级内部的危机;也促使了皇帝疏远朝臣,宠信宦官,为明代中后期黑暗的宦官专政提供了条件。

其三,重典惩治贪官污吏。

朱元璋称帝后很重视严法惩贪④,《明史·刑法志》记载:"太祖开国之初,惩元季贪冒,重绳赃吏。"这种思想主张的形成与朱元璋生于贫贱、长于乱世有关。

明代重惩贪官污吏的法律规定,集中表现在《大明律》和《明大诰》中。《大明律》专设官吏"受赃"专章,用刑也严,官吏有受财而枉法者,一贯以下杖七十,受财达八十贯者处以绞刑。在洪武十八年(1385)郭桓贪墨案发后,明太祖以重典治之,"自六部左右侍郎下皆死""词连直省诸官吏,系死者数万人";查出遍及全国的借用、寄存赃粮,凡中等的富民家庭都被抄查破产;还将审判不力的大理寺审刑司长官吴庸等司法官处以死刑。⑤

在《明大诰》的 236 条中,属于惩治贪官污吏的多达 155 条,其用刑比《大明律》更为残酷。如对于不枉法罪,明律均不处死刑,《明大诰》则处凌迟、枭首等酷刑。对收受贿赂的官吏凌迟处死,对因公科敛的官吏也处死刑。而且,建立民拿贪官污吏的制度,规定对于害民之官吏,允许良民将其"绑缚赴京治罪"。对于"违旨下乡,动扰于民"的贪官,"许民间高年有德者民率精壮拿赴京来";对于民"拿害民该吏,正官、首领官及一切人等敢有阻挡者,其家族诛"。⑥

---

① 《大明律·吏律·职制》"纂注"。
② [清]薛允升:《唐明律合编》卷九。
③ [清]孙星衍:《重刻故唐律疏议·序》。
④ 明初实行低俸制,上下官吏贪墨成风。如洪武十八年(1385)户部侍郎郭桓案贪污款折合粮食达 2400 万石;工部侍郎韩铎等买放匠人 2500 人,除隐匿收入以外,实招供赃钞共 30350 贯,木炭 81 万斤。兵部侍郎王志一次受贿 22 万贯⋯⋯真是"所任之官,皆是不才无籍之徒,一到任后⋯⋯夤缘作弊"。故当时有首打油诗描绘得淋漓尽致:"来兮萧索去时丰,官帑民财一扫空;只有江山移不出,临行写入画图中。"
⑤ 《明史·刑法志二》。
⑥ 《历代刑法考·明大诰·峻令考》。

除此以外，明代还适用了一些法外措施。主要者有二：一是在府、县及乡之里设立申明亭，"揭诸司犯法者于申明亭以示戒"。① 即使是犯罪后得到宽宥复职的官吏，也要将其过失书写、张贴于家门口，如不悔改，则依律治罪。二是设"皮场庙"，悬"剥皮实草以为将来之戒"。《草木子》记载："明祖严于吏治，凡守令贪酷者，许民赴京陈诉。赃至六十两以上者，枭首示众，仍剥皮实草。府、州、县、卫之左特立一庙，以祀土地，为剥皮之场，名曰皮场庙。官府公座房，各悬一剥皮实草以为将来之戒，使之触目惊心。"

明初重典惩治贪官污吏，对于吏治的整肃和君主极端专权的强固起了一定的积极作用："洪武以来吏治澄清者百余年，当英宗、武宗之际，内外多故而民心无土崩之虞。由吏鲜贪残故也。"② 同时，也带来了巨大的消极作用：刑重罚酷造成了统治阶级内部的众叛亲离，人心不稳，影响了国家机器的正常运转，正如洪武年间刑部尚书杨靖所说，"今天下有司，乃有累年稽缓者，致使案牍山积，庶务不清"。③

2. 刑罚残酷

刑罚趋重，是中国传统帝制社会后期刑罚制度发展中的一个重要特点，至明代刑罚残酷尤为明显。明代除继续适用传统五刑笞、杖、徒、流、死以外，又设置充军刑、枷号刑与廷杖制度。

充军。充军刑虽然于宋元时期已经存在，但发展成为正式刑，却始于明代。明初只是把犯人送到边疆开荒种地，后来逐渐成为经常适用的刑罚，并"定制，分极边、烟瘴、边远、边卫、沿海附近。军有终身，有永远"④。定制后的五等充军刑称为"五军"，充军分为"终身""永远"两种，终身充军是指本人充军到死，死后刑罚执行完毕；永远充军是指本人死后，还要罚及子孙，由子孙后代接替继续充军，直至"丁尽户绝"为止。明代为了规范充军刑，专定法条并几次颁行《充军条例》。如《大明律》中有关充军的条文达 40 多条。《明会典》记载了两次制定条例：洪武二十六年（1393）首定《充军条例》，规定"贩卖私盐""诡寄田粮""私充牙行"等 22 种犯罪适用充军；嘉靖二十九年（1550）又颁《充军条例》，规定对"僧道官受财枉法满贯""锦衣卫旗校军士在逃再犯"等 213 种犯罪适用充军。至此，明代广泛适用充军刑。加之"充军之律最严，犯者亦最苦"，"每当勾丁，逮捕族属、里长，延及他甲"，可谓弄得社会"鸡犬为之不宁"。⑤

枷号。明初创立枷号刑，是指强制罪犯戴枷于监狱外或官府衙门前示众，以

---

① 《明史·刑法志一》。
② 《皇朝经世文编·明初吏治》。
③ 《明太祖实录》卷二百零七。
④ 《明史·刑法志一》。
⑤ 同上。

示羞辱,使之痛苦。明代的枷号有断趾枷令、常枷号令、枷项游历之分。刑期为一月、二月、三月、六月、永远五种。枷号重量有十几斤至几十斤不等①,最重者达到一百五十斤之重。宦官擅权的明武帝时期,刘瑾就设置过一百五十斤重的枷号,戴上此枷的囚犯往往几天内就会毙命。

廷杖。廷杖是指在皇帝决定和监督下,在殿廷前对"违抗"皇命的大臣直接施以杖刑的法外刑罚,由司礼监监刑,锦衣卫施刑。明代"廷杖之刑,亦自太祖始矣"。②洪武六年(1373),朱元璋对朱亮祖父子和薛祥施用此刑,朱亮祖父子被鞭死,薛祥被杖毙。自此以后,廷杖逐成定制,廷杖的范围也逐渐扩大。明武宗正德十四年(1519),朝臣黄巩等160多人因谏阻武宗南巡被廷杖,毙命者15人。明世宗嘉靖三年(1524),朝臣韦煕等130多人因谏争大礼事被廷杖,毙命者16人。这是明代历史上两次规模最大的施用廷杖刑的例子。除此以外,明代大量施用的法外刑罚还有:挑筋、断脊、枭首、剥皮等。特别是酷吏审案时"辄用挺棍、夹棍、脑箍、烙铁及一封书、鼠弹筝、拦马棍、燕儿飞,或灌鼻、钉指"③。

"文字狱"。在中国传统帝制社会,文人因文字著作被罗织罪名、锻炼成狱者,被称为"文字狱"。它是王朝专制统治的产物,长期存在于传统帝制社会,至明代时,由于"明初文人,多有不欲仕者";或者入仕后旋即又"白衣宣至白衣还也"④,因此明初统治者就产生了一种对文人特有的猜疑癖性,处处防范着文人,文人的言辞文字、表笺著作动辄酿成文字狱。官吏因文字狱获罪者亦多,统治者用刑亦酷。其法律规定在《大明律》中,更表现在明初统治者乐用的法外用刑上。《大明律·吏律·公式》规定:"凡上书若奏事,误犯御名及庙讳者,杖八十;余文书误犯者,笞四十;若为名字触犯者,杖一百。"如果说官吏因文字误犯皇帝名字、庙讳而被笞、杖之刑还不算太重的话,那么皇帝"往往以文字疑误杀人"的做法则是最典型的严刑酷罚了。据赵翼《二十二史札记·明初文字之祸》,洪武年间,杭州教授徐一夔给皇帝上贺表,表中有"光天之下,天生圣人,为世作则"之语,本是臣下颂扬圣上之辞,却被当朝皇帝朱元璋锻炼成文字狱而被处以死刑。正如朱元璋见表后所说:"生者,僧也,以我尝为僧也;光则剃发也,则字音近贼也。"因为朱元璋幼在民间,曾经做过和尚剃过发,于是上述文字被认为是影射之大不敬行为,当然构成文字狱。类似于此的文字狱见于记载的还很多,如浙江府学教授林元亮作《谢增俸表》,以表内"作则垂宪"而诛;北平府学训导赵伯宁作《万寿表》,以"垂子孙而作则"而杀;福州府学训导林伯璟撰《贺冬表》,

---

① 《明史·刑法志一》记载:"枷,自十五斤至二十五斤止,刻其上为长短轻重之数。长五尺五寸,头广尺五寸。"
② 《明史·刑法志三》。
③ 《明史·刑法志二》。
④ [清]赵翼:《二十二史札记·明初文人多不仕》。

以"仪则天下"而死;等等。甚至民人即兴赋诗时,也随时可能罹文字狱之罪,如有个和尚作了一首诗,内有"热时无处可乘凉","爱开窗户不烧香"句,其实本无他意,朱元璋却认为"热时无处可乘凉,以我刑法太严","不烧香,是言我恐人议而肆杀,却不肯为善",将其治罪。①

明代推行文字狱的实质是,帝制中央集权统治者为了巩固政权,除了以严刑峻法重惩各种犯罪外,还力图施用高压手段加强思想文化专制、禁锢人民的思想。

二、民事法律制度

(一) 土地所有权

1. 土地所有权形式

明代承继唐宋以降土地私有权发展的趋势,土地国有制加速衰落,土地私有制进一步发展,但仍存在三种主要的土地所有权形式。一是国家土地所有权,明代国有土地称为"官田"。《明史·食货志》曰:"有受地于官,岁供租税者,谓之官田。"国有土地主要包括学田、牧马草场、百官职田、军民商屯田、边臣养廉地、公占隙地等。国有土地一般以租佃形式收取田租,或以代俸禄形式授予文武百官。国有土地不能转让与买卖。二是私人土地所有权,包括皇庄,贵族勋臣、地主占有土地,自耕农土地、商人占有土地等。私人土地可以自由租佃和买卖。三是家族(宗族)土地所有权。明代由于家庭制度的高度发达,家族(宗族)所拥有的族内公有土地——族产越来越多,主要包括义庄、祠田、族田、学田、祭田等。作为族产的土地属族内共有,由族长族尊掌握,可以租给族人耕种,收取田租,但严格禁止析分和买卖。

2. 土地所有权取得

明代土地所有权取得主要为三种形式。一是"先占"取得。明代为了发展农业生产,鼓励垦种荒地,凡属在荒地、滩涂、湖泊淤地开垦的土地都要归垦主所有。明初鉴于"兵兴以来,所在流徙。所弃田,许诸人开垦业之。即田主归"②。洪武十三年(1380)诏令:"陕西、河南、山东、北平等布政司,及凤阳、淮安、扬州、庐州等府,民间田土,许尽力开垦,有司毋得起科。"③即法律承认垦主开垦土地的"永业"权——永久所有权,且不征收赋税。二是"兼并"取得。明代私有土地可以买卖,至明中叶以后,土地兼并加剧,皇室贵族、官僚士绅、殷实豪右之家大量兼并土地,土地所有权出现重要变化。如朱熹宗时期,"桂、惠、瑞三王,及遂

---

① 杨一凡:《明初重典考》,湖南人民出版社1984年版,第72—73页。
② [明]徐光启:《农政全书·国朝重农考》。
③ 《明会典·户部·田土》。

平、宁德二公主庄田,动以万计"①。嘉靖时期,著名权贵严嵩"广布良田,遍于江西数郡"②。明英宗时期,南京豪贵"所占民地,达六万二千三百余顷"③。三是"族田建置"取得。传统社会非常重视敬老恤孤、助寡济贫的赡族义举,自宋代名臣范仲淹首创"义庄族田"后,明代进入一个新的发展时期,各地家族普设义庄族田。凡高官显贵,绅衿富商往往都在家族内建置族田,少则几十亩,多则千亩以上。如江苏常州吴情建族田1800多亩。④ 大学士徐溥、申时行、礼部尚书姜宝等人,他们所建的族田数量一般也都在千亩以上。⑤ 这种家族共有土地——族田的建置,主要由族人捐赠,尤其为家庭中名宦富家所献,如《安徽通志》记载祁门胡天禄捐赠三百亩为义田。另外,通过族田出租所获利息增广族田。个别世传名门巨族,还受皇帝赐予土地献为族产,如山东曲阜孔氏家族,在洪武年间,受朱元璋"赐祭田二千大顷,分为五屯、四厂、十八官庄,拨佃户承种,供庙祭及属官廪给"⑥。

3. 土地所有权的法律保护

明代对土地所有权实行较严格的法律保护,荒地开垦,"听为己业","有司毋得起科"⑦,法律保护垦主土地所有权。《大明律·户律·田宅》规定:"还乡复业人民,丁力少而旧田多者,听从尽力耕种,报官入籍,计田纳粮当差。""若丁力多而旧田少者,告官,于附近荒田内,验力拨付耕种。"对权贵土地所有权的保护,"凡功臣之家,除拨赐公田外,但有田土,从管庄人尽数报官,入籍纳粮当差"⑧。对民田所有权的法律保护,"凡盗卖换易及冒认,若虚钱实契典买及侵占他人田宅者",根据田亩多少,分别处刑,即"田产及盗卖过田价,并递年所得花利,各还官给主"⑨。对于族田的法律保护,一方面,明代家族法保护族田的族内永久公共性。历史上著名的江南浦江郑氏家族法规定:"拨常稔之田一百五十亩(世远逐增),别蓄其租,专充祭祀之费。其田券印'义门郑氏祭田'六字。字号步亩,亦当勒石祠堂之左,俾子孙永远保守。有言质鬻者,以不孝论。"⑩安徽休宁陪郭程氏家族,于弘治十年(1497)"立合同与诸房子孙收执,如有在内田土

---

① 《明史·食货志·田制》。
② 《明史·王宗茂传》。
③ 《明英宗实录》卷四十五。
④ 《常州府志》。
⑤ 参见张研:《清代族田与基层社会结构》,中国人民大学出版社1991年版,第20页。
⑥ [清]孔继汾:《阙里文献考·户田》。
⑦ 《明会典·户部·田土》。
⑧ 《大明律·户律·田宅》"功臣田土"条。
⑨ 《大明律·户律·田宅》"盗卖田宅"条。
⑩ 宣统二年(1910)浦江郑氏《义门规范》。该家族法是明初名儒宋濂帮助郑氏父子制定的共有168条的著名家法族规。

盗卖及将存众钱本侵欺者,各执赴官陈告追给,仍将本人坐罪不孝"①。另一方面,国家立法保护。宋代名臣丘濬因忧于族田流失、被兼并和私吞,最终有导致家族瓦解的危险,主张朝廷立法保护族田。"朝廷为之维持,辅其所不及,助其所不足,蠲其所不能,子孙茂异者擢用之,其不率教者惩治之。"②在此主张下明律规定:"若子孙将公共祖坟山地,朦胧投献王府,及内外官豪势要之家,私捏文契典卖者,投献之人,问发边卫永远充军,田地给还应得之人。"③

(二) 债

1. 土地买卖

债指契约之债,当事人通过契约订立明确债权、债务的民事法律关系。明代土地买卖必经订立契约的法律程序,完成产权的转移,其过程中要有"税契"和"过割"程序。"税契",即指土地买卖,依价向国家纳税,官府印发契券。"过割",即指土地所有权由卖者转移至买者(过),同时,纳税粮的义务也由卖者转移至买者。否则,土地买卖不成立,相反,还要承担刑事责任。"凡典买田宅不税契者,笞五十,仍追田宅价钱一半入官。不过割者,一亩至五亩,笞四十,每五亩加一等,罪止杖一百,其田入官。"④

明代土地买卖无明确的唐宋时期"先问亲邻"和元代先经官府批准的法定程序,但在实践中往往继承唐宋土地买卖"先问亲邻"的法律传统。《中国历代契约会编考释》(下)所收"田契"表明:土地买卖"除问亲房人等,不愿承买,凭中说合,出卖与某宅为业。三面商议,卖值时价纹银若干两,其银当日交足,其田即听银主管业,照田收租……所买所卖,二家各无反悔。今恐无凭,立契存照"。⑤ 很显然,当时买卖土地必先"问亲房人等"。同时,这一法律传统也体现在家法族规中,如隆庆六年(1572)刻本安徽《歙泽富王氏会通宗谱》规定:族人"贫无以资生有出售,许枝下子孙赎之。如不赎方许疏枝以赎,毋得售诸他姓。敢有此等,乃率族计议,陈之以理,惩其不孝之罪"。

2. 契约的划分

随着明代商品经济的发展,契约制度在唐宋基础上也进一步完善,契约形式多种多样,特别在不动产方面,普遍实行契约制。另外,明代还出现了一种较特殊的人口买卖契约。

(1) 租佃契约。明代租佃契约分招佃契约和承佃契约两种。只要田主出租、承佃人承诺即为租佃的招佃契约。承佃契约可分为口头协商和多种书面形

---

① 《祭田合同》。转引自常建华:《明代宗族研究》,上海人民出版社2005年版,第312页。
② 《大学衍义补辑要·明礼乐》。
③ 《问刑条例·户律·田宅·盗卖田宅条例》。
④ 《大明律·户律·田宅》"典买田宅"条。
⑤ 张传玺:《中国历代契约会编考释》(下),北京大学出版社1995年版,第1008—1009页。

式,包括承佃田批式、认佃式等。租佃契约一般都须明确出租田主的姓名、籍贯、租佃标的物、地租额、交租方式、交租时间等,以及承佃人的应尽义务、签约时间、中介人签字等内容。

(2) 借贷契约。明代借贷契约包括有中介人担保向人求借的"借约"和以实物为抵押的"当契"两种。有中介人担保的借贷契约必须明确借钱人姓名、籍贯身份、出借人姓名、籍贯、出借钱数、约定利息、还贷期限,并有借钱人、中介人(原始契约为"中证代保人")签字画押。如"立借银约人张瑚,系安宁州民,□新化州吏。为因缺用,情愿凭中立约,借到本州民赵□□名下松纹银壹两伍钱,每月共行利巴伍索。其银限至本年三月终一并归还。如若缺少分文,将约赴官理取。今恐人信难凭,立此借约存照。(押)实计借纹银壹两伍钱,每月共巴伍索,将号票一张作当。万历五年贰月伍日立。借□约人张瑚(押),中证代保人戴(押)"①。

以实物为抵押的"当契",即以特定的财产作为当物进行借贷而订立的契约,须明确当物回赎期限,借主回赎后,当主返还当物。逾期不赎,当主有权处置当物或占有当物。

(3) 买卖契约。明代诸如牛、马、生产工具、生活用品等动产买卖,土地、房屋等不动产买卖以及人口买卖均须订立契约。其中一般动产买卖以口头契约形式完成。如牛、马买卖契约:"立卖牛契人某,今将自己家栏水牯牛,或黄牯牛,齿年在□,四蹄头尾俱全,凭中卖与某耕作,三面商议,实值时价银若干,立契之日,一并交足,其牛好歹,买主自见,如有来路不明,卖主承当,不干买主之事。今恐无凭,立契存照。"②土地、房屋买卖契约相对牛、马买卖契约内容复杂些。如张传玺的《中国历代契约会编考释》(下)所载"屋契":"某都某人,今为无银用度,情愿将自己该分祖业遗下房屋几间,大小若干,或带菜园旷地在内。东至某人屋,西至某房,南至某处,北至某处。今将四至明白,欲行出卖,投清房族,无人承买,凭中引到某处,三面言议时值价纹银若干两正。其银即日交足,其房任从买主管业,卖主并无寸瓦片石一木在内。候造册之年,所从除割收,永为己业。其房的系即已应分,并不曾典揭交加,不明荐事,如有各色出,自卖主支当,不涉买主之事。此原书根,各无反悔。今欲凭立契存照。"明律禁止人口买卖,"略卖良人为奴婢者",杖一百,流三千里。略卖和诱他人奴婢者,杖九十,流二千五百里。但随着土地兼并的加剧,人口买卖逐渐增多,包括良人卖身为奴和奴婢买卖。凡人口买卖都订卖身契,《明代社会经济初探》载有卖身契:"立卖身文约仆人章神保今因婚娶无措,自愿央中将身卖到房东汪名下为仆。当日汪主人有婢

---

① 张传玺:《中国历代契约会编考释》(下),北京大学出版社1995年版,第1065页。
② 《云锦书笺》卷六。

爱桂,配身为妻,以作身价。自配爱桂之后,永系汪主人之仆。听自主人呼唤使用,不得违抗。今恐无凭,立此身约为照。"卖身契还注明了卖身人章神保的年龄、生辰,"以作身价"的奴婢爱桂的年龄、生辰。最后有立契人章神保、中见媒人的签字。

3. 租佃制度

由于明代土地所有权的进一步发展,土地租佃关系的大量存在,土地租佃契约也相对发达、复杂。土地租佃契约基本上要明确租佃标的物、地租、交租期限及方式、承佃人其他义务、违约责任、保人连带责任等。租佃标的物包括归属权、数量、位置,都要在契约上载明,它是租佃关系成立的前提。地租在明代以劳役地租、实物地租和货币地租三种形式出现,都要明确租佃双方的基本权利和义务,即出租人转让土地经营权、用益权、地租收取权;承租人得到土地经营权、用益权,并按期交付地租。劳役地租,承租人要为出租人承担各种劳役;实物地租,承租人要定期向出租人交纳一定实物,按规定"不得缺少""不致少欠";货币地租,承租人向出租人交纳规定的租银。交租有"秋收交还""到冬交纳""按季理还";有一次性交清,也有分期交纳等形式。交租方式有承租人送租到家,也有送至祠堂交纳等。承租人其他义务主要规定"不许转佃、不许荒废",如有损坏,须"照旧修补成田"。违约责任是如有少欠、拖欠、转佃、荒田等,出佃人可即时召佃、罚款,或由地主任意理论。保人连带责任主要是承租人久缺租金时,由保人代付。《明清土地契约文书研究》所收明代契约可证:招佃人(田主)在招佃契约中注明约定的租谷或租银,"不许拖欠及转佃他人"。相对应的承佃人(佃户)也要在承佃契约①中明确依约所要承担的义务,"不敢少欠"。如遇特殊情况,租谷租银交纳有难,保人负有代还责任——"保人甘当代还无词"。

明代除土地租佃外,还有一种山地租佃制度,山地租佃关系成立,亦以订立租山契约为条件。从所见明代租山契约能够清楚的是契约规定了承租人义务,包括:栽树、伐树售卖,不得抛荒和私伐树木,遵守出租山主和承租人利益分配的约定,以及特别约定的违约责任等。②

(三) 婚姻与继承制度

1. 婚姻制度

明代婚姻法律制度,基本沿用唐宋旧律,但在婚姻关系和违法婚姻适用刑罚等方面,明律又有诸多新发展和变化。第一,婚姻缔结"务要两家明白通知"。《大明律·户律·婚姻》规定:"凡男女订婚之初,若有残疾、老幼、庶出、过房、乞

---

① 杨国桢研究认为,明代租佃契约有田主招佃契约和佃户承佃契约。这是明代租佃制度较前发达的表现。参见杨国桢:《明清土地契约文书研究》(修订版),中国人民大学出版社2009年版。

② 参见孔庆明、胡留元、孙季平编著:《中国民法史》,吉林人民出版社1996年版,第551—552页。

养者,务要两家明白通知,各从所愿,写立婚书,依礼聘嫁。"同时,还规定不明白通知者要负刑事责任:"若许嫁女已报婚书,及有私约,(谓先已知夫身残疾、老幼、庶养之类)而辄悔者,笞五十。虽无婚书,但曾受聘财者,亦是。若再许他人,未成婚者,杖七十,已成婚者,杖八十。后定婚者知情与同罪,财礼入官。不知者不坐,追还财礼,女归前夫。前夫不愿者,倍追财礼给还,其女仍从后夫。男家悔者,罪亦如之,不追财礼。"清代薛允升比较唐明律不同时说:"此律与唐律大略相同,而实有不尽然者,唐律男家自悔者不坐,盖言夫身老幼残疾养庶之类。""唐律只言后娶者知情减一等,不及不知情一层,以既不知情,即属无罪可科故也。"① 可见明律"已与唐律不同"。第二,规定府州县亲民官不得于任内娶部民妇女为妻妾。《大明律·户律·婚姻》规定:"凡府、州、县亲民官,任内娶部民妇女为妻、妾者,杖八十。若监临官娶为事人妻、妾及女为妻、妾者,杖一百。女家并同罪,妻妾仍两离之。"薛允升比较唐明律说:"唐律只言娶所监临女为妾,而无娶部民妇女为妻之文,只言枉法娶人妻妾及女者以奸论,加二等。与唐律均不相同。"② 第三,明代禁止娶在逃妇女,禁止强夺良家妻女、乐人为妻妾,否则都要处刑。薛允升在《唐明律合编》卷十四说:惟明律尚有收留在逃子女为妻妾一条,载在户律。彼律不论逃者罪名轻重,均徒二年,此律与所犯同罪……唐律无收留在逃子女为妻妾之文。明律"凡豪势之人,强夺良家妻女,奸占为妻妾者,绞";"凡官吏娶乐人为妻妾者,杖六十,并离异";而"唐律无文"规定。第四,明代法律旌表寡妇守节。《大明令·户令》规定:"凡民间寡妇三十以前夫亡守节者,五十以后不改节者,旌表门闾,除免本家差役。"第五,违律婚姻处刑,明律量刑比唐律减轻。明代"同姓为婚者,各杖六十,离异",相比唐律徒二年刑罚轻。而且,"统观此门治罪之处,均较唐律为轻,不独此条为然"③,体现了明律对于轻罪相较唐宋法律"轻其轻罪"的处刑原则。

2. 继承制度

明代继承主要包括权力(身份)和财产两种继承方式,权力(身份)继承又分宗祧继承和官爵继承,财产继承也分法定继承和遗嘱继承。

权力(身份)继承。宗祧继承是一种祭祀权的继承,以身份权为依据而确立,即确立嫡长子继承制,否则构成犯罪,"凡立嫡子违法者,杖八十"④。无嫡长子时,嫡孙、庶子、孙依次继承。无子情况下,"许令同宗昭穆相当之侄承继"⑤。爵位继承亦实行嫡长子继承制,无嫡长子立嫡长孙,无嫡长孙,依次按嫡次子、

---

① [清]薛允升:《唐明律合编》卷十三下。
② [清]薛允升:《唐明律合编》卷十四。
③ [清]薛允升:《唐明律合编》卷十三下。
④ 《大明律·户律·户役》"立嫡子违法"条。
⑤ 《大明令·户令》。

孙,庶长子、孙……确立继承权。否则,构成犯罪,应处以刑罚。"凡文武官员应合袭荫职事,并令嫡长子、孙袭荫。如嫡长子、孙有故,嫡次子、孙袭荫。若无嫡次子、孙,方许庶长子、孙袭荫。如无庶出子、孙,许令弟侄应合承继者袭荫。若庶出子、孙及弟、侄不依次序搀越袭荫者,杖一百,徒三年。"①

财产继承。明代财产法定继承实行"诸子有份"的原则。《大明令·户令》规定:"凡嫡庶子男……其分析家财田产,不问妻、妾、婢生,止依子数均分;奸生之子,依子数量与半分;如别无子,立应继之人为嗣,与奸生子均分;无应继之人,方许承绍全分。"明代较前代发展变化的地方,主要是规定了奸生子的财产继承权。即奸生子在与妻、妾、婢生子共同参与财产继承时,应分后者的一半。如果死者无儿子而合法立嗣(无子者,许立同宗昭穆相当之侄承继),奸生子与嗣子均分。在没有适当立嗣的情况下,奸生子可以继承全部财产。② 另外规定,"妇人夫亡无子,守志者,合承夫分,须凭族长择立昭穆相当之人继嗣"③。同时法律还规定"户绝财产,果无同宗应继者,所生亲女承分"④。

明代还有一种遗嘱继承方式,虽然在大明律令中没有明确规定,但在司法实践中有大量实行遗嘱继承的案例,而且遗嘱继承的效力先于法定继承。如《折狱新语》中有多起遗嘱继承的判决。⑤

三、经济法律制度

(一) 茶法

明代茶有官茶与商茶之分,贮边易马曰官茶,榷禁征得曰商茶。官茶主要用来换取邻邦的马匹,以充军备,实行于陕西汉中和四川地区,专设茶司以主其事。商茶主要是政府向茶户征收茶课和向商人征收引税,实行于江南地区。实行官茶的地区按一定比例收购,政府征购以外的余茶,允许商人持引贩卖,商人于产茶之地买茶,必须纳钱请引,无由引及茶引相离者或茶引不当者即为私茶。明代对于私茶,特别对于边境的茶叶走私防范甚严,定期派遣官员巡查捕捉。明律规定:"凡犯私茶者同私盐法论罪"⑥,杖一百徒三年。大明律条例中还规定:凡把私茶卖给"番夷",或卖与"进贡回还夷人者",处刑更重,"不拘斤数,连知情歇

---

① 《大明律·吏律·职制》"官员袭荫"条。
② 唐以前法律不承认奸生子的财产继承权,元律中规定奸生子可以依例分得适当分量的财产,参见《元典章》。
③ 《大明令·户令》。
④ 同上。
⑤ 《折狱新语》有这样一例关于遗嘱继承的判决:周富三暮年无嗣,立周贵为嗣。立遗嘱:"所存田三亩、房二间,与继男为业。周富三死后,其妻前夫范八争遗产。法官判决:田屋尽归嗣子周贵。
⑥ 《大明律·户律·课程》"私茶"条。

家、牙保,俱发烟瘴地面充军"。① "私茶出境与关隘失察者,并凌迟处死。"洪武三十年(1397)驸马都尉欧阳伦,由陕西贩私茶至河州,被赐死伏诛,茶货没官。至明世宗嘉靖年间(1522—1566),才减私茶通藩之罪,止于充军。

(二) 盐法

明代加强对盐的官营专卖,洪武元年(1368)制定《盐引条例》,规定贩盐必须持有盐引,犯私盐者处绞刑,私犯持有军器者,处斩刑。洪武三十年(1397)《大明律》有"盐法"12条规定,还附有7条《盐法条例》。只不过"盐法"比《盐法条例》处罚相对从轻。其中主要规定为:凡犯私盐者,杖一百徒三年,若带军器者加一等,拒捕者斩;妇人犯私盐,若丈夫或成年儿子知情,罪坐丈夫和儿子;凡买食私盐者,杖一百,因而货卖者杖一百,徒三年;官盐起运不经批验所,杖九十,押回重验;贩卖官盐不准盐、引分离,违者同私盐法。

值得重视的是,一是明律在"盐法"12条后,还专门规定有"监临势要中盐"和"阻坏盐法"两条,分别规定监临官吏和权势之人纳钱财请买盐引、侵夺民利的行为杖一百,徒三年,盐货没官;客商买盐引后,中途增价转卖、阻坏盐法者,买主卖主各杖八十,牙保减一等,盐货入官。二是7条《盐法条例》中的刑罚规定比"盐法"为重,对各项私盐行为处刑多至充军刑。

(三) 商税法

明代由于商业的发达,国家由开始的法无明文规定任意征税到重视依法征税,明代的商税主要包括关税、市税和舶税三种。

关税,又称"通过税",是指在商人必经交通要道设关立卡,对其征收通过税。明初洪武、永乐年间曾两次规定,对于军民嫁娶、丧祭之物、舟车、丝布之类,皆勿税;对于舟车载运自己货物、农用之器、小民挑担蔬菜、民间常用竹木蒲草器物、常用杂物、铜锡器物等,也一概免征。但至宣德年间(1426—1435)开始在水道上设立关卡,征收船料费,按船之大小长阔,定其税额。神宗万历年间(1573—1620)以后,关卡增多,税目四出,商税增重,使商业大受破坏。

市税,明初市税基本按三十取一和"凡物不鬻于市者勿税"的原则征收,到明仁宗洪熙元年(1425)施行钞法,商市从门摊向市肆发展,才课税于门肆门摊。明宣宗宣德四年(1429),由于宝钞贬值,此税增加了五倍,以后税率杂派不断增加。

舶税,明初对各国舶货免征舶税,至明穆宗隆庆年间(1567—1572)施行海禁后,才实行舶税制。征税方法分三种:一是以船的长宽计算征税,称为水饷,由

---

① 《问刑条例·户律·课程·私茶条例》。

船商承担①;二是按货物多少,计值征税,由铺商交纳,称为陆饷;三是加征去吕宋贸易回来只载白银的船只,每船加征白银 150 两,称为加增饷。

对匿税行为的处罚,规定凡是民间对于茶、盐、商税年终不纳足者,以不足之数额多少处以笞杖刑,但"罪止杖八十,追课纳官"。② 税务官员不用心办课有亏兑者,亦处笞杖刑,"罪止杖一百,所亏课程着落追补还官"。③ 对于泛海客商舶船到岸,土商牙侩不尽实报告者,杖一百,货物入官,停藏之人同罪。还规定:"凡客商匿税及卖酒醋之家不纳课程者,笞五十。物货酒醋一半入官",入官物之十分之三"付告人充赏"。④

(四) 赋役法

1. "赋役黄册"与"鱼鳞图册"

明初,国家为了管理土地、户籍,征收赋役,建立了"赋役黄册"和"鱼鳞图册"制度。"赋役黄册"是在明初"户帖"基础上建立的户籍管理制度。洪武十四年(1381),"诏天下府州县编赋役黄册。以一百一十户为里,推丁多者十人为长,余百户为十甲,甲凡十人,岁役里长一人,管摄一里之事。……每里编写一册"。黄册分别存于户部、布政司和府州县,而且规定黄册每十年编订一次。⑤在管理户籍的同时,明代又加强了土地制度的管理,洪武二十年(1387),朱元璋诏令全国各州县丈量土地,编制"鱼鳞图册",图册详细记载各块土地的面积、地形、四至和田主姓名,分别存各级官府。黄册和图册都是政府赋役征收和诉讼的依据,"定赋役法,一以黄册为准,册有丁有田,丁有役,田有租"。⑥ "鱼鳞册为经,土田之讼质焉。黄册为纬,赋役之法定焉。"⑦

2. "一条鞭法"

明前期,根据赋役法规定,以田亩为根据征收田赋,无论夏税和秋税,都明确了征收的税率和纳税的物品。以人丁(16—60 岁)为根据负担徭役,规定了服役的具体内容,以及特殊人丁(如皇室、皇里、皇亲、官贵、生员等)的免役特权等。明中期以后,由于土地兼并的盛行,人口流失,民户锐减,赋役征收受到很大冲击,赋役改革势在必行,于是内阁首辅张居正于万历二十年(1592)在全国推行以田亩为单位合并征收赋税和徭役银的"摊丁入亩"制度,谓之为"一条鞭法"。

---

① 张燮《东西洋考》卷七记载,西洋船面阔一丈六尺以上,征饷五两,每多一尺,加银五钱。东洋船小,减征西洋船的十分之三。
② 《大明律·户律·课程》"人户亏总课程"条。
③ 同上。
④ 《大明律·户律·课程》"匿税"条。
⑤ 《明会典》卷二十。
⑥ 《明史·食货志二》。
⑦ 《明史·食货志一》。

史载,"一条鞭法者,总括一州县之赋役,量地计丁,丁粮毕输于官。一岁之役,官为佥募。力差,则计其工食之费,量为增减。银差,则计其交纳之费,加以增耗。凡额办、派办、京库岁需与存留、供亿诸费,以及土贡方物,悉并为一条,皆计亩征银,折办于官,故谓之一条鞭,立法颇为简便"。① 明代"一条鞭法"的实施是中国历史上继唐代"两税法"后的又一次赋役法的重大改革。

（五）货币法

明代随着商品经济的愈益发达,货币立法逐渐完备。《大明律》始立"钱法""钞法"专条,《问刑条例》专设《钞法条例》《私铸铜钱条例》。明律规定:"凡钱法设立宝源等局,鼓铸洪武通宝铜钱与大中通宝及历代铜钱,相兼行使。"②法律规定"洪武通宝"铜钱与朱元璋称吴王时所铸"大中通宝"铜钱,以及历代铜钱同时使用。同时,为了规范铜钱铸造、流通,法律禁止民间私铸铜钱,违反者处刑。"凡私铸铜钱者,绞。匠人罪同。为从及知情买使者,各减一等。"③《问刑条例》中《私铸铜钱条例》规定:"私铸铜钱,为从者,问罪,用一百斤枷,枷号一个月。民匠、舍余,发附近充军。"

《大明律·户律·仓库》"钞法"规定:"凡印造宝钞,与洪武大中通宝及历代铜钱,相兼行使。其民间买卖诸物,及茶盐商税,诸色课程,并听收受,违者,杖一百。"对于违制者处刑,《大明律·刑律·诈伪》"伪造宝钞"条规定:"凡伪造宝钞,不分首从,及窝主若知情行使者,皆斩。财产并入官。""里长知而不首者,杖一百,不知者,不坐。其巡捕、守把官军,知情故纵者,与同罪。若搜获伪钞,隐匿入已,不解官者,杖一百,流三千里。失于巡捕,及透漏者,杖八十。""若将宝钞挑剜、补辏、描改,以真作伪者,杖一百,流三千里。为从及知情行使者,杖一百,徒三年。其同情伪造人,有能悔过,捕获同伙首告者,与免本罪。"同时,《问刑条例》还有专门针对官吏的违法行为处刑的规定:"在外衙门官员,通同势要,卖纳户口等项课钞者,问罪。卖钞之人发边卫充军。钞贯入官。官员纵无赃私,奏请降用。"④

四、行政法律制度

（一）行政机关的设置

1. 中央行政机关的改革

明初朱元璋以丞相胡惟庸谋反为由,废除传统的"三省制",废除丞相制度

---

① 《明史·食货志二》。
② 《大明律·户律·仓库》"钱法"条。
③ 《大明律·刑律·诈伪》"私铸铜钱"条。
④ 《问刑条例·户律·仓库·钞法条例》。

(三省中的中书设左右丞相),确立吏、户、礼、兵、刑、工六部为分任朝政的最高一级行政机关,直接向皇帝负责(废中书省前,六部隶属中书省),便于皇帝直接独掌行政权。由此,六部权力和地位前所未有地得以加强和提高。吏部职掌文武官吏的管理、选授、考课之权,即掌"天下官吏选授、封勋、考课之政令,以甄别人才,赞天子治"①。户部职掌户口、田赋、财政之权,即"掌天下户口、田赋之政令"。"凡田土之侵占、投献、诡寄、影射有禁;人户之隐漏、逃亡、朋充、花分有禁;继嗣、婚姻不如令有禁;皆综核而纠正之。"②礼部职掌科举、礼仪、祭祀之权,即"掌天下礼仪、祭祀、宴飨、贡举之政令"③。兵部职掌武官选拔、军队训练、调遣之权,即"掌天下武卫官军选授、简练之政令"④。刑部职掌司法审判之权,即"掌天下刑名及徒隶、勾覆、关禁之政令"⑤。工部职掌工程营造和水利,即"掌天下百官营作、山泽采捕、窑冶、屯种、榷税、河渠、织造之政令"⑥。

朱元璋废丞相制度后,为了独揽权力,创设了"内阁"制度。明初内阁只不过是一草拟诏谕、备皇帝顾问的秘书机构,但到后来,随着六部尚书入阁兼大学士衔后,内阁职权日见其重,"遂赫然为真宰相","朝位班次,俱列六部之上"⑦。如明代严嵩、张居正等人在内阁时,都权倾一时,"六曹之长,咸唯之听命"。

2. 地方行政机关的改革

省。明初依元制设行省(行中书省),洪武九年(1376)废行省制,建立"三司"制,即仿宋制以承宣布政使司、都指挥使司和提刑按察使司为共同省级机关。承宣布政使司,职掌全省行政、民政、钱谷之权。都指挥使司职掌全省军事之权。提刑按察使司职掌全省司法、监察之权。三司地位平等,互不统属,相反互相牵制,分属中央相应机关直接领导,便于皇帝直接专权。

府(直隶州)。明初废"路"后设府,作为省以下一级行政机关,长官为知府,京都为府尹,职掌一府之行政、教化、司法之权。即"知府,掌一府之政,宣风化,平狱讼,均赋役,以教养百姓"⑧。直隶州长官为知州,"掌一州之政"⑨。

县(属州)。府以下设县、属州,知县、知州分别为县和属州的长官,职掌"一县之政"和"一州之政"⑩。需要说明的是,明代地方行政机关州中,直隶州地位

---

① 《明史·职官志一》。
② 同上。
③ 同上。
④ 同上。
⑤ 同上。
⑥ 《明会典·工部一》。
⑦ 《明史·职官志一》。
⑧ 《明史·职官志四》。
⑨ 同上。
⑩ 同上。

略低于府,直接受省布政司领导;属州相当于县,隶属于府。明代直隶州、属州的数量很多,《明史·职官志四》记载:"凡州二:有属州,有直隶州。属州视县,直隶州视府,而品秩相同。……计天下州,凡二百三十有四。"

(二) 职官管理制度

1. 职官选拔

明代职官选用,虽有多种选用渠道,但最重要的方式是科举取士。科举考试分乡试(省试)、会试(京试)和殿试(廷试)。乡试每三年一次,中试者即为举人。会试每三年一次,举人有资格参试,中试者即为贡士。贡士进入由皇帝主持的殿试,成为进士。殿试分三甲,一甲三名赐进士及第,且"一甲止三人。曰状元、榜眼、探花"。"二甲若干人,赐进士出身。三甲若干人,赐同进士出身。"进士授七品官衔,任朝廷官职或地方知县或知州。

除此以外,明代选拔官吏还有:(1)荐举方式,如洪武十九年(1386),"诏举经明行修练达时务之士,年六十以上者,置翰林备顾问;六十以下,于六部、布按二司用之"。[①] (2) 恩荫方式,《续文献通考》卷四十记载:"文官自正从一品至正七品,子孙许荫一人,其荫由正从五品以至流外之上中下三等,以次递降。""武官爵只六品,其职者替。世久而绝,以旁支继。凡袭职,子弟年二十者比试,初试不中授职署事,食半俸。二年再试,中者食全俸,仍不中者,谪为军。"(3) 捐纳方式,即授予捐资纳粮者官爵。

2. 职官失职、渎职行为的处罚

明代实施"重典治吏"的法律原则,强调官吏在履行职务时,必须严格遵守各项法律规定,不得失职和渎职,官吏失职、渎职的行为都要受到行政和刑事处治。

对失职行为的处治。明律规定对官吏无故不上班,包括"不朝参""不公座署事""假期期满不还职"的行为,都要处以刑罚,以日计笞。"凡大小官员,无故在内不朝参,在外不公座署事,及官吏给假限满,无故不还职役者,一日笞一十,每三日加一等,各罪止杖八十,并附过还职。"[②]对上班时间撤离职守的行为处以刑罚,"凡官吏无故撤离职役者,笞四十。若避难因而在逃者,杖一百,罢职役不叙。所避事重者,各从重论。其在官应直不直,应宿不宿,各笞二十。若主守仓库、务场、狱囚、杂物之类,应直不直,应宿不宿者,各笞四十"。[③] 对在任期间举用已罢职不叙者,行政、刑罚两罚并用,"凡官吏曾经断罪罢职役不叙者,诸衙门不许朦胧保举。违者,举官及匿过之人,各杖一百,罢职役不叙"。[④] 对在职期间

---

① 《明史·太祖本纪三》。
② 《大明律·吏律·职制》"无故不朝参公座"条。
③ 《大明律·吏律·职制》"擅离职役"条。
④ 《大明律·吏律·职制》"举用有过官吏"条。

出使应奏不奏行为、出使不复命行为，均处以重刑，"凡军官犯罪，应请旨而不请旨及应论功上议而不上议，当该官吏处绞。若文职有犯，应奏请而不奏请者，杖一百。有所规避，从重论。若军务、钱粮、选法、制度、刑名、死罪、灾异及事应奏而不奏者，杖八十。应申上而不申上者，笞四十……若将不合行事务，妄作禀准，有窥伺公务冗并，乘时朦胧禀说施行者，依诈传各衙门官员言语律科罪。有所规避者，从重论"。① 明律还特别重视对司法官吏失职行为的处治。如对应追捕而不追捕的行为处刑，"凡应捕人承差追捕罪人，而推故不行，若知罪人所在而不捕者，减罪人罪一等"。对不能发现在囚囚徒逃亡的行为处刑，按逃亡人数累加处以杖刑，"主守及押解人不觉失囚者，一名杖六十，每一名加一等，罪止杖一百。……提调官及长押官，减主守及押解人罪三等"。② 对罪犯应禁应带刑具的失职行为的处刑，根据罪犯所犯罪行大小依等处治，"凡狱囚应禁而不禁，应枷、锁、杻而不枷、锁、杻及脱去者，若囚该杖罪，笞三十；徒罪，笞四十；流罪，笞五十；死罪，杖六十。若应枷而锁，应锁而枷者，各减一等。……提牢官知而不举者，与同罪；不知者不坐"。对死刑执行失职行为处以笞杖，"凡死罪囚不待覆奏回报而辄处决者，杖八十。若已覆奏回报，应决者听三日乃行刑。若限未满而行刑，及过限不行刑者，各杖六十。若立春以后，秋分以前决死刑者，杖八十。其犯十恶之罪应死，及强盗者，虽决不待时，若于禁刑日而决者，笞四十"。③

渎职行为处治。明律对官吏渎职行为的处治，较失职犯罪处刑更重，且特设"监临守主自盗"罪等专条。其具体内容，见前述"渎职罪"。

(三) 行政法规及特点

1. 行政法规

明代行政法规主要包括行政法典、单行行政法规和行政条例。

行政法典。明代行政法典是《明会典》，包括《正德会典》《嘉靖会典》和《万历会典》。明初几朝皇帝非常重视行政法规的制定，代表性成果为明武宗正德四年（1509）完成、正德六年（1511）刊布的180卷《正德会典》。由于《正德会典》存在一些不足之处，嘉靖年间，在保持《正德会典》体例不变的基础上，"正其差伪，补其脱漏"，继续完善《明会典》，于嘉靖二十九年（1550）完成会典编纂工作，是为《嘉靖会典》，只是该法典未及正式公布。至明神宗万历四年（1576），张居正任内阁首辅，奉旨重修《明会典》。万历十年（1582），申时行继任内阁首辅，继续《明会典》的重修工作，于万历十五年（1587）最终完成，史称《万历会典》。该会典遵循了前朝两部会典以国家行政部门职掌为分类标准的体例，法律内容

---

① 《大明律·吏律·公式》"事应奏不奏"条。
② 《大明律·刑律·捕亡》"应捕人追捕罪人"条、"徒流人逃"条。
③ 《大明律·刑律·断狱》"囚应禁而不禁"条、"死囚覆奏待报"条。

却更加详尽完善。

《明会典》是明代行政法规大全，会典体例以六部官制为纲，按宗人府、六部、都察院、六科、各寺、各府、各监、各司之次序，规定了各行政机关的职掌和事例，是一部系统、完备、地位重要的行政法典。

单行行政法规。明代单行行政法规的制定主要集中在明代初期，诸如《诸司职掌》《洪武礼制》《礼仪定式》《军法定律》《宪纲》等。其中明太祖朱元璋时期制定的《诸司职掌》最具影响，为明会典的制定奠定了基础。

行政条例。明代行政条例包括皇帝发布和中央六部发布的各种条例。皇帝发布的行政条例以"诏"或"敕"的形式出现，还包括皇帝批准大臣奏请的建议的"奏准""议准"或"令"等。吏、户、礼、兵、刑、工中央六部发布的行政条例，都是六部具体贯彻和重要补充皇帝发布行政条例的行政法内容。如著名的279条的"通行天下，永为常法"的《问刑条例》，表面上属刑法条例汇编，但实际上诸如《事应奏不奏条例》《贡举非其人条例》等，都是行政法性质的条例，只不过是规定以刑罚手段调整行政关系。

另外，明代调整行政关系的法律，还应包括综合法典《大明律》和《明大诰》中的相关条文和案例。如《大明律》中的"职制"和"公式"等篇中的众多法律条文。《明大诰》初编中的"户部行移（公文）不实"案例，续编中的"不对关防勘合"案例，"武臣"编中的男女混淆案例等。

2. 特点

第一，法网严密。明代为了适应国家从中央到地方行政机关的重大变化和各机关职能的调整，为了贯彻"重典治吏"的法律政策和原则，行政立法较全面，无论在行政体系还是行政法规的内容方面，都是以往历朝行政立法所不及的，形成了一张严密的行政法网。例如，制定行政法典《明会典》，以《诸司职掌》为代表的单行行政法规，以《宗藩要例》为代表的行政例。除此以外，还有规定在综合法典《大明律》《明大诰》中的众多有关行政法的条文和案例，以及《问刑条例》中不少的行政法条例。更值得指出的是，还有不成文法渊源的"断例"（皇帝或六部对某一具体行政行为作出处断的意见）、习惯等。这样便形成了一张严密的行政法网，明确规定了全国从中央到地方的各级机关的职能，全面规范了各级官吏的行政行为。

第二，处罚趋重。明代为了进一步强化君主高度专权，更是为了"重典治吏"法律原则的贯彻，相较以往普遍加重了对官吏行政违法行为的处罚，对许多行政违法行为不仅施以行政罚处，而且科以刑罚，往往属重罚处治。从行政法体系审视，《大明律》中的"职制"和"公式"等法律条文规定；《明大诰》中"苏州知府张亨不对关防勘合"（续编六十三）、"民违信牌"（三编三十六）、浙江都指挥"储杰旷职"案例等；《问刑条例》中《职官有犯条例》《违禁取利条例》《侵占街道条例》等条例,都规定了对官吏行政违法行为处以较重的刑罚,甚至行政处分和刑事处罚合并适用。如《大明律·吏律·职制》"大臣专擅选官"条规定:"凡除授官员,须从朝廷选用。若大臣专擅选者,斩。若大臣亲戚,非奉特旨,不许除授官职。违者,罪亦如之。其见任在朝官员,面谕差遣及改除,不问远近,托故不行者,并杖一百,罢职不叙。"即对大臣擅自选拔官吏的行为处以死刑,对官吏找借口不按时赴任的行为处"罢官不叙"的行政处罚,并施杖刑一百,可见其处罚之重。又如《问刑条例·户律·钱债》中《违禁取利条例》规定:"凡势豪举放私债,交通运粮官,挟势擅拿官军,绑打凌辱,强将官粮准还私债者,问罪。属军卫者,发边卫充军;属有司者,发口外为民。运粮官,参究治罪。"由上可知,明代对于官吏行政行为的规范,除专门的行政法外,还用刑事法律调整和处治,确乎体现了明代相较唐宋处罚趋重的"重典治吏"思想。①

第三,人事立法发达。明代随着国家机构设置的改革,科举举士的盛行,官吏制度发达,官吏编制前所未有地扩大。所谓"历代官制,汉七千五百员,唐万八千员,宋极冗至三万四千员。本朝自成化五年武职已逾八万,合文职盖十万余。今边功升授、勋贵传请、曹局添设、大臣恩荫,加以厂卫、监局、勇士、匠人之属,岁增月益,不可悉举"②。这属明代嘉靖时期(1522—1566)的全国官吏总数。时隔几十年,到天启年间(1621—1627),官员人数成倍增长,当时刑科给事中解学龙说:"国初,文职五千四百有奇,武职二万八千有奇。神祖时文增至一万六千余,武增至八万二千有余矣,今不知又增几倍。"③面对庞大的官吏队伍,为防官吏怠事慢政,明代织了一张恢恢行政法网进行规范,其中人事立法必居首冲。如《明会典》中布设的科举规范,既规定了参考人的资格,更强调了考试官、监试官、巡绰官选用标准、各自的职责。应试资格为"举人则国子学生,及府、州、县学生员之学成者,儒士之未入仕者,官之未入流者,皆有有司保举性资敦厚、文行可称者应之。其学校训导专教生徒,及罢闲官吏、倡优之家与居父母丧者,并不许入试"。考试官由应天府和各省布政司"皆访经明公正之士,公出币帛,先期敦聘"。还规定了主考官、同考官、监试官的人数及选用标准。甚至对负责考场秩序和安全的军士、试卷弥封者、誊录者等工作人员,也都相应制定了明确规定。④

---

① 唐宋时期擅任官吏的行为处刑较轻。《唐律疏议·职制律》规定:"诸官有员数……不应置而置,谓非奏授者,一人杖一百,三人加一等,十人徒二年。"对不按时上任或找借口的行为,"诸官人无故不上及当番不到,若因暇而违者,一日笞二十,三日加一等。过杖一百,十日加一等,罪止徒一年半"。"诸之官限满不赴者,一日笞十,十日加一等,罪止徒一年。"

② 《明史·刘体乾传》。
③ 《明史·解学龙传》。
④ 《明会典·科举》。

第三节 司法制度

一、司法机关

(一) 中央司法机关设置的发展变化

中央司法机关的设置,至明代发生了较大的变化,主要体现在司法机关职掌的变化和名称的改异。明代中央司法机关称刑部、大理寺和都察院,合称"三法司"。

刑部。明初朱元璋废除宰相制度后,刑部地位提高,成为中央主审机关,设尚书和左、右侍郎为正副长官。其下设司务厅和十三清吏司,具体掌管中央与各省审判,即审理京师地区案件和文职官员案件,审核地方徒刑以上重案。同时,代表皇帝去各地录囚,审理大狱。

大理寺。由唐宋时期的主审机关变为慎刑机关,掌驳正、审谳平反,一般不掌审判。大理寺设大理卿一人,下设左右二寺分管京师及各省案件的复核与平反工作。对刑部和都察院审理的案件加以"驳正","然后告成于天子而听之"。

都察院。由唐宋御史台改名而来,又称"风宪衙门",职掌监察。设左都御史主管中央与地方的司法监督,又设御史多人作为辅佐,对刑部的审判和大理寺的复核进行监督;地方设十三道监察御史作为派出机构,对地方审判进行监督。同时,经常由皇帝派遣巡按御史巡察各地,他们作为"钦差大臣",拥有"大事奏裁、小事立断"的权力。

明代刑部、大理寺和都察院"三法司"的设置,一定程度上体现出职权的分离和相互牵制的特点。对此,《明史·刑法志二》明确规定:"刑部受天下刑名,都察院纠察,大理寺驳正。"洪武十七年(1384),朱元璋"诏天下罪囚,刑部、都察院详议,大理寺覆谳后奏决"①。其具体运作方式是,刑部审理判决案件(死刑除外)定罪后,将罪犯连同案卷送大理寺复核,再由刑部具奏行刑,死刑案件须奏请皇帝批准。对于刑部的审判和大理寺的复核,都察院都有权进行监督。

(二) 地方及特务司法机关的特点

明代地方司法机关呈三级设置,府(州)、县(州)二级与行政机关采取合一制,即由知府(知州)、知县等行政长官掌管狱讼。省一级采用分立制,即省级专设提刑按察使,其长官提刑按察使"掌一省刑名按劾之事"②。有权审理徒刑以下案件,徒以上案件须报送刑部,无权擅决。明代还在州县的里社设有"申明

---

① 《明史·太祖本纪》。
② 《明史·职官志四》。

亭"，调处民事纠纷，"凡民间应有词状，许着老里长准受于本亭剖理"①。申明亭虽不是正式审判机关，但带有地方基层司法组织的性质，负责申明教化、劝善惩恶。

此外，明代在普通司法机关以外，还特设特务司法机关厂卫组织。厂是东厂、西厂、内行厂，卫是锦衣卫，合称厂卫。它们虽不是正式的司法机关，但被皇帝特许兼管刑狱、巡察缉捕、专理"诏狱"和审判之权，由宦官操纵，直接听命于皇帝。

锦衣卫为朱元璋于洪武十五年（1382）设置，原为皇帝亲军"上十二卫"中最亲信的一卫，主要负责皇帝出入仪仗和近卫事宜，又被授予"缉捕刑狱之事"，凡"天下重罪逮京师者，收系（锦衣卫）狱中……使断治"②。锦衣卫下设南北镇抚司：南镇抚司主掌本卫军匠纪律；北镇抚司"专理诏狱"，直接取旨行事，设有法庭和监狱，审理大案。洪武二十六年（1393）曾废此制，"悉焚卫刑具，以囚送刑部审理"③。明成祖时又恢复锦衣卫，使"典诏狱如故"。尔后，锦衣卫不断扩大，至明世宗时期人数增至十五六万之多，其用刑残酷"无甚于此"。④

明成祖永乐十八年（1420）设东厂，"令宦官访缉逆谋大奸，与锦衣卫均权势"⑤。因明成祖与建文帝争夺皇位时宫中宦官建功不小，因此成祖即位后信宠宦官，倚为心腹，使之提督东厂。下设掌刑千户、理刑百户各一人，下属掌班、领班、番子达1000多人，是明代又一专事侦缉、刑狱的特务司法机关。

明宪宗成化十三年（1477）设西厂，"以太监汪直领之……所领缇骑（特务）倍东厂，势远出卫上"⑥。西厂"屡兴大狱，冤死者相属，自诸王府边镇，及南北河道，所在校尉罗列，民间斗詈鸡狗琐事，辄置重法，人情大扰"⑦。明武宗时期又置内行厂，宦官刘瑾自领之，而且"东西厂皆在伺察中"，内行厂行事比东厂、西厂更为猖獗酷烈，所谓"中人以微法，无得全者，万姓汹汹"⑧。至刘瑾被诛以后，西厂、内行厂才被撤销。

明代厂卫组织是前所未有的不受法律约束的特务司法机关，其对罪名的罗织无遗，对刑罚的锻炼残酷，可谓于斯而极，形成厂卫之毒。对此，《明史·刑法志三》说："刑法有创之自明，不衷古制者，廷杖、东西厂、锦衣卫、镇抚司狱是已。

---

① 《大明律·刑律·杂犯》。
② 《明史·刑法志三》。
③ 同上。
④ 同上。
⑤ 《明鉴纲目》卷四《宪宗纯皇帝》。
⑥ 同上。
⑦ 同上。
⑧ 《明鉴》卷五《武宗毅皇帝》。

是数者,杀人至惨,而不丽于法。踵而行之,至末造而极。举朝野命,一听之武夫、宦竖之手,良可叹也。"

二、诉讼制度的特点

(一) 实行军民不同的诉讼制度

明代诉讼制度在唐宋法律基础上更加具体,显现出传统帝制社会后期诉讼制度比较典型的形态。《明律·刑律·诉讼》规定:"军民诉讼皆由下而上陈告。"对于民间户婚、田土、斗殴、相争等小事,必须先由基层里甲断决,若属奸盗诈伪人命等重案,才允许"赴官陈告"。军人诉讼陈告时严格按照百户所—千户所—卫—都指挥司的顺序逐级进行诉讼。民人诉讼按照县(州)—府(州)—按察司的顺序进行诉讼。在直隶和两京的诉讼中,军人按照五军都督府—三法司的顺序进行诉讼;民按照县—府—三法司的顺序进行诉讼。禁止越诉,"违者罪之","若越本管官司,辄赴上司称诉者,笞五十"。[①] 重大特殊案件允许越级申诉:在地方可以拦轿向出巡的巡按御史告诉,在京师可以击登闻鼓,甚至告御状。但所告情节失实者,都从重论罪,即"若迎车驾及击登闻鼓申诉而不实者,杖一百;事重者,从重论;得实者,免罪"[②]。

(二) 禁止诬告

明代对诬告的惩处比唐代规定得更具体、更严厉。唐律中只规定了诬告反坐,但明律规定了凡诬告人笞罪,加重所诬罪二等;流徒杖罪加所诬罪三等,但最高刑只能处杖一百、流三千里。被诬者所受损失,全部由诬告者赔偿。凡被诬告充军的,诬告者属民抵充军刑,属军人发边远边卫充军。凡被诬告者已被处死的,诬告者除处死刑外,还要将其一半家产交受害者养家。诬告十人以上者,凌迟处死,家属迁化外。[③]

(三) 禁止匿名信告人罪

对于"投匿名书告人罪"者,明代规定比唐代更具体。唐律规定:"诸投匿名书告人罪者,流二千里。得书者,皆即焚之。若将送官司者,徒一年。官司受而为理者,加二等。被告者,不坐。辄上闻者,徒三年。"[④]而明律则规定:"凡投匿隐姓名文书告言人罪者,绞。见者,即便烧毁。若将送入官司者,杖八十。官司受而为理者,杖一百。被告言者,不坐。若能连文书捉获解官者,官给银十两充赏。"[⑤]明律与唐律比较,其特点表现在:加重对投匿名书者的刑罚;对捕捉投匿

---

① 《大明律·刑律·诉讼》"越诉"条。
② 同上。
③ 《大明律》《明大诰》《明太祖实录》均有记载。
④ 《唐律疏议·斗讼》。
⑤ 《大明律·刑律·诉讼》"投匿名文书告人罪"条。

名信犯罪者,给予奖赏;同时,相对地减轻了对送匿名信者及官司受理者的刑罚。

(四) 司法机关受理诉讼的规定

明代与唐代相比,强化了具体的司法责任制,即应受理而不受理和不应受理而受理的责任。明律规定,凡是应受理而不受理的词讼,都要按情节轻重给予刑处。"告谋反叛逆,官司不即受理",杖一百徒三年;告"恶逆"罪,不受理者,杖一百;告"杀人及强盗"罪,不受理者,杖八十;告"斗殴、婚姻、田宅等事",不受理者,各减犯人罪二等处罚。① 同样,对于依法不得受理而受理的词讼也要承担法律责任,包括:① 被囚禁人告举他事,受理者笞五十;投匿名书告人罪,受理者杖一百;等等。② 刑部、都察院、大理寺三法司不直接收受通政司以外各衙门、各下级机关和官民之诉讼;府、按察司一般不直接收受百姓的词讼。受理者都要受到惩处。③ 地方司法机关不得受理军人词讼,军事机关也不得受理民人词讼,受理者均处笞刑五十。

(五) 司法官吏受理诉讼回避的规定

司法官吏受理状告,凡与诉讼人有服亲、姻亲、师生关系者,都要回避。即"凡官吏于诉讼人内,关有服亲及婚姻之家,若受业师及旧有仇嫌之人,并听移文回避,违者笞四十。"②相对唐律只规定司法官在审判中进行回避而言,这是一个进步。

三、审判制度的发展与会审制度

明代审判制度在唐律规定的基础上也有所发展,主要表现在:在审判级别管辖上,对八议者犯罪,"令五军都督府、四辅、谏院、刑部、监察御史、断事官集议,议定奏闻"③,而唐律规定为由刑部召集诸司七品以上官员集议;在审判地区管辖上不同于唐的地方是,有关牵连案件的管辖权从两地相距100里外改为300里外;在刑讯方面,明律具体规定:"犯重罪、赃证明白,故意恃顽不招者,则用讯拷问。"④后又规定:"凡内外问刑官、惟死罪并窃盗重犯始用拷讯。"⑤对此,唐、明有所不同⑥,明代更无元代立案拷讯的法律规定⑦。在刑讯的原则规定上,唐宋法律很具体,如拷讯不过三度,总数不过200;患疮病之囚,病愈行拷;规定拷

---

① 《大明律·刑律·诉讼》"告状不受理"条。
② 《大明律·刑律·诉讼》"听讼回避"条。
③ 《大明律·名例律·八议》"应议者犯罪"条。
④ 《明会典》。
⑤ 《明史·刑法志二》。
⑥ 《唐律疏议·断狱》规定:"依狱官令,察狱之官,先备五听,又验诸证信,事状疑似,犹不首实者,然后拷掠。"
⑦ 《元史·刑法志》载:"诸鞠问囚徒,重事须加拷讯者,长僚佐会议立案,然后行之,违者重加其罪。"

打部位等。这些在明律中皆无规定。特别在严立程限、限期断狱上,明代更为突出。在明律中专设"淹禁"条,规定:"凡狱囚情犯已完,监察御史、提刑按察司审录无冤,别无追勘事理,应断决者,限三日内断决。"①限外不断决者,过3日笞二十,每3日又加一等,罪止杖六十。"淹禁"致死的,分别根据囚犯所犯之罪轻重决定司法官的刑事责任。

明代在唐宋法律的基础上,形成了一套比较齐备的会审制度。明代会审制始于明太祖洪武年间(1368—1398),定于明宪宗成化年间(1465—1487),主要的会审制度有:

三司会审。三司会审是在唐代"三司推事"基础上发展形成的,是指凡遇重大、疑难案件,由刑部尚书、大理寺卿和都察院左都御史三法司长官共同审理,最后由皇帝裁决的制度。

圆审。也称九卿会审或九卿圆审,是指凡特别重大案件,二次翻供不服,根据皇帝的诏令,可由九卿会审,即由大理寺卿、都察院左都御史、通政使,以及吏、户、礼、兵、刑、工六部尚书会同审理,最后由皇帝审核批准的制度。

朝审。明代对于秋后处决的死刑案件建立了朝审制度加以审核。明英宗天顺三年(1459),"令每岁霜降后,三法司同公、侯、伯会审重囚,谓之朝审"。②自此以后,朝审制度正式确立,且"永为实例"。朝审不仅审核死刑,而且包有宽宥之意,也就是朝审的案件,根据情况作出不同的处理,情节有矜悯或可疑的改为戍边;囚犯有翻异供词的移调官府再审;符合律令的监候听决。正如《明史·职官志一》所说:"霜降录重囚,会五府、九卿、科道官共录之。矜疑者戍边,有词者调所司再问,比律者监候。"实为清代朝审之开端。

会官审录。"会官审录之制,定于洪武三十年。"③明太祖命五军都督府、六部、都察院、六科、通政司、詹事府,有时包括驸马都尉在内,共同审理案件。死罪和冤案奏闻皇帝,其余案件依律判决。《大明律·刑律·断狱》更是明确规定:直隶京师的上报案件由刑部委官与监察御史会审,地方各省的上报案件由布政司委官与按察司官共同审决。这实为清代秋审制度的前身。

大审。明代自宦官干预司法后,形成了一种由皇帝委派太监会同三法司官员审录囚徒的特殊会审制度。《明史·刑法志二》载:"成化十七年命司礼太监一员会同三法司堂上官,于大理寺审录,谓之大审。南京则命内守备行之。自此定例,每五年辄大审。"大审事不仅在两京举行,而且派官到外地会同御史录囚。

---

① 《大明律·刑律·断狱》。关于限期断案规定,在唐代为大理寺检断,不得过20日;刑部覆下,不得过10日。如刑部覆有异同,寺司重加不得过15日,省司呈复不得过7日。至唐穆宗时期又规定为:大事,大理寺限35日,详речь毕,申刑部,限30日闻奏;中事,减5日;小事,减10日。

② 《明史·刑法志二》。

③ 同上。

《明武宗实录》载:"五年大审,两京命司礼太监及守备官会三法司,在外遣郎中、寺正官会巡按御史。"

热审。即农历小满后 10 余日,由刑部奉旨会同都察院、锦衣卫等审理囚犯的制度。"热审始永乐二年,止决遣轻罪。"①其目的在于在暑热之时,及时疏理牢狱,轻罪审决后执行,未能审决的,令出狱听候。明宪宗成化年间(1465—1487),热审开始规定重罪情疑可矜者免死,轻罪分别减等处刑,枷号暂时去枷释放的内容。热审决囚最初只实行于北京,后又实行于南京,并逐渐推行到"其在外审录,亦依此制"②。

四、监察制度

(一) 监察机关

1. 中央监察机关

明代中央监察机关主要为都察院和六科给事中两类。都察院是在唐宋御史台基础上扩大规模改名而来。都察院职官设置为:左、右都御史 2 人;左、右副都御史 2 人;左、右佥都御史 2 人。下设各司职官有经历司经历、都事各 1 人;司务厅司务 2 人;照磨所照磨、检校各 1 人;司狱司司狱 1 人;还设十三道监察御史 110 人。各省设总督、巡抚、提督、经略、抚治等在外御史。左右都御史为长官,职掌"专纠劾百司,辩明冤枉,提督各道"之监察权。具体包括:"凡大臣奸邪,小人构党,作威福乱政者,劾","凡百官猥茸贪冒坏官纪者,劾","凡学术不正,上书陈言变乱成宪、希进用者,劾"。③ 设十三道监察御史④,其职责为:"主察纠内外百司之官邪,或露章面劾,或封章奏劾。"具体包括:在内监临科举考试、巡视仓场、内库、皇城等;在外巡按军队、提督学校、巡关、巡盐、巡漕等。"各以其事专监察。"⑤都察院派遣御史巡按地方,其职责为:"巡按则代天子巡狩,所按藩服大臣、府州县官诸考察,举劾尤专,大事奏裁,小事立断……"⑥

明代中央监察机关,除都察院外,还设有独立的六科给事中监察系统。设在吏、户、礼、兵、刑、工六部的给事中,专司对六部官员的监察。即"六科,掌侍从、规谏、补阙、拾遗、稽察六部百司之事"⑦。具体职能,因各部职掌不同而不同。

---

① 《明史·刑法志二》。
② 同上。
③ 《明史·职官志二》。
④ 《明史·职官志二》记载:"十三道监察御史一百十人,浙江、江西、河南、山东各十人,福建、广东、广西、四川、贵州各七人,陕西、湖广、山西各八人,云南十一人。"
⑤ 《明史·职官志二》。
⑥ 同上。
⑦ 《明史·职官志三》。

如刑科给事中,只主掌"每岁二月下旬,上前一年南北罪囚之数,岁终类上一岁蔽狱之事,阅十日一上实在罪囚之数,皆凭法司移报而奏御焉"①。

另外,明代的督抚、通政使亦掌监察职能。明代设一省的巡抚、数省的总督,皆兼都御史衔,"巡行天下,安抚军民","以便行事"。② 督抚是皇帝派出的中央官员,兼有监察职权的特别御史。通政使掌言谏之权,即"通政使,掌受内外章疏敷奏封驳之事。凡四方陈情建言,申诉冤滞,或告不法等事,于底簿内誊写诉告缘由,赍状奏闻"。③

2. 地方监察机关

明代设在地方的监察机关,是省一级的提刑按察使司。提刑按察使司设按察使一员、副使、佥事、司狱等各若干名。其职责是:"掌一省刑名按劾之事。纠官邪,戢奸暴,平狱讼,雪冤抑,以振扬风纪,而澄清其吏治。""副使、佥事,分道巡察,其兵备、提学、抚民、巡海、清军、驿传、水利、屯田、招练、监军,各专事置,并分员巡备京畿。"④

(二) 监察内容

明代监察官依法行使职责,监察法规除《大明会典》关于都察院与六科职责的规定外,专门的监察法规主要有洪武年间的《宪纲》《纠劾官邪规定》《出巡事宜》;英宗正统年间的《宪纲条例》和嘉靖年间的《宪纲七条》;以及《巡按六察》《巡按七察》等。

明代监察法规涉及的监察范围甚广,主要包括:

第一,纠弹百官的不法行为。即官吏"凡有不公不法之事,奉有明旨令科道官记著者,务要及时纠举,不许隐匿遗漏"。⑤ "都御史,职专纠劾百官","十三道监察御史,主察纠内外百司之官邪"。⑥

第二,监察国家机关和官吏的行政行为。对官吏的任命(吏部)、钱粮收支(户部)、奏本封进和大臣封赠(礼部)实施监察。对各衙门官文书实行审查监察,根据各种情况,相应"批以照过""批以通照""批以失错""批以埋没"。如"有文案不立,月日颠倒,又在乎推究得实,随其情而拟其罪"⑦。

第三,对官吏当班轮值的监察,如在举行朝会时,官吏"若有失仪,听纠仪御史举劾"。"朝会行礼,敢有搀越班次、之语喧哗有失礼仪,及不具服者,随即纠

---

① 《明史·职官志三》。
② 《明史·职官志二》。
③ 《明史·职官志三》。
④ 《明史·职官志四》。
⑤ 《明会典·纠劾官邪》。
⑥ 《明史·职官志二》。
⑦ 《明会典·照刷文卷》。

问。"如祭祀官吏"敢有临事不恭、牲币不洁、亵渎神明、有乖典礼、失于举行、及刑余、疾病之人陪祭执事者,随即纠劾"①。

第四,监督官吏考绩,对内考核在京百官,对外考核司、府、州、县官吏。②《明会典·追问公事》规定都察院会同吏部对官吏进行考核:"凡在外布政司、按察司并盐运司、苑马寺、行太仆寺;在内顺天府五品以下堂上官考满赴部,俱从本院考核。""凡在外司府州县等衙门官每三年朝觐,吏部会同本院考察。在京五品以下官,六年一次,吏部会本院并各该衙门掌印官及堂上官考察。"所谓"在内""在外"考察,即指"京察"和"外察"两种,而且明确规定:在内五品以下官吏的考核,"分别致仕、降调、闲住为民者有差,具册奏请"。只是在内四品以上高官,不在正常监察机关监察之内,直接由皇帝裁断,所谓"其四品以上,及一切近侍官与御史为耳目风纪之司,及太医院、钦天监、王府官不在常选者,任满黜陟,取自上裁"。"考察之法……四品以上,自陈以取上裁。"③官吏考核,还要复考,《大明会典·京官考察》记载:"国家定制,内外官考满之外,复有考察。"即《明史·选举志三》所称:"直隶有司首领官及属官,从本司正官考核,任满从监察御史复考。"在外诸官亦"俱从布政司考核,仍送按察司复考"。

第五,司法审判之监察。明代很重视对司法的监察。对于司法审判的监察,御史从起诉到审结实行全过程监察:起诉阶段,为防止司法机关不受理起诉,或基于重大案件和冤错案件的及时申诉,特设登闻鼓受理起诉的制度,由御史监督实施。《明会典·监纠礼仪》规定:"凡民间词讼皆须自下而上,或府州县省官,及按察司官不为伸理,及有冤抑、机密重情,许击登闻鼓,监察御史随即引奏。"在审讯阶段,监察御史亦实行监督:"凡狱囚情犯已完,监察御史、提刑按察司审录无冤,别无追勘事理,应断决者,限三日内断决,……若限外不断决……当该官吏,三日,笞二十;每三日加一等,罪止杖六十。"④明律还规定:"凡狱囚鞫问明白,追勘完备,徒流以下,从各府、州、县决配。至死罪者,在内听监察御史、在外听提刑按察司审录,无冤,依律议拟,转达刑部定议奏闻回报。直隶去处,从刑部委官,与监察御史;在外去处,从布政使司委官与按察司官,共同审决。"⑤《明会典·审录罪囚》规定:"差监察御史分按各道罪囚,凡罪重者,悉送京师。"对刑罚执行程序也要进行监督:"凡狱囚情犯已完,监察御史、提刑按察使司审录无

---

① 《明会典·监纠礼仪》。
② 参见《明会典·考核百官》。
③ 《明史·选举志三》。关于考核等级评定,《考满法》规定了官吏考核等级确定的法律内容。《考察通例》还规定了官吏在考核中走后门"央求势要嘱托者",对考核结果不服,即"被黜官员有不服考察,撕拾妄奏者",都以"黜退"和"发遣为民"罢官处置。
④ 《大明律·刑律·断狱》"淹禁"条。
⑤ 《大明律·刑律·断狱》"有司决囚等第"条。

冤……应起发者,限一十日内起发","不起发者,当该官吏,三日,笞二十;每三日加一等,罪止杖六十。因而淹禁致死者,若因该死罪,杖六十;流罪,杖八十;徒罪,杖一百;杖罪以下,杖六十,徒一年"。①

第六,"武之军政"之监察。《明史·选举志三》记载:"武之军政,犹文之考察也。成化二年(1466),令五年一行,以见任掌印、带俸、差操及初袭官一体考核。"从《明会典》和《明史·职官志》的规定看,武官一体考核的内容,主要体现在:监督武官任命,"凡拣选大汉将军,本科掌印官(指兵科给事中)会选"。"凡拣选守及操练官军,本科差官一员会议。"监督武官考核,先由考选者自陈,后由兵部考察,最后由兵科给事中考察、咨访,有不称职者,连名具题参劾。

推荐阅读文献

1. 《大明律》,怀效锋点校,法律出版社1999年版。

《大明律》是明代的基本法典,是研究明律最权威最全面的第一手资料,以"日久而虑精"著称,为学习和研究明代法制不可或缺。该点校本便于学生阅读。

2. 张晋藩、怀效锋主编:《中国法制通史 第七卷 明》,法律出版社1999年版。

该书属今人通述性研究成果,内容比较全面,分类述论了明代法制的各个方面,条理清晰,便于读者掌握明代基础的法律制度知识和基本理论,了解相关的其他原始资料和研究成果。

---

① 《大明律·刑律·断狱》"淹禁"条。

第十章　清代法律思想与制度

清王朝是中国传统政治的最后一个朝代。清代的政治法律制度,以鸦片战争为界,分为前后两个不同发展阶段。在前一阶段,清王朝继承明代法制并有所发展,其典章制度堪称发达完备,集中国传统法制之大成;其"因地制宜""尊重习惯"的民族法制尤为民族区域治理法制的典范。在后一阶段,在帝国主义列强威胁利诱及国内维新变法和革命思潮的多重逼迫下,清王朝进行了较大规模的政治法律改革,包括实行"洋务运动"和"变法维新",特别是在末期进行了以移植西方法制为特征的大规模法律修订活动,制定了《大清新刑律》等一系列新式法典。最后,在"预备仿行宪政"的敷衍中被革命党人发起的以排满兼共和为主旨的辛亥革命所推翻。

【问题引导】

1. 从关外到关内,清代法制发生的最大变化是什么?
2. 清代的民族区域治理法制的主要经验是什么?
3. 清末变法修律的主要特征及指导思想是什么?

【关键词】

参汉酌金　详译明律　大清律例　大清新刑律　预备立宪　会审公廨

第一节　清代前期的法律思想与制度

一、传统律学的发展与法律思想的变化

(一) 传统律学在清代的发展

以整理、考证、注释、解说、总结归纳现行法律规范内容以便利司法适用为特征的传统律学,在清代有了进一步发展。承明代律学繁盛之绪,有清一代律学著述进一步丰富,律学思维及概念进一步完备,法律注解体例和方法进一步科学化和精细化。

代表变法修律前清代律学水准的著述繁多,著述作者包括各级主掌刑狱事务的官员、作为官员断狱理讼助手的刑名幕友,以及传授律学讼学的民间学者,等等。这些律学著述的内容、体例和风格各异,有学者将其划分为辑注本、考证

本、司法实用本、图表本、歌诀本等五大系统①,有学者认为此五者外还应加上便览派、比较研究派一共七派②。有学者认为这七类(派)律学著述归根结底是"以解释律例为特点的辑注本系统""以考证律例源流为特点的考证本系统"和"以方便司法实践为特点的司法应用本系统"这三大部分③。分为三大部分或系统也许更能简明反映清代前期律学的主要特征。

第一类律学著述是"辑注"。所谓辑注,就是收辑各注家对律例条文的注释或解说,间或申述自己的见解;一般是从解说律例条文的字、词、句书面含义入手,进而解读律例条文的规则、原则之本义。这一类律学著作,代表作有沈之奇的《大清律辑注》、万维翰的《大清律例集注》等。沈氏《辑注》"集诸家之说,参以折中之见……于律文逐节疏解,字字精练"④,是《大清律》最权威的私家解释著作,对清代立法、司法产生了很大影响,各地法司在审判中经常引用此书作为定罪量刑的依据。此外,李楠的《大清律集解附例笺释》、钱之清等的《大清律笺释合抄》、对哈纳等的《大清律例朱注广汇全书》、洪弘绪的《大清律辑注》、胡钤增的《大清律集注续编》、李观澜的《大清律例全纂集成汇注》、王又槐等的《大清律例重订统纂集成》等,都是当时较有影响的辑注类律学著作。

第二类律学著述是"考证"。所谓考证,就是对《大清律例》中的具体条文进行历史源流追溯、考辨、解说。通过梳理具体律例条文的历史沿革变化,阐明律例的立法意图或本旨。这一类律学著作,代表作有吴坛的《大清律例通考》、薛允升的《读例存疑》及《唐明律合编》等。吴氏《通考》一书,就《大清律例》中的每一条文规定的罪名或刑制,逐一考察其历史源流,"渊源三代汉唐,以迄昭代。每一图一律一例后,各注按语。凡例文之修改,字句之增删,莫不竟委穷源,精详甄核","其已删之例,亦必附于本条之末,申明删去之原因。凡有酌拟应删、应改及另有议论者,俱用'又按'以为别。而'服制'一类,折衷经义,尤为精详"⑤。该书被尊为考证类律学著作的经典之作。此外,夏敬一的《大清律目附例示掌》、杨白鲲的《大清律例纂修条例按语删稿》、张泮中的《大清律例根源》、黄思彤《大清律例按语》等,也是这类律学著作中比较有影响者。

第三类律学著述是"司法应用"。这一类,除了律例及其注解的实用选编和解说,还包括图表本、歌诀本、便览本,都是对律例条文进行适当整理或通俗解释

---

① 参见张晋藩:《清律研究》,法律出版社1992年版,第164—188页。
② 参见何敏:《从清代私家注律看传统注释律学的实用价值》,载《法学》1997年第5期。
③ 参见张小也:《官、民与法:明清国家与基层社会》,中华书局2007年版,第103页。
④ 清代律学家胡肇楷对沈之奇《辑注》的评论。见胡肇楷:《大清律例通纂·序》,载秦赢等纂:《大清律例通纂》,嘉庆十年(1805)刻本。
⑤ [清]吴重熹:《律例通考校刊缘起》,载马建石、杨育棠主编:《大清律例通考校注》,中国政法大学出版社1992年版,第1页。

而总结为便于理解、记忆、使用的图表、歌诀、对照表、节录等。这类律学著作还特别注意用语言学、逻辑学的方法,对律例中的一些专有概念或名词术语进行集中深入的解释。这一类律学著作的典型代表作有王明德的《读律佩觿》、于鲲的《祥刑要览》等。如在《读律佩觿》中,王明德进一步发扬了明人高举、王肯堂等人的"律母"概念,并独创了"律眼"概念,通过"律母释义""律眼释义"等专篇,大大提升了注释律学的逻辑水准。他所谓"律母",就是"解律之母"。他认为律例中的"以""准""皆""各""其""及""即""若"八个字眼,是理解律例条文真实含义的关键词。对这八个"律母",他从语言学、逻辑学出发,就其在律例条文前后文中的准确含义,进行了深入而明白的解说。他所谓"律眼",就是将律例中最常用的"例""杂""但""并""依""从重论""累减""递减""听减""得减""罪同""同罪""并赃论罪""折半科罪""坐赃致罪""坐赃论"等[①]关键词作为理解律例条文本义的"眼"或"画龙点睛"之处。就这些"律眼"在律意理解中的关键意义,他作了比较全面系统的分析解释,其研思的精致细密超过了前人。这一类律学著作中,比较有影响的还有琴堂卧龙子的《新刻萧曹致君术》、竹影轩主人的《刑台秦镜》、万维翰的《刑钱指南》及《律例图说》、全世潮的《驳案新编》、祝庆琪等的《刑案汇览》、蔡嵩年等的《大清律例便览》、沈辛田的《名法指掌》、邵春涛的《读法图存》、黄运昌的《大清律例歌括》、陈熙春的《大清律例七言集成》、程梦元的《大清律例歌诀》等。

清代前期的律学,从历史发展来讲,源于传统,超越传统,既继承弘扬了秦汉至明代律学的全部成就,更从考据学、语言学、逻辑学运用的角度实现了对前代的超越。从学术流派而言,官私并举,流派纷呈。[②] 除了官员、幕友、民间学者竞相投身之外,更形成了各有风格的学术派别,如以张廷枢、薛允升、赵舒翘等人为代表,以注重法律历史演进考察、法律改革进步、断狱理讼精核为特色的"陕派律学"[③];以及以陈惺驯(雅农)、田我霖(雨田)、关国光、李培元等人为代表,以注重推动简练、简易、实用,密切服务立法、司法实务为特征的"豫派律学"等[④]。

(二)清代前期法律思想的变化

清王朝入关前后特别强调仿行明代法制与保持后金习惯法相结合,形成了一个以"参汉酌金""详译明律,参以国制""渐就中国之制"为主旨的指导思想体系。根据这一指导思想,清政权致力于将明代法制与后金法制相结合,全面继

[①] 参见中国政法大学法律古籍整理研究所编:《中国古代法律文献概论》,上海古籍出版社 2019 年版,第 333 页。
[②] 参见张晋藩:《中国法律的传统与近代转型》,法律出版社 2005 年版,第 193—194 页。
[③] 参见闫晓君:《走近陕派律学》,载《法律科学》2005 年第 2 期。
[④] 参见王云红:《中国法律史上的失踪者:晚清豫派律学家群体考论》,载《河南大学学报(社会科学版)》2020 年第 5 期。

承汉族法制文明的成就。清入关前主持立法活动的名臣宁完我曾说："《大明会典》虽是好书，我国今日全照他行不得。看会典上事体，某一宗我国行得，某一宗我国行不得，某一宗可增，某一宗可减，参汉酌金，用心筹思，就今日规模立个金典出来。……务使去因循之习，渐就中国之制。"①这一观点，代表了入关前后清统治集团的立法指导思想。

入关初期，面对前所未有的人口、疆域及社会生活，清政权更加注重承用明代法制。入关途中，摄政王多尔衮即明令"问刑衙门准依明律治罪"，并令启动修律，要求"详译明律，参酌时宜，集议允当"②，制定大清律。1644年，顺治皇帝登基伊始即明令"参稽满汉条例"修大清律③；顺治三年（1646）律成后，帝亲自为律作序，申明"详译明律，参以国制，增损剂量，期于平允"④的立法宗旨。"详译明律"即详尽借鉴《大明律》，以明律为蓝本；"参以国制"即适当参留入关前旧制。康熙皇帝继位后，因深受儒教影响，服膺"德主刑辅"的正统治国理念，立即以诏谕宣告："至治之世，不以法令为亟，而以教化为先。……盖法令禁于一时，而教化维持于可久。若徒恃法令，而教化不先，是舍本而务末也。"⑤他强调，"以德化民，以刑弼教"⑥乃治国之本。这些认知，深深影响了清代前期的立法、司法。

鸦片战争前（从雍正皇帝登基到鸦片战争爆发）清统治集团的法律思想以乾隆帝和重臣张廷玉等为代表。作为清代在位最久的皇帝，乾隆帝深深服膺儒家"明刑弼教"之道："古先哲王所为设法饬刑，布之象魏，悬之门闾，自朝廷达于邦国，共知遵守者，惟是适于义，协于中，弼成教化，以洽其好生之德。非徒示之禁令，使知所畏惧而已。"⑦他们对汉文明特别是儒家正统法律思想的皈依，深刻影响了此后清王朝的法制。康雍乾三朝重臣张廷玉进一步衍伸"德刑并用""外儒内法"学说，他认为："天下之道，岂无有用宽而养奸贻患者乎？大抵内宽而外严，则庶几矣。"⑧这种强调外显法纪严厉、内存德教宽厚的政治法律主张，代表了有清一代君臣们的一般认知。至于实际治理中是否真能做到"内宽"，那就另当别论了。

---

① 《天聪臣工奏议》卷中，载《明清史料丛书八种》（第2册），北京图书馆出版社2005年版。
② 《清史稿·刑法志一》。
③ 同上。
④ ［清］吴坛：《大清律例通考》卷首录《谕旨》，见马建石、杨育棠主编：《大清律例通考校注》，中国政法大学出版社1992年版，第2页。
⑤ 《圣祖仁皇帝御制文集》卷十八《礼乐论》。
⑥ 《清圣祖实录》卷九十四。
⑦ ［清］吴坛：《大清律例通考》卷首录《谕旨》，见马建石、杨育棠主编：《大清律例通考校注》，中国政法大学出版社1992年版，第5页。
⑧ ［清］张廷玉：《澄怀园语》卷一，同治十年（1871）文瑞楼石印本。

二、清代前期法律的主要内容及特征

(一) 清代前期的法律编订活动

1. 关外时期的法制状态

清入关前法制相对简陋,顺治帝在《大清律集解附例》序文中谓"太祖太宗创业东方,民淳法简,大辟之外,惟有鞭笞",《清朝文献通考》说努尔哈赤时期"俗淳政简,所著为令,鞭扑斩决而已"①,大致属实。明万历四十三年(1615)后金政权建立时,努尔哈赤即"整顿围猎用兵的规则,制定法令"②。天命六年(1621),努尔哈赤颁布《禁单身行路令》,这是一个以保护八旗兵民安全为内容的单行法令。皇太极时期,于天聪五年(1631)颁布了《离主条例》,规定凡告发主子犯罪经审查属实的奴隶,可以离开原主获得自由。约于天聪六年(1632),皇太极遣派大臣"往外藩蒙古诸国宣布钦定法令"③,此法令史称《盛京定例》,可能仅是关于蒙古地区的特别法令。崇德元年(1636),皇太极复颁《会典》52条,今人称为《崇德会典》,仅是天聪朝重要谕令的汇编,内容虽广涉礼制、官制、刑制、婚姻、诉讼、经济、宗教等多方面,但均相当简单,与后来的会典不是一回事。这说明,清人入关前的法律制度均不过是君主谕令汇编,没有具备逻辑体例的成文法典,内容也不完备。

2. 入关初期直接沿用明律

1644年入关之初,面对前所未有的广阔疆域、众多人口,面对远比关外更发达的文化及更复杂的社会生活,清统治集团发现自己原有的法律制度已远不能适应新的统治需要。因此,在顺治元年(1644)6月,摄政王多尔衮即下令"问刑衙门准依明律治罪"。8月,刑科给事中孙襄提议对"今法司所遵(关外原有法律)及明故律令"依新的"时宜"进行"斟酌损益",对旧有明律作出统一刊定,以便法司遵循;多尔衮采纳了建议,遂令"法司会同廷臣详译明律,参酌时宜,集议允当"④,以期裁定成书,颁行天下。同年10月,顺治帝又下令在新律未成书之前"在外仍照明律行"。同时又多次颁令全国"暂用明律"⑤。这种以《大明律》作为入关之初过渡性法律的状况一直持续至顺治三年(1646)。

3.《大清律》和附例的沿革

顺治二年(1645),清廷设置律例馆,专门负责修律。顺治三年初,律成,名曰《大清律集解附例》,次年三月正式颁行。该律律文共459条,比明律仅少一

---

① 《皇朝文献通考·刑考一》。
② 《满文老档·太祖》卷四。
③ 《清史稿·刑法志一》。
④ 同上。
⑤ 同上。

条,篇门条目之名一准明律。律文之后附相关"条例"共449条,大多抄袭明例,亦有所增加。① 而后又由"内院校定译发"满文本,于顺治十二年(1655)颁发。

康熙继位后,刑部奏请校正律文获准,并于康熙九年(1670)完成。康熙十八年(1679),为了解决律与例之间轻重互异的矛盾,康熙帝命刑部将所有新旧条例重新酌定并酌拟新则,刑部于次年编制成《刑部现行则例》。该《则例》比照《大清律》按六部划分律篇之体例,对律文规定以外的各类犯罪,作出了相应的处罚规定。康熙二十八年(1689),因律和则例并行有矛盾,康熙帝又"特交九卿议准,将《刑部现行则例》附入大清律内"。② 为此,修律诸臣对顺治三年律进行了较大的修订,并于每条正文后增加总注,疏解律文。康熙三十六年(1697)刑部奏呈修订的(整合了现行则例的)律例,但康熙帝一直"留览未发",修律便搁置了起来。终康熙之世,对顺治律的修订一直未正式完成,主要行用并不断增修的是《刑部现行则例》。③

雍正帝即位后,又命大学士朱轼为总裁负责修律。朱轼等人以康熙时期的工作为基础,于雍正三年(1725)完成了律文修订。雍正五年(1727)新律颁布,仍曰《大清律集解附例》,律文有些增删调整,定为30门436条,比顺治三年律少23条,每条律文之后又加上了康熙年间拟而未发的总注;附例也有整理,定为824条(一说815条),分为"原例"(顺治及以前之例)、"现行例"(或"增例",即康熙朝所增之例)、"钦定例"(雍正朝新定之例)三部分。④ 至此,《刑部现行则例》并入《大清律》正典的工作彻底完成。

乾隆帝继位后,更命大臣三泰为总裁负责修律。乾隆五年(1740)完成,定名《大清律例》,"刊布中外"。此次修改中,律文逐条考证,定例也折中损益,删除了律后总注。这次修订后律文仍为47卷30门436条。附例编定为1042条(一说1049条)。此次修律,律名删去"集解"二字,因为自顺治三年律以来并无汇集诸家注解之事。此外,增加了"总类"和"比引律条"。所谓"总类",就是将所有分则条文按照应处刑罚种类分别归并排列,以便法官引用。⑤ 所谓"比引律条",是指对于分则中没有明文规定的恶行,如何比照分则近似条文定罪,就一些常见的情形作了一些列举。⑥ 至此次修律止,清律基本稳定下来,直至清末律

---

① 参见郑秦:《顺治三年律考》,载《法学研究》1996年第1期。
② 《清史稿·刑法志一》。
③ 参见郑秦:《康熙现行则例考》,载《清代法律制度研究》,中国政法大学出版社2000年版,第27—28页。
④ 参见郑秦:《雍正三年律考》,载《清代法律制度研究》,中国政法大学出版社2000年版,第40—42页。
⑤ 见《大清律例》,田涛、郑秦点校,法律出版社1999年版,第619—907页,附录。
⑥ 参见郑秦:《乾隆五年律考》,载《清代法律制度研究》,中国政法大学出版社2000年版,第54—55页。

典正文再未改变。从前简单模仿明律的清律,至此已经略有个性了。

历经顺治、康熙、雍正、乾隆四朝近百年间四次大的修律活动,至乾隆初期律文基本定型。此后不再修改,仅定期增修"附例"。乾隆五年(1740)以后,律文虽再未增删,但律文后的附例则不断"续纂"。起初"定限三年一次编辑"①,后又定为"五年一小修,十年一大修"②。自乾隆至咸丰初百年间都是定期修订,例文条数逐年增加。乾隆二十六年(1761)增至1456条,同治九年(1870)增至1892条。光绪、宣统时期则连修例也顾不上了。

4. 各部院则例的制定

各部院则例是清代法律体系的重要组成部分,它是规范中央各部院政务活动的行政规则。清代的部院则例大致分为两类:一般则例和特别则例。

一般则例,是针对各部院一般行政事务而定的则例。这主要有《刑部现行则例》[康熙十九年(1680)定,后并入正律内]、《钦定吏部则例》[雍正十二年(1734)编定,有各部组织法和人事行政法规性质]、《钦定户部则例》[乾隆四十一年(1776)编定,有户部组织法和经济行政法规性质]、《钦定礼部则例》[嘉庆九年(1804)编定,有礼仪行政法规性质]、《钦定工部则例》[乾隆十四年(1749)编成,是关于营缮、河防、水利、船政、军火的行政法规]、《钦定中枢政考》[康熙十一年(1672)编定,为兵部一般则例,是军事行政法规]、《理藩院则例》[康熙二十六年(1687)制定,是关于蒙、回、藏等少数民族及宗教事务的行政法规]、《钦定台规》(都察院则例)等。此外,国子监、内务府等均各自有部门则例。

特别则例,是指就各部门所管辖特定事项而制定的行政规章,如《钦定八旗则例》(关于八旗居民的特权及管理规则)、《兵部督捕则例》[关于惩治逃奴的法律,顺治三年制定,乾隆时废除]。此外,《钦定户部漕运全书》《钦定学政全书》《赋役全书》等虽无则例之名,但实际上也是特别则例。

除上述两类则例之外,有些衙门内部还有关于办事手续章程及官员违制应如何处罚的专门则例,如《吏部处分则例》《六部处分则例》《兵部处分则例》《吏部铨选则例》,以及吏部稽功司、验封司的则例等。

5. 《大清会典》的编定

《清会典》是清代的行政制度汇辑考订,有些近似于官制法典。它始于康熙时期。康熙二十三年(1684),康熙帝下令仿照《明会典》体例编辑清会典,历时6年成书,共162卷。该会典以官统事、以事隶官,按宗人府、内阁、六部、理藩院、都察院、通政使司、内务府、大理寺等机构分目。每一机关条目下,开列其机构建制、官品职数编制、职掌权限,并考述其沿革及附载历年事例或则例。此次

---

① 《大清律例》,田涛、郑秦点校,法律出版社1999年版,凡例第28页。
② [清]吴廷琛:《大清律例新增统纂集成》,清光绪年间刻本,序。

所编会典,人称《康熙会典》。其后,雍正十年(1732)又将其修订公布,人称《雍正会典》。至乾隆朝,因恐"典例并载"可能使后人无所适从,遂又将附于会典各条中的则例分出,另行编辑,"以典为纲,以则例为目"①。会典常行不变,则例则因时增减。此次所修会典,人称《乾隆会典》,共100卷;分出另编的则例称为《乾隆会典则例》,篇目与会典一一对应,为180卷。此后,嘉庆、光绪两朝又修订会典和则例。嘉庆十七年(1812)编成《会典》80卷、《会典事例》920卷。光绪二十五年(1899)又编成《会典》100卷,《会典事例》1220卷。

6. 民族与边疆管理专门法规

对于蒙古、藏、回、苗等民族暨边疆地区,清代形成了一套有特色的民族政策法制,获得了一定的成功。

蒙古族是北方及西北最强大的少数民族,是清王朝的统治盟友。清统治者历来均把与蒙古结盟作为自己统治的基础。早在皇太极时期,就曾向内外蒙古宣布《盛京定例》。崇德八年(1643),皇太极又颁布《蒙古律例》②。乾隆朝又多次续修。嘉庆十六年(1811)主管蒙古等民族事务的理藩院奏请续修,改称《理藩院则例》,当时又习称"蒙古律""蒙古例"。这是关于蒙古等北方少数民族的一般法,规定了蒙古地区的盟旗政区制度以及设官袭爵、职守、边防、法制、朝觐等制度。

对于西藏地区,雍正初年即派有驻藏大臣协助统治;乾隆初年确立了达赖喇嘛政教合一的政权体制,颁布了《钦定西藏章程》,不久又修订为《西藏通制》。《西藏通制》规定:"西藏设驻扎大臣二人,办理前后藏一切事务",其地位"与达赖喇嘛、班禅额尔德尼平行";西藏对外事务由驻藏大臣负责;设立金瓶掣签制度决定达赖和班禅灵童转世继位,由驻藏大臣亲自主持仪式,并奏请皇帝批准。此外还有关于西藏的《禁约十二事》。

青海地区在清代为蒙古族、藏族聚居地区,雍正初置西宁办事大臣。后"从蒙古例内摘选番民易犯条款",编成《番例》,又称《西宁青海番夷成例》或《西宁番子治罪条例》,亦称《番例条款》。该例完全脱胎于《蒙古例》,一直沿用到民国初年。

新疆在光绪以前称为回疆,因维吾尔、哈萨克等民族人民信奉伊斯兰教(回教)而得名。乾隆时设伊犁将军为回疆地区最高行政长官。嘉庆年间制定了《回疆则例》作为管理回疆地区的特别法规。

对于西南地区的苗、瑶、彝、藏、侗等少数民族,清代主要实行"改土归流"的政策,即逐渐废除土司,改派"流官"(即国家官吏)治理。因清代习惯于称以贵

---

① 乾隆朝《大清会典则例》卷首,张廷玉奏,"四库全书"本。
② 《乾隆实录》卷一五六。

州为中心的民族地区为"苗疆",故在《大清律例》中增列了关于苗疆地区的十余条"苗例"。为推行"改土归流",雍正初年还在苗疆地区颁行了《保甲条例》。乾隆年间对苗地颁布了《苗疆事宜》《苗汉杂居章程》《苗疆善后事宜》《苗犯处分例》等特别法令。

对于台湾地区的少数民族及汉番杂居的管理问题,清代也订有特别法规。如乾隆二年(1737)颁布的《台湾善后事宜》禁止汉民侵占或购买"番地",乾隆十一年(1746)颁布的《占地民番事宜》又重申此禁。此外,《大清律》中有多条关于台湾地区"番蛮"犯罪案件的特殊"条例"。

(二) 清代前期的法律形式

清代前期的法律体系,大致以谕、律、例、则例、会典、律解等法律形式共同构成。

"谕",就是"谕旨",即皇帝针对特定对象或特定事件临时颁发的命令,有时直接规定犯罪和刑罚,有高于律例的法律效力,故可以单独视为一种法律形式。如顺治、康熙之际大兴文字狱时,前后所颁多道谕旨实际上成为打击言论思想文化方面"犯罪"的刑事特别法。[①] 在康熙朝,多条谕旨直接被纂入《刑部现行则例》之中。[②]

"律"是国家的正式基本法典,以犯罪和刑罚的规范为主,兼有部分民事、行政、诉讼等部门法(即不直接对应刑罚)的条文。《大清律》承袭《大明律》体例,按吏、户、礼、兵、刑、工六部分篇,称为"六律",加上作为总则的"名例律"篇,一共7篇(律)。每"篇"下再分若干"门",共有30门。"门"下为"条",共有436条。按清统治集团的设想,律典一旦编定,就须高度稳定,不得轻易修改。

"例"是清代的刑事特别法,直接承袭明代的《问刑条例》。"例"又称"条例"或"定例",一般缘于皇帝就某些特别刑事个案所作的"御笔断罪",为打击特别类型的刑事犯罪而著定,是对律文的补充和修改。凡皇帝裁决中有明令将来类似案件均如此处理者,则经过律例馆整理编纂以"条例"名义颁行天下,成为嗣后审判的司法依据,其效力高于律文。这样的"条例",在法律修订时相继被编入律典,附在相关律条之后,故又称"附例"。"律"和"例"合编,称为《大清律例》。在"律"长期稳定不变的原则下,"例"则定期修订以适应形势变化,消除相互抵牾。明清两代的"例"系自汉代的"科"、唐代的"格"、宋代的"敕"和"例"演变而来。"律者,万世之常法;例者,一时之旨意。"[③]《大清会典》说,"律不尽者

[①] 参见张晋藩主编:《中国法制通史 第八卷 清》,法律出版社1999年版,第180页。
[②] 参见郑秦:《清代法律制度研究》,中国政法大学出版社2000年版,第31页。
[③] 《明史·刑法志》。

著于例……有例则(搁)置其律"①,典型地说明了"律"与"例"的关系。

"则例"是清代特创的一种法律形式。除一度单独存在、后来并入大清律中的《刑部现行则例》以外,清代的"则例"实为行政法律规范,大约相当于唐宋时期的"令"和"式"。清代中央机关各部、院、寺、监所职掌事务,均有相应的"则例"。则例,大约相当于今日的行政法规和部门规章。

"会典"是国家典章制度的汇辑考订,虽近似于后世的组织法典,但更有官制史书或政书属性。按照国家中央和地方各部门系统结构,"会典"考订每个衙门的起源、职掌、职岗及员额的变迁历程,实际上也构成国家机关组织法的渊源。

"律解"是一种特殊的法律形式。与明代一样,清代亦有民间注家注释律例条文。在律例修订时,民间注解有时被选附在律例正文之后,以帮助人们理解律文含义。一旦被选附入律典正式颁布,该注解就有了法律效力,故可视为法律形式之一。清代最初提到"集解"是顺治三年(1646)的《大清律集解附例》。不过,只见"律"和"例",并无集解。也许律条正文中所夹的双排小字注就是收集私家注解加工而成。②

(三) 清代前期刑事法律制度

1. 刑事法律体系

清代前期的刑法体系,就是由《大清律》和"例"("条例""定例")等规范形式表达的刑事法制内容体系。《大清律》正文的内容是主干,以"名例律""吏律""户律""礼律""兵律""刑律""工律"等7个"律"共同组成。其中,"名例律"相当于近代刑法的总则,其他六律相当于刑法分则。"名例律"(共46条)就"五刑""十恶""八议"、公罪与私罪、存留养亲、老小废疾犯罪、共犯与累犯、自首、亲属容隐、化外人有犯、加减罪例、类推适用等一系列共性问题作了一般规定。分则六律(共390条)则规定了380个左右的具体罪名和应处的刑罚③。吏律、户律、礼律、兵律、刑律、工律,规定了与六部的职权范围有关的犯罪及刑罚。其中条款最多、罪名最多的是"刑律",分为"盗贼""人命""斗讼""骂詈""诉讼""受赃""诈伪""犯奸""杂犯""捕亡""断狱"等11"门",共170条,占《大清律》总条文的近40%。

"例"是清代的刑事特别法,有优于律条的法律效力。在已收入顺治三年律的"附例"之外,康熙十九年(1680)对入关以后新增条例加以整理刊定,编纂了《刑部现行则例》。这是与律典并行的一部刑事特别法典。这些关于特别犯罪

---

① 《大清会典》卷五十四。
② 参见郑秦:《清代法律制度研究》,中国政法大学出版社2000年版,第8—10页。
③ 清律并非每条规定一个罪名,要准确统计罪名数很困难。有的律条包含两三个罪名,有的律条则不包含具体罪名。

的单行刑事特别规范,是清代刑法体系的真正主体。"例"的数量逐渐增加,从清初的500多条,不久增加至800多条,至清末增至1800多条。在"例"和刑部则例之外,其他行政性"则例"中还有少量刑事条款。

2. 刑事法律原则

清代前期的刑法原则和刑事政策,特别值得注意的是以下几个方面:

首先是鼓励自首的原则。清律因袭明律,在自首制度上有所发展。康熙年间修订的《督捕则例》对自首制度作了重要补充。比如,为解决"逃人"即服役或服刑人逃跑问题,该则例鼓励逃人"自回自首";甚至规定逃走三次者如"自回自首"仍可免罪[①],扩大了自首免罪的适用范围。此外,嘉庆年间定例:在监犯人"如有因变逸出自行投归者",照原犯罪名各减一等发落。[②] 不但不追究脱逃之罪,反而减原判罪刑一等。这既扩大了自首的适用范围,又加重了对自首予以减刑的力度。

其次是共犯处罚原则的变化。清律关于共犯的处理规定与明律略同,但有些补充。与明律一样,清律取消了唐律本有的"与监临主守共犯,以监主为首(犯)""擅入皇城宫殿、私越渡关、避役在逃、犯奸者不分首从皆以正犯科罪"等规定,显示出对官吏犯罪责任的减轻及对侵犯国家政治秩序之犯罪加重处罚的倾向。关于家人共犯的问题,曾专有定例加以补充:"凡父兄子弟共犯奸盗杀伤等案,如子弟起意,父兄同行助势,除律应不分首从及其父兄犯该斩绞死罪者仍按其所犯本罪定拟外,余俱视其本犯科条加一等治罪,概不得引用'为从'字样。"[③]名例律正文关于家人共同犯罪时一概以尊长为首犯的原有规定,被修改为凡家人共犯奸、盗、杀、伤之罪者一律以首犯论处,这显然是为了贯彻"重典治重罪"的刑事政策。

再次是依法定刑与有限类推并存。清律一般是主张依法定罪量刑的。如《大清律·刑律·断狱》"断罪引律令"条规定:"凡断罪,皆须具引律例,违者笞三十。……其特旨断罪,临时处治,不为定律者,不得引比为律。"这接近西方刑法所谓"罪刑法定"原则。但是,清律又承明律之绪,规定了比唐律限制更多的、更严格的类推制度。《大清律·名例律》"断罪无正条"条规定:"凡律令该载不尽事理,若断罪无正条者,引律比附,应加应减,定拟罪名,议定奏闻。若辄断决,致罪有出入,以故失论。"依唐律,断罪无正条时,官司可以依"其应出罪者,举重以明轻;其应入罪者,举轻以明重"的原则,自行类推适用相近条文,并无奏报朝廷审批的程序。但明清律则规定要"议定奏闻",上报皇帝审批,不得擅自断决。

---

① 《督捕则例》卷上"逃人自回自首"条。
② 《皇朝政典类纂·名例律》"犯罪自首"条附例。
③ 《大清律·名例律》"共犯罪分首从"条附例。

最后是关于"化外人犯罪"的处理原则。唐律规定:"诸化外人,同类自相犯者,各依本俗法;异类相犯者,以法律论。"①清律对此作了重大更改:"凡化外(来降)人犯罪者,并依律拟断。"②即是说,一切外国侨民犯罪均依我国刑法处罚,不再考虑同一外国或民族之人相互犯罪适用其本国或本族法律的问题。唐律对外侨犯罪采属人、属地相结合原则,清律则一概采取属地主义原则。这有保护我国司法主权、防止外侨逃避和破坏我国司法管辖权的用意。不过,该条律文"小注"中把"化外人"仅仅限制为"来降"者,似又大大偏离唐律宽待外侨、尊重外国风俗及习惯法之本意。这说明,除了"来降"和"归化"者外,清律已不再把在中国经商、求学、传教、旅行的外侨当作刑法的特别适用对象了。

3. 主要刑事罪名

清代的刑事罪名,可以按照《大清律例》分则六律的体例作一个整理。"刑律"在大清律中篇幅最大,有170条,附例775条,规定了一般刑事犯罪。刑律分为11门,每一门为一类犯罪。其他五律分别规定了与吏部、户部、礼部、兵部、工部的管辖事务有关的各类犯罪。

(1) "刑律"中的罪名。"贼盗"门主要规定了国事罪、侵犯财产罪、其他盗贼罪等三类犯罪。国事罪类中有"谋反大逆""谋叛""造妖书妖言""盗制书印信""盗内府财物""盗城门钥""盗军器""盗园陵树木"等罪名。侵犯财产罪类中有"监守自盗仓库钱粮""常人盗仓库钱粮""强盗""白昼抢夺""窃盗""盗马牛畜产""盗田野谷麦""亲属相盗""恐吓取财""诈欺官私取财""盗贼窝主""共谋为盗"等罪名。其他盗贼罪类中有"劫囚""略人略卖人""发冢""夜无故入人家"等罪名。

"人命"门规定了各类杀人罪名。如"谋杀人""谋杀制使及本管长官""谋杀祖父母父母""杀死奸夫""谋杀故夫父母""杀一家三人""采生折割人""造畜蛊毒杀人""斗殴及故杀人""屏去人服食""戏杀误杀过失杀伤人""夫殴死有罪妻妾""杀子孙及奴婢图赖人""弓箭伤人""车马杀伤人""庸医杀伤人""窝弓杀伤人""威逼人致死""尊长为人杀私和"等罪名。

"斗殴"门规定了人身殴击类犯罪,有的是斗殴伤人构成犯罪,有的是仅斗殴即使未伤人也构成犯罪。主要罪名有"斗殴""宫内忿争""宗室觉罗以上亲被殴""殴制使及本管长官""佐职统属殴长官""拒殴追摄人""殴受业师""威力制缚人""良贱相殴""奴婢殴家长""妻妾殴夫""同姓亲属相殴""殴大功以下尊长""殴祖父母父母""妻妾与前夫亲属相殴""殴前夫之子""妻妾殴故夫父母"等。

---

① 《唐律疏议·名例律》。
② 《大清律例·名例律》。

"骂詈"门规定了今日侮辱诽谤罪一类的犯罪,罪名主要有"骂人""骂制使及本管长官""佐职统属骂长官""奴婢骂家长""骂长官""骂祖父母父母""妻妾骂夫期亲尊长""妻妾骂故夫父母"等。

"诉讼"门主要规定了与诉讼活动有关的各种犯罪,如"越诉""投匿名文书告人罪""告状不受理""听讼回避""诬告""干名犯义""子孙违犯教令""教唆词讼""现禁囚不得告举他事""军民约会词讼""官吏词讼家人诉""诬告充军及迁徙"等。

"受赃"门规定了与官吏贪污受贿有关的犯罪,如"官吏受赃""坐赃致罪""事后受财""官吏听许财物""有事以财请求""在官求索借贷人财物""家人求索""风宪官吏犯赃""因公科敛""克留盗赃""私受公侯财物"等。

"诈伪"门规定了相当于今日诈骗罪的一系列犯罪,如"诈为制书""诈传诏旨""对制上书诈不以实""伪造印信时宪书等""私铸铜钱""诈称内使等官""近侍诈称私行""诈为瑞应""诈病死伤避事""诈教诱人犯法"等。

"犯奸"门规定了性淫乱方面的犯罪,如"犯奸""纵容妻妾犯奸""亲属相奸""诬执翁奸""奴及雇工人奸家长妻""奸部民妻女""居丧及僧道犯奸""良贱相奸""官吏宿娼""买良为娼"等。

"杂犯"门规定了上述各类一般刑事犯罪之外的杂类犯罪,如"拆毁申明亭""赌博""阉割火者""嘱托公事""私和公事""失火""放火故烧人房屋""搬做杂剧""违令""不应为"等。

"捕亡"门规定了与侦查、缉捕、监禁程序相关的犯罪,如"应捕人追捕罪人""罪人拒捕""狱囚脱监及反狱在逃""徒流人逃""稽留囚徒""主守不觉失囚""知情藏匿罪人""盗贼捕限"等。

"断狱"门规定了与审判和监狱服刑程序有关的犯罪,如"因应禁不禁""故禁故勘平人""淹禁""凌虐罪囚""与囚金刃解脱""主守教囚反异""狱囚衣粮""功臣应禁亲人入视""死囚令人自杀""老幼不拷讯""鞫狱停囚待对""依告状鞫狱""原告人事毕不放回""狱囚诬指平人""官司出入人罪""检验尸伤不以实""决罚不如法""断罪不当"等。

(2) 其他五律中的罪名。除"刑律"中的一般刑事罪名以外,其他五律也规定了很多罪名。

"吏律"规定了与公务员渎职有关的罪名。在"职制"门中有"大臣专擅选官""滥设官吏""贡举非其人""举用有过官吏""擅离职役""官员赴任过限""奸党""上言大臣德政"等罪名;在"公式"门中有"制书有违""弃毁制书印信""上书奏事犯讳""出使不复命""官文书稽程""增减官文书"等罪名。

"户律"规定了与一般民事、行政有关的犯罪,"户役""田宅""婚姻""仓库""课程""钱债""市廛"等7门相应规定了很多具体罪名,如"脱漏户口""立嫡子违法""逃避差役""别籍异财""卑幼私擅用财""欺隐田粮""盗卖田宅""婚姻诈欺""典雇妻女""同姓为婚""收粮违限""损坏仓库财物""私盐""私茶""违禁取利""把持行市"等。

"礼律"规定了与礼仪有关的罪名。在"祭祀""仪制"两门中有"破坏祭享""毁大祀丘坛""亵渎神明""毁坏历代帝王陵寝""师巫邪术""盗毁乘舆服御物""失误朝贺""失仪""服舍违制""僧道拜父母""术士妄言祸福""匿父母夫丧""弃亲之任"等具体罪名。

"兵律"规定了与广义的军事有关的罪名。在"宫卫""军政""关津""厩牧""邮驿"等5门中有"宫殿门擅入""冲突仪仗""越城""擅调官军""泄露军情大事""私越冒度关津""牧养畜产不如法""公事应行稽程"等一系列罪名。

"工律"规定了与工程营造及江河防备有关的罪名。在"营造""河防"两门中有"擅造作""造作不如法""冒破物料""盗决河防""侵占街道"等罪名。

4. 刑罚制度及其变化

(1) 清代前期的刑罚体系。刑罚体系由笞、杖、徒、流、死五刑为主体构成。笞刑五等,从笞一十到笞五十;杖刑五等,从杖六十到杖一百;徒刑五等,从徒一年到徒三年;流刑三等,从流二千里到三千里;死刑二等,即绞和斩。此外,还有几个特殊的变种刑罚。如从流刑中变种出了三个:一是迁徙刑,即将犯人强制迁徙到一千里外安置,永不许回原籍。二是充军刑,介于死刑和流刑之间,比一般的流刑更重,分为附近(二千里)、近边(二千五百里)、边远(三千里)、极边、烟瘴(均四千里)五等。三是发遣刑,即发往边疆军中为奴,比充军刑还重。又如死刑变种出了"凌迟处死"、戮尸、枭首等刑。清律在继承大明律例中的关于凌迟处死的全部13个律例条文之外,又陆续增加了凌迟处死的劫囚、发冢、谋杀人、杀一家三人、威逼人致死、殴伤业师、殴祖父母父母、狱囚脱监、谋杀本夫等罪名。如果应凌迟罪犯刑前死亡,就必须戮尸,即脔割尸体以示羞辱。枭首实为死刑的附加刑,就是斩首后悬首示众,适用于特重罪犯。

(2) 清代的刑罚执行制度。笞刑、杖刑分别用小竹板和大竹板。"小竹板,大头阔一寸五分,小头阔一寸,重不过一斤半。大竹板,大头阔二寸,小头阔一寸五分。重不过二斤。"① 对于徒刑,"徒罪发本省驿递。其无驿县,分拨各衙门充水火夫各项杂役。限满释放"。② 徒刑一般都附加杖刑。对于流刑、迁徙刑,"凡犯流者,妻妾从之。父祖子孙欲随者听。迁徙安置人家口亦准此"。③ 徒刑允许家属随迁。若为减死入流,则要附加杖一百、劳役一年。死刑执行,绞刑为以绳

---

① 《大清律·名例律》"五刑"条附例。
② 《清史稿·刑法志》。
③ 《大清律·名例律》。

索绞死,斩刑为斩首。又分为"决不待时"和"监候"两种情形。前者系对"大逆不道""谋反""江洋大盗"等犯适用,不必等待秋审朝审(但仍受有关禁刑时令限制);后者对一般死刑犯适用,则必须等待秋审、朝审决定是否当年执行。

(四) 清代前期民事法律制度

1. 律条中的民事规则

清律典(《大清律》)条文中的民事规则,只是清代实际民事法律规范中的极小一部分,而且是与婚姻、家庭、财产、钱债、继承、收养等类犯罪有关联的那一部分,更多与这些犯罪无关的民事规则均未被纳入律典中。清律典条文总共459条,仅仅在《户律》的"立嫡违法""典卖田宅""男女婚姻""违禁取利""得遗失物"等5个条文中附带民事性规定。此外,在关于刑罚的一些规定中,附有关于侵权行为损害赔偿责任的一些规定。这就是清律典正文中关于民事问题的全部法律规范。这些民事规范,不过如下几条:

(1) 关于立嫡即确认首席继承人的顺序的规定;

(2) 关于收养同宗之人为嗣子的规定;

(3) 关于拾养弃儿的规定;

(4) 关于典卖田宅业主无力回赎而致超过期限时,承典人可以适当取得超期利息或适当提高回赎价格的规定;

(5) 关于男女订婚不得互相隐瞒残疾、年龄、庶出或过继、收养等个人情况,应据实通报、自愿立约的规定;

(6) 关于私人放债及开办典当业的最高利息率限额的规定;

(7) 关于拾得遗失物送官给赏及归还失主的规定;

(8) 关于掘得埋藏无主之物即取得所有权的规定。①

这些规定,属于近世婚姻家庭法、继承法、收养法、债法、物权法的部分内容,实际未构成民事法律规范体系。在清律典中,看不到民事主体法(特别是关于民事权利能力和行为能力的法律),几乎看不到民事行为法(特别是关于民事法律行为的有效要件及代理的规定),也几乎看不到民事程序法(特别是关于物权取得及权利受侵犯时的救济程序、救济时效的规定)。即便就律例已包含的上述民事法律规范而言,也仅仅是初步涉及或包含而已。就上述五个民事法分支而言,律中也只有一两个条文牵涉婚姻、继承、收养、债法、物权法中的某一两个环节而已,这五类民事法律中其他众多环节却均付阙如。以婚姻家庭法为例,《大清律》仅仅规定了上列第5条内容,即关于订立婚约时须据实通报、自愿立

---

① 以上规定均出自《大清律·户律》。第1、2、3条出自"立嫡违法"条,第4条出自"典卖田宅"条,第5条出自"男女婚姻"条,第6条出自"违禁取利"条,第7、8条出自"得遗失物"条。

约的义务规定;至于其他更多重要问题如婚姻成立要件、结婚程序、离婚要件①和程序、夫妻财产权、夫妻相互权利和义务、亲子关系等环节,《大清律》都没有任何正式规定。实际上,关于那些问题的规则,都存在于律例之外的"礼"和习惯法中。再以继承法为例,清律典中仅有上列第1、2条关于立嫡(确立法律上的"长子"或首席继承人)的规定;至于其他更多重要问题如继承人范围、继承权的丧失、继承顺序、代位继承、遗嘱继承等环节,《大清律》都没有任何正式规定。同样,人们如果想了解这方面的民事行为规范,只有去寻求"礼"和习惯。

2. 条例中的民事规范

清律典正文中虽然仅有上述几条民事性规范,但律条正文后面所附"例"文中却含有大量更加详尽的民事性规范。即是说,民事法律规范在"礼"之外的最大存在方式就是"例"。"例"中体现民事法律规范的情形甚多。在含有民事规范的律条之后,附录民事性"例"条者尤其多。如清律的"典卖田宅"条后附录有10多条纯民事性例文。如第一条"条例"是:"告争家财田产,但系五年之上,并虽未及五年,验有亲族写立分书,立定出卖文约是实者,断令照旧管业,不许重分再赎,告词立案不行。"这是关于田宅买卖纠纷之诉讼时效的规定。又如清律的"男女婚姻"条之后附录了3条例文,均为关于主婚权、招赘女婿及禁止"指腹婚"的民事性规定。再如清律的"立嫡违法"条之后附录有8条例文,几乎全部是民事性的。

有些不含民事性规定的律条,仍可能附录含民事规范性质的例文。如清律的"出妻"条后附带了2条例文,都是关于离婚和婚约的民事性规定。又如清律的"卑幼私擅用财"条之后,附带有两条纯粹民事性的例文,规定了诸子分家时的家财分割原则,及户绝时出嫁女可继承遗产②,等等。

3. 民事规则的刑事补充属性

清律典之所以仅仅把上述八条民事性规范收入律典之中,是因为它们与中国传统社会里涉及人身和财产关系的八种最典型犯罪③有关,立法者想通过刑事制裁规定特别强调这些关系中的伦理是非标准。这八种典型犯罪是:立长子违法、被收养同宗嗣子违法离去、养异姓义子乱宗族、承典人谋占田产或谋取暴

---

① 《大清律·户律》"出妻"条规定:丈夫违反"七出""三不去"规定而将妻逐出者,杖八十。这像是关于离婚要件的规定,但仅仅是刑事性规定。因为何为"七出"(七种可以休妻的条件),何为"三不去"(三种不得休妻的条件),在律典条文中并无直接规定,这些条件或要件都存在于"礼"中(后来有人加注于律文中)。

② 在传统社会,父母死亡时无男性继承人(子孙或立同宗子为嗣)者,即使有女儿(或出嫁或在室),仍被视为户绝。

③ 自近代"民刑有分"学说观之,违反上述8条规定者,只是民事违法行为(不是刑事犯罪),只应负民事法律责任,不应受刑事处罚。

利、婚姻欺诈、高利贷、得遗失物私昧、掘得只应皇家专有民间不得拥有的埋藏物不交官府。那八条民事规定，显然是为了帮助人们理解什么是这八种犯罪，帮助人们明确"罪与非罪"的界限。

在清律中，民商事规范一般附含于部分刑事条文之中，没有独立的民商法条文。在整个律条中，民商事规范仅仅起着必要的说明或补充作用。如清律规定："凡立嫡违法者，杖八十。其嫡妻年五十以上无子者，得立庶长子。不立长子者，罪亦同。（俱改正。）若养同宗之人为子，所养父母无子而舍去者，杖一百，发付所养父母收管。若（所养父母）有亲生子及本生父母无子欲还者，听。其乞养异姓义子以乱宗族者，杖六十。若以子与异姓人为嗣者，罪同。其子归宗。其遗弃小儿年三岁以下，虽异姓，仍听收养，即从其姓（但不得以无子遂立为嗣）。"①

这是一条刑法规范，它规定的总罪名是"立嫡违法"。它规定了对三种犯罪行为的处罚：其一是一般立嫡违法行为，其二是妻子年50以上仍不立庶长子的行为，其三是养子违法舍弃养父母的行为。为了让人们明白这些情形下的"罪与非罪"的边界，律条中同时也附带作出了正面指导性的三条民事规定。即：第一，在特定条件下，"得立庶长子"；第二，养子"欲还（本宗）者，听"②；第三，异姓子"听收养，但不得立为嗣"。这三者都是民事性许可或禁止规定。这些规定显然是就如何认定三种犯罪行为（相关标准）所作的必要说明，或者说是对三种情形下"罪与非罪"的界限所作的必要澄清，这实际上是就如何准确适用这一条文进行的必要的操作指导。很显然，它们是刑事规定的附属成分。即使仅从文字安排上看，也是刑事性规定在前且文字较多，民事性规定在后且文字较少。

4. 具体的民事规范

《大清律·户律》的"得遗失物"条，是清代物权法规范的一部分。该条规定："凡得遗失之物，限五日内送官。官物还官，私物招人识认，于内一半给与得物人充赏，一半还给失物人。如三十日内无人识认者，全给。（五日）限外不送官者，官物坐赃论，私物减（坐赃）二等，一半入官，一半给主。若于官私地内，掘得埋藏（无主）之物者，并听受用。若有古器钟鼎符印之物（非民间所宜有者），限三十日内送官。违者杖八十，其物入官。"③根据这一条，凡拾得遗失物上交官府招领之人，有权取得一半作为报酬。其中，私人财物一个月以上没人认领时，全部归拾得人所有。至于"埋藏物"，凡无主者，则归掘得人所有。

户律的"违禁取利"条，是清代债法的一部分。该条规定："凡私放钱债及典当财物，每月取利不得过三分；年月虽多，不过一本一利。违者笞四十，以余利计

---

① 《大清律·户律·户役》。
② 同上。
③ 《大清律·户律·钱债》。

赃,重者坐赃论,罪止杖一百。……其欠私债违约不还者,五两以上,违三月,笞一十,每一月加一等,罪止笞四十。五十两以上,违三月,笞二十,每一月加一等,罪止笞五十。百两以上,违三月,笞三十,每一月加一等,罪止杖六十。并追本利给主。"①根据这一条,放贷及典当借款的利率限定为每月三分以下;超期利息积累,不准超过"一本一利";负债超期不还者,除承担民事责任外,还要负刑事责任。

清代收养法、继承法的最主要内容,在户律的"立嫡违法"及"卑幼私擅用财"等律条所附录"条例"中。条例规定:"无子者,许令同宗昭穆相当之侄承继。先尽同父周亲,次及大功小功缌麻。如俱无,方许择立远房及同姓为嗣。若立子之后却生子,其家产与原立子均分。……若独子夭亡,而族中实无昭穆相当可为其父立继者,亦准为未婚之(亡)子立继。……如可继之人亦系独子,而情属同父周亲,两相情愿者,取具合族甘结,亦准其承继两房宗祧。"②"其分析家财田产,不问妻妾婢生,止以子数均分;奸生之子依子量与半分;……户绝财产,果无同宗应继之人,所有(归)亲女承受;无女者,听地方官详明上司拨充公。"③条例的这些规定确立了以下民事规则:① 无子之人收养同宗侄辈为嗣,有严格的亲疏远近顺序;② 特殊情况下,也可以为未婚之男子确立嗣子(继承人);③ 亦可"一子兼祧两门"充当两房的继承人;④ 财产继承以"诸子均分"为原则;⑤ 户绝者,其财产全归亲女所有;无女时则全部充公。

(五) 清代前期经济法律制度

1. 土地法制

清代的土地法制,有以下几点特别值得注意:一是保护土地所有权。清初即通过"更名田""垦荒令"等法令,鼓励人民开垦荒地、耕种无主地,并发给"印信执照"确认其所有权。《大清律例》规定,凡盗卖、换易、冒认他人田宅,盗耕种官私田地,都依律治罪,最重至流刑。二是特别注意保护旗人的土地所有权。起初是鼓励旗人通过强行圈地占有大片土地,使旗人坐食地租而享不劳而获的特权。后来,因为部分旗人不习耕种、游手好闲,不得已将土地出典或出卖,朝廷一再严令禁止"民人"(即汉人)典买旗人田宅,律例专设"禁止旗民交产"的禁条。三是注意保护宗族、寺观、行会、书院等集体或机构的土地所有权。如列为公田的学田、祭田、寺田之类,还有宗族的族田、坟山之类,均保障这些集体或机构的占有、使用和收益权,规定任何个人不得擅自典卖处分。乾隆二十一年(1756)的

---

① 《大清律·户律·钱债》。
② 《大清律·户律·户役》"立嫡违法"条附例。
③ 《大清律·户律·户役》"卑幼私擅用财"条附例。

条例规定:"凡子孙盗卖祖祀产至五十亩者,照投献卖祖坟山地例,发边远充军。"①

2. 赋役法制

清代仿行明制,自顺治年间就开始颁行《赋役全书》,根据普查登记的土地人丁之等别和数量,核定各家各户须缴纳的田赋、丁银数量(额),并核定地方官府对赋税的提留额度与使用原则。《赋役全书》实为部门则例之一,属于经济行政法规,每10年修订一次。为了保障经济发展减轻农民负担,康熙五十二年(1713)颁布了"据(康熙)五十年丁册定为常额,续生人丁永不加赋"②之法令,规定人口有增加时不再增收"丁银"及人头税。康熙末年和雍正初年又实行"摊丁入亩"之法:把原应征收的"丁银"数额,按各家拥有土地亩数分摊,统一计算到田赋中去,以后只征收田赋,不再收丁银。

3. 海禁制度

清代曾实施严厉的海禁,阻挠沿海地区对外贸易。清初为镇压沿海地区特别是台湾海峡地区的抗清力量,曾颁布"禁海令",规定"寸板不得下海"。接着又颁布"迁海令",将闽、广、苏、浙沿海居民强制内迁50里,有越界者斩之,从而完全阻绝了海外贸易。直至鸦片战争前夕,广州以外各口岸均奉令关闭。《大清律》中有惩处"违禁下海"行为之律文和许多条例。如《大清律·兵律》"私出外境及违禁下海"条规定:"凡将马牛、军需铁货、铜钱、缎疋、细绢、丝绵私出外境货卖及下海者,杖一百。"该条所附条例规定:"凡沿海地方奸豪势要军民人等,私造海船,将带违禁货物下海,前往番国货卖,……正犯比照谋叛已行律,处斩枭示,全家发近边充军。"类似的条例竟达40条之多,可见其海禁和边禁之严酷。康熙二十三年(1684)收复台湾(郑氏政权归顺)后一度放宽海禁,海外贸易恢复较快,刺激了沿海工商业的发展。但康熙五十六年(1717)再申海禁之令,禁止与南洋的贸易,沉重打击了刚刚兴起的对外贸易和沿海工商业。清人方苞曾指斥此种海禁:"今概绝之,则土货积滞,而滨海之民半失作业。"③

4. 工矿制度

清王朝曾颁布多项法令,限制采矿业发展。清统治者认为"开采(矿)一事,……人聚众多,为害甚巨。从来矿徒,率皆五方匪类",因此绝不应因"逐此末利"而使匪类"乌合于深山穷谷之中"。④ 本着这一指导思想,《户部则例》规定:开采商人须于地方官处登记,"取具甘结",即立下治安誓保书方可开采。若

---

① 《大清律例·户律·田宅》。
② 《大清律例·户律·户役》"脱漏户口"条附例[康熙五十二年(1713)]。
③ 《方望溪先生全集》卷七十。
④ 《清世宗实录》卷二十四。

私自开采或采得铁矿擅卖,严加治罪。康熙年曾定例,"如有别州县民人结伙移境(采矿),聚至三十人以上",重加惩处,为首者发近边充军。① 乾隆年间湖南地方政府曾颁令,开矿"只许雇觅本地人夫,毋得招集外来人民"。② 为了控制云南采铜业,清政府规定了官贷工本、官收余铜的政策。甚至未借领工本的商人采获的铜也必须卖给官铜店。如有私相买卖,一经查获,铜没收,人治罪。

5. 官营制度

除前述铜铁专营专卖以外,清政府还常实行盐茶官卖,禁止民间私自售卖盐茶。此举旨在将最有利润的工商业收归官方垄断,以打击民间工商业。《大清律·户律·课程》规定:百姓买卖私盐者,杖一百,徒三年。凡犯私茶者,同私盐法论罪。此外,清代也厉行手工业官营制度,许多日用品只准官营工场作坊生产,由官府销售;民间不得制作销售。这也严厉打击了民间的手工业和商业。

6. 商税制度

为抑制民间商业活动,清代广设钞关(税卡),通过重征商税来抑制民间商业。凡有偷越关卡及偷漏税者,客商依律治罪,地方官连带议处。《户部则例》还规定:"关税短缺,令现任官赔缴。"这一规定促使各关卡税吏以增额课税、掠夺商贾为能事,肆意苛求。除关税外,还征收名目繁多的商税,如牙税、落地税、盐税、矿税、茶税、酒税等。《大清律·户律·课程》规定:"不纳课程者,笞五十,物货一半入官。"这类苛刻规定,加上税吏们法外肆意勒索,都使商人们视关卡为畏途。

(六) 清代前期行政法律制度

1. 皇权集中膨胀与清代政治体制变化

清代入关后,基本放弃了关外时期的政治体制,全面承袭明代的政治体制。起初,延续关外时期"八王议政"体制,即由满洲贵族组成的议政王大臣会议商定重大决策。凡军国大事,例由议政王大臣会议"议拟"方案奏报皇帝。这一体制,至乾隆五十六年(1791)正式废止,此后皇帝独断权力进一步加强。继明代皇权高度集中和膨胀之绪,清代中央权力高度集中于皇帝一身并极度强化,这体现了中国君主专制政体的晚期特征。这一特征主要体现为以下几个方面:

第一,继承明代"无相体制",排斥传统中国政体中持续数千年的相制(冢宰、相国、丞相、宰相)。清代皇帝直接统率各部、院、寺、监,既为国家元首又为政府首脑,直接行使一切政治大权。

第二,继承明代的内阁辅政制。清代的内阁系从关外时期的"内三院"演变

---

① 《大清律例·户律·仓库》。
② 《光绪兴宁县志》卷六。

而来，至乾隆时期形成了三殿三阁之制度①。奉旨入内阁办事者，一般加大学士衔。大学士名额不定，康熙时为满汉大学士四员，乾隆时增协办大学士一二员。内阁"赞理机务，表率百僚"、代拟批旨、票拟谕旨、呈进章奏。自雍正时起，大学士定为正一品，位列百官之上。大学士须每日至各殿阁值班办公，听候皇帝随时咨询和派事。大学士们因在文渊阁中堂办公，故俗称"中堂"。康熙时，又在内阁之外设"南书房"，挑选亲信近臣入值，以分割议政王大臣会议的权力，成为内阁中的小内阁。

第三，设立军机处。雍正时期，以对西北准噶尔部用兵需筹谋军机之由，始设军机处"筹办军务""商讨戎略"。后来，军机处权力迅速扩大，"掌军国大政，以赞机务"②，逐渐取代了内阁的票拟批签、草诏等权力，使内阁大学士渐成"伴食宰相"。同时，南书房的权力亦被淡化。军机处设军机大臣，由皇帝从亲王、内阁大学士、六部尚书或侍郎中特别任命，并无定员，最多六七人。军机处设立后，分享了内阁的辅政权力。皇帝诏旨可不经内阁，直接由军机处密封发往地方，此即"廷寄"制度。有清一代，因先后设置了绝对听命皇帝的上述辅佐机构，权力更加集中于皇帝且更加膨胀。因皇帝直接批答奏章，故内阁权力远不及明代；加之军机处、议政处、南书房等机构参与机要，于是"内阁"几乎沦为仅负责草拟诏书的文秘咨询机构，只剩下"宰辅"名号而已。

在君权高度集中膨胀的体制下，清代中央行政机关虽大致沿袭明代体制，但也有所变化。中央仍设吏、户、礼、兵、刑、工六部，直接听命于皇帝。六部设满汉尚书各一人，满汉侍郎各一人。官设满汉复职，但权力不等，主要权力操之于满官。尚书、侍郎称为"堂官"，以下有郎中、员外郎等属官（称为"司官"）。六部长官无权直接向地方发布命令，只能奏请皇帝颁发必要的诏令。尚书、侍郎之间如发生意见分歧，均可单独直接奏报皇帝，听候皇帝裁决。在六部之外，设有院、寺、府、监等独立中央机关，如主管文秘并备顾问的翰林院，主管民族宗教事务的理藩院，主管慎刑复核的大理寺，主管国家祭祀的太常寺，主管典礼宴会朝会的光禄寺和鸿胪寺，主管教育的国子监，主管接收各省题本的通政司等。

在地方体制方面，总体上也承袭明代体制，但有一些变化。

首先，通过强化总督巡抚职务，在明代基础上进一步加强了省级行政配置。在明代，省级政权由承宣布政使、提刑按察使、都指挥使三司平行组成。后来朝廷为督察地方，逐渐派出加"都察院副都御史"或"都察院佥都御史"衔的官员，

---

① 在清代，"大学士"系奉命听差皇宫各殿阁的大臣的兼职头衔。清宫本有中和殿、保和殿、文华殿、武英殿、文渊阁、东阁共四殿二阁，乾隆十三年(1748)省中和殿，并增体仁阁，此后遂以三殿三阁为定制。

② 《清史稿·职官志一·军机处》

以总督或巡抚职衔常驻各省,督察或协调各省三司,但仍大致被视为监察官。后来,总督、巡抚权力逐渐升级或扩大,逐渐演变为三司之上真正的省级长官。清代的这一体制进一步加强,各省巡抚正式被确定为各省最高长官,数省之上的总督(也有仅辖一省的总督)又位居巡抚之上。总督、巡抚官位有差,但职务互不相属;他们均直接听命于皇帝,并直接向皇帝奏事;这一体制,寓有相互牵制之意。

其次,清代的"道"基本演变为省和府之间的一级地方行政机关。道,在明代本为监察机关,负责巡回督察。到清代,自乾隆时期起,开始有"分守道"和"分巡道"之分。前者隶属布政司,后者隶属按察司。前者有固定辖区和衙门,实际上掌管一般民政事宜;后者则不固定地巡回督察某一地区并处理刑名案件,主要行使监察权。此外还有督粮道、盐法道、兵备道、海关道等专务道。

最后,府县体制发生了变化。"府"本为省下的最高地方机关,一府下辖若干州县。但"道"实化后,府变成了四级地方政区中的第三级。长官为知府,副长官曰同知、通判。与府平级的有直隶州或直隶厅,长官为知州或同知。直隶州厅一般也下辖若干县。在府(直隶州厅)之下,是州、县、厅。经济较发达、人口较多者为"州"(当时称为"散州",以区分于"直隶州"),要塞或民族地方为"厅"(当时称为"散厅",以区别于"直隶厅"),其他均为"县"。散州厅长官等同于副知府级,称"同知";县长官一律称"知县"。县以下的地方组织,有里甲负责征收赋税、催督徭役,有保甲负责治安防备盗寇,有乡约负责教化和解纷①。

2. 官吏选任考核黜陟制度

清代的官吏选任,以科举为正途。"正途"之外,还有"特简"(皇帝直接委任)、"会推"(大臣互推任用)、"荫袭"(官员或烈士子孙恩赐任职)、"荐举"或"保举"(大臣荐任)、"捐纳"(纳资购买官职)等"异途"。清代科举,每三年一次,分乡试(在各省举行的考试)、会试(礼部主持的考试)、殿试(名义上由皇帝亲自主持的考试)三级。府、州、县官学学生(生员)通过省学政(教育长官)主持的正式考试(院试)取得"秀才"资格者,可以参加省城乡试。乡试及格者为"举人",又称"贡士",有资格候补较低级官职。举人参加会试,及格者有资格参加殿试;殿试合格者为进士,有资格候补中低级官职。除进士正科之外,清代在康熙、乾隆时期还增开过"博学鸿词""博学鸿儒""孝廉方正"等特科,还曾有"太后万岁"恩科,实为临时增加公务员的特招考试或恩赐的扩招考试。还有通过恩荫、捐纳取得任官资格的途径。

清代的职官考核,即所谓"京察大计"。京察,是对在京官员和地方督抚的考核,每三年一次。大计,是对督抚以外所有外官的考核,也是三年一次。京察

---

① 参见瞿同祖:《清代地方政府》,范忠信、何鹏、晏锋译,法律出版社2011年版,第5—16页。

中,三品以上京官和地方总督、巡抚直接向皇帝述职,汇报履行职务的情形,最后由皇帝敕裁(作出评定结论)。实际上,京察是由皇帝直接考核。其他京官和外官,均由吏部和都察院负责考核。京察大计的考核标准,定为"四格""八法"。所谓"四格",就是考察才(才干)、守(操守)、政(政绩)、年(年状)四个方面。其中"才"分为长、平、短三等,"守"分为廉、平、贪三等,"政"分为勤、平、怠三等,"年"分为青、中、老三等。所谓"八法",就是最后作出八种综合评定结论。据《清会典·吏部·考功清吏司》,"纠以八法:曰贪,曰酷,曰罢(黑)软无为,曰不谨,曰年老,曰有疾,曰浮躁,曰才力不及"。贪、酷者,治罪;不谨、罢(黑)软者,革职;浮躁、不才者,降调;年老、有疾者,退休。

（七）清代前期法律的主要特征

与明代相比,清代前期的法律制度主要有以下几个方面的明显特征。

1. 严刑峻法维护专制政治的高压统治秩序

清代刑法体现了以严刑峻法维护中央集权君主专制的高压统治的指导思想或原则。清律承明律"重其所重"之绪,加重了对"十恶"重罪特别是对"谋反""谋大逆"等侵犯皇权的犯罪的惩罚。按照清律,凡谋反、谋大逆案中,只要参与共谋,即不分首从凌迟处死,其父子、祖孙、兄弟及同居之人(不论同姓异姓)、伯叔父、兄弟之子(不限户籍之同异),只要在16岁以上(不论笃疾、废疾)皆斩;15岁以下者及犯人之母女妻妾、姊妹及子之妻妾,"皆给付功臣之家为奴,财产入官"。① 与明代不同,清代还扩大了谋反大逆罪的范围,如凡上书奏事犯讳或不当者,按大逆律条治罪。又如将"倡立邪教,传徒惑众滋事"或"因挟仇恨编造邪说煽惑人心"者,"比照反逆定罪",处以极刑,父母即使不知情也要流三千里。再如清律附例规定,"异姓人但有歃血订盟,焚表结拜兄弟者",比照谋叛未行律治罪,为首者拟绞监候,为从者减一等。若聚众20人以上,为首者拟绞立决,为从者发极边烟瘴充军;凡抗粮聚众,或罢考、罢市至四五十人,为首者斩立决,为从者绞监候,胁从者各杖一百;至于哄闹公堂、拥塞官府、逞凶殴官者,为首者斩决枭首,同谋者斩立决,从犯绞监候。② 这种以极刑严厉防范打击人民聚众反抗的条例,多系明以前法律所无,或比从前大大加重了处罚。

对于危害治安及财产的犯罪也加重处刑。如对于强盗罪,清律规定只要得财,不分首从皆斩。对于盗窃罪,明律规定最重者流三千里,顺治时期清律则规定凡赃满120两者即绞监候。清律常将"江洋大盗"与"谋反大逆"相提并论,首犯凌迟处死,从犯"常赦不原(宥)"。道光年间还规定对爬城行劫的罪犯以及京城和大兴、宛平二县境内的劫盗犯,地方官可以不向朝廷奏报即

---

① 《大清律·刑律·贼盗上》。
② 马建石、杨育棠主编:《大清律例通考校注》,中国政法大学出版社1992年版,第661页。

"就地正法"。

此外,清代特别重视严惩思想异端,大兴文字狱威慑知识分子。如顺治、康熙年间,浙江人庄廷鑨编刻《明书》,称努尔哈赤为"建州都督",仍以南明政权为正朔。事被告发时庄廷鑨已死,朝廷仍下令开棺戮尸,并将其兄弟、子侄以及该书刻印者、读者、保存者甚至"疏忽不觉"的地方官共70余人全部处死。从此以后,"文字狱"迭兴不断,康、雍、乾三朝多达100多起,株连士人数万,杀人甚多。虽然清统治者多次声称"不以语言文字罪人"①,大清律中也确实没有关于文字狱的直接条款,但所有文字狱均是按谋反、谋大逆定罪,这是最严重的罪名,且常处极刑并株连最广。这种政策及司法,显然是为了镇压具有反对专制主义意识和反抗民族压迫意识(抗清)的社会思潮。

2. 维护满人旗人的法律特权

清代所谓"八旗""旗人",包括满洲八旗、蒙古八旗、汉军八旗。蒙汉八旗实为满化的旗人。旗人是清代统治的基础,八旗军是清王朝依靠的基本武装力量。因此,赋予旗人以法律特权尤其是司法特权,乃是清律的当然特色之一。《大清律·名例律》规定:"凡旗人犯罪,笞杖各照数鞭责。充军流徒,免发遣,分别枷号。徒一年者,枷号二十日,每等递加五日。……流二千里者,枷号五十日,每等亦递加五日。充军附近者枷号七十日,近边者七十五日,远边沿海外边者八十日。极边烟瘴者九十日。"流徒刑之罪,旗人可以免予发配远乡,免予劳役,免予坐监,仅枷号即可。作为减死一等之重刑的充军,旗人竟可仅以带重枷示众几十天来替代。旗人杂犯死罪者,亦可以折易成枷号(真犯死罪则不能折枷),乾隆年间定例:"凡旗人殴死有服卑幼,罪应杖流折枷者,除依律定拟外,仍酌量情罪,请旨定夺,不得概入汇题。"②这就是规定,旗人犯罪一般要"请旨定夺"即上报皇帝圣裁,不得擅自适用一般程序。《大清律》规定的刑罚,除上述折易使用之外,还有一些明确规定不适用于旗人。如当斩立决者,旗人可减为斩监候;当刺字者,旗人只刺臂而不刺面。旗人的案件由特定机关审理。一般旗人由步军统领衙门和内务府慎刑司审理,宗室贵族由宗人府审理,民事案由户部现审处审理。满人在地方涉讼,虽可以由州县审理,但州县无权对满人作出判决,只能将证据和审判意见转送旗人审判机关(理事厅)处理。满人如需监禁,也不入普通监所。贵族宗室入宗人府空房,一般旗人入内务府监所。这样一来,旗人常"自恃地方官不能办理,固而骄纵,地方官难于约束,是亦滋事常见"③。

---

① 《清朝文字狱档》"谢济世案"。
② 《大清律例·名例律》"犯罪免发遣"条附乾隆年间定例。
③ 《刑案汇览》卷一"犯罪免发遣"条道光五年(1825)八旗都统奏。

3. 因地制宜的少数民族刑事政策

清朝很注意对民族地区因地制宜地进行法律控制。一方面,对不同的民族有不同的立法。如对蒙古族有《理藩院则例》,对藏族有《西藏通制》,对回族有《回疆则例》,对青海的藏族为主的少数民族有《番夷成例》(《番例条款》),对西南民族有"苗例"。在具体的法定处罚手段的选择上,这些法例都很注意少数民族的特性。比如《理藩院则例》中对蒙古地方规定的处罚手段,无论是(在今天看来为)民事的、行政的案件,还是刑事案件,一般都以财产罚——罚缴牲畜为主。这显然是考虑到在蒙古地区,马牛羊驼等牲口是人们赖以生存的最重要财富,也是最常见的一般财富;对人们处以囚禁、流放,远不如罚缴牲畜有效。在诉讼程序及证据制度方面,也充分考虑地方民族习惯。如蒙古及青海、宁夏、甘肃地区少数民族的习惯非常重视"设誓"(赌咒立誓),因此《理藩院则例》规定,对于一些证据不足而难决的疑案,允许当事人在所属佐领或管旗章京处"设誓具结"作为判决依据,允许诉讼中保持神明裁判色彩。① 为了巩固这些民族地方的地方自治秩序,《理藩院则例》还规定汉人及其他民族人民在蒙古地方犯罪,必须受"蒙古律例"制裁:"如蒙古人在内地犯事者,照(大清)刑律办理;如民人在蒙古地犯事者,即照蒙古例办理。""蒙古地方抢劫案件,如俱系蒙古人,专用蒙古例;俱系民人,专用(大清)刑律。"这些规定旨在尊重少数民族习惯和风俗,保障民族地方自治权,防止内地人民扰害民族地区的秩序。另一方面,在为少数民族制法时,注重中央法律与民族地方特别法之间的协调和渗透。例如,清律"戏杀过失杀伤人"条规定,"凡蒙古(人)戏杀过失杀伤人,俱查照'刑例'分别定拟"。又,在"斗杀"条文中,也引进了大清律中的"保辜"制度,"凡斗殴伤重,五十日内身死,殴之者绞监候"。② 这些规定,都旨在加强中央统一法律与关于民族地方治理的特殊法律(含民族传统律例)之间的协调。

三、清代前期司法制度的主要内容

(一) 司法机关与审理体制

1. 中央与京师地方司法机关

承袭明代三法司体制,清代设刑部、大理寺、都察院三机关,号称"三法司"。

刑部为皇帝之下的中央最高审判机关,其权力远甚于明代。依《大清会典》,刑部职掌应是"掌天下刑罚之政令",主要是掌管与复审和刑罚执行有关的行政工作。但事实上,刑部几乎包揽了最高司法权力。"外省刑案,统由刑部核

---

① 《理藩院则例》卷四十五《入誓》。
② 《理藩院则例》"人命"门。

复。不会法①者,院、寺无由过问;应会法者,亦由刑部主稿。在京狱讼,无论奏咨,俱由刑部审理,而部权特重。"②刑部的实际权限,具体说来是三个方面:第一,在皇帝的统率下行使全国最高审判权,包括核拟死刑案件上报皇帝最后批准,批结全国充军流放案件,审理发生在京师的笞杖以上现审案件及中央官吏犯罪案件。第二,司法行政职权,如造办"黄册"(人命盗贼重案囚犯统计册及秋审等事宜的统计册等),狱政管理,赃款罚没之管理等。第三,立法方面的职权,主要是负责律例馆的工作,主持修订律例,平时积累例案,开馆时纂修定拟。

大理寺"掌平天下之刑名,凡重辟则率其属而会勘。大政事下九卿议者则与焉,与秋审朝审"③。大理寺本是古制上的最高审判机关,但至清时地位大大下降,主要职责是复核刑部拟判的死刑案件。如发现刑部定拟不当,可以驳回。同时也主持热审案件。不过,大理寺在复核死刑、参与秋审朝审时只是陪衬。

都察院号称"风宪衙门",是法纪监督机关,主掌官员监察,并职司谏议,关于司法的职权仅是其职权的一个方面。清代实行"台谏合一",将原独立的六科给事中合并入都察院。都察院参与司法事务主要在两方面:一是参与会谳。即各省死刑案件在刑部核拟后,送都察院,都察院列署其意见转大理寺;大理寺副署意见后退回刑部,办理题奏。京师发生的死刑案,则由三法司的司官先行会审,而后三法司堂官再会审定谳,此两者分别称为"会小法""会大法"。二是参加秋审和朝审,执行复奏之职。都察院内设6科、15道(后增至22道),分掌中央六部及地方各省之纠察,尤其是对刑名事宜进行监察。

关于三法司的相互关系,清初曾任大理寺卿的魏琯说:"持天下之平者(刑)部也,执法纠正者(都察)院也,办理冤枉者(大理)寺也。"④这基本上说明了三法司的法定职权关系:刑部主审判,都察院主监察,大理寺主复核。但实际上,刑部权重,院、寺无司法审判实权。

清代京师地方司法机关主要是五城察院。京师分为东、西、南、北、中五城(犹今制设区),每城设一衙门,掌治安。长官为巡城御史,并下设兵马司,设指挥、副指挥、吏目等官,专司"访缉逃盗、稽察奸宄"等。五城察院审理管界内发生的户婚、田土、钱债、斗讼等案件,审级如同州县。杖罪以下由各城(区)巡城御史自行审结,徒罪以上报刑部定案。凡人命案件,由五城各兵马司指挥主持现场勘验后,报巡城御史审断;盗窃案件,由各城(区)副指挥与吏目踏勘审解,重者报巡城御史审理。

---

① "会法",指三法司会审重大案件。详见下文。
② 《清史稿·刑法志三》。
③ 光绪朝《大清会典》卷五十三《大理寺》。
④ [清]魏琯:《申明三法司旧例疏》,载《皇朝经世文编》卷九三《刑政四》"治狱"上。

此外，负责京师治安的步军统领衙门，也设有专官"平决狱讼"。杖罪以下自行完结，徒罪以上经审讯后送刑部定拟。

2. 地方司法体制

清代的地方司法体制为州县、府、按察司、总督巡抚四级。

州县（散州、散厅）为第一审级。知县（包括散州厅的长官——同知）有权审决笞、杖、徒刑案件；对于流、死刑案件只可预审拟判转呈知府判决。《大清律例》规定："军民人等遇有冤抑之事，应先赴州县衙门具控。"发生于州县官辖区内的田土、户婚、斗殴等轻微案件，只要系笞杖轻罪，均由州县官全权处理，是为州县"自理案件"。对于人命、盗贼等刑事案件，州县初审后，按期将案卷与案犯一起解府（直隶厅州）复审。州县除知县、同知为法官以外，还设有佐贰官辅助审判。另外，州设吏目、县设典史为首领官，专司缉捕和管理监狱，但无权受理词讼。还有幕友（师爷）协助办案。

府（直隶州厅）为第二审级。负责复审州县依法上报的刑事案件及不服州县判决而上诉申诉的案件。直隶厅州也管辖审理部分一审案件，因其与府平级，故呈送道台为第二审。州县上报刑事案件（流罪以上案件），知府复审后提出判决意见，再上报省按察司。

按察司（全称提刑按察使司）为第三审级。按察司对府（直隶厅州）上报的刑案进行复审，其中对徒刑案件仅进行复核（因徒刑人犯不解省），对军流、死刑案件进行复审，要求直接讯问人犯。如无异议便加"审供无异"之"看语"，并上报督抚。如发现有问题，则驳回重审或改发别的州县更审。

总督巡抚为第四审级。督抚有权批复按察司复核后无异议的徒刑案件，并决定执行。对军、流刑案件加以复核。如对按察司的看语无异议，则咨报刑部，听候批复。对死刑案件，督抚须对人犯进行复审。在当堂亲审后，如"与司、府、县审供相同"，就作出看语，专案向皇帝奏报，曰"具题"，并将题本副本咨送都察院、大理寺。

3. 旗人案件的司法管辖

清政权的统治基础是以满人为主的旗人，因而对旗人在司法上作出了一些旨在保护旗人特权的安排。旗人在地方的民刑案件，不由县审理，而由"理事厅"审理。"理事厅"是各府（州）理事同知或理事通判的办事机构。理事同知（或通判）是清代设置的专门负责联络八旗军与当地政权关系及处理有关旗人事务的专官，都由旗人担任，审理旗人的民刑案件是其主要职责之一。旗人命盗案件由理事厅会同州县审理，州县官无权对旗人单独作出判决。在京畿地区，旗人案件分由两州理事通判管辖。通州理事通判管辖京东南十四州县的"旗民交涉事件"，命盗案件则会同各州县官审理。遵化州理事通判管辖京东北地区五州县的"旗民交涉自理词讼"。理事厅对旗人的司法管辖权大体上相当于州县对于一般民人的司法管辖权,即仅管辖民事案件和笞杖罪的刑事案件。如罪至徒、流、死,则由该旗都统、将军题奏皇帝请旨。都统、将军在此起着类似各省督抚的作用。对于涉及旗地、旗产的案件,若认为各旗都统或州县审理不公,可以上诉户部,由户部现审处审理,或由各自本旗报户部审理。若仅系民事案件,旗人也可单诉之于州县官审理,无须理事厅会审。地方州县官虽可审理满人民事案件,但不能动用刑具罚责旗人。京师满人诉讼由内务府慎刑司审理,徒罪以上移送刑部。盛京地区的满人诉讼由盛京将军及各部府尹会同审理。至于宗室贵族的案件,则由宗人府审理。这些特殊管辖体制,以及满人的某些司法特权,在咸丰朝以后逐渐瓦解。

(二) 诉讼制度与审判制度

1. 民刑诉讼的相关制度

关于诉讼制度问题,清代的法制有以下几点值得注意。第一是禁止越诉。任何诉讼须先经本管不得越级控诉。只有在本管府、州、县不予受理或审断不公时,方可赴上级官府控诉。越级控诉者,即使属实,也要笞五十。第二是诉权限制。清律规定:在押囚犯不得告举他事,即不得告发或检举自涉案件以外的案件;禁止投匿名文书告发他人;卑幼、奴婢不得控告尊长或家长,否则治以"干名犯义"之罪;八十以上、十岁以下及笃疾、妇女,除了反逆重罪、子孙不孝等重案以外,不得告发他人①。第三是受理诉讼期日限制。清律例规定,每年四月初一至七月三十为"农忙止讼"期。除谋反、大逆、盗贼、人命等重大案件外,官府一律不得受理其他各类诉讼。此间官府在衙门外立"农忙""止讼"两块牌子告谕百姓。其余8个月,也并非每天都可以受理诉讼,只有词讼日(放告日)方可起诉。放告日为每月逢三、六、九;清中期后改为逢三、八。这样一来,每月只有9天或6天可以起诉,则每年不过72天或48天可以受理诉讼。

2. 案件的审理和判决

清代与历史上各朝代一样,诉讼上并无民事刑事之分,但有所谓"州县自理词讼"(一般指民事案件,也包括轻微刑事案件或笞杖刑案件)与其他狱讼(徒刑以上案件)之分。一般而言,对于自理词讼,州县的判决裁定即为终局,无须上级批准。但上级可以通过审查下级依例呈报的案件材料进行审查,也可以通过道员的巡回监察进行审查,或者在原被告一方直接上诉至上级衙门时进行复审。上级在审查或复审后均可以直接作出新的判决。② 至于徒刑以上案件,州县官初审判决后,不管被告或原告是否上诉,都必须呈报上级衙门(府或直隶州厅)进行复审;上级衙门复审判决后,再向上一级衙门呈报。这一过程,叫"审转"。

---

① 《大清律例·刑律·诉讼》。
② 参见瞿同祖:《清代地方政府》,范忠信、何鹏、晏锋译,法律出版社2011年版,第181页。

故徒刑以上案件的审判体制,可以称为"逐级审转制"。所有徒刑以上案件,理论上讲,从州县到府,再到刑按司或分巡道,再到巡抚或总督。督抚作出判决后,每季度汇总上报至刑部。不过,府(直隶州厅)主要以重审徒刑案件为主,按察司或分巡道主要以重审流刑和充军刑案件为主,督抚主要以重审死刑案件为主,实际各有分工。对于所有上报来的案件,刑部一般只进行书面复审。若被刑部驳回,则必须由总督指定官员重审;若必须纠正,则必须根据刑部的指示作出新判决。[①] 所有死刑案件,须经大理寺复核,都察院"会谳"后作出最终判决并报皇帝裁定,经过秋审、朝审之类的"会审"程序决定最后判决及其执行方式。

3. 死刑复核及会审制度

(1) 秋审。秋审在清代号称国家大典,每年一度,是对在押死刑犯进行特别复核的制度。它系沿袭明代朝审制度而来。

依《大清律例》,死刑判决有立决、监候两种;凡判为斩监候或绞监候者,即监押等候复核。因复核例于每年秋八月中下旬举行,故曰秋审。在秋审前,各省须将入于秋审的案件整理复核好。此种整理复核自下而上,由州县到省对在押死囚一一复核,按其犯罪性质、情节,区分为情实、缓决、可矜、留养四类。因可矜、留养者少见,故实际上主要是区分实、缓。当秋审日,在天安门前金水桥西,齐集内阁、军机、九卿、詹事、科道及各院、寺、司、监官员,对各省已复核并作四类区分的案件进行会审。常常是一日内"会审"完毕全国上千秋审案件,其实不过是"逐一唱名"由会审官员共鉴共诺而已。此即秋审或秋谳大典。大典之后,由刑部领衔具题奏报皇帝,皇帝分别作出实、缓、矜、养的最后裁决。奉旨入于"情实"者还要由刑科给事中向皇帝"复奏"。初为三复奏,乾隆时改为一复奏。复奏后还要由各道御史奏请"勾到"。奉旨勾决者才下令处决。秋审列入"缓决"的案件入于下一年度秋审,凡三经"缓决"者,大多照例改为流刑或发遣。

(2) 九卿会审。清代的会审情形甚多,大多成为制度。其中最典型的是九卿会审。凡遇特别重大的案件,皇帝常命六部尚书、大理寺卿、都察院长官(左都御史)、通政司通政使等高官会同审理,称为九卿会审。九卿会审主要是重审斩监候、绞监候的案件,也审理当年的死刑案件。许多案件在进入朝审、秋审之前已经过九卿会审。朝审、秋审虽有内阁、詹事、科道等参与,但以九卿为主,故亦可视为九卿会审的主要方式。

(3) 其他会审。除秋审外,还有所谓朝审、热审。在秋审大典的前一天,对京师刑部狱中在监死囚进行复核,称为朝审。朝审与秋审基本相同,但需将囚犯解至现场审录。此外,每年小满后 10 日至立秋前 1 日,由大理寺的左右二寺官

---

① 参见瞿同祖:《清代地方政府》,范忠信、何鹏、晏锋译,法律出版社 2011 年版,第 181—183 页正文及注释。

员会同各道御史及刑部承办司共同审录关押在京师各狱的笞杖罪囚,或免释,或减等,或保释,称为小三司会审。因举行于热季,故称热审。康熙时确定各省同时举行。

上述会审之外,清代还有三司会审(即刑部尚书、大理寺卿、都察院左都御史会审重大案件),小三司会审(见前"热审"部分)及王大臣九卿会审(亲王、大臣、九卿共同审理重大案件)、宗人府会同刑部审理宗室犯罪案件等会审制度。

(三) 监察制度

1. 监察机关及职官

清代的监察机关有一个庞大的体系。在中央,最高监察机关为都察院。乾隆初期定制,以左都御史和左副都御史执掌都察院,以右都御史和右副都御史作为地方总督(含河道总督、漕运总督)、巡抚的兼衔。都察院下辖六科给事中和各道监察御史,以及五城察院和御史处。六科作为言谏机关,负责对吏、户、礼、兵、刑、工六部进行行政监察,每科设给事中一人负责,主持科抄、接受题本、稽察庶政、照刷文卷。各道(起初为15道,后增为18道,最后增为22道)设监察御史负责监察京师及各地方文武官吏风纪。五城察院为京师地方专设监察机关兼治安机关,负责监察京师官吏,亦掌司法;以巡城御史为长官,下辖中、东、西、南、北五城兵马司。御史处包括两者:一是负责监察宗人府衙门的宗室御史处,由各道中的宗室御史二人兼管;二是负责稽察内务府事务的稽察内务府御史处,由专职御史四人掌管。起初,沿袭明制,六科为独立衙门,六科和各道合称"科道",为监察机关总称。雍正初年,取消六科给事中的封驳权,将六科合并于都察院,使自古"台"(百官监察)"谏"(君主谏诤)并列的体制至此彻底合一。在地方,各省提刑按察司和各道(含分守道、分巡道、专务道)为监察机关。

2. 主要监察制度

清代的监察制度主要通过一系列监察法规来确立。早在顺治时期便颁布了《巡方事宜十款》,规定了巡按使(巡抚一职的前身)的纠参范围,以及督抚与御史互参、御史考核等。乾隆年间,又在明代《宪纲条例》的基础上制定了《钦定台规》,收录所有关于监察事务的圣制、圣谕、谕旨及监察法规,规定了所有监察机关的职掌范围、工作规程和守则,以及御史考选、升任与礼仪等。乾隆末年又制定颁布了《都察院则例》,是关于都察院监察工作的具体细则。依据这些监察法规的规定,科道官员(即监察官员)主要拥有劾、察、鞫、辨四权。所谓"劾",就是对违法失职的官员进行弹劾,亦即直接向皇帝检举、指控其所犯的罪行并要求处罚。所谓"察",就是参与"京察大计"等官吏考核活动,如发现吏部有黜陟不当,则立即纠察之。所谓"鞫",就是参与重大案件(死刑案件)的会审或会谳。所谓"辨",就是接受案件申诉并辨明是非、甄别案情。凡百姓有冤狱,允许赴都察院申诉;除重大案件外,一般案件由都察院裁决定夺。

此外,清代的监察制度还有几点值得注意。第一是都察院长官参与议政。康熙二十九年(1690),令左都御史为议政大臣,参与议政。以监察部门首长参与最高行政决策会议,旨在防范弊政、提高决策合理性。第二是密折奏事制度。雍正时期,允许科道官员密折言事:"各科道每日一人上一密折,轮流具奏。一折只言一事。无论大小事务,皆许据实敷陈。"①乾隆时期,允许道员密折弹劾布政使和按察使;嘉庆年间,更允许道员弹劾任何官员,均可密折言事。密折奏事可以使监察官员纠察弹劾时更少顾忌。第三是风闻奏事制度。清代大部分时期允许科道官员在没有确凿证据的情况下仅根据"风闻"弹劾疑有贪污渎职的官吏。但顺治时期明令禁止风闻奏事,要求"知无不言,言无不实"②。

第二节 清末法律思想与制度

一、君主立宪思想与修律的指导思想

(一)清末君主立宪思想的提出与发展

1. 清末立宪思想的提出背景

(1)清代后期经济、政治形势的变化。自清代道光中期以后,各资本主义国家先后从海、陆来我国寻求贸易,近代不平等条约由此发端。但清末历史在涉及条约问题时,不仅要关注政治条约,还需要关注通商条约。③ 尤其是1840年以后晚清帝国的发展,无论是"新政",还是具体的变法举措,除了受到政治条约的影响外,更为直接、具体、深刻的动因便是一系列通商条约的签订。

不平等条约的签订,使闭关锁国的清帝国开始打开贸易大门,延续了几千年的传统社会农业自然经济结构发生了一系列剧变,产生了新的经济形态。列强依据不平等条约对中国的商品倾销和资本输出,迅速蚕食了传统社会赖以生存的自给自足的小农经济,并刺激了国内资本主义的发展。据统计,同治三年

---

① [清]蒋良骐撰:《东华录·雍正朝》卷二。
② 参见范忠信主编:《官与民:中国传统行政法制文化研究》,中国人民大学出版社2012年版,第325—326、789—790页。
③ 政治条约与通商条约不同。一般而言,国与国间重大争执必须以政治条约协议解决,其功用重大,性质多样;凡战争胜败、边界纠纷、割地赔款、领土转移,以至两国建交、复交,俱以政治条约作双方共同遵守的依据,具永恒性效力。通商条约,是两国间因通商贸易而签订的,通商交往包括彼此民商往来,无论大小强弱,彼此均需互订通商条约,其性质因时势变化,自是经常改易,并非永恒,但为两国间平时经常依据,频用而具有时效。国家间签订通商条约的往来也可以称为商约外交,其本身不同于政治条约,一般是在政治条约完成之后,另行启议,展开商约谈判,再订商约。两者有明显区别,亦各自秉其国家立场,经谈判妥协完成。基本上政治条约与通商条约绝对不在同一时间同一地点进行议订。晚清时期,仅中英《烟台条约》是特例,乃中国受英国帝国主义外交官的威胁挟持而成的结果,这也是中国近代外交史上的一个例外。参见王尔敏:《晚清商约外交》,中华书局2009年版,第12页。

(1864)输出入总额为 10530 万余两(白银),到光绪十六年(1890)增至 21420 万两(白银)。① 至 1894 年甲午战争前,列强在中国的投资总额已达两三亿美元,依据不平等条约开放的沿江海各通商口岸地区②新兴起大批近代厂矿企业和各种新式棉纺织厂。此外,近代银行也随之发达起来。③

同时,清廷内部的权力结构也发生了变化。随着太平天国运动被镇压,汉人开始进入统治核心,成为影响统治者决断的官员,对清王朝的治理结构产生重大影响。国内的资产阶级亦开始登上政治舞台,要求对旧有的制度和相应的法律规范予以调整。以慈禧为首的清廷保守势力,奉行"祖宗之法不可变"的政策,镇压了改良派的宪政运动"戊戌变法",令矛盾更加激化。

(2) 民族危机的加剧。1840 年鸦片战争后,中英两国缔结的《南京条约》开近代不平等条约之端。列强通过不平等条约迫使清政府出让领土、控制中国的海关、在中国设立领事裁判权等,在中国攫得了更多的权益。不平等条约在经济、政治、思想、文化诸方面开始影响清帝国的统治。庚子国变,清廷被迫签订丧权辱国的《辛丑条约》,巨额的赔款加重了民众的负担,社会局势愈加动乱。面对这一岌岌可危的局面,清廷为求"结与国(列强)之欢心",缓和社会矛盾,于 1901 年宣布"变通政治"实行"新政",并下诏:"世有万古不易之常经,无一成罔变之治法,大抵法久则弊,法弊则更……"④

(3) 宪政观念在中国的传播。随着国门被迫打开,宪政观念亦随之进入中国。从早期进步人士林则徐、魏源、徐继畬、冯桂芬、郭嵩焘等人在著作中介绍西方议会民主制度,到维新派人士康有为、梁启超等系统阐述西方宪政理念,宪政逐渐受到关注。同时,维新派人士为了扩大舆论宣传,开始创办报刊,作为宣传立宪思想的阵地。较有代表性的有光绪三十年(1904)在上海创办的《东方杂志》《时报》等报刊,通过翻译、介绍西方的社会制度、政治学说、法学理论,促进了宪政思想在中国的传播。

同时,日俄战争的结果一定程度上推动了清廷下决心"仿行宪政"。1904 年至 1905 年的日俄战争,是日本与俄国为争夺中国东北地区利益而在中国领土上进行的一场战争,实行专制制度的沙俄败给实行君主立宪制度的日本,为立宪战胜专制提供了有力证明。日胜俄败的结果促进了立宪思想在中国的接受,更多有识之士认识到宪政是救亡图存的方式,立宪思潮更加高涨,清廷也逐渐开始接

---

① 阮湘等编:《中国年鉴》(第一回),商务印书馆 1924 年版,第 1619 页。
② 至清末,开放通商口岸已达 86 处。参见漆树芬:《经济侵略下之中国》,生活·读书·新知三联书店 1954 年版,第 16—22 页。
③ 史载:"光宣以降,世变益甚,中外银行多所兴设。"参见周葆銮:《中华银行史·自序》,商务印书馆 1919 年版。
④ [清]朱寿朋撰:《光绪朝东华录》。

受君主立宪理论。1905年,清廷下谕派载泽等人赴西方各国"考察政治",拉开了预备立宪的序幕。

2. 立宪派代表人物及其法律思想

(1) 郑观应。在戊戌变法之前,郑观应就已经在《盛世危言》中论述"议院"之作用,即"公议政事之院也。集众思,广众益,用人行政一秉至公,法诚良、意诚美矣"①,并认为若一国无"议院",就会导致"君民之间势多隔阂,志必乖违"。郑观应在书中详细介绍了英国的议会制度,并设想若中国能够开设"议院",则可使"君相、臣民之气通,上下堂廉之隔去,举国之心志如一"。唯有如此,拥有"议院"的中国将不会面临任何外患,即:"上下一心,君民一体,尚何敌国外患之敢相陵侮哉?"②

以郑观应为代表的早期立宪派人物,虽在著述中谈及"设议院"等西方民主制度的内容,但他们对"宪政"等概念并无进一步的阐述。至甲午战争后,君主立宪成为时代主流,郑观应才更为具体地阐明了立宪的主张,并强调在推行君主立宪的过程中人才所发挥的重要作用。后来即便民国肇建,中国宪政的实践已进入共和立宪阶段,郑观应仍然坚持以开议院为核心的君主立宪主张。③

(2) 康有为。在戊戌变法前,康有为就曾撰写了《孔子改制考》和《新学伪经考》两部著作,考证了孔子是"改制托古"的先师。康有为将"公羊三世"认为是孔子划分的三个历史发展阶段,并将其与西方宪政理论结合,即"据乱世"是君主专制时代,"升平世"是君主立宪时代,"太平世"是民主共和时代,人类社会必须沿着"据乱、升平、太平"三世有序不乱地向前发展,最后进入大同世界。依照这种进化史观,康有为强调当时中国必须由"据乱世"通过维新变法进入"升平世",从而论证了维新变法的必要性与合理性。

1898年,康有为在《上清帝第六书》中,提出"制度局之设,尤为变法之原也"④。康有为还详细阐释了在制度局之下,设立法律局、度支局等共12局分管庶政的政治设想。在进呈给光绪帝的《日本变政考》⑤一书中,康有为全面介绍了日本明治维新的情况,其中详细摘译了明治时期颁布的法令、条例、章程、演说词等内容,以此建议光绪帝师法日本变法自强。

戊戌变法失败后,流亡海外的康有为仍坚持君主立宪的主张。1902年,康

---

① 夏东元编:《郑观应集·盛世危言》,中华书局2013年版,第88页。
② 同上书,第90—91页。
③ 参见李启成、梁挪亚:《著书敢谓匡时论——郑观应的〈盛世危言〉与近代转型》,载《北大法律评论》第19卷第2辑,北京大学出版社2020年版,第244—259页。
④ 康有为:《康有为全集》(第4集),姜义华、张荣华编校,中国人民大学出版社2007年版,第19页。
⑤ 《日本变政考》的初稿在光绪二十四年(1898)之前就已完成,但两次进呈给光绪帝阅看的时间为1898年。

有为在代拟的《请立诛贼臣尽除宦寺归政皇上立定宪法大予民权以救危亡折》中,再一次明确表达了"归政皇上,立定宪法,大予民权,以救危亡"的立宪思想。①

(3) 梁启超。梁启超是近代历史上较早系统地论述君主立宪政体的学者。戊戌变法失败后,流亡日本的梁启超于1899年撰写了《各国宪法异同论》一文。② 梁启超论述了当时世界上主要的君主立宪国与共和国所采行之政体、国会之权力、三权分立、法律命令等内容。1901年,梁启超发表了《立宪法议》一文。③ 文中介绍了当时世界各国采用的三种政体,即君主专制、君主立宪和民主立宪政体,世界强国之中除俄国为君主专制政体、美国与法国为民主立宪政体以外,其余各国都是君主立宪政体,故"君主立宪者,政体之最良者也,地球各国既行之而有效,而按之中国历古之风俗,与今日之时势,又采之而无弊者也"。虽然欲采立宪政体,必立宪法明确规定权力及其限制,但梁启超又指出,"立宪政体者,必民智稍开而后能行之",鉴于当时中国民智未开,并不能立刻实行立宪政体,而是需要有"采定政体,决行立宪"的决心。《立宪法议》一文明确提出了"预备立宪"思想,预想了实施立宪的具体步骤,对立宪思潮的兴起有着重要的推动作用。

梁启超还在《清议报》和《新民丛报》等报纸中陆续发表论著,进一步阐述自己的宪政思想,介绍各国立宪史及各种宪政学说。清廷宣布"仿行宪政"后,梁启超又发表了《宪政浅说》《中国国会制度私议》等文章,完善了对国家和宪政制度理论体系的阐述。

(4) 杨度。杨度曾两度留学日本,在留学期间接受了较为系统的近代法学教育,形成了较为完善的宪政知识结构。1905年,杨度曾为出洋考察政治的五大臣拟写考察报告。1907年,杨度创办《中国新报》用于宣传立宪思想。清末杨度有关立宪思想的论述具有代表性的是连载在《中国新报》上的《金铁主义说》一文,该文内容丰富,既涉及国际局势、西方政治制度的介绍,亦涉及杨度关于"经济军国主义"(即金铁主义)的主张。④ 在政治制度方面,杨度详细考证了欧洲与日本国会制度的起源和内容,并认为当前唯一救国之方法为"'开国会'三字而已"。

作为立宪派代表人物,杨度亦批判了清廷"变法"的虚伪,提出要救国必须

---

① 康有为:《康有为全集》(第6集),姜义华、张荣华编校,中国人民大学出版社2007年版,第356页。
② 梁启超:《各国宪法异同论》,载《清议报》1899年第12、13期。
③ 梁启超:《立宪法议》,载《清议报》1901年第81期。
④ 参见杨度:《金铁主义说》,载《中国新报》1907年第1—5期。

实行立宪。①

（二）清末修律的指导思想

在经济、政治变化的同时，西方近代法律和法学随着列强商品倾销和资本输入传入中国，对清末的思想界起到了一种石破天惊的作用。其一，打破了自古以来官府垄断律学的状况。②"忧时之士，咸谓非取法欧美不足以图强"，"朝野上下，争言变法"。③ 其二，它使宋元以降一再衰微的法律研究为之一振，知识界开始冲破清廷"祖宗之法不可变"的束缚，按照沈家本的说法是"近十年来，始有参用西法之议"④。

庚子国变后，清廷被迫宣布预备立宪和修订法律。同时，列强为保住在华既得利益和特权，企图缓解与清廷的矛盾，利用朝野渴望争取独立自主、收回领事裁判权的心理，向清廷施加压力，把改良法制作为列强放弃治外法权的前提，企图将清末的中国改造成为一个利于资本输入、保证列强经济掠夺、有能力防止内乱、稳定政局的半殖民地国家。⑤ 1902年初，英、日、美、葡等国在与清廷续订商约过程中表示，中国应整顿律例，以期与列强法律改同一律，他们愿尽力协助，以成此举。列强还许诺："一俟查悉中国律例情形及其审判方法及一切相关事宜皆臻完善"，"即允放弃其治外法权"。⑥ 列强的许诺促使张之洞、刘坤一、袁世凯等人联名向清廷奏请要求改良法制。

---

① 杨度言："今地球各国之政体于民主无论矣，其余亦何莫非立宪政体，民与君约而限定其权力，使不得伤我主人之权利乎？而独中国为君权无限之国，人民之学术、身家、财产皆压于专制之下，无由自振，以期于发达。不明乎此而日言变法，虽百变而无效也。故居今日而欲救中国，乃犹君主立宪之不敢言，民与君约之不敢请，则宁不谈变法可也。"上海图书馆编：《汪康年师友书札》（第3册），上海书店出版社2017年版，第2178页。

② 几千年来，"举凡法家言，非名隶秋曹者，无人问津，名公巨卿，方且以为无足轻重之书，屏弃勿录，甚至有目为不祥之物，远而避之者，大可怪也"。参见［清］沈家本：《法学会杂志序》，载《寄簃文存》，商务印书馆2017年版，第214页。

③ 《清史稿·刑法志》。

④ ［清］沈家本：《法学会杂志序》，载《寄簃文存》，商务印书馆2017年版，第214页。

⑤ 由于晚清政府在国际交往中的溃败，列强在华形成了一套超越国际公法的领事裁判权体系。清政府在对外交涉活动中逐渐认识其危害，尝试以各种可能的渠道将它废除。晚清政府改革法律和司法的最大动力之一也在于此。参见李启成：《治外法权与中国司法近代化之关系——调查法权委员会个案研究》，载《现代法学》2006年第4期；李贵连：《清季法律改革与领事裁判权》，载《近代中国法制与法学》，北京大学出版社2002年版，第38—48页。此外，有关领事裁判权和治外法权的关系一直是学界的研究热点，在近代中国，领事裁判权与治外法权二词基本可以互换使用。李贵连先生在《沈家本传》中对于"治外法权"的阐述有："领事裁判权，近代中国又称为治外法权。海禁初开之时，因清代统治者不知国际公法为何物，国人亦不知何为国际公法，故将二者混用。清末举行经济特科考试，尚有如何区分领事裁判权与治外法权之题。"参见李贵连：《沈家本传》，法律出版社2000年版，第169页。然而，从民国时期取回治外法权的斗争中，以及众多有关治外法权研究的著述中可以看到，治外法权与领事裁判权二者之间是有严格的差异的。简言之，在清末，治外法权一度包含了领事裁判权，甚至被列强恶意混淆；按照近代国际公法理论，治外法权涉及了更多国家主权利益，所涵摄的范围更大。参见赵晓耕：《试析治外法权与领事裁判权》，载《郑州大学学报（哲学社会科学版）》2005年第5期。

⑥ 《中英续议通商行船条约十六款》，见《大清法规大全·外交部》。

1902年5月13日,清廷发布谕旨:"现在通商交涉事益繁多,著派沈家本,伍廷芳将一切现行律例,按照交涉情形,参酌各国法律,悉心考订,妥为拟议,务期中外通行,有裨治理。"①照此谕旨,修订法律大臣沈家本等人提出了"参考古今,博稽中外"②,"专以折冲樽俎,模范列强为宗旨"③的具体修律指导思想,得到清廷批准。依此方针,传统法律制度的全面改革正式开始。

二、变法修律的主要内容与特点

(一)"预备立宪"的方案与过程

1. 五大臣出洋与宣布"预备立宪"

光绪三十一年六月十四日(1905年7月16日),清政府颁布上谕,派五位大臣"分赴东西洋各国考求一切政治,以期择善而从"④,经过许多波折,戴鸿慈、端方、载泽、尚其亨、李盛铎五位大臣最终成行。⑤ 五大臣兵分两路:戴鸿慈、端方一路,考察了日、美、英、法、德等十五国;载泽、尚其亨、李盛铎一路,考察了日、美、英、法、比利时等五国。光绪三十二年(1906),两批出洋大臣先后回国。载泽上《吁请立宪折》和《奏请宣布立宪密折》两份奏折,提出立宪有"皇位永固""外患渐轻""内乱可弭"三大好处⑥,奏请清廷改行立宪政体。

光绪三十二年七月十三日(1906年9月1日),清政府正式颁布《宣示预备立宪谕》,上谕曰:"仿行立宪,大权统于朝廷,庶政公诸舆论,以立国家万年有道之基……亟应先将官制分别议定,次第更张。并将各项法律详慎厘订,而又广兴教育,清理财政,整顿武备,普设巡警,使绅民明晰国政,以预备立宪基础。"⑦1908年8月27日,清廷公布"预备立宪"计划,即《钦定逐年筹备事宜清单》,确定1908年至1916年的九年时间为"预备立宪"期限,制定实施宪法、刑律、民律、商律、刑诉律、民诉律等法典,宣布从1917年始行宪政。宣统二年十二月十七日(1911年1月17日),清廷迫于压力颁布《修正逐年筹备事宜折附清单》,缩短预

---

① 上海商务印书馆编译所编纂:《大清新法令》(第1卷),李秀清、孟祥沛、汪世荣点校,商务印书馆2010年版,第16页。
② [清]沈家本:《重刻明律序》,载《寄簃文存》,商务印书馆2017年版,第180页。
③ 故宫博物院明清档案部编:《清末筹备立宪档案史料》(下册),中华书局1979年版,第852页。
④ 故宫博物院明清档案部编:《清末筹备立宪档案史料》(上册),中华书局1979年版,第1页。
⑤ 原本清政府选派的是徐世昌、载泽、绍英、戴鸿慈、端方五位大臣,但绍英因临行前在前门火车站遭革命党人吴樾炸弹袭击受伤,未能成行,徐世昌因兼任巡警部尚书也未成行。最终,由戴鸿慈、端方、载泽、尚其亨、李盛铎五位大臣出洋考察。
⑥ 中国史学会编:《中国近代史资料丛刊(辛亥革命)》(四),上海人民出版社1957年版,第27—30页。
⑦ 上海商务印书馆编译所编纂:《大清新法令》(第1卷),李秀清、孟祥沛、汪世荣点校,商务印书馆2010年版,第37—38页。

备立宪期限,将"预备立宪"提前至"宣统五年"(1913)。① 其实际所要谋求的目的,正是孙中山所说的"谋中央集权,拿宪法作愚民的工具"。

2. 官制改革

改革官制是清廷举办"新政"的一项重要内容,也是推行预备立宪的重要环节。清廷预备立宪上谕曾提出:"廓清积弊,明定责成,必从官制入手。"②接着便发布了改革官制的上谕,设立了编制馆,指派载泽等14人为编纂大臣,命令各总督选派司道人员到京随同参议,谕派庆亲王奕劻、文渊阁大学士孙家鼐、军机大臣瞿鸿禨总司核定。并于光绪三十二年九月二十日(1906年11月6日)颁布《厘定官制谕》,开始改革中央和地方官制。

清廷的官制改革,标榜"其要旨惟在专责成,清积弊,求实事,去浮文"③,实际上,它一方面是配合立宪活动,并以"厘定官制"为名拖延立宪时间;另一方面是企图借官制改革的机会,削弱地方督抚的权力,进一步加强满族贵族的中央集权统治。

(1) 中央官制。早在清廷举办"新政"时就对政府组织机构进行了一些改革。其中一个重要内容是改总理各国事务衙门为外务部。光绪二十六年三月(1900年4月),美、日两国公使代表各国向奕劻、李鸿章交涉改组总理衙门的问题。接着由领衔公使(西班牙公使)葛罗干照会清政府:"将总理各国事务衙门改为外务部,冠于六部之首。管部大臣以近支王公充之。另设尚书二人,侍郎二人。尚书中必须有一人兼军机大臣。侍郎中必须有一人通西文西语。均作为额缺,予以厚禄。"④以后在谈判《辛丑条约》的议和大纲中,以及正式签订的《辛丑条约》中都确认了关于外务部的设置,"按照诸国酌定","中国照允施行"。清廷根据外国侵略者改部和人事安排的旨意,于光绪二十七年六月九日(1901年7月20日)发布将总理衙门改为外务部的上谕,任命总理大臣一人、会办大臣二人(其中一人兼尚书)以及其他官员。除此之外还设置巡警部、建立警察机构和宪兵机构、编练新军、改革军制等,以达到强化专制制度的目的。

1906年11月,清廷颁布《厘定官制谕》,公布了中央官制改革的内容:内阁和军机处照旧;各部尚书均充参预政务大臣;外务部、吏部照旧;巡警部改为民政部;户部改为度支部,以财政处并入;太常、光禄和鸿胪三寺并入礼部;学部照旧;兵部改为陆军部,以练兵处、太仆寺并入;应行设立的海军部和军谘府,未设之前

---

① 参见故宫博物院明清档案部编:《清末筹备立宪档案史料》(上册),中华书局1979年版,第88—92页。

② 同上书,第44页。

③ 上海商务印书馆编译所编纂:《大清新法令》(第1卷),李秀清、孟祥沛、汪世荣点校,商务印书馆2010年版,第38页。

④ 《孝文忠全集·宪稿》卷八十。

暂归陆军部办理;刑部改为法部,掌司法行政;大理寺改为大理院,专掌审判;工部并入商部,为农工商部;新设邮传部,负责轮船、铁路、电线和邮政;理藩院改为理藩部;都察院照旧;新设资政院"博采群言";新设审计院"核查经费"。

此后在宣统年间又增设了海军部,改礼部为典礼院。清廷满族贵族还利用改革官制的机会,来实现排斥汉族官僚、加强中央集权的野心。它形式上声称任命各部官员"不分满汉",实际上却将原来各部大臣满汉平分的比例变成满七汉四,一些重要的部,如外务、陆军、度支和农工商等部都操在满人手中,使得满族贵族在中央政府居压倒优势,加强了满族贵族的地位。

(2)地方官制。御前官制会议确定的"立宪政治"四大方针之一,就是"废现制之督抚,各省新设之督抚其权限仅与日本府县知事相当,财政、军事权悉收回于中央政府"。因遭到各省督抚反对而被迫搁置。1907年公布地方官制,将各省督抚的军权、财权分别收归陆军部和度支部。同时,采用明升暗降的手段,将最有权势的汉族督抚袁世凯、张之洞调入中央,担任有名无实的军机大臣,以减少削除地方督抚实权的阻力。

这次所谓官制改革丝毫没有触动清廷专制统治的实质,只是进一步加深了满族贵族和汉族地主官僚之间的对立,加剧了清廷的危机。

3. 设立资政院与谘议局

(1)资政院。"资政院"是清政府在"预备立宪"过程中设立的中央"咨询机关",于1910年设立。

宣统元年七月八日(1909年8月23日),清政府公布《资政院院章》,正文共65条,附条2条。清廷在以宣统皇帝的名义发布的《颁行资政院院章谕》中表示,该《资政院院章》"与规定谘议局章程,实相表里,即为将来上、下议院之始基"[①]。《资政院院章》第1条云:"资政院钦遵谕旨,以取决公论,豫立上下议院基础为宗旨。"[②] 所以,该院章规定资政院可以"议决"国家的预决算、税法及公债,议定宪法以外的新法典及法律修改事件及其他"奉特旨交议事件"。但是,资政院的一切决议,须会同军机大臣或各部行政大臣具奏,"请旨裁夺"。而且,皇帝可以采取特旨谕令的形式令资政院停会,乃至解散。[③] 资政院的议员分"钦选"与"民选"两类。所谓"钦选"者包括以下七类人:宗室王公世爵;满汉世爵;外藩(蒙、藏、回)王公世爵;宗室觉罗;各部、院衙门官四品以下、七品以上者,但审判官、检察官及巡警官不在其列;硕学通儒;纳税多额者。很显然,"钦选"议

---

① 上海商务印书馆编译所编纂:《大清新法令》(第6卷),蒋传光点校,商务印书馆2011年版,第71页。

② 上海商务印书馆编译所编纂:《大清新法令》(第1卷),李秀清、孟祥沛、汪世荣点校,商务印书馆2010年版,第75页。

③ 《资政院院章》第52、53条。上海商务印书馆编译所编纂:《大清新法令》(第6卷),蒋传光点校,商务印书馆2011年版,第96—97页。

员大部分是宗室王公、高官显贵。"民选"议员则是由各省谘议局议员"互选"产生,但最后要由各省督抚"圈定"。可见,"资政院"实是承旨办事的御用机构,而根本不是近现代意义上的国家议会。

(2)谘议局。"谘议局"是清末"预备立宪"过程中清政府设立的地方咨询机构,于1909年开始在各省设立。谘议局的筹建始于1907年。

光绪三十四年六月(1908年7月),宪政编查馆草拟了《谘议局章程》及《谘议局议员选举章程》,经奏准朝廷后公布。依照这两个章程的规定,谘议局以"钦尊谕旨为各省采取舆论之地,以指陈通省利病、筹计地方治安"①为宗旨。其权限包括讨论本省兴革事宜、预算决算、税收、公债,以及选举资政院议员、申复资政院或本省督抚的咨询等。但谘议局所议定事项的可决权全在本省督抚。本省督抚对于谘议局,不仅有监督、裁夺的权力,而且有令其停会及奏请解散之权。按照这两个章程的规定,谘议局议员的选举资格和被选举的资格极为苛刻。因此,谘议局并不具备西方国家地方议会的性质,实际上只不过是清廷"立宪"的一个点缀品。

4. 颁布《钦定宪法大纲》与《宪法重大信条十九条》

(1)《钦定宪法大纲》。光绪三十四年(1908),迫于内外政治压力,清廷颁布了由宪政编查馆制定的《钦定宪法大纲》,使其成为中国法制史上首部具有近代宪法意义的法律文件,用资产阶级宪法的形式为君主专制制度披上了合法外衣。宪法的产生,要求其他法律与其相适应,这就必然导致旧有的中华法系诸法合体的破裂,从而使清末立宪成为中华法系解体的开端。

《钦定宪法大纲》由庆亲王奕劻等奏进,慈禧亲自裁定。其内容基本抄自1889年《大日本帝国宪法》(即《明治宪法》)。《钦定宪法大纲》共23条,由正文"君上大权"和附录"臣民权利义务"两部分组成。对此,宪政编查馆和资政院关于《钦定宪法大纲》的奏折作了明确说明:"首列(君上)大权事项,以明君为臣纲之义,次列臣民权利义务事项,以示民为邦本之义。虽君民上下同处于法律范围之内,而大权仍统于朝廷;虽兼采列邦之良规,而仍不悖本国之成宪。"②

"君上大权"共14条,开宗明义规定:"大清皇帝统治大清帝国,万世一系,永永尊戴。"第2条规定:"君上神圣尊严,不可侵犯。"本着这一精神,赋予了皇帝颁行法律、发交议案、召集或解散议会、设官制禄、黜陟百司、统率陆海军队、宣战媾和、订立条约、派遣命名臣、宣布紧急戒严和以诏令限制臣民自由,以及总揽司法审判等大权。与《明治宪法》赋予天皇的权力相比,有过之而无不及。该法

---

① 《谘议局章程》第1条。上海商务印书馆编译所编纂:《大清新法令》(第1卷),李秀清、孟祥沛、汪世荣点校,商务印书馆2010年版,第80页。

② 上海商务印书馆编译所编纂:《大清新法令》(第1卷),李秀清、孟祥沛、汪世荣点校,商务印书馆2010年版,第117页。

规定:"国务各大臣辅弼天皇而负责任。凡法律敕令及其他关于国务之诏敕,须国务大臣副署",从而使得宪法赋予天皇的种种大权受到国务大臣的限制。而《钦定宪法大纲》取消了有关责任内阁制的规定,皇帝权力漫无限制,只不过是对绝对集权的君主专制主义进一步用宪法加以巩固罢了。正如《钦定宪法大纲》的起草者所解释的:"立法、行政、司法则皆总揽于君上统治之大权,故一言以蔽之,宪法者所以巩固君权,兼以保护臣民者也。"①

"臣民权利义务"共9条。重心是纳税、当兵及遵守法律等项义务。至于权利和自由,非常简单,只规定:在法律范围内,所有言论、著作、出版、集会、结社等事,准其自由,臣民非依法律规定,不受逮捕监禁处罚;以及进行诉讼,专受司法机关审判等项。

《钦定宪法大纲》未给人民以真正的民主权利,只不过是使君权宪法化,因而激起了朝野普遍的不满。立宪派也大失所望,梁启超评价这个宪法大纲仅是"涂饰耳目,敷衍门面"②而已。

(2)《宪法重大信条十九条》。1911年10月10日,辛亥革命发生,各省纷纷响应,宣布独立。立宪派和一些手握重兵的将领上书、兵谏,敦促立即公布宪法、召开国会。在内外压力下,清廷令资政院迅速草拟宪法,仅用了三天时间便制定和通过了《宪法重大信条十九条》,通称《十九信条》,于1911年11月3日公布。

《十九信条》与《钦定宪法大纲》比较,在体例与内容上均有不同。一是采用英国式"虚君共和"的责任内阁制。二是形式上限制了皇权,扩大了国会权力。《十九信条》规定皇权以宪法明定者为限,皇位继承顺序由宪法规定。宪法由资政院起草议决,皇帝颁行。宪法修正提案权归国会。总理大臣由国会公选,皇帝任命。皇帝直接统海陆军,但对内使用时,应依国会议决之特别条件。国际条约非经国会议决,不得缔结。官制官规以法律规定。三是它属临时宪法。《钦定宪法大纲》仅是清廷对立宪要求的一个许诺,以此作为九年以后制定宪法的准则。而《十九信条》则已成为一种临时宪法,具有宪法性质。它含有明确规定国会权限的条文,"国会未开以前,资政院适用之"。③ 即在国会成立前,由资政院代行国会权力。1911年11月8日,清廷依据《十九信条》"选举"并由皇帝任命袁世凯为内阁总理大臣。但《十九信条》仍以"大清帝国皇统万世不易""皇帝神

---

① 上海商务印书馆编译所编纂:《大清新法令》(第1卷),李秀清、孟祥沛、汪世荣点校,商务印书馆2010年版,第117页。

② 中国史学会编:《中国近代史资料丛刊(辛亥革命)》(第4册),上海人民出版社1957年版,第155页。

③ 故宫博物院明清档案部编:《清末筹备立宪档案史料》(上册),中华书局1979年版,第103—104页。

"圣不可侵犯"为基本精神,对于人民的民主权利则只字未提。《十九信条》未能挽回清廷的厄运,1912年2月12日清帝溥仪颁布《逊位诏书》①宣布退位,结束了统治中国长达268年的大清王朝。

(二) 刑事法律制度

清末刑法的修订,大体上可以分为两个基本方面:一为删修旧律旧例,改订刑罚制度,废除一些残酷的刑种和明显不合潮流的制度,以《大清现行刑律》为代表。二为制定并公布中国历史上第一部近代意义上的专门刑法典,即《大清新刑律》。

1. 《大清现行刑律》

1904年5月15日,修订法律馆开馆办公,着手对《大清律例》进行删改、修并、续纂,以此作为一部在新刑律颁布以前的过渡性法典。"预备立宪"诏令颁布后,修订《大清律例》被纳入《钦定逐年筹备事宜清单》。1908年修订完成,定名为《大清现行刑律》,分30门,计389条,附例1327条,及《禁烟条例》12条,《秋审条例》165条,于1910年5月15日公布施行。

该律虽在《大清律例》的基础上修订而成,篇目、内容仍不脱旧律窠臼,但作为近代社会产物,已具有过渡性法典的性质。主要表现为:

第一,改律名为《刑律》。古代法典一般称律,如《唐律》《大明律》《大清律》等。《大清现行刑律》则以"刑律"为名。这显然是受西方法学理论的影响。

第二,取消《大清律例》中按吏、户、礼、兵、刑、工六部而设的六律总目。《大清现行刑律》的篇目自"名例"至"河防"分30门36卷,这种编纂方式是新旧法典体例折中的结果。

第三,改革刑罚,废除凌迟、枭首、戮尸、缘坐、刺字等酷刑(当然,仅仅是条文规定上如此)。从立法上肯定了清末以来刑罚改革的成果,诸如充军改为安置,军流徒酌改为习艺,笞杖改为罚金,秋审可矜人犯承案改流,满汉同刑制,并把刑罚统一起来,以罚金、徒、流、遣、死五刑取代原有笞、杖、徒、流、死五刑,将《大清现行刑律》律条及附例内各项罪名一律按新五刑厘定。

第四,废除过时法条,增加新罪名。废除了体现民族压迫的维护满族人特权

---

① 清帝逊位,一如历史上的改朝换代,并没有导致中国领土的分裂与境内诸多少数民族的独立,领土和人民作为一个整体被新生的中华民国继承;有学者基于清帝的《逊位诏书》,认为这一具有宪法意义的重要文书保障了民族的统一和领土的完整,为民国宪法中"具有中华民国国籍的中华民国国民""中华民国领土依其固有之疆域"的"固有"以及满、蒙、回、藏、汉的"五族融合"提供了宪法上的史实基础。《逊位诏书》成为大清帝国到民国政权更替的宪法性合法依据。对此,可参见学界具有代表性的几篇论文,如杨昂:《清帝〈逊位诏书〉在中华民族统一上的法律意义》,载《环球法律评论》2011年第5期;高全喜:《政治宪法学视野中的清帝〈逊位诏书〉》,载《环球法律评论》2011年第5期;章永乐:《"大妥协":清王朝与中华民国的主权连续性》,载《环球法律评论》2011年第5期;支振锋:《为什么重提清帝〈逊位诏书〉?》,载《环球法律评论》2011年第5期。在当时的历史背景下,《逊位诏书》有无上述学者分析的"意义",值得进一步探讨。

的条款,计法条 1 条,条例 40 条。删除了"良贱相殴"条、"良贱相奸"条,并将条文中"奴婢"改为"雇工人",打破了传统法律中"良贱之异"的原则,取消了奴婢在法律上不平等的"律比畜产"地位。同时,又因近代交通运输、工业企业发展,增加了毁坏铁路、电讯等新罪名和定例。由上述变化可知,该法改良幅度较大,但它颁行于辛亥革命前夕,因而未实施多久。

2.《大清新刑律》

清廷在删修《大清现行刑律》的同时,也开始制定新刑律。《大清新刑律》从 1905 年草订到 1910 年 12 月颁布,历时 5 年之久。1906 年,沈家本又聘请日本法学博士冈田朝太郎帮助考订,前后历 3 年,于 1907 年下半年编成《刑律草案》,上奏清廷。修订法律大臣沈家本等人在《奏进呈刑律草案折》中指出,新律于旧律变通者"厥有五端":"一曰更定刑名;一曰酌减死罪;一曰死刑唯一;一曰删除比附;一曰惩治教育。"①但此草案"经宪政编查馆奏交部、院及疆臣核议,签驳者众"②。特别是受到以张之洞、劳乃宣为首的"礼教派"的强烈反对和攻击,修订法律馆不得不将此草案收回,并重新草拟,形成《修正刑律草案》,并有附则 5 条。1910 年 11 月 5 日由宪政编查馆审查、核定告竣,交资政院审议。直到 1911 年 1 月 25 日,清廷据资政院和宪政编查馆会奏,才正式公布经过多次修改的《钦定大清刑律》(即《大清新刑律》),并附有《暂行章程》5 条。《大清新刑律》预定在"宣统五年"(1913)正式施行。但公布后不久,清廷即告覆亡,故《大清新刑律》并未正式施行。

(1)《大清新刑律》的结构变化。《大清新刑律》分总则、分则两编,共 53 章 411 条,附《暂行章程》5 条,其主要特点是:

其一,仿资产阶级刑法体例。一是将非科刑定罪的内容一概删除,使其成为中国历史上第一部近代化的专门的刑法典。提高了刑法的地位,与用刑罚手段调整各种社会关系的传统法典相比,在一定程度上减轻了司法镇压的残酷性。二是确定新的刑法体系,结果是传统刑律在形式上由明清以来六部分立的体例变为近代刑法的总则与分则的体例。在刑法典结构上分为"总则"与"分则"两编。"总则"本质上虽无异于传统律典的"名例",但其内容却丰富完备。"分则"以罪名为纲领,各章规定各类犯罪及刑罚,抛弃了传统律典中章名既不概括罪名,又不便检索的缺点。

其二,采取西方大陆法系国家刑罚体系。随近代文明的发展,古老的刑罚体系必然发生动摇。以流刑为例,交通的发达、边疆的开发,必然使它失去惩罚的作用。因此,《大清新刑律》仿效西方国家的刑罚制度,确定了一个以自由刑为

---

① 上海商务印书馆编译所编纂:《大清新法令》(第 1 卷),李秀清、孟祥沛、汪世荣点校,商务印书馆 2010 年版,第 457—461 页。

② 《清史稿·刑法志》。

中心,由主刑、从刑组成的新体系。《大清新刑律》规定主刑5种,分别为死刑、无期徒刑、有期徒刑、拘役、罚金;从刑2种,分别为褫夺公权和没收。废除了传统社会中以乡土观念为基础,同时又有"以邻为壑"作用的流刑,废除了折磨肉体的笞刑、杖刑,将身体刑排除在刑罚体系之外,同时,大大减少死刑条数,且规定:"死刑用绞,于狱内执行之。"

(2)《大清新刑律》的内容变化。其一,吸收大陆法系刑法制度的内容。一是采用罪刑法定原则,规定:"法律无正条者,不问何种行为,不为罪。"二是引进缓刑、假释、时效制度,专设"缓刑""假释""时效"章,不仅有利罪犯自新,也具有人道主义色彩。三是对青少年犯实行感化教育,确定对刑事责任年龄以下的青少年犯罪施以感化教育,开我国感化教育青少年犯之先河。四是创设"妨害选举罪""妨害交通罪""妨害饮料水罪""妨害卫生罪""妨害安全、信用、名誉及秘密罪"等章,客观上有利于维护民众的正当权益;为适应列强在华利益需要,效法西方国家刑法设"妨害国交罪"章。

其二,《大清新刑律》对传统刑法制度作了大量删削,尤其是删去了以"家天下"和宗法制为根据的八议、请、减、赎、十恶和存留养亲等传统法律内容,取消了旧律中残酷的刑罚规范及"官秩""良贱""服制"等规范。

《大清新刑律》虽未及施行,但它却是中国历史上首部仿效大陆法系刑法原则、体例制定的刑法典,深刻影响了我国近代社会的刑事立法。民国初年,北京政府以《大清新刑律》为基础,删去其中与民国国体不相适应的部分,定名为《暂行新刑律》继续在民国适用。

3. 修律过程中的"礼法之争"

所谓"礼法之争",是指在清末变法修律过程中,以张之洞、劳乃宣为代表的"礼教派"与以修订法律大臣沈家本为代表的"法理派"围绕《大清刑事民事诉讼法草案》《大清新刑律》等新式法典的修订而产生的理论争执。① "礼法之争"在表面上是针对具体条文而产生的不同意见,但双方争执的核心在于在新律中如何对待中国数千年相传的"纲常名教",或者说是传统礼教与西方法律原则相冲突时如何调和二者的矛盾的问题。

(1)"法理派"与"礼教派"。清末修律过程中"法理派"与"礼教派"之争,主要集中在光绪三十三年(1907)修订法律馆上奏《新刑律草案》以后。以沈家本为首的修律大臣经常运用西方国家的"通行法理"来对抗保守派的攻击,因而被称为"法理派"。"法理派"从西方近、现代法学理论出发,认为应该采用部门

---

① 早在光绪三十二年(1906)修订法律馆制定《大清刑事民事诉讼法草案》时,"礼法之争"就拉开了序幕。修订大臣沈家本、伍廷芳等主张"模范列强",主张采实体法与程序法分离的编纂体例,单独制定诉讼法,编成《大清刑事民事诉讼法草案》,草案中采用西方的律师制度与陪审制度,遭到以张之洞为首的"礼教派"的反对,故草案并未获得通过。

法分立的方式,按照各自的范围、特点来制定新的法律,同时主张中国应该大幅度地引进西方近、现代的法律理论与观念,运用"国家主义"等政治、法律理论来改革中国传统法律制度。

以曾出任湖广总督、后任军机大臣的张之洞、江苏提学使劳乃宣为代表,包括直隶总督袁世凯等"封疆大吏"与地方督抚在内的清廷上层官僚、贵族,则对变法修律持反对、消极的态度。在大势所趋、变法修律已成定局后,他们又对沈家本等主持的修订法律馆多有指责,要求修订新律应"浑道德与法律于一体",尤不应偏离中国数千年相传的"礼教民情",故而被称作"礼教派"。礼教派认为,"三纲五常"及其所体现的传统社会秩序是天地间的唯一正理,是中国数千年来赖以存在的"根本",是绝对不可以稍有改变的。变法修律只能在"中学为体、西学为用"的框架内,在形式上采纳一些西方的法律术语,而不能从根本上去触动传统的纲常名教。法理派所作出的这些改变,是对"三纲五常"等传统秩序的背叛,完全背离了变法修律的宗旨,实在不应该被朝廷接受。

(2) 法理派与礼教派争论的焦点。在制定《大清新刑律》的过程中,法理派与礼教派争论的焦点主要集中在以下几方面:

其一,关于"干名犯义"条存废的问题。"干名犯义"是传统法律中的一个重要罪名,专指子孙控告祖父母、父母的行为。按照儒家的理论,亲属之间理应相互包庇、隐瞒犯罪。亲属相互告言,"亏教伤情,莫此为大"①。明清律中,子孙控告祖父母谓之"干名犯义",亦属十恶之条。清末修律过程中,沈家本等人从西方国家通行的法理出发,提出"干名犯义"属"告诉之事,应于编纂判决录时于诬告罪中详叙办法,不必另立专条"②。而礼教派则认为"中国素重纲常,故于干名犯义之条,立法特为严重"③,由此足见"干名犯义"条款大干礼教之事,是传统伦理的根本所在,因而绝不能在新刑律中没有反映。

其二,关于"存留养亲"制度。"存留养亲"是传统法律中的一项重要制度。一般而言,"存留养亲"多适用于独子斗殴杀人之案。在此类案件中,若有"亲老丁单",即凶犯系家中独子、父母年老有病、家中又无其他男丁,考虑到其父母年老无人侍养,又无其他男丁继承宗嗣,经有关部门代为声请,得到皇帝特许以后,可免其死罪,施以一定处罚以后,令其回家"孝养其亲"。自南北朝成为定制以后,围绕"存留养亲"的条件、限制等问题,各代形成了一整套制度。长期以来,"存留养亲"一直被视为"仁政"的重要标志。沈家本等人认为:"古无罪人留养之法",而且嘉庆六年(1801)上谕中也明白表示过:"是承祀、留养,非以施仁,实

---

① 因此,自孔子以下,各代儒生皆主张"亲属相隐"。汉代以后,"亲属相容隐"正式成为一条国家律法。隋唐以后,控告祖父母、父母的行为,被列入"十恶"中的"不孝"。
② 沈家本:《书劳提学新刑律草案说帖后》,载《寄簃文存》,商务印书馆2017年版,第251页。
③ 《大清法规大全·法律部》卷首,第1—2页。

以长奸,转以诱人犯法。"因此,"存留养亲"不编入新刑律草案,"似尚无悖于礼教"①。礼教派认为,"存留养亲"是宣扬"仁政"、鼓励孝道的重要方式,不能随便排除在新律之外。

其三,关于"无夫奸"及"亲属相奸"等问题。依照传统伦理,"奸非"是严重违反道德的行为,故传统刑律有严厉的处罚条款。"亲属相奸"更是"大犯礼教之事,故旧律定罪极重"。因此,礼教派认为在新律中也应有特别的规定。法理派则认为:"无夫妇女犯奸,欧洲法律并无治罪之文","此事有关风化,当于教育上别筹办法,不必编入刑律之中"。② 至于亲属相奸,"此等行同禽兽,固大乖礼教,然究为个人之过恶,未害及社会,旧律重至立决,未免过严"。因此,对此等行为,依"和奸有夫之妇"条款处以三等有期徒刑即可,"毋庸另立专条"。③

其四,关于"子孙违反教令"的问题。"子孙违反教令"是传统法律中一条针对子孙卑幼"不听教令"的适用弹性很大的条款。只要子孙违背了尊长的意志、命令,即可构成此罪名。隋唐以后,各代法律都有此罪条,给予违反父母、尊长意志的子孙以惩罚。清律之中,除规定子孙违反教令处以杖刑以外,还赋予尊长"送惩权",即对于多次触犯父母尊长者,尊长可以直接将其呈送官府,要求将其发遣。礼教派认为:"子孙治罪之权,全在祖父母、父母,实为教孝之盛轨。"④法理派则指出:"违反教令出乎家庭,此全是教育上事,应别设感化院之类,以宏教育之方。此无关于刑事,不必规定于刑律中也。"⑤

其五,关于子孙卑幼能否对尊长行使正当防卫权的问题。礼教派认为,按照中国传统的伦理,"天下无不是之父母"⑥,子孙对父母、祖父母的教训、惩治,最多像舜帝那样"大杖则走,小杖则受",只有接受的道理,而绝无"正当防卫"之说。法理派则认为:"国家刑法,是君主对于全国人民的一种限制。父杀其子,君主治以不慈之罪;子杀其父,则治以不孝之罪",唯有如此"方为平允"。

(3)争论妥协的结果——《暂行章程》。沈家本等分别于1907年9月和1908年1月先后奏上《刑律草案》及其案语,并在奏折中言明其修订宗旨是:"折衷各国大同之良规,兼采近世最新之学说,而不戾乎我国历世相沿之礼教民情。"⑦该草案上奏清廷后,依旧遭到了以张之洞为首的礼教派的反对。清廷将学部及部院督抚大臣的签注连同《刑律草案》交由修订法律馆和法部进行修改。

---

① 沈家本:《书劳提学新刑律草案说帖后》,载《寄簃文存》,商务印书馆2017年版,第251页。
② 同上书,第254页。
③ 同上书,第251—252页。
④ 劳乃宣:《修正刑律草案说帖》,载黄源盛纂辑:《晚清民国刑法史料辑注》(下),元照出版有限公司2010年版,第1449页。
⑤ 沈家本:《书劳提学新刑律草案说帖后》,载《寄簃文存》,商务印书馆2017年版,第254页。
⑥ 瞿同祖:《中国法律与中国社会》,中华书局1981年版,第15页。
⑦ 上海商务印书馆编译所编纂:《大清新法令》(第1卷),李秀清、孟祥沛、汪世荣点校,商务印书馆2010年版,第521页。

修订法律馆按照谕旨的要求，对有关伦纪各条皆加重一等，修改后送交法部。法部尚书廷杰以"揆诸中国名教，必宜永远奉行勿替者，亦不宜因此致令纲纪荡然"①为由，在正文后加上附则5条，规定了无夫妇女通奸罪，对尊亲属有犯不得适用正当防卫，加重卑幼对尊长、妻对夫杀伤害等罪的刑罚，减轻尊长对卑幼、夫对妻杀伤等罪的刑罚等，以符合"凡我旧律义关伦常诸条不可率行变革"的宗旨。

在整个礼法之争过程中，在修律的方向和宗旨等问题上，礼教派的观点实际上代表了包括清廷、社会上层贵族官僚、传统士大夫在内的保守势力的观念和态度。宣统元年(1909)正月二十七日，清廷针对修律过程中的争议正式发布上谕，明确表示："惟是刑法之源本乎礼教，中外各国礼教不同，故刑法亦因之而异……良以三纲五常，阐自唐、虞，圣帝明王兢兢保守，实为数千年相传之国粹，立国之大本。今寰海大通，国际每多交涉，固不宜墨守故常，致失通变宜民之意，但祗可探彼所长，益我所短。凡我旧律义关伦常诸条，不可率行变革，庶以维天理民彝于不敝。该大臣务本此意，以为修改宗旨，是为至要。"②

1910年，《修正刑律草案》交宪政编查馆考核。礼教派认为草案正文与附则本末倒置，提议将"旧律有关伦纪礼教各条"直接列入新刑律正文，沈家本等法理派奋起反驳。宪政编查馆将该草案交资政院议决。宪政编查馆特派员杨度到资政院议场说明新刑律"国家主义"的立法宗旨，批评传统旧律的"家族主义"原则，再次引发了议员们关于立法指导思想的激烈讨论。③最后，新刑律在资政院的议场没能全部议完。1911年，清廷正式公布《大清新刑律》总则、分则并《暂行章程》，以备施行。随后，礼教派对法理派提出弹劾，沈家本被迫辞去修订法律大臣和资政院副总裁之职。"礼法之争"反映了中国继受西方法律的过程中传统法与西方法律之间的摩擦与融合，因此"礼法之争"并没有随着《大清新刑律》的颁布而结束，而是一直影响着近代中国社会的法律变革。

（三）民商事法律制度

1. 商事单行法规与《大清商律草案》

（1）商律修订的过程。清末的商事立法，按其前后修订过程大致可分为两个阶段。

---

① 《法部尚书廷杰等奏为修正刑律草案告成折》，载黄源盛纂辑：《晚清民国刑法史料辑注》(下)，元照出版有限公司2010年版，第1431页。

② 上海商务印书馆编译所编纂：《大清新法令》(第5卷)，李秀清、王捷点校，商务印书馆2010年版，第2页。

③ 时任宪政编查馆特派员的杨度作为"法理派"的一员，到资政院会场说明新刑律的"国家主义"立法宗旨，批评传统旧律的"家族主义"原则，引发了议员们关于中国立法应以"国家主义"还是"家族主义"为指导思想的激烈讨论。关于资政院第二十三次议决会场的情形，参见《资政院议场会议速记录——晚清预备国会论辩实录》，李启成点校，上海三联书店2011年版，第298—327页。

光绪二十九年(1903)到光绪三十三年(1907)为第一阶段。光绪二十九年三月二十五日(1903年4月22日),清廷指派载振、伍廷芳和时任北洋大臣与直隶总督的袁世凯拟定商律。同年七月十六日(1903年9月7日)设立商部后,载振为尚书,伍廷芳为左侍郎,主要根据当时的需要,由商部制定和颁布了一些应急的法律、法规。①

光绪三十三年(1907)至宣统三年(1911)为第二阶段。经过光绪三十二年(1906)的官制改革,商事立法改由修订法律馆负责,主要法典由修订法律馆主持起草,各单行法规仍由相关部门拟订。由于有了几年的立法经验,因而所订法律趋向成熟,但由于清室覆亡,大都未能颁行。②

(2)《钦定大清商律》。1904年1月,清廷颁布的《钦定大清商律》由"商人通例"和"公司律"两编组成。其中"商人通例"共9条,分别规定了商人的定义与条件及妇女经商、商号、商业账簿等方面的问题,具有商法总则的性质;"公司律"共131条,分为公司分类及创办呈报法、股份、股东权利各事宜、董事、查账人、董事会议、众股东会议、账目、更改公司章程、停闭、罚例等11节。

该律的主要内容包括:

其一,以法律的形式规定了奖励工商业的政策,肯定了资本主义近代企业的合法地位。《钦定大清商律》第23条规定:"凡现已设立与嗣后设立之公司及局、厂、行、号、铺等均可向商部注册,以享一体保护之利益。"

---

① 其时所定商事法规主要有:(1)《钦定大清商律》。由商部制定,光绪二十九年十二月五日(1904年1月21日)奏准颁行。共140条,由"商人通例"9条和"公司律"131条组成。(2)《公司注册试办章程》。由商部制定,光绪三十年五月(1904年6月)奏准颁行。共18条,内容较为简单、粗糙。(3)《商标注册试办章程》与《商标注册试办章程细目》。由商部制定,光绪三十年六月(1904年7月)奏准颁行。其中章程28条,细目23条,内容较为详细。(4)《破产律》。由商部起草,脱稿后送沈家本、伍廷芳共同商定,于光绪三十二年四月(1906年5月)奏准颁行。总之,由于时间仓促,这一时期所订商法大都比较简单,而且门类不全,不能满足政府与社会的需要。

② 按时间顺序,这一阶段未及颁行的商法草案有:(1)《大清商律草案》,亦称《志田案》。光绪三十四年八月(1908年9月)修订法律馆聘日本法学博士志田钾太郎起草,自宣统元年(1909)起陆续脱稿。(2)《交易行律草案》。光绪三十四年(1908)起草。(3)《破产律草案》。修订法律馆聘日本法学士松冈义正起草,宣统元年完成,共337条,内容较为周详。(4)《保险规则草案》。农工商部(1906年改商部为农工商部与邮传部)订。共124条,经宪政编查馆厘正后,于宣统二年八月(1910年9月)奏交资政院审议。(5)《改订大清商律草案》。农工商部拟订,宣统二年十一月(1911年1月)奏交资政院审议。此外,清政府还制定和颁布了一些与商法有密切关系的法规,如《商会简明章程》《华商办理农工商实业爵赏章程》《奖励华商公司章程》《改订奖励华商公司章程》等。这一时期已颁行的商事单行法规主要有:(1)《银行则例》,度支部订,光绪三十四年正月(1908年2月)奏准颁行。(2)《银行注册章程》。度支部订,共8条。光绪三十四年六月(1908年7月)奏准颁行。(3)《大小轮船公司注册给照章程》。邮传部订,共20条。宣统二年三月(1910年4月)奏准颁行。(4)《运送章程》。农工商部起草,宣统二年八月(1910年9月)奏交资政院审议,十二月奏准颁行。其中正文54条,分为总则、运送承办人、运送营业者3章;附则2条。大约相当于当时外国商行为法中有关运送营业的部分,是一部较成熟的单行法规。

其后制定的一些单行商事法规,如《华商办理农工商实业爵赏章程》规定:凡商人所办实业能开辟利源、制造物品、扩充国民生计者,皆可按资本额大小及所用工人多寡,分别授以子爵、男爵、卿等爵秩,以显其荣。《改订奖励华商公司章程》规定:凡集股办公司股金在20万元以上者,可按其所集股金数额,分别授以农工商部顾问官、议员等职衔,并相应地授以一至七品顶戴,使之在礼仪方面受优待等。

其二,规定了商人的法律地位及商事活动中所应遵循的一般规则。《钦定大清商律》规定:"凡经营商务贸易,买卖贩运货物者,均为商人"(第1条);男子16岁以上方可为商;商人必须立有账簿,并定期结账,商业账簿及与贸易有关的往来信件至少要保存10年。

其三,规定了公司的法律地位、种类,各种公司的组织机构、内部关系及外部关系、成立、变更、解散及会计制度等。《钦定大清商律》规定:"凡凑集资本共营贸易者名为公司。"公司共分四种:合资公司、合资有限公司、股份公司、股份有限公司(第1条);公司必须设置经理;股份公司和股份有限公司必须设董事局和查账人,并定期举行股东大会,讨论决定公司的重大问题;设立合资有限公司,必须订立合同,呈报商部注册后,方准开办;设立股份公司和股份有限公司,除订立创办合同外,还须待股数招齐,并经股东大会审查无误后,方可呈报商部注册开办;公司欲增加股本,必须经股东大会决议并呈报商部注册;公司账目每年至少结算一次,必须确有盈利,方可分派股息,但至少须将盈利的5%用作公积金;公司如股本亏蚀及半或存续期满或股东低于法定人数,即作为停闭,停闭后要由专人进行清理。

《钦定大清商律》的结构与内容均较简略,作为中国历史上第一部独立的商法典,在中国商法史上占有重要的地位。颁布后一直使用到民国三年(1914),至北京政府颁布新的《商人通例》和《公司条例》后,才告废止。

(3)《大清商律草案》(称《志田案》)。其结构一改《钦定大清商律》的两编体例,按民商分立原则,由国家单独编纂商法典。这部近代中国唯一的大部头的商法典共分5编,合计1008条。主要内容如下:

第一编总则,下分法例、商业、商业登记、商号、营业所、商业账簿、商业所用人、商业学徒、代办商,共9章103条。其具体内容多与《钦定大清商律》相类。

第二编商行为,下分通则、买卖、行铺营业、承揽运送业、运送营业、仓库营业、损害保险营业、生命保险营业,共8章236条。商行为一编具体规定了买卖、行铺营业、承揽运送业、运送营业、仓库营业、保险营业等商事行为的性质、经营规则、有关当事人之间的权利义务关系等。如规定:以自己的名义就他人之计算而担任贩卖或买入动产或有价证券的营业谓之行铺营业;行铺须以商人之注意为其所任之行为;于陆上、河川或其他国内水上运送物品或旅客的行业谓之运送业;旅客之运送人非证明自己或其使用人关于运送无怠于注意之处,对于旅客因运送所受之损害不得免赔偿之责;等等。

第三编公司律,分6编16章共312条。第1编总则,下设法例、通则2章;第2编合名公司,下设设立、内部之关系、外部之关系、股东之入股及退股、解散5章;第3编合资公司;第4编股份公司,下分设立、股份、股东总会、董事、监察员、会计、公司债、定章之变更、解散9章;第5编股份合资公司;第6编罚则。其具体内容多与《钦定大清商律》相类。

第四编票据法,分3编15章共94条。第1编总则,下设法例、通则2章;第2编汇票,下设汇票之发行及款式、票背签名、承诺、代人承诺、保证、满期日、付款、拒绝承诺及拒绝付款之场合执票人之请求偿还权、代人付款、副票及草票、汇票之伪造变造及遗失、时效,共12章;第3编期票,下设期票1章。票据法对商事活动中经常使用的票据的性质、种类、款式、发行、流通、收回及当事人之间的权利义务作了系统规定。如规定:票据为汇票和期票二种;汇票得以背书转让;执票人于汇票期满日得向付款人要求付款,付款人负有清偿其所承诺金额之责;付款人拒绝承诺或拒绝付款时,执票人得向有关债务人请求偿还票据上未付之金额及其他有关费用,等等。

第五编海船律,分6编11章共263条。第1编总则,下设法例、通则2章;第2编海船关系人,分所有者、海员2章;第3编海船契约,分运送物品契约、运送旅客契约、保险契约3章;第4编海损,分共同海损、海船之冲突2章;第5编海难之救助;第6编海船债权之担保,分法定债权、抵当权2章。海船律对于海上运输这一特殊行业的有关问题作了系统的规定。如详细地规定了海船所有人、船长及船员的权利、职责,他们和旅客及货主的关系,以及海上运输中各种意外事件的处理原则等。

《大清商律草案》体例严谨,内容周详。但大多数条文脱离中国实际和社会习惯。由于该律是按照商法典的规模和要求来编纂的,因而起草的过程较长,至1911年辛亥革命爆发,仍未全部定稿。已完成者中有些也未来得及经修订法律馆审核,因而均未颁行。

2.《大清民律草案》

(1)民律修订的背景。清末修律之初主要着眼于对《大清律》的修订和《大清新刑律》的制定,民事立法的修订直到光绪三十三年五月(1907年6月)才受到朝廷的重视。其时的大理院正卿张仁黼在其《修订法律请派大臣会订折》中奏称:"人与人之关系,则属乎私法","私法如民法、商法是","至民法为刑措之原,小民争端多起于轻微细故,于此而得其平,则争端可息,不致酿为刑事。现今各国皆注重民法,谓民法之范围愈大,则刑法之范围愈小,良有以也"。① 民政部大臣善耆也在给朝廷的奏折中提出制定民法的主张。光绪三十三年九月(1907年10月),宪政编查馆正式将民法的编纂列入修律计划。第二年十月(1908年11月),在沈家本主持下,修订法律馆聘请日本法学士松冈义正为顾问,开始民法的起草。宣统元年二月(1909年3月),内阁侍读学士甘大璋奏请将民律中与礼教牵涉较多的亲属编、继承编分出,改由礼学馆起草,然后会同修订法律馆一起商定。为起草民律,修订法律馆专设一科,"科设总纂一人,纂修、协修各四人,调查一人或二人。又设咨议官访通晓法政、品端学粹之员,分省延请,以备随时咨商"。此外,"凡各省习惯及各国成例,得分别派员或咨请出使大臣调查"②。

修订法律馆和礼学馆在起草民律过程中,强调将以下三点作为宗旨:

一是"注重世界最普通之法则",广泛吸收大陆法系国家民法的一般原则和具体规定。

二是"原本后出最精之法理","采用各国新制"以便与列强相交涉。

三是"求最适于中国民情之法"和"期于改进上最有利益之法"。③

一方面,"或本诸经义、或参诸道德、或取诸现行法制";另一方面,"依据调查之资料,参照各国之法例,斟酌各省之报告,详甚草订",以便从中国传统的礼教民俗中吸取相应的规范。④

在修订法律馆的组织下,由松冈义正起草的民律总则、债权、物权三编全部完稿,礼学馆负责起草的亲属编、继承编也相继完成,共36章1569条。修订法律馆将五编依次排定,命名为《大清民律草案》。至宣统三年八月(1911年9月),将前三编缮成黄册,奏请交内阁核定。后两编准备会同礼学馆商定后,再行奏进。但未等这些工作进行完毕,清廷便因辛亥革命被推翻。

(2)《大清民律草案》的结构与内容。《大清民律草案》共有五编,按其编纂结构和内容的特点可分为前后两个部分,即总则、债权、物权前三编与亲属、继承后两编。

《大清民律草案》的前三编以"模范列强"为主,草案受起草者日本法学士松冈义正的影响,以日本明治二十九年(1896)《民法典》为蓝本,同时参酌德国和瑞士《民法典》,其结构则是取自1900年的德国《民法典》,但对中国旧有习惯未

---

① 故宫博物院明清档案部编:《清末筹备立宪档案史料》(下册),中华书局1979年版,第835—836页。

② 谢振民:《中华民国立法史》,正中书局1937年版,第899页。

③ 故宫博物院明清档案部编:《清末筹备立宪档案史料》(下册),中华书局1979年版,第911—913页。

④ 《中华民国暂行民律草案》。转引自曾宪义主编:《新编中国法制史》,山东人民出版社1987年版。

加参酌。

第一编总则，援引了私有财产所有权不可侵犯、契约自由、过失致人损害应予赔偿等资产阶级民法的一些基本原则。下设法例、人、法人、物、法律行为、期间及期日、时效、权利之行使及担保等八章。分别对自然人的权利能力、行为能力、责任能力、住所、人格保护，法人的意义和成立要件，法人的各项民事权利、社团法人、财团法人，以及意思表示、契约行为、代理行为、取得时效、消灭时效等民法上的根本概念和法律关系作了规定。如在总则编中规定：契约必须经双方同意才能成立，"要约经拒绝者，失其效力"（第204条），契约的变更亦须经双方同意，"要约定有承诺期间者，不得撤回"（第201条），"要约人于承诺前死亡或失其能力者，其契约仍得成立"（第209条）等。

第二编债权，分别规定了债权的标的、效力、让与、承认、消灭以及各种形式的债的意义和有关当事人的权利义务等。下分通则、契约、广告、发行指示券、发行无记名证券、管理事务、不当得利、侵权行为等八章。引用的条文具有典型的大陆法系风格。如在债权编规定："因故意或过失侵他人之权利而不法者，于因加害而生之损害负赔偿之义务"（第945条）；"官吏、公吏及其他依法令从事公务之职员，因故意或过失违背应尽之职务，向第三人加损害者，对于第三人负赔偿之义务"（第948条）；"为某种事业使用他人者，于被使用人执行事业加损害于第三人时，负赔偿之义务"（第952条）。该编对中国传统社会中民间普遍存在的习惯性规则缺乏相应的参酌。

第三编物权，主要规定了对各种形式的财产权的法律保护及财产使用内容等。下分通则、所有权、地上权、永佃权、地役权、担保物权、占有等七章。如在物权编中规定："所有人于法令之限制内得自由使用、收益、处分其所有物"（第983条），他人不得干涉（第984条）。

《大清民律草案》后两编以"固守国粹为宗"。后两编因由清廷礼学馆主持起草，虽然条文中采纳了一些资产阶级的法律规定，但更注重吸收中国传统社会历代相沿的礼教民俗。

第四编亲属，分别对亲属关系的种类和范围、家庭制度、婚姻制度、未成年人和成年人的监护、亲属间的扶养等作了规定。下分定名、取义，下设通则、家制、婚姻、亲子、监护、亲属会、扶养之义务等七章。其具体法律条文成为清末东西方法律文化交融的一个缩影。如关于家庭制度的条文规定："家政统于家长"（第1327条），"家长以一家中之最尊长者为之"（第1324条）；关于离婚的条文规定：男子不满三十岁，女子不满二十五岁，离婚须父母同意（第1360条）。

第五编继承，分别规定了自然继承的范围及顺位、遗嘱继承的办法和效力、尚未确定继承人的遗产的处置办法，以及对债权人和受遗人利益的法律保护等。第一章包括定名、范围及次序，以下是通则、继承、遗嘱、特留财产、无人承认之继承、债权人或受遗人之权利等六章。继承编同样体现了浓厚的传统色彩,如关于继承权特别规定不可以抛弃,即使受继人有不利益之事,亦不得抛弃继承。在这里家族的传承观念远远重于个人的物质利害得失。

《大清民律草案》从整体结构上来说,确实代表了其时最先进的民法理论,唯其如此,这一草案的完成,恰恰也成为清末修订的大部分法典一味强调"与国际接轨",而罔顾本国社会实际这一通病的又一典型。而其法典内容所体现出的前后两部分的差异,则又成为近代东西方两种法律文化交融的例证,它以一个具体的视角叙述着"中体西用"的理论与实践。就法典本身来说,《大清民律草案》不是一部成熟的法律草案,但其确是中国历史上第一部民法典草案。它对以后中华民国的民事立法产生了深远的影响。

(四) 诉讼法律制度

1.《大清刑事民事诉讼法草案》

中国传统法律一向是诸法合体,程序法不单独编纂。一方面,清廷颁布修订法律谕旨后,修订法律馆大臣认为刑法和诉讼法关系密切,不可偏废,于是在修订刑律的同时,开始了诉讼立法工作。沈家本等人认为,实体法与诉讼法相互为用,日本之所以能在明治维新后收回治外法权,"推原其故,未始不由于裁判诉讼咸得其宜"[①]。另一方面,鉴于历史传统形成的刑民不分的事实,修订法律馆于光绪三十一年(1905)提出制定简明诉讼法,将民事诉讼与刑事诉讼规定在一部法典中。

光绪三十二年四月(1906年5月),拟成《大清刑事民事诉讼法草案》上奏清廷,请求在刑法和民法之前颁行。该草案共5章260条,另附《颁行例》3条。第1章为总纲,主要规定了刑事诉讼和民事诉讼的区别、诉讼时限、诉讼公堂、各类惩罚等;第2章为刑事规则,主要规定了逮捕、拘传、搜查、传唤、关提、拘留、取保、审讯、裁判、执行、开释等刑事诉讼程序;第3章为民事规则,具体规定了传唤、诉讼标的500元以下和500元以上的案件的诉讼、审讯、拘提被告、判案后查封产物、监禁被告、查封在逃被告产物、减成偿债及破产物、和解等民事诉讼程序;第4章为刑事、民事通用规则,主要是关于律师、陪审、证人、上诉的规定;第5章为中外交涉案件的处理规则,规定涉外案件依当时的条约审讯。

由于负责起草的伍廷芳曾留学英国,对英美法较有研究,因而该草案的内容多采自英美法,与大陆法国家的程序法有所不同。草案采用了资产阶级的陪审制度、律师制度,是我国首次尝试单独编纂诉讼法规。有鉴于此,清廷于1906年4月下谕,该法内容"于现在民情风俗能否通行,着该将军督抚、都统等体察情

[①] 上海商务印书馆编译所编纂:《大清新法令》(第1卷),李秀清、孟祥沛、汪世荣点校,商务印书馆2010年版,第418页。

形,悉心研究其中有无扞格之处,即行缕晰条分,据实具奏"①。之后,各省覆奏纷纷反对,对该草案加以批驳,"或以为舆情未洽,或以为人才未备,或以为关键多疏,或以为滞碍难行"②,一致拟请暂缓施行。特别是湖广总督张之洞攻击最烈,认为它"过沿西制,于中国礼教似有乖违,且未尽合法理,诚恐法权难挽"。据此,清廷于光绪三十四年九月(1908年10月)准由修订法律馆会同法部对该草案"详加覆核,妥善拟定",加以修改。但这时修订法律馆已决定将刑事诉讼律和民事诉讼律分开,重新起草,因而《大清刑事民事诉讼法草案》在实际上成了废案。

2. 《刑事诉讼律草案》和《民事诉讼律草案》

在各省督抚对《大清刑事民事诉讼法草案》提出种种意见时,修订法律馆就已有了制定新的诉讼法的打算,并将此计划列入《钦定逐年筹备事宜清单》。光绪三十三年十一月(1907年12月)奏准的办事章程中,明确把刑事诉讼律、民事诉讼律的调查起草作为该馆第二科的职掌,开始重新编纂诉讼法典。光绪三十四年十月(1908年12月)聘日本法学家松冈义正等为法律顾问后,又安排由冈田朝太郎和松冈义正分别协助起草刑事诉讼律和民事诉讼律,至宣统二年十月(1911年11月),相继编成《刑事诉讼律草案》和《民事诉讼律草案》。

(1)《刑事诉讼律草案》。该法成为我国首部独立的刑事诉讼法典草案。它引进了一系列资产阶级诉讼制度,如辩护制度、感化教育制度等。同时结合实际作了一些改进,如将资产阶级法院组织中的级别管辖移入诉讼法典。草案共分6编515条。第1编总则,下设审判衙门、当事人、诉讼行为3章;第2编第一审,下设公诉、公判2章;第3编上诉,下设通则、控告、上告、抗告4章;第4编再理,下设再诉、再审、非常上告3章;第5编特别诉讼程序,下设大理院特别权限之诉讼程序、感化教育及监禁处分程序2章;第6编裁判之执行。主要模仿日本1890年《刑事诉讼法》,内容远较《大清刑事民事诉讼法草案》完备。其主要内容包括:

其一,诉讼方式上采用告劾式,审判衙门只管审判,不管纠问;其二,对刑事案件实行公诉,公诉权由检察官行使,并规定有预审程序,预审权亦由检察厅行使;其三,采取资产阶级"自由心证""直接审判""言词辩论"等原则,对证据的证明力及其取舍,不预设定,要求审判衙门对案件关系人及有关的物品直接进行讯问调查,允许原被告双方辩论;其四,规定原被告待遇平等,被告人除自行辩护外,还可请辩护人及辅佐人代为辩护;其五,实行审判公开的原则和三审终审制;

---

① 上海商务印书馆编译所编纂:《大清新法令》(第1卷),李秀清、孟祥沛、汪世荣点校,商务印书馆2010年版,第420页。

② 《东华录·光绪朝》。

其六,规定当事人对案件无处分权,禁止当事人私自了结;其七,实行干涉主义,规定审判官为查明案情,可调查一切有关事宜,不受当事人言词的拘束。

(2)《民事诉讼律草案》。该法是我国首部独立的民事诉讼法典草案,它以德国《民事诉讼法》为蓝本,参照日本、奥地利、匈牙利等国的民事诉讼法,结合中国传统法律及习俗制定而成。采用了资本主义国家通用的"当事人主义""法院不干涉原则"及"辩论原则"等,但许多条文有脱离中国社会实际之处。该草案共分4编800条。第1编审判衙门,下设事物管辖、土地管辖、指定管辖、合意管辖、审判衙门职员之回避拒却及引避5章;第2编当事人,下设能力、多数当事人、诉讼代理人、诉讼辅佐人、诉讼费用、诉讼担保、诉讼救助7章;第3编通常诉讼程序,下设总则、地方审判厅之第一审诉讼程序、初级审判厅之诉讼程序、上诉程序、再审程序5章;第4编特别诉讼程序,下设督促程序、证书诉讼、保全诉讼、公示催告程序、人事诉讼5章。

这两部草案虽由于清廷的覆亡未能颁行,但并未完全归于废弃。民国初年,北京政府曾多次援用《刑事诉讼律草案》的某些条文,并于1912年在修订该草案的基础上,编成《刑事诉讼条例》514条,公布使用。《民事诉讼律草案》第1编的第1章至第4章也于1912年被援用。1921年,广东政府将该草案略加修改,编成《修正民事诉讼律》800条,北京政府将其加以若干修正,编成《民事诉讼条例》755条,同年公布,第二年施行。

3.《各级审判厅试办章程》

法部受命对《大清刑事民事诉讼法草案》详核妥拟,鉴于各级审判厅即将普遍设立、急需程序性法律规范的情况,立即着手编纂暂行诉讼法。为调和传统文化和近代西方法律文化间的矛盾,法部以直隶总督袁世凯奏定的《天津府属审判厅试办章程》为基础,兼采沈家本奏呈的《法院编制法草案》,于光绪三十三年(1907)编成《各级审判厅试办章程》。

该章程分"总则""审判原则""诉讼""各级检察厅通则"和"附则"5章,计120条。光绪三十四年(1908),经宪政编查馆详核开始施行。该章程是一部关于法院组织和民刑事诉讼的综合法典,也是法院组织法、刑事和民事诉讼法颁布前的过渡性法典。它删除了《大清刑事民事诉讼法草案》中规定的陪审制度和律师制度,但仍采用了一些近代法院的组织结构和诉讼术语、审判制度等,如四级三审制、预审制、检察制度等。因新的刑事、民事诉讼法难产,该章程一直存续至清亡,且在北京政府统治时期改头换面实施达十年之久。

4.《大理院审判编制法》与《法院编制法》

清廷配合"预备立宪"将大理寺改大理院,专任审判。为明确大理院职权,法部随之拟定《大理院审判编制法》,于光绪三十二年十一月(1906年12月)颁行。该法分"总纲""大理院""京师高等审判厅""城内外地方审判厅""城谳局"

5节,计45条。它引入了资产阶级"司法独立"原则,确立四级三审制、审检合署、审判合议等制度,是模仿资产阶级国家制定的我国第一个单行法院组织法规。

因《大理院审判编制法》仅限京师地区适用,加之《钦定逐年筹备事宜清单》所列颁布《法院编制法》的日期(1908)迫近,因此修订法律馆于光绪三十三年八月(1907年9月)草成《法院编制法》,经宪政编查馆审核,由清廷于宣统元年十二月二十八日(1910年2月7日)颁布。该法分16章,共164条。它效仿日本《裁判所构成法》编订,主要内容是:"审判衙门通则"、各级审判机关、法庭秩序、"审判衙门之用语""判断之评议及决议""检察厅""推事及检察官之任用""法律上之辅助""司法行政之职务及监督权"等。该法采用了"司法独立"等原则,使资产阶级司法制度逐步在清末在"文本意义"上得以确立。

为配合该法实施,宪政编查馆拟定了《初级暨地方审判厅管辖案件暂行章程》《法官考试录用暂行章程》《司法区域分划暂行章程》等,经奏准后与该法同时施行。

三、清末司法体制的变革

(一) 司法机关改革

1. 中央司法机关改革

(1) 刑部改法部。光绪三十二年(1906),清廷下诏将刑部改为法部,专任司法行政。

(2) 大理寺改大理院。依据上述诏令,将大理寺改为大理院,作为全国最高审判机关。同年颁布了由大理院拟定的《大理院审判编制法》,规定了京师地方的司法机关改革。

宣统元年(1909),借鉴日本《裁判所构成法》编订颁布的《法院编制法》,共16章164条。该法进一步确认:大理院是最高审判机关,有统一解释法令权。大理院设正卿一名,少卿一名,负全院事务之责。内设刑事科、民事科,各设推丞一名,负责本科事务。下设庭,庭设庭长。至此,正式废除三法司制度,确立了近代中央司法机关的规模。

(3) 设总检察厅。随着法部和大理院的设立,最初置于法部内的总检察厅被改设于大理院,为最高检察机关。《法院编制法》第86条规定:总检察厅设厅丞1名,检察官2名以上。独立行使检察权,取消了自明代以来的都察院。

2. "四级三审制"与地方司法机关的设立

(1) "四级三审制"的形成。《大理院审判编制法》确立了京师地方由下至上的城(乡)谳局、地方审判厅、高等审判厅和大理院的四级三审制。1907年颁行的《各级审判厅试办章程》确立了初级审判厅、地方审判厅、高等审判厅和大理院的四级三审制度。专门职掌审判的新式法官开始出现。

(2) 各省地方审判机关及其构成。初级审判厅由1至2人以上推事组成。地方审判厅,在京师设厅丞1名,在各省地方设立厅长1名,负责全厅事务。厅内分民、刑庭,设庭长,置2名以上推事。高等审判厅设厅丞1名,负责全厅事务。厅内分民、刑庭,设庭长,置2名推事。

地方各级审判厅内设检察厅。初级检察厅设1或2名以上检察官,地方检察厅、高等检察厅分设1名检察长,2名以上检察官。

此外,各省按察使改名提法司,作为地方司法行政机关。

实际上,以上改革除京师、天津等个别地方外,并未普遍推行。而京师法院审理刑讯仍是老一套,法律规定多是徒有虚名。

(二) 诉讼审判制度改革

1. 审判权、检察权分立

古代监察机关是御史台、都察院,职权主要是"纠弹百官",同时享有对疑难重案的审判参与权,在实质上兼有监察、审判权。

1906年11月,清廷改组司法机关,明定总检察厅专司法律监督之责,使检察权与审判权分立。《大理院审判编制法》第12条规定:"凡大理院以下审判厅、局,均须设有检察官。其检察局附属该衙署之内。检察官于刑事有提起公诉之责。检察官可请求用正当之法律。"《各级审判厅试办章程》和《法院编制法》还明确规定了检察机关依刑事诉讼律及其他法令,有搜查处分、提起公诉、实行公诉、监察判决执行等权力。依民事诉讼律及其他法令,对民事案件有为诉讼当事人或公益代表人行特定事宜之权。从此,检察制度开始在中国逐步建立。

2. 区别刑事、民事诉讼

《各级审判厅试办章程》第1条规定:"凡审判案件,分别刑事民事二项。"刑事与民事案件区别是,"凡因诉讼而审定罪之有无者,属刑事案件……凡因诉讼而审定理之曲直者,属民事案件",从而结束了中央审判衙门以审判刑事案件为主、地方审判衙门"刑、民不分"的历史。《大理院审判编制法》还确定了大理院及所属法院分设刑庭、民庭,分别审理刑事、民事案件。

3. 律师辩护制度

古代刑事审判采用纠问式为主的方式,没有辩护制度存在的余地,理论上实行有罪推定。

1906年的《大清刑事民事诉讼法草案》第199条首次确定了辩护制度:"凡律师,俱准在各公堂为人辩案。"但因守旧势力反对未及颁行。直到1910年的《法院编制法》才承认律师和律师出庭辩护的制度(第64条):"律师在法庭代理诉讼或辩护案件,其言语举动如有不当,审判长得禁止其代理、辩护。其非律师而为诉讼代理人或辩护人者,亦同。"此后,中国始有律师制度。

4. 法官考选制度

中央官制改革后,刑部改为法部,专管司法行政,大理寺改为大理院,专掌审判。大理院的法官主要来源于原大理寺、刑部的官员,而官职改革后法官选任标准未定,法官任用混乱的情况并不少见,遂清廷开始制定法官考选的规则。

清廷颁布的《法院编制法》及所附的《法官考试任用暂行章程》明确规定了推事及检察官应经二次考试合格才可任用,并确定了每次考试的内容和科目。为了尽快进行法官选任,法部于1910年初颁行了《法官考试任用暂行章程实施细则》《考试法官主要科应用法律章程》以及《法官分发章程十四条》等规定,细化了法官考试制度。

宣统二年(1910),清廷举行了中国历史上第一次全国的司法官考试。除四川、广西、云南、贵州、甘肃、新疆等六省因地处偏远,另设考场外,其他各省考生均赴京师参加考试。清末法官的考试内容,除了传统律典外,还包括一定数量的修律成果。同时,为了保证在职法官的素质,宣统二年(1910),清廷在奉天和京师对在职法官进行了考试。清末的法官考选制度对民国时期的法官选任产生了一定影响。

(三) 领事裁判权制度及其后果

1. 列强在华领事裁判权的攫得

(1) 领事裁判权的确立。领事裁判权的确立,始于1843年7月22日在香港公布的《中英五口通商章程》和同年10月8日签订的《中英五口通商附粘善后条款》(即《虎门条约》)。事实上,在《中英五口通商章程》中就已确立了领事裁判权制度,它规定:"英人华民交涉词讼一款",英国领事有权"查察""听讼""其英人如何科罪,由英国议定章程、法律,发给管事官(即领事)照办"。[①] 但当时规定的适用范围限于5个通商口岸。而在《虎门条约》中又规定,英国人违背禁约,"擅到内地远游者",也要交"英国管事官依情处罪",中国人"不得擅自殴打伤害,致伤和好"[②],从而开始将领事裁判权扩展至内地。

1844年订立的《中美五口贸易章程》(即《望厦条约》)把领事裁判权的范围由5个通常口岸扩大至各个港口,同时,除在华美国侨民与中国人之间、美国侨民之间的民刑案件要由美国领事审讯,美国侨民与其他外国侨民在中国发生的诉讼亦"应听两造查照本国所立条约办理,中国官员均不得过问"[③]。此后,法国、俄国、德国、日本等近20个国家也都援英美先例,相继取得了这种特权。

总之,依照不平等条约,不论中外混合案件或者外国侨民之间的案件,或多

---

① 王铁崖编:《中外旧约章汇编》(第1册),生活·读书·新知三联书店1957年版,第42页。
② 同上书,第35页。
③ 同上书,第54页。

国侨民之间的混合案件,根据所谓"被告主义原则",都由被告到所属国的领事法院接受裁判。

（2）会审公廨的设立。1853年上海"小刀会"起义,成为英、美、法三国驻上海领事修订《上海租地章程》的契机,其借此于1854年擅自另订了《上海英法美租界租地章程》,并根据章程在租界内成立了由外国领事直接控制的"工部局"和巡捕房,攫取了租界内纯属华人和无约国人的司法管辖权。此外,又进一步确认,"中国官厅对于居住租界内之华人行使管辖权时"须先得外国领事同意。中国官厅的拘票非经过外国领事加签,不得拘捕租界内任何人。

1858年,在第二次鸦片战争中,俄、美、英、法各国强迫清政府分别签订《天津条约》,强行确定中国官员与外国领事的"会审制度"。对于中国人与外国侨民之间发生的争讼,在调解不成时,即由中国地方官与领事官"会同审断"。

1864年,清政府与英、美、法三国驻上海领事协议在租界内设立会审公廨,并于1868年订立《上海洋泾浜设馆会审章程》,后又在汉口、哈尔滨、厦门鼓浪屿等地设立了会审机关。这些会审机关名义上还是中国的司法机关,形式上规定华洋互控的混合案件由"华官"与外国领事会审,纯属华人之间的诉讼案件,"即听中国委员自行讯断,各国领事官毋得干预"。事实上,不仅直接与外国人有关的华洋案件外国领事有权参与会审,就是无约侨民之间的诉讼以及外国人雇用的中国人的诉讼,外国领事也得参与会审。可以说,名为"会审",实则会审公廨完全为外国领事一手把持断案。

2. 列强行使领事裁判权的司法机关

列强不仅凭借不平等条约确立了其在华行使领事裁判权的原则,而且在中国领土上设立了行使领事裁判权的各国司法机关。

行使领事裁判权的机关大体有如下两种：其一,作为第一审级的初级法院,主要是领事法院（设于各领事区,由领事兼理司法）和由公使或使馆人员组成的法院；其二,作为上诉审的法院,因列强在华具体行使领事裁判权的机关的设立情况不同而有所差异。例如,英国第一审是各领事法院,第二审是设在上海的英国驻华高等法院（同时负责初审法定专属高等法院管辖的案件）,第三审是设立在英国本土的枢密院。① 美国与英国大致相同。相比较而言,法国的第一审为法国驻华领事法院,第二审为法国殖民地越南西贡法院,第三审是法国巴黎大理院。日本同法国相近,第一审是领事法院,而上诉案件则须转送日本国内法院审理。

---

① 有一特例,即在新疆疏勒的领事法院要依据英属印度的法典审理案件,其上诉审法院是印度五河省高等法院,这是因为英国妄图将新疆分离出去作为英属殖民地印度的一部分。列强的野心昭然若揭。

由此可见,外国侵略者不仅侵夺中国的司法裁判权,而且公然将在华设立的领事裁判权机关视为殖民地法院及本国法院的下级司法机关,在事实上使近代中国沦落为殖民地。此外,列强在租界内还设有"西牢"(外国监狱)。

3. 领事裁判权制度确立的后果

领事裁判权是外国列强干涉中国内政、操纵中国司法的重要手段,严重破坏了中国的司法主权。鸦片战争后,中国丧失了作为一个领土完整、主权独立国家的尊严。从唐代起至明清的《名例律》中,事关维系主权完整、司法独立性的"化外人"条款①,在延续了一千多年之后,归于灭失。来中国的外国人必须遵守中国法律、法令的时代至此中断。外国人所谓的"合法权益"得到无限扩大,中国司法机关的独立裁判权在领事裁判权面前几近不存。领事裁判权不仅使中国司法机关对涉外案件无权管辖,而且在中国领土内允许外国司法机关行使权力,并执行外国的法律,导致中国竟出现了"外人不受中国之刑章,而华人反就外国之裁判"②的怪现象。此外,清政府在新起草的法规中对领事裁判权加以肯定。例如,1906年编成的《大清刑事民事诉讼法草案》规定的《中外交涉案件处理规则》中确认:"凡关涉外国人案件具依现行条约审讯";外国人在中国犯罪,一律由其本国领事按该国法律审理;等等。领事裁判权制度的确立及其在清末立法中的确认,乃是清代法律制度半殖民地化的一个重要标志。

领事裁判权的确立,为在中国逞凶肆暴、走私贩毒的外国人以及从事鸦片贸易的商人提供了法律上的庇护,令其可以凭借领事裁判权在中国逍遥法外,而清政府却鲜能依凭本国法律加以制裁。领事裁判权还成为在华外国人肆意侵夺国人财产、镇压国人革命运动的工具。1903年轰动中外的"苏报"案,著名革命家邹容、章太炎就遭到上海租界工部局巡捕房的逮捕,被关入租界监狱"西牢"。之后会审公廨组织审理该案,判处二人监禁,致邹容惨死狱中。章太炎曾揭露"西牢"黑暗:"同系五百人一岁死者六十人"。③

领事裁判权自1843年确立之后,历经了清末、北京政府和南京国民政府时期,直到1943年才在形式上宣布废除,在中国存续百年之久。直至中华人民共和国建立,才真正彻底废除了给近代中国人民带来苦难与耻辱的领事裁判权。

推荐阅读文献

1. 张晋藩主编:《中国法制通史 第八卷 清》,法律出版社1999年版。

该书较全面地叙述了清代法制的主要内容,所选史料翔实,具代表性,是了

---

① 《唐律疏议·名例律》。
② 《清史稿·刑法志》。
③ 参见张姚俊:《提篮桥监狱的百年沧桑》,载《解放日报》2013年9月3日,第11版。

解清代法制的入门著作。

2. 瞿同祖:《清代地方政府》(修订译本),范忠信、何鹏、晏锋译,法律出版社 2011 年版。

该书以清代地方政府作为研究对象,系统分析了清代州县官的职能及其运作,运用各种手本和札记,结合官方史料,较全面地呈现了清代地方政府的实际运作特别是司法实践,深入考察了地方势力及乡绅对司法裁判的影响。

第十一章　中华民国法律思想与制度

1911年10月10日,中国民族资产阶级革命党人发动武昌起义,推翻了在中国统治268年的清王朝,同时结束了在中国延续两千多年的君主专制制度,建立了亚洲第一个资产阶级民主共和国——中华民国。这是20世纪初中国发生的第一次历史性巨变,史称"辛亥革命"。

1912年1月1日,资产阶级民主共和制的中华民国临时政府在南京成立,史称南京临时政府,孙中山当选为临时大总统。南京临时政府在3个月内颁布了一系列重要法令,开创了中华民国民主法制建设的先河,开启了民主主义法治建设的新篇章,推进了中国法律的近代化。

此后,依"南北议和"约定,由前清北洋军阀袁世凯继任临时大总统,史称"北京政府"。自1912年4月至1928年6月,北京政府在北洋军阀专制统治下存续了16年。其间,充满着帝制复辟与反帝制复辟、毁法与护法以及各军阀派系的斗争。民国成立以来所确立的法律,在历史的曲折中艰难发展。

1927年4月18日,以蒋介石为首的国民党右派建立南京国民政府。此后至1949年的22年间,为南京国民政府统治时期。在这一时期内,从法制史的角度看,南京国民政府的法制日渐完备。例如刑法、民法、商法、诉讼法以及宪法等重要法典陆续颁行,形成了一个完整的"六法全书"法律体系。

可以说,近代中国的法制变革创建了以民主主义法治价值为内在精神、以宪法为核心的法律体系,区别于传统中国社会以儒家伦理为核心的法律精神,形成了完全意义上的近代化法律。尤其是在南京国民政府时期,以"三民主义"为基础,结合"权能分治"的政治理论,建立了以"五权宪法"为核心,立法、行政、司法三权分立,司法独立的法律制度。虽然其间存在着法律文本与司法实践的严重背离、一党独裁、干涉法治的情况,教训深刻,但其客观上仍是中国法律近代化的延续。

【问题引导】

1. 民国时期的宪法文本与宪政制度是如何发展变化的?
2. 民国时期的"六法体系"与社会司法实践的关系如何?

【关键词】

南京临时政府　孙中山法律思想　中国法律近代化　民主法治　北京政府　南京国民政府　训政时期约法　民商分立　六法全书

第一节 主要法律思想及其特点

一、孙中山的宪法思想[①]

孙中山看到西方三权分立与代议政治的弊病,希望结合中国传统与西方经验创设一个"人民有权,政府有能"的新制度。他提出"权能分立",区分"政权"与"治权",由人民行使政权制衡政府,政府则行使治权治理国家。孙中山所谓中央政权机关是国民大会,由各县选举代表组成,行使选举、罢免、创制、复决四权。根据权能分治的理论,国民大会不是代议制的议会,而是"直接民权"机关。关于行使"治权"的政府,孙中山参考了中国历史上的监察机关与"考试独立",创设了监察院掌管监察、考试院掌管公务人员的考试与铨叙,与立法院、行政院、司法院并为五院。立法院不是议会(民意机关),而是由专业人士组成的专司立法职能的机关。由于监督政府的职能由人民的"政权"行使,五院之间的关系主要不再是制约与平衡,而只是职能上的分工——"五权分立,彼此相维"。

孙中山思想("国父思想""国父遗教")对南京国民政府的政府体制架构、立宪行宪都有重大影响,它在教条上与情感上都极大地左右了国民党主持的立宪,尽管其中不乏被歪曲的地方。

(一)"五权宪法"构想

"五权宪法"是孙中山法律思想的重要组成部分,是他在研究各国宪法的基础上,结合中国的历史与国情加以集中的产物。他一贯认为,宪法的好坏对于治理国家至为重要。同时他认为三权分立的学说在西方资产阶级革命时期曾经起过很大的作用,但是现在已经不适用了。因此中华民国的宪法要创造一种新主义,即五权分立以弥补三权分立的不足。

孙中山的所谓"五权",就是在行政权、立法权、司法权之外,再加上考试权和监察权。以"五权分立"为基础内容的宪法就叫"五权分立"。根据"五权宪法"设立行政、立法、司法、考试、监察五院,就叫五院制。他认为,只有用"五权宪法"组织的政府,才是完全政府,才是完全的政府机关。按照他的设想,结构如下:以五院为中央政府——一曰行政院,二曰立法院,三曰司法院,四曰考试院,五曰监察院。宪法内容制定后,由各县人民投票选举总统以组织行政院。选举代议士以组织立法院。其余三院之院长,由总统得立法院之同意而委任之,但不对总统、立法院负责。而五院都对国民大会负责。各院人员失职,由监察院向

[①] 本部分所引孙中山宪法学说可参"五权宪法学会"编:《五权宪法文献辑要》,帕米尔书店1963年版。

国民大会弹劾之;而监察院人员失职,由国民大会自行弹劾,罢黜之。国民大会之职权,专司宪法之修改及裁判公仆之失职。国民大会及五院职员与全国大小官吏,其资格皆由考试院定之。此五权宪法也。

孙中山认为,监察与考试独立是中国固有的东西。因而,中国应发扬自己的传统,将监察独立。中国历代考试制度不但合乎平民政治,且合乎现代之民主政治,平民通过严格的考试可以得第为官,让国家人才辈出。所以未来应将考试权独立,这样就可以防止滥选和徇私。

孙中山的五权分立学说本身是他体察中国民情国史而独创的宪法思想,或多或少地也带有牵强的色彩。但是他主观上是为努力克服西方代议制在运作中的缺点,纠正选举制度的弊端,更重要的是他为人民描绘了一幅"世界上最完美、最良善、民有、民治、民享"的国家蓝图。

孙中山的五权分立主张,强调的是权力之间的分工与合作,而不是西方三权分立主张的分权与制衡。根据五权成立的五院,都在总统统率下实行分工合作。《国民政府建国大纲》中规定:"各院长皆归总统任免而督率之。"这种宪法思想与孙中山的"权能分治"理论密不可分。

(二)"权能分治"理论

"权能分治"理论是孙中山民权思想的最完整体现。孙中山的"五权宪法"是以人民掌握政权、政府实施治权的权能分治的学说为依据的,是建立在人民主权基础之上的。他把政治权力分为政权与治权两种。

中国应该建设"全民政治"的国家,若想实现"全民政治"国家的理想,他认为人民真正应该掌握的权利含选举权、创制权、否决权及罢免权这四权。同时这四权又可分为两类:一类是人民管理政府官吏的权力,即选举权与罢免权。他主张"人民要有直接民权的选举权",全国实行分县自治,人民直接选举官吏,直接选举代表参加国民大会,组成最高权力机关。但人民只有直接选举权还不能管理官吏,还必须有罢免权。另一类是管理法律的权力,即创制权与否决权。也就是人民有公意创订一种法律或根据需要废止一种法律抑或修改一种法律。孙中山强调说,真正的中华民国必须保障人民有此四权,人民有了四权,才算是充分的民权,才能真有直接管理政府之权。

(三)中央与地方"均权"理论

在中央与地方的权限关系上,孙中山希望超越分权与集权的非此即彼,创设所谓"均权"的制度,即凡事权有全国一致之性质者,划归中央,有因地制宜性质者,划归地方。既不偏于中央集权,又不偏于地方分权。

(四)"军政、训政、宪政"三阶段说与"训政"的实践

孙中山将其革命方略定为三个时期:军法之治—约法之治—宪法之治,也即军政—训政—宪政。早在1906年发表的中国同盟会《军政府宣言》中,孙中山

就提出这一理论：

> 第一期为军法之治……每一县以三年为限,其未及三年,已有成效者,皆解军法,布约法。第二期,为约法之治。每县既解军法之后,军政府以地方自治之权归之于其地之人民;地方议会议员及地方行政官员皆由人民选举。凡军政府对于人民之权利义务,及人民对于政府之权利义务,悉规定于约法,军政府与地方议会及人民皆循守之,有违法者,负其责任,以天下定后六年为限,始解约法布宪法。第三期为宪法之治。全国行约法六年后,制定宪法,军政府解兵权行政权,国民公举大总统,及公举议员,以组织国会。一国之政事,依宪法而行之。第一期为军政府督率国民,扫除旧污之时代。第二期为军政府授地方自治权于人民,而自揽国事之时代。第三期为军政府解除权柄,宪法上国家机关分掌国事之时代。俾我国民循序以进,养成自由平等之资格,中国民国之根本,胥于是乎在焉。

军政时期为破坏时期,训政时期为过渡时期,宪政时期为完成建设时期。孙中山先生对训政时期这一过渡阶段十分重视,认为训政本身只是革命过程之一,训政本身不是一种目的。训政的目的在于训练人民行使政权,以便能正确地行使民主政治。孙中山的训政理论,后来被国民党当政者歪曲和利用,以至于将训政等同于国民党一党专政,而且训政不只6年,从1927年国民政府定都南京直至1947年经历了20年才颁布宪法。

二、胡汉民的立法思想

1928年10月8日,国民党元老胡汉民就任南京国民政府首任立法院院长,着手组建立法院,到1931年2月底胡汉民被蒋介石软禁去职,其间短短不到两年半。在这段时间里,南京国民政府立法院立法成绩显著,而立法院的组织与立法进程都明显带有"胡记"色彩。研究胡汉民的立法思想,对于检讨南京国民政府立法的得失,以及探索中国特色的立法制度,都有一定的意义。

（一）立法委员的代表性

在胡汉民理想中,立法院"是一个没有地区、职业代表性,却代表着党性的立法机关"。[①] 因此在制度上,训政时期的立法委员并不存在基于民族、职业或地区的名额分配。胡汉民本人在立法院成立一周年纪念会报告中,说明其理由如下："当本院成立不到半年时,就听见人说：'立法院的工作,已多过以前的国会的几倍了'。……借此可以证明我们去年所规划的本院组织法以及立法程

---

① 参洪世明：《党权与民权之间：训政时期立法院之试行(1928—1937)》,台湾师范大学历史研究所1999年硕士学位论文,第16—18页。

序,是很适当的。举一个例子来说:本院规定立法委员并不分别代表各种职业或各处地方,当初还有人不以为然……照国民政府现在的组织法来看,不能有那种代表地方或职业的立法机关。这不但为事实所不许,而且在理论上也通不过。因为事实上假如这样一办,立法者心中的利害,便各自不同,遇事只就自己所代表着想,将生出无限的纠纷来,立法的进行一定非常之慢了。本院一年以来,唯其各人不如国会议员有那样各别的背景,所以免却许多纠纷,而工作也不如那么急慢。这岂不已经证明我们的根本组织,是没有错误么?仔细想来,国会中的代表制度,不代表整个的国民全体,而分别代表各地方,实在是政治上旧而错的一点。"胡汉民在讲话中甚至还举了欧美人士的观点,说明立法院组织对于地域与职业代表性的超越,不仅适用于训政下的中国,甚至对于西方国会之内的利害冲突也是一剂良药。①

(二)委员选任的专业化(精英化)与"减员增效"

在 1928 年 10 月 24 日立法院筹备期间,经胡汉民提案、中央政治会议决议,立法委员的任用标准为"首重其人在党之历史,以曾为党国效忠,在革命过程中未尝有违背党义言论行动,而对法律、政治、经济有相当之学识经验"。② 此标准可概括为"革命性"与"专业性"两条,而其与孙中山五权宪法理论的不同之处在于:作为政务官而非事务官的立法委员,其资格不需经过考试院的考选铨定。在选拔时"革命性"标准主要体现在人选一定不能是"历史反革命",例如候选人在历史上有"反对总理"的污点,则一定不能用;至于候选人是否为"老革命"或积极参加革命,倒并非绝对必要条件;也不要求立法委员必须是国民党党员,对非党籍的专家(包括刚刚留学回国的年轻专家)也可以考虑延揽。立法委员中,固然有不少"与党国有密切联系"的政治精英,但也有很多社会精英以专业而非政治履历入选,例如连任四届立法委员的经济学家马寅初、财政专家卫挺生、法学教授黄右昌、法律专家史尚宽③、第三、四届立法委员吴经熊④。以第一届立法委员为例,在 49 名立法委员中,有良好的法律、经济、政治教育背景者约占一半,有留学背景者占四成至五成(当然其中也包括兼为政治精英与专业精英者);就年龄分布而言,40 岁以下者约占一半,其中还有 4 人是 30 岁以下。⑤

---

① 参中国第二历史档案馆:《国民党政府政治制度档案史料选编》(上册),安徽教育出版社 1994 年版,第 258 页。
② 徐矛:《中华民国政治制度史》,上海人民出版社 1992 年版,第 258 页。
③ 史尚宽 1928 年就任立法委员时年仅 30 岁,且 1927 年才留学回国。
④ 留美法律博士吴经熊,由孙科延揽担任立法委员,同时还是立法院宪法起草委员会副委员长,并以个人名义发表宪法草案试拟稿,对于宪法起草有重要影响,而他本人在当时尚未加入国民党。
⑤ 统计数据参陈红民、雒军庆:《国民政府一二两届立法院组成分析》,载《民国档案》2000 年第 2 期;洪世明:《党权与民权之间:训政时期立法院之试行(1928—1937)》,台湾师范大学历史研究所 1999 年硕士学位论文,第 46—47、179 页。

立法委员的"精英化"也体现在其人数上,1928年《中华民国国民政府组织法》规定立法委员人数为49—99人(第27条),在胡汉民院长任内立法委员人数一直保持在法定的下限——49人。① 胡汉民任内立法委员一直保持在49人的法定最低人数,在一定程度上是为效率而牺牲了立法院议事的民主性。甚至有学者认为,在胡汉民任内的立法院,首长制("首领制")的成分远较合议制的成分为多②,倘若果真如此,立法院就真的等同于政府之法制局或立法委员会了。的确,实现中国法制近代化以期废除领事裁判权,乃是中国自清末沈家本等人主持修律以来立法机关刻不容缓的使命。作为法律继受国家,当立法与"救亡图强"联系在一起的时候,议事高效比慎思明辨更能见成果。在立法院院长胡汉民的主持下,立法院高速运转,甚至有立法委员因劳累过度,晕倒在工作岗位上;而清末修律以来数十年久孕不产之大法,如民法典、刑法典、民事诉讼法、刑事诉讼法、公司法、票据法、海商法、保险法,竟于训政时期短短数年间拟定通过,且立法品质甚佳,这不能不说与在院长领导下立法院之"减员增效"有关。

三、居正:《为什么要重建中国法系》

居正是南京国民政府法政界的首要人物之一,作为国民党的元老,他从1932年至1948年担任司法院院长16年半,其间还曾兼任最高法院院长、司法行政部部长等重要司法职位。他对于南京国民政府时期的司法体系乃至整个法制的发展,可谓影响至巨。居正早年曾留学日本,学习法政,但他与同样担任过司法院院长的党内元老王宠惠不同,留学美国取得博士学位的王宠惠是享誉国际的法学家,而居正则首先是一个国民党人兼民族主义者。针对北洋时期法界形成的"司法不党"惯例,南京国民政府提出"司法党化"的主张;但居正所谓的"党化司法",乃是"淡化因司法党化一词本身所有的政治含义所带来的争议,而代之以司法民族化"。③

1944年,居正在《中华法学杂志》发表《中华法系之重新建立》一文;1946年,他将相关的思考汇成《为什么要重建中国法系》出版。居正提出重建中国法系的四点"理想倾向":其一,"由过去的礼治进入现代的法治";其二,"由农业社会国家进而为农工业社会国家";其三,"由家庭生活本位进而为民族生活本

---

① 参谢振民编著:《中华民国立法史》(上册),张知本校订,中国政法大学出版社2000年版,第220页。
② 参王世杰、钱端升:《比较宪法》,范忠信校勘,中国政法大学出版社1997年版,第448页。
③ 参江照信:《中国法律"看不见中国"——居正司法时期(1932—1948)研究》,清华大学出版社2010年版,第74—75页。

位";其四,"以三民主义为最高指导原则"。① 需要强调的是,"居正所发起的建设中国新法系的法律民族化运动,自始就不是一种单纯守旧的运动";以法律儒家化为基本特征的中国法律传统,并不符合近代中国对于法律的认同,"这迫使居正提出修正建设中国新法系运动的目标,由追求'中国固有',转而追求'重新建立'中国法系"。②

四、吴经熊:《法律哲学研究》与《超越东西方》

吴经熊毕业于上海东吴大学法科,后赴美留学获密歇根大学法学博士。他与美国最高法院大法官霍姆斯(O. W. Holmes)是忘年之交。作为近代中国法律人的代表人物,吴经熊的经历非常丰富,他曾任东吴大学法学院教授、院长兼法律系主任,巴黎大学、柏林大学、哈佛大学研究员,夏威夷大学教授。他又历任上海特区法院法官、院长,司法院法官,南京国民政府立法院委员兼法制委员长,立法院宪法起草委员会副委员长、中华民国宪法起草人,驻外公使。其间,他还成功开办过律师事务所。他是著名的法学教授、重要的立法者、成功的律师、出色的法官,还是文学家和哲人。③ 吴经熊非常"西化",他是一个坚持个人主义的天主教徒。他一结婚,便提出与一直照顾、支持他的哥哥分家,理由是"先小人,后君子",免得妯娌不和,影响兄弟感情。在工作方面他尽职尽责,但常常凭兴趣换工作,绝对谈不上鞠躬尽瘁。④

可是,吴经熊这么一个看似"全盘西化"、秉持"个人主义"的人物,其法学思想却依然是融汇中西的,他将西方法律社会化思潮与传统中国的"王道""大同"思想相类比,并在立法中贯彻这一思想。20世纪30年代国民政府民法颁布,将其条文与德国、瑞士等国法典逐条对校,便会发现"倒有百分之九十五是有来历的,不是照账誊录,便是改头换面",这是否意味着中华民国的立法工作毫无价值呢?对此,立法委员吴经熊解释说:"世界法制,浩如烟海;即就其荦荦大者,已有大陆和英美两派,大陆法系复分法、意、德、瑞四个支派。我们于许多派别当中,当然要费一番选择工夫,方始达到具体结果。选择得当就是创作,一切创作也无非是选择。……立法本可不必问渊源之所自,只要问是否适合我们的民族性。俗言说得好,无巧不成事,刚好泰西最新的法律思想和立法趋势,和中国原

---

① 参范忠信等:《居正法律思想与民国法制及中国司法近代化(代序)》,载范忠信等选编:《为什么要重建中国法系——居正法政文选》,中国政法大学出版社2009年版,第23—30页。
② 参江照信:《中国法律"看不见中国"——居正司法时期(1932—1948)研究》,清华大学出版社2010年版,第164—166页。
③ 参王健:《超越东西方:法学家吴经熊》,载《比较法研究》1998年第2期。
④ 参吴经熊:《超越东西方》,周伟驰译,社会科学文献出版社2002年版。

有的民族心理适相吻合,简直是天衣无缝!"①与欧美近代资本主义崇尚个人主义与自由竞争的理念不同,中国传统文化中历来有"不患寡而患不均"的财富观与"大同"的理想;而"泰西的法律思想,已从刻薄寡恩的个人主义立场上头,一变而为同舟共济、休戚相关的连带主义化了。换言之,他们的法制与我国固有的人生哲学一天接近似一天!我们采取他们的法典碰巧同时也就是我们自己的文艺复兴中重要的一幕,也就是发挥我们的民族性!胡汉民先生曾说过新《民法》为我们民族性中根深蒂固的王道精神的表现"②。在"五五宪草"的起草过程中,不少人士主张废弃宪法基本权利条文中的"法律限制"字眼、采宪法直接保障主义;但作为宪法起草委员会副委员长的吴经熊的观点就保守得多,他认为对人民基本权利采宪法保障主义并不现实,"二十世纪的国家,人民的权利已经离开纯粹的自由很远了";更何况,人民权利的被侵害,主要不是因为"'依法'限制的缘故,实在是行政官吏未能依法办理所致"。③

五、蔡枢衡:《中国法理自觉的发展》

抗日战争时期,学者蔡枢衡先生对中国近半个世纪的法学发展与法制近代化作了检讨,1947年汇成《中国法理自觉的发展》一书。针对清末变法修律以来40余年的中国法律,他总结说,中国法和中国法的历史脱了节,和中国社会的现实也不符合("法律和社会不适合,和历史不联接"),这是20世纪前40年中国法哲学和法史学上的两大问题。④ 当时的情况是:中国法律的传统已经断裂,而社会上却依然我行我素。其实法律与社会的矛盾在晚清修律的"礼法之争"就已经被劳乃宣提了出来,这一矛盾至今尚未解决。对中国法律与中国社会的现状,蔡枢衡"诊断"说:"中国的'病'是'历史'的,中国的历史病在于经济上的'农业'、政治上的'专制'、社会关系上的'家族本位',西洋近代科学这剂药定性分析的报告是:它的主要成分是'工商业''民主''个人本位'和'自由'。"⑤

蔡枢衡否定了原状复古论与全盘西化论,主张自我创造的文化论。他认为中国变法只算中国法律历史自己的发展,并没有弃旧律如敝屣,也没有张冠李戴。新法与旧律只是在几个根本原则上是对立的,新法对旧律既有抛弃的地方、增加的成分,也有保留的因子。⑥ 中国的现代化必然是中西文明文化互相接触、互相冲击、互相交流的结果,必然是中西对立的消解、矛盾的融化或结合。所以

---

① 参吴经熊:《法律哲学研究》,清华大学出版社2005年版,第172—173页。
② 同上书,第176页。
③ 参吴经熊、黄公觉:《中国制宪史》,商务印书馆1937年版,第123—127页。
④ 蔡枢衡:《中国法理自觉的发展》,1947年自刊,第33—35页。
⑤ 同上书,第25页。
⑥ 同上书,第94页。

只能是保存中国的、吸收西洋的,撮精取华、自己创造。① 明日中国之法律是以中国人为主体,以中国的材料,参考外国资料,用外国的方法而创造的。明日中国之法学,必然也是中国人自我创造的,以中国的法律、判例、风俗、习惯、学说和思想为认识对象,运用科学的方法,修正已有的法律,创造新的法学体系。② 他认定明日中国必将实现法治,并且主张国人应积极地为实现法治而努力,"我不相信机械论,不主张对于实现法治诸条件之长成,采取旁观坐待的态度。我也不相信观念论,不认为法治像民主一样是可以任意定期实现的。我觉得法治是可以并且应该实现的。至于实现之早迟,全视大家努力的程度为断"。③

第二节 南京临时政府法律制度

一、南京临时政府立法

(一) 宪法性文件

1.《中华民国临时政府组织大纲》

1911年10月10日武昌起义首获成功,建立中华民国鄂州军政府。它是中国历史上第一个比较完整的民主共和制地方革命政权,在1912年1月1日以前一度代行中华民国中央临时政府职权,并于1911年11月底12月初公布实施由宋教仁起草的《鄂州临时约法》。④《鄂州临时约法》是中国民族资产阶级拟定的第一个具有宪法性质的地区性重要文件,它宣告湖北地区帝制制度死亡,资产阶级民主共和制度诞生,为以后其他独立各省组建革命政府、制定约法树立了样板,也是以后南京临时政府公布的《中华民国临时约法》的蓝本。

武昌起义后,各省纷起响应,宣布脱离清廷独立,先后建立都督府或称军政府,清廷迅速土崩瓦解。但是,各省军政府多是各处一隅,省自为政,需要创建统一的临时中央政府。于是,从1911年11月15日开始,到12月31日结束,各省都督府代表联合会(简称各省代表会)先后在上海、汉口、南京举行。12月2日,在汉口召开的各省代表会上,推选江苏省代表雷奋(立宪派人)、马君武(同盟会员)、湖北代表王正廷(同盟会员)三人为起草员,拟定《中华民国临时政府组织大纲草案》。3日,各省代表会议决《中华民国临时政府组织大纲》(以下简称

---

① 参孔庆平:《蔡枢衡法理思想与中西文化》,载汪汉卿、王源扩、王继忠主编:《继承与创新——中国法律史学的世纪回顾与展望》,法律出版社2001年版,第917页。
② 蔡枢衡:《中国法理自觉的发展》,1947年自刊,第73页。
③ 同上书,第166页。
④ 辛亥革命武昌起义纪念馆、政协湖北省委员会文史资料研究委员会合编:《湖北军政府文献资料汇编》,武汉大学出版社1986年版,第40—44页。

《临时政府组织大纲》)共 4 章 21 条,并于即日宣布。后来又作了 3 次修改。1912 年 1 月 2 日的《修正中华民国临时政府组织大纲》共 4 章(临时大总统、副总统,参议院,行政各部,附则)21 条。① 第一章"临时大总统、副总统",规定临时大总统、副总统的产生及其权限。第二章"参议院",规定参议院的组成、议员的产生以及参议院的职权。第三章"行政各部",规定临时大总统下设行政各部、部长的任免及其权限。第四章"附则",规定施行期限至中华民国宪法成立之日止。其特点是:采用总统制共和政体;中央权力机关实行三权分立原则;采用一院制的议会制度,参议院是立法机关。《临时政府组织大纲》实际上还只是一个"国家之构成法",即政府组织法,但起着临时宪法的作用,为中华民国南京临时政府的建立提供了法律依据。以此为据,在南京举行的各省代表会于 1911 年 12 月 29 日选举孙中山为南京临时政府第一任临时大总统。

1912 年元旦南京临时政府宣告成立。1 月 3 日,各省代表会正式通过孙中山提出的国务员(国务总理及各部总长均称国务员)九人名单,同时选举黎元洪为副总统。1 月 28 日,正式成立参议院。4 月 1 日,孙中山公布参议院于 3 月 27 日议决通过的《中华民国参议院法》。②

2. 《中华民国临时约法》

1912 年 1 月 5—27 日,各省代表会代理参议院,决定景耀月、张一鹏、吕志伊、王有兰、马君武五人为"起草员",负责起草《中华民国临时约法草案》(以下简称《临时约法草案》)。又决定林森等九人为"审查员",负责审查《临时约法草案》。28 日,参议院正式成立之后,2 月 6 日至 3 月 8 日期间连续召开审议《临时约法草案》的第一、二、三次会议。3 月 8 日,参议院全案通过《中华民国临时约法》(以下简称《临时约法》),并咨请临时大总统予以公布。11 日,孙中山以临时大总统名义正式公布③。《临时约法》共分 7 章,依次为总纲、人民、参议院、临时大总统副总统、国务员、法院、附则,计 56 条。主要内容如下:

(1) 确定中华民国是资产阶级民主共和国。"总纲"明确宣告:"中华民国由中华人民组织之","中华民国主权属于国民全体"。既否定了在中国延续两千多年的"主权在君""朕即国家"的帝制制度,也与立宪派与旧军阀官僚的过时主张"君主立宪""开明专制"划清了界限,进而树立帝制为非法、民主共和为合法的观念,促进了中国人民的民主主义觉悟。

(2) 规定中华民国是主权独立、统一的多民族国家。"总纲"明确宣告中华

---

① 《南京临时政府公报》,南京:大总统府印铸局 1912 年编印,第 1、2 号。
② 张国福选编:《参议院议事录 参议院议决案汇编》,北京大学出版社 1989 年复印本,第 41—51 页。
③ 《孙中山全集》(第 2 卷),中华书局 1982 年版,第 219 页。

民国领土范围为22个行省、内外蒙古、青海、西藏。这一规定,第一次以根本法形式向世界庄严宣告:中国是一个领土完整、主权独立、统一的多民族国家。在甲午战争后帝国主义列强掀起瓜分中国狂潮的情势下,在沙俄和英国蓄谋制造外蒙古和西藏上层反动王公贵族搞所谓"独立"的背景下,《临时约法》在中国领土问题上采取列举主义原则所作的上述规定,颇有现实性、针对性。体现了中国人民反侵略、反卖国政府、争取国家独立的强烈愿望,促进了中国人民的民族觉醒;也体现了孙中山"五族共和"、民族团结的思想精神。

(3)规定中华民国的国家机关。"总纲"规定:"中华民国以参议院、临时大总统、副总统、国务员、法院行使其统治权。"参议院是立法机关,行使立法权;临时大总统、副总统和国务员是行政机关,行使行政权;法院是司法机关,行使司法权。

参议院以各地方选派之参议员组织之,议长由参议员用无记名投票法互选,得票满投票总数之半者为当选。其职权是:议决一切法律案,临时政府预算、决算,全国之税法、币制及度量衡之准则,公债之募集及国库有负担之契约;承诺临时大总统任命国务员及外交大使、公使,宣战、媾和、缔结条约及宣告大赦事件;答复临时政府咨询事件;受理人民之请愿;得以关于法律及其他事件之意见建议于政府;得提出质问书于国务员并要求其出席答复;得咨请临时政府查办官吏纳贿、违法事件;对于临时大总统认为有谋叛行为时,得以总员4/5以上之出席,出席员3/4以上之可决弹劾之;对于国务员认为失职或违法时,得以总员3/4以上之出席,出席员2/3以上可决弹劾之。参议院自行集会、开会、闭会。会议须公开之,但有国务员之要求,或出席参议员过半数之可决者,得秘密之。议决事件咨由临时大总统公布施行。临时大总统如否认参议院议决事件,得于咨达后10日内声明理由咨参议院复议;但参议院对于复议事件如有到会参议员2/3仍执前议时,仍由临时大总统公布施行。参议员于参议院内之言论及表决,对于院外不负责任。参议员除现行犯及关于内乱外患之犯罪外,会期中非参议院许可,不得逮捕。

临时大总统、副总统由参议院选举,以总员3/4以上出席,得票满投票总数2/3以上者当选。其职权是:代表临时政府,总揽政务,公布法律;为执行法律,或基于法律之委任,得发布命令;统率全国海陆军队;制定官制、官规,但须提交参议院议决;任免文武职员,但任命国务员及外交大使、公使,须得参议院之同意;经参议院之同意,得宣战、媾和及缔结条约;得依法律宣告戒严;代表全国接受外国之大使、公使;得提出法律案于参议院;得颁给勋章并其他荣典;得宣告大赦、特赦、减刑、复议,但大赦须经参议院之同意。临时副总统于临时大总统因故去职,或不能视事时,得代行其职权。

国务员由临时大总统任命,但须得参议院之同意。其职权是辅佐临时大总统;于临时大总统提出法律案、公布法律及发布命令时,副署之。国务员受参议院弹劾后,临时大总统应免其职,但得交参议院复议一次。

法院以临时大总统及司法总长分别任命之法官组织之,依法律审判民事诉讼及刑事诉讼。关于行政诉讼及其他特别诉讼,另以法律定之。法院审判公开,但有认为妨害安宁秩序者秘密之。法官独立审判,不受上级官厅干涉,任中不得减俸或转职,非依法律不受刑罚宣告或应免职之惩戒处分,不得解职。临时大总统如受参议院弹劾,最高法院全院审判官互选九人组织特别法庭审判之。

(4) 确定人民的民主权利和义务。《临时约法》规定:"中华民国人民一律平等,无种族、阶级、宗教之区别。"人民之身体,非依法律不得逮捕、拘禁、审问、处罚。人民之家宅,非依法律不得侵入或搜索。人民有言论、著作、刊行、集会、结社、书信秘密、居住、迁徙、信教之自由。人民有请愿于议会、陈诉于行政官署、诉讼于法院、对官吏违法损害权利之行为得陈诉于平政院、应任官考试、选举及被选举之权。《临时约法》同时规定人民依法律有纳税、服兵役之义务。

(5) 确认保护私有财产的原则。《临时约法》规定:"人民有保有财产及营业之自由。"在传统自然经济仍占统治地位、民族资本得到初步发展而又不能充分发展的中国,这一规定首先也是主要地反映了近代中国民族资产阶级经济利益之要求,进一步在法律上宣布了自由经营资本主义企业的合法权利,打破了清代的"官办""官督商办"的桎梏,有利于民族资本主义工商业的发展。

(6) 确定《临时约法》的最高效力和修改程序。"附则"规定:宪法由国会制定,宪法未施行以前,本约法之效力与宪法等。本约法由参议院参议员2/3以上,或临时大总统提议,经参议员4/5以上之出席,出席员3/4之可决,得增修之。这一规定主要是设置严格的修订程序,保障约法的稳定性,强调约法的不可侵犯性,避免其轻易遭到破坏。

与《临时政府组织大纲》相比,《临时约法》具有以下两个显著特点:

一是《临时政府组织大纲》未规定人民的权利与义务;而《临时约法》列有"人民"专章,且紧列于"总纲"之后,"参议院""临时大总统副总统""国务员""法院"诸章之前。体现了中华民国尊重人民的基本权利,是对中国几千年来的身份等级特权制度和民族压迫的极大否定,是对中国人民民主热情的极大鼓舞。

二是政体的变化。由于《临时约法》是在孙中山提出辞去临时大总统(1912年2月13日)、袁世凯就任临时大总统(3月10日于北京)之际颁布的,约法中有一些限制临时大总统权力的条文,如:由原来纯粹的总统制,变为以责任内阁制为主的政体,限制袁世凯独裁;扩大参议院的权力,与袁世凯抗衡;规定严格的修改程序,防止袁世凯擅自篡改。

由上可见,《临时约法》是具有资产阶级共和国宪法性质的文件。它的颁布具有重要历史意义:在政治上,以根本法形式废除了在中国延续两千多年的帝制,确立了民主共和国的政治体制。在思想上,树立了帝制自为非法、民主共和合法的观念,且使之逐渐深入人心。在经济上,有利于民族资本主义的发展和社会生产力水平的提高。在文化上,促进了文教事业发展,为新文化运动创造条件。在对外上,具有启发人民爱国主义的民族感情、防止帝国主义侵略的意义。在国际上,在20世纪初期的亚洲民主宪政运动史上,也是一部最民主、最有影响的资产阶级民权宪章。

同时,《临时约法》带有一些根本性的局限和缺陷,如没有正面反帝的明确规定。由于与中国传统社会存在着千丝万缕的联系,因而也没有明确满足广大农民土地权利的规定。

(二) 行政性法规

1. 政府组织法规

1912年1月发布《中华民国临时政府中央各部及其权限》,规定南京临时政府在临时大总统下暂设陆军、海军、外交、司法、财政、内务、教育、实业、交通9个部(3月将实业部撤销,改设农林部和工商部,共10个部)。各部设总长1人,次长1人。总长为国务员,辅助临时大总统办理行政事务。次长辅佐总长,整理部务。

临时大总统的直辖机关为总统府,所辖机关有秘书处、法制局、印铸局、铨叙局、公报局、参谋部等。由于尚未制定比较系统完整的法规,行政各自为制,地方政府组织颇不统一。

2. 整顿吏治法规

孙中山认为立国之道在于任贤。[①] 民国政府官员不应该再"是君主的私人",而应该"是国民的公仆"。[②] 据此,1912年3月《临时大总统关于慎重用人致内务总长令》指出:民国成立以后,务必"肃正吏治,时不可失"。特令内务总长、次长等用人之际,务当贤能远引。同时规定今后除特殊缘故外,不得兼职。

1912年3月,孙中山在《为民服务通令》[③]中指出:方今民国初基,首在任命贤能,扫除弊蠹。为此特通谕百僚:

(1) 须知凡属官员,皆系为民服务,官规具在,莫不负应尽之责任,而无特别之利益,何得存非分之希冀,而作无谓之应求。

(2) 佐治需才,果有寸长,奚患沦弃。自今以往,该管长官,毋得以好恶为取舍、喜怒为进退;如有此等情形,属员准其申诉。

---

① 《孙中山选集》(上卷),人民出版社1956年版,第80页。
② 同上。
③ 《孙中山集外集》,上海人民出版社1990年版,第680页。

(3)倘属员对于长官再于钻营奔竞情事,必当严加惩戒,以肃官常。维我同官,各宜清白乃心,束身自受,毋负本大总统殷切告诫之意。

为贯彻孙中山人事任用原则,法制局编纂、审定《文官考试委员官职令》《文官考试令》《外交官及领事官考试委员官职令》《外交官及领事官考试令》《文官任官令》等草案。4月4日参议院通过《外交官及领事官考试委员官职令》与《外交官及领事官考试令》。南京临时政府积极筹划通过考选官吏发现合格人才,分发各省,以资任用。

1912年3月《大总统令内务部通知各官署革除前清官厅称呼文》和《内务部咨各省革除前清官厅称呼文》规定:

(1)官厅为治事机关,职乃人民公仆,本非特殊之阶级,何取非分之名称。查前清官厅,视官等之高下,有"大人""老爷"等名称。光复以后,闻各官厅仍沿旧称,殊为共和政治之玷。特规定今后各官厅人员皆以官职相称,民间普通称呼为"先生"或"君",不得再沿用前清官厅称呼。

(2)跪拜乃是一种封建礼节,反映人格上不平等,一律废止。规定普通相见为鞠躬,最高敬礼为三鞠躬。

对于官吏贪赃枉法、敲诈勒索、欺压百姓的行为,南京临时政府命令全国,允许人民按照《临时约法》来中央行政院陈诉或就近向都督府控告,一经调查确定,立予尽法惩治。

3. 整饬军纪法规

陆军部于1912年1月制定颁布《维持地方治安临时军律》。2月发布《禁止私自招兵募饷文》《陆军部通饬各军队严禁军人冶游聚赌文》。规定:严禁军人任意掳掠、强奸妇女、焚杀良民、擅封民屋财产、抢劫民财,违者枪毙;勒索强卖、私斗杀伤、私入良家民宅、行窃、赌博、纵酒行凶、闹娼聚赌者,按律治罪;严禁私募军饷,违者严惩不贷。

(三)保障人权、华侨、财权法规

1. 保障人权法规

1912年3月《大总统令内务部禁止买卖人口文》规定:迅即编定暂行条例,通饬所属,嗣后不得再有买卖人口情事,违者罚之;从前所缔结的买卖人口契约,悉与解除,视为雇主与雇人之关系,不得再有主奴名分。此外,孙中山还在《大总统令广东都督严行禁止贩卖"猪仔"文》中,特令广东都督严行禁止"猪仔"出口,并令外交部妥筹杜绝贩卖"猪仔"办法,务使奸人绝迹,以重人道,而崇国体。

1912年3月《大总统通令开放疍户惰民等许其一律享有公权私权文》指出:前清专制秕政下,如闽、粤之疍户①,浙之惰民,豫之丐户,以及所谓发功臣暨披

---

① 疍,音蛋,指闽粤水上居民。

甲家为奴,即俗称所谓"义民"者,又如剃发者并优娼隶卒等,均有特别限制,使不得与平民齿。一人蒙垢,辱及子孙,蹂躏人权,莫此为甚。为此特申令示:凡以上所述各种人民,对于国家社会之一切权利,公权如选举、参政权,私权如居住、言论、出版、集会、信教之自由等,均许一体享有,毋稍歧异。

2. 保护华侨法规

1912年1月,华侨代表上书南京临时政府恳请批准组织华侨联合会。对此,《内务部谕稿》指出:所订简章18条,宗旨既极正大,条理亦复分明,应准予立案,以资保护,而促进行。

3. 保护财权法规

1912年1月28日内务部发布《保护人民财产令》,规定:临时政府应以保护人民财产为急务。凡人民财产房屋,除经正式裁判宣告充公者外,勿得擅自查封,以安闾阎。据此,内务部提出:

(1) 凡在民国势力范围之人民,所有一切私产,均应归人民享有。

(2) 前为清政府官产,现入民国势力范围者,应归民国政府享有。

(3) 前为清政府官吏所得之私产,现无确实反对民国之证据,已在民国保护之下者,应归该私人享有。

(4) 现虽为清政府官吏,其本人确无反对民国之证据,而其财产在民国势力范围下者,应受民国政府保护,俟该本人投归民国时,将其财产交该本人享有。

(5) 现为清政府官吏而又为清政府出力,反对民国政府,虐杀民国人民,其财产在民国势力范围内者,应一律查抄,归民国政府享有。如果其伯叔兄弟与之同谋或帮助掩护查抄之财产者,则视为反对民国,财产也应查抄。

孙中山还曾致电各省都督,如有合法财产被侵夺者,许其按照《临时约法》来中央平政院陈诉,或就近向都督府控告。一经调查确实,立予尽法惩治,并将罪状宣告天下,以昭儆戒。他曾多次亲自过问和批示侵犯私人财产的案件。

(四) 民族宗教法规

1912年2月,《大总统布告国民消融意见蠲除畛域文》规定:中华民国合汉、满、蒙、回、藏为一家,相与和衷共济,丕兴实业,促进教育,推广东球之商务,维持世界之和平;国民务当消融意见,蠲除畛域,以营私为无利,以公益为当谋,增祖国之荣光,造国民之幸福。

1912年,参议院通过《关于满蒙回藏各族待遇之条件》,规定:

(1) 与汉人平等。

(2) 保护其原有之私产。

(3) 王公世爵概仍其旧。

(4) 王公中有生计过艰者,民国得设法代筹生计。

(5) 先筹八旗生计,于未筹定之前,八旗兵弁俸饷,仍旧支放。

(6) 从前营业、居住等限制，一律蠲除，各州县听其自由入籍。

(7) 满蒙回藏原有之宗教，听其自由信仰。

以上条件列于正式公文，由中华民国政府照会各国驻北京公使。①

1912年2月，《内务部批中华民国国民回族马德甫金峙生等组织回民联合会禀请立案呈》指出：此次推翻帝制，改造民国，原合汉满蒙回藏之土地人民为立国之第一要素，则五大民族所享有之权利，所负之责任，自应一视同仁。该回民组织联合会，本部均极赞成。由于回教之范围，不止回民，建议将名称改为"回教联合会"，尚属稳惬而正大。

1912年2月，《大总统复美以美会高翼圣韦亚杰论中国自立耶教会函》指出：

(1) 政教分立，则信教传教皆得自由。

(2) 外国教士传教中国者，或有时溢出范围，涉及内政。更有一二野心之国，借宗教为前驱之谋者，皆属有违政教分立之例。

(3) 至君等欲自立中国耶教会，此自为振兴真教起见，事属可行，好自为之。

(五) 社会立法

1. 革除社会陋习法规

1912年3月《大总统令内务部晓示人民一律剪辫文》指出：民国成功，凡我同胞，允宜涤旧染之污，作新国之民。兹查通都大邑剪辫者已多，至偏乡僻壤留辫者尚复不少。特令内务部通行各省都督转饬所属地方，凡未去辫者，于令到之日，限20日，一律剪除净尽。有不遵者，以违法论处。

1912年3月《大总统令内务部通饬各省劝禁缠足文》指出，缠足恶俗，尤宜先事革除，以培国本。为此，特令内务部速行通饬各省一体劝禁。其有违抗禁令者，予其家属以相当之处罚。

2. 禁烟禁赌法规

1912年3月《大总统令禁烟文》明确指出：鸦片流毒中国，垂及百年，遍于全国。今民国成立，当咨行参议院于立法时剥夺其选举被选一切公权。并由内务部转行各省都督通饬所属官署，重申种吸各禁，勿任废弛。根据上述精神，内务部先后发布《咨各省都督及卫戍总监禁止鸦片文》《令南京巡警总监移交禁烟公所文》《批公民俞乃绩条陈禁烟必先禁种呈》《咨各部及卫戍总督查明有无吸食鸦片人员文》，并成立禁烟公所，由大总统委任石英为总理，具体负责一切禁烟事宜。

1912年3月《内务部报告禁赌呈》指出，赌博陋习，最为社会之害，律法在所

---

① 张国福选编：《参议院议事录　参议院议决案汇编》，北京大学出版社1989年复印本，第1—3页。

必禁。现经本部咨各部、各省都督并饬南京巡警总监及南京府知事,切实执行以下规定:

(1) 无论何项赌博,一体禁除。

(2) 凡人民宴会游饮集会各场所,一概不准重蹈赌博旧习。

(3) 其店铺中有售卖各种赌具者,即着自行销毁,嗣后永远不准出售。

(4) 各地方巡警要严格稽查。倘有违犯,各按现行律科罪,以绝赌风,而肃民纪。

3. 男女平等,破除迷信法规

1912年3月,以唐绍仪、蔡元培、刘冠雄、宋教仁等26人为发起人,本着"以人道主义去君权之专制,以科学知识去神权之迷信",提出并公布了《社会改良章程》附36条改革主张①。这一社会改革主张虽不具有法规性质,但其中有些主张已被南京临时政府发布的法规所采纳,而许多主张对日后革命政权制定婚姻法及其他社会改革法规颇有参考价值。

4. 改革发展教育法规

1912年3月19日,孙中山明确提出,"学者,国之本也,若不从速设法修旧起废,鼓舞而振兴之,何以育人才而培国脉"②。其主张:

(1) 重文教而保公产,迅速恢复各类学校。

(2) 重视师范教育,"隐植将来教育之根本"。

(3) 倡办实业教育,鼓励华侨办学。

(4) 从根本入手,使每乡皆有启蒙学校,由蒙校而至高等学校。

---

① 36条主张为:(1) 不狎妓。(2) 不置婢妾。(3) 提倡成年以后有财产独立权。(4) 提倡个人自主,不依赖亲朋。(5) 实行男女平等。(6) 提倡废止早婚(男子19岁以上,女子17岁以上始嫁娶)。(7) 提倡自主结婚。(8) 承认离婚之自由。(9) 承认再嫁之自由。(10) 不得歧视私生子。(11) 提倡少生子女。(12) 禁止对于儿童之体罚。(13) 对于一切佣工(如仆役、车夫、轿夫之类)不得苛待。(14) 戒除拜门换帖认干女儿之习。(15) 提倡戒除承继挑养子之习。(16) 废跪拜礼,以鞠躬拱手代之。(17) 废大人老爷之称,以先生代之。(18) 废缠足、穿耳、敷脂粉之习。(19) 不赌博。(20) 在官时不受馈赠。(21) 一切应酬礼仪宜去繁文缛节(如宴会迎送之类)。(22) 年节不送礼,吉凶等事不为虚糜之馈赠。(23) 提倡以私财或遗产补助公益善举。(24) 婚丧祭等事不作奢华迷信等举动。(25) 提倡心丧主义,废除居丧守制之形式。(26) 戒除迎神、建醮、拜经及诸迷信鬼神之习。(27) 戒除供奉偶像牌位。(28) 戒除风水阴阳禁忌之迷信。(29) 戒除伤生耗财之嗜好(如鸦片、吗啡及各种烟酒等)。(30) 衣饰宜崇质素。(31) 养成清洁之习惯。(32) 日常行动不得妨害公共卫生(如随地吐痰及随意抛掷污秽等事)。(33) 不可有辱骂喧闹粗暴之行为。(34) 提倡公坟制度。(35) 提倡改良戏剧及诸演唱业。(36) 戒除有碍风化广告及各种印刷品(如卖春药、卖春画、淫书等)。(参见上海《民立报》1912年3月29日)

② 《孙中山全集》(第2卷),中华书局1982年版,第253页。遵循孙中山的主张,教育部总长蔡元培1912年2月12日在《临时政府公报》发表了《对于新教育之意见》,此即4月正式公布的《对于新教育之意见(初稿)》。提出了"五育"的教育方针:(1) 军国民教育;(2) 实利主义教育;(3) 公民道德教育;(4) 世界观教育;(5) 美育。

南京临时政府颁布了一系列教育法规。

(1) 辛亥革命时期,各地学校房产设备遭受破坏。为维护秩序、保护学校,连续发布《大总统令陆军、内务两部派员同教育部调查保护各处学堂及前查封充公之家屋文》《大总统令安徽都督查明彻究贵池小学损失各物》。

(2) 为重视师范教育,发布《大总统令教育部通告各省将已设之优级初级师范一并开学文》《教育部批中华民族大同会请拨款创设蒙回藏师范学校呈》。

(3) 教育部发布《普通教育暂行办法》和《普通教育暂行课程标准》,通令各学校一体遵行。

从前各种"学堂"均改称"学校"。"监督堂长"一律改称校长。每学年分为2个学期。中学和初级师范学校,均改为4年毕业。初小可男女同校。特设之女子学校,章程暂时照旧。各种教科书的内容必须合乎共和国宗旨。清代学部颁行的教科书一律禁用。小学一律废止读经科,注重手工科,算术科兼学珠算。中学为普通教育,文理不分科。旧时奖励出身,一律废止。

(4)《教育部通告各省速令高等专门学校开学电文》和《教育部禁用前清各书通告各省电文》规定:各地高等专门学校从速开学;新规程未颁布以前,应暂时照旧章办理,但是《大清会典》《大清律例》《皇朝掌故》《国朝事实》及其他有碍民国精神及非各学校应授之科目,一律废止。

(六) 经济法规

1. 兴办和保护实业法规

南京临时政府成立后,随着局势的逐渐稳定,社会上的工商农林各界,兴办各种实业的积极性很高,纷纷制定章程,建立公司社团,向实业部呈请核准,或要求资助。南京临时政府认为实业为民国将来生存之命脉、"富国裕民之计"①,因此宣布了振兴实业的方针,发布了一系列兴办和保护实业的令文和批复。

兴办工业的,实业部对《刘金阶胡大华请开办工业四厂禀》和《侨商朱卓文开办工厂请给照拨地呈》的批复指出:所陈开办缝工、皮工、铁工、鞋工四厂,皆当务之急。至于拨地建厂,应开明地址,附简章呈部再议。资本应一律自筹。

开发矿业的,《大总统批仇志远请废泾县煤矿原案复行立案呈》和《实业部批江西矿务学生曹藩等请开煤矿禀》指出:要求续办余干县乌港煤矿,须经咨江西省都督查明,转饬遵照办理。《实业部电安徽都督取消与外人订办铜官山矿合同文》,提出政策原则是:矿山国有,各国通例。本部草拟矿法,用意亦复相同。开矿一事,可否招集外股,尚未确定。今贵省与日人合办开矿一事望即取消。

---

① 中国社会科学院近代史研究所史料编译组编辑:《辛亥革命资料》,中华书局1961年版,第148、202页。

发展和保护商业的,实业部《商业注册章程》规定:公司成立必须经实业部登记注册给照。注册必须有章程合同、会员表和说明书等,在内容上不得与共和政体宗旨相悖。同时,要有足够的自有流动资金,中外合资企业公司中的华股必须占有一定比例。《实业部批无锡商会转呈恒大永源生米行运米被扬州徐司令扣留请派委监验给放呈》指出:该商系执照运稻,如与税章不悖,应即查验放行。徐司令职在治兵,更不能听信炮船兵弁,留难商民。

保护农业的,1912年3月大总统发布《通饬各省慎重农事》,令文指出:农业"国本所关"。今正值农时,若不亟为筹划,众庶艰食。对农民要严加保护,缺乏农具者,公田由地方公款、私田由各田主设法资助,俟秋后计数取偿。保护树木的,《内务部令巡警总监保护树木文》《内务部令南京巡警总监出示禁止砍伐孝陵树木文》指出保护树木的重要性,规定对乱砍树木者速派警丁查拿究办。

发展渔业的,《实业部批鱼商陈文翔请设立渔业公司准予立案专利呈》规定:对陈文翔所请筹办以机船捕鱼的渔业公司,准予立案,妥为保护。

2. 财政金融法规

1912年1月1日《临时大总统宣言书》提出要实现"财政之统一"。财政部拟制了《划分中央地方财政范围意见书》,呈请大总统咨送参议院审核。

中央岁入范围是:(1)税源充足者;(2)负担普遍者;(3)全国人民及产业界有重大关系者;(4)课税方法较容易而又有永久性质者。包括田赋、关税、盐课、印花税、丝税、茶税、酱油税、所得税、营业税、注册、烟酒税、糖税、中央官业收入、中央杂收入等。

地方岁入范围是:(1)税源虽不甚充足,而实与课税原则相符者;(2)负担均平而无重复之弊病者;(3)与一省人民及产业界有关系者;(4)与旧时征收习惯不相违背者。包括货物税、房屋税、牲畜税、古玩税、地方官产收入、杂收入、承继税、地方杂税等。

1912年3月,参议院议决《暂行印花税法》和《暂行印花税法施行章程》,这是当时完成立法程序的第一部税法。规定:

(1)凡人民之财产货物,当授受、买卖、借贷之时,所有各种契约簿据可用为凭证者,均须遵照本法贴用印花,方为适法之凭证。

(2)凡契据应贴印花者,责成契据人于授受前贴用加盖图章或画押于印花票与纸面之骑缝之间。以1年为限。

(3)凡不依本法者,遇有讼案牵涉呈官查验时,不足为凭。如被查出,按偷漏数目罚金百倍。

1912年1月,南京临时政府制定《中华民国军需公债章程》,财政部先后制定《公债执行简章》和《发行公债办法》。规定由财政部发行军需公债1亿元,以国家所收钱粮作抵,专充临时军费和保卫治安之用。

1912年1月,临时大总统批准将大清银行改为中国银行,添招商股,作为中央银行。《中国银行则例》规定:

(1) 中国银行为股份有限公司,各股东责任以所认定之股份为限。总行设于京城,各省会及其他商业繁盛地方设立分行分号。

(2) 政府得令中国银行办理国库事宜,及为政府募集公债。

(3) 代国家发行新货币,在纸币则例未颁布前得发行通用钞票。

(4) 办理各种营业事项。

1912年2月《财政部咨各省都督划分收支命令机关与现金出纳机关权限文》规定:在中央,以财政部库务司为现金出纳机关,会计司为收支命令机关,使之互相监督。地方各省也要照此划分权限。1912年3月,财政部库务司拟定《金库则例》呈大总统咨参议院核议在案。规定:国库现金之出纳保管,应统归金库办理。金库分中央总库、省库、分库。财政总长总理国库事务,以中国银行正行长为金库出纳总代理员。

1912年初财政部拟建立近代会计制度,制定了《会计法草案》,但未及通过实施。

二、南京临时政府司法制度

(一) 司法机关设置

1. 中央司法机关

《中华民国临时政府中央各部及其权限》规定,南京临时政府的最高司法行政机关为司法部。

1912年4月6日,参议院正式通过《司法部官制》。规定司法总长管理民事、刑事、非讼事件、户籍、监狱及出狱人保护事务,并其他一切司法行政事宜,监督所辖各官署及法官。司法部内设置承政厅及法务、狱务两司。

《临时政府组织大纲》规定:"临时大总统得参议院之同意,有设立临时中央审判所之权。"《临时约法》规定:"法院之编制及法官之资格,以法律定之。""临时大总统受参议院弹劾后,由最高法院全院审判官互选九人组成特别法庭审判之。"据此司法部曾拟定《临时中央裁判所官制令草案》,然而未完成立法程序,中央裁判所没有设立,而由法制局主要负责有关法律、法令的制定与颁布,由司法部负责民事和刑事诉讼。这就带有行政部门代行审判职权、行政司法合一的传统弊病。

2. 地方司法机关

司法部在一些批文中提出的初步方案是:在地方设立高等、地方、初级审判厅与检察厅。但实际未完全建立起来。

3. 审级制度

孙中山认为"四级三审之制,较为完备"。但南京临时政府未统一规定,各省做法不一。如湖北地区就没有制定明确的审级制度,规定只要不服府厅州县临时审判所判决者,均可直接上诉于临时上诉审判所;而上海则明文规定了四级三审制,审级制度比较完善。

4. 司法官考试制度

南京临时政府明确指出所有司法人员,必须参加法官考试,合格人员才能任用。为此,法制局拟制了《法官考试委员官职令草案》和《法官考试令草案》,由临时大总统咨参议院议决。但最终未及通过颁行。

综上可见,南京临时政府虽有许多初步设想,但还没有来得及建立起一个真正独立完整的司法体制。

(二) 诉讼审判制度的改革

1. 禁止非法逮捕拘禁

司法总长伍廷芳在答复沪军军法司蔡治民1912年2月25日来函时指出,共和确立,人民之自由权亟待竭力保障,不得违反《临时约法》第6条:人民之身体,非依法律不得逮捕、拘禁、审问、处罚,"以重人权,而维法纪"①。

2. 罪刑法定,不溯既往

1912年1月28日,孙中山针对近闻各省仇杀保皇党人事,《致陈炯明及各省都督电》规定:"法令所加,只问其现行有无违法,不得执既往之名称以为罪罚。"②2月,内务部《保护人民财产令》指出:法令效力不能追溯既往。

3. 禁止刑讯,重证据不偏重口供

1912年3月,《大总统令内务、司法两部通饬所属禁止刑讯文》和《司法部咨各省都督禁止刑讯文》指出:刑事立法之目的在于"维护国权,保护公安","提倡人道,注重民生"。规定:

(1) 不论行政、司法官署及何种案件,一概不准刑讯。鞫狱当视证据之充实与否,不当偏重口供。

(2) 其从前不法刑具,悉令焚毁。

4. 废止体罚制度,实行新的刑罚制度

1912年3月,《大总统令内务、司法部通饬所属禁止体罚文》规定:

(1) 不论司法、行政各官署,审理及判决民、刑案件,不准再用笞、杖、枷号及其他不法刑具。其罪当笞、杖、枷号者,悉改科罚金、拘留。

(2) 民事案件,有赔偿损害、恢复原状之条;刑事案件,有罚金、拘留、禁锢

---

① 《民立报》1912年3月19日,第10版。
② 《孙中山全集》(第2卷),中华书局1982年版,第47页。

（即徒刑）、大辟（即死刑）之律。从而初步确定了新的刑罚制度的基本原则。

5. 罪人不孥，反对株连

1912年2月3日，内务部发布《保护人民财产令》。在执行过程中，绅士梁尚忠就有疑问之处请示内务部："反对民国之本人财产一律查抄，其该官吏之伯叔兄弟之私产，是照'罪人不孥'仍归伯叔兄弟享有，抑亦一体查抄？"内务部明确解释：按"罪人不孥"原则办。应被查抄官吏之伯叔兄弟，若与同谋，或确系该官吏之财产而冒托为该伯叔兄弟所有，借以为掩护计者，仍应查抄；其果属该伯叔兄弟之财产，而该伯叔兄弟又未尝助该官吏反对民国，其所有财产，自应一律保护。

6. 公开审判

《临时约法》规定："法院之审判，须公开之；但有认为妨害安宁秩序者，得秘密之。"

7. 律师辩护制度

内务部警务司长孙润宇曾向临时大总统孙中山建议：司法独立，为法治国分权精神所系，而不可无律师以辅助之，并编成《律师法草案》，呈请大总统准予咨送参议院议决施行。1912年3月22日发布的《大总统令法制局审核呈复律师法草案文》，肯定了律师制度与司法独立相辅为用，尤应亟定法律，俾资依据。然《律师法草案》交到法制局后的审核程序终未完成。但是，从上海《民立报》1912年1月11日开始连载的《中华民国律师总公会章程》可了解到当时律师管理制度的情况。该章程宣布组织律师总公会的宗旨是：巩固法律，尊重人权。凡本会律师得在国内各级审判厅及公共会审堂莅庭辩护之权。律师职务：

（1）律师为原告办理诉讼事件时，其职务是：为原告缮具诉词及搜集各项证据，以备携呈法庭；须同原告到庭办理所控事件；于审案时待原告申诉毕，得当庭质问原告及其证人，如被告对于原告及其证人赍诘其证据不充分者，应当查明后再行复问原告及证人；被告或律师向法庭申辩后，原告律师可将被告或律师所申辩之理由向法庭解释辩驳。

（2）律师为被告办理诉讼事件时，其职务是：代被告缮具诉词，详细诉辩所控事件，并检齐有益于被告各证据，以备携带法庭；同被告到法庭辩护，俾法庭审诉，明确依律审判，毋使屈抑；原告及其证人申诉，得将被告辩词说明理由或与被告之证人到庭辩驳。

（3）凡买卖契约及遗嘱赠与等，律师均有证明之责。

（4）刑事重罪犯无力延请律师，由本会会长指定本会律师代为辩护，以免冤滥。

此外，《章程》还对律师资格、会员职责、收费标准作了规定。依照上述章程，1912年1月28日在上海正式召开了中华民国律师总公会成立大会。于是律师辩护活动在一些地区开展起来。

8. 改良监狱，尊重人道主义

1912年3月2日，《大总统令内务、司法两部通饬所属禁止刑讯文》指出："人权神圣，岂容弁髦；刑期无刑，古有明训。"①3月20日，《司法部咨江苏都督提江宁模范监狱旧存款项文》和《司法部批筹办南京监狱改良进行总会发起人孔繁藻等请立案呈》指出："监狱关系人民生命至为重要。"狱政方针应为：改良监狱，尊重人道主义。②

总括说来，南京临时政府的法律模式，最重要的一方面是按照西方大陆法系"六法"体例，分门别类制定一系列含有自身单独调整对象的法律、法令、条例、章程。另一方面，有条件地沿用清末清廷按大陆法系"六法"体例编订的许多法律。南京临时政府参议院于1912年4月3日二读通过《新法未颁布前暂时适用旧有法律案》，指出："所有前清时规定之《法院编制法》《商律》《违警律》及宣统三年颁布之《新刑律》《刑事民事诉讼律草案》，并先后颁布之《禁烟条例》《国籍条例》等，除与民主国体抵触之处，应行废止外，其余均准暂时适用。唯《民律草案》前清并未宣布，无从援用。嗣后凡关于民事案件，应仍照前清现行律中规定各条办理。唯一面仍须由政府饬下法制局，将各种法律与民主国体抵触各条，签注或签改后，交由本院议决公布施行。"③由于孙中山此时已经解职，临时政府随即北迁，这一立法程序未能完成三读。中国法律近代化的历程，在南京临时政府时期，虽然进入了一个新阶段，但尚未完成。

第三节　北京政府法律制度

辛亥革命爆发后不久，新成立的南京临时政府与北京政府举行南北和谈，其结果是清帝逊位、南北统一在民国旗帜下，由北洋军阀首领袁世凯接替孙中山担任临时大总统。1912年3月10日，袁世凯在北京宣誓就任中华民国临时大总统；同年4月，参议院议决民国临时政府由南京迁往北京。北京政府的法律制度，一方面承袭了南京临时政府时期的宪法与法律制度，另一方面也吸收了晚清修律的立法成果。北京政府时期的各方政治力量高度对立，导致了政局反复动荡，甚至频繁发生军阀混战与法统的中断。受政局的影响，这一时期的宪法体制也呈现出高度不稳定的状态，国会立法成绩也比较有限；就司法而言，当时中央审判机关如大理院、平政院的工作取得了一定的成绩，至于"四级三审"的现代

---

① 《孙中山全集》(第2卷)，中华书局1982年版，第157页。
② 同上。
③ 张国福选编：《参议院议事录　参议院议决案汇编》，北京大学出版社1989年复印本，第119页。

审级制度则无法真正落实。

一、北京政府的宪法和宪法性文件

如前所述,作为南京临时政府最早的宪法性文件,1911年《临时政府组织大纲》几乎完全仿效了美国三权分立的政体设计;可《临时政府组织大纲》颁布未及数月,1912年初临时政府兑现南北和谈的承诺,选举袁世凯为临时大总统,制宪者"因人设制",迅速颁布了《临时约法》,由美式总统制转向类似法式内阁制的政体。在国民党控制的国会与总统袁世凯互不信任的背景下,北京政府国会于1913年拟定《天坛宪法草案》(又称《天坛宪草》),企图进一步扩大国会权力、缩小总统权力,打造"超级议会制"。以国会与袁世凯在制宪问题上的根本冲突为导火索,袁世凯解散国民党、造成国会的瘫痪,并操纵政治会议代替国会,随之于1914年颁布《中华民国约法》(又称《袁记约法》)与《修正大总统选举法》,造就了"超级总统制"(总统独裁制)的政体。1915年底,在"国民代表大会"的劝进下,大权在握的"终身总统"袁世凯复辟帝制,却很快众叛亲离,不得不于称帝八十余天后取消帝制、郁郁而终。民初的两场失败的政治试验——自由主义代议政治和独裁政体,"似乎彼此是在相互斗争中消灭的",代之而起的是分散的军事霸权主义。在军人统治之下,士兵成为"军阀唯一的选民",但其军事的胜利并不能带来有效的政体与稳定的文官政府,"中国的政治斗争进一步军事化",宪法本身变得可有可无。① 尽管议员号称"制宪为国会唯一天职",可从1913年拟定《天坛宪草》到1922年国会第二次复会,尽管社会上"物议如沸",宪法依然"久孕不产";以至于梁启超以近乎绝望的笔触投书:"(议员)先生们啊,我们给你老人家磕第一个响头,求赏宪法!磕第二个响头,求赏宪法!磕第三个……磕第一百个响头,求赏宪法。"②经历了国会的两次解散与曹锟贿选,国会终于将"法统"与"民意"消费殆尽,还玷污、连累了文本意义上的好宪法——1923年《中华民国宪法》。

(一)《天坛宪草》的起草与国会的解散

清末"筹备立宪"多年,却迟迟未开国会,只有一个咨询性质的资政院。直到辛亥革命之后,中国才设立了现代意义上的国会。《临时政府组织大纲》设立了由各省选派代表组成的参议院作为代议机关,由参议院制定的《临时约法》承之,后者第28条规定:"参议院以国会成立之日解散,其职权由国会行使之。"可见制宪者认为参议院并非真正意义上的"国会",只是权宜之计,是"临时"机构。

---

① 参见〔美〕费正清编:《剑桥中华民国史:1912—1949》(上卷),杨品泉等译,中国社会科学出版社1994年版,第248、310—312页。

② 参见叶曙明:《国会现场:1911—1928》,浙江人民出版社2013年版,第266、302页。

袁世凯就任临时大总统之初,尚受《临时约法》的束缚。约法规定:"本约法施行后,限十个月内由临时大总统召集国会,其国会之组织及选举法,由参议院定之。"据此规定,北京临时参议院相继制定了《中华民国国会组织法》《参议院议员选举法》和《众议院议员选举法》,并于1912年8月10日由袁世凯公布施行。其中,《中华民国国会组织法》(以下简称《国会组织法》)共22条,规定国会由参议院和众议院组成。同时详细规定了两院的产生、议员任期及职权和会议制度等。该法意在以议会政治限制袁氏独裁,确保民主共和国体。

1913年4月8日,国会正式召集于北京,采参众两院制,此为中国有正式国会之始。根据《临时约法》的规定,国会同时也是制宪机关。按《国会组织法》的规定,由参、众两院各选出委员30名,组成"宪法起草委员会",集会于北京天坛祈年殿,开始宪法起草工作。与此同时,为了给选举民国正式大总统提供法源,国会制定的另一部宪法性法律《大总统选举法》于1913年10月5日颁布。"自大总统选举法成立而后,中国制宪事业,倘从形式上说,或可告一结束;因为临时约法、国会组织法与大总统选举法三种法律,相互补足,实已构成一种与现代一般宪法相似的正式宪法。"①

完整的宪法典草案于1913年10月14日脱稿,史称《天坛宪草》。其特色如下:其一,规定三权分立的原则。《天坛宪草》规定:中华民国的立法权属于国会,国会由参议院和众议院构成;行政权由大总统以国务员之赞襄行使;司法权由法院行使。其二,采用责任内阁制,赋予国会较大权力,以钳制总统。国会拥有立法权、弹劾、审判大总统、副总统和国务员的权力。《天坛宪草》还规定:在每年国会常会闭会前,由参、众两院于议员中各选出20名委员组成国会委员会,在国会闭会期间除行使一般职权外,还得受理请愿并建议及质问。国务总理的任命须得到众议院的同意;国务员赞襄大总统,对众议院负责;大总统发布的命令及其他关系国务的文书,非经国务员的副署,不生效力。由国民党占多数的国会单边垄断制宪,企图通过制宪进一步限缩总统袁世凯的权力;而袁世凯则"不满草案中限制总统权力的有关条文,于是于1913年10月25日通电各省都督民政长,反对宪法草案,谓(国)民党议员,干犯行政,欲图国会专制,要他们逐条讨论,迅速条陈电复"。各省军政长官多数是袁世凯旧部,自然一致反对宪草,更有将国民党籍议员解职和解散国会之议。② 严格从法律技术上讲,1914年1月袁世凯并没有解散国会,而是通过解散国民党而造成了国会的瘫痪;因为占国会约半数的国民党籍议员资格被取消,国会便因凑不齐法定的开议人数而流会。

---

① 王世杰、钱端升:《比较宪法》,中国政法大学出版社1997年版,第363页。
② 参见荆知仁:《中国立宪史》,联经出版事业公司1984年版,第211页。

(二)《袁记约法》与洪宪帝制

1914年初袁世凯瘫痪国会后,仍需要一个御用"民意机关"来装点门面,正好现成有一个总理熊希龄为"废省改制"而召集的各省代表会,有中央和地方代表80余人,名为"行政会议";于是,袁世凯就将"行政会议"改名为"政治会议",作为咨询机关;"政治会议"又通过立法创造出一个由57名代表组成的"约法会议",为袁世凯量身打造了《袁记约法》,以取代《临时约法》。①

新约法改变了《临时约法》议会内阁制的政治架构,但是我们也不能认为新约法回归了《临时政府组织大纲》的总统制。因为"在总统制政府之下,大总统之权力,虽较内阁制度为大,但其与立法、司法两种机关,实为鼎足而三,互相牵制,而非将大总统建立在一切政治机关之上。但在新约法之中,一方面扩大总统之权力,他方又取消一切对于大总统之有效的控制。因之,新约法不能认为系采总统制者"②。立法院为新约法中所规定之立法机关,虽曾宣布筹备,但始终未及成立,其权力则由参政院代行。参政院虽然依约法为"咨询机关",但其职权"实超出'咨询'范围之外,而赋有若干特权:第一为解释约法权,第二为决定行政官署与司法官署之权限争议权,第三为起草宪法权,第四为对于大总统若干重要行动之同意权(立法院之解散,与法律有同等效力之教令,财政紧急处分,及不公布立法院通过两次之法案)"。另外,由于立法院始终未成立,根据《袁记约法》第68条的规定,"立法院未成立以前,以参政院代行其职权","于是举立法院之权,悉为参政院所行使"。③ 古德诺作为袁世凯的政治顾问,撰文称新约法下"大总统之权,同于日本之君主,而与立法之关系,亦与日本君主与国会关系同,此种政治在日本行之已有明效大验,日本如此,中国何独不然"。④

袁氏还操纵修改《大总统选举法》,其修改之关键有三:其一,总统任期由五年改为十年,且连任无限制(第2条)。其二,"每届应行大总统选举之年,参政院参政认为政治上有必要时,得以三分之二以上之同意为现任大总统连任之议决"(第10条),这意味着袁世凯无须选举即可连任,成为"终身大总统"。其三,现任大总统可推荐继任大总统人选三人,将名单书于嘉禾金简、藏于金匮石室(第3条),"届行临时选举之日,由代行或摄行大总统之职权者……恭领金匮到会,当众宣布,就被推荐三人中,依第九条之规定,投票选举"(第11条);这在形式上是模仿清代皇帝秘密建储的故事,在实质上使袁氏凯可指定子孙继任大

---

① 参见黎澍:《辛亥革命与袁世凯》,中国大百科全书出版社2011年版,第236—240页。
② 钱端升等:《民国政制史》(上册),上海人民出版社2008年版,第79页。
③ 同上书,第89页。
④ 陈茹玄:《中国宪法史》,文海出版社1947年影印版,第75页。

总统。①

至此袁氏仍不满足，必欲身登宝殿而称万岁；但在共和的体制下要复辟帝制，仍须组织公民投票来伪造所谓民意的授权。于是，他御用代理国会参政院制定《国民代表会议组织法》，由地方最高级长官监督各省、特别行政区域及蒙古、西藏选出国民代表，以表决国体变更问题。对此，活跃于民初政、学两界的李剑农有如下记录：1915年10月8日，《国民代表大会组织法》公布，"10月25日便开始选举了；10月28日以后，便继续国体投票了；不到一个月工夫，各省区决定君宪的已有十八处；在原定11月20日前国体投票，全国各区一律告竣；结果1993票完全主张君宪，无一票反对的；办理的神速和成绩的优良，真是骇人；袁氏的'神威'，真是要超过法国两个拿破仑了"。②

（三）"贿选宪法"

1916年，袁氏帝制破产后，国会恢复集会，被《袁记约法》取代的《临时约法》也"起死回生"；但很快又发生北洋军阀弄权与国会的二度解散。在1913年《天坛宪草》的拟定过程中，国会议员们尚能勉强团结；但待到袁氏帝制破产、国会重开后，国会议员的表现则似乎不如从前。1916年宪法会议审议会辩论省制问题时，在议场竟发生轰动一时的大斗殴。代议政治乃是舶来品，不但皇帝、总统、大小军阀官僚没有"议会主权"的观念；议员们也缺乏必要的民主法治观念，他们陶醉于想象中的"国会无所不能"，完全无视其法律上的权力界限。于是形成如下怪现象：一方面国会缺乏足够的权威与实力，另一方面议员们却越权滥权、毁法造法。如果说旧军阀、旧官僚是民初国会失败的外因，议员们自身素质欠佳则是其内因。国会议场之内欠缺基本的妥协与对话精神，议员对政府缺乏理解与尊重，议员彼此也不肯尊重对方"说话的权利"，意见稍有不合即报之以语言暴力、肢体暴力，议院不时上演"全武行"。"严格言之，民二国会议员无实际议会经验，此所以在议会中不知如何运用议论技巧，彼此意见不合，动辄冲突殴打。对于政府，一味强调责任内阁，不知进行协商；大言限制袁世凯的权力，岂知袁氏拥有武力后盾。这是中国民主政治失败的原因之一。"③雪上加霜的是，民初国会乃是由无原则且不稳定的派系，而非现代意义上的政党组成。在派系主义之下，"人人欲显身手，只问目的，不择手段"。④ 派系合作的基础过于脆弱，且各派系本身便极不稳定，国会勉强达成的共识难免以破裂告终，随之而来的便

---

① 参见夏新华等整理：《近代中国宪政历程：史料荟萃》，中国政法大学出版社2004年版，第464—465页。

② 李剑农：《中国近百年政治史》，复旦大学出版社2002年版，第377—378页。

③ 张朋园：《中国民主政治的困境1909—1949：晚清以来历届国会选举述论》，吉林出版集团有限责任公司2008年版，第103页。

④ 同上书，第128—129页。

是政局的反复动荡与制宪事业的蹉跎。

直到1922年旧国会再次恢复后，发表宣言继续1917年国会之工作，其中首要任务即完成制宪。可宪法会议常常因为人数不足而流会，为尽快完成制宪，国会便修法降低法定出席与可决人数，更增设出席费20元以利诱议员到会，于是议员于岁费旅费之外，又多了一份外快，"贪鄙之风，为世所仅见。其不为舆论所容固其宜也"。① 当时国会议员们发生分歧，接受直系曹锟津贴的议员主张先解决复位的黎元洪的总统任期问题，尽快重新选举总统；而另一派则主张国会当下应专注于制宪大业，待到宪法公布后，再行改选总统。② 曹党以暴力逼走复位不久的黎元洪，此举引起部分议员的反弹。1923年8月，国会议员离京南下的已有385人，但"南下者亦多为利而来，初无一定宗旨"。③ 8月24日，北京议员开谈话会，议定议员每次出席费100元以利诱南下议员回京，再加上众议员任期当年10月10日即将届满，又提议延长任期至下届议员选出为止。于是南下议员纷纷返京。两院常会复开，通过了延长众议员任期案。

曹锟一党为了掩饰其急于谋夺大位的野心，宣言"先宪后选"，但宪法会议久未开成，曹党情急之下，由"卖身议员"提案先举行总统大选，先以500元出席费利诱议员参加总统选举会，却仍凑不足法定人数，只好再填送5000元至万元不等大额支票收买选票，曹锟终于"合法"地当选总统。国会议员"在以选票换了支票之后，无论为实践诺言，或为掩饰他们受贿卖身的罪恶，都不能不对制宪一事，有所交代"。④ 于是在选举总统之后，国会竟只用了数日便匆匆完成了宪法草案的二读与三读程序，并于1923年10月10日曹锟就职之日将《中华民国宪法》予以宣布。"开会不过三次，为时不及七日，遂举十二年久孕不产之大法，全部完成。六七载之争议问题，不议而决。"⑤在这种情况下完成的宪法，当然不会得到人民的尊重与承认。1924年段祺瑞执政府成立后，便废止了这部宪法。平心而论，这部宪法的内容本身是比较进步的，甚至有的方面的规定还走在世界的前列。这样一部神圣而庄严的宪法，"在军阀政客及野心家的阻挠破坏之下，从起草到宣布，久经挫折，历时凡十一年，而其存在期间，却只不过一年，便被弃置，尤其是还落了个贿选宪法的恶名"。⑥ "民国十三年（1924）以前，中国政治问题表面上所争的，只是一个'法'字。自所谓法统恢复后，那些坐在法统椅子上的先生们演出卖身的活剧，制成一部'遮羞的宪法'。从此没有人理会这个'法'

---

① 陈茹玄：《中国宪法史》，文海出版社1947年影印版，第129页。
② 荆知仁：《中国立宪史》，联经出版事业公司1984年版，第328页。
③ 同上。
④ 同上。
⑤ 见陈茹玄：《中国宪法史》，文海出版社1947年影印版，第135页。
⑥ 荆知仁：《中国立宪史》，联经出版事业公司1984年版，第332页。

字了。……国会既实行最后的自杀,从此法统也断绝了,护法的旗帜也没有人再要了。"①

（四）省宪运动

1920年发生的联省自治运动(省宪运动),其目标除了各省制定省宪外,还要求由各省选举代表共同制定联邦宪法,这是对单一制下国会制宪权的重大挑战。② 辛亥革命是以各省宣告独立的形式展开的,而认为各省自治优于中央集权的思想在清末已广泛传播。"大多数省份在革命后,也都以完全自治的姿态出现,无意于放弃其已得到的特权,包括统率地方的军队,截留税收,选任省级和省内地方官吏。与此同时,省级以下的县议会的影响力和信心,也大为增强了。在地方主义者心目中,统一和自治两项要求,可以融合在联邦制的体制中。"③有美国由独立的州组成联邦而省宪先于国宪之先例,加之民初中央政局的不稳,联省自治与省宪运动便呼之欲出了。1920年,在湖南发起联省自治运动,有十个省积极响应,湖南、浙江、四川、江苏、山东、广东都各自起草了省宪。尽管这些制定省宪的运动多半是政治性的门面活动,且皆非规范性宪法;但对于国民而言,能想到利用宪法作为政权合法性之依据与号召,诚比北方军阀悍然不顾宪法为何物,来得进步。1921年11月,湖南的省宪以全体省民投票的方式通过,它"原则上仍是当时中国所能见到的最激进的宪法,其中规定有普选权及省、县设立议会,教育自由及司法独立,省长由全省人民选举产生,人民享有创议、投票、弹劾等权利"。湖南省宪甚至还仿照美国宪法的先例,规定公民可以购买枪支以行使自卫权(省宪第13条),这在中国历史上是空前绝后的。"联省自治运动的目标是双重性的",其一是各省自治,各省有权制定宪法,其内部事务不受中央或他省干涉;其二是联邦宪法应由各省选举代表共同制定。在实际运作中,各省已制定的省宪并未得到真正落实,而其联省自治运动"又被国民党的中央集权的民族主义所克制,后者正致力于军事统一"。④ 而北伐战争在攻占华南、华中各省的同时,也扫荡了各省的宪法与议会,"以便腾出地方,建立中央集权的民族国家"。⑤

---

① 李剑农:《中国近百年政治史》,复旦大学出版社2002年版,第536—537页。
② 参见[美]杜赞奇:《从民族国家拯救历史:民族主义话语与中国现代史研究》,王宪明等译,江苏人民出版社2009年版,第183—184页。
③ [美]费正清编:《剑桥中华民国史:1912—1949》(上卷),杨品泉等译,中国社会科学出版社1994年版,第204页。
④ [美]杜赞奇:《从民族国家拯救历史:民族主义话语与中国现代史研究》,王宪明等译,江苏人民出版社2009年版,第183—184、194页。
⑤ 同上。

二、北京政府的主要法规

北京政府的立法活动,首先为援用、删修清末新法律。1912年3月10日,袁世凯在北京宣誓就任中华民国临时大总统时,即发布《暂准援用前清法律及新刑律令》,指出:"现在民国法律未经定议定颁布,所有从前施行之法律及新刑律,除与民国国体抵触各条,应失效力外,余均暂行援用,以资遵守。"①4月3日,临时参议会又通过了《议决暂时适用前清之法律咨请政府查照办理文》,指出:"所有前清时规定之法院编制法、商律、违警律及宣统三年颁布之新刑律、刑事民事诉讼律草案,并先后颁布之禁烟条例、国籍条例等,除与民主国体抵触之处,应行废止外,其余均准暂时适用。唯民律草案,前清时并未宣布,无从援用,嗣后凡关民事案件,应仍照前清现行律中各条规定办理,唯一面仍须由政府饬下法制局,将各种法律中与民主国体抵触各条,签注或签改后,交由本院议决公布施行。"②

1912年北京政府成立后,设立了专门的法律编纂机构"法典编纂会",由法制局局长兼任会长,从事民法、商法、民刑事诉讼法的起草修订工作。1914年2月,政府裁撤"法典编纂会",设立"法律编查会",隶属于司法部,由司法总长兼任会长。1918年7月,又改称"修订法律馆",任用一些留学归国的法律人才,并聘请若干外国专家做顾问,继续开展制定、修改法律法规的工作。

(一) 行政法

1. 文官制度

这是北京政府时期行政立法的重点之一。当时关于文官的考试、任用、纠弹、惩戒和抚恤都有专门的法律规定,由此中国初步形成了近代化的文官管理法律体系。北京政府将文官分为特任、简任、荐任、委任四类,除特任官外,其他三类文官又分为九等。关于文官的任用程序与考选办法,北京政府颁布了《文官任职令》《文官高等考试法》《文官普通考试法》《外交领事官考试法》等。关于文官之身份保障与惩戒,1913年1月,北京政府特别以教令形式颁布了《文官保障法草案》,规定"凡文官非受刑法之宣告、惩戒法之处分及依据本法不得免官"(第2条),依法免官者须根据官等交付相应文官惩戒委员会审查(第4条),"凡文官非得其同意不得转任同等以下之官"(第5条);并于同时颁布《文官惩戒法草案》,规定一般文官非据该法不受惩戒(第1条)。③《文官保障法草案》与《文

---

① 《临时政府公报》1912年3月11日。
② 转引自谢振民编著:《中华民国立法史》(上册),张知本校订,中国政法大学出版社2000年版,第55—56页。
③ 《临时政府公报》1913年9月1日。

官惩戒法草案》未经当时的临时国会(参议院)审议通过为正式法律,其发生法律效力的依据乃是行政机关发布的《文官任免惩戒保障执行令》,声明以上各法案未经正式公布之前,"所有文官任用、惩戒、保障各项事宜仍暂行适用各该草案办理"。对照《临时约法》关于法官身份保障的条文与《文官保障法草案》《文官惩戒法草案》有关文官身份保障的规定,可以说是大体类似。依据现代行政法之原理,"官吏有要求国家不得任意而剥夺其官吏身份之权利。此现今各国关于官吏之惩戒,所由必设置特别之机关厘定严重之程序也。"① 1915年,北京政府还制定颁布了《文官抚恤令》。

2. 财政税收法规

北京政府经常爆发财政危机,政府不时需要依靠借贷外债度日。为改善财政状况,中央政府也颁行了一系列财政税收法规,以整顿国家财政、开拓税源、改革币制、加强官产管理。具体包括《盐税条例》《印花税法》《税契条例》《特种营业税条例》《贩卖烟酒特许牌照税条例》《所得税条例》《管理官产规则》《官产处分条例》《国币条例》及其《实施细则》《会计法》《审计法》等。

3. 其他法规

除上述法规外,北京政府在宗教、文物保护、文教卫生、新闻出版、交通管理、治安等领域都颁布了一些管理法规;其中立法数量比较多的是治安管理法规,具体包括《戒严法》《治安警察条例》《违警罚法》《缉私条例》等。

(二) 民法

1. "现行律民事有效部分"

1912年4月3日,参议院开会议决:"嗣后凡关于民事案件,应仍照前清现行律中规定各条办理。"1914年,大理院作出上字第304号判例:"民国民法典尚未颁布,前清现行律除与国体及嗣后颁行成文法相抵触之部分外,当然继续有效。至前清现行律虽名为现行刑律,而除刑事部分外,关于民商事之规定仍属不少,自不能以名称为刑律之故,即误会其为已废。"② 这些前清现行律中继续有效的民事各条,被称为"现行律民事有效部分",它包括《大清现行刑律》中"服制图""服制""名例"中的有关条款和"户役""田宅""婚姻""钱债"等内容,以及清《户部则例》中的"户口""田赋"等条款。"现行律民事有效部分"一直施行到南京国民政府《民法》公布实施后,才当然废止。

2. 《民律草案》的修订

民国成立后,由法典编纂会开始草拟民法。1915年,法律编查会将民律亲

---

① 钟赓言:《钟赓言行政法讲义》,王贵松、徐强、罗潇点校,法律出版社2015年版,第263页。
② 郭卫编:《大理院判决例全书》,吴宏耀、郭恒、李娜点校,中国政法大学出版社2013年版,第210页。

属编草案编成,其章目大致与《大清民律亲属法草案》相同。1922年后,修订法律馆以清末制定的《大清民律草案》为基础,并调查各省的民商事习惯①,参照各国最新立法例,于1925年至1926年完成民律各编草案,称为《民律草案》。但由于政局动荡,这一草案终未能成为正式民法法典。北京政府《民律草案》分总则、债、物权、亲属和继承五编。相较于清末制定的《大清民律草案》,总则、物权两编变更较少;债权编改为债编,间采瑞士《债务法》;亲属、继承两编则加入了经由历年大理院解释例、判例的增损已经有所变化的"现行律民事有效部分"的内容。该草案曾经司法部通令各级法院作为事理援用。

(三) 商法

北京政府在修订商律时,本拟制定民商合一的法典,但考虑到制定民商合一的法典,繁而且难,不是短期内所能完成的。为迅速编订各项法典,以利于收回领事裁判权,北京政府最终放弃了民商合编的计划,决定区分民商、分别着手,开始拟定商事法规草案。由于北京政府在成立伊始即考虑到商律的出台要付诸时日,于是首先删修、援用清末制定的商律,其后在此基础上修订公布了一系列单行的商事条例,并拟定了一些单行法草案。其中比较重要的为:《公司条例》《商人通例》《票据法草案》《破产法草案》《公司法草案》等。

(四) 刑法

1. 《暂行新刑律》及其《补充条例》

袁世凯发布暂时援用前清法律的命令后,又令法部对《大清新刑律》进行删修,并改名称为《暂行新刑律》,1912年4月30日公布。1914年,袁氏为复辟帝制,企图以礼教号召天下,以重典胁服人心,遂于12月24日公布《暂行刑律补充条例》,共15条,内容与《大清新刑律》所附的《暂行章程》5条大致相同,且有所扩充,并加重了刑罚。

2. 两个刑法修正案

其一,《修正刑法草案》。1914年,北京政府法律编查会成立,开始修订刑法。1915年4月13日,《修正刑法草案》全编完成并进呈审核。该次修订的要旨是:"立法自必依乎礼俗""立法自必依乎政体"和"立法又必视乎吏民之程度"。②

其二,《刑法第二次修正案》。1918年7月,北京政府设修订法律馆,董康、王宠惠为总裁。该馆成立以后,认为以前法律编查会在编订《修正刑法草案》

---

① 参见南京国民政府司法行政部编:《民事习惯调查报告录》,胡旭晟、夏新华、李交发点校,中国政法大学出版社2000年版。

② 参见谢振民编著:《中华民国立法史》(下册),张知本校订,中国政法大学出版社2000年版,第888—891页。

时,尚处于袁世凯的专制之下,就不免于要迎合或顾忌袁氏的意旨,随着时势的变迁,刑事法律也应当予以变更,后编成《刑法第二次修正案》。该法虽名为修正案,但在立法原则与立法体例上都有重要的改进。

(五) 诉讼法

1.《民事诉讼条例》与《刑事诉讼条例》

1921年,修订法律馆编成《民事诉讼法草案》与《刑事诉讼法草案》,后改称为《民事诉讼条例》与《刑事诉讼条例》。于1922年1月1日在部分地区先行施行,1922年7月1日起在全国施行。《民事诉讼条例》包括"总则""第一审程序""上诉审程序""抗告程序""再审程序"和"特别诉讼程序"六编。《刑事诉讼条例》包括"总则""第一审""上诉""抗告""非常上告""再审""诉讼费用"和"执行"八编。

2.《诉愿法》与《行政诉讼法》

《诉愿法》与《行政诉讼法》于1914年公布施行。《诉愿法》的主要内容是规定人民对于中央或地方行政官署之违法或不当处分,其权利或利益受损害者,得向原处分行政官署之直接上级行政官署提起诉愿,如不服其决定,并得向原决定行政官署之直接上级行政官署再提起诉愿。《行政诉讼法》则包括"行政诉讼之范围""行政诉讼之当事人""行政诉讼之程序"和"行政诉讼裁决之执行"四章,共35条。

三、北京政府的司法制度

(一) 中央司法机关

1912年3月,在北京就任临时大总统的袁世凯下令在民国法律未经议定颁布以前,暂行援用前清法律(与民国国体抵触者除外),1910年《法院编制法》亦被援用。[①] 北京政府在中央设立大理院,由其掌理民刑案件的最高审判权,并行使统一解释法令之权;司法行政则归于司法部。至于行政诉讼,则于1914年颁布《平政院编制令》,规定由平政院掌理行政诉讼,并察理官吏纠弹案件。[②]

1. 大理院

大理院设院长一人,总理全院事务,并监督院内行政事务。大理院内依民刑分立和事务繁简置民事庭和刑事庭各若干,每庭设推事若干人、庭长一人,庭长由推事或推丞兼任。大理院还设有民事处与刑事处,下辖民事科与刑事科,各设推丞一人,由某庭庭长兼任,监督本科事务,并决定案件分配。

---

① 唯一的变化只是将颇具帝制色彩的大理院正卿、少卿的官名取消,大理院改设院长一人,综理院务。

② 参见罗志渊编著:《近代中国法制演变研究》,正中书局1974年版,第409—412页。

北京政府时期,刑法与民商法典均未颁布,削足适履地"暂行"援用前清法制,必将发生疑义。大理院通过行使最高审判权和法令统一解释权,作成判例和解释例①,各法原则,略具其中,其实形同造法。即使到了1927年国民政府定都南京之后,大理院判例和解释例除了与制定法明显抵触者外,仍得以继续沿用。大理院作为民初最高司法机关取得了空前的独立审判权、规范控制权与行政自主权;大理院院长、庭长、推事亦学养深厚、相对洁身自好。在军阀混战、政局动荡的纷乱年代里,大理院为中国司法史留下了清白的一页。② 由于当时成文法典多未颁行,"大理院乃酌采欧亚法理,参照我国习惯,权衡折中,以为判决,日积月累,编为判例汇编,……一般国人,亦视若法规,遵行已久,论其性质,实同判例法矣"。③ 北京政府时期正是中国法律大变革的时期,法律疑义甚多,大理院不得不应相关方面要求或主动作出解释,而其解释"亦不厌长篇累牍论述学理、引证事实,备极精详"。④ "大理院又有最高审判的权限以为贯彻法令间接的后盾,故此种权限实足增长大理院的实力;而大理院解释例全国亦均奉为圭臬,用作准绳。"⑤

（1）最高审判机关。大理院是普通民刑案件的终审机关;对于法定属于大理院特别权限的案件,大理院是第一审机关也是终审机关。大理院审判采合议制,以推事五人组成的合议庭行使审判权。根据《大理院编制法》第37条,大理院审理上告案件,如解释法令的意见与本庭或他庭成案冲突,则由院长根据案件性质召集民事科或刑事科或两科的总会决议。大理院作出的判例影响很大,其性质与效力几乎等同于判例法。从判例的密度来看,自1912年到1921年,大理院几乎凡有一判即有一例;1921年以后,判例则明显减少,这主要是因为1921年之后,立法已经相对齐备,又有大理院之前的成例可循,所以无须别开新例。⑥

（2）规范控制者。据《大理院编制法》第35条,大理院院长有统一解释法

---

① 大理院判例和解释例汇编,参见郭卫编辑:《大理院判决例全书》,会文堂新记书局1931年版;郭卫编辑:《大理院解释例全文》,会文堂新记书局1931年版。
② 大理院成员素质、操守、从事风格以及相应制度保障,参见黄源盛:《民初大理院》,载《民初法律变迁与裁判》,台湾政治大学法学丛书编辑委员会2000年版,第35—61页;张生:《民初大理院审判独立的制度与实践》,载《政法论坛》2002年第4期。
③ 参见《"司法院"史实纪要》编辑委员编:《"司法院"史实纪要》,1982年自刊,第3页。
④ 参见郭卫编辑:《大理院解释例全文》,会文堂新记书局1931年版,编辑缘起。
⑤ 参见黄源盛:《民初大理院》,载《民初法律变迁与裁判》,台湾政治大学法学丛书编辑委员会2000年版,第33页。
⑥ 参见黄源盛:《民初大理院》,载《民初法律变迁与裁判》,台湾政治大学法学丛书编辑委员会2000年版,第74页。关于大理院通过审判实践塑造民初法制的研究,参见卢静仪:《民初立嗣问题的法律与裁判——以大理院民事判决为中心》,北京大学出版社2004年版;周伯峰:《民国初年"契约自由"概念的诞生——以大理院的言说实践为中心》,北京大学出版社2006年版;张生:《民国初期的大理院:最高司法机关兼行民事立法职能》,载《政法论坛》1998年第6期。

令权;《大理院办事章程》第 203 条更赋予大理院法令解释以普遍拘束力("就同一事类均有拘束之效力"),这就赋予了大理院当时各国最高法院所未有之抽象规范审查权。《大理院编制法》第 35 条同时也规定,大理院院长行使统一解释法令权"不得指挥审判官所掌案件之审判"。大理院行使解释权,通常是依中央和地方政府机关的申请以解答质疑,但也可径行纠正相关公署及其人员对于法令的误解。依《大理院办事章程》第 206、207 条,请求解释文件由大理院院长依据民刑事类,分配相关庭长审查并草拟复稿,请求解释文件和复稿应经相关推事审阅,必要时,得开民事或刑事全体推事会议讨论;解释文件办结,则交由大理院院长作最后决定。大理院行使统一解释法令权前后达 16 年,形同"法官造法"。

(3) 院务自主权。大理院因沿革和法制上的理由,与内阁的司法部处于平行地位。"司法部所颁行行政规则,于大理院向不适用","所有大理院的司法行政事务,均由大理院院长自定规则,监督施行"。① 在 1921 年《民事诉讼法》与《刑事诉讼法》颁布之前,大理院适用的一切程序,也均由大理院开推事总会自行议定,公告施行。② 大理院人事任免案、惩戒案、预算案虽由司法部部长转呈,但后者不得拒绝或修改。

2. 平政院(肃政厅)

行政诉讼的管辖机关,早在辛亥革命后不久,宋教仁所拟《中华民国临时政府组织法草案》,就明确提出人民"对于行政官署违法损害权利之行为,则诉于平政院"(第 14 条)。1914 年 3 月 31 日,北京政府《平政院编制令》颁布,正式确立与大理院普通审判分立的行政审判体制。平政院是"中西合璧"的产物,它结合了中国古代监察机关行使特殊审判权的传统和欧陆行政审判与普通审判分流的经验。它并非纯粹的司法机关,直接隶属于大总统,与行政权"似离又即"。③ 平政院组成人员有:院长 1 人,负责指挥、监督全院事务;评事 15 人,负责审理行政诉讼和纠弹案件;肃政厅④,它虽设于平政院,但独立行使职权,其长官为都肃政史,有肃政史编制 16 名,掌官吏纠弹。平政院由评事 5 人组成合议庭审判,审理行政诉讼或肃政史提出的纠弹案;肃政史需依法代人民提起行政诉讼、纠弹官员违法失职、监督平政院判决。⑤ 在行政诉讼中,肃政史与平政院的关系类似于

---

① 参见黄源盛:《民初大理院》,载《民初法律变迁与裁判》,台湾政治大学法学丛书编辑委员会 2000 年版,第 34 页。
② 同上书,第 31 页。
③ 参见罗志渊编著:《近代中国法制演变研究》,正中书局 1974 年版,第 409—412 页;黄源盛:《平政院裁决书整编与初探》,载《民初法律变迁与裁判》,台湾政治大学法学丛书编辑委员会 2000 年版,第 144 页。
④ "肃政"之名可追溯到后周的"肃政台"(即御史台)。
⑤ 平政院组织,参见赵晓耕主编:《中国法制史原理与案例教程》,中国人民大学出版社 2006 年版,第 430 页。

检察官之与法院的关系;在纠弹案件中,肃政厅与行政法院的关系又类似于后世国民政府五院体制下的监察院与司法院下的公务员惩戒委员会的关系。1916年,袁氏帝制失败,接任总统的黎元洪明令恢复民元约法旧制,同年6月29日,贴有袁氏标签的肃政厅被裁撤、《纠弹法》被废止,监察权回归国会,平政院失去察理纠弹权,成为单纯的行政裁判机关。①

1914年与1915年,中央设立文官高等委员会及司法官惩戒委员会,分别由总统派大理院院长及平政院院长充任委员长,此开南京国民政府司法院公务员惩戒委员会之先河。②

3. 司法部

司法部上承清末之法部,其职能与欧洲大陆国家的司法部接近,掌管司法行政,并监督各级检察机关。首先需要强调的是,司法部的司法行政权不及于与其处于平行地位的大理院与平政院。另外,清末司法改革以来除了区分司法审判与司法行政,也将审判与起诉分离,自大理院以下,对应各级审判机关,设立总检察厅和各级检察厅以行使检察职权,各级检察机关归司法部统一指挥。

(二) 地方各级司法机关与审级制度

1. 四级三审制的"变通"

辛亥革命之后的南京临时政府理论上暂行援用前清的《法院编制法》,实际上并没有审级方面的统一规定,各地做法不一。北京政府成立后,很快在法制上对四级三审制度进行了修正,初级审判厅被裁撤,改由县知事兼理司法,在省高等审判厅之下设立了各种变通的审判机关。除了政治社会背景之外,这样的修正主要是受人才与经费的局限。1914年4月,由于各省行政与军事长官的倡议,加上对司法人才的缺乏与财政等现实因素的考量,政治会议裁撤了原初级审判厅。③《法院编制法》也进行了相应修订,改为于地方审判厅内设简易庭,受理原属于初级审判厅一审管辖案件,这其实是将同一法院强分为两级,以贯彻所谓四级三审之制,至此四级三审之制名存实亡。④

---

① 参见《大总统申令》(1916年7月6日),载《司法月报》1916年第1期。
② 参见〔美〕费正清编:《剑桥中华民国史:1912—1949》(上卷),杨品泉等译,中国社会科学出版社1994年版,第232页注③。
③ 当时由热河都统姜桂题发起,会同各省都督、民政长官,向中央提议,因经费和人才两方面的原因,主张分别裁留各省司法机关,具体方案是,"地方初级审检两厅及各县审检所帮审员,均宜暂行停办,应有司法事件,胥归各县知事管理,以节经费。至于交通省份及通商口岸,仍设高等审检两厅,延揽人才,完全组织,以为收回领事裁判权之预备"。政治会议折中两个方案,作出决定:"各省高等审检两厅,与省城已设之地方厅,照旧设立。商埠地方厅酌量繁简,分别去留。其初级各厅,以经费人才两俱缺乏,拟请概予废除,归并地方。"(参见李启成:《民初覆判问题考察》,载《清华法学》第五辑,清华大学出版社2005年版,第190—191页。)
④ 参见王用宾:《二十五年来之司法行政》,(南京国民政府)司法行政部1936年版,第9页。

2. 四级审判机关之外的分支审判机关(分支法院)

北京政府时期除大理院和高等、地方、初级审判厅之外,还设立了各种分支审判机关。凡此种种,皆因事实需要。我国版图辽阔,而当时又交通不便;再加上大理院和高等、地方审判厅人力有限、案件积压,各级法院不得不在下级法院或官厅设立分支审判机关,以解决现实的问题。

(1) 大理分院。各省因距离北京较远或交通不便可以在其高等审判厅之内设置大理分院。(《法院编制法》第 40 条)大理分院得仅置民、刑各一庭。(第 41 条)大理分院推事除由大理院选任外可以由分院所在省的高等审判厅推事兼任,但每厅兼任推事以两人为限。(第 42 条)大理分院各庭审理上告案件如解释法令之意见与本庭或他庭"成案"有异,应函请大理院开总会审判之。(第 44 条)①《法院编制法》第 42 条与第 44 条对变通设置的大理分院进行了一定的规范:其一,兼任推事不得过半数②;其二,大理分院的裁判受到"成案"的约束,如果其裁判与"成案"不符,则应交由北京的大理院最终裁决。

(2) 高等审判分厅。高等审判厅为一省的最高审判机关,依《法院编制法》,"各省因地方辽阔或其他不便情形得于高等审判厅所管之地方审判厅内设高等审判分厅"(第 28 条)。高等审判分厅对事的管辖权与高等审判厅本厅相同。高等审判分厅可置民事、刑事各一庭。(第 29 条)高等审判分厅的推事(法官)除由高等审判厅选任之外,可以由分厅所在的地方审判厅或临近地方审判厅的推事兼任,但此种兼任推事三人合议庭每庭以一人为限,五人合议庭以两人为限。(第 30 条)③从第 30 条的规定我们可以看出当时缺乏司法人员(推事)的现实,以至于高等审判分厅推事必须部分由分厅所在地方审判厅推事兼任,其所在地方审判厅推事不敷使用,甚至还可从临近地方审判厅借人。但《法院编制法》仍然试图对这种权宜的办法加以限制,故而规定兼任法官在合议庭中必须是少数。事实上,由于当时司法人才的缺乏,不仅需要由地方审判厅的推事兼差于高等审判分厅,也可能由高等审判厅的推事兼任于其附设的地方审判厅参与审判。这就造成一个问题:同一名推事可能先后参与同一案件的两级审判,当地方审判厅是第二审时,情况尤为严重,因为如果再由同一名推事参与的高等审判分厅法庭为第三审(终审)判决,等于在事实上剥夺了当事人通过上诉获得公平审判的权利,三审终审的制度有等同于二审终审的危险。当时湖北、江西、河南、陕西等省纷纷提出这个问题,北京政府于是通令各省高等审判分厅兼任地方庭

---

① 参见(北京政府)司法部编印:《改订司法例规》,(北京政府)司法部 1922 年版,第 61—62 页。
② 大理院及大理分院审判实行合议制,以推事 5 人组成合议庭审判。
③ 参见(北京政府)司法部编印:《改订司法例规》,(北京政府)司法部 1922 年版,第 60—61 页。

所为第二审判决之终审应划归高等审判厅本厅受理。① 由此也可看出北京政府在现实的局限之下仍试图贯彻现代司法理念的努力。

（3）设于道署的高等分庭与附设司法人员。道（守道）乃前清旧有的一级区域，民国成立，道存而未废，全国总计九十余道。1913年1月，北京政府颁布《划一现行各道地方行政官厅组织令》，规定各道之长官为观察使；1914年5月又颁行道官制，在各道设行政公署，其长官为道尹。② 道署是北京政府时期省与县之间的唯一行政组织，在各县与省城距离遥远、上诉不便的情形之下，于道署设立分支审判机构，是理所当然的选择。

1914年9月24日，北京政府颁布暂行条例，在《法院编制法》规定的高等审判分厅之外，又规定在距离省城较远的地方，可暂设高等分庭于道署所在地。高等分庭置推事三人，以合议方式审理案件。高等分庭对事的管辖权小于高等审判厅及其分厅，民事上诉讼标的与刑事上处罚超过一定限度，则由高等审判厅直接受理。但如有移送不便情形时，可以由高等审判厅委托高等分庭代为受理，但其判决仍由高等审判厅核定后方可宣告；当事人若不愿由高等分庭代为受理，也可声明抗告。③

于道署（道尹公署）附设司法人员，乃"补救办法中之补救办法"。由于财政与人才的局限，在全国省与县之间的广大区域里，高等审判厅分厅与高等分庭并未普遍设立，地方审判厅的设置也是极少的例外。"人民上诉每感不便，中央为谋补救计"，令各省高等审判厅，就省内各县指定若干县，使其可以受理临县的上诉案件。④ 但各县级别相同，以甲县作为乙县之上诉机关，其审理上诉之时，难免有因循顾忌之虞。"另置上诉机关之需要日急一日"，于是改为在道署设置司法人员以受理一定范围内的上诉案件。该设置以"去省较远而附近又无上诉机关之道"为限，其对事的管辖权受到一定限制，并且规定一旦各处高等分庭设置成立，该司法人员便应立即裁撤。⑤

（4）地方审判厅分庭⑥。地方审判厅分庭之制始于1914年，当年初级审判

---

① 参见《高等厅兼任地方庭所为第二审判决之终审划归本厅受理文》，（北京政府）司法部1922年版，第475—478页。
② 参见钱端升等：《民国政制史》（下册），上海人民出版社2008年版，第480—482页。南京国民政府成立后，道署在各省先后被废止。
③ 参见同上书，第457—460页。
④ 当时还订立了《邻县上诉制度暂行章程》。参见（北京政府）司法部编印：《改订司法例规》，（北京政府）司法部1922年版，第501—502页。
⑤ 参见钱端升等：《民国政制史》（下册），上海人民出版社2008年版，第460—461页。
⑥ 参见秦烛桑编述：《法院组织法》，北京中国大学讲义1943年版，第123页；《（司法部）筹设地方简易庭通饬》与《暂行各县地方分庭组织法》，参见（北京政府）司法部编印：《改订司法例规》，（北京政府）司法部1922年版，第76—78页。

厅裁撤,地方审判厅受理案件骤增,诸多积压;且初级案件归并地方审判厅为第一审,其第三审均上诉于中央的大理院,"不胜其烦"。于是司法部于同年3月13日饬令前京师地方审判厅在初级审判厅原署设立地方审判厅分庭,将初级案件归其管辖。第二年5月7日,司法部又通令各省仿造京师办法一律设置地方审判厅分庭。到1917年4月22日,司法部厘定《暂行各县地方分庭组织法》14条,颁行各省,将此项制度推及各县。至此,所有已设地方法院区域内均得于附近各县政府内设置地方审判厅分庭,以县行政功能区域为其管辖区域,即称为某地方审判厅某县分庭(《暂行各县地方分庭组织法》第1、2条)。在其管辖区内原属于初级或地方审判厅第一审管辖的民刑案件,均归该分庭审理。(第3条)对于分庭判决的上诉,原初级一审管辖案件上诉于地方审判厅,地方审判厅一审管辖案件则上诉于高等审判厅或其分厅。(第5条)

3. 审判厅之外的县级审判机关

(1) 审检所。① 民国草创,各县并未普设初级审判厅,1912年3月,在未设初级审判厅之县开始设立审检所。审检所附设于县政府之内,除县知事外,设帮审员一至三人。帮审员之职务为办理其管辖境内之民事、刑事初审案件,办理邻县审检所之上诉案件。帮审员除审理诉讼外,不可兼任本县之行政事务。检察事务则由县知事掌理。对于帮审员裁决的上诉,原初级一审管辖案件上诉于地方审判厅,其距离地方审判厅较远者可上诉于邻县之审检所;地方审判厅一审管辖案件则上诉于高等审判厅或其分厅。1914年4月县知事兼理司法制度颁行后,审检所制度即被废弃。

(2) 县知事兼理司法。1914年4月的政治会议裁撤了初级审判厅,同月,北京政府颁布了《县知事兼理司法事务暂行条例》和《县知事审理诉讼暂行章程》,规定凡未设审判厅各县第一审应属初级或地方厅管辖之民刑诉讼均由县知事审理(《县知事审理诉讼暂行章程》第1条)。因县知事事务繁忙、无法专注于司法审判,县政府内又设承审员一至三人,助理县知事以审理案件。承审员由县知事呈请高等审判厅厅长核准委用,在事务较简之地方,亦可暂缓设置。(《县知事兼理司法事务暂行条例》第4条)设有承审员各县,初级管辖案件由承审员独自审判,用县政府名义行之,但由承审员独自承担责任;地方管辖案件可由县知事交由承审员审理,其审判由县知事与承审员共同承担责任。②

县知事作为一县之行政长官而兼理司法,其对于司法事务很难兼顾,更有复辟前清地方官集行政、审判与检控权于一身之嫌,助理其之承审员司法素质与独立性均堪忧,其承审诉讼难免有错误及不公之情形。民初以来长期任职于司法

---

① 参见钱端升等:《民国政制史》(下册),上海人民出版社2008年版,第614页。
② 参见秦烛桑编述:《法院组织法》,北京中国大学讲义1943年版,第120页。

部门的阮毅成总结兼理司法制度有如下几点弊端:其一,"以一县之大,由一二承审员包办民刑诉讼、履勘、验尸、执行判决,职重事繁,难期'妥''速'";其二,承审员待遇清苦,且不具备法官身份,以致"中才之士"也不愿担任承审员;其三,县长往往干预司法,以彰显其"威信";其四,县政府为行政机关,县长为了达到行政目的,可能会结交、迁就士绅,由此影响承审员公平判决……①1914 年 9 月,也就是在县知事兼理司法制度实行后不到半年,北京政府即颁布《覆判章程》,规定由县知事审理的刑事案件无论被告人上诉与否,都须限期将案卷等移送高等审判厅或其分厅审查("覆判"),以济兼理司法之弊。②

(3) 县司法公署。③ 为了进一步革除县知事兼理司法之弊,1917 年 5 月,北京政府颁布《县司法公署组织章程》,规定凡未设初级审判厅之县原则上应设立县司法公署。(第 1 条)④立县司法公署所在地的所有初审民刑案件,不分案情轻重均归该公署管辖。(第 4 条)县司法公署设于县行政公署内,由一至两名审判官与县知事组织之。(第 2、4 条)审判官由高等审判厅厅长依《审判官考试任用章程》办理,并呈由司法部任命之。(第 5 条)关于审判事务概由审判官完全负责,县知事不得干涉;关于检举、缉捕、勘验、递解、刑事执行及其他检察事务,概归县知事办理,并由其完全负责。(第 7 条)《县司法公署组织章程》长期只是具文,以至于时人批评说正是其第 1 条所谓的"原则"规定造成了"例外"的滥用。⑤ 直至1922 年后各县始有设立,南京国民政府成立后相沿未改。

通过对北京政府时期审级制度的审视,我们发现:从外国(主要是大陆法系国家)引进的现代司法理念创设的审级制度无法完全得以实现,基于现实的政治社会、人力财力原因,政府在不放弃现代司法理念大原则的前提下不得不设置例外,用特别法修改一般法。迁就现实的例外反倒成为常态,制度中所谓"原则"(理念)变得"毫无原则";在实践中发挥效力的是特别法(如条例、暂行章程等),而一般法(《法院编制法》等组织法)描绘的四级三审制度成为一个美好的愿景(理想),在法典中聊备一格。兼理司法制度是其中最典型的例

---

① 参见韩秀桃:《司法独立与近代中国》,清华大学出版社 2003 年版,第 283—284 页。
② 详参见李启成:《民初覆判问题考察》,载《清华法学》第五辑,清华大学出版社 2005 年版,第 187—203 页。
③ 参秦烛桑编述:《法院组织法》,北京中国大学讲义 1943 年版,第 121—123 页;《县司法公署组织章程》,参见(北京政府)司法部编印:《改订司法例规》,(北京政府)司法部 1922 年版,第 78—79 页。
④ "章程"第 1 条原文为:"凡未设法院各县应设司法公署。其有因特别情形不能设司法公署者,应由该管高等审判厅厅长、高等检察厅厅长、或司法筹备处处长、或都统署审判处处长具呈司法部,声叙窒碍缘由,经核准后得暂缓设置,仍令县知事兼理司法事务。"
⑤ "其章程第 1 条,即明定得因特殊情形呈准缓设,而开方便法门,而各省多借词不办,其已筹办之少数省份,率复旋即废止,无人理会,……是故终北京政府时代,全国兼理司法之县数恒在百分之九十以上。"(参见王用宾:《二十五年来之司法行政》,(南京国民政府)司法行政部 1936 年版,第 16 页。)

子,由县长(县知事)及其下属兼理司法事务,本来只是一个权宜的办法,因为纠纷的发生不能等到普设新式法院之后才有,于是在政府有足够的经费与人才之前,暂时规定兼理司法制度,结果却是"权宜之计"的长期化。据统计,到1926年,除大理院与设于各省会的23所高等审判厅,以及位于通商要埠的26所高等审判厅分庭之外,在全国仅设立了66所地方审判厅及23所地方审判厅分庭,县知事兼理司法衙门多达1800所。这造成了司法体制的分裂:在各省会和重要城市,都有新式的法院、施行新式的诉讼程序;"但在其他大多数的城乡,法律的执行与诉讼纷争的解决,相较于前清时代,进展可能并不太多"。①

第四节 南京国民政府法律制度

一、宪法与宪法性法律

(一)《训政纲领》与《训政时期约法》

1928年,国民党中央常务会议通过《训政纲领》②,同时公布《中华民国国民政府组织法》(以下简称《国民政府组织法》),作为政府组织的纲领。1931年5月,国民会议通过了《中华民国训政时期约法》。与《训政纲领》相比,该约法增加了人民基本权利的规定;同时削弱了国民党组织对政府的控制权,扩大了政府的权力。所谓训政,"表面的意思是国民党代表民众实行'以党治国'。党治在制度上表现为中央执行委员会和中央政治会议被授予的权力。中央执行委员会是党的最高权力机关(全国代表大会短暂的会期除外;在南京的10年,只开了3次)。中央执行委员会特别是其常务委员会,负责制定党治的指导原则和全面指导党务。中央政治会议是联接党和政府机构的桥梁。虽然它只是中央执行委员会的一个下属委员会,但它在制度上是指导国民政府的最高权力机关,兼有立法和行政职能。作为立法机构,它能创制法规或传达中央执行委员会的决定给政府。于是,从理论上说,中央政治会议对政府的文职部门实际上行使着无限的权力。事实上,中央政治会议也是政府权力之所在,因为中央政治会议的主席是蒋介石"。"蒋介石对政权实行高于一切的控制","置正式指挥系统于不顾",这导致制定政策和进行管理的政府日渐失去活力。到1937年8月抗战之际,由军事委员会委员长蒋介石主持的"国防最高会议"(1939年改组为"国防最高委员会"),取代了中央执行委员会政治会议的地位,由此,蒋介石排除了党内的不同

---

① 数据参见欧阳正:《民国初期的法律与司法制度》,载那思陆:《中国审判制度史》,正典出版文化有限公司2004年版,第342—343页。

② 1929年,国民党第三次全国代表大会追认了《训政纲领》。

声音,政权与军权一手在握。①

（二）《五五宪草》

通常谈《五五宪草》,主要是指其定稿,有时也会提到吴经熊试拟稿("吴稿"),其实1933年至1936年三年间《五五宪草》曾多次易稿。1936年5月5日,国民政府公布《中华民国宪法草案》,即《五五宪草》;《五五宪草》公布后,立法院又于1935年10月25日通过修正案,对《五五宪草》略作修正,是为《中华民国宪法草案修正案》。②《五五宪草》制定之时,正是日军蠢蠢欲动,国难日深之时,当局遂以造就"运用灵敏"的"万能政府"之名,而行独裁之实,"以救亡压倒了启蒙"。

（三）政治协商会议与"政协宪草"的出炉③

抗战结束后,原定1945年10月10日召开国民大会,制定宪法,因为中国共产党与唯一党派联合反对国民大会代表名额分配及《五五宪草》的内容,直至1946年1月10日,国民党才重新邀请中国共产党和民盟、青年党、民社党各党派代表以及社会贤达等共38人,在重庆召开政治协商会议。政协会议除大会外,又分设政府改组、施政纲领、军事、国民大会、宪草五组,分别就五大议题进行讨论。1月21日下午,政协会议宪草小组开始会议,前后会商共4次。1月23日,宪草小组在承认"五权宪法为世界最进步的政治原理"的前提下对五院制度作出修正。宪草小组经多次会商,提出12项修改《五五宪草》的原则,并决议设立宪草审议委员会。宪草审议委员会职权为根据政协所拟修改《五五宪草》的原则、参酌期成宪草与宪政实施协进会研讨成果、综合各方面意见,制定宪草修正案。④ 1946年4月底,宪草审查会举行最后一次会议,政协宪草"有保留"地通过了。⑤

（四）"宪法"的最后通过

由于国民党破坏了国共和解的气氛,中国共产党和民盟退出了制宪国民大会。⑥ 为了在形式上建立其统治的合法性（法统）,蒋介石不愿背上"一党制宪"

---

① 参见〔美〕费正清、费维恺编:《剑桥中华民国史》（下卷）,刘敬坤等译,中国社会科学出版社1994年版,第134—135、555页。

② 参见（南京国民政府）立法院宪法草案宣传委员会编:《中华民国宪法草案说明书》,正中书局1940年版。

③ 关于1946年政协的历史资料,以下两种公开出版物可供参考:四川大学马列主义教研室中共党史教研组编:《政治协商会议资料》,四川人民出版社1981年版;重庆市政协文史资料研究委员会、中共重庆市委校编:《政治协商会议纪实》,重庆出版社1989年版。

④ 参见蒋匀田:《中国近代史转折点》,友联出版社1976年版,第34—35页。

⑤ 所谓"有保留",首先是关于地方司法官民选和行政等问题并未完全达成一致意见;更重要的是正如国民党代表吴铁城所言,未经国民大会通过的宪草只能视为会议记录。

⑥ 中国共产党和民盟是不承认这部"宪法"的合法性的,但也正是因为中国共产党力量的壮大改变了国民党一党独大的实力对比,第三方力量才能四两拨千斤,也才能起草通过这部在内容上比《五五宪草》要进步得多的"宪法"。

的名声,力求拉拢民社党、青年党参加国民大会。① 1946年11月15日,制宪国民大会在南京召开;12月25日,国民大会通过了《中华民国宪法》。该宪法由国民政府于1947年元旦公布,同年12月25日施行。制宪国民大会最后通过的《中华民国宪法》除文字上略作更动外,基本上与政协宪草保持一致。② 依政治协商会议的规定,国民大会须于停止内战、改组政府、结束训政及修正宪草完成后才能召开。但中国国民党为使其统治基础合法化撕毁了政治协商会议的决议;接着,中国共产党与部分人民团体和民主党派也先后声明,表示不承认中国国民党召集的制宪国民大会和这次制宪的合法性。

二、主要法律法规

民国学者仿照日本等国,将法规分成宪法、民法、刑法、商法、诉讼法和法院组织法六类③,将其汇编在一起,称为《六法全书》,亦称《六法大全》。在修订六法体系的过程中,有学者坚持行政法为六法之一——商法可纳入民法或行政法内,这种意见被采纳后六法体系为:宪法、民商法、刑法、诉讼法、行政法、法院组织法。它是民国成文法的总称,构成了其法律制度的基本框架。

(一)行政法

1. 政府组织法

这在一定意义上是宪法性法律,在宪法颁布之前,南京国民政府的政府体制是由该法规范的。该法始于1925年7月1日广州国民政府颁行的《国民政府组织法》,在南京政府成立后历经多次修正,确立了行政、立法、司法、考试、监察五院的政府体制。

2. 文官法

包括与官等、官俸、文官考试、任用、弹劾等相关的具体规定。

3. 内政事务法规

包括国籍、户籍、监督慈善团体、救灾准备金等相关的具体规定。

4. 单行的行政法规

包括教育、财政、交通、司法行政四类。主要有:《国立中央研究院组织法》《大学组织法》《专科学校法》《中学法》《小学法》《师范学校法》《职业学校法》《国民体育法》《教育会法》;《会计法》《审计法》《预算法》《统计法》《营业税法》《印花税法》《国民政府监督地方财政暂行法》;《国道条例》《港商条例》《航路标

---

① 参见"中华民国张君劢学会"编译:《中国第三势力》,稻乡出版社2005年版,第198页。
② (制宪)国民大会审议及通过宪草经过可参(制宪)国民大会秘书处编:《国民大会实录》,1946年自刊;最后通过的"宪法"与政协宪草不同点,可参见陈茹玄:《中国宪法史》,文海出版社1947年影印版,第284—289页。
③ 有的分成宪法、民法、商法、刑法、民事诉讼法和刑事诉讼法六类。

记条例》《监督商办航空事业条例》;《法官惩戒暂行条例》《警械使用条例》等。

(二) 民法典

1928年5月23日,南京国民政府公布了《民法总则》,1929年11月又公布了"债""物"两编,1930年底公布了"继承""亲属"两编。《中华民国民法》共5编,计1225条。

南京国民政府颁布的《中华民国民法》的亲属编与继承编保留了一些中国传统民事习惯的内容,具体包括:

其一,确认传统婚姻制度。亲属编规定未成年人订立婚约应得法定代理人之同意;如解除和违反婚姻,必须负赔偿之责。

其二,确认男尊女卑的父家长统治权。亲属编第六章"家"规定:家置家长,家长管理家务。第二章"婚姻"规定:妻姓冠以夫姓;子女从夫姓,妻以夫之住所为住所;夫妻联合财产由夫管理,子女之特有财产由父管理;父母对子女行使亲权的意见不一致时,由父行使之。

其三,确认传统的继承制度。继承编及有关判例、解释例规定:直系血亲卑亲属为第一顺序继承人,以亲等近者为先;妻无权继承夫之遗产,即使当时无人继承,也不得视为该妇财产;守节妇可代理应继承人,承受夫产,进行管理,但不能成为财产继承人,更不得滥行处分;女子继承财产,应以未嫁之女为限;养子女的应继份为婚生子女的二分之一。

(三) 民商合一问题

法国于18世纪路易十四时代,最早创立了独立的商法,其商法独立于民法之外;1901年瑞士将商法定入民法内,首创民商合一制。中国清末及北京政府都采用民商分立制,分别编订法典草案。南京国民政府原来也打算分别制定民法典和商法典。到1925年5月,《民法总则》颁布后,立法院院长胡汉民等人向国民党中央政治会议呈递编订民商统一法典提案。随后,国民党中央政治会议通过《民商划一提案审查报告》,递交立法院,报告认为:中国自古以自然经济为主,未形成独立的商人阶级,无须单独为其规定立法;商法规定的事项无一定的范围,很难以总则统率全体;在民商分立国家,商法的法律原则仍须援用民法原则,在适用上也互有重复;民商合一在世界上已成为趋势;商事活动中越来越多的非商人参加,如一方为商人,另一方为非商人,将出现适用法律的困难。国民党政治会议采纳了该报告的意见,决定"将通常属于商法总则之经理人及代办商、商行为之交互计算、行纪、仓库、运送营业及承揽运送",均编入民法债权编,其他商事法规不能编入者,则另定单行法规。单行法规主要包括《公司法》《票据法》《海商法》《保险法》四大部分。①

（四）刑法

1. 1928年《中华民国刑法》

1928年3月10日，国民政府正式公布《中华民国刑法》，这是我国历史上第一部以"刑法"为名称的刑法典。《中华民国刑法》分总则和分则两编，总则有14章，分则有34章，共387条。

2. 1935年《中华民国刑法》

1935年1月1日，国民党政府公布修正后的《中华民国刑法》，人们通常称这部刑法为"新刑法"。此法分两编，总则编分12章99条，分则编分35章258条，共计357条。从具体内容来看，它与1928年《中华民国刑法》基本上是一脉相承的。其特色有：其一，确立"罪刑法定主义"原则。1928年《中华民国刑法》第1条就规定："行为时之法律无明文科以刑罚者，其行为不为罪。"在其"修正理由"说道："本条为刑罚之根本主义，不许比附援引，即学者所谓罪刑法定主义。凡行为受法律科处者为罪，否则不为罪是也。"1935年又把它修改为："行为之处罚，以行为时法律有明文规定者，为限。"其二，增加了"保安处分"的规定。在新刑法中仿效1930年《意大利刑法典》，列有"保安处分"专章，详细规定保安处分的适用原则，保安处分的宣告，执行以及保安处分的种类。

3. 刑事特别立法

国民政府除制定了1928年和1935年《中华民国刑法》外，在不同时期还先后颁布了许多特别刑事法规，构成了整个刑法体系的重要组成部分。特别刑事法规一般抛开通常的立法程序，直接由国民政府颁布，或由军事委员会或唯一部、会进行制定公布，甚至由国民党中央或地方党部秘密颁发。这类特别立法包括：《惩治盗匪暂行条例》《暂行反革命治罪法》《危害民国紧急治罪法》《维持治安紧急办法》《惩治盗匪暂行办法》《反省院条例》《反革命案件陪审暂行法》等。这些特别立法违反了国民政府普通法典中的"罪刑法定主义""法官独立审判"等现代法治原则。

（五）诉讼法

1. 《刑事诉讼法》和《民事诉讼法》

南京国民政府成立之初，援用广州军政府和北京政府颁行的刑事诉讼法、民事诉讼法。1927年国民政府第二十九次会议决定：最高法院和西南各省继续援用广州军政府1921年3月2日公布的《民事诉讼律》和《刑事诉讼律》，其他各省则继续适用北京政府颁布的《民事诉讼条例》和《刑事诉讼条例》。

---

① 参见谢振民编著：《中华民国立法史》（下册），张知本校订，中国政法大学出版社2000年版，第802—803页。

1928年，南京国民政府以北京政府的《刑事诉讼条例》为蓝本，参照《中华民国刑法》制定《刑事诉讼法》。该法分总则、第一审、上诉、抗告、非常上诉、再审、简易程序、执行、附带民事诉讼，共9编513条。为适应《中华民国刑法》的修改，南京国民政府于1931年对《刑事诉讼法》也进行修订，1935年1月1日公布，同年7月1日施行。

1928年7月，南京国民政府以北京政府《民事诉讼条例》为蓝本，拟定《民事诉讼法草案》五编，第一编至第五编前三章，由南京国民政府于1930年12月26日公布。第五编第四章，于1930年12月据《中华民国民法》亲属、继承两编重新起草，经立法院通过，由南京国民政府于1931年2月13日公布。《民事诉讼法》分总则、第一审程序、上诉程序、再审程序、特别诉讼程序，共5编600条。为与修改后的《中华民国民法》相适应，南京国民政府立法院于1934年12月19日通过了修订的《民事诉讼法》，由南京国民政府于1935年公布、施行。修订后的该法分总则、第一审程序、上诉程序、抗告程序、再审程序、督促程序、保全程序、公示催告程序、人事诉讼程序，共9编636条。

2. 律师与公证制度

中国近代律师公证制度，始于北京政府时期。北京政府于1912年9月制定的《律师暂行章程》《律师登录暂行章程》，是中国律师立法之始；1920年，东三省特别区域法院沿用俄国旧例办理公证，是中国公证制度的滥觞。南京国民政府在此基础上，先后制定了律师与公证法规，包括《律师章程》(1927)、《律师法》(1941)、《公证暂行规则》(1935)及其《试行细则》(1936)、《公证法》(1943)等。

(六) 判例与解释例

南京国民政府各级法院继续援用北京政府大理院的判例、解释例，并于实践中大量增补。从1929年2月16日至1948年6月23日，司法院仅解释例就达4097号。上述判例、解释例是制定法的重要补充。

(七) "平均地权"原则的放弃与《土地法》的立而不用

有学者认为，孙中山先生提出的三民主义，其民生主义所包含的"平均地权、节制资本"，在清末民初的政治与经济背景下显得有些激进：资本主义工商业在近代中国刚起步，节制资本的社会政策有可能限制资本主义的发展；而在政治上，地方士绅是立宪派的基础，对于地主地权的限制乃至剥夺无疑将其置于革命的对立面。三民主义之中，最能引起人民共鸣的应是民族主义之"驱逐鞑虏"，当时"革命排满"的口号"几成为无理由之宗教"。[①] 在同盟会成立之后，孙

---

① 侯宜杰：《二十世纪初中国政治改革风潮——清末立宪运动史》，中国人民大学出版社2011年版，第128页。

中山先生修正过的土地政策与之前相较已经比较温和,由土地国有、"不耕者不有其田"转变为"核定低价、涨价归公"。到1912年3月,同盟会吸收包括唐绍仪在内的其他士绅团体,由革命团体改组为公开政党——国民党。此次改组使国民党的政策发生重大变化,为达成妥协,国民党放弃了同盟会之前相对激进的社会革命政策,在其党纲中删除了同盟会"男女平权"的主张和孙中山关于地租与"地权"的政策。孙中山的土地政策尽管已经变激进为温和,但仍然让"出身上层社会"的人感到不安。①

尽管在地租与地权问题上,国民党为团结士绅于民国草创之时即与其达成了妥协,但当时仍有很多人认为中国农村贫困的根源在于土地分配不均。1924年,孙中山改组国民党,实行"联俄联共扶助农工"的新三民主义后,又重提"耕者有其田"的理想。南京国民政府成立后,在立法院院长胡汉民的领导下,立法院于1930年通过了《土地法》以解决农村土地问题。《土地法》规定了佃租率的最高上限(收获量的37.5%);还提出消除地主所有制的远景,规定不在乡地主的佃户若连续耕作其土地十年以上,有权购买其土地。可是,"1930年土地法始终不过是一份极好的表达意向的文件,因为南京政府从未执行过。佃户继续缴纳主要收获量50%至70%的地租"。土地法没有真正实施的原因在于:国民政府害怕搞乱农村的社会经济关系;他们不希望因为土地政策疏远地主;"他们害怕解决租佃制度会引起社会革命,其结果他们既不能控制,也无法预见"。② 不管是基于什么理由,租佃率在南京国民政府时期并无实质变化。土地改革的使命落在了中国共产党肩上。

三、司法制度

(一) 中央司法机关:司法院

1. 南京国民政府前期的司法院

1927年,南京国民政府成立,改北京政府时期的大理院为最高法院,一方面为全国民刑案件的终审机关,另一方面行使法律解释之权,是为当时全国最高司法机关。同时设司法部,掌理全国司法行政工作。③ 1928年10月,国民政府第三次修正颁布《国民政府组织法》④,根据孙中山五权宪法学说,国民政府设置行政、立法、司法、考试、监察五院。该组织法规定:"司法院为国民政府最高司

---

① 参见〔美〕费正清编:《剑桥中华民国史:1912—1949》(上卷),杨品泉等译,中国社会科学出版社1994年版,第211页。
② 参见〔美〕费正清、费维恺编:《剑桥中华民国史:1912—1949》(下卷),刘敬坤等译,中国社会科学出版社1994年版,第150页。
③ 参见《国民政府司法院组织法》第1—3条,载《司法公报》1927年第1期。
④ 在1946年《中华民国宪法》公布之前,南京国民政府虽于1931年颁布《训政时期约法》,但其对于政府组织言之不详,故而《国民政府组织法》是当时关于中央政府组织的最高指导规范。

机关,掌理司法审判、司法行政、官吏惩戒及行政审判之职权。"①1928年10月,国民政府公布《司法院组织法》,又于同年11月修正公布,司法院遂告成立。《司法院组织法》第1条规定:"司法院以下列机关组织之:一、司法行政部;二、最高法院;三、行政法院;四、公务员惩戒委员会。"②也就是说,以上四机关都是司法院的一部分,它们是司法院的内设机关。最高法院掌民刑案件终审(是民刑事的最高审判机关),行政法院负责行政诉讼(一审终审),公务员惩戒委员会审议公务员惩戒案件。某种意义上说,民初平政院的职权被一分为三,行政法院司行政审判,监察院代替肃政厅掌纠弹官吏违法失职,公务员惩戒委员会则对官吏违法失职事件进行审查处理。司法院院长综理全院事务、指导司法行政,并组织最高法院院长及相关庭长统一解释法律、命令③。

司法院成立之初,原司法部亦隶属于司法院,1928年11月改组为司法行政部,该部就主管事务对地方最高行政长官有指示监督之责。司法行政部部长综理部务,监督高等以下各级法院及分院,以及全国各级检察机关。司法行政部监督权之行使,不影响审判独立。④ 司法行政部与最高法院、行政法院与公务员惩戒委员会同为司法院内平行单位,故而司法行政部的管辖权不及于此三个院会,由其各自院长(委员长)掌理其内部行政事务,由司法院院长综理司法院内的重要行政事务。⑤

2.《中华民国宪法》《司法院组织法》颁布之后的司法院

1947年颁布的《中华民国宪法》在司法机关方面的一大创新是设立了大法官,并由其负责解释宪法和统一解释法律命令,这样司法院就将其抽象规范的解释权(规范控制权)扩大到宪法解释领域(《中华民国宪法》第78、79条)。同年12月修正公布的《司法院组织法》规定解释权由大法官会议行使,该会议由大法官组织,司法院院长为会议主席(《司法院组织法》第3条)。至于长期存在争议的公务员惩戒权,仍然归于司法院。

关于司法院是否应掌理司法行政,上述法律并未言明。1943年修正《国民

---

① 参见夏新华等整理:《近代中国宪政历程:史料荟萃》,中国政法大学出版社2004年版,第788页。
② 同上书,第857页。
③ 司法院院长获得了原属于南京国民政府草创时最高法院(北京政府时期大理院)院长的统一解释法令的组织权与裁决权,他亲自主持统一解释法令和变更判例会议,并以司法院名义公布解释。依1928年《司法院组织法》第3条,司法院院长经最高法院院长及所属各庭长会议决后,行使统一解释法令及变更判例之权,司法院院长为前项会议主席,故而是以会议的方式行使统一解释法令权。[参见《司法院组织法》(1928年10月20日公布),载《司法月刊》1928年第19期。]
④ 参见《司法院组织法》(1928年10月20日公布),载《司法月刊》1928年第19期。
⑤ 大理院基于最高司法机关地位所获得的自主权(如独立的人事权与预算权)也移转给司法院院长。司法院院长综理事务包括院内司法官的调动权、准立法的规则制定权、相关法律提案权与预算编列权,等等。

政府组织法》以来，高等法院以下法院和各级检察部门的司法行政长期隶属于行政院下设的司法行政部管辖。由于《中华民国宪法》没有明文规定司法院掌理司法行政，司法行政部（附带还有各级检察部门）自 1943 年调整划归行政院便一去不复返。所以司法院虽是宪法上的"最高司法机关"，但其司法行政权却是不完整的，只及于其直接隶属的最高法院、行政法院和公务员惩戒委员会。①

1947 年 3 月颁布的《司法院组织法》本来打算部分吸收英美一元的审判模式、力图革新，规定司法院内分庭，不再设立最高法院、行政法院和公务员惩戒委员会（《司法院组织法》第 4 条）。但是，该法一经颁布，立刻遭到代表既有体制利益的最高法院院长和全体法官的公开抵制。② 国民政府只好于当年 12 月修正该法，仍然维持司法院内设立最高法院、行政法院和公务员惩戒委员会这三院（会）的旧制。（《司法院组织法》第 5 条）

（二）三级三审制

1927 年南京国民政府成立之初，四级三审制在法制上并未立刻变动，只是改称大理院为最高法院，各级审判厅改称法院。1932 年 10 月 28 日，南京国民政府公布《法院组织法》，该法改行三级三审制，从中央到地方设最高法院、高等法院、地方法院三级，以三审为原则、二审为例外。③ 地方法院审理案件原则上取独任制，高等法院审判案件为 3 人合议审判，最高法院为 5 人合议审判。（《法院组织法》第 3 条）该法颁布后政府迟迟未将其予以施行，其主要的障碍便在于无法普设地方法院。直至 1934 年底，新法仍无法贯彻，于是缩小地方法院权限，增设高等法院分院，以变更管辖。到 1935 年 6 月 11 日，政府明令该法于同年 7 月 1 日施行；旋即又于当月 18 日由司法部颁布训令，准予广东等九省暂缓一年施行。④ 截至 1947 年，全国设立 37 所高等法院和 119 所高等法院分院，只有 748 个县设立了新式的地方法院，绝大多数的县仍未能建立新式的法院。⑤ 检讨南京国民政府时期的审级制度，除了对此前北京政府的制度进行有限的修补之外，在《法院组织法》中改名存实亡的"四级三审制"为"三级三审制"，其本身也算不得什么了不起的变革。

（三）审检合署

北京政府习自日、法两国，检察机关与审判机关比肩，自大理院以下，对应各

---

① 司法院后来根据《中华民国宪法》第 77 条司法院掌理民刑审判的规定要求行使附属于民刑审判的各级法院司法行政权，但行政院和司法行政部长期对此置之不理。
② 参见《关于宪法之解释权属司法院大法官 说明书起草委会仅作参考 司法院呈请国府鉴核备案》，载《前线日报》1947 年 6 月 19 日，第 1 版。
③ 参见郑保华：《法院组织法释义》，会文堂新记书局 1936 年版，第 58—59 页。
④ 参见钱端升等：《民国政制史》（上册），上海人民出版社 2008 年版，第 251 页、第 306 页注 196。
⑤ 数据参见谢冠生：《战时司法纪要》，（南京国民政府）司法行政部 1948 年版，"二"之第 1 页。

级审判机关,设立总检察厅和各级检察厅以行使检察职权。南京国民政府认为审检并立之制导致审检官阶员额皆同,耗费经费过多,力求变通。于是裁撤各级检察厅,将检察官配置于法院之内,等于法院内之一"特别庭",是为"审检合署"。除最高法院内置检察署外,其他各级法院均仅设检察官,其中有检察官二人以上者,以一人为首席检察官,首席检察官只是在经验、资历等方面优于其他检察官,他与其他检察官的关系类似于律所中资深合伙人与一般合伙人的关系,而非科层制下的绝对领导。

但是,"审检合署"以精简机构、强调专业为核心的改革最后只是流于形式,原因有二:其一,在官僚文化之下,首席检察官并不以"首席"为满足,其往往把自己所在的检察部门称为某某法院检察处,本人也以处长自居。其二,在法院之内,检察部门常常会就经费、人事等问题与法院院长发生纠纷,当纠纷无法协调而提交中央的司法行政部裁决时,由于检察部门是由司法行政部指挥、是其直接的下属,司法行政部在纠纷处理时往往会偏袒检察部门。久而久之,法院院长不得不为检察部门划出独立的一块,在财务、人事等方面与检察"处长""井水不犯河水",检察部门成为法院之内的独立王国。在官僚体制的逻辑之下,检察机构必然逐渐膨胀,审检合署不免流于形式。

推荐阅读文献

1. 邱远猷、张希坡:《中华民国开国法制史——辛亥革命法律制度研究》,首都师范大学出版社1997年版。

该书是有关民国初年法制史的专题研究,以全面的近代史料文献为基础,对其时各省军政府制定的法律制度、各报刊、档案资料等进行翔实的史料发掘与系统的阐述,并对南京临时政府法制对以后民国法制建设的影响提出了独到见解。

2. 赵晓耕主编:《中国近代法制史专题研究》,中国人民大学出版社2009年版。

该书以专题结构结合近十几年来我国法律史学者研究近代法治的学术成果,捃摭相关史料文献,系统论述了清末至民国时期的法律制度。

第十二章　中华人民共和国法律思想与制度(上)

新民主主义革命时期民主政权的法制建设可分为四个阶段:中国共产党成立初期与第一次国内革命战争时期的革命政权与法律(1921—1927),第二次国内革命战争时期中华苏维埃共和国的法律(1927—1937),抗日战争时期抗日民主政权的法律(1937—1945),第三次国内革命战争时期解放区民主政府的法律(1945—1949)。新民主主义革命时期的民主政权建立了较为完善的法律制度,也确立了符合中国革命需要、有利于人民大众利益的法律原则。这些制度和原则为中国革命的胜利提供了法律保障,也在立法和司法等各方面为中华人民共和国法律制度的建立提供了重要经验。

【问题引导】

1. 为什么说具有中国特色的人民代表大会制度,是中国人民长期奋斗的成果和历史的选择?
2. 革命根据地的法制建设经验,为我国社会主义立法与司法工作确立了哪些基本原则和重要制度(选择一两个部门法作为例证)?

【关键词】

宪法大纲　惩治土豪劣绅条例　减租减息条例　中华苏维埃共和国土地法　陕甘宁边区地权条例　马锡五审判方式　人民调解制度

第一节　革命根据地新民主主义政权的法律思想与立法概况

革命根据地新民主主义政权及其法律制度,是中国共产党领导人民,在新民主主义革命时期,在革命根据地创建的对人民实行民主,对三大敌人(帝国主义、封建主义、官僚资本主义)实行专政的人民民主政权和法律制度,是无产阶级(通过共产党)领导的、以工农联盟为基础的、人民大众的、反帝反封建的人民民主政权和人民民主法制。

一、革命根据地新民主主义政权的法律思想

（一）立法指导思想

第一，以马克思列宁主义、毛泽东思想为指导方针。我国新民主主义政权的创建和革命法制的制定，都是以马克思列宁主义、毛泽东思想为指导方针的，坚持理论联系实际原则，将马克思列宁主义的基本原理与中国的国情及革命实践相结合，创建具有中国特色的政治制度与法律制度，这是为中国革命历史所证实的基本经验。

第二，以贯彻"以人为本"、实现人民民主为原则。革命根据地的新民主主义政权及其法律制度，代表无产阶级和广大人民群众的意志和要求，维护人民大众的基本权益。无论在立法或司法方面，都要贯彻群众路线，团结各阶层人民参政议政，在司法审判方面也实行"为民、利民、便民"的方针。

第三，以彻底反对帝国主义、封建主义为根本任务，为争取民族独立与人民解放、建立人民共和国而奋斗。革命根据地的新民主主义政权及其法制建设的成就和经验，为中华人民共和国的建立奠定了坚实的基础。

第四，中国共产党的正确领导，是革命根据地新民主主义政权与法制建设的根本保证。中国共产党成立后，破天荒地提出反帝反封建、建立"真正民主共和国"的政治纲领，并领导工农群众及各阶层人民为实现这一革命纲领进行了艰苦卓绝的斗争，克服一切右的或"左"的错误路线的干扰，终于取得了新民主主义革命的最后胜利。

（二）法治思想成果

在长期的革命斗争和法制实践中，中国共产党和革命根据地新民主主义政权逐渐形成了以下的法治思想成果：

1. 省港罢工委员会崇尚"法者治之具"，主张令出法随，依法行政

省港罢工工人代表大会为了贯彻对英港当局采取"罢工、排货、封锁"的对策，在16个月的罢工过程中，制定了数十种对内对外的管理法规。[①] 委员会的法律工作者结合斗争实践，提出"法者治之具""法律所以救道德之穷，纳人于轨"的革命法治思想。省港罢工委员会机关报《工人之路》于1926年6月5日公布各种组织法修正案的同时，刊载了由法制局局长周明德撰写的《法制录·弁言》，提出以下重要论点：首先明确提出"原夫法者治之具"的主题，接着从历史上论述"举平天下治国齐家至于修身，皆各惟法是守，吾人办事，岂无所循"。其次说明设立省港罢工委员会与法制局的必要性，指出："盖招聚数十万失业之

[①] 张希坡编著：《革命根据地法律文献选辑（第一辑）中国共产党成立后与第一次国内革命战争时期的法律文献（1921—1927）》，中国人民大学出版社2017年版，第64—121页。该书收录各种文献68件。

群众,而与凶强帝国主义者抗衡,做长期斗争,内谋衣食居处之维持,外图联群御侮之运动,非有完备组织,未足以收成效,故省港罢工委员会中机关普设,法制局特为一焉。""斯局之设,所以订立规章,申明纪律,科惩罪恶,嘉奖劳勋,庶令功过有彰,法程无越,遂得露布天下,使知吾辈工友此次运动,组织之密,秩序之严,必慕而敬爱,喜而援助。"最后表示:"因思法律所以救道德之穷,纳人于轨,吾人但应秉正无偏,主持公道。"①

2. 1937年毛泽东《给雷经天的信》②综合体现的法治思想

1937年10月,在延安发生了一起杀人案件——被告抗日军政大学干部黄克功,枪杀陕北公学女学生刘茜③。本案由陕甘宁边区高等法院刑庭庭长雷经天主审。因案情重大,并有黄克功向中央军委的申诉,毛泽东代表党中央于同年10月10日给雷经天写了这封信(以下简称"复信"),不仅批准对黄克功的死刑判决,而且通过对本案的分析,阐明了许多重要的法治思想。

(1) 法律面前人人平等。此案发生后,广大干部和群众反应非常强烈。当时在延安有两种不同的处理意见。一种认为黄克功枪杀革命同志,惨无人道,必须枪决。另一种意见认为黄克功少年参加红军,屡建战功,应当将功折罪,减轻处罚,免除死刑。黄克功本人也以"资格老,功劳大"为理由,进行辩护,并上书中央军委请求减免其刑。按照诉讼程序规定,凡判处死刑的案件,必须经陕甘宁边区高等法院审核批准,方能执行;特别重要的案件还要经过中央批准。毛泽东本着法律面前人人平等的原则,在"复信"中不仅果断地纠正了此前刑事立法中"唯功绩论"的规定,而且对党员干部提出了更高的要求。"复信"指出:"正因为黄克功不同于一个普通人,正因为他是一个多年的共产党员,是一个多年的红军,所以不能不这样办。共产党与红军,对于自己的党员与红军成员不能不执行比较一般平民更加严格的纪律。"同时,还告诫共产党员、红军指战员等"一切革命分子",都要以黄克功为前车之鉴。

(2) "罪""刑"相适应的刑法原则。就是将犯罪行为的性质及其危害大小作为定罪科刑的主要根据。黄克功向一个16岁的少女进行逼婚,已属非法[《中华苏维埃共和国婚姻法》(1934年4月8日)规定了婚姻自愿原则,法定最低婚龄为男满20岁,女满18岁]。黄克功多次逼婚未遂,竟然怀恨在心,十分残忍地连开两枪,夺去她的生命。此乃有计划、有预谋地直接故意杀人致死。从犯

---

① 张希坡编著:《革命根据地法律文献选辑(第一辑)中国共产党成立后与第一次国内革命战争时期的法律文献(1921—1927)》,中国人民大学出版社2017年版,第93—94页。
② 《毛泽东文集》(第2卷),人民出版社1983年版,第39—40页。
③ 刘茜(原名董秋月),女,16岁,山西定襄人,在太原某中学学习时,"卢沟桥事变"爆发,愤暴日侵凌,于1937年8月离家奔向延安。先在抗日军政大学十五队学习(黄克功为该队队长),后转入陕北公学,1937年10月5日被害。

罪性质、主观动机、犯罪手段及犯罪结果来看,必须处以极刑。正如"复信"所述:黄克功"以一个共产党员、红军干部而有如此卑鄙的、残忍的……行为","犯了不容赦免的大罪"。因此,"中央与军委便不得不根据他的罪恶行为,根据党与红军的纪律,处他以极刑"。最后还重申:"他之处死,是他的自己行为决定的。"

(3)无产阶级的党性、阶级性和人性相统一的思想。"复信"指出:"黄克功过去斗争历史是光荣的,今天处以极刑,我及党中央的同志都是为之惋惜的。但他犯了不容赦免的大罪……如为赦免,便无以教育党,无以教育红军,无以教育革命者,并无以教育做一个普通的人。"这就是无产阶级的党性、阶级性和人性相统一的思想。马克思主义历来反对资产阶级的人性论,反对超阶级的人性论。但这并不意味着无产阶级不讲人性,或者反对一切人性。所谓人性,即在一定社会制度和一定历史条件下形成的人的本性。无产阶级的人性,与无产阶级的党性、阶级性是一致的,而不是相互对立和绝对排斥的。因此,对那些残害人民的严重犯罪分子处以极刑,是完全符合人民的愿望、顺乎人情法理的。毛泽东在这封"复信"的最后,还特别提议"对刘茜同志之家属,应给以安慰与抚恤"①,这是对人性关怀的重要体现。

毛泽东的这封"复信"是中国革命法制史上具有重大指导意义的历史文献,陕甘宁边区高等法院对黄克功杀人案的审理,也成为革命根据地时期的一件典型案例。

二、革命根据地新民主主义政权的立法机关和立法概况

我国在新民主主义革命过程中,逐步创建了以人民代表大会作为最高权力机关——立法机关的制度,其经历了以下发展进程。

第一次国内革命战争时期,产生了人民代表大会的萌芽,如工人运动中的省港罢工工人代表大会、农民运动中的农民代表大会、上海工人三次武装起义中的上海市民代表大会。当时为了实现反帝反封建的政治纲领,在工人运动中制定了工会章程和劳动法;在农民运动中制定了农民协会章程和减租减息条例;在国共合作的联合政府(广州武汉国民政府)中,制定了大量的有关反帝反封建和保护人民基本权益的法律法规。

第二次国内革命战争时期,创建了工农兵苏维埃代表大会,奠定了人民代表

---

① 这在当时战争分割的年代,一时难以落实。半个世纪之后的1981年,两位从事革命法制史研究的教师,将本案详细经过发表于某学报上,引起人们的普遍关注。特别是刘茜的家属(弟妹)得知这一案情的始末,特向有关部门提起申诉,经过核实后,新华社于1981年7月10日将上述《给雷经天的信》予以公开发布,主管部门负责同志亲自到刘茜家向其亲属进行慰问和抚恤。全国人民通过对《给雷经天的信》的学习,受到了一次革命传统教育和深刻的普法教育。

大会制度的历史基础。1931年11月召开的全国苏维埃代表大会及其中央执行委员会先后通过了若干重要法律条例,各边区的苏维埃政府制定了许多地区性的行政法规。

抗日战争时期,实行参议会制度,是人民代表大会制度在特定历史条件下的变通形式。为了贯彻抗日民族统一战线的总方针,在抗日根据地里没有建立全国性的革命政权,而是由各个边区的抗日民主政府依照中共中央的方针政策制定了许多地区性的法律法规。

第三次国内革命战争时期,实行各界人民代表会议,代行人民代表大会的职权,是向人民代表大会制度过渡的形式。各解放区人民政府也分别制定了若干法律法规。

新民主主义革命时期革命根据地所制定的法律条例大体上包括以下各种门类:① 宪法与施政纲领;② 选举法;③ 政权组织法;④ 民政法规;⑤ 军事法规;⑥ 财政金融税收与粮食法规;⑦ 经济管理法规;⑧ 文教卫生法规;⑨ 土地与租债法规;⑩ 劳动法规;⑪ 婚姻与继承法规;⑫ 刑事法规;⑬ 公安检察法规;⑭ 司法机关与诉讼法规;⑮ 监所法规;⑯ 人民调解法规;等等。

第二节　革命根据地新民主主义政权的主要法律内容及其特点

一、宪法及宪法性文献

(一) 中国共产党成立初期与第一次国内革命战争时期提出的宪政纲领

自1922年6月15日《中国共产党第一次对于时局的主张》提出目前奋斗目标11条,1922年7月《中国共产党第二次全国代表大会宣言》提出目前奋斗目标7条,……直至1927年7月中国共产党提出《国民革命的目前行动政纲(草案)》,包括多种宣言、决议,综合起来提出下列宪政纲领和人权要求:

(1) 取消列强在华治外法权,收回租界、租借地和海关,废除不平等条约;

(2) 肃清军阀,将军阀官僚的田地分给贫苦农民,没收其他财产以办公益事业;

(3) 进行普选,保障人民集会、结社、言论、出版、罢工等自由,实行地方自治;

(4) 规划税制、统一币制,对铁路、银行、矿山及大生产事业实施国有;

(5) 减轻田赋,革除陋规,没收大地主及反革命分子的土地由原佃耕种;

(6) 实施义务教育,教育与宗教分离;

(7) 改良工人待遇,实施八小时工作制,承认工会的团体契约制;

(8) 公私法上男女一律平等;

(9) 联合革命势力,促成中国统一,以民主主义原则组织各级人民会议;

(10) 改良司法,废止肉刑及死刑;

(11) 废止雇佣军,改良民兵制,改善士兵生活。

中国共产党成立初期提出的以上宪政纲领和人权要求,充分体现了共产党人立党为公、忠诚为民的奉献精神,充分体现了共产党人开天辟地、敢为人先的首创精神。

(二) 第二次国内革命战争时期的《中华苏维埃共和国宪法大纲》

1931年11月第一次全国苏维埃代表大会通过的《中华苏维埃共和国宪法大纲》(以下简称《宪法大纲》)是革命根据地的第一个宪法性文献。1934年1月第二次全国苏维埃代表大会对《宪法大纲》进行了修正。带有实质性的补充内容是在第2条增加"同中农巩固的联合"。这对于纠正侵犯中农利益的"左"倾错误具有重要意义。此外还有多处词句上的修饰,如将"红色兵士"改为"红色战士",将"全国工农兵会议(苏维埃)的大会"改为"全国工农兵苏维埃代表大会"等。

1.《宪法大纲》的基本内容

(1) 确定红色政权的国体——"工农民主专政",即工人、农民和城市小资产阶级联盟的政府。第2条规定:"中华苏维埃政权所建设的,是工人和农民的民主专政国家。苏维埃政权是属于工人、农民、红军战士及一切劳苦民众的……"

(2) 确定了红色政权的政体——实行民主集中制的、"议行合一"的工农兵苏维埃代表大会制度。全国苏维埃代表大会与中央执行委员会为最高政权机关,人民委员会处理日常政务。此即我国人民代表大会制度的早期形式。

(3) 确定了工农民主政权的基本任务和目的。第1条规定:"……保证苏维埃区域工农民主专政的政权和达到他在全中国的胜利。这个专政的目的,是在消灭一切封建残余,赶走帝国主义列强在华的势力,统一中国……"

(4) 确定了苏维埃公民的各项基本权利,包括平等自由权、参政议政权、参军参战权、经济发展权、劳动权、受教育权、妇女解放与婚姻自由权、民族自治权与信教自由权等。

2.《宪法大纲》的特点和意义

(1) 它具有国家根本法的性质并兼有施政纲领的特色。它把革命已经争得的成果用根本法的形式确认下来,同时又指出了今后的奋斗目标。

(2) 在这个《宪法大纲》中除了正确的规定以外,还存在某些"左"倾错误的规定,如"一切剥削者均无参政权的政权政策"①,"在政权工作中共产党员的完全独占"②;同时还实行了过"左"的土地政策、劳动政策、经济政策和过"左"的肃反政策,使革命遭受重大损失。

尽管如此,该《宪法大纲》的制定和公布,仍然具有重要的历史意义。首先,它同历史上一切压迫人民的反动"约法""宪法"是根本对立的,使红区、白区两种政权和两种宪法的对立局面,进入一个新的斗争阶段。其次,《宪法大纲》规定的施政纲领进一步推动了红色政权的法制建设,调动了苏区人民的革命积极性,使之为巩固工农民主政权和争取革命战争的胜利而英勇斗争。最后,《宪法大纲》是人民自己制宪工作的最初尝试,它为以后制定人民宪法提供了有益的经验和教训。其成功的经验为后来的制宪工作所继承,"左"倾错误提供的教训也起到了前车之鉴的作用。

(三)抗日民主政权的宪法性文献

1941年11月陕甘宁边区第二届参议会通过的《陕甘宁边区施政纲领》,是抗日战争时期具有代表性的宪法性文献。其基本内容是:

第一,坚持团结进步抗日救国的总方针。第1条规定,团结边区各社会阶级、各抗日党派,发挥一切人力、物力、财力、智力,为保卫边区、保卫西北、保卫中国、驱逐日本帝国主义而战。

第二,规定抗日民主专政的政权性质。第5条规定,本党愿与各党各派及一切群众团体进行选举联盟。毛泽东在1940年3月6日为中共中央写作的《抗日根据地的政权问题》一文中指出:"在抗日时期,我们所建立的政权的性质,是民族统一战线的。这种政权,是一切赞成抗日又赞成民主的人们的政权,是几个革命阶级联合起来对于汉奸和反动派的民主专政。它是和地主资产阶级的反革命专政区别的,也和土地革命时期的工农民主专政有区别。"

第三,在政权机关的人员分配上实行"三三制"政策。第5条规定,在候选人名单中确定共产党只占三分之一,以便各党各派及无党无派人士均能参加边区民意机关之活动与边区行政之管理。即共产党员占1/3,党外进步分子占1/3,中间派占1/3。这对于争取中等资产阶级和开明绅士、孤立顽固派具有重要意义。

第四,规定抗日民主政权的各项方针政策和立法原则,包括抗日人民的各项自由权利,以及土地政策、劳动政策、婚姻政策、财政经济政策、文教卫生政策、民族和侨务政策、外事政策,以及锄奸、处俘和司法政策。

经过整风运动之后,为了澄清所谓"三权分立"的模糊思想,1942年12月经

---

① 《关于若干历史问题的决议》,载《毛泽东选集》(第3卷),人民出版社1991年版,第973页。
② 《论政策》,载《毛泽东选集》(第2卷),人民出版社1991年版,第762页。

边区政府委员会第三次会议通过、于 1943 年 4 月 25 日颁布的《陕甘宁边区政纪总则草案》第 1 条明确规定,各级参议会为各级政权的最高权力机关,各级政府服从各该级参议会之决议。第 4 条规定,在边区参议会闭幕期间,边区政府为边区最高权力机关,对边区参议会负责,领导、指挥全边区政务。第 5 条规定,县(市)政府为边区政务推行之枢纽。第 6 条规定,乡(市)政府为边区政府的基础组织,乡(市)人民的直接政权机关。这是根据抗战时期的实践经验对边区施政纲领作出的重要补充。

毛泽东总结了上述经验,在《新民主主义论》中指出:"中国现在可以采取全国人民代表大会、省人民代表大会、县人民代表大会、区人民代表大会直到乡人民代表大会的系统,并由各级代表大会选举政府。……这种制度即是民主集中制。只有民主集中制的政府,才能充分地发挥一切革命人民的意志,也才能最有力量地去反对革命的敌人。"①

各地抗日民主政权在党中央方针政策的统一领导下,先后制定了本地区的施政纲领。1940 年 8 月,《晋察冀边区目前施政纲领》最早提出"保障人权"问题。陕甘宁边区于 1941 年 11 月第二届参议会通过了《陕甘宁边区保障人权财权条例》22 条,具体规定了保障人权财权的各项政策措施。还有十几个抗日民主政府陆续制定了保障人权条例,这些都属于当时的宪法性文献。

(四) 解放区民主政权的宪法性文献与废除国民党的六法全书

解放战争初期具有代表性的宪法文件是 1946 年 4 月陕甘宁边区第三届参议会通过的《陕甘宁边区宪法原则》,该文件共分 5 个部分 26 条。第一部分为"政权组织",第二部分为"人民权利",第三部分为"司法",第四部分为"经济",第五部分为"文化"。这一宪法原则,既是抗战胜利后边区政府的施政纲领,也为起草边区宪法确定了指导方针。由谢觉哉等组成的宪法起草组于 1946 年 10 月拟制了《中华民国陕甘宁边区自治宪法草案》,中央西北局讨论修正后共 9 章 74 条。后因内战全面爆发,制宪工作即告中止。

1948 年 8 月,华北临时人民代表大会通过的《华北人民政府施政方针》是解放战争后期具有代表性的宪法文件。该施政方针规定华北人民政府的基本任务是:继续进攻敌人,为解放全华北而奋斗,继续以人力、物力、财力支援前线,以争取人民革命在全国的胜利。分别规定了军事、经济、政治、文化教育,以及新解放区与新解放城市等方面的方针政策。

1949 年 1 月 1 日,蒋介石在元旦求和声明中竟提出保留伪宪法、伪法统等无理要求,毛泽东在 1 月 14 日发表的《中共中央毛泽东主席关于时局的声明》中,针锋相对地提出和平谈判八项条件:"(一) 惩办战争罪犯;(二) 废除伪宪

---

① 《毛泽东选集》(第 2 卷),人民出版社 1991 年版,第 677 页。

法;(三)废除伪法统;(四)依据民主原则改编一切反动军队;(五)没收官僚资本;(六)改革土地制度;(七)废除卖国条约;(八)召开没有反动分子参加的政治协商会议,成立民主联合政府,接收南京国民党反动政府及其所属各级政府的一切权力。"①该声明的实质,就是必须打碎一切反动的国家机器,敦促国民党反动派彻底投降。

为落实上述总决策,中共中央在1949年2月22日专门发布了《中共中央关于废除国民党的六法全书与确定解放区的司法原则的指示》。其要点是:其一,指出国民党全部法律的反动实质,即"只能是保护地主与买办官僚资产阶级反动统治的工具,是镇压与束缚广大人民群众的武器"。其二,宣布"国民党的六法全书应该废除,人民的司法工作不能再以国民党的六法全书为依据"。其三,确定人民司法机关的办事原则是:有纲领、法律、命令、条例、决议规定者,从规定;无规定者,从新民主主义的政策。其四,要求各司法机关学习和掌握马列主义、毛泽东思想的国家观、法律观及新民主主义的政策、纲领、法律、命令、条例、决议的办法来教育和改造司法干部。

同年3月14日,新华社在答读者问《关于废除伪法统》中系统地揭示了伪法统的反动实质。接着,华北人民政府又在4月1日发布《废除国民党的六法全书及一切反动法律的训令》,进一步强调不仅要废除国民党的"六法全书",而且要"彻底地""全部地"废除国民党的"一切"反动法律。命令"各级人民政府的司法审判,不得再援引其条文"。如果说中共中央的指示是从政治上宣告国民党反动政府与伪宪法、伪法统的灭亡,那么,华北人民政府的训令则是代表各解放区人民政府,并且代行国家最高政权机关的职权从法律上宣布终止国民党一切反动法律的效力。后来这一原则被明确规定在具有临时宪法性质的《中国人民政治协商会议共同纲领》(以下简称《共同纲领》)中。《共同纲领》第17条规定:"废除国民党反动政府一切压迫人民的法律、法令和司法制度,制定保护人民的法律、法令,建立人民司法制度。"这既是新民主主义革命时期民主政权法制建设的经验总结,也是人民民主革命法统取得最终胜利的重要标志。

二、刑事法律制度

革命根据地刑法制定的政策导向,主要是巩固革命根据地、打击敌对势力的破坏活动,为此,先后制定了《惩治土豪劣绅暂行条例》《惩治反革命条例》《惩治汉奸条例》《惩治战争罪犯条例》,以及《惩治贪污条例》《禁烟禁毒条例》等。其中《赣东北特区苏维埃暂行刑律》是革命根据地制定的唯一的一部地区性的刑

---

① 中共中央文献研究室、中央档案馆编:《建党以来重要文献选编(一九二一——九四九)》(第26册),中央文献出版社2011年版,第41页。

法典,除此之外的刑事立法都是采用单行条例的形式。因此,没有统一的体系结构,也没有统一的罪名与刑罚制度,具有因地制宜、因时制宜的特点。

(一) 1927年湖南湖北《惩治土豪劣绅暂行条例》

《惩治土豪劣绅暂行条例》是第一部在共产党领导下制定的刑事法律,体现了"有法可依,依法断案"的法治精神与群众路线的立法思想。

在1927年农民运动高潮时,土豪劣绅勾结反动官僚军匪向农民协会进行反扑报复活动,为了打击这些反动分子,湖南省于1927年1月制定《湖南省惩治土豪劣绅暂行条例》(谢觉哉等参加起草)。同年3月湖北省也制定了《湖北省惩治土豪劣绅暂行条例》(在董必武领导下由邓初民等参加起草)。该条例第1条首先明确了"土豪劣绅"的法定界限是:"凭借政治、经济、门阀身份以及一切封建势力或其他特殊势力(如凭借团防勾结军匪),在地方有左列行为之土豪劣绅,依本条例惩治之。"接着列举了11项具体罪行,分别规定了各种刑罚。特别是对"侵蚀公款或假借名义敛财肥己者",按其贪没款数规定不同量刑标准(最高贪污3000元以上者处死刑,最低贪污10元以上者处10年有期徒刑)。

湖南、湖北上述刑事立法提供了重要的历史经验:其一,群众性的政治运动与革命法制不是相互对立的,而是相辅相成的。群众运动必须以党的方针政策为指导,并且要对党的方针政策予以具体化、规范化,使其变成具有可操作性的法律,成为处刑轻重的法律根据,才能使干部与群众有所遵循,便于分辨罪与非罪的界限。这样,既能杜绝可能放纵罪犯的右倾错误,又可防止因无法可依而发生的乱打乱杀的"左"倾偏向,使群众运动沿着正确的轨道向前发展。其二,开门立法,贯彻群众路线。例如湖北省的条例草案拟定后,先在报上全文刊载,公开征求意见,并及时根据反馈的意见,对草案中的某些条款作增删和修正,收到了很好的效果。例如《湖北省惩治土豪劣绅条例草案》罪行第7项的原文是:"欺凌孤弱强迫婚姻或唆嫁孀妇聚众掳抢者",听取群众意见后,删掉"唆嫁孀妇",改为"欺凌孤弱,强迫婚姻,或聚徒掳掠为婚者"。第6项对"侵蚀公款"已规定了处刑标准,但却同第10项"侵蚀公款"按贪污款数处刑相矛盾。最后定稿将两种规定合并为一项。以上修改体现了公开立法、民主立法的优越性。

(二) 中华苏维埃共和国的刑事法律

为了巩固革命根据地,打击敌对势力的破坏活动,中央苏区于1934年4月8日颁布了《中华苏维埃共和国惩治反革命条例》。其主要内容是:

(1) 规定了反革命罪的概念和种类。第2条规定,凡一切图谋推翻或破坏苏维埃政府及工农民主革命所得到的权利,意图保持或恢复豪绅地主资产阶级的统治者,不论用什么方法都是反革命行为。接着列举了反革命罪的各种罪行,如组织反革命武装侵犯苏区,或在苏区内举行反革命暴动,组织反革命团体进行破坏活动,以反革命为目的杀害民众、携枪投敌,以及投降敌人等。

(2) 规定刑罚的种类包括死刑、监禁、没收财产、剥夺公民权(即剥夺政治权利的一部或全部)。因战争形势动荡没有规定无期徒刑。

(3) 规定本条例适用的一般原则,如适用类推,再犯加重,以及未遂犯、胁从犯罪者、年龄在16岁以下、14岁以上犯本条例之罪者、"自首分子"(未被发觉而自己向政府报告者)和"自新分子"(被发觉而能忠实报告犯罪内容,并帮助破获其他同谋犯罪者)得减轻处罚,等等。但应指出,该条例第35条规定了"凡对苏维埃有功绩的人其犯罪行为得按照本条例各该条文的规定减轻处罚"这一错误,直到1937年毛泽东《给雷经天的信》批准对黄克功枪杀刘茜案的处理,才得以纠正。

此外,中央执行委员会于1932年12月发布的《关于惩治贪污浪费》第26号训令规定:凡苏维埃机关、国营企业及公共团体的工作人员利用自己的地位贪污公款,以图私利的,依照贪污款数,分别判处各种刑罚。

(三) 抗日民主政权的刑事法律

抗日战争时期,由于日本帝国主义侵占中国领土,许多民族败类投敌充当汉奸。因此,汉奸罪成为当时刑事立法的主要打击对象。为此,各抗日民主政府都制定了惩治汉奸条例。例如,1939年制定的《陕甘宁边区抗战时期惩治汉奸条例》规定:阴谋建立傀儡伪政权者,各种侦探、间谍特务,组织领导叛乱者,抢枪投敌者,纵火抢劫者,破坏货币或紊乱金融者等,视情节轻重判处有期徒刑或死刑,并没收本犯全部财产或处以罚金。

处于敌后抗日根据地的晋察冀边区行政委员会,根据抗日民族统一战线的总方针,为了减少惩治汉奸盗匪的阻力,并对顽固派进行有理、有利、有节的斗争,于1938年12月8日转发了国民政府1938年8月15日公布的《修正惩治汉奸条例》,此外还转发了国民政府制定的《惩治盗匪暂行办法》《禁烟治罪暂行条例》《禁毒治罪暂行条例》。晋冀鲁豫边区政府也公开宣布国民政府制定的《修正惩治汉奸条例》《惩治盗匪暂行办法》"在本区适用",并依照这些法律判处了一批罪大恶极的汉奸罪犯和真正的危害一方的盗匪,有力地打击了当时危害人民的重要罪犯。

各抗日根据地为了惩治贪污行为,皆制定了惩治贪污条例,一般皆按贪污款数判处各种刑罚。1939年的《陕甘宁边区惩治贪污条例(草案)》共计11条。第2条规定凡边区所属机关部队及公营企业人员"有下列行为之一者,即以贪污论罪:一、克扣或截留应行发给或缴纳财物者;二、买卖公物从中舞弊者;三、盗窃侵吞公有财物者;四、强占、强征或强募财物者;五、意图营利、贩运违禁或漏税物品者;六、擅移公款作为私人营利者;七、违法收募捐税者;八、伪造或虚报收支账目者;九、勒索敲诈收受贿赂者;十、为私人利益,而浪费公有之财物者"。对于犯以上各罪者,视其数目多少及影响大小,规定了不同的量刑幅度。如贪污

1000元以上者,处死刑;贪污100元以下者,处1年以下有期徒刑或苦役。

其他根据地的惩治贪污条例,与此大同小异。主要是在量刑标准方面,由于物价与币值经常变动,各地区在不同时期经常加以修订。后来有的地区决定按贪污粮食折价计算。如1944年修正公布的《晋察冀边区惩治贪污条例》规定,如贪污款数在500斤小米市价以上者,处死刑或10年以上有期徒刑。

(四) 解放区民主政权的刑事法律

抗日战争胜利后,大批汉奸、战争罪犯以及伪军伪警等被捕获。为此,山东省政府于1945年8月公布了《山东省惩治战争罪犯及汉奸暂行条例》《山东省汉奸自首自新暂行条例》《山东省处理汉奸财产暂行办法》和《山东军区处理伪军伪警条例》,根据具体情节,分别作出了不同的规定。

解放战争时期,根据国内政治形势的发展和各地区对敌斗争及犯罪情况的变化,其他根据地分别制定了具有各地特色的刑事法规。如《苏皖边区危害解放区紧急治罪暂行条例》(1946年6月)、《苏皖边区第一行政区破坏解放区革命秩序治罪办法》(1947年1月)、《晋冀鲁豫边区破坏土地改革治罪条例》(1948年1月15日)、《华北人民政府解散所有会门道门封建迷信组织的布告》(1949年1月4日)。此外,还有《太岳区惩治滥用浪费民力暂行条例》(1948年6月15日)、《东北解放区交通肇事犯罪处罚暂行条例》(1948年11月1日)以及《辽北省惩治关于婚姻与奸害罪暂行条例(草案)》。从以上情况可以看出,解放战争时期各地区的刑事立法呈现多样化、地区性的特色,这对于中华人民共和国成立后的刑事立法具有重要参考价值。

三、社会经济制度

(一) 革命根据地的土地法和减租减息政策

由于旧中国的土地制度极不合理,地主豪绅垄断农村土地所有权,实行高额租息,对农民进行盘剥,严重阻碍了农村生产力的发展。因此,新民主主义革命时期的土地立法的主要任务,就是实行土地制度的彻底改革,废除封建地主的土地所有制,改变为农民的土地所有制,以提高农民的生产积极性,促进农村生产力的发展。

1. 第一次国内革命战争时期关于土地问题与减租减息政策的实施

1924年8月孙中山在《广州农民运动讲习所第一届毕业礼演讲》中提出了"耕者有其田"的口号,但一直没有确定具体实施办法。1927年5月,中共第五次全国代表大会通过的《土地问题议决案》提出:"两湖的农民斗争,已经开始解决土地问题——没收土豪劣绅的土地,并有分配土地的运动。"如长沙附近的霞凝乡农民"将田地依照人数力量分配。成年人可分得产谷八石面积的土地,未成年者又依其年龄之大小给以四石或六石的土地"。① 林伯渠在《土地问题之报告》也肯定了霞凝农民提出的土地分配办法。

1921年9月,浙江萧山《衙前农民协会章程》第8条最早提出减轻地租的原则:"租息成数,以收成及会员平均的消费所剩余的作标准。"② 1923年彭湃领导的广东海丰农民协会确定"至多三成交租"。1926年10月,国民党中央执委会及各省区联席会议通过的政纲决议案规定:"减轻佃农田租百分之二十五";"遇饥荒时免付田租,并禁止先期收租";"禁止重利盘剥,最高利率,年利不得超过百分之二十"。③ 这是第一次国共合作时期共同确定的减租减息政策。

上述减租减息法规刚实施不久,即被"七一五"反革命政变所废弃。但是它却为日后抗日根据地全面实施减租减息政策奠定了历史基础。

2. 中华苏维埃共和国的土地法

土地分配初期没有确定土地私有权,每年都要根据人口的变动重新进行分配,影响了农民的生产积极性。有鉴于此,毛泽东根据中央的决定,在1931年2月28日以中央革命军事委员会总政治部主任的名义给江西省苏维埃写了一封信④,其要点是:其一,"过去分好了的田,即算分定","生的不补,死的不退"。其二,农民分得的田,"由他私有,别人不得侵犯","租借买卖,由他自主","田中出产,除交土地税于政府外,均归农民所有"。从此确立了农民土地私有权的思想。

1931年12月公布的《中华苏维埃共和国土地法》规定:没收封建地主、豪绅、军阀、官僚、富农以及一切反革命分子的土地,按照人口分配给贫农、中农及劳动贫民耕种。这就标志着在苏区已消灭封建剥削制度,实现了"耕者有其田"的理想。

3. 抗日民主政权的土地法和减租减息条例

抗日战争时期,依照抗日民族统一战线的总方针,陕甘宁边区自1937年3月起即停止没收地主的土地,而以减租减息作为抗战时期解决农民问题的基本政策。

1944年12月,边区第二届参议会第二次会议通过了《陕甘宁边区地权条

---

① 直荀:《湖南农民革命的自述》,载人民出版社编:《第一次国内革命战争时期的农民运动资料》,人民出版社1983年版,第379页。
② 《衙前农民协会章程》,载张希坡编著:《革命根据地法律文献选辑(第一辑)中国共产党成立后与第一次国内革命战争时期的法律文献(1921—1927)》,中国人民大学出版社2017年版,第124页。
③ 《中国国民党中央及各省区联席会议决议案(选录)》,载张希坡编著:《革命根据地法律文献选辑(第一辑)中国共产党成立后与第一次国内革命战争时期的法律文献(1921—1927)》,中国人民大学出版社2017年版,第262—263页。
④ 毛泽东:《民权革命中的土地私有制度》,载本书选编组:《第二次国内革命战争时期土地革命文献选编(一九二七—一九三七)》,中共中央党校出版社1987年版,第389页。

例》,其要点是:

其一,在土地已经分配的区域,土地为一切依法分得土地人所有;在土地未经分配区域,土地仍为原合法所有人所有。第 3 条规定:依保证人民土地私有制的原则,就合法土地所有人在法令限制范围内,对于其所有土地有自由使用、收益和处分(买卖、典当、抵押、赠与、继承等)之权。

其二,合法土地所有人不在当地时,土地可以由他的亲属或代理人代管;没有代管人时,可以由政府代管,并招人耕种,在他本人回归时,须发还其土地,并酌量发还其地租。

其三,为建筑国防工事,兴修交通道路,进行改良市政工作,以及举办其他以公共利益为目的而经边区政府批准的事业,政府得租用、征用或以其他土地交换人民或团体所有的土地。

抗日战争时期,各根据地的抗日民主政府都制定了减租减息条例,其主要内容是:

其一,关于减租、交租的规定。原则上一律实行"二五减租",即按照抗战前的原租额减少 25%。由于原租额高低不一,有的地区减租之后,租额仍然很高,所以晋察冀边区还特别规定:"实行减租后之租额,或新订租佃契约之租额,均不得超过耕地正产物收获总额千分之三百七十五,超过者应减为千分之三百七十五,不及者依其约定。"① 租佃双方要依法重订租佃契约,期限一般以 3 年至 5 年为宜。期满后,承租人有依同等条件继续承租的优先权。在租约上或习惯上的永佃权,政府应予保护。实行减租之后,承租人有依约定租额交租的义务,不能无故不交租。

其二,关于减息、交息的规定。条例规定,对于抗战前已经废除的旧债,不得再行索还。现存的债务,一律实行减息。一般以年利一分半作为计息标准(有的地区规定为一分)。付息已超过原本一倍者,停利还本;超过原本两倍者,本利停付,原借贷关系视为消灭。债权人不得因减息而解除借贷契约;债务人也不得因清算老账而无偿地收回典借的土地,或在减息之后拒不交息。新借贷的利率多少,应与当地社会经济借贷关系所许可的限度相适应,由借贷双方自行议定。但利率不宜过低,以免借贷关系停滞,使农民借不到债。

各抗日根据地依照上述规定普遍实行减租减息政策,在相当程度上改善了农民生活,激发了农民的抗日积极性。

4. 1947 年《中国土地法大纲》和新解放地区的减租减息条例

抗日战争胜利后,中共中央根据国际国内形势和阶级关系的变化,为了满足农民的土地要求,于 1946 年 5 月 4 日发布了《关于土地问题的指示》(即《五四

---

① 《晋察冀边区租佃债息条例》(1943 年 2 月 4 日)第 5 条。

指示》),决定由减租减息政策转变为没收地主土地分配给农民的政策。1947年7—9月,中国共产党在河北平山县召开全国土地会议,制定了《中国土地法大纲》,于1947年10月10日公布。其基本特点是:不但肯定了《五四指示》中关于"没收地主土地分给农民"的原则,还修改了对某些地主照顾过多的条款,同时也避免了历史上犯过的"地主不分田,富农分坏田"的政策错误。

(1) 实行耕者有其田

确定"废除封建性及半封建性剥削的土地制度,实行耕者有其田的土地制度"。具体规定要"废除一切地主的土地所有权"(第2条),"废除一切祠堂、庙宇、寺院、学校、机关及团体的土地所有权"(第3条),"废除一切乡村中在土地制度改革以前的债务"(指高利贷债务)(第4条)。还要"接收地主的牲畜、农具、房屋、粮食及其财产,并征收富农的上述财产的多余部分"(第8条)。

(2) 确定土地财产的分配办法

即以乡或行政村为单位,按乡村人口,不分男女老幼,统一平均分配。在土地数量上抽多补少,质量上抽肥补瘦。并承认其土地所有权,由政府发给土地所有证。地主及其家属也分给与农民同样的土地和财产。

(3) 确定土改执行机关

确定改革土地制度的合法执行机关为:乡村农民大会及其选出的委员会,贫农团大会及其选出的委员会,区、县、省农民代表大会及其选出的委员会。

各解放区人民政府根据上述原则,制定了具体实施条例或补充办法。到1949年6月止,大约在1.5亿人口的地区,完全废除了封建土地制度,实现了"耕者有其田"。经过土地改革运动的农民,大大提高了生产劳动和参军参战的积极性,这便为解放战争的最后胜利打下了雄厚的人力、物力基础。

解放战争后期,在尚不具备实施土地改革条件的新解放地区,仍然实行减租减息政策。如1948年10月8日《中共中央中原局减租减息纲领》和《中原新解放区减租减息条例》规定:所有地主、旧式富农及一切机关、学校、祠堂、庙宇、教会所出租之土地,一律按原租额减去二成半。减租后租额最高不得超过土地正产物的375‰。解放前农民向地主、旧式富农所借之旧债,一律按月利一分半计息清偿。其清偿办法,基本上沿用抗战时期的规定。

(二) 革命根据地的劳动法

旧中国的工人阶级,深受帝国主义、封建主义和资本家的三重压迫与剥削,其生活处境之恶劣,是世界各民族中所少见的:工作时间长,又无法定休假制度;工资低微,遭受层层盘剥;缺乏安全卫生设施,伤亡事故严重;女工、童工更有其特殊苦痛;政治上没有集会结社的权利,人身自由也毫无保障。

中国共产党成立后,为了改善工人阶级的社会地位和生活状况,在1922年发起劳动立法运动,提出了《劳动立法原则》四项和《劳动法案大纲》十九条,作为工人运动的斗争纲领,这是中国最早的劳动立法,以后各个革命根据地又制定了多个劳动保护条例。

1. 从1922年《劳动法案大纲》到1926年《劳动法大纲决议案》是劳动立法的一大进步

1922年8月,中共中央委托以邓中夏为主任的中国劳动组合书记部(全国总工会的前身)制定了《劳动法案大纲》,此乃中国共产党领导制定的最早的劳动法。大纲规定了八小时工作制及对最低限度之工资的保障,并提出了对女工、童工的保护措施。依照这一大纲,党领导的罢工斗争(如长辛店铁路工人大罢工与安源路矿工人大罢工)经过谈判最终达成协议,为工人阶级争得部分权益。

1926年第三次全国劳动大会通过的《劳动法大纲决议案》,根据几年来的实践经验,对前者某些过高规定作了部分修正(如将每周休息一天半改为星期日休息),使之更加适合中国实际情况。说明当年我国的劳动立法已在学习外国经验与中国国情相结合方面前进了一大步。但是,到了苏维埃时期,教条主义者既不顾地处农村的环境,更不了解本国已有的经验,又将苏联的周休一天半搬了回来。

2. 1931年、1933年的《中华苏维埃共和国劳动法》

1931年11月制定的《中华苏维埃共和国劳动法》规定:一切雇佣劳动者受劳动法的保护。每日工作时间不超过8小时,工资不低于劳动部规定的最低工资,女工产假为6至8星期,工资照发。该劳动法对改善苏区工人的社会地位和生活状况起到了一定作用。但也存在"左"的错误,如不分城市和乡村、不分手工作坊和农村雇工一律机械地实行八小时工作制,以及过高的福利待遇,使雇主无利可图而经营倒闭或解雇工人,影响了苏区的经济发展。1933年10月,重新修正公布新的《中华苏维埃共和国劳动法》,对农村雇工和学徒制度有些灵活的变通,但"左"的错误仍未根除。

3. 抗日民主政权的劳动法

中共中央在1940年12月25日发布的《论政策》中明确规定:"必须改良工人的生活,才能发动工人的抗日积极性。但是切忌过左,加薪减时,均不应过多。在中国目前的情况下,八小时工作制还难于普遍推行,在某些生产部门内还须允许实行十小时工作制。其他生产部门,则应随情形规定时间。……至于乡村工人的生活和待遇的改良,更不应提得过高,否则就会引起农民的反对、工人的失业和生产的缩小。"[①]1941年11月制定,并于1942年、1944年多次修正公布的《晋冀鲁豫边区劳工保护暂行条例》,就是按照上述原则作了具体规定,可视作抗战时期具有代表性的劳动立法。其要点是:

[①] 《毛泽东选集》(第2卷),人民出版社1991年版,第766页。

(1) 本边区工人均享有言论、出版、集会、结社、参军、参政及抗日之自由。工人有组织职工会的权利。职工会得代表工人提出各种要求及代表工人同资方订立集体合同。资方如有打骂、虐待、侮辱工人等，职工会得代表工人提出抗议及解决办法。职工会应教育工人提高劳动热忱，保证劳动纪律。

(2) 工作时间。公私工厂、矿场及作坊工人以10小时为原则。因工作性质必须延长时，至多不得超过11小时。一般手艺工人、运输工人、店员及学徒，以及农村雇工、家庭雇工，得依习惯行之。

(3) 工资标准一般依照各地生活状况，除工人本身外，以再供一个人至一个半人最低生活之必需费用为标准。劳动合同内规定的工资，资方不得借故减少或拖欠，工人亦不得在合同外再有额外要求。

(4) 保护女工、青工和童工。凡年在16至18岁之青工及12岁以上之童工，其工作须以不妨害其身体健康与教育为原则。工作时间须较成人减少1至2小时。女工分娩前后应给予2个月的休假，工资照发。给婴儿哺乳者，每天应给予适当的哺乳时间。青工、女工与童工如与一般工人做同样工作，且效能相等者，应给予同等工资。

(5) 劳动保护。矿厂应切实注意清洁卫生，如工作有碍工人健康及安全者，须有必要之卫生防护设备。工人患病经医生证明需要休息者，1月以内工资照发，并由资方支付药费。超过1月者，医药费停止补助，工资续发与否，得按当地习惯由劳资双方协议决定。此外，还规定了工人因工作致伤、致残、致死的治疗抚恤办法。

应指出，现在广泛引用的《陕甘宁边区劳动保护条例》，乃是在中央《论政策》发布以前由边区总工会拟制的一个草案。由于该草案与中央劳动政策不相符合，所以不宜作为抗战时期劳动立法的典型文献。

4. 解放区民主政权的劳动法

1948年8月在哈尔滨召开的第六次全国劳动大会通过了《关于中国职工运动当前任务的决议》和《中华全国总工会章程》，规定实行适合战时经济条件的劳动福利政策，实行八至十小时工作制，工资必须保证普通职工的最低生活水准。宣布恢复全国总工会，逐步建立各地区各产业工会。第六次劳大的决议也为中华人民共和国成立后的职工运动确定了指导方针。

四、婚姻继承制度

(一) 中国共产党于第一次国共合作时期通过的男女平等改革婚姻家庭立法决议案

1922年7月公布的《中国共产党第二次全国代表大会宣言》明确提出："废除一切束缚女子的法律，女子在政治上、经济上、社会上、教育上一律享有平等权利."同时,在另一决议案中还提出"制定保护妇孺的法律"。1923年6月,中国共产党第三次全国代表大会通过的《妇女运动决议案》进一步提出了"母性保护"(即保护母亲)以及"结婚离婚自由"等项原则,并破天荒地提出了"女子应有遗产继承权"的要求。1925年1月,中国共产党第四次全国代表大会通过的《关于妇女运动决议案》,进一步提出女子应与男子具有平等的财产所有权。

为了使这些婚姻继承方面的立法原则(包括男女平等、婚姻自由、一夫一妻、保护妇女和儿童)能够得到贯彻实施,共产党人与国民党左派人士将这些原则提到1926年1月召开的国民党第二次全国代表大会讨论,被大会所采纳,规定在国民党第二次全国代表大会"妇女运动决议案"中。

1927年2月12日,武汉国民政府司法部咨各省政委会宣告中央联席会议关于继承法的决议,指出:"财产继承权,应以亲生子女及夫妇为限。如无应继之人及生前所立合法之遗嘱,所有财产收归国有,为普及教育之用。但在死者生前确系直接受其扶养者,得按其生计状况酌给财产。至北京反革命政府所定继承法例,一概无效。此项决议,各级法院应遵守。即希贵会转令各县司法委员遵照。"从此在法律上公开宣布废除宗法封建性的继承制度,实施男女平等的遗产继承制度。

(二) 中华苏维埃共和国的婚姻法

1931年,中华苏维埃共和国成立后,立即于同年12月1日颁布了《中华苏维埃共和国婚姻条例》。到1934年4月8日又正式颁布《中华苏维埃共和国婚姻法》(共7章21条)。其要点是:

(1) 确定男女婚姻以自由为原则,废除一切包办强迫和买卖的婚姻制度,禁止童养媳,实行一夫一妻,禁止一夫多妻与一妻多夫。

(2) 关于结婚。男子须满20岁,女子须满18岁。禁止男女在三代以内亲族血统的结婚。禁止患神经病及疯瘫者的结婚。男女结婚须同到乡、市区苏维埃进行登记,领取结婚证。

(3) 关于离婚。原婚姻条例规定:凡男女双方同意离婚的,即行离婚,男女一方坚决要求离婚的,亦即行离婚。此外,还具体规定了离婚后的小孩处理和财产处理办法,并规定一切私生子得享受合法小孩的一切权利。

(4) 关于离婚问题的特别规定。第11条规定:红军战士之妻要求离婚,须得其夫同意。但在通信便利的地方,经过两年其夫无信回家者,其妻可向当地政府请求登记离婚。

此外,在1931年7月鄂豫皖工农兵第二次代表大会通过的《婚姻问题决议案》中还有另一项特别规定:女子在怀胎期内和产后4个月以内,男子不得提出离婚。

(三) 抗日民主政权的婚姻和继承制度

1. 婚姻条例的发展变化

抗日根据地的婚姻立法和其他法制建设一样，没有制定统一的全国性的婚姻法规，而是由各边区的抗日民主政府分别制定若干地区性的婚姻条例。其基本特点是各地区的婚姻立法在大政方针上是一致的，但在具体内容上又有较大的灵活性，各地区根据各地的实际情况，作出某些具有本地特点的规定。其主要内容是：

(1) 比较全面地规定了婚姻立法的基本原则，如男女平等的原则、婚姻自由的原则、一夫一妻制原则、保护妇女儿童的原则等。这便为新民主主义婚姻制度奠定了坚实基础。

(2) 关于法定最低婚龄的规定。对婚龄的规定，各地呈现多样化的趋势，某一地区前后也有不同的规定，基本是男 20 岁，女 18 岁①。这种灵活性的规定，在一定历史条件下是完全必要的。

(3) 增加"订婚""解除婚约"专章。如《晋冀鲁豫边区婚姻暂行条例》第二章"订婚"、第三章"解除婚约"。晋绥边区和山东省皆有"订婚"专章。主要规定：第一，不到订婚年龄不得订婚（订婚年龄比结婚年龄各小一岁）。第二，订婚须男女自愿，并须到村以上政府登记。第三，订婚后有一方不愿继续婚约或结婚者，均得请求解除婚约。第四，解除婚约须向区级以上政府声请备案。本来订婚并非结婚的必经程序，但在一向有订婚习俗的地区，将订婚作为一种过渡办法纳入法制化的轨道，也有可取之处。

(4) 具体列举离婚之条件。各地婚姻条例皆规定：男女双方愿意离婚者，得向当地乡、市政府请求离婚登记，发给离婚证。各地所列离婚条款多寡不等。最多的 14 条（晋绥），最少的 8 条（晋察冀），陕甘宁边区为 10 条。《陕甘宁边区婚姻条例》（1939 年 4 月 4 日公布）第 11 条规定以下 10 项为离婚条件："有重婚之行为者；感情意志根本不合，无法继续同居者；与他人通奸者；虐待他方者；以恶意遗弃他方者；图谋陷害他方者；不能人道者；患不治之恶疾者；生死不明过一年者，但在不能通信之地方以二年为期；有其他重大事由者。"1944 年《修正陕甘宁边区婚姻暂行条例》第 9 条针对离婚条件又增加一项"男女一方不务正业，经劝解无效，影响他方生活者"，并将第 9 项改为"生死不明已过三年者"。1943 年《晋察冀边区婚姻条例》第 15 条还补充了"充当汉奸者""因犯特种刑事罪被处

---

① 例如，陕甘宁边区，1939 年规定"男满二十岁，女满十八岁"，1944 年修正婚姻条例时改为"男须满十八岁，女须满十六岁"，到 1946 年又规定为"男至二十岁，女至十八岁"。晋察冀边区 1941 年也规定"男满二十岁，女满十八岁"，到 1943 年即改为"男至二十岁，女至十八岁"。此外，其他地区也有规定"男满十八岁，女满十六岁"（晋冀鲁豫、晋西北、淮海等），或"男满十八岁，女满十七岁"（山东省）。

三年以上之徒刑者"为离婚条件。1942年1月5日公布施行的《晋冀鲁豫边区婚姻暂行条例》第17条规定:"妻受夫之直系亲属虐待,至不能同居生活者""吸食毒品或有其他不良嗜好,经屡劝不改者"为离婚条件。1945年《山东省婚姻暂行条例》第15条增加了"违反抗战民主利益,政治思想严重对立,不能维持夫妻关系者"为离婚条件。这样列举离婚条件的好处是:一方面有利于群众自警自律,另一方面也便于司法机关具体掌握离与不离的界限。当然具体条件如何规定,须根据各个时期的客观需要和司法实践的经验加以确定。

2. 抗日民主政权的继承法规

工农民主政权时期在确定农民土地所有权之后,虽然在原则上承认男女皆有平等的继承权,但在实践中没有多大发展。到抗日战争时期,依照保障抗日人民的合法财产权的原则,继承权问题相应突出起来。为此,陕甘宁边区政府在抗战初期拟制了《陕甘宁边区继承处理暂行办法》(共19条),作为内部试行。敌后抗日民主政府在推行女子继承权时,针对存在的问题,发布了几个有关女子继承权的法规。如1943年6月5日晋察冀边区《关于女子财产继承权执行问题的决定》、1945年3月的《山东省女子继承暂行条例》、同年5月的《冀鲁豫行署关于女子继承等问题的决定》。

山东省、晋察冀边区和冀鲁豫行署的规定要点是:其一,被继承人生前有女无子,其遗产由其女继承(不论已嫁未嫁)。任何人不得阻止或强作嗣子继承其遗产。其二,配偶双方之遗产有互相继承权,有子女者与子女共同继承。尚未析产继承者,寡妇与子女均有代位继承权。其三,被继承人在生前将部分财产分赠与部分继承人者,被继承人死亡后,其他继承人只能对被继承人未曾分赠的财产有同等继承权。其四,有继承权的寡妇,得携带她应继承之财产改嫁。可见,抗日根据地的继承法已有很大改革,特别是女子继承权已开始实施,这是很大的进步。

(四) 解放区民主政权的婚姻和继承制度

解放战争时期,各地区继续实行抗日战争时期的婚姻条例。中央法制委员会根据多年来确定的婚姻家庭立法的四项原则(男女平等、婚姻自由、一夫一妻、保护妇女儿童和老人),着手讨论拟制中华人民共和国成立后的婚姻法。

《哈尔滨市处理继承办法草案》于1949年由哈尔滨市人民政府制定,供内部试行,共13条,是在新民主主义革命时期解放区制定的比较详尽的继承法规。其详尽地规定了法定继承人的范围和顺序:第一,配偶(包括已同居多年事实上已属于夫妻关系的姘居);直系卑亲属(主要是指子女,包括养子女);无劳动能力的父母;在被继承人临死前曾连续受被继承人抚养1年以上之丧失劳动能力者。第二,有劳动能力的父母。第三,祖父母。第四,兄弟姐妹。第五,与被继承人同一经济生活单位,且又为生活所必需者。同时规定同顺序之继承人有数人时，原则上按人数平均继承。但法院得参照各继承人经济情况按其生活需要进行分配。女子与男子享有平等继承权，不因出嫁或寡妇改嫁而受影响。继承人之一，在被承人生前死亡，其应继承份额，可由该继承人之继承人代位继承。还规定了遗嘱继承或遗赠的方式和继承开始的时间，以及无继承人之财产得收归国库的处理原则。

不难看出，新民主主义的继承制度，是在废除封建宗法制度的基础上逐步形成的。上述规定反映出我国根据地的继承立法包含有以下基本原则：第一，坚持男女平等的原则。自中国共产党创立以来，就为争取女子继承权而奋斗（不分老幼、已婚、未婚或丧偶）。第二，坚持养老育幼、团结互助的原则。特别是对于丧失劳动能力的老年人和未成年人的正当权益都有必要照顾。第三，权利与义务相一致的原则。在确定继承范围、顺序、份额大小时，既要考虑婚姻血缘关系，也应考虑互相扶养的权利义务关系。上述基本原则和许多规定，为中华人民共和国成立后的《继承法》所吸取，并得到了相应的发展。

第三节　革命根据地新民主主义政权的司法制度主要内容

一、人民司法机关的形成与发展

（一）人民司法机关的产生

第一次国内革命战争的工农运动中，产生了最早的人民司法机关。

1. 省港大罢工中建立的会审处、军法处和特别法庭

会审处，直属于省港罢工委员会。依照《会审处组织法》，会审处设有承审员、书记员若干人，由罢工工人选举产生，是专门审理破坏罢工案件的初审机关。依照《会审处办案条例》，特别法庭成立后，会审处只负责处理轻微的刑事案件或违纪案件。

军法处，直属于省港罢工委员会纠察队委员会。依照《纠察队军法处组织法》，军法处设主任和讯问员、录事员、差遣若干人。凡纠察队之违法人员，军法处有权直接进行审理。非纠察队之犯法人等，由军法处审明后，即连同原供转送会审处审判。

特别法庭，是省港罢工委员会经与广州国民政府交涉后，共同建立的专门审理破坏罢工重要案犯的司法机关，也是会审处的上诉审级。由国民政府特派审判委员三人、罢工委员会选派陪审员三人组成。此乃我国人民陪审员制度的肇始。

2. 农民运动中建立的审判土豪劣绅委员会

1927年春,在农民运动高潮中,湖南、湖北两省分别建立了省、县两级审判土豪劣绅特别法庭或审判土豪劣绅委员会。依照《湖北省审判土豪劣绅委员会暂行条例》的规定,由省县两级的国民党党部、政府和农民协会各选派委员二人,另由工会、商民协会、妇女协会、学生联合会各选派委员一人组成。该条例还特别规定:"上举各人民团体有未成立者,其委员从缺。但无县党部及县农民协会之组织者,则不适用本条例。"可见,农民协会在其中居于十分重要的地位。

(二) 中华苏维埃共和国的司法机关

1. 中央最高法院

中华苏维埃共和国1931年设立临时最高法庭,1934年2月颁布《中华苏维埃共和国中央苏维埃组织法》后,改为最高法院。

最高法院的职权是:其一,对一般法律作法定的解释;其二,审查各省裁判部及高级军事裁判所的判决和决议;其三,审查中央执行委员以外的高级机关职员在执行职务期间内的犯法案件;其四,审判不服省裁部或高级军事裁判所的判决而提起上诉的案件。最高法院内设立民事法庭、刑事法庭及军事法庭。

2. 省、县、区裁判部

采取双重领导原则,除受上级司法机关领导外,还受同级政府主席团的领导。各级裁判部内设立刑事法庭、民事法庭。均由3人组成,裁判部长或裁判员任主审,另两人为陪审员。案情简单的案件,由裁判员一人单独审理。

1932年6月发布的《中华苏维埃共和国裁判部暂行组织及裁判条例》规定,各级裁判部可以组织巡回法庭,到出事地点去审判比较有重要意义的案件,以吸收广大群众来参加旁听。当年最高法庭主席何叔衡就曾到瑞金直属县实行巡回审判,正确审理白露、合龙两乡为争水利而发生的械斗纠纷,贯彻了群众路线。

1933年后在城市裁判科内增设劳动法庭,专门审理违反劳动法的案件。各级裁判部下设立看守所,以监禁未决人犯和判处短期监禁的犯人,另专设劳动感化院,以监押判处长期监禁的犯人。

3. 军事裁判所

在红军中设立初级军事裁判所和高级军事裁判所。前者设在军部、师部指挥部,后者设在中央革命军事委员会内。专门审理现役军人及作战地区的违法案件。

4. 检察机关

采取"审检合一制",即将检察机关附设在审判机关之内。最高法院内设正副检察长各1人,检察员若干人。省、县设检察员若干人,区不设检察员。在军事裁判所所在地,设立军事检察所。检察机关负责刑事案件的预审、起诉事宜,代表国家向法庭提起公诉。

5. 司法行政机关

在中央采取"分立制",即由最高法院专管审判工作,在人民委员会下设立司法人民委员部,专管司法行政工作;在地方采取"合一制",即由各级裁判部兼任司法行政工作。

(三) 抗日民主政权司法体制的变化

抗日战争时期,各边区司法机关的设置大同小异。陕甘宁边区的司法体制是:

1. 边区高等法院

受边区参议会和边区政府委员会的领导和监督。院长由边区参议会选举产生,管理全边区的审判工作的司法行政工作。内设民事法庭、刑事法庭,必要时设立巡回法庭。此外,还有书记室、看守所和劳动感化院等机构。1942年至1944年曾一度设置边区政府审判委员会,专司解释法令以及受理不服高等法院判决的上诉案件(第三审)、死刑复核案件,至1944年2月撤销,恢复两审终审制。

2. 高等法院分庭

边区政府为了便利群众上诉,于1943年3月颁布《陕甘宁边区高等法院分庭组织条例草案》,规定在各分区专员公署所在地设置边区高等法院分庭,代表高等法院受理不服各分区所辖县司法处一审判决而上诉的民刑案件,为第二审级的司法机关。庭长由专员兼任。此乃马锡五以专员兼分庭庭长身份审理二审案件的法律根据。

3. 县司法处和地方法院

除少数地方(如延安市)设立地方法院外,各县皆在县政府内设立司法处,是负责审理初审民刑案件的基层司法机关。处长由县长兼任,另设有审判员、书记员。

4. 检察机关

基本上实行"审检合一制",检察处附设在高等法院内,县一级只设检察员,负责行使检察职权。1939年《陕甘宁边区高等法院组织条例》规定高等法院内设检察处,独立行使其检察职权,后因实行精简而撤销。此后曾有意重建检察处或独立检察机关,都未落实,仍在法院内设立检察员,或由各级行政首长和公安人员代行检察职权。

(四) 解放战争时期人民司法机关的新发展

解放战争时期的司法机关,在新解放地区,根据各地实际情况的需要,有了多样化的发展。例如,在土地改革运动中建立了土地改革人民法庭;在新解放城市军事管制时期成立军事法庭;在各大行政区形成后,成立系统的人民法院,如东北解放区成立三级人民法院,即东北高级人民法院、各省人民法院、县市人民法院。华北和东北人民政府相继成立司法部,主管各地区的司法行政工作。

以上各级司法机关的成立,为中华人民共和国成立后在全国范围内系统地建立各级人民法院奠定了基础。

二、革命根据地的审判原则和诉讼制度

多年来,在革命根据地的司法实践中,逐步形成了以下主要审判原则和诉讼制度:

(一) 逮捕审讯人犯只能由公安和司法机关依法执行

1925年省港罢工工人代表大会规定:逮捕人犯,由代行公安职权的工人纠察队负责,然后按规定立即解送军法处或会审处审理。1932年《中华苏维埃共和国国家政治保卫局组织纲要》规定:一切反革命案犯,由国家政治保卫局负责侦查、逮捕和预审,并以公诉人资格,向司法机关提起公诉。但在"左"倾路线影响下,曾错误规定一切部队、机关、团体都有逮捕审问人犯的权利。抗日战争时期,为了纠正"左"倾错误,建立革命法制,1941年1月通过、1942年1月1日公布的《陕甘宁边区施政纲领》第6条明确规定:"除司法系统及公安机关依法执行其职务外,任何机关、部队、团体不得对任何人加以逮捕、审问或处罚,而人民则有用无论何种方式,控告任何公务人员非法行为之权利。"《陕甘宁边区高等法院组织条例》规定:"边区高等法院独立行使其司法职权。"

(二) 独立审判与裁判委员会制度

"独立审判"原则,是在中央苏区提出的,例如1933年5月30日司法人民委员部发布的《对裁判工作的指示》称:"裁判部有独立解决案件之权,不是每个案件都要经过政府主席团。只有特别重要的案件,可以经过主席团的讨论。"1941年1月《陕甘宁边区高等法院对各县司法工作的指示》规定:"各县裁判员的审判是独立的,但为着加强对于各县裁判员工作的领导,在各县成立裁判委员会。裁判员所处理的案件,都应经过裁判委员会讨论。有不同的意见可由裁判委员会报告高等法院作最后决定。1946年4月《陕甘宁边区宪法原则》明确规定:"各级司法机关独立行使职权,除服从法律外,不受任何干涉。"

(三) 在法律面前人人平等的原则

1931年11月《中华苏维埃共和国宪法大纲》规定:在苏维埃政权领域内的工人、农民、红色兵士及一切劳苦民众不分男女、种族、宗教,"在苏维埃法律前一律平等"。1940年11月《山东省人权保障条例》第2条规定:"凡中华民国国民,无男女、种族、宗教、职业、阶级之区别,在法律上、政治上一律平等。"1948年10月《哈尔滨特别市民事刑事诉讼暂行条例(草案)》规定:"诉讼进行概用中国语言文字,但不通晓中国语言文字之当事人,能经过翻译员明了案卷内容,且有权使用本民族语言文字在法庭上陈述。"

（四）废止肉刑、严禁逼供，实行重证据不轻信口供的原则

早在1922年6月15日发布的《中国共产党第一次对于时局的主张》中就明确提出了"实行废止肉刑"。《省港罢工委员会会审处细则》规定，会审处不得使用笞刑逼供，以重人道。中华苏维埃临时中央政府发布的第六号训令中明确规定："必须坚决废止肉刑，而采用搜集确实证据及各种有效方法。"抗战时期《晋冀鲁豫边区违警处罚暂行办法》规定：不许以近似侮辱之方式（如游街、戴高帽、吊打等）进行训诫。1948年华北人民政府通令宣布：(1) 禁止肉刑；(2) 重证据不重口供；(3) 不得指名问供。

（五）审判合议制和人民陪审员制度

早在1927年，《湖北省审判土豪劣绅委员会暂行条例》第6条就明确规定了实行民主集中制的审判合议制：审判委员会"须有过半数委员出席，其审判结果须有过半数出席委员同意，始得判决之"。

1925年10月，省港罢工工人代表大会决定，由各工会派出陪审员1人，以9人为一组，每日轮值赴会审处担任陪审员。成立特别法庭时规定，由罢工委员会预选3倍人数，具报特别法庭注册，遇有陪审案件，由审判长按名册顺序通知3名陪审员出席。此乃人民陪审员之始。上海工人第三次武装起义中制定的政府纲领中，也规定"法院取陪审制，由各界陪审"。工农民主政权规定审判案件要由裁判员和两名陪审员组成的合议庭进行。抗日战争时期，人民陪审员制度有了较大发展，一般采用下列做法：一是由审判机关临时邀请有关单位派人参加陪审；二是由各民众团体推选陪审员，轮流参加陪审；三是由机关、部队、团体选出代表，出席陪审。此外，山东省还规定由同级参议会驻会委员会派出代表参加陪审。

（六）审判人员的回避制度

工农民主政权规定：审判人员与被告人有家属亲戚关系或私人关系者，不得充任该案件的主审或陪审。抗战时期《晋察冀边区陪审制暂行办法》分别就民事和刑事案件详细规定了回避的范围，如刑事案件规定有下列情形之一者，应自行回避：(1) 陪审员为被害人者；(2) 陪审员为被告人或被害人的配偶或家长家属者；(3) 陪审员曾为被告人的代理人、辩护人、辅佐人者；(4) 陪审员曾为证人或鉴定人者；(5) 陪审员曾为本案的检察官或参加前审之裁判者等。如陪审员不自行回避，当事人有权向法庭声请其回避。

（七）公开审判制度

省港罢工委员会《会审处细则》第6条规定：开庭时"会审处得准工友旁听，以昭大公。惟各工友旁听时，不得越权干涉，或肆意叫嚣，以损法权。如有特别案件，须秘密审讯者，不在此限"。《中华苏维埃共和国裁判部暂行组织及裁判

条例》规定:"审判案件必须公开",允许公民旁听,经主审同意,旁听群众可以发表意见。1948年《哈尔滨特别市民事刑事诉讼暂行条例(草案)》第16条也规定:"审判庭实行公开,诉讼有关关系人及一般群众均可到庭旁听,但有关国家秘密或有害风化案件,不在此限。"

(八) 辩护制度

1926年湖南省农民代表大会《司法问题决议案》第2、4项分别规定:"农民协会有代表会员诉讼之权力","严禁讼棍挑拨是非"。《中华苏维埃共和国裁判部暂行组织及裁判条例》第24条规定:"被告人为本身的利益,可派代表出庭辩护,但须得法庭的许可。"抗战时期,1942年《陕甘宁边区刑事诉讼条例草案》第16、17条规定了开庭时允许诉讼当事人请亲属或有法律常识的人出庭,充当刑事被告的辩护人或到庭辅佐诉讼。1942年《陕甘宁边区民事诉讼条例草案》第11条规定,当事人得委任代理人。各人民团体对于所属成员的诉讼,也可派代表出庭帮助辩护或代为诉讼。

(九) 上诉原则与审级制度

1927年《湖北省审判土豪劣绅委员会暂行条例》第7条规定:"不服县审判委员会判决者,得于五日不变期间内,向原审判委员会声请上诉,由原审判委员会录案详请省审判委员会复判之。如逾期不声请上诉者,即照判执行。"第25条规定:如被告人不服第一审判决,可在14天内,向上级司法机关提起上诉。基本实行两级终审制。但检察院有不同意见而提出抗议者,由司法机关再审一次。抗日民主政权对上诉制度规定得更为具体。刑事案件上诉期为10天,民事案件上诉期为20天。审级制度基本采取两级终审制。县司法处为第一审(初审),边区高等法院及其分庭为第二审(终审)。1942年陕甘宁边区曾一度改为三审制,即以边区审判委员会作为第三审级,受理不服边区高等法院第一审或第二审判决之刑事、民事上诉案件(1944年撤销边区审判委员会,仍恢复两级终审制)。但敌后抗日根据地也有实行三审制的,如晋冀鲁豫边区和苏中区,皆以县为第一审,专员公署为第二审,边区高等法院为第三审。

(十) 案件复核制度

1926年省港罢工委员会《纠察队纪律》规定:纠察队员犯有严重罪行,判处枪决时,须报请省港罢工工人代表大会通过后,方能执行。这是革命根据地最早规定的死刑复核制度。工农民主政权也规定了死刑案件,不论被告上诉与否,一律报请上级司法机关审批。抗日民主政权将刑事案件分为死刑复核和有期徒刑复核两种。死刑案件,须一律报请边区政府主席批准。凡判处3年以上徒刑者,须于宣判前,将判决书和原卷宗送边区高等法院复核。各县判处1年以上未满3年徒刑者,须报送分庭复核。解放战争时期,华北人民政府重申:死刑须经华北人民政府主席核准;判处有期徒刑的案件,原被告双方声明不上诉或已过上诉期时,须将判决书每月汇订成册,按刑期长短,分别报请省(行署)或华北人民法院复核。上级法院认为判决有问题得进行改判或发还重审。这种复核制度,在当时的历史条件下,是实行审判监督、保证办案质量的有效办法。

(十一) 剔除诉讼积弊,免除诉讼费用

1923 年,中国共产党第三次全国代表大会通过的党纲草案提出"免除一切诉讼手续费"。1927 年 3 月《上海特别市临时市政府政纲草案》提出:改革司法制度,剔除诉讼积弊,禁止差役勒索。1927 年 2 月,湖北控诉法院提出:"嗣后律师承办案件,除照章收受公费外,不准另受酬金。"①

1930 年《闽西苏维埃政府裁判条例》规定:人民诉讼,口头书面均可,废除旧时的形式及收费的劣习。

1941 年 11 月《陕甘宁边区保障人权财权条例》规定:"人民诉讼,司法机关不得收受任何费用"。有些地区虽然规定收取一定的诉讼费用,但在实际执行中,很难兑现。

此外,陕甘宁边区高等法院总结了多年来的诉讼经验,于 1942 年拟制了《陕甘宁边区刑事诉讼条例草案》6 章 76 条、《陕甘宁边区民事诉讼条例草案》5 章 50 条。前者的章名是:总则、第一审诉讼程序、上诉程序、再审程序、执行程序、附带民事诉讼;后者的章名与上述前 5 章相同,具体规定了审理民刑案件的各项诉讼程序,由各级审判机关参照试行。

三、抗日根据地的马锡五审判方式

抗日战争时期,陇东专署专员兼分庭庭长马锡五②,继承了苏区巡回审判的优良传统,经常有计划地下乡,深入调查研究,及时纠正了一些错案,解决了缠讼多年的疑难案件,使违法者受到制裁,无辜者获得释放,人民的合法权益得到保障,因而受到群众的欢迎,被群众称作"马青天"。人们把他贯彻群众路线、实行审判与调解相结合的办案方法亲切地称为"马锡五审判方式"。

---

① 《湖北控诉法院布告——禁止律师按诉讼目的物提成》,载张希坡编著:《革命根据地法律文献选辑(第一辑)中国共产党成立后与第一次国内革命战争时期的法律文献(1921—1927)》,中国人民大学出版社 2017 年版,第 486 页。

② 马锡五,陕西保安(志丹)县人。光绪二十四年农历十一月二十七日(1899 年 1 月 8 日)出生。1930 年参加革命工作,参与创建陕甘苏区的斗争。历任陕省苏维埃政府粮食部部长、国民经济部部长和陕甘省苏维埃政府主席、中共陕甘省委常委等职。抗日战争时期,1937 年 9 月马锡五被任命为陕甘宁边区庆环分区副专员。1940 年 7 月,边区政府决定将庆环分区与陇东分区合并,仍称陇东分区,任命马锡五为副专员。1942 年 3 月,边区政府任命马锡五为陇东专署专员。1943 年 4 月,马锡五依照边区政府的命令兼任陕甘宁边区高等法院陇东分庭庭长,开始从事司法工作。1946 年,在边区参议会上被选为陕甘宁边区高等法院院长。中华人民共和国成立后担任最高人民法院西北分院院长。1954 年被任命为最高人民法院副院长。1962 年 4 月 10 日于北京病逝。

(一) 马锡五与封捧儿、张柏婚姻上诉案

在马锡五审理的案例中,最著名的要属封捧儿与张柏的婚姻上诉案①。马锡五受理此案后,深入到区乡干部和群众中了解真实案情和一般舆论趋向。最后召集当地群众进行公开审判;除询问各当事人的要求和理由外,还广泛征询群众意见。群众认为张家深夜抢亲,既伤风化,也有碍治安,使乡邻惊恐,以为盗贼临门,应受到法律惩罚。对于封捧儿与张柏的婚姻问题,一致认为不应拆散。取得以上共识后,陇东分庭于1943年7月1日宣布二审判决,其主文如下:① 原判决撤销。② 张金才聚众抢婚罪,判处有期徒刑2年6个月。③ 张金贵实行抢婚罪,判处有期徒刑1年6个月。④ 张德赐附和抢婚罪,判处劳役3个月。⑤ 张仲附和抢婚罪,判处劳役3个月。⑥ 张老五附和抢婚罪,判处劳役3个月。⑦ 封彦贵屡行出卖女儿,包办婚姻,判处劳役3个月。封彦贵出卖女儿的7000余元法币没收。⑧ 封捧儿与张柏的婚姻自主有效。

宣判之后,受罚者认为自己罪有应得,口服心服;群众认为是非分明,热烈拥护;封捧儿与张柏的婚姻受到法律保障,更是皆大欢喜。总之,马锡五通过这一案例,惩罚了违法者,正确宣传了政策法令,提高了干部和群众的法制观念。

马锡五审理的典型案例,还有果断排除曲子县苏发云兄弟"谋财杀人"嫌疑案;实地勘查,正确解决王治宽企图霸占王统一的场院案;依靠群众,细心调处合水县丁、丑两家的土地争议等。这些案件的正确处理,很快传遍了陕甘宁边区,为抗日根据地的司法工作树立了一面旗帜,赢得了边区政府以及人民群众的好评。

(二) 马锡五审判方式的基本特点

其一,一切从实际出发,客观、全面、深入地进行调查研究,反对主观主义的审判作风;重证据不轻信口供——将审判工作牢牢建立在科学的基础上。

马锡五从事审判工作,本着一切从实际出发的精神,不带任何框框,经常深入群众,力求客观、全面、细致地进行调查研究,多方面听取各种意见,搜集一切

---

① 陕甘宁边区陇东分区华池县居民封彦贵,有个女儿乳名封捧儿。在女儿三岁时,由其父包办,与张金才次子张柏订了婚。到1942年封彦贵见女儿长大成人,为了从女儿身上多捞聘金,封彦贵一面以"婚姻自主"为口实,与张家解除婚约,一面却以法币2400元、硬币48元,暗中将封捧儿许给城壕川张某之子为妻。此事被张金才告发后,由华池县司法处撤销了后一婚约。1943年2月封捧儿到一亲戚家吃酒席,与张柏见面。封捧儿表示愿意与张柏结婚。但其父却在同年3月,又以法币8000元、硬币20元,哔叽布4匹,将封捧儿许给庆阳财主朱寿昌为妻。封捧儿不屈从父命,暗中将此情告知张家。张金才得知后,当即纠集其弟侄等20多人,夜奔40里,闯入封家抢亲。封彦贵告到县司法处。裁判员偏听偏信封彦贵的控告,即以抢亲罪判处张金才徒刑6个月,并宣布张柏与封捧儿的婚姻无效。宣判之后,原被告双方都表示不服,封彦贵以对抢婚者判刑太轻为由提起上诉,张家对张家买卖婚姻而不予追究表示不满。附近群众也认为判得不公平,不该拆散封捧儿与张柏的婚姻,封捧儿便直奔庆阳向马专员口头上诉。

有关的人证、物证,然后审慎地分析研究,实事求是地找出是非曲直的客观根据,公正合理地处理案件。与此相反,如果先入为主,偏听偏信,不进行调查研究,单凭主观臆断处理案件,没有不出问题的。

其二,他遵循毛主席给他的题词"一刻也不离开群众",认真贯彻群众路线,依靠群众讲理说法,实行审判与调解相结合——在审判工作中贯彻民主精神。

1944年,边区政府在《陕甘宁边区政府指示信——关于普及调解、总结判例、清理监所的指示》中指出:"审判与调解结合即马锡五同志的审判方式。""调解以自愿为原则,审判则带强制性,但审判得好,赢的输的都会自愿地服从。"马锡五审判方式最根本的经验,就是认真贯彻群众路线。第一,在调查案情时,要善于依靠群众,以平等的态度,耐心倾听各方面的意见,"设身处地地体会群众的感情与要求"。第二,在处理纠纷时也要依靠知情的群众,向当事人说理、说法,力求做好当事人的思想工作,消除原被告两造的对立情绪。这样的判决,既合乎政策原则,又顺乎法理人情;既能使双方当事人服判,又能取得周围群众的同情和拥护。

其三,坚持原则,严格依法办事——要在审判工作中始终坚持法治原则。

以华池县封捧儿婚姻案为例,第一审和第二审判决之所以根本不同,除了工作不深入之外,关键在于是否严格依照政策法令办事。由于县审判员没有正确全面地领会婚姻条例的基本精神,只是拘泥于封彦贵所控告的范围,认为原有的婚约已经解除(没有了解解除婚约的真正动机,更不清楚解除婚约者能否再自愿结合),现在的结合又是"抢亲"(抢亲当然违法,但却没有深入了解"抢亲"的内幕),因而作出不正确的判决。马锡五审理此案,不为表面现象所迷惑,正确掌握婚姻法的精神实质,善于抓住本案的症结所在,即封捧儿究竟愿意与谁结婚。最后了解到封捧儿"死也要与张柏结婚"。他们的年龄(男20岁,女19岁)完全符合法定婚龄,这便为第二审判决打下了有利基础。

其四,实行简便利民的诉讼手续——要在审判工作中执行便民的方针。

马锡五在实行巡回审判时,没有首长和法官架子,不敷衍、不拖拉、不怕麻烦,不管早晨晚上,地头河边,随时随地同群众谈话,受理案件,了解案情。可见,马锡五审判方式充分体现了人民审判员必须具有"社会公仆"的特色,一切以便民利民为原则,全心全意为人民服务;绝不能以"老爷"的架势,高高在上,威吓群众,更不能故意刁难百姓,或者推出了事。同时,马锡五到下层处理案件,从不到处发号施令,或者粗暴训斥下级干部,而是诚恳谦虚,平易近人。并且以身作则,通过审理典型案例对下级干部进行言传身教,帮助总结提高其政策思想水平,明确制度,改进工作。

四、人民调解制度的产生和发展

(一) 人民调解制度的产生

人民调解制度,是中国共产党领导人民在革命根据地创建的依靠群众解决民间纠纷实行群众自治的一种组织制度。它是人民司法工作的必要补充和得力助手,是在我国民间排难解纷的历史传统的基础上,加以改造而形成的一种具有中国特色的重要制度。

人民调解制度最早发端于第一次国内革命战争时期的工农运动中。如1921年9月浙江省萧山县《衙前农民协会章程》第5条规定:"凡本会会员有私人是非的争执,双方得报告议事委员,由议事委员调处和解;倘有过于严重的争执,由全体委员开会审议解决。"①日本人田中忠夫在《中国的农民运动》中称赞衙前的调解组织说:"因自己解决会员相互间的争议……农民得免官宪的压制,且其解决比较官宪颇为公平。"②1923年1月,彭湃领导建立的广东海丰总农会专门设立了"仲裁部"。其任务是调解、处理会员间及会员与非会员间的一切纷争。从婚姻、钱债、业佃争议、产业争夺,直至命案,都可由"仲裁部"直接处理。湖南各地的农民协会中设立了"公断处"。1926年10月发布的《中共湖南区第六次代表大会宣言》规定:由乡民大会选举人员,组织乡村公断处,评判乡村中之争执。

在工人运动中,也建立了类似的组织,如1922年5月成立的安源路矿工人俱乐部就设有"裁判委员会"。1923年《安源路矿工人俱乐部办事细则》规定:"凡本部部员间或部员与非部员间所发生之纷争,均由裁判委员会处理。"③

(二) 人民调解制度的形成和发展

人民调解制度,在第二次国内革命战争时期的革命根据地,就被以法律的形式规定在政府组织法规中。如1931年11月《苏维埃地方政府的暂行组织条例》第17条规定:"乡苏维埃有权解决未涉及犯罪行为的各种争执问题。"

抗日战争时期是人民调解制度形成的重要发展阶段。各地的抗日民主政府发布了许多有关调解工作的组织条例或工作办法,如《陕甘宁边区民刑事件调解条例》(1943年6月)、《晋西北村调解暂行办法》(1942年3月)、《山东省调解委员会暂行组织条例》(1941年4月)、《苏中区人民纠纷调解暂行办法》

---

① 张希坡编著:《革命根据地法律文献选辑(第一辑)中国共产党成立后与第一次国内革命战争时期的法律文献(1921—1927)》,中国人民大学出版社2017年版,第123页。

② 《中国的农民运动》,载[日]田中忠夫:《国民革命与农村问题》(下卷),李育文译,村治月刊社1932年版,第28页。该文由田中忠夫于1924年写成,1925年发表日文版。

③ 《刘少奇与安源工人运动》,中国社会科学出版社1984年版,第86页。

(1945年5月)等,确定了以下主要内容:

1. 调解组织形式

基本上有以下三种:

(1) 民间自行调解。即由双方当事人邀请亲友和民众团体或公正人士进行调解。

(2) 政府调解。主要是由村政府或村调解委员会主持调解,必要时也可由区调解委员会或县政府民政科进行调解。

(3) 司法机关调解。已起诉到县司法处的案件,司法机关认为必要时,也可在法庭进行调解。

2. 调解的范围

凡因债务、物权、婚姻、继承等而发生的一般民事纠纷和轻微的刑事案件,都可进行调解。但法律另有规定者除外。

3. 调解工作的三原则

抗日战争和解放战争时期总结了多年的实践经验,逐步形成了三项原则。1948年9月1日陕甘宁边区高等法院批示信中明确规定:① 双方自愿,不许有任何强迫;② 要遵守政府政策法令,照顾民间善良习惯;③ 任何人不愿调解或不服从调解,有权径行向县司法处或地方法院起诉。调解不是诉讼的必经程序,不得加以任何阻止或留难。

解放战争后期,人民调解制度已推广到全国广大解放区,为适应新形势发展的需要,华北人民政府于1949年2月25日发布了《关于调解民间纠纷的决定》,这是新民主主义革命时期人民调解制度日趋统一和完善的重要标志。针对当时各地在推行调解工作中存在的主要问题,该决定强调调解的重要作用,具体规定了调解的组织、调解的范围以及调解工作必须遵守的原则。

这时的人民调解制度,不仅推行到广大农村,而且在大城市中针对城市的特点开始试行。如1949年3月15日天津市人民政府制定的《天津市调解仲裁委员会暂行组织条例》和《关于调解程序暂行规程》规定:① 设立天津市调解仲裁委员会、区调解股和街调解委员会。② 凡属本市发生的一般劳资、东伙、房租、婚姻、借贷、继承纠纷事件,均由区或街的调解组织进行调解。③ 凡属外侨、劳资重大争议与情节较复杂的纠纷,区街调解组织须及时报市调解仲裁委员会,区街不得擅自处理。④ 当事人之一方不服调解时,市调解仲裁委员会可以进行仲裁。当事人之一方不服仲裁之裁定时,须于指定时间内向司法机关起诉,逾期不起诉者,须执行仲裁书中之裁定。⑤ 事件轻微又须迅速完结者,得依两方当事人言词上首肯为和解之成立;重要者则须制作和解笔录。调解成立后即发生法律效力。

推荐阅读文献

1. 张希坡编著:《革命根据地法律文献选辑》,中国人民大学出版社2017、2018、2019年版。

本书共16卷,分为"中国共产党成立后及第一次国内革命战争时期的法律文献(1921—1927)""第二次国内革命战争时期中华苏维埃共和国的法律文献(1927—1937)""抗日战争——解放战争时期老解放区的法律文献(1937—1949)""解放战争时期新解放区的法律文献(1945—1949)"四辑,收录新民主主义时期由革命政权制定的法律文献共4200件,可从中了解、学习革命根据地新民主主义政权法律思想与制度的发展、沿革过程。

第十三章 中华人民共和国法律思想与制度(下)

1949年,中华人民共和国的成立为中国真正实现民主富强、走向法治奠定了坚实基础。中国共产党成立百年来,对法治矢志不渝,追求不懈。中华人民共和国的法制(法治)发展大致经历了四个阶段:一是中华人民共和国成立至"文革"结束,此为中国特色社会主义法制体系的创建与挫折时期;二是改革开放后至党的十七大,此为中国特色社会主义法律体系形成时期;三是党的十八大以来至今,此为中国特色社会主义法律体系完善时期。自中华人民共和国成立始,中国便逐步走上了中国特色社会主义法治的康庄大道,虽历经挫折,然日益完善,铸就了中国特色社会主义法律体系的辉煌成就。党的十八大以来,以习近平同志为核心的党中央开启了全面建设社会主义现代化国家的新征程,正在向建设法治国家、法治政府、法治社会迈进。当前,中国正在以前所未有的伟大法治实践,丰富着人类法治文明的多样性,为人类社会法治发展贡献中国智慧、提供中国方案。回顾中华人民共和国法律思想与制度的伟大成就和宝贵经验,更有利于我们坚定中国特色社会主义法治道路的理念与信心,在新时代不断探索中国特色社会主义法治进程,推进国家治理体系与治理能力现代化。

【问题引导】

1. 中国特色社会主义法律体系是如何形成并进一步完善的?
2. 习近平法治思想的主要内容和重要意义是什么?

【关键词】

中国特色社会主义法律体系　习近平法治思想　依法治国　法治中国　司法改革

第一节　共和国的法律思想与立法概况

一、法律思想

(一) 毛泽东思想指引下的党的第一代中央领导集体的法律思想

1. 人民主权与毛泽东的法律思想

(1) 社会主义民主与人民主权。中华人民共和国成立初期,百废待兴,社会主义法制在毛泽东等人的倡导和领导下进入了摸索阶段,逐步形成了以毛泽东同志为核心的党的第一代中央领导集体的法律思想,其核心是毛泽东法律思想。新民主主义革命、社会主义革命和建设、革命军队建设和军事战略、政策和策略、思想政治工作和文化工作、党的建设等理论中都包含和贯穿着毛泽东等同志关于法律问题的许多论述,形成了毛泽东法律思想体系。其中,在社会主义革命和建设理论中包含的毛泽东法律思想主要有:人民民主专政是建立、实行社会主义法制的前提和基础,进行人民民主专政必须运用社会主义法制这一工具;严格区分和正确处理敌我矛盾和人民内部矛盾,是社会主义法制正确发挥作用的重要保证;进行社会主义建设,要求建立和加强社会主义法制,以维护革命秩序,保护人民的利益,保护社会主义的经济基础和生产力;等等。

毛泽东的法律思想以人民主体论最具特色,主要体现在中华人民共和国第一部宪法规定的人民民主制度。人民主体论就是人民主权思想,即人民民主的法治思想,具体体现为人民代表大会制度。人民主权必然要求在司法上坚持民主司法,这就是以董必武为代表的"人民司法"思想。基层民主制度的建设同样被党的第一代中央领导集体所重视,以谢觉哉为代表的基层民主建设思想也通过人民主权得到了具体阐释。

(2)人民主权的思想内涵。人民主权思想大致涉及三个问题:首先,法治作为经济基础的上层建筑,同样对经济基础具有巨大的反作用。在马列主义的指导下,以毛泽东同志为核心的党的第一代中央领导集体始终坚持法制建设与经济建设同步发展的法治思想。其次,如何处理好党的领导与法制建设的问题在当时亟待解决,党的第一代中央领导集体始终坚持法律至上、依法办事等原则。最后,为了实现人民主权,必须努力提高全民法律意识和法治观念思想,真正实现人民当家作主。

以毛泽东同志为核心的党的第一代中央领导集体的法律思想具有完全的人民性特征,使真正的人民民主法治的思想第一次在中国形成,对巩固人民政权起到了巨大的积极作用。除此之外,毛泽东的法律思想还深刻阐述了新民主主义法制的基本理论,为建设新民主主义法制指明了方向;创造性地提出了"党内法规"概念,推进党的规范化、制度化建设,维护党的团结统一,凝聚党的伟大力量;深刻论述了社会主义国家制度和法律制度的基本原理,为建设工人阶级领导的、以工农联盟为基础的人民民主专政的国体、人民代表大会制度的政体和国家基本制度确立了理论基础;精辟论述了关于正确认识和处理两类不同性质矛盾的学说,形成了具有中国特色的刑事策略思想。正是在毛泽东思想的法治理论的指引下,我们创立了社会主义新法制,开启了社会主义法治新纪元,确定了社会主义新中国的基本政治制度、经济制度、立法体制、司法制度以及社会主义法制的基本原则,制定了数百部法律、法令、法规,为社会主义革命和建设提供了必要的法律依据和保障。

2. 马克思主义法律思想中国化的第一次创新

（1）党的第一代中央领导集体的法律思想内涵。以人民主权思想为核心，中国共产党第一代中央领导集体的法律思想可以总结概括为以下几方面：关于旧司法工作人员的改造问题；要重视司法工作；加强人民代表会议的工作；开创性地提出建立死缓制度；"搞宪法是搞科学"；不能废除死刑；处理国际法律关系的和平共处五项原则；"专政"要继续，民主要扩大；依法办事是进一步加强法制的中心环节；正确区分两类不同性质的矛盾，做好审判工作。

（2）毛泽东等人法律思想的历史贡献。以毛泽东同志为核心的党的第一代中央领导集体，把马克思列宁主义普遍原理同中国革命的具体实践和民主自由理念结合起来，用能动的革命的反映论和历史唯物论相统一的观点，创造性地发展了马克思主义的民主法制理论，提出了一系列关于社会主义民主法制建设的思想，是马克思主义法律思想中国化的第一次创新。

（二）邓小平理论指引下的党的第二代中央领导集体的法律思想

1. 健全社会主义法制与邓小平的法律思想

（1）邓小平的法律思想的来源和依据。以邓小平同志为核心的党的第二代中央领导集体拨乱反正，通过对真理标准问题的讨论，重新恢复和确立了党的"解放思想、实事求是"的思想路线，开辟了中国特色社会主义现代化建设的新时期。

在建设有中国特色社会主义事业的实践中，邓小平发表了一系列关于发扬社会主义民主，健全社会主义法制的论述，丰富和发展了马列主义、毛泽东思想理论中的民主法制思想，为依法治国、建设社会主义法制国家奠定了坚实的理论基础。

（2）邓小平的法律思想的体系和内涵。邓小平的法律思想体系具体包含九个方面：法制建设要从初级阶段的基本国情出发；社会主义法制建设的"十六字方针"，即有法可依，有法必依，执法必严，违法必究；用法律措施维护安定团结的政治局面，制止动乱；改革党和国家领导制度；坚决打击经济犯罪活动；死刑不能废除；一手抓建设和改革，一手抓法制；把"一国两制"的构想法律化；市场经济是法制经济。

邓小平的法律思想的主要内涵体现在：一条基本方针，即发展社会主义民主，健全社会主义法制；一个战略思想，即一手抓建设，一手抓法制，把工作重心转移到经济建设上来；一条重要原则，即法律面前人人平等；一个全局性的任务，即加强法制，保证依法办事。

2. 马克思主义法律思想中国化的第二次创新

（1）邓小平的法律思想的创新。从1978年12月13日邓小平在中央工作会议闭幕式上的重要讲话——《解放思想,实事求是,团结一致向前看》提出社会主义法制建设的"十六字方针"时起,邓小平的法律思想便开始了马克思主义法律思想中国化的重大创新。

邓小平的法律思想是在以毛泽东法律思想为代表的党的第一代中央领导集体的法律思想的基础上发展而来的,其目的是确保人民当家作主,厉行法制;其精髓是从中国实际出发,实事求是,坚持发展社会主义民主法制是党和国家坚定不移的基本方针,从而明确提出了民主法制化和法制民主化的任务。[①]

(2)民主与法制建设的马克思主义思想中国化创新。以邓小平同志为核心的党的第二代中央领导集体的法律思想最大的贡献是破与立相结合,解放思想,实事求是,将民主同法制紧密结合起来,把法制提到治国的战略高度,是马克思主义思想中国化的第二次创新。

(三)"三个代表"重要思想指导下的党的第三代中央领导集体的法治思想

1. 依法治国与江泽民的法治思想

(1)依法治国。中共十三届四中全会以来,以江泽民为代表的中国共产党人,在邓小平法律思想的基础上,正式提出了"依法治国"的重要思想,确定了"依法治国,建设社会主义法治国家"的治国方略。1997年9月,党的十五大正式提出"依法治国,是党领导人民治理国家的基本方略"。

1999年3月,九届全国人大二次会议通过《中华人民共和国宪法修正案》,把"中华人民共和国实行依法治国,建设社会主义法治国家"载入宪法,这意味着我国治国方略的根本转变,为中国在21世纪坚定不移地走法治之路提供了强有力的宪法保障。

(2)法德兼治。进入21世纪,价值取向更趋多元化,各种思想文化不可避免地发生激烈碰撞。江泽民提出要在依法治国的同时,实行以德治国,法德兼治。

在依法治国的进程中,既要以道德涵养法治精神,还要以法治承载道德理念,通过法德结合推进依法治国,这是在总结历史和国内外治国经验基础上得出的科学论断,丰富了江泽民的法治思想。

2. 马克思主义法律思想中国化的第三次创新

(1)党的第三代中央领导集体的法治思想内涵。以江泽民同志为核心的党的第三代中央领导集体的法治思想,具体可概括为以下六大方面:① 提出并科学阐述了"三个代表"重要思想,为法理学的理论创新、法律的制度创新提供了科学范式。② 进一步把法制与社会主义更加紧密地联系起来,在此基础上把法治国家作为全面建设小康社会的基本目标。③ 进一步阐明了党与法治的关系,

---

① 付子堂:《马克思主义法律思想中国化的基本历史轨迹》,载《法制日报》2008年7月6日。

强调党领导人民制定法律,又自觉地在宪法和法律的范围内活动,作为执政党的共产党必须依法执政。④ 强调只有讲政治,才能把国家的法律法规贯彻到经济建设和各项工作中去,保持正确的发展方向。⑤ 提出并阐述了"依法治国"与"以德治国"的关系,依法治国属于政治文明,以德治国属于精神文明,二者相辅相成。⑥ 完成了从"法制"到"法治"的过渡,明确提出并规定了"依法治国,建设社会主义法治国家"的基本方略和奋斗目标,阐述了社会主义法治的基本内容,强调依法治国是社会进步和文明的重要标志。①

(2) 建设社会主义法治国家的思想创新。20世纪90年代以后,在推进社会主义政治文明建设,推进依法治国、建设社会主义法治国家进程的伟大实践中,以江泽民同志为核心的党的第三代中央领导集体,与时俱进,开拓创新,将社会主义民主法治思想阐述得更加明确深入,实现了马克思主义法律思想中国化的第三次创新。

(四) 科学发展观指导下的中央领导集体的法治思想

1. 科学发展观与胡锦涛的法治思想

(1) 科学发展观与人本法律观。2003年10月14日,党的十六届三中全会通过《中共中央关于完善社会主义市场经济体制若干问题的决定》,首次提出了科学发展观:"坚持以人为本,树立全面、协调、可持续的发展观,促进经济社会和人的全面发展。"由此可见,科学发展观的核心是以人为本,体现在法律和法治思想上,便形成了新的以人为本的法律观,即人本法律观。

(2) 人本法律观与社会主义法治理念。胡锦涛提出的人本法律观最重要的内容便是社会主义法治理念。2007年12月25日,胡锦涛在同全国政法工作会议代表和全国大法官、大检察官座谈时提出:"要坚持以依法治国、执法为民、公平正义、服务大局、党的领导为主要内容的社会主义法治理念指引政法工作,充分发挥我国社会主义司法制度优越性……"因此,社会主义法治理念是一系列观念、信念、理想和价值的集合体,具体包含为五个方面:依法治国、执法为民、公平正义、服务大局、党的领导。五个方面相辅相成,体现了党的领导、人民当家作主和依法治国的有机统一。

总之,社会主义法治理念是以胡锦涛同志为总书记的党中央从社会主义现代化建设事业全局出发作出的一项重大决策,构建了我党法治理论史上完整的理念体系。

2. 马克思主义法律思想中国化的第四次创新

(1) 中央领导集体的法治思想体系。党的十六大以来,以胡锦涛同志为总书记的党中央,坚持以马克思主义法学理论为指导,以科学发展观为统领,以构

---

① 付子堂:《马克思主义法律思想中国化的第三次创新》,载《法学家》2006年第5期。

建社会主义和谐社会为目标,在认真总结中国法治建设实践经验、借鉴世界法治文明优秀成果的基础上,提出了牢固树立社会主义法治理念。

科学发展观的提出使马克思主义法治思想更加全面、更加具体、更加深化,形成了人本法律观以及在其指导下的和谐法治观、依法执政观、法治理念观、民生法治观等法治思想体系。

(2)人本法律观与马克思主义法律思想的中国化创新。人本法律观的理论来源主要是马克思主义关于人的本质和人与法的关系的理论,同时也借鉴了中国古代的民本主义和西方人文主义法律思想,具体要求立法、执法、司法要以人为本、以民为本,尊重和保障人权,促进人的全面发展。人本法律观是以胡锦涛同志为总书记的党中央在新世纪、新阶段对马克思主义法律思想中国化的第四次创新。

(五)习近平新时代中国特色社会主义思想指导下的中央领导集体的法治思想

1. 新时代中国特色社会主义与习近平法治思想

(1)习近平法治思想的提出。党的十八大以来,以习近平同志为核心的党中央在推进全面依法治国的伟大实践中,创造性地发展了中国特色社会主义法治理论,在多个重要历史节点都为全面依法治国的推进明确了方向和举措,并在这一过程中不断提炼总结新时期法治建设的指导思想。2020年11月,党在历史上首次召开的中央全面依法治国工作会议上以"十一个坚持"对习近平法治思想进行了系统概括,标志着习近平法治思想的正式形成。会议强调习近平法治思想内涵丰富、论述深刻、逻辑严密、系统完备,从历史和现实相贯通、国际和国内相关联、理论和实际相结合上深刻回答了新时代为什么实行全面依法治国、怎样实行全面依法治国等一系列重大问题。

习近平法治思想是一个不断与时俱进、丰富发展的开放思想体系,涵盖了法治建设基本理论、法治建设基本方略、法治建设具体路径等多方面内容的理论体系,充分体现了以习近平同志为核心的党中央对全面依法治国的深入思考和战略谋划。

习近平法治思想的理论渊源蕴含丰富,其中最为重要、最为根本的是马克思主义哲学。在新时代治国理政的伟大实践中,习近平总书记运用马克思主义哲学的基本原理和方法论,深入思考和研究解决全面依法治国的一系列重大问题,推动法治领域取得历史性成就、发生历史性变革。一是创造性地阐述世界物质统一性的原理,坚持从当代中国的国情条件出发,谋划和推进法治中国建设。二是创造性地阐述人民群众是历史创造者的原理,深刻阐发坚持以人民为中心的法治准则,充分彰显全面依法治国的价值取向。三是创造性地阐述唯物辩证法的根本方法,确立全面依法治国的科学方法论,为全面依法治国提供了"大逻辑"。

（2）习近平法治思想的内容和意义。习近平总书记用"十一个坚持"系统阐述了新时代推进全面依法治国的重要思想和战略部署，深入回答了中国特色社会主义法治建设一系列重大理论和实践问题，构成习近平法治思想的系统内容，具体包括：坚持党对全面依法治国的领导；坚持以人民为中心；坚持中国特色社会主义法治道路；坚持依宪治国、依宪执政；坚持在法治轨道上推进国家治理体系和治理能力现代化；坚持建设中国特色社会主义法治体系；坚持依法治国、依法执政、依法行政共同推进，法治国家、法治政府、法治社会一体建设；坚持全面推进科学立法、严格执法、公正司法、全民守法；坚持统筹推进国内法治和涉外法治；坚持建设德才兼备的高素质法治工作队伍；坚持抓住领导干部这个"关键少数"。

习近平法治思想深刻回答了法治中国建设由谁领导的问题，科学指明了推进全面依法治国的根本保证；深刻回答了法治中国建设为了谁、依靠谁的问题，科学指明了新时代全面依法治国的根本立场；深刻回答了法治中国建设走什么路的问题，科学指明了新时代全面依法治国的正确道路；深刻回答了法治与国家治理、法律制度与国家制度的关系问题，强调在法治轨道上推进国家治理体系和治理能力现代化，科学指明了推进国家治理现代化的正确路径；深刻回答了法治中国建设实现什么目标的问题，科学指明了新时代全面依法治国的总抓手。[①]

习近平法治思想的重大意义可以从"一根四维"来认识。"一根"，即一个"根本"，习近平法治思想是全面依法治国的根本指导思想，即习近平法治思想是党和人民处理新时代法治问题的根本立场、观点和方法，是全面依法治国的行动指南和根本遵循。

"四维"，即政治、理论、实践、世界四个维度，习近平法治思想具有重大的政治意义、理论意义、实践意义、世界意义。习近平法治思想的政治意义，集中体现在它指明了全面依法治国的政治方向。理论意义集中体现在它为继续推进马克思主义法治理论中国化注入了强大动力，指明了正确方向，铺就了科学路径，指引法学理论工作者不断研究新问题，总结新经验，挖掘新资源，形成新概念，发展新理论，构建思想更加丰富、内涵更加深刻、逻辑更加严谨、语言更加精到的法治理论体系，推进马克思主义法治理论中国化、当代化、大众化。实践意义集中体现在它深刻论述了全面依法治国的根本遵循、战略布局、重点任务、重要保障，为深化全面依法治国实践指明了方向、路径和动力。世界意义集中体现为它为人

[①] 中共中国法学会党组：《用习近平法治思想引领法治中国建设》，载《人民日报》2020年12月25日，第9版。

类政治文明进步贡献了中国智慧,为全球治理体系变革提供了中国方案。① 总之,习近平法治思想的明确提出,标志着法治中国建设的指导思想有了系统化的更新,为各类法治中国建设工作提供了思想上、内容上、方法论上的指引。

2. 马克思主义法律思想中国化的第五次创新

(1) 全面依法治国与习近平法治思想。习近平法治思想是顺应实现中华民族伟大复兴时代要求而生的重大理论创新成果,是习近平新时代中国特色社会主义思想的重要组成部分,是习近平新时代中国特色社会主义思想在法治领域的重要理论成果,是习近平新时代中国特色社会主义思想的重要构成,是习近平新时代中国特色社会主义思想的重要理论板块,是全面依法治国的根本遵循和行动指南。

具体而言:① 习近平法治思想科学指明了中国特色社会主义法治体系建设的正确政治方向和法治道路;② 习近平法治思想科学指明了法治在国家治理体系和治理能力现代化中的"轨道"作用;③ 习近平法治思想科学指明了全面建设社会主义现代化国家新阶段法治中国建设的战略目标和重要举措。

(2) 马克思主义法治理论中国化的新飞跃。习近平法治思想是对毛泽东同志关于人民民主法律思想的时代化丰富和实践性深化,是对邓小平理论、"三个代表"重要思想和科学发展观关于中国特色社会主义法治观念的系统化坚持和理论化创新②,是马克思主义法学中国化进程的重大理论成果,标志着当代中国马克思主义法学发展的新境界③,实现了马克思主义法律思想中国化的第五次创新和马克思主义法治理论中国化的新飞跃。习近平法治思想具有守正创新的理论品格,是科学性、人民性、实践性的有机统一,是当代中国马克思主义法治理论、21世纪马克思主义法治理论。④

二、立法概况

(一) 中华人民共和国法制体系的创建与挫折(1949—1976)

中华人民共和国法制建设自1949年至1976年,大致经历了四个阶段:

第一阶段为1949年至1954年,是中华人民共和国法制建设的起步阶段。1949年2月,中共中央发布《关于废除国民党的〈六法全书〉与确定解放区的司

---

① 《坚定不移走中国特色社会主义法治道路——习近平法治思想论坛发言摘编》,载《人民日报》2021年9月27日,第9版。

② 李林:《习近平新时代中国特色社会主义法治思想的形成和发展》,载《智慧中国》2018年第21期。

③ 公丕祥:《当代中国马克思主义法学发展的新境界》,载《光明日报》2016年8月13日,第1版。

④ 王晨:《习近平法治思想是马克思主义法治理论中国化的新发展新飞跃》,载《中国法学》2021年第2期。

法原则的指示》;9月29日,通过了起临时宪法作用的《共同纲领》。1950年3月3日,中华人民共和国成立后的第一部法律——《婚姻法》通过;6月28日,《土地改革法》通过。1951年2月20日,中央人民政府委员会发布《惩治反革命条例》,在中华人民共和国成立初期的"三反"运动中,查处了一批党的领导干部严重贪污盗窃国家资财案件。

第二阶段为1954年至1957年,是我国法制建设的奠基阶段。1954年9月20日,中华人民共和国第一部《宪法》诞生。毛泽东亲自主持起草和修改了这部宪法。1954—1957年间,共和国迎来了法制建设的新时代。1956年9月19日,党的八大第一次提出"有法可依,有法必依"的法制原则。从1954年9月至1957年上半年,不足三年的时间内共制定规范性法律文件730多件。

第三阶段为1957年至1966年,是共和国法制建设出现偏差的阶段。1957年春夏之交,"反右"斗争开始。一些关于法律、法制和法治的主张被作为右派言论来批判,司法活动减少,国家立法工作进展缓慢,一些既有的立法也得不到实施;司法机构相继遭到撤销,司法体制和司法程序受到了一定程度的破坏。

第四阶段为1966年至1976年,是法制建设遭到严重破坏的阶段。1966年"文革"爆发。"文革"作为破坏法制的产物,又在进一步破坏着法制。"文革"期间,全国人大会议停止10年,全国人大常委会会议停止8年多,立法基本停滞。

(二) 中国特色社会主义法律体系的形成(1977—2010)

1978年3月,五届全国人大一次会议召开,通过中华人民共和国第三部《宪法》。12月18日至22日召开的十一届三中全会作出了健全社会主义民主和加强社会主义法制的重大决策。1979年7月1日,《刑法》和《刑事诉讼法》通过。9月9日,中共中央发出《中共中央关于坚决保证刑法、刑事诉讼法切实实施的指示》,第一次在党内使用了"社会主义法治"的概念。同月,五届全国人大常委会十次会议根据国务院的提议,决定重建司法部。1979年底,律师工作恢复。

1980年11月20日至1981年1月25日,依法开庭审判"林彪、江青反革命集团"案件,表明我国开始注重用法律手段解决政治问题,也表明社会主义法制建设开始走向成熟,步入了新的时代。1982年12月4日,第四部《宪法》正式通过实施,强调树立宪法的最高权威。截至1998年8月,全国人大及其常委会制定了法律和有关法律问题的决定338件,其中法律240个,有关法律问题的决定98个;地方人大及其常委会制定了6000余件地方性法规①。

---

① 刘政:《我国人民代表大会制度的特点及其历史发展》,载中国人大网,http://www.npc.gov.cn/npc/c541/199809/ef185e57149c49999cab7ee04ae1835a.shtml,1998年9月22日发布,2023年10月5日最后访问。

自十一届三中全会开始,中国进入了实施依法治国方略的理论准备和初步实践阶段。自六届全国人大起,制定的法律越来越多,开始提出法律需要分类、要考虑法律体系的问题。七届全国人大提出加强经济立法。八届全国人大提出"建立市场经济法律体系"。九届全国人大提出在任期内初步形成中国特色社会主义法律体系的立法目标。十届全国人大明确提出任期内"以基本形成中国特色社会主义法律体系为目标、以提高立法质量为重点"的立法工作思路。十一届全国人大提出形成并完善中国特色社会主义法律体系的立法工作目标。截至2009年8月底,全国人大及其常委会制定的有效的法律共229件(其中改革开放后制定的224件)。① 到2010年底,形成了以宪法为核心,以法律为主干,包括行政法规、地方性法规等规范性文件在内的,由7个法律部门、3个层次法律规范构成的法律体系。2011年3月召开的十一届全国人大四次会议郑重宣布中国特色社会主义法律体系已经如期形成。2011年10月,国务院发布《中国特色社会主义法律体系》白皮书,正式向世界公布中国特色社会主义法律体系的辉煌成就。

(三) 中国特色社会主义法律体系的完善(2011年至今)

自2011年中国特色社会主义法律体系基本形成始,截至2022年12月30日,十三届全国人大常委会三十八次会议闭幕,我国现行有效法律295部,其中宪法1部,宪法相关法49部,民法商法24部,行政法97部,经济法83部,社会法27部,刑法3部,诉讼与非诉讼程序法11部。② 另外,行政法规700余部,地方性法规1万余部,司法解释500余件③,中国特色社会主义法律体系得到了进一步完善,为改革开放和社会主义现代化建设提供了坚实的法制保障。2021年2月24日,国家法律法规数据库④正式开通,力图为公众提供看得见,找得着,用得上的公共产品⑤,让人民大众更加切实地感受到国家立法成果,便利民众知法、守法、用法,切实保障公平合法权利。

---

① 《截至2009年8月底全国人大及其常委会共制定现行有效法律229件》,载中央政府门户网站,http://www.gov.cn/wszb/zhibo348/content_1423172.htm,2009年9月22日发布,2023年10月18日最后访问。

② 《现行有效法律目录(294件)》(截至2023年3月13日十四届全国人大一次会议闭幕 按法律部门分类),载中国人大网,http://www.npc.gov.cn/npc/c30834/202303/6695905f16fa4f2ab0d24008db1410fc.shtml,2023年3月15日发布,2023年10月30日最后访问。

③ 数据出处:北大法宝网,https://www.pkulaw.com/law?way=topGuid,2023年10月17日最后访问。

④ 访问网址为:https://flk.npc.gov.cn,用户还可以通过登录微信小程序"国家法律法规数据库"进行访问。

⑤ 《国家法律法规数据库正式开通了!》,载中国人大网,http://www.npc.gov.cn/npc/c30834/202102/152d893e1c8445fba91a5192bd035f0b.shtml,2021年2月24日发布,2023年10月10日最后访问。

2021年1月,中共中央印发《法治中国建设规划(2020—2025)》,对全面推进依法治国作出重要部署,勾勒出法治中国建设的新图景。该规划提出坚定不移走中国特色社会主义法治道路,奋力建设良法善治的法治中国。以良法促进发展、保障善治。到2025年,中国特色社会主义法治体系初步形成;到2035年,中国特色社会主义法治体系基本形成。2022年,党的二十大报告进一步阐释了到2035年的法治发展总体目标,即基本实现国家治理体系和治理能力现代化,全过程人民民主制度更加健全,基本建设成法治国家、法治政府、法治社会。①

第二节　改革开放前(1949—1976)的主要法律内容及其特点

中华人民共和国成立之后的10年里,废除旧立法、开创新立法,通过了《共同纲领》,拉开了新立法的序幕,截止到"文革"前,中央人民政府、全国人大及其常委会共制定法律130多件,还起草了刑法、刑事诉讼法、民法、民事诉讼法等一批重要法律草案;国务院制定行政措施、发布的决议或者命令(相当于国家法规)1500多件,为推进社会主义法制建设奠定了重要基础。② 然而,由于对制度建设的重要性的认识还不深,还没有把制度建设提到根本性、全局性的地位来看待,加上受不同时期特定历史环境的影响,我国的国家制度和法律制度建设在取得重要成绩的同时,也历经坎坷和曲折,特别是1960年之后党和国家的许多重要制度遭到一定程度的破坏,没能发挥应有的作用。

一、主要内容

(一)宪法相关法

1. 临时宪法与"五四宪法"

1949年9月29日,中国人民政治协商会议第一届全体会议通过了起着临时宪法作用的《共同纲领》,共7章60条。1954年,我国第一部社会主义宪法正式颁布,该法又称"五四宪法",共4章106条。人民民主专政制度、人民代表大会制度、民族区域自治制度等重要国家政治制度,都是这部宪法首先确定下来并一直沿用至今的。

---

① 习近平:《高举中国特色社会主义伟大旗帜　为全面建设社会主义现代化国家而团结奋斗——在中国共产党第二十次全国代表大会上的报告》(2022年10月16日),载《人民日报》2022年10月26日,第1版。

② 赵惜兵:《中国特色社会主义法律体系发展历程的全景回顾》,载全国人大网,http://www.npc.gov.cn/npc/c221/201102/918192491f0743f1b051a26fd3056c7b.shtml,2011年2月17日发布,2023年10月4日最后访问。

2. "七五宪法"

1975年1月17日,四届全国人大通过第二部《宪法》,该法又称"七五宪法"。这部宪法以毛泽东关于阶级斗争的理论为"基本路线"及理论指导,除序言外分总纲、国家机构、公民的基本权利和义务、国旗、国徽、首都,共4章30条,大量删减了"五四宪法"的内容,忽视了经济建设。

该宪法将"文革"合法化,破坏了"五四宪法"中民主的原则,对国家机构的规定不足。其中规定不再设置中国国家主席和副主席职位,缩小了公民的基本权利和自由的范围,取消了"公民在法律上一律平等"等规定。

3. 民族区域自治法

早在1947年,在中国共产党领导下,已经解放的内蒙古地区就建立了我国第一个省级少数民族自治地方——内蒙古自治区。中华人民共和国成立后,《共同纲领》第51条将民族区域自治制度确定为国家的一项基本政策和重要政治制度之一。1952年8月9日公布的《民族区域自治实施纲要》对民族区域自治制度的实施作了全面规定。

随后,民族区域自治制度被载入了"五四宪法",开始在少数民族聚居的地方全面推行民族区域自治,且相继成立了四个自治区:1955年10月,新疆维吾尔自治区成立;1958年3月,广西壮族自治区成立;1958年10月,宁夏回族自治区成立;1965年9月,西藏自治区成立。西藏自治区的正式成立在全国范围内结束了少数民族政治上的无权地位,实现了民族区域自治,并延续至今。

除此之外,在中华人民共和国成立初期,我国还陆续颁布了一些保障杂散居少数民族平等权利的规定。例如,1952年8月政务院发布的《关于保障一切散居的少数民族成分享有民族平等权利的决定》规定,"一切散居的少数民族成分的人民,均与当地汉族人民同样享有思想、言论出版、集会、结社、通讯、人身、居住、宗教信仰、游行示威的自由权"。

(二) 行政法

1. 行政法制初创

1949年至1952年,我国颁布的行政法规有100多部,到1956年激增至700多部。《共同纲领》第19条第2款规定:"人民和人民团体有权向人民监察机关或人民司法机关控告任何国家机关和任何公务人员的违法失职行为。"该规定为行政诉讼制度的建立,为现代行政法的创设奠定了宪法基础。然而,这一规定未能在"五四宪法"中得到明确。

20世纪50年代至70年代末,我国颁布的行政法规主要是单方面规定行政管理相对人的义务和责任,以及行政机关在行政管理过程中享有的权力,普遍缺少约束行政机关和保护相对人的权利救济规范,结构简单,条文较少。如1951年发布的《印铸刻字业暂行管理规则》仅10条,1965年发布的《边防检查条例》

仅 12 条。

2. 行政法制发展

1954 年国务院发布的《海港管理暂行条例》与 1957 年全国人大常委会制定的《治安管理处罚条例》是改革开放前 30 年我国行政法制建设的两个亮点。《海港管理暂行条例》第 20 条规定："港务局如无任何法令根据，擅自下令禁止船舶离港，船舶得向港务局要求赔偿由于禁止离港所受之直接损失，并得保留对港务局之起诉权。"这一条例是我国最早明确规定行政诉讼的单行法规，可惜未能普及和发展。

1957 年的《治安管理处罚条例》注重保障被处罚人的权利，在当时的历史条件下非常突出。其中第 18 条规定了公安机关执行治安管理处罚时应当遵守的基本程序，明确规定治安管理被处罚人享有申诉权。同时，还规定了从轻和免于处罚的法定情形。

1957 年至 1978 年是行政法发展缓慢和倒退的时期，原本的有法可依逐渐向有法不依、无法可依转化，行政法制逐步被取消，行政依据主要是上级的政策、命令、指示和决定。①

为维持经济社会的基本运转，国务院制定了一些经济、环境资源、文化卫生体育和涉外事务等方面的法规。这些法规的制定极大弥补了作为国家立法机关的全国人民代表大会在这一时期的职能缺位，实质上发挥着行政立法的作用。这一时期制定的现行有效的行政法规有：1952 年的《治安保卫委员会暂行组织条例》、1957 年的《关于国家机关工作人员福利费掌管使用的暂行规定》、1965 年的《煤炭送货办法》、1973 年的《保护海底电缆规定》等。

3. 监察体制建设

（1）人民监察委员会时期。1949 年 9 月，根据《中央人民政府组织法》第 18 条的规定，成立政务院人民监察委员会，是政务院下设的四个委员会之一，地位高于各部、会、院、署、行。根据《共同纲领》第 19 条，地方同时设立了对应的监察机构。11 月，中共中央作出《关于成立中央及各级党的纪律检查委员会的决定》，成立了由朱德等 11 人组成的中共中央纪律检查委员会。到 1953 年底，全国共建立大行政区、省（市）、市（专署）、县（市）四级人民监察机构 3586 个。

1952 年以后，省（市）以上各级人民政府财经机关和国营财经企业部门建立了监察机构。1954 年 4 月，一些财经部门所属重点企业，开始实行监察机构受所隶属财经部门监察机关垂直领导的体制。

（2）监察部时期。1954 年 9 月通过的《国务院组织法》将原政务院人民监察委员会改为国务院监察部，地位降至与其他部委平级。

---

① 周子良主编：《中国法制史》，法律出版社 2006 年版，第 347 页。

1954年底,根据《地方各级人民代表大会和地方各级人民委员会组织法》,撤销了县和不设区的市的监察机关,适当地扩大了省、自治区、直辖市、设区的市和专员公署监察机关的组织,并对因工作需要的县和不设区的市,由专员公署或省的监察机关派驻监察组。1955年3月,中国共产党全国代表会议通过《关于成立党的中央和地方监察委员会的决议》,决定成立党的中央和地方监察委员会,代替各级党的纪律检查委员会。10月,又对中央和地方财经部门国家监察机关组织设置进行调整,对各企事业单位的监察机关加以调整和收缩,撤销了中、小型企业和某些事业单位的监察机关,在重工业部等十五个部设立国家监察局。11月,国务院发布的《监察部组织简则》规定,监察部对国务院各部门、地方各级国家行政机关,以及国营企业、公私合营企业、合作社实施监督。

1959年4月,监察部和各级人民监察机关相继撤销。1962年9月,中共八届十中全会通过《关于加强党的监察机关的决定》,扩大了中共中央监察委员会的名额(增至60人)。1969年4月,党的九大通过的《中国共产党章程》取消了党的监察机关的条款,撤销了中央监察委员会。1977年8月,党的十一大通过的《中国共产党章程》重新恢复了设置党的纪律检查委员会的条款,规定各级纪委由同级党委选举产生。

(三) 刑法

1. 刑法典草案

中华人民共和国成立之初,我国就已经开始了刑法典的起草工作。自1950年至1954年9月,中央人民政府法制委员会提出了两个版本的刑法典草案:一是1950年7月25日的《中华人民共和国刑法大纲草案》(共12章157条,其中总则33条,分则124条);二是1954年9月30日的《中华人民共和国刑法指导原则草案(初稿)》(除序言外,共3章76条,其中第一章犯罪7条,第二章刑罚19条,第三章几类犯罪量刑的规定50条)。这两个草案并没有被拿出来征求意见,也未进入立法程序。实际上,刑法典的正式起草工作,是由全国人大常委会办公厅法律室于1954年10月开始的。1957年6月28日写出第22稿,1963年10月9日写出第33稿,随后因政治运动的冲击而未能公布。[①] 可以说,在中华人民共和国成立之初的三十年内,刑法几乎处于空白状态。

2. 单行刑法和刑罚规范

在没有刑法典的情况下,国家根据革命和建设的需要,制定了一系列单行刑法,这个时期的刑事法依据也主要是政策和单行刑法。例如1950年的《政务院关于严禁鸦片烟毒的通令》,1951年的《妨害国家货币治罪暂行条例》《惩治反

---

① 高铭暄:《新中国刑法立法的变迁与完善——庆祝中华人民共和国成立七十周年》,载《检察日报》2019年10月8日,第3版。

革命条例》《保守国家机密暂行条例》,1952年的《惩治贪污条例》,等等。这些单行刑法在当时同反革命和贪污、贩运毒品、伪造国家货币、泄露国家机密等犯罪的斗争中起了重要作用。

"文革"以后,由于当时还没有统一的刑法典来规定刑罚体系,各地人民法院使用的刑罚名称很不一致,有的是同种异名,有的是同名异种。在这种情况下,最高人民法院于1956年对刑事案件的罪名、刑种进行了研究总结,把各地适用过的刑种整理为10个,对我国现行刑法实施以前统一各地人民法院的刑罚起到了重要作用。

(四) 民商经济法

1. 民商法

中华人民共和国成立后,直至"文革"结束,由于全面继受了苏联有关生产资料的国有化及相应的分配正义理论与实践,私有财产在中国社会几无立锥之地,高度垄断的计划经济体制在资源的配置与流动上取得绝对优势地位,社会成员的私人特性被涤除殆尽。以至于在改革开放之前,社会民众竟普遍地不知民法为何物。① 虽然在1954年和1962年曾先后两次组织民法典编纂,但基于当时经济、政治、社会和学术等方面的原因,均未获得成功。

为建立以生产资料公有制为基础、高度集中的计划经济体制,国家全盘否定商品经济和市场,否定商人的地位和价值,从理论上认定"商事"即"营利性行为",是造成资本主义剥削的根源。虽然中华人民共和国成立后的最初几年里,政策上允许私营工商业继续存在和发展,但1956年以后私营工商业被彻底否定,商法在我国基本消失。

早在中华人民共和国成立之初,我国就通过知识产权立法启动了知识产权保护相关工作。1950年,政务院公布了《保障发明权与专利权暂行条例》和《商标注册暂行条例》,明确对发明权、专利权、商标专用权等给予保护;1963年,国务院颁布《商标管理条例》,取代了《商标注册暂行条例》。但是,在当时的计划经济体制下,知识产权制度的适用范围和效果受到很大限制。《保障发明权与专利权暂行条例》于1963年被废止,《商标管理条例》虽一直沿用至改革开放初期,但实际作用有限。

2. 经济法

(1) 经济法的雏形。改革开放之前,我国处于主要实行计划经济体制的第一阶段,经济的运行依靠执行国家制定的政策、计划。从1949年到1956年由新民主主义经济向计划经济的过渡时期,是经济法制度日渐式微、不断被废弃的阶段。为了解决当时政权建设、经济发展、社会稳定的问题,迫切需要加强财政、税

---

① 王利明、易军:《改革开放以来的中国民法》,载《中国社会科学》2008年第6期。

收、金融、物价等经济领域的制度建设。

为了尽快恢复和促进经济的稳定和发展,国家采取了三大举措:第一,没收官僚资本,形成全民所有制的国营经济,以解决城市问题;第二,实行土地改革,变地主所有制为农民所有制,以解决农村问题;第三,统一财政经济,加强对市场、物价和金融的管控,逐步实现财政收支、物资调度和货币发行的统一,以保障整体经济的稳定。为配合上述举措,中央人民政府、政务院制定了许多政策、法规,较有代表性的如《关于统一国家财政经济工作的决定》及《全国税政实施要则》等。

自1956年底"三大改造"完成,我国开始从多种经济成分并存的不发达市场经济(或称准市场经济),逐渐转向以公有制为基础的较为单一的计划经济。伴随着经济体制的转变,国家主要靠计划手段管理经济,直接的政策手段、行政命令变得更为重要,包括经济法在内的多种经济法律制度的存续空间逐渐缩小[①]。

(2)环境法与社会法。"五四宪法"中已有保护环境与资源的规定,然而,这一时期由于工业欠发达,环境污染问题尚不显著,环境保护法制发展较为缓慢。20世纪70年代早期,全国环境污染时有发生,生态环境遭到一定程度破坏。1972年6月,我国参加了联合国人类环境会议,会议通过了《联合国人类环境宣言》。这次会议后环境保护开始进入国家重要议事日程。1973年8月我国召开了第一次全国环境保护会议,审议通过了《关于保护和改善环境的若干规定(试行草案)》,确定了我国第一个关于环境保护的"全面规划、合理布局、综合利用、化害为利、依靠群众、大家动手、保护环境、造福人民"的"32字方针",从此开创了环境保护工作的新纪元。

中华人民共和国成立初期,与计划经济体制相适应的劳动和社会保障制度相继建立。例如,1950年,中央人民政府委员会通过了《工会法》,政务院批准了《劳动部关于劳动争议解决程序的规定》;1951年,政务院发布了《劳动保险条例》;1956年,国务院颁布了关于劳动保护的"三个规程",即《工厂安全卫生规程》《建筑安装工程安全技术规程》《工人职员伤亡事故报告规程》。此外,国家在失业救济、生产救灾、优抚安置、扶贫济困等方面也出台了一些政策和法规。

(五)诉讼法

1. 刑事诉讼法

中华人民共和国成立初期并未制定刑事诉讼法典,只在《宪法》和若干单行法规中对司法机关体系以及一些刑事诉讼原则和程序作出规定。1954年9月,一届全国人大制定和颁布了《人民法院组织法》《人民检察院组织法》,同年12

---

① 张守文:《回望70年:经济法制度的沉浮变迁》,载《现代法学》2019年第4期。

月颁布了《逮捕拘留条例》,其中就包括一些刑事诉讼原则和制度,这些成为当时刑事诉讼活动的重要依据。

与此同时,制定刑事诉讼法的准备工作也在进行,1954年中央人民政府法制委员会起草了《刑事诉讼条例(草案)》,共7编325条。1957年拟出《刑事诉讼法(草稿)》,1963年形成《刑事诉讼法草案(初稿)》,条文数量减到200条。此后,立法活动被搁置,直至1979年第一部《刑事诉讼法》才出台。

2. 民事诉讼法

(1) 民事案件审判的经验总结。中央人民政府法制委员会于1950年12月31日草拟了《诉讼程序试行通则(草案)》,是中华人民共和国第一部诉讼草案,也是我国民事诉讼法制建设的开端。但基于多方面的原因,这部通则未能颁布实施。这部通则除了规定总则外,还对民事诉讼的管辖、起诉、代理、调解、审判、判决、上诉、抗告、再审、执行、监督审判等制度作了规定,为此后民事诉讼法律规范的制定打下了良好的基础。

1956年10月,最高人民法院总结中华人民共和国成立以来的民事审判经验,印发了《关于各级人民法院民事案件审判程序总结》,较为全面、系统地规定了民事审判程序,纠正了审判实践中存在的错误。其不足在于没有对诉讼管辖作出规定。该总结的出台标志着我国民事诉讼法制将从建立阶段向发展阶段过渡。

(2) 民事诉讼立法的起步与重创。1957年下半年开始,"左"的思潮在全国逐渐兴起,刚刚起步的民事诉讼法制建设处于停滞状态,某些方面还有倒退。1957年,最高人民法院又草拟了《民事案件审判程序(草案)》,但未能通过。

1963年,第一次全国民事审判工作会议提出了"调查研究,就地解决,调解为主"的民事审判工作方针。1964年,民事审判工作的方针又进一步发展为"依靠群众,调查研究,就地解决,调解为主",形成了比较完整的民事审判工作方针,国家的民事诉讼法制建设露出了一线生机。但由于种种原因,民事诉讼法制建设工作未能深入展开。

二、基本特点

改革开放前党领导人民构建的国家制度和法律制度,全面覆盖了党的领导和经济、政治、文化、社会、生态文明、军事、外事等各个方面。这些制度相互关联、紧密衔接,在社会主义革命和建设中发挥了重要作用,为改革开放新时期的制度建设进行了探索、积累了经验,其基本特点有三:

(一) 革命时期法制经验的扬弃

毛泽东等中央领导同志早在领导中国人民进行新民主主义革命的伟大斗争中,就开始探索建立国家政权的各项制度,并在局部地区的执政中积累了宝贵经验。中华人民共和国成立至改革开放前,党团结带领人民构建国家制度和法律制度,特别注意总结根据地时期党在局部地区执政的经验做法,并在建立国家政权、确立国家制度中自觉加以运用。

中华人民共和国成立后确立的政治制度是长期革命实践和理论探索的产物,例如人民代表大会制度,从第一次国内革命战争时期的罢工工人代表大会和农民协会到第二次国内革命战争时期的工农兵代表苏维埃,从抗日战争时期的"三三制"参议会到解放战争后期和中华人民共和国成立初期各地普遍召开的各界人民代表会议等,都是我们党创造性地把马克思主义国家学说同中国的具体实际相结合,为实现人民民主而进行的制度实践。再如,中华人民共和国成立后的法制建设也打上了革命根据地建设经验的深刻烙印。又如革命根据地时期倡导的男女权利平等、法律面前人人平等、各民族平等,司法领域积极探索的"马锡五审判方式"、人民陪审制度等,均在中华人民共和国的法制建设中得到传承和发展。再如,中华人民共和国成立后确立的经济制度特别是土地制度,是对革命根据地特别是解放区实践经验的总结和提升。

(二) 法制体系框架的基本确立

中华人民共和国成立后到改革开放前的时期,尽管法治还没有成为治国理政的基本方式,但"有法可依,有法必依"的理念已经提出并初步践行,《共同纲领》、"五四宪法"和一大批法律成为国家治理的重要依托,审判制度、检察制度、律师制度、公证制度等也先后依法建立起来,基本覆盖了立法、执法、司法、守法各个环节。

另外,在行政体制方面,逐步在中央和地方层面建立起与我国社会主义基本制度相适应的政府组织机构和职能体系。在民生保障制度方面,建立了全新的教育制度,"面向工农兵、预防为主、团结中西医、卫生工作与群众运动相结合"的医疗卫生制度,劳动保护、社会保障等制度。在社会治理制度方面,中华人民共和国成立初期剿灭匪患、铲除娼妓制度、消除烟毒痼疾、废除封建婚姻等,初步积累了社会治理经验;提出、总结并不断发展完善"枫桥经验",动员人民群众积极参与社会治理,有效化解社会矛盾。在生态文明制度方面,早期治理江河、绿化祖国、保护环境的生态理念和实践,反映出中国共产党人朴素的绿色情怀。国务院制定的《关于保护和改善环境的若干规定(试行草案)》,是中华人民共和国第一部环境保护的综合性文件。在军事制度方面,坚持和巩固党对军队绝对领导这一根本原则,明确武装力量的性质和任务,明确国防和武装力量的领导体制,确立民兵制、义务兵役制、军衔制、政治工作制、军官服役制等重要军事制度。在"一国两制"制度体系方面,针对台湾和香港、澳门的不同情况,采取不同政策,为实现祖国完全统一创造有利条件。在外交政策方面,确立并坚持独立自主的和平外交政策,首倡的和平共处五项原则不仅成为我国对外政策的基石,还成为国际社会公认的规范国际关系的重要原则。在党和国家监督体系方面,逐渐形成包括党内监督、行政监察、司法监督、社会监督体系的监督格局。可以说,这一时期展开了较大规模的法律创制活动,开创性地建构了具有中国特色的社会主义国家制度体系,重建了新型的社会主义法律秩序。

(三) 改革开放时期的制度之源

中华人民共和国成立至改革开放前,党团结带领人民在一些重要的制度领域创造性地开展探索,有的制度领域虽没有系统化、规范化,但其中蕴含的政治智慧、思想火花和制度萌芽同样具有较强的前瞻性和启发性。这段历史时期的制度构建,为改革开放历史新时期的制度构建提供了宝贵源泉。例如现行宪法是在继承1949年《共同纲领》和"五四宪法"基本精神和主要内容的基础上制定的。又如在经济社会领域,尤其是20世纪60年代的家庭承包制为确立"以公有制为主体、多种所有制经济共同发展"的基本经济制度提供了重要理论和实践依据。再如在社会治理制度方面,20世纪60年代初的"枫桥经验",为此后甚至当代基层社会治理提供了重要方案。

第三节 改革开放后(1977—2023)的主要法律内容及其特点

自党的十一届三中全会起,我们党和国家的工作重心开始转变,从长期沿袭的"以阶级斗争为纲"转变到经济建设上来。与之相适应,治国理政的方式也开始转变,从轻视法制、否定法治,长期以政治运动治国转变为重视法制,通过逐步完善民主法制以政策和法制共同治理国家。然而,法制只是政策的补充,并非国家管理的主要手段。直到1997年,党的十五大报告鲜明地提出了"依法治国,建设社会主义法治国家"的治国方略。1999年3月15日,九届全国人大二次会议通过宪法修正案将"法治"正式入宪。在"法治"入宪前后十多年,一系列规范国家治理和行政管理的法律、法规陆续出台。2011年3月,全国人大常委会如期宣布中国特色社会主义法律体系基本形成,中国特色社会主义法制建设走上全面发展的快车道。2012年11月,党的十八大正式提出"法治是治国理政的基本方式",开启了建设中国特色社会主义的新时代。中国从以法为治国基本方略发展到新时代的以法治为治国理政基本方式,实现了法治从战略目标到全面推进、全面实施的转变。同时,党的十八大提出了"科学立法、严格执法、公正司法、全民守法"的法治新理念,法治国家、法治政府和法治社会被放到了同一个高度加以全面和系统地建设。而后,党的十九大以习近平新时代中国特色社会主义思想为依托,对法治建设提出了更高的要求,特别是在全面依法治国的侧重点上提出了"加强宪法实施和监督,推进合宪性审查工作,维护宪法权威"的重要主张。以尊重宪法权威为核心,以建设中国特色社会主义法治体系为抓手,到2035年基本建成法治国家、法治政府、法治社会的法治目标指日可待。党的二十大强调要坚持走中国特色社会主义法治道路,坚持依法治国、依法执政、依法行政共同推进,坚持法治国家、法治政府、法治社会一体建设,全面推进科学立法、严格执法、公正司法、全民守法,完善以宪法为核心的中国特色社会主义法律体系,全面推进国家各方面工作法治化。①

一、主要内容

(一) 宪法相关法

1. "七八宪法"

1978年3月5日,五届全国人大一次会议通过第三部《宪法》。该《宪法》又称"七八宪法",共4章60条,党的十一大制定的新时期总任务被以法律形式确定下来,开始有意识地削弱"文革"的影响,并部分恢复"五四宪法"规定的公民基本权利。这部《宪法》既反映了当时拨乱反正的成果,也反映了"两个凡是"的错误思想。

1980年,五届全国人大三次会议取消"七八宪法"关于公民有"四大自由(大鸣、大放、大辩论、大字报)"的规定,表明了国家建立法律秩序和民主程序的决心。

2. "八二宪法"

随着党的十一届三中全会的召开,我国开始全面拨乱反正。制定一部全面反映新时期党和人民共同意志的新宪法,成为一项迫切的任务。1982年12月4日,五届全国人大五次会议通过了第四部《宪法》,即现行《宪法》,又称"八二宪法",该宪法为我国立法史上第一部公开表决的法律。

"八二宪法"以"五四宪法"为基础,根据社会主义建设新时期的需要和中共十一届三中全会以来的重要文件,将条文增至138条,明确规定和阐明了我国的政治制度、经济制度、公民的权利和义务、国家机构的设置和职责范围、今后国家的根本任务等;对"一国两制"的战略构想进行了原则规定;具体指出国家的工作重点应转移到社会主义现代化建设上来;将国家性质由"七五宪法"和"七八宪法"所规定的"无产阶级专政"恢复为"五四宪法"规定的"人民民主专政";将知识分子与工人、农民并列为三支基本的社会力量;恢复设立国家主席;中央军委主席改由全国人大选举;国务院实行总理负责制;规定国家、全国人大、国务院

---

① 《中国共产党第二十次全国代表大会关于十九届中央委员会报告的决议》,载求是网,http://www.qstheory.cn/dukan/qs/2022-11/01/c_1129089114.htm,2022年11月1日发布,2023年10月1日最后访问。

领导人连续任职不得超过两届,取消了领导职务的终身制;新增"公民的人格尊严不受侵犯"的条文;承认国营、集体、个体三种经济都不可缺少,申明国家保护个体经济的合法权益,为我国社会主义法制建设提供了坚实基础,标志着我国开始正式迈出健全和完善社会主义法制的步伐。

3. 宪法修正案

(1)历次修宪概况。改革开放以来,宪法与改革呈现良性互动。随着改革的深化,修宪不可避免。"八二宪法"历经1988年、1993年、1999年、2004年和2018年的5次修改和31条宪法修正案,内容从扩大人民民主、对公民的自由和权利作出充分和明确的规定,到确立依法治国、建设社会主义法治国家的基本方略。

历次修宪无不体现了我们党和国家对基本国情和国家根本任务、经济体制、非公有制经济的宪法地位、完善保护公民私有财产的制度、基本治国方略等重大问题的认识不断深化。

(2)宪法修正案的内容及意义。1988年,我国第一次采用"宪法修正案"的形式修宪,第一部《宪法修正案》由七届全国人大一次会议通过,增加规定"国家允许私营经济在法律规定的范围内存在和发展",同时将有关条款修改为"土地的使用权可以依照法律的规定转让"。

1993年,八届全国人大一次会议通过第二部《宪法修正案》。"社会主义初级阶段"和"建设有中国特色社会主义"及"改革开放"入宪,"家庭联产承包为主的责任制"取代了"人民公社","市场经济"则取代了"计划经济"。

1999年,九届全国人大二次会议通过了第三部《宪法修正案》。"邓小平理论"入宪;确认了我国实行依法治国,建设社会主义法治国家;明确了我国将长期处于社会主义初级阶段,确立了我国社会主义的基本经济制度和分配制度;修改了我国的农村生产经营制度;确立了非公有制经济在社会主义市场经济中的地位;将"反革命的活动"修改为"危害国家安全的犯罪活动"。

2004年,十届全国人大二次会议通过了第四部《宪法修正案》。"三个代表"重要思想入宪,确立了其在国家政治和社会生活中的指导地位。同时,规定了"公民的合法的私有财产不受侵犯""国家尊重和保障人权""国家鼓励、支持和引导非公有制经济的发展,并对非公有制经济依法实行监督和管理"等内容。

2018年,十三届全国人大一次会议通过了第五部《宪法修正案》。增加了"科学发展观"与"习近平新时代中国特色社会主义思想",确立习近平新时代中国特色社会主义思想的指导地位,以根本法形式将十九大报告中形成的党的主张上升为国家意志;把"中国共产党领导是中国特色社会主义最本质的特征"写入总纲第1条;删去国家主席"连续任职不得超过两届"的具体规定,完善了国家主席任期任职制度;宪法宣誓制度入宪;成立宪法和法律委员会,开展合宪性审查工作;深化国家监察体制改革,为监察法的制定提供了宪法依据和保障;等等。总之,这次修宪体现了党和国家事业发展的新成就、新经验、新要求,必将更好地发挥宪法的规范、引领、推动、保障作用,在法治轨道上更好地坚持和发展中国特色社会主义。

当前,我国已开启全面依法治国新时代,正式提出了"依宪治国"和"依宪执政"的理念,凸显了宪法作为国家根本法的崇高地位和至上权威,体现了中国特色社会主义法治原则的基本要求。

4. 民族区域自治法

民族自治地方分为自治区、自治州、自治县三级。三级行政地方的划分依据是少数民族聚居区人口的多少、区域面积的大小。鉴于一些少数民族聚居区地域较小、人口较少并且分散,不宜建立自治地方,《宪法》通过设立民族乡的办法使这些少数民族也能行使当家作主、管理本民族内部事务的权利。1993年《民族乡行政工作条例》颁布,保障了民族乡制度的实施。

1984年《民族区域自治法》作为一部国家基本法律颁布实施,标志着我国少数民族实行区域自治基本进入有法可依的阶段,为各民族真正实现民族区域自治提供了法律保障。《民族区域自治法》规定,"民族自治地方的人民代表大会有权依照当地民族的政治、经济和文化的特点,制定自治条例和单行条例"。1985年延边颁布实施了《延边朝鲜族自治州自治条例》,这是我国第一个制定自治条例的民族自治州。1991年12月,国务院《关于进一步贯彻实施〈中华人民共和国民族区域自治法〉若干问题的通知》发布后,民族自治地方制定了一批自治条例或单行条例。目前,我国共有民族区域自治地方155个,生效的自治条例有135部,数量占民族区域自治地方数量的86%。不过,全国五个自治区的自治条例仍未出台。

2001年2月28日,九届全国人大常委会二十次会议通过了《关于修改〈中华人民共和国民族区域自治法〉的决定》,主要内容涉及财政、投资、金融、教育等方面,修改后的《民族区域自治法》除序言外,共7章74条。这次修改着重强调了要加大国家机关对民族自治地方的支持和帮助,发展民族教育事业,保护民族地区经济建设中的生态环境,指明了新的历史时期下民族区域自治制度的发展方向。

2005年5月19日,国务院公布了《实施〈中华人民共和国民族区域自治法〉若干规定》。该规定共35条,主要对加强民族团结,维护社会稳定,宣传民族法律、法规和党的民族政策,以及上级人民政府在促进民族自治地方经济发展,帮助民族自治地方教育、科技、医疗卫生事业,扶持少数民族优秀传统文化,培养少数民族干部人才等方面的职责和义务等进行了规范。这是国务院自《民族区域自治法》颁布实施以来制定的第一部配套的行政法规。与此同时,其他法律法规也在各自范畴规定了民族自治地方的自治权。目前,我国已形成了以宪法为基础,以自治法为主干,以自治条例、单行条例、实施规定以及其他相关规定为补充的民族区域自治法律法规体系。

5. 经济特区法制

经济特区立法权的创设是我国立法体制的一次重大创举。以深圳经济特区为例,其分别于 1992 年和 2000 年被授予"特区立法权"和"较大的市立法权"。截至 2017 年 6 月 30 日,深圳市人大及其常委会共制定法规 220 项,其中特区法规 180 项,设区的市(较大的市)法规 40 项。在这 220 项法规中,先行先试类 105 项、创新变通类 57 项,占比高达 73.64%。而在 105 项先行先试类法规中,有 41 项早于国家法律、行政法规出台,有 64 项是国家尚无法律、行政法规规定的,填补了国家立法空白。[1] 这些立法不仅使特区经济社会发展有法可依,还创造了国内若干个第一,影响了国家重大政策的制定,为社会主义市场经济条件下法律体系的形成作出了重要贡献。

厦门于 1994 年 3 月成为继深圳、海南之后取得立法权的经济特区。本着急用先立、先行先试的原则,厦门在企业登记、资产评估、价格管理、科技进步、校园保护、无偿献血、城市管理、征地拆迁等领域行使地方立法权,相继制定了近 60 部特区法规。[2] 截至 2016 年,厦门有效的立法共 94 部,其中经济特区法规 69 部[3],涉及城建、教育、文化、引进外资、环境保护等方面,这些法规和规章的制定与实施,对于加强厦门民主法治建设,促进特区改革开放和社会主义现代化建设发挥了巨大的作用。

6. 港澳特别行政区法制

20 世纪 80 年代初,为实现国家和平统一,邓小平创造性地提出了"一国两制"的科学构想,并首先用于解决香港问题。"八二宪法"第 31 条规定:国家在必要时得设立特别行政区。1990 年 4 月 4 日,七届全国人大三次会议通过《香港特别行政区基本法》,同时作出设立香港特别行政区的决定。1997 年 7 月 1 日,中国政府对香港恢复行使主权,香港特别行政区成立,《香港特别行政区基

---

[1] 深圳市人大常委会法制工作委员会:《用好用足两个立法权 为加快建设社会主义现代化作出新贡献》,载中国人大网,http://www.npc.gov.cn/zgrdw/npc/lfzt/rlyw/2017-09/13/content_2028824.htm,2017 年 9 月 13 日发布,2023 年 10 月 4 日最后访问。

[2] 《与特区建设发展相生相伴的伟大实践——厦门经济特区的立法》,载厦门人大网,https://www.xmrd.gov.cn/rdlz/llyj/201304/t20130412_4881446.htm,2013 年 4 月 12 日发布,2023 年 10 月 20 日最后访问。

[3] 《关于〈厦门市人民代表大会关于修改《厦门市人民代表大会及其常务委员会立法条例》的决定〉的说明》,载福建人大网,http://www.fjrd.gov.cn/ct/68-112516,2016 年 7 月 4 日发布,2023 年 10 月 20 日最后访问。

本法》开始实施。香港进入了"一国两制""港人治港"、高度自治的历史新纪元。根据《香港特别行政区基本法》和全国人大常委会关于处理香港原有法律的决定,香港原有法律,即普通法、衡平法、条例、附属立法和习惯法,除同香港基本法相抵触或经香港特别行政区立法机关作出修改者外,予以保留。在此基础上,香港特别行政区依法实行高度自治,充分行使行政管理权、立法权、独立的司法权和终审权。①

1993年3月31日,八届全国人大一次会议通过了《澳门特别行政区基本法》。澳门回归祖国后,立法制度翻开新的一页。根据《澳门特别行政区基本法》的规定,澳门特别行政区依法享有行政管理、立法、司法等方面的高度自治权。截至2019年11月,澳门共制定和修订了290项法律和632项行政法规。② 这些法律法规不仅包括维护国家主权、安全和发展利益方面的法律,还包括保障社会民生和居民基本权利方面的法律。与此同时,对于回归前已经生效的澳门原有法律,澳门特区政府亦积极根据《澳门特别行政区基本法》的规定和澳门社会的实际情况及发展要求,有针对性地对在1976年至1999年12月19日期间公布的共2123项原有法律和法令进行清理及适应化处理。③

(二)行政法

1. 行政法治建设

(1)行政内部法制。改革开放最初的10年间,行政立法最为活跃,取得了突出成绩。1989年《中华人民共和国法律全书》收录的法律、法规、规章等立法文件即已达到1224部,绝大部分是改革开放以后颁布实施的行政立法。④ 1987年4月21日,国务院发布了《行政法规制定程序暂行条例》共4章21条,这是我国第一部专门规范行政立法活动的立法文件。

这一时期我国对行政组织内部活动的法制建设亦十分重视。例如1979年发布、1980年实施的《地方各级人民代表大会和地方各级人民政府组织法》和1982年公布的《国务院组织法》,基本建成我国行政机关组织法体系。此外,国务院还制定了一系列行政法规,规范行政机关内部事务以及行政机关工作人员的人事管理、组织纪律等,如《国家行政机关公文处理办法》(1987)、《国家行政机关及其工作人员在国内公务活动中不得赠送和接受礼品的规定》(1988)、《国

---

① 《"一国两制"在香港特别行政区的实践》(白皮书),载国务院新闻办公室官网,http://www.scio.gov.cn/zxbd/nd/2014/Document/1415128/1415128.htm,2014年6月10日发布,2023年6月16日最后访问。

② 汪闽燕:《全面落实"一国两制"完善澳门特别行政区法律体系》,载《法制日报》2019年12月20日,第8版。

③ 同上。

④ 参见王怀安等编:《中华人民共和国法律全书》,吉林人民出版社1989年版。

家行政机关工作人员贪污贿赂行政处分暂行规定》(1988)等。

20世纪90年代以后,随着行政权力制约机制的发展与完善,行政法规范迅速成长。以国家公务员和行政监察的法制化为标志,我国行政机关内部法制建设取得了新的突破。1993年8月14日,国务院发布《国家公务员暂行条例》,首次引入"国家公务员"概念,确立了"公开、平等、竞争、择优"以及"分类管理"原则,特别是创立了通过公开竞争考试录用低级初任公务员的制度,这是我国行政机关人事管理制度改革的重大突破。

(2) 单行行政法。早在1990年国务院就发布施行了《行政监察条例》,以法规的形式规定了行政监察的原则、行政监察机关以及行政监察人员的法律地位、职责权限、工作程序、法律责任等。全国人大常委会在该条例的基础上制定了《行政监察法》,并于1997年5月9日公布施行,进一步加强了对行政监察机关的法律规范和保障。

1996年10月1日起施行的《行政处罚法》是我国首部以特定具体行政行为为调整对象的单行法律。该法首次引入现代行政程序规则和听证制度,第一次明确规定违反基本程序规则的行政行为不能成立,从而拉开了我国行政程序法制建设的序幕。同时,首次确立了立法机关在没有上位法规定的情况下自行"设定"某种行政权力的立法权,这是我国立法制度进行的一次重要变革。2009年和2017年全国人大常委会先后两次对《行政处罚法》作了个别条文的修改。为巩固行政执法公示制度、行政执法全过程记录制度、重大执法决定法制审核制度"三项制度"的改革成果,进一步完善行政处罚程序。2021年1月22日,十三届全国人大常委会二十五次会议通过了新修订的《行政处罚法》,于2021年7月15日起施行。

为适应加入世界贸易组织的要求,我国加速行政审批制度改革,出台了《行政许可法》,有力地推动了行政观念的转变和行政方式的变革,对最终完成计划经济体制向市场经济体制的转型,促进市场经济体制的进一步成熟和完善发挥了重大作用。

(3) 法治政府建设与行政法治。进入21世纪后,党和国家明确提出依法行政的核心是政府守法,法治行政观念在政治上的主导地位全面确立。2000年全国人大审议通过《立法法》,进一步明确了行政法的立法体制和机制,特别是系统规定了行政法规和规章的立法制度,进一步改进和完善了立法监督制度。以《立法法》为依据,国务院于2001年分别制定了《行政法规制定程序条例》以及《规章制定程序条例》,形成了规范我国行政立法活动的法律体系和相对完备的法律制度。

2004年6月16日修订通过的《国务院工作规则》第2条提出要"建设法治政府",并将"坚持依法行政"专设为一章。一些地方和部门积极开展了政务公开的试点和实践。2007年4月5日,国务院发布《政府信息公开条例》,在我国历史上第一次全面建立了政府信息公开制度,使我国行政法治建设向前迈进了一大步。2017年6月6日,国务院法制办公开了《政府信息公开条例(修订草案征求意见稿)》,共6章54条。2019年4月3日公布《政府信息公开条例》(2019修订),共6章56条,在吸收政府信息公开工作的新进展、新成果的基础上,进一步提升公开数量、优化公开质量,完善了政府信息公开制度。①

2013年至2017年,国务院制定或修订行政法规43部,根据"放管服"改革要求,先后"一揽子"修订行政法规125部,在行政立法领域深入推进全面依法治国新征程。② 2015年底,党中央、国务院印发了《法治政府建设实施纲要(2015—2020年)》,确立了加快建设法治政府的宏伟蓝图和行动纲领,明确了法治政府基本建成乃2020年全面建成小康社会的重要目标之一,"职能科学、权责法定、执法严明、公开公正、廉洁高效、守法诚信"成为衡量法治政府建设水平的关键词。2017年,党的十九大则科学提出了到2035年,在基本实现社会主义现代化的同时,基本建成法治国家、法治政府、法治社会。据统计,截至2022年9月底,现行有效的行政法规有598余件,内容涉及国家政治、经济、文化、社会、生态等各个方面。③

2. 监察法制

(1) 监察机制的重建。党的十二大于1982年9月通过的《中国共产党章程》规定,党的各级纪律检查委员会都由同级党的代表大会选举产生。党的中央纪律检查委员会在党的中央委员会领导下进行工作。党的地方各级纪律检查委员会在同级党的委员会和上级纪律检查委员会的双重领导下进行工作。为了恢复并确立国家行政监察体制,1986年12月,六届全国人大常委会决定设立监察部;1987年7月,监察部正式挂牌办公。1987年8月,《国务院关于在县以上地方各级人民政府设立行政监察机关的通知》发布,各地随即设立了省(区、市)、市(地、州、盟)、县(市、旗、区)三级行政监察机关,有的地方在乡、镇也设立了行政监察机构。行政监察机关还根据工作需要,向一些政府所属部门派出了监察机构或人员。1993年1月,党中央、国务院决定中央纪律检查委员会与监察部合署办公,实行一套工作机构、两个机关名称,履行党的纪律检查和政府行

---

① 刘明洲等:《〈政府信息公开条例〉修订前后的对比分析》,载《自然资源情报》2022年第9期。
② 朱宁宁:《锻造治国重器,以良法促善治——党的十八大以来立法工作成就综述》,载中国共产党新闻网,http://cpc.people.com.cn/n1/2017/0822/c64387-29486968.html?ivk_sa=1024320u,2017年8月22日发布,2023年10月29日最后访问。
③ 《二十大新闻中心第三场记者招待会文字实录》,载国务院新闻办公室网站,http://www.scio.gov.cn/xwfbh/xwbfbh/wqfbh/47673/49272/wz49276/Document/1731995/1731995.htm,2022年10月19日发布,2023年10月29日最后访问。

政监察两项职能。合署后的监察部仍然属于政府序列,继续在国务院领导下工作。

1990年11月,《行政监察条例》发布。7年后,该条例升格为《行政监察法》,并于2010年6月进行了修改,共7章51条,主要扩大了行政监察对象的范围,赋予了监察机关新的监察职责,对举报保密制度作了进一步完善,以更好地保护举报人的合法权益,等等。

(2)监察体制改革与监察法。2016年11月7日,中办印发《关于在北京市、山西省、浙江省开展国家监察体制改革试点方案》,正式拉开了国家监察体制改革的大幕。2017年11月4日,十二届全国人大常委会作出《关于在全国各地推开国家监察体制改革试点工作的决定》。

2018年3月,十三届全国人大一次会议通过了《监察法》,共9章69条,组建国家监察委员会,选举产生国家监察委员会领导人员,标志着全面深化国家监察体制改革进入新阶段。此次监察体制改革实现了对所有行使公权力的公职人员监察的全面覆盖,进一步完善了双重领导体制,明确了地方各级监察委员会对本级人民代表大会及其常务委员会和上一级监察委员会负责,并接受其监督。同时,国家、省、市、县监察委员会,同党的纪律检查机关合署办公,从而加强了中国共产党对反腐败工作的统一领导,以构建集中统一、权威高效的中国特色国家监察体系。

3. 地方行政立法

(1)较大的市的立法权获得。1982年修改《地方各级人民代表大会和地方各级人民政府组织法》(以下简称《地方组织法》)时,全国人大考虑到一些较大的市的政治、经济、文化地位比较重要,需要根据本地方的实际情况制定地方性法规,因此修改后的《地方组织法》规定省、自治区人民政府所在市和经国务院批准的较大的市的人大常委会"可以拟订本市需要的地方性法规草案",提请省、自治区的人大常委会制定、公布,并报全国人大常委会和国务院备案,这是较大的市地方立法权的依据。

1986年再次修改的《地方组织法》将省会市和较大的市地方性法规草案的"拟订权"修改为"制定权",但须报省、自治区的人大常委会批准后施行。从1984年到1993年,国务院分4次批准了19个设区的市享有较大的市地方立法权。2000年制定的《立法法》又将较大的市的立法权扩大至经济特区所在地的市。

在2023年《立法法》修改前,根据《地方组织法》和2000年《立法法》的规定,我国共有49个享有地方立法权的较大的市,包括27个省会市、18个经国务院批准的较大的市以及4个经济特区所在地的市,尚没有地方立法权的市有235个。

(2)较大的市的立法权扩容。较大的市制定地方性法规,是地方立法的重要组成部分,对推动本地区经济社会发展和民主法治建设的进步发挥了积极作用。因此,不少设区的市提出了赋予其较大的市地方立法权的请求。

2014年10月,党的十八届四中全会提出要明确地方立法权限和范围,依法赋予设区的市地方立法权。2015年修订的《立法法》便赋予了设区的市地方立法权,明确设区的市可以对城乡建设与管理、环境保护、历史文化保护等方面的事项制定地方性法规。2018年通过的《宪法修正案》正式写入设区的市制定地方性法规的规定,这意味着国家根本大法已对所有设区的市的立法权予以确认。

除设区的市以外,自治州和广东省东莞市以及中山市、甘肃省嘉峪关市、海南省三沙市四个不设区的地级市也享有地方立法权。截至2020年8月,我国享有地方立法权的设区的市、自治州共322个,包括289个设区的市、30个自治州和3个不设区的地级市。除西藏那曲市外,其余全部321个设区的市已制定地方性法规。自2015年3月至2020年2月,省级人大常委会共批准设区的市制定地方性法规1869件,修改913件,废止314件。随着地方立法主体扩容,设区的市地方立法呈现逐年增长态势。[①]

(三) 刑法

1. 1979年《刑法》

1978年10月,国家组织刑法草案修订,对1963年的第33稿刑法典草案进行修订,先后拟定了2个稿本。1979年2月,全国人大常委会成立法制委员会,接手主持刑法典的起草工作,继续草拟了3个稿本,其中第3个稿本即第38稿,作为《中华人民共和国刑法(草案)》提交五届全国人大二次会议进行审议,最后于1979年7月1日会议上获得一致通过,同年7月6日正式公布,1980年1月1日起施行。至此,我国第一部系统的刑法典正式诞生。

1979年《刑法》的颁布使我国刑法规范第一次得以体系化,此后刑事司法文书(包括起诉意见书、起诉书、判决书、裁定书等)都要引用法律条文,让我国刑事司法办案工作有法可依,并且带动了我国刑法学教学研究从停滞状态走向复苏乃至逐步繁荣,可谓意义重大。

2. 单行刑法

自20世纪80年代初期开始,犯罪形势发生了重大变化,尤其是经济领域的体制改革,使得对1979年《刑法》的修改迫在眉睫。在这一背景下,我国进入了"严打"的刑事周期。1983年、1996年、2001年相继发动了3次"严打"。1979年《刑法》的修改补充,正是在1983年"严打"的背景下展开的。

(1) 有关普通刑事犯罪。1979年《刑法》的修改补充主要采取了单行刑法

---

① 囯然:《立法法修改五周年设区的市地方立法实施情况回顾与展望》,载《中国法律评论》2020年第6期。

的方式,全国人大常委会先后颁布了 24 个决定或者补充规定,其中涉及普通刑事犯罪的主要有:1988 年 9 月 5 日《关于惩治泄露国家秘密犯罪的补充规定》、1988 年 11 月 8 日《关于惩治捕杀国家重点保护的珍贵、濒危野生动物犯罪的补充规定》、1990 年 6 月 28 日《关于惩治侮辱中华人民共和国国旗国徽罪的决定》、1990 年 12 月 28 日《关于惩治走私、制作、贩卖、传播淫秽物品的犯罪分子的决定》、1990 年 12 月 28 日《关于禁毒的决定》、1991 年 6 月 29 日《关于惩治盗掘古文化遗址古墓葬犯罪的补充规定》、1991 年 9 月 4 日《关于严惩拐卖、绑架妇女、儿童的犯罪分子的决定》、1991 年 9 月 4 日《关于严禁卖淫嫖娼的决定》、1992 年 12 月 28 日《关于惩治劫持航空器犯罪分子的决定》、1994 年 3 月 5 日《关于严惩组织、运送他人偷越国(边)境犯罪的补充规定》。这些修改和补充有些是对刑法已有规定但已过时的内容的修改,有些是对刑法没有规定但需要规定的内容的补充。

(2) 有关经济刑事犯罪。相对于普通刑事犯罪,1979 年《刑法》对经济犯罪的规定更是欠缺。因此,单行刑法还对经济犯罪作了大量的修改补充。24 个单行刑法中涉及经济刑事犯罪的主要有:1988 年 1 月 21 日《关于惩治贪污罪贿赂罪的补充规定》、1988 年 1 月 21 日《关于惩治走私罪的补充规定》、1992 年 9 月 4 日《关于惩治偷税、抗税犯罪的补充规定》、1993 年 2 月 22 日《关于惩治假冒注册商标犯罪的补充规定》、1993 年 7 月 2 日《关于惩治生产、销售伪劣商品犯罪的决定》、1994 年 7 月 5 日《关于惩治侵犯著作权的犯罪的决定》、1995 年 2 月 28 日《关于惩治违反公司法的犯罪的决定》、1995 年 6 月 30 日《关于惩治破坏金融秩序犯罪的决定》、1995 年 10 月 30 日《关于惩治虚开、伪造和非法出售增值税专用发票犯罪的决定》。以上单行刑法分为补充规定和决定两种形式。其中,补充规定是对 1979 年《刑法》原有罪名的修改补充,例如《关于惩治贪污罪贿赂罪的补充规定》。决定是指对 1979 年《刑法》原来没有规定的内容所作的补充规定,例如《关于惩治虚开、伪造和非法出售增值税专用发票犯罪的决定》。

3. 1997 年《刑法》

从 1988 年 7 月开始,《刑法》的修订工作就已经正式列入全国人大常委会的立法规划。全国人大常委会法工委于 1988 年 9 月至 12 月间草拟出 3 个稿本。经过多次研讨修改,全国人大常委会法工委形成了 1996 年 12 月 20 日《刑法(修订草案)》,并提交给八届全国人大常委会审议。1997 年 3 月 14 日,八届全国人大五次会议通过、公布了《刑法》,新《刑法》自 1997 年 10 月 1 日起施行。

1997 年《刑法》是在我国从计划经济向市场经济体制过渡并已初步建立市场经济的情况下修订的,包括总则、分则、附则 3 部分,共 15 章 452 个条文,其修改幅度之大、涉及范围之广,在我国刑法史上是空前的。

1997年《刑法》将1979年《刑法》没有规定的罪刑法定原则、法律面前人人平等原则和罪刑相适应原则确定为基本原则,是健全我国刑事立法体系的重要标志之一。其内容比1979年《刑法》更为完善,且增强了可操作性,实现了刑法的统一性和完备性,标志着我国刑事立法进入了一个新的历史发展阶段。

4. 刑法修正案

(1) 从单行刑法到刑法修正案。在1997年《刑法》生效一年多后,亚洲金融危机爆发,外汇领域出现了大量的违法犯罪。为了有力地打击骗购外汇、逃汇、非法买卖外汇的违法犯罪行为,1998年12月29日,九届全国人大常委会六次会议通过了《关于惩治骗购外汇、逃汇和非法买卖外汇犯罪的决定》。该决定增设了骗购外汇罪,同时对逃汇罪的主体作了修改,并提高了法定刑。此外,还对非法买卖外汇行为的定罪问题作了规定。

值得注意的是,立法机关对《刑法》采取决定的方式进行修改补充,这些决定属于单行刑法,实际上延续了1997年《刑法》修订之前的习惯。

(2) 12个刑法修正案。① 刑法修正案的问世与适用。1999年10月18日,九届全国人大常委会委员长会议同意采用修正案方式修改刑法,单行刑法的修改方式被取代,使刑法更便于引用和编纂。从1999年开始,我国分别于1999年、2001年(2次)、2002年、2005年、2006年、2009年、2011年、2015年、2017年、2020年和2023年共颁布了12个刑法修正案。2020年12月26日通过的《刑法修正案(十一)》共有48条,是近十年来最大规模的刑法修改,既涉及刑事责任年龄的微调,又有对分则的大量修改。② 修改总则的刑法修正案。通常情况下,除非是进行正式的刑法修改,一般都不会对总则进行修订,但《刑法修正案(八)》和《刑法修正案(九)》则涉及对刑法总则规范较为重大的修改。《刑法修正案(八)》和《刑法修正案(九)》主要对刑罚结构进行了调整,具体表现为减少死刑和加重生刑这两个方面。减少死刑主要是废除了部分死刑罪名,其中,《刑法修正案(八)》废除了13个死刑罪名,《刑法修正案(九)》又废除了9个死刑罪名。加重生刑主要是指提高死缓和无期徒刑的实际执行期限,加大对这两种刑罚的惩治力度,尤其是对于死缓,通过限制减刑和设置终身监禁的方法延长了实际执行期限。③ 刑法修正案对分则的修改。刑法修正案对刑法分则的修改表现为修改旧罪和增设新罪这两方面,其中以增设新罪为主。例如,为了保障2017年《国歌法》的施行,2017年11月4日通过的《刑法修正案(十)》将公共场合侮辱国歌的行为入刑,情节严重的可处三年以下有期徒刑。[①] 又如,《刑法修正案(十一)》新增10余个新罪,涉及交通安全、生产安全、药品安全的维护,以及对金融领域、公共场所管理秩序、生物安全等领域罪刑关系的建构等问题。

---

① 陈兴良:《回顾与展望:中国刑法立法四十年》,载《法学》2018年第6期。

总之,我国刑法经历了从无法可依到有法可依的巨大转变,并且通过刑法的不断修改而日趋完善。

(四) 民商法

1. 从《民法通则》到《民法总则》

(1)《民法通则》的制定历程及其内容。因民法典编纂时机不成熟,1986年只是通过了《民法通则》,规定了各个民事领域的一般规则。《民法通则》是我国第一部调整民事关系的基本法律,也是我国民法立法发展史上的一个新的里程碑。

《民法通则》确定了民法的基本内容、原则以及基本制度,第一次以基本法的形式明确规定了公民和法人的民事主体地位,并采取列举的方式全面规定了公民和法人所享有的财产所有权和与财产所有权有关的财产权、债权、知识产权和人身权,全面宣示公民、法人所享有的民事权利,这在中外民事立法史上是少见的。

《民法通则》以基本法的形式宣示了对公民人身权利的保护,第一次在法律上确认公民依法享有的各项人格权,突出了对人的尊重,体现了以人为本的理念,也充分体现了现代民法所贯彻的人文主义精神。同时,该法第一次在法律上规定了系统、完整的民事责任制度,为民事权利的保护确立了基本规则。总之,《民法通则》的诞生标志着我国民事立法进入了完善化、系统化阶段,为民法典的问世奠定了基础、开辟了道路。

(2)《民法总则》的制定与内容。2017年3月15日,十二届全国人大五次会议通过了《民法总则》,实质性地推进了我国民法典的编纂进程。《民法总则》采取"提取公因式"的方式,确立了民商事活动所共同遵循的基本规则,完善了民事主体、民事权利、民事法律行为、代理、民事责任、时效等制度,极大地推进了我国民事立法的体系化进程。

《民法总则》继续采纳《民法通则》的经验,专设"民事权利"一章,集中确认和宣示了自然人、法人、非法人组织所享有的各项民事权利,充分彰显了民法对私权保障的功能。该法完善了社会主义市场经济的法律规则,确认了自愿原则,弘扬了私法自治理念,充分保障了民事主体的行为自由,有力地维护了社会主义市场经济的法律环境和法治秩序。该法从维护广大人民群众的根本利益出发,广泛确认了民事主体所享有的各项权益,规定了胎儿利益保护规则、民事行为能力制度、老年监护制度、英烈人格利益保护等,实现了对人"从摇篮到坟墓"各个阶段的保护。

2.《民法典》

(1) 民法典的编纂组织和模式选择。在1979年和2002年两次组织民法典编纂失败后,我国逐渐明确了民法典的编纂路径,与许多西方国家(如法国、德国等)一次性地颁行民法典不同,我国采用"成熟一个,制定一个"的办法,选择了一条民事单行立法先行,进而统合为民法典的渐进式立法路线,符合我国转型社会的特点。

2014年,党的十八届四中全会通过的《中共中央关于全面推进依法治国若干重大问题的决定》明确提出要"加强重点领域立法",特别是"加强市场法律制度建设,编纂民法典",这是党中央第一次在文件中提出编纂民法典。自此,立法机关正式重启了民法典编纂工作。而在《民法总则》制定之后,立法机关加紧了民法典其他分则的制定。至此,出台民法典的时机已经到来。

(2)《民法典》的出台与内容。2020年5月28日,十三届全国人大三次会议高票通过了《民法典》,于2021年1月1日起实施。《民法典》是中华人民共和国的第一部民法典,也是中华人民共和国成立以来第一部以"典"命名的法律,既是市场经济的基本法,又是社会生活的百科全书,更是民事权利保护的宣言书,将充分保障人民群众的美好幸福生活,主要表现在以下方面:① 维护人格尊严;② 维护人身安全;③ 维护财产安全;④ 保障安居乐业;⑤ 维护生态环境。

《民法典》由7编及附则组成,共有84章1260条,分别为总则编、物权编、合同编、人格权编、婚姻家庭编、继承编、侵权责任编和附则,可谓体例科学、结构严谨、规范合理、内容完整。在民法典实施后,此前颁布的《婚姻法》《继承法》《民法通则》《收养法》《担保法》《合同法》《物权法》《侵权责任法》《民法总则》同时废止。可以说,《民法典》的颁行进一步使民事立法体系化,愈发完善了社会主义市场经济法律体系,能够有效推进国家治理体系和治理能力现代化。[①]

3. 民事单行法

随着改革开放的深化和社会主义市场经济的发展,我国陆续制定了一系列规范市场活动的民事单行法。例如,1987年颁布《技术合同法》,1988年颁布《中外合作经营企业法》,1990年颁布《著作权法》,1991年颁布《收养法》,1993年颁布《公司法》,1995年颁布《担保法》《保险法》《票据法》,1996年颁布《乡镇企业法》《拍卖法》,1998年颁布《证券法》。尤其具有标志性的民事立法是1999年的《合同法》,该法将《经济合同法》《涉外经济合同法》和《技术合同法》统一,结束了我国合同立法"三足鼎立"导致的相互重复、不协调、凌乱的局面,实现了合同法的统一化和体系化,这在完善社会主义市场经济的法律体系方面迈出了重要一步。

1999年以来,我国又先后制定了一系列的民事法律,例如2002年颁布《农村土地承包法》,2007年颁布《物权法》。其中,《物权法》是我国民事立法史的里程碑,该法的制定历时13年,经8次审议,创下了法律草案审议之最,全面规

---

① 王利明:《民法典的时代意义》,载《人民检察》2020年第15期。

定了所有权、用益物权、担保物权,并对国家所有权、集体所有权和私人财产所有权设置了比较完备和明确的法律规范,构建了产权制度的基本框架,有力地维护了社会主义基本经济制度。

《物权法》之后,2009年颁布的《侵权责任法》也是我国民事立法史上的标志性事件,该法是一部系统、全面保护人格权、物权、知识产权等民事权益的法律,标志着我国侵权法与传统债法成功分离,且构建了具有中国特色、符合时代特征的侵权责任法内在体系。该法针对产品责任、环境污染、高度危险责任、医疗损害责任、缺陷产品召回、医疗器械缺陷等作出了明确规定,适应了我国社会在新的历史时期的特殊需求,为《民法典》的颁行奠定了基础。

在婚姻继承制度方面,1950年《婚姻法》完成了破旧(废除旧的封建主义的婚姻家庭制度)立新(建立新民主主义的婚姻家庭制度)的伟大使命之后,1980年五届全国人大三次会议颁布了修改后的《婚姻法》,该法又在2001年进行了重要的修正。另外,1991年颁行了《收养法》,为通过收养形成拟制血亲关系提供了基本的法律规范。1985年制定了《继承法》,明确了私有财产的继承权受法律保护的原则。

总之,改革开放以来,我国形成了基本齐备的民事法律制度,构建了适应市场经济需要的法律体系和基本的民事权利体系,确立了私法自治等民事基本理念,在体系、制度、概念和理念等方面均有重大创新。[①]

4. 知识产权法

(1) 知识产权保护的国内保护。从20世纪80年代到90年代初,我国先后颁布了《商标法》(1982)、《专利法》(1984)、《著作权法》(1990)等法律法规,建立了知识产权法律的基本框架。同时,在其他法律中逐步充实完善了知识产权保护相关内容,构建了统一的知识产权保护法律体系。1986年《民法通则》设立"知识产权"专节,明确知识产权属于民事权利的一种,并明确了侵犯知识产权的民事责任。1979年《刑法》对假冒注册商标罪作了规定,1993年通过了《全国人大常委会关于惩治假冒注册商标犯罪的补充规定》,1997年修订刑法时增设"侵犯知识产权罪"专节,完善了侵犯知识产权的刑事责任。

此后,修订、完善法律规范,建构公共政策体系,倡导创新文化养成,知识产权法治建设出现新的局面。《商标法》分别于1993年、2001年、2013年和2019年进行了四次修正,《专利法》分别于1992年、2000年、2008年和2020年进行了四次修正,《著作权法》分别于2001年、2010年和2020年进行了三次修正,而我国知识产权法的修订绝大部分是为了促进法律的实施。同时,在制定《民法典》、修改《刑法》的过程中,根据实践需要,充实完善知识产权保护相关内容。

[①] 王利明:《回顾与展望:中国民法立法四十年》,载《法学》2018年第6期。

除了传统的知识产权立法以外,对于随着社会发展和科技进步而出现的一些新的知识产品,我国也及时颁布了相应的法律法规加以保护。如原国家工商行政管理局1995年发布的《关于禁止侵犯商业秘密行为的若干规定》(1998年修订),国务院1997年发布的《植物新品种保护条例》(2013年、2014年修订)、2001年公布实施的《集成电路布图设计保护条例》与《计算机软件保护条例》(2011年、2013年修订)等。

2019年1月1日,最高人民法院知识产权法庭正式揭牌,负责集中审理专利类知识产权案件,成为世界范围内首个在最高法院层面设立的专门化知识产权审判机构。目前,我国已形成由最高人民法院知识产权审判庭、知识产权法庭、32家高级法院、3家知识产权专门法院,以及部分中、基层法院组成的知识产权审判新格局,覆盖全国的知识产权法院体系基本建成。到21世纪中叶,人民法院将全面实现知识产权审判体系和审判能力现代化,成为国际知识产权司法保护的示范者和引领者。

(2)知识产权的国际保护。我国于1980年加入《成立世界知识产权组织公约》,1985年参加了《保护工业产权巴黎公约》,1989年参加了《商标国际注册马德里协定》,1990年参加了《关于集成电路知识产权的华盛顿条约》,1992年参加了《保护文学艺术作品伯尔尼公约》《世界版权公约》《保护录音制品制作者防止未经许可复制其录音制品公约》,1994年加入了《专利合作条约》,1999年加入了《国际植物新品种保护公约》,2001年加入了世界贸易组织《与贸易有关的知识产权协定》等。

截至2022年9月,我国已经和26个国家或地区签署了19个自由贸易协定,知识产权保护成为绝大多数自由贸易协定的重要内容。[1] 各国在世界贸易组织(WTO)和世界知识产权组织(WIPO)体制下的知识产权保护议题进展缓慢,自由贸易协定是较为可行的推进知识产权保护、促进国际贸易的方式。[2] 新形势下,我国积极参与世界知识产权组织框架下的全球知识产权治理,在形成新的国际知识产权规则中发出中国声音。

总之,我国仅用了30余年的时间走完了西方国家知识产权法律上百年的发展历程,在吸收世界法治文明成果的基础上注重本土理论创新和制度变革,逐步从移植、引进走向自立、创新,展现了本土化、现代化、一体化发展的基本面向。[3]

---

[1] 《我国已与26个国家和地区签署19个自贸协定》,载中国自由贸易区服务网,http://fta.mofcom.gov.cn/article/rcep/rcepgfgd/202209/49858_1.html,2022年9月26日发布,2023年10月29日最后访问。

[2] 曹文泽、王迁:《中国知识产权法制四十年:历程、特征与展望》,载《法学》2018年第11期。

[3] 吴汉东:《中国知识产权法律变迁的基本面向》,载《中国社会科学》2018年第8期。

5. 商法

（1）商法的发展与独立。1978年以后，以营利性为本质特征的商事活动重回中国历史舞台，到1992年，我国商法在6个方面取得了重大的历史飞跃：农村承包经营户的出现，个体工商户的发展，国有、集体企业的改革，合资经营的产生，经济特区的建立，商事审判制度的显现。

随着党的十四大提出建立社会主义市场经济体制，商法走进了争议与创制期。随着大量商事部门法的颁布，商法在与民法、经济法的争论中获得了独立地位。

（2）立法体系与司法机制的完善。2001年至今，随着经济体制改革不断向纵深发展，改革初期制定的商事立法与市场经济的不协调之处日益暴露出来，这些法律法规已无法适应新形势的发展。于是，修订、完善已有的商法成为这一时期商事立法的主要任务。1993年颁布的《公司法》分别于1999年、2004年、2005年、2013年、2018年、2023年进行修改。同样，1998年颁布的《证券法》分别于2004年、2005年、2013年、2014年、2019年修改完善。《保险法》在2002年、2009年、2014年、2015年被4次修改，《票据法》也于2004年被修正。2006年废除《企业破产法（试行）》，制定新的《企业破产法》，确立适用于所有企业法人的破产程序。同年修改《合伙企业法》，增加有限合伙制度，明确法人可以参与合伙。最高人民法院也注重总结审判经验，弥补法律漏洞，从2006年至2023年，共颁布了5个《公司法》司法解释以及3个《企业破产法》司法解释。

在商事审判机制创新方面，2009年4月，最高人民法院首次正式在会议中使用"商事审判"称谓。2010年8月，"商事审判"正式成为人民法院审判工作的重要组成部分。2016年6月，最高人民法院在4个直辖市、11个省的省会城市和副省级市中级人民法院设立清算与破产审判庭。2017年8月，最高人民法院拟在金融案件相对集中的地区选择部分法院设立金融审判庭，探索实行金融案件的集中管辖。其他金融案件较多的中级人民法院，可根据案件情况设立专业化的金融审判庭或者金融审判合议庭。[①] 2018年6月，最高人民法院设立国际商事法庭，其中，第一国际商事法庭设立在广东省深圳市，第二国际商事法庭设立在陕西省西安市，最高人民法院民事审判第四庭负责协调并指导两个国际商事法庭工作。最高人民法院已建立"一站式"国际商事纠纷多元化解决机制，出台国际商事法庭程序规则，力求在处理有重大影响、疑难复杂的国际商事案件中发挥更大的作用。

---

① 范健：《中国商法四十年（1978—2018）回顾与思考——中国特色市场经济主体与行为制度的形成与发展历程》，载《学术论坛》2018年第2期。

（五）经济法

从 1979 年到 1992 年，是为实行市场经济体制做事实准备的过渡时期；从 1993 年至今，则是市场经济体制不断完善、发展的时期。经历了上述两个时期，经济法制度从无到有，不断生成、发展、壮大，其在整个法律体系中的地位日益重要，成为促进和保障市场经济发展不可或缺的重要制度。

1. 1979—1992

我国在改革开放之初就制定了《个人所得税法》《中外合资经营企业所得税法》《外国企业所得税法》等重要法律，并通过"授权立法"推动税制改革乃至整个经济体制改革和对外开放；同时，还在财政、金融、竞争等领域发布了多部行政法规，其中融入了大量经济法规范，从而形成了经济法体系的"基本雏形"。在向市场经济过渡的时期，由于各类经济改革不断深化，许多方面的体制和制度变动不居，因此经济法领域的法律出台较少，大量的经济政策与制定程序相对简约的行政法规、部门规章、规范性文件等发挥了重要作用。据不完全统计，1993 年初到 1997 年底，全国人大及其常委会通过的法律达 82 部，其中经济立法 36 部，约占 44%，多是有关经济改革、经济管理和外商投资的法律规范。[①]

2. 1993 年至今

1993 年的"市场经济入宪"使经济法的立法备受重视，推动了经济法制度体系的形成。通过 1993 年、1994 年和 1995 年集中开展的市场规制立法、财税立法和金融立法，我国初步构建了与市场经济体制相适应的现代经济法体系。

在 2001 年我国加入世界贸易组织前后，基于全面对外开放的需要，经济法制度得以进一步完善。九届全国人大从 2001 年到 2003 年共立法 53 部，其中经济立法就有 15 部，包括《水法》《草原法》《农业法》等的修订。十届全国人大及其常委会仍然把经济立法作为重点，在 73 部通过的法律中，经济立法达 22 部。自 2013 年以后，我国强调全面深化改革、全面依法治国，使经济法的发展开启了新的阶段，市场规制立法不断完善，国家宏观调控法律制度得到充实，经济监管法律得到应有重视。[②] 经由加入世界贸易组织前后的立法修改，以及在全面深化改革过程中的不断完善，我国的经济法制度取得了长足进步，为现代化经济体系的构建和整体经济法治提供了重要的制度支撑。

当前，中国特色社会主义经济法律体系已经基本形成并不断完善，经济立法主要表现在两个方面：一是对原有的法律进行及时修订，二是对市场经济尚缺位

---

① 《中国特色社会主义法律体系的形成和完善》，载中国人大网，http://www.npc.gov.cn/npc/wgggkf40nlfcjgs/202108/d102b9ded7a04069a6cd4a4e5ee0b43f.shtml，2021 年 8 月 23 日发布，2023 年 10 月 29 日最后访问。

② 张守文：《回望 70 年：经济法制度的沉浮变迁》，载《现代法学》2019 年第 4 期。

的法律进行加紧制定。当然,目前经济法的体系因没有一部类似于《民法典》的"基本法",主要表现为大量的、分散的法律法规。

(六) 环境法

1. 环境法的开创与发展(1978—2011)

1978年修改的《宪法》第11条第3款明确规定:"国家保护环境和自然资源,防治污染和其他公害。"这是我国首次将环境保护工作清晰地写入国家根本大法,将环境污染防治和自然资源保护确定为环境与自然资源法的两大领域,从而奠定了环境法的体系。

从1979年到2012年党的十八大召开之前,环境法可以说是改革开放以来我国发展最为迅速、立法最为活跃的领域之一。1978年12月,中共中央批转了国务院环境保护领导小组提出的"将加强环境资源法制建设、制定环境保护法律作为环境保护工作重点之一",由此拉开了环境资源法发展的序幕。1979年9月,五届全国人大常委会十一次会议原则通过了《环境保护法(试行)》,成为我国环境保护事业发展的里程碑。我国先后制定了《海洋环境保护法》(1982)、《水污染防治法》(1984)、《大气污染防治法》(1987)、《草原法》(1985)、《矿产资源法》(1986)、《水法》(1988)、《野生动物保护法》(1988)等污染防治和自然资源保护方面的法律法规。这些立法基本形成了以污染防治、资源保护与管理、能源管理、循环经济促进等制度为主体的生态环境保护法律制度体系。

在国务院的机构设置方面,1974年10月成立了国务院环境保护领导小组,1982年5月组建城乡建设环境保护部,部内设环境保护局,1988年7月将环保工作从城乡建设环境保护部分离出来,成立独立的国家环境保护局,1998年6月国家环境保护局升格为国家环境保护总局,2008年升格为环境保护部(2018年变更为生态环境部),成为国务院正式组成部门之一。

在全国人大的机构设置上,1993年成立了全国人大环境保护委员会,次年更名为全国人大环境与资源保护委员会,成为我国环境资源立法的权威部门,为我国环境立法工作注入了强劲的新动能。

2. 生态文明法制新阶段(2012年至今)

党的十七大报告提出了建设生态文明的要求,党的十八大报告把生态文明建设纳入"五位一体"总体布局,提出了建设美丽中国的愿景,还将生态文明建设写入《中国共产党章程》。基于此,我国环境立法得到了深入全面的发展,制定了《土壤污染防治法》《核安全法》《深海海底区域资源勘探开发法》《环境保护税法》等生态环境保护法律,修改了《环境保护法》《海洋环境保护法》《环境影响评价法》《水污染防治法》《大气污染防治法》《固体废物污染环境防治法》《防沙治沙法》《野生动物保护法》《草原法》《渔业法》《水法》《节约能源法》《电力法》《煤炭法》《循环经济促进法》等生态环境保护法律,《民法典》《民事诉讼法》等法律也对有关生态环境保护的内容作了规定或者修改。2018 年《宪法修正案》还规定了"贯彻新发展理念""生态文明""美丽"（序言第 7 自然段）和"生态文明建设"（第 89 条"国务院行使下列职权"中第 6 项）等有关生态环境保护的内容，通过这些立法实现了生态环境保护法律制度体系的高质量完善。

当前，我国已经制定了 30 多部环境资源方面的法律，环境法律体系已基本形成，环境资源保护主要领域已经基本实现有法可依。当然，这些法律依然存在一些问题：一是重复率高，二是缺乏统一协调。当前应该研究制定环境法典，促进完善环境立法体系。① 同时，按照党的二十大精神，在建立健全生态环境保护法律体系的同时，要坚定不移地推进环境治理体系与治理能力现代化。党的二十大指出，促进人与自然和谐共生是中国式现代化的本质要求，尊重自然、顺应自然、保护自然是全面建设社会主义现代化国家的内在要求。到 2035 年，我国应在生态环境方面广泛形成绿色生产生活方式，碳排放达峰后稳中有降，生态环境根本好转，美丽中国目标基本实现。在当前阶段，立法方面应当继续完善新兴领域和现有空白领域立法，如深化集体林权制度改革、健全耕地休耕轮作制度，通过完善碳排放统计核算制度、健全碳排放权市场交易制度，稳妥推进碳达峰碳中和，等等。②

（七）社会法

1. 社会法的初创（1978—1993）

1982 年《宪法》对劳动者享有的劳动权、休息权、获得物质帮助权、受教育权等作了较为全面的规定，为社会立法提供了宪法依据。这一时期，经济建设和对外开放是国家立法关注的重点，国有企业是我国企业的主体，计划经济时代的用工管理、劳动保障等制度得以继续适用。

20 世纪 80 年代中后期，为增强国有大中型企业的活力，国家开始改革企业劳动用工制度。1986 年，国务院发布《国营企业实行劳动合同制暂行规定》等 4 个关于改革劳动制度的规定，提出全民所有制企业必须面向社会招工，并全部实行劳动合同制；同时，建立职工待业保险制度，逐步推行以省、市或县为单位统筹职工养老保险金的制度。1987 年，国务院颁布《国营企业劳动争议处理暂行规定》，恢复了已中断 30 年的劳动争议处理制度。

20 世纪 90 年代初，全国人大及其常委会围绕保障残疾人和妇女儿童等特殊群体的权利制定了一系列法律：1990 年提出要抓紧制定工会法以及保障妇

---

① 参见吕忠梅：《环境法　回归路在何方？——关于环境法与传统部门法关系的再思考》，载《清华法学》2018 年第 5 期。

② 参见习近平：《高举中国特色社会主义伟大旗帜　为全面建设社会主义现代化国家而团结奋斗——在中国共产党第二十次全国代表大会上的报告》（2022 年 10 月 16 日），载《人民日报》2022 年 10 月 26 日，第 1 版。

女、少年儿童权益等方面的法律,通过了《残疾人保障法》《归侨侨眷权益保护法》;1991年通过了《未成年人保护法》;1992年通过了《工会法》和《妇女权益保障法》。

2. 社会法的发展(1994—2011)

进入20世纪90年代,与市场经济密切相关的劳动立法成为立法的重点领域之一。1994年全国人大常委会审议通过《劳动法》,标志着我国社会法发展进入了新阶段。党的十五大后,全国人大及其常委会在继续加强经济立法的同时,加快制定维护公民合法权益、促进社会事业发展等方面的法律。1996年通过了《老年人权益保障法》,补齐了特殊群体权益保护方面的立法缺口;同年通过了《职业教育法》,发展职业教育、提高劳动者素质;1998年通过了《执业医师法》和《高等教育法》。到20世纪90年代中后期,国有企业改革进入攻坚阶段。全国人大及其常委会开始考虑制定有关社会保障制度方面的法律。

2001年召开的九届全国人大四次会议,将社会法作为新兴而独立的法律部门正式与民法、刑法、经济法等法律部门并列。我国已经制定了劳动法和一批保障社会特殊群体权益的法律,今后要制定社会保险法,加快完善医疗保险、养老保险、失业保险等社会保障制度,维护社会稳定。全国人大及其常委会加快社会立法步伐。2001年制定了《职业病防治法》,对《工会法》进行修改。2002年制定了《安全生产法》《民办教育促进法》。2004年通过的《宪法修正案》增加了"国家建立健全同经济发展水平相适应的社会保障制度"的内容。2005年修改《妇女权益保障法》。2006年全国人大常委会对《义务教育法》《未成年人保护法》作了较大幅度的修改。2007年相继通过了《劳动合同法》《就业促进法》和《劳动争议调解仲裁法》。2010年通过了《社会保险法》,规范社会保险关系,促进社会保险事业发展。

3. 社会法的完善(2012年至今)

党的十八大以来,社会法的调整对象和范围进一步拓宽,社会法理论研究和立法实践蓬勃发展,2012年十一届全国人大常委会为进一步规范劳务派遣用工,对《劳动合同法》部分条文作了完善;针对老年人权益保障方面出现的新情况、新问题,对《老年人权益保障法》作了全面修改。2013年制定了《特种设备安全法》,预防特种设备事故,保障人身和财产安全。2014年对《安全生产法》作了修改。2015年制定了《反家庭暴力法》;同年,为适应我国人口发展出现的重大变化,对《人口与计划生育法》作了修改。2016年十二届全国人大四次会议通过了《慈善法》,为规范发展慈善组织、推动慈善事业健康发展提供法制保障;同年全国人大常委会还制定了《境外非政府组织境内活动管理法》。

党的十九大后,全国人大及其常委会全面加强和改进新形势下的立法工作,进一步加强社会立法工作,为解决人民日益增长的美好生活需要和不平衡不充分的发展之间的矛盾提供法治保障。① 党的二十大报告对健全劳动法律法规、健全社会保障体系、完善特定群体权益保障制度等方面作出了重要部署,对分配制度、就业优先战略、社会保障体系的健全以及健康中国建设几个方面提出了法制完善方向。②

(八)诉讼法

1. 刑事诉讼法

(1)两次《刑事诉讼法》的修改及内容。1979年2月成立的全国人大常委会法工委,在1963年《刑事诉讼法草案(初稿)》的基础上,起草了新草案,并于当年6月提请五届全国人大二次会议审议,后于1979年7月1日通过,自1980年1月1日起实施。1979年《刑事诉讼法》共164条,具体分为四编:第一编,总则;第二编,立案、侦查和提起公诉;第三编,审判;第四编,执行。该法对于保证准确、及时地惩罚犯罪,保障改革开放和社会主义现代化建设的顺利进行,发挥了重要作用。

早在20世纪80年代,八届全国人大常委会就已将《刑事诉讼法》的修改列入立法规划。1993年,全国人大常委会法工委开始针对《刑事诉讼法》展开调研,并委托专家提出修改建议稿。在此基础上,1995年全国人大常委会法工委拟订了《刑事诉讼法修正案(草案)》并提交全国人大常委会。1996年3月5日,再次提交八届全国人大四次会议审议,1996年3月17日获得通过。修改后的《刑事诉讼法》仍为4编225条,其中修改内容达110多处,增加条文61条,重要内容包括:① 完善基本原则;增加规定了未经人民法院依法判决,对任何人不得确定有罪原则;人民检察院对刑事诉讼实行法律监督原则;司法协助原则等。② 对公检法机关的立案管辖作出修改,缩小了人民检察院自行侦查案件的范围。③ 完善强制措施。④ 完善辩护和法律援助,增加规定刑事诉讼代理。⑤ 扩大不起诉的适用范围。⑥ 增设简易程序,对庭审方式和案卷移送作出修改,强化控辩双方的作用。⑦ 完善刑事执行程序。

(2)第三次《刑事诉讼法》的修改及内容。与《刑事诉讼法》相关的一些重要部门法陆续作出修正,例如:2006年修改《未成年人保护法》,2007年修改《律师法》,2010年修改《国家赔偿法》。在这些法律修改实施之后,《刑事诉讼法》中有些规定与上述法律规定不一致甚至存在矛盾。于是,十届全国人大常委会

---

① 《中国特色社会法的发展与完善——改革开放40年我国社会法发展历程回顾》,载中国人大网,http://www.npc.gov.cn/npc/wgggkf40nlfcjgs/202108/5944f3b0d5fb49eab4b63504b132f0e6.shtml,2021年8月24日发布,2023年10月10日最后访问。

② 习近平:《高举中国特色社会主义伟大旗帜 为全面建设社会主义现代化国家而团结奋斗——在中国共产党第二十次全国代表大会上的报告》(2022年10月16日),载《人民日报》2022年10月26日,第1版。

法工委自2009年开始研究修改《刑事诉讼法》的工作,并形成了草案。十一届全国人大常委会二十二次会议审议了《刑事诉讼法修正案(草案)》,于2012年3月14日表决通过。该修正案在总则中明确写入"尊重和保障人权"。这是自宪法有规定以来,我国部门法中第一次明确写入人权规定。2018年第三次修正的《刑事诉讼法》共涉及《刑事诉讼法》如何与《监察法》衔接、刑事缺席审判制度与速裁程序入法等三方面内容,不涉及对刑事诉讼法基本原则的修改。为正确执行修改后《刑事诉讼法》,最高人民法院出台了《关于适用〈中华人民共和国刑事诉讼法〉的解释》,自2021年3月1日起施行。该司法解释共27章655条,是最高人民法院有史以来条文数量最多的司法解释,也是内容最为丰富、最为重要的司法解释之一。

2. 民事诉讼法

(1) 从试行到1991年《民事诉讼法》。在"四人帮"被粉碎后,为了适应当时审判实践的需要,在国家制定和颁布民事诉讼法典以前,最高人民法院于1979年2月印发了《人民法院审判民事案件程序制度的规定(试行)》,其与1956年最高人民法院印发的《各级人民法院民事案件审判程序总结》基本精神相同,只是对案件的管辖作了规定,弥补了1955年总结的不足。

1979年9月,全国人大常委会法工委开始起草《民事诉讼法》。1982年通过和颁布了《民事诉讼法(试行)》,标志着我国民事诉讼法制建设的全面恢复和发展。1984年8月,最高人民法院印发了《关于在经济审判工作中贯彻执行〈民事诉讼法(试行)〉若干问题的意见》。同时,最高人民法院还通过了《民事诉讼收费办法(试行)》。在《民事诉讼法(试行)》实施了近10年后,1991年4月9日七届全国人大四次会议通过了《民事诉讼法》,共4编29章270条。

(2)《民事诉讼法》的5次修正。自《民事诉讼法》颁布以来,最高人民法院先后发布了100多个相关司法解释,其中有相当一部分已突破了《民事诉讼法》的规定。于是,2003年3月,十届全国人大常委会将《民事诉讼法》的修订工作纳入立法规划。2007年10月28日,十届全国人大常委会三十次会议通过了《关于修改〈中华人民共和国民事诉讼法〉的决定》,对民事诉讼法进行了第一次修正,主要涉及以下内容:① 扩大了拘留适用的对象,并且提高了罚款数额;② 明确规定当事人向上一级人民法院申请再审,并且规定了再审的审查期间;③ 细化了当事人申请再审的具体事由;④ 明确规定特殊情形下当事人申请再审的期间可以延长;⑤ 完善了检察机关的抗诉制度;⑥ 增加了执行管辖的法院,并且延长了当事人申请执行的期间;⑦ 赋予当事人等相关权利,规范执行行为;⑧ 强化了执行措施,促使被执行人依法履行义务。另外,还删去了"企业法人破产还债程序"这一章。

由于此次修改仅立足于局部,难免有局限性。于是,全国人大常委会法工委从 2010 年又开始着手《民事诉讼法》的修订，2012 年 8 月 31 日，十一届全国人大常委会二十八次会议通过了《关于修改〈中华人民共和国民事诉讼法〉的决定》(第二次修正)。该决定共 60 条，对原《民事诉讼法》的修改和增加共 80 多处，主要内容包括：① 完善调解与诉讼相衔接的机制；② 进一步保障当事人的诉讼权利；③ 完善当事人举证制度；④ 完善简易程序；⑤ 强化法律监督；⑥ 完善审判监督程序，使再审审级维持"上调一级"制度；⑦ 完善执行程序，加大对拒不履行的惩处力度。最高人民法院《关于适用〈中华人民共和国民事诉讼法〉的解释》已于 2015 年 2 月 4 日施行。

2017 年 6 月 27 日，十二届全国人大常委会二十八次会议通过了《关于修改〈中华人民共和国民事诉讼法〉和〈中华人民共和国行政诉讼法〉的决定》(第三次修正)，重点确认了人民检察院的公益起诉主体资格，完善了公益诉讼的主体内容，对损害社会公共利益的行为起到了一定的威慑作用。2020 年 12 月 29 日，最高人民法院发布《关于适用〈中华人民共和国民事诉讼法〉的解释》，对 2015 年发布的《民事诉讼法》司法解释作了 8 处修改。2021 年 12 月 24 日，十三届全国人大常委会三十二次会议对《民事诉讼法》进行了第四次修正，进一步完善了在线审理、简易程序、小额诉讼、调解等程序的相关规定。2023 年 9 月 1 日，十四届全国人大常委会五次会议对《民事诉讼法》进行了第五次修正，集中完善了涉外民事诉讼程序、指定遗产管理人案件、虚假诉讼等方面的相关规定。

3. 行政诉讼法

(1) "民告官"与行政诉讼制度的确立。20 世纪 80 年代，我国行政法规规章的立法活动十分频繁，成效显著，但行政法治建设最重要的进展却在于系统建成了具有中国特色的人民法院对行政机关的司法审查(行政诉讼)体系，形成了我国行政法治的基本格局。

1982 年的《民事诉讼法(试行)》初步确立了"民告官"的制度，但其适用的条件严格，范围有限。1987 年以前，法律允许起诉的行政案件均为经济行政案件，1986 年修订的《治安管理处罚条例》突破了行政案件仅限于经济行政案件的状态，将公民的诉权扩展至治安行政案件，是促成行政诉讼普遍化、行政诉讼与民事诉讼完全分离以及制定一部独立的《行政诉讼法》的重要因素。2005 年 8 月，该条例上升为《治安管理处罚法》，并于 2012 年 10 月进行了修改。2017 年公安部公布了《治安管理处罚法(修订公开征求意见稿)》，该法的再次修改已提上日程。

1989 年制定并于 1990 年施行的《行政诉讼法》建立了普遍、独立的行政诉讼制度，使行政法的性质和作用发生了转折性的变化，从根本上改变了行政法单向约束行政管理相对人的状况，强化了"民告官"机制。

(2) 行政诉讼带动的行政救济立法及修改。第一，行政复议与国家赔偿制度。在行政诉讼制度的带动下，行政复议和国家赔偿制度先后发展起来，有关行政机关需要遵守的实体法规范不断增多和完善。

1988年前后,一些经济行政法律和行政法规开始使用"行政复议"这一法律术语,正式将行政复议确立为一种新型行政救济途径。1991年1月1日起施行的《行政复议条例》全面构建了我国的行政复议制度,规定了行政复议的范围、程序和法律责任。1999年10月1日起施行的《行政复议法》第27条规定了行政复议机关具有审查具体行政行为的依据是否合法的责任,第28条新增了确认具体行政行为违法的处理方式等,是对《行政复议条例》重要的修改和补充。为提升行政复议保障、推动法治政府建设的能力,全国人大常委会于2023年9月通过了《行政复议法》的修订,并于2024年1月1日起施行。

1989年的《行政诉讼法》第9章专门对行政侵权赔偿责任作了规定,但比较笼统,也未涉及行政侵权以外的其他国家侵权损害行为的赔偿问题。1995年1月1日起施行的《国家赔偿法》则全面建立了国家行政和司法赔偿制度。《国家赔偿法》已经历了2010年和2012年两次修改,在规范公权力运作、保护公民基本权利、缓冲社会矛盾、实现公平正义等方面发挥了重要作用。①

第二,行政诉讼法的新发展。2014年11月1日,十二届全国人大常委会十一次会议通过了修正《行政诉讼法》的决定,扩大了受案范围,增加了立案不受干预、行政首长出庭应诉、可跨区域管辖、起诉期限延长、明确提出要解决的行政争议、将复议机关作为共同被告等内容。

2017年6月27日,十二届全国人大常委会二十八次会议再次通过修正《行政诉讼法》的决定,正式确立了行政公益诉讼制度,涵盖生态环境和资源保护、食品药品安全、国有财产保护和国有土地使用权出让等行政公益诉讼类型,丰富了我国行政诉讼制度的具体类型,拓展了我国行政诉讼的受案范围,进一步提升了行政诉讼的社会价值。

(九) 涉外法

中华人民共和国成立伊始就曾郑重声明,愿与遵守平等、互利及相互尊重领土主权等原则的外国政府建立外交关系,并对国民党政府与外国签订的条约进行了全面审查,坚决废除不平等条约。20世纪50年代,中国与有关国家共同倡导的和平共处五项原则成为国际社会普遍认可的国际法基本原则。1971年,中国恢复在联合国的合法席位后,全面履行联合国大会、安理会有关决议,积极参与国际规则制定。

1. 涉外法制概况

(1) 立法体系。党的十一届三中全会后,我国陆续制定了"外资三法"(《外

---

① 王学辉、徐寅智:《国家监察赔偿程序的确立与展开》,载《江苏行政学院学报》2022年第4期。

资企业法》《中外合资经营企业法》《中外合作经营企业法》)、《海关法》《进出口商品检验法》《对外贸易法》《涉外民事关系法律适用法》《出境入境管理法》,以及《外汇管理条例》等一系列基础性的涉外法律法规,在民刑事等基本法律中也都规定了专门的涉外条款,为对外开放有序进行提供了法律保障,涉外法律建设取得长足进步。

加入世界贸易组织前后,我国开展了中华人民共和国成立以来最大规模的法律法规和政策措施立、改、废工作,涉及3000余件法律文件,从法律上与世界贸易组织规则接轨,基本建立起符合我国国情和世贸组织规则的涉外法律体系,支撑了全方位对外开放新格局。然而,涉外法律工作还存在不少薄弱环节,对外投资、对外援助、口岸、开发区、领事保护等领域无法可依或法规层级较低,对外贸易、国籍、在华外国人管理等领域的法律法规比较原则笼统,内外资法律法规不尽统一,一些政策性法规缺乏透明度,都制约着对外开放进一步深化。[1]

为了适应构建开放型经济新体制的要求,进一步开放市场、积极吸引外商投资,原来的"外资三法"被整合为一部新的促进和保护外商投资的基础性法律——《外商投资法》。《外商投资法实施条例》已于2020年1月1日起实施。除此之外,《外商投资准入特别管理措施(负面清单)(2021年版)》已于2022年1月1日起实施。《鼓励外商投资产业目录(2022年版)》(即"鼓励类产业目录")也于2023年1月1日起实施。修订后的"负面清单"进一步开放了我国若干特定行业并减少了相应限制,"鼓励类产业目录"则明确我国将提供优惠政策进一步鼓励外商投资中国的关键产业(如制造业、技术产业和农业)。

(2)涉外法治新时代。2014年,党的十八届四中全会审议通过的《中共中央关于全面推进依法治国若干重大问题的决定》第一次以党的文件形式明确提出要"加强涉外法律工作"。2017年,党的十九大报告提出"推动构建人类命运共同体"并将其入宪,进一步推动了我国涉外法治建设。2020年11月召开的中央全面依法治国工作会议明确提出要坚持统筹推进国内法治和涉外法治,要求强化法治思维,运用法治方式,有效应对挑战、防范风险,综合利用立法、执法、司法等手段开展斗争,坚决维护国家主权、尊严和核心利益。2021年3月,十三届全国人大常委会工作报告提出,要加快推进涉外领域立法,围绕反制裁、反干涉、反制长臂管辖等,充实应对挑战、防范风险的法律"工具箱",推动形成系统完备的涉外法律法规体系。2022年,党的二十大报告指出,中国继续坚持经济全球化正确方向,推进双边、区域和多边合作,促进国际宏观经济政策协调,反对保护主义,反对"筑墙设垒""脱钩断链",反对单边制裁、极限施压;同时积极参与全

---

[1] 汪洋:《加强涉外法律工作》,载《人民日报》2014年11月6日,第6版。

球治理体系改革和建设,推动全球治理朝着更加公正合理的方向发展。①

2. 国际法律合作

(1) 国际公约与条约。我国政府重视发展与世界各国的友好关系,积极参与区域性、全球性国际组织的活动,对外缔结了大量政治、经贸、文化、司法协助等领域的双边、多边条约,为保持国民经济平稳较快发展,全面建成小康社会,加深中国与世界各国及国际组织的全方位合作提供了良好的法律保障。

20世纪80年代开始,我国开始较多较快地参加国际公约。20世纪90年代至今,我国更加注意加强国际合作与交流,也更加积极、慎重地加入国际公约。近年来,我国对外缔结的国家间、政府间和政府部门间的双边条约、协定及其他具有条约、协定性质的文件年均200多项。我国参加了几乎所有普遍性政府间国际组织,缔结超过2.5万项双边条约,加入500多项多边公约,在国际法领域的话语权和影响力显著增强。② 在现行有效的272件法律中,截至2019年4月,有61件包含与国际法及其适用有关的条款,超过法律总数的1/5;按部门法分类来看,据统计,直接出现在我国法律条文中的国际条约和国际惯例涵盖了中国特色社会主义法律体系所包含的七大门类。③

(2) 国际司法合作。自1987年与法国谈判缔结我国首个民商事司法协助协定以来,截止到2019年7月,我国已与78个国家签署了双边刑事司法协助条约、民事司法协助条约、引渡条约、被判刑人移管条约和打击恐怖主义、分裂主义和极端主义合作协定163项,加入《联合国反腐败公约》等近30项含有司法协助、引渡等内容的国际公约。④

2016年1月1日,四级法院司法协助管理平台建成上线。截至2019年9月底,司法协助管理平台平均每年审查办理国际司法协助案件约3000余件,案件范围覆盖全球70余个国家,遍布五大洲。⑤

二、基本特点

(一) 1977年至2011年

从1977年到2011年,我们党逐步认识到并重视制度建设在治国理政中的

---

① 习近平:《高举中国特色社会主义伟大旗帜 为全面建设社会主义现代化国家而团结奋斗——在中国共产党第二十次全国代表大会上的报告》(2022年10月16日),载《人民日报》2022年10月26日,第1版。

② 杨洁篪:《深刻认识和用好国际法 坚定捍卫国家利益 共同维护世界和平与发展》,载《求是》2020年第20期。

③ 《国际法与新中国成立70年立法实践》,载中国人大网,http://www.npc.gov.cn/npc/dzlfxzgcl70nlflc/202108/7e3aaf6b374f428881637ee92ab921f7.shtml,2021年8月24日发布,2023年10月10日最后访问。

④ 孙航:《国际合作:在共享时代共创法治繁荣》,载《人民法院报》2019年9月29日,第1版。

⑤ 同上。

重要作用,将制度上升到根本性、全局性、稳定性、长期性的高度,从而有力推进了社会主义制度不断自我完善和发展,在经济、政治、文化、社会等各个领域形成了一整套符合我国国情、顺应时代潮流的相互衔接、相互联系的制度体系,其特点主要体现在以下三个方面。

1. 坚持依法治国推动改革与法治并进

党的十一届三中全会公报把加强社会主义法治、实现从人治到法治的转变的历史性任务突出地提到全党全国人民面前,强调:"为了保障人民民主,必须加强社会主义法制,使民主制度化、法律化,使这种制度和法律具有稳定性、连续性和极大的权威,做到有法可依、有法必依、执法必严、违法必究。"①

1979年9月,中共中央专门向全党发出了《关于坚决保证刑法、刑事诉讼法切实实施的指示》,第一次鲜明提出"实行社会主义法治"。"八二宪法"则把党的十一届三中全会以来我们党推进法治建设的成功经验上升为宪法规范,确立了国家法制统一的原则。党的十五大第一次郑重提出了依法治国、建设社会主义法治国家的基本方略。党的十六大提出了依法执政的重大命题。在这一理念和实践的过程中,始终坚持在法治下推进改革、在改革中完善法治。从"先改革后立法""边改革边立法",到当今"凡属重大改革必须于法有据",立法更加科学化和民主化,体现了党的领导、人民当家作主和依法治国的有机统一。

2. 逐步实现公民权利的法治化保障

改革开放以来,我国在通过经济社会发展改善人民的生存权和发展权的同时,高度重视通过宪法和法律保障公民的基本权利和自由,依法保障全体社会成员平等参与和平等发展的权利。国家尊重和保障人权作为一项宪法原则被正式载入《宪法》,以《宪法》为根本依据,人权保障事业不断法律化、制度化。立法始终围绕群众所想所急所盼,全方位回应民生关切。

3. 形成中国特色社会主义法律体系

党的十五大报告在提出坚持依法治国基本方略的同时,第一次明确提出"加强立法工作,提高立法质量,到二零一零年形成中国特色社会主义法律体系"的历史性任务。② 设定形成中国特色社会主义法律体系的具体时间表,充分反映了当代中国共产党人坚定地走中国特色社会主义法治道路的理性自觉。经过中华人民共和国成立以来特别是改革开放历史新时期以来的不懈努力,以《宪法》为核心的中国特色社会主义法律体系基本形成。从法律体系的结构看,

---

① 《中国共产党第十一届中央委员会第三次全体会议公报》,载中央政府门户网站,http://www.gov.cn/test/2009-10/13/content_1437683.htm,2009年10月13日发布,2023年10月30日最后访问。

② 《江泽民在中国共产党第十五次全国代表大会上的报告》,载中央政府门户网站,http://www.gov.cn/test/2008-07/11/content_1042080_4.htm,2008年7月11日发布,2023年10月30日最后访问。

部门比较齐全、层次比较分明、结构比较协调、体例比较科学,主要由宪法及相关法、民商法、行政法、刑法、经济法、社会法、程序法 7 个法律部门和法律,行政法规,地方性法规、自治条例和单行条例 3 个不同层级的法律规范构成,法律体系内部总体科学、和谐、统一。

(二) 2012 年至今

党的十八大以来,以习近平同志为核心的党中央高度重视国家制度和治理体系建设,统筹推进"五位一体"总体布局、协调推进"四个全面"战略布局,不断推进中国特色社会主义制度体系的完善和发展,法律制度的创新实践呈现出鲜明的时代特点。

1. 坚持以党的集中统一领导为统领

中国特色社会主义制度的最大优势和最本质特征就是坚持党的领导。进入新时代,围绕坚持和加强党的全面领导,以习近平同志为核心的党中央不断加强党的制度建设,使党的领导制度贯通改革发展稳定、内政外交国防、治党治国治军等各个领域,取得了一系列历史性重大制度建设成就。党的二十大报告指出,十八大以来我国全面加强党的领导,确保了党中央权威和集中统一领导,确保了党发挥总揽全局、协调各方的领导核心作用,使得中国共产党更加团结统一。未来五年(2022 年至 2027 年)是全面建设社会主义现代化国家开局起步的关键时期,我国依旧应当以坚持和加强党的全面领导为原则,把党的领导落实到党和国家事业各领域各方面各环节。推进党的建设要求坚持和加强党中央集中统一领导,健全总揽全局、协调各方的党的领导制度体系,完善党中央重大决策部署落实机制。① 人大监察司法工作的推进也要求坚持党中央的集中统一领导,要深刻领悟"两个确立"的决定性意义,自觉做到"两个维护",全面、系统、整体落实党中央集中统一领导,贯彻党中央决策部署。②

2. 坚持以全面深化改革为目标

改革开放是当代中国发展进步的活力之源,坚持和完善中国特色社会主义制度,必须坚持全面深化改革,不断在法治建设和创新方面迈出新步伐,不断推进国家治理体系和治理能力现代化。进入新时代,我们党高度重视加强改革的顶层设计和总体规划,党的十八届三中全会作出了关于全面深化改革若干重大问题的决定,提出了全面深化改革的总目标是完善和发展中国特色社会主义制

---

① 习近平:《高举中国特色社会主义伟大旗帜 为全面建设社会主义现代化国家而团结奋斗——在中国共产党第二十次全国代表大会上的报告》(2022 年 10 月 16 日),载《人民日报》2022 年 10 月 26 日,第 1 版。

② 《认真学习贯彻党的二十大精神 推动人大监察司法工作高质量发展》,载中国人大网,http://www.npc.gov.cn/npc/kgfb/202301/t20230109_423268.html,2023 年 1 月 9 日发布,2023 年 10 月 4 日最后访问。

度,党的十九届四中全会总结党的十八大以来全面深化改革和制度建设的理论创新、实践创新成果,作出了关于坚持和完善中国特色社会主义制度、推进国家治理体系和治理能力现代化若干重大问题的决定,为实现党的十九大提出的"两个一百年"奋斗目标作出了具体部署。

同时,党中央建立健全全面深化改革领导体制。党的十八届三中全会后,中央全面深化改革领导小组成立。党的十九届三中全会充分把握新形势下改革开放的时代性、体系性、全局性特点,将中央全面深化改革领导小组改为中央全面深化改革委员会,坚持以制度推进改革,通过改革完善制度,改革呈现全面发力、多点突破、蹄疾步稳、纵深推进的生动局面,经济、政治、文化、社会、生态文明、国防和军队、党的建设等重要领域和关键环节改革取得突破性进展,主要领域改革主体框架基本确立,中国特色社会主义制度更加完善,国家治理体系和治理能力现代化水平明显提高。在2022年党的二十大报告中,党的十八大召开以来的改革成果得到了充分认可。党的二十大报告指出,许多领域实现历史性变革、系统性重塑、整体性重构,国家治理体系和治理能力现代化水平明显提高。在未来五年(2022年至2027年)的发展中,必须继续坚持深化改革开放的原则,深化行政执法体制改革、司法体制综合配套改革,推进法治中国建设。①

3. 坚持以依法治国为抓手

党的十八大以来,以习近平同志为核心的党中央站在关系党和国家前途命运、长治久安的战略全局高度谋划法治,将全面依法治国纳入"四个全面"战略布局加以推进,法治建设取得了新的重大成就。党的十八届四中全会作出关于全面推进依法治国的决定,开启全面推进依法治国新阶段;顺利完成《宪法》修改,《宪法》的实施和监督制度进一步健全;重点领域立法得到加强,中国特色社会主义法律体系不断完善;深入推进依法行政,法治政府建设进一步加快;司法管理体制和司法权力运行机制进一步健全,司法公信力持续提高;积极推进法治社会建设,全社会法治观念明显增强,国家治理日益制度化、程序化、规范化、法治化。在党的二十大报告中,习近平总书记指出,全面依法治国是国家治理的一场深刻革命,必须更好发挥法治固根本、稳预期、利长远的保障作用,在法治轨道上全面建设社会主义现代化国家。②

在推进依法治国过程中,科学立法、民主立法是加强和完善制度建设的路径方法。一是既加强顶层设计,又推进基层积极探索。二是坚持统筹集成、整体推

---

① 习近平:《高举中国特色社会主义伟大旗帜 为全面建设社会主义现代化国家而团结奋斗——在中国共产党第二十次全国代表大会上的报告》(2022年10月16日),载《人民日报》2022年10月26日,第1版。

② 同上。

进,以经济领域制度建设为重点,加强制度建设的配套和衔接,促进各项制度措施在政策取向上相互配合。三是充分发扬民主,拓宽社会公众参与立法的有效途径,广泛听取社会各方面的意见建议,坚持立法为了人民、依靠人民、造福人民,通过全过程人民民主,使每部法律都能符合宪法精神,反映人民意愿,得到人民拥护。四是既在法治下推进改革,又在改革中完善法治。一方面高度重视运用法治思维和法治方式,发挥法治的引领和推动作用,做到重大改革于法有据,确保改革有秩序、不走样。另一方面立法主动适应改革发展需要,勇于冲破思想观念的束缚,破除体制机制的障碍,创新完善改革发展需要的制度机制,以法治建设的新成果为全面深化改革保驾护航。

4. 坚持以以人民为中心为价值追求

人民立场、人民至上,是我们党一以贯之的治国理政价值取向和执政主线。我国立法从制度上确保人民群众广泛参与,实现全过程人民民主,确保每一项立法体现宪法原则和最广大人民的根本利益。党的十八大以来,全国人大及其常委会坚持"开门立法",加强基层立法联系点建设,健全法律草案公开征求意见及意见反馈机制,保证人民通过多种途径有效参与立法,使立法更好地体现民情、汇聚民意、集中民智,推动全过程人民民主深入人心。

当前,我国社会主要矛盾已经转化为人民日益增长的美好生活需要和不平衡不充分的发展之间的矛盾。我国的制度建设必须坚持以人民为中心,充分适应社会主要矛盾变化提出的新要求,适应人民日益增长的美好生活新需求。在推进重大改革和制度建设过程中,坚持从解决群众最关心、最直接、最现实的利益问题切入,从百姓身边事改起,围绕实施就业优先战略和积极就业政策,落实"六稳""六保"的民生要求,建设更加公平可持续的社会保障制度,建立统一的城乡居民基本养老、基本医疗保险制度,划转部分国有资本充实社保基金,切实保障群众基本生活;强化提高人民健康水平的制度保障,全面推开公立医院综合改革,取消药品加成政策,推进分级诊疗,实行家庭医生签约服务,改革完善短缺药品供应保障机制,推进国家组织药品集中采购和使用,改革和完善疫苗管理体制,着力解决群众看病难、看病贵问题;加快城乡义务教育一体化发展,全面加强新时代教师队伍建设,深化考试招生制度改革,推进"双一流"建设,深化学前教育改革,规范校外培训机构,促进教育事业全面发展;坚持精准扶贫、精准脱贫基本方略,明确脱贫攻坚责任制,建立贫困退出机制,保障脱贫攻坚取得的决定性成就;推进基层治理现代化,深化政务服务便民化改革,放开放宽城镇落户条件,解决无户口人员登记户口问题;等等。[①]

[①] 参见沈春耀、许安标主编:《经国之本:中国共产党对国家制度和法律制度的百年探索》,法律出版社2021年版,前言。

第四节 共和国的司法制度

一、改革开放之前的司法制度

(一) 审判和检察机关

1. 人民法院

1949年12月通过的《最高人民法院试行组织条例》规定了最高人民法院的组织机构设置。1951年9月颁布的《人民法院暂行组织条例》规定，人民法院分为三级，即最高人民法院及其分院、省级人民法院及其分院、县级人民法院，实行三级两审终审制。各级人民法院设立审判委员会，决定重大疑难案件和指导审判工作。该条例还规定了公开审理、人民陪审、使用本民族语言等原则和上诉、再审程序以及人民检察院的抗诉程序。1954年9月颁布的《人民法院组织法》规定，人民法院的组织体系由三级改为四级，即基层人民法院、中级人民法院、高级人民法院和最高人民法院，基层人民法院还设立若干人民法庭作为派出机构，同时，设立军事法院、铁路运输法院和水上运输法院等专门人民法院。

最高人民法院是国家最高审判机关，监督地方各级人民法院和专门人民法院的审判工作。最高人民法院院长由全国人大选举，副院长、审判员、审判委员会委员由全国人大常委会任免。最高人民法院向全国人大及其常委会负责并报告工作。地方各级人民法院分别由本级人大及其常委会产生，并向本级人大及其常委会负责和报告工作。

2. 人民检察院

1949年9月27日通过的《中央人民政府组织法》确定了检察制度是我国一项不可或缺的司法制度，12月颁布了《最高人民检察署试行组织条例》。1951年颁布的《中央人民政府最高人民检察署暂行组织条例》和《各级地方人民检察署组织通则》规定，人民检察署是国家的法律监督机关，最高人民检察署是国家的最高检察机关，受中央人民政府直接管辖，并领导下级人民检察署，对各级政府机关、政府工作人员和全国人民严格遵守法律负有检察监督的责任，对司法机关的违法判决提出抗诉，对刑事案件提出公诉，对监狱、监所的违法行为进行监督，代表国家参与有关社会和人民利益的重要民事案件和行政案件。全国检察系统与法院对应设置。1951年底精简国家机关，提出检察机关只保留名义，不设机构，不配备干部，其工作由公安机关兼办。当时在毛泽东同志的干预下检察机关才得以保留。

从"五四宪法"和1954年《人民检察院组织法》的颁布到1957年反右派斗争前，检察工作得到了迅速发展。到1955年底，全国检察机关普遍建立，全面开展了批捕、起诉、控诉、劳改等检察工作,开展了对贪污、渎职案件的侦查工作,并有重点地开展了一般监督工作,显示了检察工作的重要性。1956年上半年,全国各级军事检察院基本建立起来,共分四级:最高人民检察院军事检察院;下属大军区(军兵种)军事检察院;军(省军区)军事检察院;步兵师(军分区)军事检察院。检察机关的组织机构体系进一步完善。①

从1957年开始,检察工作受到冲击和削弱。1960年冬,取消检察机关的声音再次出现,要求公检法合署办公,最高人民检察院归公安部领导。但最终还是保留了检察机关,检察工作有所恢复。1966年,最高人民检察院遭到夺权,工作陷于瘫痪。1968年底,最高人民检察院、军事检察院和地方各级检察院先后被撤销,人民检察制度中断。直到1978年6月1日,最高人民检察院才正式挂牌,启用印鉴,恢复办公。

(二)司法行政机关

1. 司法行政工作

1949年9月,司法部设于政务院之下,主管全国的司法行政工作,地方司法行政机关的设置,除了在各大行政区设立行政区司法部外,省和县的司法行政工作由本辖区的人民法院代管。1951年,公安机关开始承担监所管理职责,在没有设置检察机关的地方,公安机关代行检察权。"五四宪法"颁布后,各大行政区撤销,各省级人民政府设立司法厅,行政专署设司法处,县级司法行政工作仍由县人民法院代管。

2. 律师工作

1950年12月,司法部发出了《关于取缔黑律师及讼棍事件的通报》,解散了旧的律师组织,并停止了旧律师和讼棍的活动。与此同时,我国开始探索建立新的律师制度,1955年开始逐步建立起律师队伍。1956年1月,国务院正式批准了司法部提出的《关于建立律师工作的请示报告》,该报告建议通过国家立法正式确认律师制度。

1957年上半年,司法部起草了《律师暂行条例(草案)》。到1957年6月,全国已有19个省、自治区、直辖市建立了律师协会,800多个法律顾问处,有专职律师2500多人,兼职律师300多人,律师制度顺利发展。② 自1957年下半年起,受"左"倾思潮影响,律师制度受到一定的冲击,1959年司法部被撤销,律师制度也随之夭折,其间还建立了劳动教养和少年管教制度。

---

① 《百年党史中的检察档案丨最高人民检察院军事检察院建立》,载中华人民共和国最高人民检察院官网,https://www.spp.gov.cn/zdgz/202106/t20210622_521989.shtml,2021年6月22日发布,2023年10月31日最后访问。

② 李运昌:《关于〈中华人民共和国律师暂行条例〉的几点说明》,载茅彭年、李必达主编:《中国律师制度研究资料汇编》,法律出版社1992年版,第5页。

(三) 非诉讼纠纷解决机制

非诉讼纠纷解决机制的概念来源于美国的 ADR 机制。ADR 全称是 alternative dispute resolution,直译为替代性纠纷解决程序,指使用诉讼以外的方法来解决纠纷,如仲裁、调解等。

1. 仲裁制度

仲裁是国际通行的当事人自治纠纷解决方式,是我国多元化纠纷解决机制和社会治理体系的重要组成部分,也是我国法治化、国际化、便利化营商环境的要素之一。中华人民共和国成立后,我国建立了涉外仲裁和国内仲裁两套制度,其中涉外仲裁始于 20 世纪 50 年代中期。中国国际贸易促进委员会先后于 1956 年、1959 年设立了对外贸易仲裁委员会(中国国际经济贸易仲裁委员会的前身)、海事仲裁委员会,并制定了相应的仲裁规则,标志着现代仲裁制度的初步建立。涉外仲裁从一开始就遵循国际通行的民间仲裁、自愿仲裁、一裁终局的原则。

在《仲裁法》出台前,我国已有 14 部法律、82 部行政法规和 190 部地方性法规对仲裁进行了相关规定,但这些规定多数属于行政仲裁。[①] 所谓的行政仲裁,是在 1955 年至 1966 年间,为了与计划经济体制相适应借鉴苏联的模式而建立的,主要针对经济合同纠纷。当事人只能通过经济仲裁委员会进行仲裁和处理,人民法院不能受理。当事人不服一审裁决的,可申请上一级行政机关复审。"文革"期间,国内仲裁全面停止。

2. 调解制度

根据调解的主体,我国调解可以分为人民调解、法院调解、行政调解、仲裁调解以及律师调解等。除法院调解属于诉内调解外,其他都属于诉外调解。以人民调解为例,中华人民共和国成立后,人民调解制度作为社会主义基层民主政治制度建设的重要内容,得到了党和政府的关怀与支持。

1953 年第二届全国司法工作会议后,全国区、乡党委和基层政权组织建立健全了人民调解组织。1954 年,政务院颁布了《人民调解委员会暂行组织通则》,统一了人民调解组织的性质、名称、设置,规范了人民调解的任务、工作原则和活动方式,明确规定人民调解委员会是群众自治性组织,要求人民调解必须依法及社会公德调解,遵守平等、自愿及不剥夺诉权三原则。该通则的颁布使法院的诉讼调解从人民调解中分立出来,人民调解制度开始独立发展。

1957 年下半年起,不少地区在"左"的指导思想下,将人民调解委员会改为调处委员会,甚至将其同基层治保组织合并,有些地区一度产生了强迫命令乃至违法乱纪的现象。从 1961 年下半年起,人民调解制度又回到《人民调解委员会

[①] 王婧、崔悦:《改革开放中的中国仲裁》,载《法制日报》2008 年 12 月 21 日,第 6 版。

暂行组织通则》的轨道上来。1963年后，人民调解制度获得了较大的发展，对于解决"大跃进"和三年困难时期遗留下来的大量民间纠纷起了重要作用。"文革"期间，人民调解制度被视为"阶级调和"路线的产物被取消。

二、改革开放以来的司法制度

(一) 司法体制

1. 司法体制的恢复发展与改革

改革开放以来，我国的司法制度经历了恢复、重建的过程，同时也拉开了司法改革序幕。最初的近二十年进行了一些局部性或者微观式改革，如审判方式改革，之后体制性改革时代到来。

1997年党的十五大明确提出："推进司法改革，从制度上保证司法机关依法独立公正地行使审判权和检察权，建立冤案、错案责任追究制度，加强执法和司法队伍建设。"由此，我国司法制度的发展进入了改革阶段。1999年起，最高人民法院连续推出"一五""二五""三五""四五"改革纲要，力推司法改革。从某种程度上说，司法去地方化、去行政化和法官职业化构成了我国21世纪司法改革的主线。

2. 从司法改革到司法体制改革

2002年党的十六大明确地提出要"推进司法体制改革……按照公正司法和严格执法的要求，完善司法机关的机构设置、职权划分和管理制度"，用司法体制改革，而不是司法改革来统摄当代司法的发展。2003年，中央成立中央司法体制改革领导小组，于2004年推出了《中央司法体制改革领导小组关于司法体制和工作机制改革的初步意见》，表明我国宏观司法体制改革正积极推进。2007年党的十七大提出"深化司法体制改革"重大决策，以"建设公正高效权威的社会主义司法制度"。司法体制改革在强化司法统一、合理和优化配置审判及检察等司法职权，推进司法职业化，健全法官职业保障机制等方面大力推进。

党的十八大报告指出，要"进一步深化司法体制改革，坚持和完善中国特色社会主义司法制度，确保审判机关、检察机关依法独立公正行使审判权、检察权"。党的十八届三中全会以来，推动地方法院人财物省级统管、成立跨行政区划法院、实行法官员额制、完善司法责任制、推动解决"执行难"问题等改革全面推开。党的十九大报告进一步指出，要"深化司法体制综合配套改革，全面落实司法责任制，努力让人民群众在每一个司法案件中感受到公平正义"，为今后司法体制改革提供了方向。当前，完善司法人员分类管理、完善司法责任制、健全司法人员职业保障、推动省以下地方法院及检察院人财物统一管理，仍是司法体制改革的基础性和制度性举措。

(二) 审判制度

1. 改革开放后的审判制度改革

1978年以来,审判制度改革的目标是变革一般司法审判工作方法,规范审判行为和诉讼程序。审判逐步由一般工作方法转向司法工作方法,强化了司法的程序性和规范性。在此后大约十年的时间,审判方式改革主导了司法改革的进程,主要内容包括:逐步改变职权主义的庭审模式,强调当事人的举证,加强对证据的质证和开庭辩论,充分发挥开庭审理的功能;强化依法适用简易程序,及时处理一般经济纠纷;简化诉讼程序,减少诉讼消耗,以取得最佳的审判效果;扩大合议庭职权,提高依法独立审判水平;等等。审判方式改革的全面推进,有力地推动了庭审模式的深刻转变,促进了审判质量的提高。

进入21世纪,公正与效率成为审判工作的主题。人民法院在深化审判方式改革、建立符合审判工作规律的审判组织形式,以及健全监督机制等方面取得了显著成效:① 改革内部机构职能,实行立审分开、审执分离、审监分立;② 改革审判权行使方式,推行审判长和独任审判员选任制度,还权于合议庭和法官;③ 探索法官职业化建设,推行法官员额和法院人员分类管理;④ 改革司法礼仪,强化法官职业特点;等等。

2. 党的十八大以来的审判改革

党的十八大以来,审判制度改革得到了全面推进,包括:① 深化司法公开,让司法权力在阳光下运行;② 完善制度机制,有效防范冤假错案发生;③ 健全司法责任制,让审理者裁判,由裁判者负责;④ 推进涉法涉诉信访改革,涉法涉诉信访依法终结;等等。

当前,人民法院积极探索专业类型案件专业化审理机构和方式,开展知识产权民事、行政、刑事案件审判"三合一"改革,完善海事案件专门管辖制度,推进环境资源案件和破产清算案件专业化审判机制建设,构建符合案件审判规律的审判机制。

党的十八大以来,人民法院全面推进以司法责任制为核心的重大基础性改革,积极推动审判体系和审判能力现代化,既取得了明显成效,也对在立法层面完善人民法院管理体制、组织体系、队伍建设以及履职保障等提出了要求。为巩固司法改革成果、保障司法改革全面深化,2018年10月26日《人民法院组织法》再次进行了大幅度的修改,原有的3章40条扩充至6章59条,主要有以下三大变化:一是完善了人民法院工作原则。二是健全了人民法院组织体系,明确规定了最高人民法院可以设巡回法庭,专门人民法院包括军事法院、海事法院、知识产权法院和金融法院等。三是完善了最高人民法院职能,明确最高人民法院可以审理按照全国人大常委会的规定提起的上诉、抗诉案件,可以发布指导性案例。最高人民法院巡回法庭审理的案件不再限于跨行政区划重大行政、民商事案件。

为巩固司法体制改革成果,新修订的《法官法》(1995年颁布)于2019年4月23日正式公布。新法将司法责任制、司法人员分类管理和员额制管理等一系列的改革措施上升为法律,对提高司法质量、效率和公信力意义重大。2020年9月,最高人民法院会同最高人民检察院印发《关于在部分地方放宽担任法官、检察官学历条件及有关事项的通知》,进一步明确了在部分地方聘任法官时可放宽学历条件,有效缓解了部分艰苦边远地区法官队伍人才储备不足的问题。制定印发《关于新法官法、检察官法实施后部分司法人员选任条件适用政策的答复意见》,明确了部分司法人员参加法官遴选时的选任条件,促进法官队伍有序增补、稳定发展。同时,该意见还首次以司法解释的形式规范和确认了司法警察的职责职权。

(三)检察制度

1. 检察机关机构改革

1979年7月,五届全国人大二次会议通过《人民检察院组织法》,第一次明确规定了人民检察院是国家的法律监督机关,奠定了改革开放以来人民检察制度发展的基础。截至1983年6月,全国县以上地方都成立了人民检察院。1987年4月,最高人民检察院信访厅改为控告申诉检察厅,主要受理公民向检察机关提出的有关刑事案件方面的控告和申诉案件。1988年3月,深圳市人民检察院创建了全国第一个举报中心。不到一年的时间,各级人民检察院建立起3600多个举报中心。1989年1月,最高人民检察院举报中心成立。同年夏,广东省人民检察院反贪污贿赂工作局挂牌成立。

1995年2月,《检察官法》颁布,《初任检察员、助理检察员考试暂行办法》《检察官等级暂行规定》等7个配套规定先后出台,标志着检察官管理走上正规化和法制化。同年11月,最高人民检察院成立反贪污贿赂总局,地方各级人民检察院也陆续设立反贪污贿赂工作局。检察机关惩治贪污贿赂工作步入专门化、正规化轨道。2001年6月,九届全国人大常委会二次会议通过了修正后的《检察官法》。2003年8月,人民监督员制度试点工作展开。2010年10月,全国检察机关全面实行人民监督员制度,标志着人民监督员制度正式成为中国特色社会主义检察制度的重要组成内容。

2. 检察制度改革

2012年修改后的《刑事诉讼法》大大强化了检察机关对公安、法院、监狱的监督职能,明确了检察机关的举证职能。2013年,十八届三中全会部署改革司法管理体制,推动省以下检察机关人财物统一管理。

当前,全国检察机关的司法责任制改革基本完成,初步建立了权责明晰、监管有效、保障有力的检察权运行新机制。检察机关提起公益诉讼制度改革取得重大成果,走出了一条具有中国特色的公益司法保护道路。检察权运行监督制约机制不断健全,积极构建阳光司法机制,保障人民参与,接受人民监督。

2018年10月26日修订的《人民检察院组织法》共6章53条,条文增加了近一倍,在以下方面进行了修改完善:一是完善了检察工作的基本原则和工作体制。二是完善了人民检察院机构设置的有关规定。明确了省级人民检察院和设区的市级人民检察院可以在辖区内特定区域设立人民检察院作为派出机构。同时规定检察官员额较少的设区的市级人民检察院和基层人民检察院,可以设综合业务机构。根据检察工作需要,人民检察院可以在监狱、看守所等场所设立检察室,行使派出它的人民检察院的部分职权,也可以对上述场所进行巡回检察。三是完善了人民检察院职权行使的有关规定,规定人民检察院行使的八项职权。四是增加规定了检察长或者检察长委托的副检察长可以列席同级人民法院审判委员会会议,完善了独任检察官和检察官办案组运行机制,并增加规定了人民监督员对人民检察院的任何办案活动实行监督。

与此同时,为了与2018年颁布实施的《监察法》相衔接,修订后的《刑事诉讼法》对人民检察院的职权进行了调整,原由人民检察院管辖的贪污贿赂犯罪、国家工作人员的渎职犯罪,转由国家监察委员会管辖。这两类犯罪涉及刑法规定的六大类案件:贪污贿赂犯罪;滥用职权犯罪;玩忽职守犯罪;徇私舞弊犯罪;重大责任事故犯罪;公职人员的其他犯罪。人民检察院对监察机关移送起诉的案件进行审查,认为需要补充核实的,应当退回监察机关补充调查,必要时可以自行补充侦查。对于贪污贿赂犯罪案件,以及需要及时进行审判,经最高人民检察院核准的严重危害国家安全犯罪、恐怖活动犯罪案件,犯罪嫌疑人、被告人在境外,监察机关、公安机关移送起诉,人民检察院认为犯罪事实已经查清,证据确实、充分,依法应当追究刑事责任的,可以向人民法院提起公诉。

2019年4月23日,修订后的《检察官法》正式公布,增加了开展公益诉讼工作的职责、保障无罪的人不受刑事追究等内容,并对检察官的职责、监督管理、职业保障等多方面作出了规定。

(四) 司法行政制度

1. 工作机制

改革开放以来,司法行政制度大致经历了恢复重建、改革发展和重组优化三个阶段。

(1) 1979年至1982年恢复重建阶段。1979年司法部恢复重建,1982年国务院机构改革后,原由公安部管理的监狱、劳改、劳教工作划归司法部管理。1979年,国务院办公厅法制局成立,负责审查各部门报送国务院的法律、法规草案等政府法制工作。

(2) 1983年至2018年改革发展阶段。1985年六届全国人大常委会十三次会议作出《关于在公民中基本普及法律常识的决议》,1993年国务院批准通过《关于深化律师工作改革的方案》,1994年八届全国人大常委会十一次会议颁布实施《监狱法》,确立了监狱作为国家刑罚执行机关的法律地位。1995年至2005年,司法部先后被赋予管理仲裁机构登记、法律援助、国家统一司法考试和司法鉴定等职能。2008年,司法部新增了指导、管理司法行政系统戒毒场所、社区矫正工作等职能。经过历次机构改革的调整充实,基本形成2018年重组前的原司法部职权配置格局。

与此同时,政府法制工作制度建设不断发展完善。1986年,恢复设立国务院法制局,随后依法确立了国务院法制机构承担办理行政复议事项、负责行政法规草案的组织起草和审查工作等职责。1998年,中央决定成立国务院法制办公室。经过一系列的职权变更,形成了原国务院法制办公室的职权配置格局。

(3) 2018年至今重组优化阶段。2018年3月,根据党中央关于深化党和国家机构改革的决策部署,中央全面依法治国委员会正式成立,办公室设在司法部。同时,为加强党对法治政府建设的集中统一领导,统筹行政立法、行政执法、法律事务管理和普法宣传,推动政府工作纳入法治轨道,整合原司法部和原国务院法制办公室职责,重新组建司法部,形成了"一个统筹,四大职能"的工作布局,开启了新时代司法行政事业发展的新篇章。① 2019年1月11日,司法部印发《全面深化司法行政改革纲要(2018—2022年)》,立足于重新组建后的司法部的职责和使命,为今后一个时期全面深化司法行政改革作出了顶层设计和总体部署,明确了改革的路线图和时间表。

2. 律师制度

(1) 律师制度的恢复。1979年7月1日五届全国人大二次会议通过的《人民法院组织法》《刑事诉讼法》和1991年4月9日七届全国人大四次会议通过的《民事诉讼法》对律师参与诉讼活动作了规定。随着司法部和各级司法行政机关的恢复建立,从1979年下半年开始,各地着手依法重建律师队伍,律师制度方面的立法工作有条不紊地进行。

1980年8月26日,五届全国人大常委会十五次会议通过了《律师暂行条例》,共4章21条,该条例对律师的性质、任务、职责、权利、义务、资格条件及工作机构等作了明确规定。这是中华人民共和国成立以来有关律师制度的第一部法律,使我国律师制度的建立和发展走上了法制化轨道。1985年7月25日,中华全国律师协会成立。

(2) 律师制度的完善。社会主义市场经济体制的建立促进了律师队伍的壮大、律师业务范围的拓宽,与此同时,律师执业产生的新问题也随之增多,亟须改

---

① 姜海涛:《司法行政制度改革发展40年回顾与展望》,载《中国司法》2020年第8期。

革既有的律师制度。1996年修改后的《刑事诉讼法》使律师参加刑事诉讼的时间大大提前,扩大了律师在刑事诉讼中的权利。1996年5月,八届全国人大常委会十九次会议通过了《律师法》,该法对律师的性质、律师的执业条件、律师事务所、律师的业务、执业律师的权利和义务、法律援助、律师协会、律师的法律责任等作了系统规定,许多方面超越了《律师暂行条例》的规定或填补了《律师暂行条例》之不足,使律师制度得到了极大的发展和完善。

自1980年律师制度恢复以来,《律师法》经历了4次不同程度的修改。2001年12月29日,九届全国人大常委会二十五次会议对《律师法》进行了小范围的第一次修正。2007年10月28日,十届全国人大常委会三十次会议通过了修订的《律师法》。2012年10月26日,十一届全国人大常委会二十九次会议对《律师法》进行了第二次修正。2017年9月1日,十二届全国人大常委会二十九次会议对《律师法》进行了第三次修正,修改主要涉及律师管理体制、律师协会的定位和职能作用、律师事务所组织形式、权益保障、行为规范和律师执业水平评价等内容。党的十八大以来,党中央出台了一系列文件,从顶层设计的角度推进律师制度改革;司法部修订了《律师执业管理办法》《律师事务所管理办法》;全国律协强化了律师维权惩戒,有力地推动了律师事业发展。

截至2019年底,全国共有执业律师47万多人。律师人数超过1万人的省(区、市)有18个,其中超过3万人的省(市)有4个(分别是北京、广东、江苏、山东)。全国共有律师事务所3万多家。其中,合伙所2万多家,约占59%;国资所970多家,约占3%;个人所9200多家,约占28%。律师服务领域由传统的诉讼事务为主发展到诉讼、非诉讼事务并重,由国内业务为主发展到国内、涉外业务并举。[①] 当前,我国律师人数、律师事务所数量、行业创收、办案量的增量和增速均在世界各国前列,并且仍处于快速增长期。

(五)非诉讼纠纷解决机制

1. 仲裁制度

(1)从行政仲裁到商事仲裁。1981年《经济合同法》和1983年《经济合同仲裁条例》颁行后,我国成立了各级经济合同仲裁机关,确立了经济合同仲裁制度。这一时期的国内仲裁带有浓重的行政色彩:首先,仲裁机构附设于各级政府的各相关行政主管部门内部,消费者协会也设有仲裁机构;其次,仲裁立法不统一;最后,实行地域管辖和级别管辖,仲裁程序的启动不以仲裁协议为必备条件,仲裁制度上实行只裁不审、一裁两审或两裁两审的制度。

---

① 《2019年度律师、基层法律服务工作统计分析》,载司法部官网,http://www.moj.gov.cn/pub/sfbgwapp/zwgk/tjxxApp/202105/t20210517_396278.html,2020年6月22日发布,2023年10月14日最后访问。

1994年8月31日,八届全国人大常委会九次会议通过了《仲裁法》,具有中国特色的社会主义仲裁法律制度开始确立,实现了从行政仲裁向现代商事仲裁制度的转变,仲裁成为经济领域内与诉讼并行的、独立的纠纷解决制度。此前成立的各类经济合同仲裁机构从其所属的行政主管部门撤销,国内仲裁从之前按照行业部门和行政级别设立的仲裁机构体系,转变为当前以地域(即"设区的市所在地")为基本框架设立的仲裁机构体系。《仲裁法》的颁行统一了全国的仲裁制度,采用国际上通行的基本原则、基本制度、习惯做法,使我国的仲裁制度与国际仲裁制度接轨。

随着仲裁事业的蓬勃发展,《仲裁法》的修改和完善势在必行。2009年8月27日,十一届全国人大常委会十次会议只是修正了《仲裁法》援引《民事诉讼法》法条的序号,内容上并未作任何修改。2017年9月1日,十二届全国人大常委会二十九次会议通过了对《仲裁法》中有关仲裁员资格条件部分条文的修改。然而,《民事诉讼法》在2017年之后又于2021年和2023年进行了两次修改,法条序号相应进行了重新排列,《仲裁法》援引《民事诉讼法》的相关法条内容仍有错位。《仲裁法》的修改已在进行。

(2)仲裁机构的新发展。随着我国国际化进程的加速,纠纷解决机制也越来越国际化,仲裁的优越性逐渐显示出来。自《仲裁法》颁布实施以来,我国仲裁事业蓬勃发展,据2020年12月23日发布的《最高人民法院仲裁司法审查年度报告(2019年度)》,仲裁机构的数量已由最早重新组建的7家(北京、上海、天津、广州、西安、呼和浩特、深圳)发展到2019年底的260家,工作人员6万余人,累计处理各类案件300万件,标的额4万多亿元,案件当事人涉及70多个国家和地区。然而,早在1994年,国务院办公厅就下发了《关于做好重新组建仲裁机构和筹建中国仲裁协会筹备工作的通知》,要求筹建中国仲裁协会,但中国仲裁协会至今仍未成立。当前正积极推进仲裁机构内部治理结构综合体制改革,支持和培育打造面向世界的仲裁中心。

2. 调解制度

(1)20世纪人民调解制度的发展。人民调解是在继承和发扬中国民间调解优良传统基础上发展起来的一项具有中国特色的法律制度,是公共法律服务体系的重要组成部分,在矛盾纠纷多元化解机制中发挥着基础性作用。党的十一届三中全会以后,人民调解组织和人民调解工作得到迅速发展。到1979年底,全国已有调解组织41万多个,调解工作人员300万人。[①] 自1982年《民事

---

① 唐厚志:《调解在中国昌盛发展》,载调解中心网,https://adr.ccpit.org/articles/103,2019年3月5日发布,2023年10月31日最后访问。

诉讼法(试行)》在基本原则部分对人民调解委员会的法律性质、工作方法、司法监督等作出原则性规定起,人民调解工作与民事司法审判工作开始出现功能分化。1989年,国务院颁行了《人民调解委员会组织条例》;1990年,司法部颁布了《民间纠纷处理办法》,全面规定了人民调解制度。

进入20世纪90年代后期,人民调解工作受到了前所未有的冲击。1990年以后,人民调解委员会的数量逐年下降、调解案件大幅减少、人民调解员素质偏低等问题突出。随着基层社会结构的松散化,人民调解组织数量持续减少。

(2) 21世纪人民调解制度的重构。诉讼外替代性纠纷解决机制成为世界性发展趋势,调解作为替代性纠纷解决的手段之一被大力推广,世界各国关于诉讼外调解的立法也得到了蓬勃发展。2002年9月,最高人民法院出台《关于审理涉及人民调解协议的民事案件的若干规定》,依法确认调解协议具有民事合同性质并依法确认其效力。同月,司法部出台《人民调解工作若干规定》,对人民调解工作作出了具体规定。

为了全面提升了人民调解工作的法律地位,2010年8月,《人民调解法》颁布,共35条,除总则、附则外,对人民调解组织、人员、程序、协议作出了规定,明确了以下内容:村(居)委会应设立调解委员会,政府应支持和保障调解经费,确立了调解协议司法确认制度,确认调解协议有法律约束力,明确规定人民调解员的条件,规定调解民间纠纷应当就地进行,明确与其他调解形式的衔接机制,等等。党的十八大以来,中央多次提出完善人民调解、行政调解、司法调解联动工作体系,十八届四中全会还明确提出加强行业性、专业性人民调解组织建设。截止到2018年底,全国共有人民调解委员会75.1万个,人民调解员约349.7万人,全国共建立各类商会人民调解组织1100余个,个人调解工作室6780个。2018年全年共排查矛盾纠纷422.8万次,调解矛盾纠纷953.2万件,调解成功率达97.9%,把大量矛盾纠纷化解在基层、消除在萌芽状态,筑牢了维护社会和谐稳定的"第一道防线"。[1]

推荐阅读文献

1. 杨一凡、陈寒枫、张群主编:《中华人民共和国法制史》,社会科学文献出版社2010年版。

该书采用总体和部门法史相结合的方法,对我国的宪法制度、行政法律制

---

[1] 《司法部2018年法治政府建设年度报告》,载司法部官网,http://www.moj.gov.cn/pub/sfbgw/qmyfzg/fzgzzffz/fzzfndbg/202104/t20210401_351314.html,2019年4月4日发布,2023年10月31日最后访问。

度、刑事法律制度、民商法律制度、知识产权法律制度、经济法律制度、劳动法律制度、社会保障法律制度、教育和文化法律制度、科技法律制度、军事法律制度、民族法律制度、司法制度、地方法制建设、涉外法律制度的发展变化和主要内容以及法律实施情况等进行了较为详尽的论述,全面系统地阐述了1949—2009年新中国法制建设和法治发展的基本进程和历史经验,书末附有中华人民共和国法制大事年表。

2. 蒋传光等:《新中国法治简史》,人民出版社2011年版。

该书共分14个专题,从不同视角对中华人民共和国成立以来法治发展的曲折历程进行阐述,并对发展进程中的重大理论和实践问题予以剖析。